吴承明 1940 年西南联大毕业

吴承明全家

吴承明在工作中,摄于 2009 年

2007 年 1 月吴承明 90 岁生日聚会与家人、朋友、学生合影

2008 年 1 月吴承明 91 岁生日与前来祝寿的同事、学生在家中合影

2009 年吴承明与家人外出游玩

2010 年吴承明与"一二·九"运动老战友聚会

经济发展与市场变迁

——吴承明先生百年诞辰纪念文集

王玉茹　吴柏均　刘兰兮　编

南开大学出版社

天　津

图书在版编目(CIP)数据

经济发展与市场变迁：吴承明先生百年诞辰纪念
文集 / 王玉茹，吴柏均，刘兰兮编. 一天津:南开大学
出版社，2016.12
ISBN 978-7-310-05294-3

Ⅰ.①经⋯ Ⅱ.①王⋯ ②吴⋯ ③刘⋯ Ⅲ.①经济史
－世界－文集 Ⅳ.①F119－53

中国版本图书馆 CIP 数据核字(2016)第 293500 号

南开大学出版社出版发行
出版人:刘立松
地址:天津市南开区卫津路 94 号　　邮政编码:300071
营销部电话:(022)23508339　23500755
营销部传真:(022)23508542　　邮购部电话:(022)23502200
*
天津市蓟县宏图印务有限公司印刷
全国各地新华书店经销
*
2016 年 12 月第 1 版　　2016 年 12 月第 1 次印刷
260×185 毫米　16 开本　33.125 印张　3 插页　646 千字
定价:78.00 元

如遇图书印装质量问题,请与本社营销部联系调换,电话:(022)23507125

目　录

上篇　学术论文

经济学与经济史——当代中国的经济学的困境、挑战与机遇⋯⋯⋯ 李伯重　3

"史无定法"与重视计量分析——吴承明学术思想讨论 ⋯⋯⋯⋯⋯ 陈争平　13

如何认识经济史研究中的"史无定法"——缅怀吴承明先生 ⋯⋯⋯ 董志凯　17

对"经济史应当成为经济学之源"理念的思考——谨以此文

　　纪念吴承明先生 ⋯⋯⋯⋯⋯⋯⋯⋯⋯⋯⋯⋯⋯⋯⋯⋯⋯⋯⋯ 刘　巍　29

历史观与方法论——吴承明先生晚年学术思想蠡测 ⋯⋯⋯⋯⋯⋯ 任　放　40

美国经济史学的形成、发展与转变（1870～1960） ⋯⋯⋯ 张东刚　关永强　47

近代亚洲贸易圈中的白银流通——亚洲经济史面貌的一个构想 ⋯⋯ 滨下武志　59

清代的经济萧条和市场结构——以康熙年间和道光年间的

　　比较为中心 ⋯⋯⋯⋯⋯⋯⋯⋯⋯⋯⋯⋯⋯⋯⋯⋯⋯⋯⋯⋯⋯ 岸本美绪　89

国际贸易关系中的中国二元经济（1842～1949） ⋯⋯⋯⋯⋯⋯⋯ 林满红　114

20 世纪前半叶中国东北的水泥贸易 ⋯⋯⋯⋯⋯⋯⋯⋯⋯⋯⋯⋯⋯ 陈慈玉　129

晚清海关组织建构述论 ⋯⋯⋯⋯⋯⋯⋯⋯⋯⋯⋯⋯⋯⋯⋯⋯⋯⋯ 戴一峰　148

民国时期的定货契约习惯及违约纠纷的裁处 ⋯⋯⋯⋯⋯⋯⋯⋯⋯ 刘兰兮　162

近代中国农村物价指数变动趋势分析 ⋯⋯⋯⋯⋯⋯⋯⋯⋯⋯⋯⋯ 王玉茹　176

中国国家资本的历史分析 ⋯⋯⋯⋯⋯⋯ 吴太昌　魏明孔　朱荫贵　武力　剧锦文　188

论中国经济发展中的政府与市场关系（1978～2013） ⋯⋯⋯⋯⋯ 武　力　224

中国省际全要素生产率及其影响因素分析（1979～2007） ⋯⋯ 吴柏均　金　峥　238

以长时段的基本规律把握中国问题——略谈吴老关于中国传统与

　　现代化道路关系的研究 ⋯⋯⋯⋯⋯⋯⋯⋯⋯⋯⋯⋯⋯⋯⋯⋯⋯ 林　刚　266

整体史观与近代中国农村经济研究 ⋯⋯⋯⋯⋯⋯⋯⋯⋯⋯⋯⋯⋯ 郑起东　286

论地权分配与康乾盛世 ⋯⋯⋯⋯⋯⋯⋯⋯⋯⋯⋯⋯⋯⋯⋯⋯⋯⋯ 江太新　321

清代前期北京住房制度 ⋯⋯⋯⋯⋯⋯⋯⋯⋯⋯⋯⋯⋯⋯⋯⋯⋯⋯ 邓亦兵　351

南宋商品性农业研究：禽畜篇 ⋯⋯⋯⋯⋯⋯⋯⋯⋯⋯⋯⋯⋯⋯⋯ 方　健　365

Rent Seeking and Surplus Seeking: Coal in China's
　　Planned Economy ···Tim Wright 381
A Demographic Estimate of the Population of the Qing Eight Banners
·························Mark C. Elliott　Cameron Campbell　James Lee 410
Why China Slowed Down Its Scientific And Technical Development In
The Last Stage Of Feudal Society ··································Chen Qiguang 433
韩国艰难应对低出生率及人口老龄化 ··························詹小洪 441

下篇　回忆与缅怀

史实·史法·史观——吴承明先生的生平与学述 ··················叶　坦 453
深切缅怀恩师吴承明先生 ··张　耕 472
学贵在通，识之于变——忆向吴承明先生讨教的几点收获 ·······武　力 481
"学派"与学术杂志：追记吴承明先生关于经济史期刊的点滴教诲 ···魏明孔 485
清华园里忆吴老 ··龙登高 487
论市场经济的文化——为纪念吴承明教授 ·····················吴明煌 492
不泯的记忆：怀念父亲吴承明 ··吴　洪 495
回忆大哥吴承明 ··吴承光 501
怀念承明哥 ···吴承康 505
家常话念吾舅 ··汪　新 507

附录　中国经济发展与市场变迁——吴承明先生学术思想研讨会综述 ·······513
　　吴承明学术年表 ···519

后　记 ···525

上　篇

学　术　论　文

经济学与经济史

——当代中国的经济学的困境、挑战与机遇

清华大学　李伯重

30 年前，吴承明先生在一篇文章中旗帜鲜明地提出了"经济史……应当成为经济学的源，而不是经济学的流"的著名论点[①]。当时我国的改革开放才开始不久，经济发展是国家的当务之急，因此经济学也成为学界第一显学，学者们急切地学习现代经济学，将其理论原理视为放之四海而皆准的真理。由于抛弃了先前经济建设中盛行的蔑视经济规律、肆意盲干的指导思想而依照经济学指明的规律办事，中国终于迎来了史无前例的经济高速发展。在此过程中，经济学功不可没。也正因为如此，许多经济学家们只注重追随西方经济学，经济史则被视为"向后看"的"古董之学"，因此吴老的这个重要观点似乎并未受到经济学界应有的重视。

经过 30 多年的发展，今天中国经济到了一个转折关头。不论我们对中国经济现状的看法有多大分歧，有一点是大多数人都同意的，即中国经济今天遇到了很大的问题。如何更好地认识中国经济的问题所在，找出解决问题的办法，是现实向经济学家提出的要求。作为认识和解决经济问题的经济学，也将在这个认识和解决问题的过程中得到发展。在这个发展中，重新审视中国经济的长期演变过程，从历史中汲取智慧，又是不可或缺的一个方面。

一、困境

如果要用一句话来描述今天中国经济的情况，我想狄更斯在《双城记》开头的一段名言是最合适不过的了："这是最好的时代，这是最坏的时代；这是智慧的时代；这是愚蠢的时代；这是信仰的时期，这是怀疑的时期；这是光明的季节，这是黑暗的季节；这是希望之春，这是失望之冬；人们面前有着各样事务，人们面前一

---

① 吴承明. 经济学理论与经济史研究. 北京：中国经济史研究，1995（1）.

无所有……简而言之，那时和现在如此相像，不管是美好的，还是邪恶的，那些喧器的维权们坚持，只能用形容词的最高级来描述它。"

在过去 30 多年中，中国经历了史无前例的高速经济成长，堪称世界历史上最伟大的经济奇迹。之所以说是最伟大的奇迹，是因为如经济学家帕金斯（Dwight Perkins）所言："18 世纪中期工业革命在英国发生，随后横扫欧洲其他部分（包括苏联阵营）和北美，用了 250 年的时间，才使这些地区实现工业化，提高了今天世界 23% 的人口的生活水平。而中国今天的经济发展倘若能够继续下去，将在四五十年内使得世界另外 23% 的人口生活在工业化世界中。"[1]他这段话是在 1990 年讲的，而中国经济在此后四分之一世纪内的发展，证实了他所预见的正确。

但是与这个伟大奇迹相伴的是中国经济不断出现的问题。这些问题未得到很好的解决，所以中国经济在今天面临严峻的局面。诸多学者都认为"中国经济可能陷入严重萧条"[2]"中国正在经历一场经济危机"[3]"中国经济和股市正在经历一场大变局。有人称未来 3 到 5 年是中国经济 30 多年来最困难的 3 到 5 年；中国经济将进入漫长的大萧条。有人则称当下为 100 年未有之变局"[4]。张五常先生近来在一篇题为《中国经济有多危险？》的文章中说："我是对中国最乐观的人，我跟进了 35 年，以前的 30 年我都很乐观，最近的五六年我转到悲观了。到现在经济政策非常不明朗，听不到有些什么是我自己能够认同的政策，路向非常不清楚"。[5] 特别是到了最近，英国《金融时报》首席经济评论员沃尔夫（Martin Wolf）指出，"从 A 股的连续动荡到人民币骤然贬值，中国似乎正不断向世界传递着有关经济健康状况的不确定性信号""中国经济增长出现不连续状况的可能性是几十年来最高的，这种中断局面可能不是短暂的，政策制定者面临着巨大挑战，他们必须在不崩盘的情况下，对不断放缓的经济进行转型"。《金融时报》也提出了"中国经济模式神话破灭？"的问题[6]。其实，这种情况并不是今天才出现的。早在 12 年前，英国剑桥大学发展学委员会主席诺兰（Peter Nolan）就已预见到中国经济将出现危机，因此把他的一本关于中国经济的书取名为《处在十字路口的中国》（China at the Crossroads）[7]，直截了当地说："中国的政治经济已经走到十字路口，将

① Dwight Perkins. *China: Asia's Next Economic Giant*. University of Washington Press (Seattle), 1986.
② 国务院参事夏斌：中国经济可能陷入严重萧条. 刊于瞭望智库网（http://www.lwinst.com/index.php?m= content &c=index&a=show&catid=95&id=3854）.
③ 樊纲. 中国正在经历一场经济危机. 刊于共识网（http://www.21ccom.net/articles/economics/dongjian/20150818127987.html）.
④ 管清友. 中国经济正在经历一场 100 年未有之大变局. 刊于共识网（http://www.21ccom.net/articles/economics/dongjian/20150825128242_all.html）.
⑤ 该文刊于人大经济论坛（http://bbs.pinggu.org/k/news/939219.html）.
⑥ 郑讴. 借鉴经济史有益于制定经济政策. 中国社会科学报，2013-8-2，第 483 期.
⑦ Peter Nolan. *China at the Crossroads*. Oxford, UK, Polity Press, 2004. 中译本为彼得·诺兰. 中国处在十字路口. 香港：大风出版社，2006.

会走向何方？"

为什么中国经济遇到严重问题难以解决？一个原因是这些问题不可能用现有的经济学工具箱中的工具解决。

经济学本来是为了解决经济问题而产生的一门社会科学。从经济实践中发现规律，将其理论化，就成了经济学。所以罗宾斯（Lionel Robbins）为经济学下的定义是："经济学是一门科学，它把人类行为的目的与可以有其他用途的稀缺资源之间的关系作为研究对象。经济学是研究用具有各种用途的稀缺手段来满足人们目的的人类行为科学。"[1]经济学在长期的演化过程中，发展出了学科的基本原则，形成了一整套概念以确定其主题，一套方法以检验、修正和证实其假说，并发展出了系统性的分析，可显示结论和内容广阔的命题。[2]简言之，经过 200 多年的发展演变，经济学已经变成了一个高度科学化的学科，如英国历史学会前会长巴勒克拉夫（Geoffrey Barractbugh）所言："经济学在形成一套完整的理论方面远远走在其他社会科学前面。"[3]

由于经济学是解决经济问题的科学，因此经济问题必须运用经济学所发现的经济规律去解决，否则必定要受到这些规律的惩罚。改革开放之前，由于领导人轻视经济规律，在"人有多大胆，地有多大产"的思维下，大搞"大干快上""战天斗地""改天换地""跑步进入共产主义"，发动了"大跃进""大战钢铁""大办农业"等运动，严重地损伤了中国经济。到了"文革"结束时，国民经济已濒临崩溃。党的十一届三中全会后，邓小平提出"经济工作要按经济规律办事，不能弄虚作假，不能空喊口号，要有一套科学的办法"。由于尊重经济规律，按照经济规律办事，才出现了近几十年来的经济奇迹。因此，经济学对于中国经济发展来说可谓功不可没。但是为什么到了今天，经济学在解决中国经济所遇到的问题时似乎失灵了呢？

经济学虽然是一门高度发展了的社会科学学科，但它并不是一门象牙塔中的学问，而是解决经济问题的工具，这个基本性质从未改变。凯恩斯说："经济学与其说是一种学说，不如说是一种方法，一种思维工具，一种构想技术。"他的弟子罗宾逊夫人（Jean Robinson）也说"经济学不过是提供了一个解决问题的工具箱"。富斯菲尔德（Daniel Fusfeld）则说："经济学从来就是一种工具，透过它，我们能更好地了解困扰人类的问题。"[4]经济学之所以有存在的必要，就是因为它的这种

---

① 罗宾斯. 论经济学的性质和定义. 北京：商务印书馆，1997.

② Daniel Fusfeld. *The Age of the Economist* (4th ed.). Glenvieu, Illinois, London: Scott, Foresman and Company, 1982, p.2.

③ 巴勒克拉夫. 当代史学主要趋势. 上海：上海译文出版社，1987：75，114.

④ Daniel R. Fusfeld. *The Age of the Economist*, p. 5.

工具性。如果它提供的工具不能解决问题，那么就只有两途：第一，无所作为，坐视这个学科自行消亡；第二，改进这个学科，增加能够解决问题的工具，从而发展到一个更高的阶段。

在今天，经济学遇到许多问题不能解决或者不能很好解决，其实质就是经济学工具箱里现有的工具不足以解决今天的问题。这种情况并非中国所独然，而是一个普遍现象。有些经济学家将 20 世纪八九十年代称作发展中国家迷失的 20 年，因为按照"华盛顿共识"推行新自由主义改革的发展中国家，其实际经济增长率后来比 20 世纪六七十年代还低，危机发生的频率比 20 世纪八九十年代还高，其经济的绩效当然就更差。即使在像美国这样自由主义占主流的国家，在 2008 年出现金融危机时，美联储也迫不及待地先后推出三轮量化宽松政策（QE）。但美国的经济低迷并没有因量化宽松政策（QE）而有所起色。因此，去年 8 月 13 日的《经济学人》电子版就刊登了一篇文章，题目是《凯恩斯主义者们，停止喝彩吧》（Stop Cheering, Keynesians）[①]，清楚地表明了即使在凯恩斯的故乡，现代经济学的主流——凯恩斯经济学及其衍生物，也不能解决西方发达经济体面临的问题了。

二、挑战与机遇

如前所述，经济学本是一门解决经济问题的学科，因此随着需要解决的问题不断变化，经济学自身也必须不断变化，做到与时俱进。富斯菲尔德用调侃的口气说："一个变化着的世界，给一个变化着的学科带来变化着的问题。因此经济学是一个永远变化着的学科。"[②]如果不顺应经济学的这个特点，这个学科就不能很好地发挥作用，因而也就没有存在的意义了。

从经济学的历史来看，200 年前经济学只是"道德哲学"（moral philosophy）的一个分支，当时只有政治经济学（political economy），即国家政策的一部分，研究的是赋税、公债、外贸等问题。到了 19 世纪，经济学才变成一门被普遍接受有理论体系的社会科学学科。但是，富斯菲尔德和王国斌都认为：在最近几十年中，经济学出现了日益变成一些用正规数学语言表述的专题的趋向，而且许多经济学的公认原则也遇到了麻烦，从而引起一些经济学家的忧虑，认为经济学已走火入魔，达到了危机点。[③]索洛（Robert Solow）也批评"当代经济学脱离历史和实际，埋头制

①　*Stop cheering, Keynesians!*　by Buttonwood, in Economic policy | *The Economist,* Aug 13th 2015 (http://www.economist.com/blogs/buttonwood/2015/08/economic-policy-0).

②　Daniel Fusfeld: *The Age of the Economist*, p. 5.

③　Daniel Fusfeld. *The Age of the Economist*, p.4；王国斌. 转变的中国：历史变迁与欧洲经验的局限. 南京：江苏人民出版社，1998.

造模型"。①

　　为了克服这些缺陷,经济学一直在改进。在 20 世纪中后期,经过"凯恩斯革命"后,又出现了诸多新学派。这都是经济学力图与时俱进的表现。但是在 20 世纪后期,世界变化的步伐和规模实在太快太大,经济学改进的步伐跟不上,因此在解决经济问题时力不从心,甚至常常无计可施。特别要强调的是,在当代世界经济中,变化速度最快和幅度最大的,莫过于新兴经济体,特别是中国。这些新兴经济体在许多方面与西方发达国家有巨大的差异,因此所遇到的经济问题也非常特殊。而现代经济学基本上是以西方发达国家经济发展的情况为背景而形成的。现代经济学在解决今天西方发达国家遇到的经济问题时尚且困难重重,要它在解决新兴经济体所遇到的经济问题时得心应手,显然是不可能的。因此,经济学要成为一门具有普世意义的科学,就必须直面这些问题,采取大手笔进行自我改进,真正做到与时俱进。

　　这里我要强调:经济学是一门成熟的学科,就像巴勒克拉夫所说,"在形成一套完整的理论方面远远走在其他社会科学前面"。但是如同其他学科一样,经济学也绝非到了无可改进的地步,如果是那样,这个学科也就死亡了。林毅夫先生说:"经济学的理论并不是放之四海而皆准,实际上任何一个学科的理论总是不断地被新的理论所替代。新理论的出现总是因为过去的理论不能解释当时存在的现象,有理论创新力的学者根据当时现象的特征和背后的原因,提出新的解释,形成新的理论。理论思维是不断在发展的,也就是说,即使有理论可以解释所观察到的过去的现象,但是社会是在发展的,所以,理论不是永恒的,不是'放诸四海而皆准,百世以俟圣人而不惑'的。"②法国年鉴学派第三代旗手勒高夫(Jacques Le Goff)有句名言:"我们希望继续存在和发展,静止等于死亡。"③如果经济学家以为经济学无须与时俱进,那么就意味着这门学科已经死亡。

　　2008 年金融危机以后,西方有许多学者对以往运用的经济学工具进行反思,但是如林毅夫先生所指出的那样,国内许多经济学家还是坚守着他们过去学到的理论,大学用的教科书也是过去新自由主义时期所编写的教科书,这些理论在说明有政府的干预扭曲就会有贪污腐败的问题上似乎很有说服力,而国内这些年确实存在许多贪污腐败的现象,但问题是这些理论并没有真正抓住问题的本质,若真按照这些理论去做,反而可能像苏联和东欧那样出现更多的寻租腐败现象。因此,现在也是中

　　① Robert Solow. Economic History and Economics. in *The American Economic Review* (Pittsburgh, PA), vol.75, No.2 (1985).
　　② 林毅夫. 中国的后发优势还很大. 刊于凤凰财经(http://finance.ifeng.com/a/20150817/13913433_0.shtml).
　　③ 姚蒙. 历史始终是人类社会在时间中的演进——法国著名史学家维克·勒高夫采访纪实》. 北京: 史学理论, 1987(3).

国经济学家们进行反思的时候了。

今天我们所遇到的推进经济学发展的机遇，对于中国学者来说具有特别的意义。

中国经济在过去 30 多年中的表现向经济学提出了众多的新问题。由于今天中国经济在世界经济中所占的分量，这些问题也成为国际经济学界所要解决的重大问题。因此张五常先生说"学经济一定要去中国"。林毅夫先生和很多经济学家也认为研究和解释中国经济现象已经成为当代经济学可以大有作为的重要研究领域。林先生早在 1995 就已提出 21 世纪会是中国经济学家的世纪，会是经济学大师在中国辈出的世纪。此后 20 年来，他的这个看法获得了越来越多学者的赞同。他近来在接受采访时对此作了进一步的解释，说："经济学的理论是解释社会经济现象的一套简单的逻辑体系。那么，在诸多简单的逻辑体系中，哪个是重要的？哪个是在世界上最具有影响的？其答案不决定于逻辑体系本身。因为理论的逻辑是越简单越好，理论的重要性是决定于理论所要解释的现象的重要性。什么叫重要的经济现象？发生在世界经济中心的现象就是世界上最重要的经济现象。在 20 世纪 60 年代、70 年代，美国国力在世界上处于最顶峰的时候，我们常常讲美国经济只要打个喷嚏，世界上其他经济体就要犯重感冒，在那种情况下解释美国经济为什么打喷嚏，就比研究其他国家为什么患重感冒还更重要。只要我们继续维持一定的快速的经济增长，到 21 世纪中叶，中国会变成全世界最大的、最有影响的经济体，所以我想经济学的研究中心也会逐渐转移到中国来。中国的经济学家，包括在中国工作的外国经济学家，把握中国经济的脉动，当然会比在其他地方研究中国的经济学家把握得更好，他们对中国经济现象的解释、提出来的理论，也就会是世界性的理论，他们当中就会有不少世界级的大师。"①

俗话说，时势造英雄，英雄造时势。中国今天的经济实践给经济学提出了诸多亟待解决的重大问题，这就是今天的时势。谁能针对这些问题提出最好的解决方法，也就是说给经济学这个工具箱加入了有效的新工具，那么他当然就是英雄。正如近代经济刚刚兴起时，新的经济实践向当时的"道德哲学"提出了新的问题，亚当·斯密把握住这个时期，提出了一套有用的解决方法，从而创立了政治经济学。到了 19 世纪中期，英国工业革命完成，经济又一次提出了新的问题，马克思提出了他的解决方法，创立了马克思主义经济学。到了 20 世纪，1929 年西方经济出现大危机，提出了新的问题，凯恩斯经济学得以应运而生。而到了 20 世纪后期，西方经济又提出了各种新问题，于是后凯恩斯经济学、新自由主义经济学、新制度经济学等各种"新"经济学学派又纷纷登场。今天中国经济提出的问题在深度和广度方面都不逊

---

① 林毅夫，《中国的后发优势还很大》，接受"凤凰财知道"采访。

于以前西方经济发生重大变化时期所提出的问题，因此这正是一个"时势造英雄，英雄造时势"的时候。

　　经济学的发展在中国不仅有机遇，而且也有可能。在过去几十年中，中国新一代经济学家成长起来了。他们受过良好的教育，对于现代经济学有系统和全面的了解，又对中国经济今天的问题有直接的感受。因此，他们确实有可能在中国经济现实对经济学提出的挑战方面取得更大的成就，从而成为世界级的大师。

三、从历史中汲取智慧

　　为什么历史对于经济学来说很重要呢？道理很简单：今天是昨天的继续，没有昨天就没有今天。如果对昨天一无所知，当然也不可能真正认识今天。毛泽东有句名言："一张白纸，没有负担，好写最新最美的文字，好画最新最美的画图。"不过在现实世界中，这种"白纸"是不存在的。既然没有这种"白纸"，那么任何国家的"纸"上都一定充满过去留下的痕迹。倘若把这些痕迹都看成负面的，采取"不破不立，先破后立；破字当头，立在其中"的思维方式，人为地去制造一张"白纸"，供人们去随心所欲地"写最新最美的文字，画最新最美的画图"，那么结果必然是经济上的灾难。

　　正如世上一切事物一样，过去留给现在的遗产都有消极和积极的两种。消极的东西如马克思所形容的那样："一切已死的先辈们的传统，会像梦魇一样纠缠着活人的头脑。"①积极的东西则如歌德所说："我认为但丁伟大，但是他的背后是几个世纪的文明；罗斯柴尔德家族富有，但那是经过不止一代人的努力才积累起来的财富。这些事全部隐藏得比我们想象的要深。"②

　　历史留给我们的遗产，不论好坏，都对我们的今天和明天有着重要影响。之所以如此，马克思已说得很清楚："人们不能自由选择自己的生产力——这是他们的全部历史的基础，因为任何生产力都是一种既得的力量，以往的活动的产物。所以生产力是人们的实践能力的结果，但是这种能力本身决定于人们所处的条件，决定于先前已经获得的生产力，决定于在他们以前已经存在、不是由他们创立而是由前一代人创立的社会形式。"③由于这种历史的延续性，在历史上没有、也不可能有一个地方是可以任凭人们主观去画"最新最美的图画"的"白纸"。就中国而言，

---

　　① 马克思.路易·波拿巴的雾月十八日.收于中共中央马克思恩格斯列宁斯大林著作编译局编译.马克思恩格斯全集（第8卷）.北京：人民出版社，1964.
　　② 转引自弗格森·罗斯柴尔德家族（第1部）.金钱的先知.北京：中信出版社，2009：43.
　　③ 马克思.致巴·瓦·安年柯夫（1846年12月28日）.收于中共中央马克思恩格斯列宁斯大林著作编译局编译.马克思恩格斯全集（第27卷）.北京：人民出版社，1972.

帕金斯也说得很明白：中国的现在是中国过去的延续；中国在最近几十年中发生了巨大变化，但是中国的历史依然映照着中国的今天，"过去"的影子可以见诸众多方面。只有从历史的长期发展的角度出发，才能真正了解今天的中国经济奇迹[①]。至于哪些是消极的东西，哪些是积极的东西，消极的和积极的东西各占多大分量，以及消极的为何消极，积极的为何积极，等等，都需要我们去认真审查，仔细盘点，深入研究，正确评估。只有这么做了，才能充分利用积极的东西，避免或者消除消极的东西。在此基础上，我们才能把经济工作做得最好。以往那种"大破四旧"的激进做法，看似革命，实际上造成了经济的大倒退，就是一个深刻的教训。

这个道理，在研究中国的经济问题时格外重要。莎士比亚有云："凡是过去，皆为序曲。"今天我们要创建具有中国特色的社会主义市场经济，关键是要弄清什么是"中国特色"。按照我的理解，所谓中国特色，就是中国长期历史发展形成的传统。帕金斯说：中国经济成功的一个先决条件是"经验的积累"（accumulation of experience）或者"经验与复杂的组织和制度的预先积累"（prior-accumulation of experience with complex organizations or institutions）[②]。这种积累起来的经验，就是我说的传统。没有这种传统，今天中国经济的成功是不可能的。同时，不了解这种传统，要真正认识今天中国经济遇到的问题也是不可能的。因此这种传统对于我们研究中国经济具有非常重要的意义。

然而，我们以往对中国历史（或者说是对中国长期历史发展形成的传统）的认识是有问题的。这无可避免地导致我国的经济建设出现严重问题，付出了沉痛的代价。中国改革的历史就充分证明了这一点。如果从历史的角度重新审视中国的经济改革，我们可以看到，我们以往对中国历史上的小农经济、市场经济、民间企业等问题的错误看法，导致了一系列错误政策的出现，结果使得在中国改革开放前 30 年中经济发展大大迟缓于东亚其他国家，甚至低于世界平均水平。而到了 1979 年经济改革开始后，中国经济出现了突飞猛进的发展。大家把这个起飞归功于经济改革，这是毋庸置疑的。但改革是什么呢？威廉姆斯（Raymond Williams）在《关键词》一书中说："改革，意即回复到事物的最初形式。从 18 世纪到 20 世纪 70 年代，改革一词通常是温和左派所青睐的政策，一方面反对革命的鼓吹者，另一方面则反对保守和反动的鼓吹者。自 70 年代到 20 世纪末，随着新自由主义的兴起，政策变化转了向，但是改革一词仍然继续在使用，尽管其所描绘的政策包括废除先前的改革。"[③]这个说法在中国的农业改革方面最为明显。20 世纪 80 年代农业家庭

---

① Dwight Perkins. *China: Asia's Next Economic Giant?*.
② Dwight Perkins. The Persistence of the Past. in Perkins ed. *China's Modern Economy in Historical Perspective*. Stanford: Stanford University Press, 1975.
③ Raymond Williams. *Keywords— A Vocabulary of Culture and Society*. Oxford University Press (USA), 1976.

联产承包责任制开始实行时，一些持有保留态度的人士说是"辛辛苦苦三十年，一夜回到解放前"。在他们心目中那理想的 30 年中，我国 10 亿人口中有 8 亿农民辛辛苦苦搞饭吃，还只能使全国人民维持一种非常低下的食物消费水平。然而到了农业家庭联产承包责任制实行以后，天翻地覆的巨变仿佛是在一夜之间就发生了。田地还是那些田地，农民还是那些农民，但是旨在维持生活最低水平（subsistence level，糊口水平）的消费而实行了几十年的粮食配给制度取消了，人民的食物供应大大丰富了，还居然就出现了农民"卖粮难"的新问题。这个事实证明：在 1979 年以前的 30 年中消灭废除小农经济的做法是错误的。1970 年重新恢复小农经济是一种对历史的回归，这个回归带来了被压抑的生产力得以释放。对小农经济的错误看法源自对中国历史的错误认识，可见正确认识历史是何等的重要。

我们不能把今天中国的经济奇迹和问题都归之于改革开放政策。改革开放确实非常重要，但是正如我在一项研究中所指出的那样，同样的政策在中国不同的地方却带来非常不同的结果。有意思的是，如果我们把今天的情况和两百年前的情况做一比较，那么可以清楚地看到，19 世纪初中国富裕的地区，今天仍然是富裕的地区；19 世纪初中国贫困的地区，大多数在今天仍然是贫困的地区。依照我的研究，在 19 世纪初期长江三角洲的人均 GDP 与同时期西欧的人均 GDP 大致相当，而经过改革开放 30 年，今天长三角的人均 GDP 在迅速地接近西欧的水平。因此我将这个现象称为从 19 世纪初期的"大分流"到今天的"大合流"。而在其后深处的原因就是在出现"大分流"之前，长三角经济就已发展成为一个具有早期近代经济主要特征的"早期近代经济"，而中国其他大多数地区则尚未如此。由于有了这个历史基础，一旦其他条件具备，长三角经济当然能够成为中国经济发展的领头羊，正如它在 19 世纪以前就已经做了的那样。[①]因此我们可以说，历史总在新的情况下以新的形式复出，或者说"过去"总会"重出江湖"。

如果我们对历史与现实的这种密切关联缺乏足够的重视，就难免去人为地制造"白纸"，随心所欲地"写最新最美的文字，画最新最美的画图"。苏联在解体前夕的 1990 年，成立了一个由沙塔林院士为首，成员包括亚夫林斯基等当时苏联最有名的经济学家在内的专家小组，制定全苏向市场经济过渡的五百天计划——《向市场过渡：构想和纲领》，即"沙塔林—亚夫林斯基 500 天计划"。这个雄心勃勃的计划以现代经济学原则为基础，应当说是一个相当完备的改革计划，但是这个计划却导致了灾难性的后果。这是典型的"白纸"思维的结果，因为它完全没有考虑到历史，没有正确认识历史留下的遗产到底如何，而只是依照"普世"的经济学原理，

---

① 李伯重. "江南经济奇迹"的历史基础——新视野中的近代早期江南经济. 北京：清华大学学报（哲学社会科学版），2011（2）.

希冀在"白纸"上建立理想的经济模式。如同所有的理想主义的乌托邦改革一样，这种改革注定是要失败的。

科学家施一公近来提出"深层次思考和变革的大潮真的开始了"，而要进行"深层次思考和变革"，就"一定要看看历史，不仅仅是中国现代史，也要去看科学发展史，看看各个国家强大的地方是如何起来的，而不是想当然地拔苗助长"①。不懂历史的改革，往往就是拔苗助长，这个道理是有识之士都有的共识，可谓英雄所见略同。

如果我们从更深的层次去看经济学与经济史的关系，可以看到：经济史对于经济学的重要性，还不限于针对现有经济学所遇到的问题而对经济学理论的不足起到纠偏校正的作用。事实上，对于经济学的所有理论来说，经济史可以说是检验真理的标准。如前所述，由于经济学本身总是不断随着现实的变化而变化，因此只能用历史的眼光来看待和检验各种经济学理论，这些理论是否合理才能被证明。因此熊彼特说："经济学的内容，实质上是历史长河中的一个独特的过程。由于理论的不可靠性，我个人认为历史的研究在经济分析史方面不仅是最好的，也是唯一的方法。"②吴承明先生也指出："经济学是研究经济史的方法，而历史又是研究经济学的最后的方法。"③

在今天，中国经济给我们提出的问题不仅是中国的问题，也是世界的问题。以《世界是平的》一书而为中国人耳熟能详的作家托马斯·弗里德曼说："中国人口占世界近 1/6，因此这个国家人民的教育水平、就业状况和生活质量等都会深刻影响国际社会的方方面面，例如生态环境、商品价格和货币汇率等。中国的成功转型对于整个世界来说都意义深刻。"④在探索成功转型之谜的努力中，中国经济学家有得天独厚的条件，因此也最有可能成为经济学革命的主力。科斯在辞世之前不久对中国经济学家们说："中国有那么多优秀的年轻人，那么多优秀的经济学者，哪怕只有一少部分人去关心真实世界，去研究分工和生产的制度结构，就一定会改变经济学。我始终对中国寄予厚望！"⑤他这个厚望的实现之日，也就是中国的经济学走出困境，并在国际学坛上扬眉吐气之日。这是我对今天讨论"当代经济学的困境、挑战与机遇"时所希望看到的前景。在进行这项伟大工作时，我们非常敬佩吴老 30 年前就已提出的重要论点。可以说，他的谆谆教导是我们取得成功的一个重要指导。

① 施一公. 深层次思考和变革的大潮真的开始了（http://www.kunlunce.cn/gcjy/fzzl/2015-07-04/4124.html）.
② 熊彼特. 经济分析史（第 1 卷）. 北京：商务印书馆，1996：29.
③ 吴承明. 经济学理论与经济史研究. 中国经济史研究，1995（1）.
④《〈世界是平的〉作者：中国成功转型对世界意义深刻》（http://news.163.com/15/0428/07/AO96A7JU00014JB6.html）.
⑤ 科斯对中国十大忠告. 刊于凤凰网（http://finance.ifeng.com/news/special/Coasezg/）.

"史无定法"与重视计量分析
——吴承明学术思想讨论

清华大学　　陈争平

"史无定法"是吴承明先生学术思想的一个重要方面。吴老又多次强调了经济史研究中计量方法的重要性。本文拟在"史无定法"与重视计量分析方面把从吴老那里所学结合自己所思展开讨论，以纪念吴老对中国经济史学的贡献。

一、关于"史无定法"

在经济史研究方法上，吴承明先生一再主张"史无定法"。[①]

吴老认为所谓方法，就是一种帮助我们认识客观对象的视角，或者说是一种思路（approach）。在历史研究中，不仅各种具体研究手段，而且一切理论，都应视为方法。从此观点出发，经济史研究的方法包括了具有不同含义和不同层次的三种内容，即：（1）世界观意义上的方法；（2）认识论意义上的方法，包括解释、求证和推理方法；（3）专业和技术研究方法，包括社会科学各学科的方法。

关于世界观意义上的方法，我们一般强调要遵循历史唯物主义，吴老认为不要受此"限制"，[②]但是笔者认为年轻学者还是要从历史唯物主义出发，先"掌握"再"突破"，先"规范"再"无定"。

关于认识论意义上的方法，笔者也强调年轻学者还是要先掌握逻辑学方法，至于吴老所说形象思维、直观思维等"非逻辑思维"，[③]只能学问达到一定层次以后再说，也是要先"规范"再"无定"。

至于第三层次的方法，经济学、社会学等研究领域都有学者提出研究方法要"规范"，北京大学一些教授提出要"问题本土化、方法规范化、视野国际化"。但是如

① 吴承明. 经济史：历史观与方法论. 上海：上海财经大学出版社，2006：179、181、183.
② 吴承明. 经济史：历史观与方法论. 上海：上海财经大学出版社，2006：181.
③ 吴承明. 经济史：历史观与方法论. 上海：上海财经大学出版社，2006：189～191.

何规范？这些学者本人，包括北大那些教授在内，也没有讲清楚，后来不了了之。也有人提出研究方法要"入主流"，有人提出要"与国际接轨"，但是何为"主流"？如何"接轨"？都语焉不详。目前看来，第三层次所谓"方法规范化"只是在技术层面摸索，如计量分析的具体步骤等。再大的方面，目前基本上还是"无定"状态，都在不断创新。

过去讲"阶级斗争一抓就灵"，有人主张"以阶级斗争为红线"来研究历史；20世纪80年代也有一些学者主张以现代经济学（新古典经济学）为模式来研究经济史，而我认为还是吴老的"史无定法"更好；90年代又有人提出用新制度经济学来研究经济史。吴老则认为新古典经济学和新制度经济学都有局限性，他认为至今仍"没有一个古今中外都通用的经济学"。[①]吴老鼓励方法创新，却又反对把使用老方法说成是"保守"，认为方法有新老之别，但无高下优劣之分。因此，笔者在清华大学给研究生讲课时，要求研究生在方法上要记住清儒梅文鼎的名言："法有可采，何论东西；理所当明，何分新旧……务集众长以观其会通，毋拘名相而取其精粹。"[②]

二、重视计量分析

实际上吴老的"无定"论中也含有"规范"。例如，他认为"经济史首先是史，是历史学的一个分支"。将过去的经济实践清楚地描绘出来并展示给世人，乃是经济史研究的主要目标之一，在此方面，没有其他方法可取代传统的史学方法。研究经济史，唯一根据是经过考证的你认为可信的史料，"绝对尊重史料，言必有证，论从史出，这是我国史学的优良传统"。[③]尊重史料，论从史出，这就是吴老的"规范"。从吴老讲课中，以及吴老发表的有关文章中，都可以看出他对各种方法的价值判断仍有个排序，即"孤证"优于"无证"，"罗列"优于"孤证"，计量分析优于"罗列"。

吴老多次强调经济史研究中计量方法的重要性，他希望在有关经济史的研究中"凡是能够计量的，尽可能作些定量分析"。[④]定量分析可以检验已有的定性分析，尽量避免随意定性的判断，它还可以揭示多种变量相互之间的内在关系，揭示经济事物发展变化趋势，可以使人们对许多历史问题的认识不断深化。吴老在讲课时，曾以清代江西景德镇制瓷业研究为例，告诉我们：从当时史料数量看景德镇官窑留下的史料多，民窑的很少，不做计量研究则会给人以清代景德镇制瓷业是以官窑为

---

① 吴承明. 经济史：历史观与方法论. 上海：上海财经大学出版社，2006：214、215、219、221～224、282.
② 梅文鼎. 堑堵测量（卷2）. 转引龚书铎主编. 中国近代文化概论. 北京：中华书局，2002. 我还要求研究生在选题原则上要记住清儒顾炎武的名言"古人之所未及就，后世之所不可无"。
③ 吴承明. 经济史：历史观与方法论. 上海：上海财经大学出版社，2006：281、192.
④ 吴承明. 市场·近代化·经济史论. 昆明：云南大学出版社，1996.

主的印象，做了计量研究才发现当时官窑的产量和占用的技术力量都不到民窑的1%。吴老还列举其他一些案例，使我们对经济史研究中计量方法的重要性有了较深的印象。

吴老也告诫我们，定量分析要与定性分析相结合，"已有的定性分析常有不确切、不肯定或以偏概全的毛病，用计量学方法加以检验，可给予肯定、修正或否定"；而计量经济学方法可以用于"检验已有的定性分析，而不宜用它创立新的论点"。[①]

吴老在讲课时也强调量变和质变的辩证统一关系。关于量变和质变的辩证关系，我们以前在上哲学课时学过，考研究生时又曾复习。但是这30多年来结合从吴老那里所学，及自己学术研究过程中所思，我认为应当在哲学高度强调"量"在认识论中的地位，以往教科书有关表述可以改为：（1）"量"表示事物存在的规模、程度、速度以及构成事物要素的排列组合等的数量规定性，"计量"是对事物认识的深化和精确化；（2）量变是质变的必要准备，质变体现和巩固量变的成果，并开始新的量变。

三、统计是经济史计量研究的基础

吴老同时也告诫我们，计量研究是一项要小心谨慎、要下苦功的工作，统计是经济史计量研究的基础。他还身体力行，带领一批经济史专家对近代中国工农交商等各部门的收入、各类资本在不同时期的增长、国内市场的变化等进行了一系列的计量分析，这些分析使人们对近代中国经济史上主要数量关系有了较为清晰而深入的了解。例如，在论及清代国内市场发展时，同为中国社科院经济所中国经济史室的学者2000年出版了两本书，一本论述了清末市场上度量衡混乱等流通"梗阻"（实际上有些"梗阻"是从清前期延续下来的），并指出中国货物由内地运至通商口岸的百里路程运费往往高出出口后万里海运的运费，[②]强调了当时市场不发展的一面；而另一本书则强调了清前期国内市场发展的一面，[③]不同的作者观察问题的视角不一样。读者如果要想了解从清前期到近代国内市场发展总的过程，仍然要看吴承明等学者在这方面所做的跨阶段定量分析。吴承明等人在广泛考证了各种资料后指出，粮食、茶叶、蚕茧、棉花等主要农产品的商品值按不变价格计，1840～1894年年均增长率不足1.3%，但比起鸦片战争前已大大加速，1895～1920年年均增长率为1.6%，1920～1936年约为1.8%。他们又用海关的土产埠际贸易统计和历年厘金收

① 吴承明.经济史：历史观与方法论.上海：上海财经大学出版社，2006：248.
② 汪敬虞主编.中国近代经济史，1895-1927.北京：人民出版社，2000：102.
③ 详见方行，经君健，魏金玉主编.中国经济通史，清代经济卷（中）.北京：经济日报出版社，2000.

入、常关税等还原法估算 1870 年、1890 年、1908 年、1920 年、1936 年五个基期市场商品总值（包括进口货）分别约为 10.4、11.7、23.0、66.1、120.2 亿两（规元），五个基期之间的年均增长率分别为 1.20%、1.14%、6.28%、2.89%。[①]这些数据使人对中国国内市场不断扩大的状况有了大致清楚的了解。可以说，计量方法已是经济史研究，特别是有关历史连续性的经济史研究不可缺少的重要工具。

吴老不主张用数量模型研究经济史，主要是因为数量模型里无"人"，看不见"人"的主观能动性。许老和吴老曾批评说："从司马迁起，写人物就是中国史学的优良传统。但近代史学，尤其是经济史，似乎丢掉了这个优良传统。"[②]关于经济史中"人"的研究，实际上内容相当丰富，且符合中央"以人为本"理念，年轻学者在这方面大有可为。

吴老认为，尽管日本 COE（Center of Exceuence, COE）项目吸收一些中国教授和中国留日学生参加，但毕竟是日本文部省项目，应当有中国学者自己做的中国长期经济统计研究。他说中国资本主义发展史也是先由日本学者做的，许老和他下决心要做出更好的中国资本主义发展史专著，后来这一设想基本实现。吴老强调定量分析要注意可比性，他认为如果不能进行比较，学术价值就要打折扣。因此他建议以生产法为主，计算近代各时期中国 GDP。我们认为，GDP 估算与货币、物价研究有着极为密切的关系。近代中国各阶段各地区各类物价变动极为复杂，特别是 20 世纪 40 年代恶性通货膨胀时期物价飞涨，名义 GDP 与实际 GDP 变化轨迹相差极大，所以进行中国近代 GDP 估算一定要特别重视物价的实际变动，否则实际 GDP 将会有很大误差。近代中国货币运动十分复杂，而现有货币供给研究结论对此估量不足，我们应当根据近代中国货币运动史实，重新研究货币供给机制及货币量等。

① 吴承明. 中国资本主义与国内市场. 北京：中国社会科学出版社，1985；王水. 评珀金斯关于中国国内贸易量的估计——兼论 20 世纪初国内市场商品量. 北京：中国社会科学，1988（3）；吴承明. 近代国内市场商品量的估计. 北京：中国经济史研究，1994（4）.
② 许涤新，吴承明主编. 中国资本主义发展史（第 1 卷）. 北京：人民出版社，1985：12.

如何认识经济史研究中的"史无定法"
——缅怀吴承明先生

中国社会科学院经济研究所　董志凯

提要：作为经济学与历史学的交叉学科，用什么样的方法指导经济史的研究与写作是一个重要的问题。吴承明重提"史无定法"，即在历史唯物主义的基础上，要将经济理论视为经济史的研究方法，要将经济史研究的五个层次与历史研究方法的三个层次有机结合，并比较不同研究方法的利弊、长短。他对方法问题的一系列开拓性探索成为改革开放以来我国经济史学科研究方法的著名论断，为经济史学科的发展拓宽了途径。

关键词：经济史　研究方法　比较各类方法长短

吴老离开我们已经整整两年了，但是他的音容笑貌犹在耳边、眼前。

20世纪80年代，正值我国重返"科学的春天"。在百废俱兴、欣欣向荣的社会科学舞台上，经济史得到越来越多经济学者的重视与关注。作为经济学与历史学的交叉学科，用什么样的方法指导经济史的研究与写作，不同研究背景、理论背景与学业基础的学者提出了不同的见解，有些甚至是相抵的。在这种情况下，吴承明先生作为具有经济学与历史学双重学业基础，学术功底深厚，通晓东西方经济理论与古今中外历史、学术研究与实践经验兼备的学者，在学科发展的重要时刻重提"史无定法"。它成为改革开放时期经济史学科领域研究方法的著名论断，为经济史学科的发展拓宽了征途，指明了方向。30年来，这一论断被业内外学者反复阐述并身体力行，推动了经济史学园地百花齐放。

一、为扩大眼界、博采众长，重提"史无定法"

"史无定法"之说并非吴老首创，但是吴老在经济史学发展的关键时期重新提出，具有明确目的并加以界定与说明。他说：早有"史无定法"之说，这当然不是说可任意判断，而是说治史可因对象、条件不同采用不同方法。1984 年，在意大利的一次中国经济史国际讨论会上，吴老说：就方法论而言，有新老、学派之分，但很难说有高下、优劣之别。中国讲"百花齐放"，当包括方法论在内。撰写《中国经济史研究方法杂谈》的目的，就是希望我们的中国经济史研究百花争艳。如一事物用不同方法去研究而能得出同一结论，当更可信。[①]

吴老提"史无定法"，并非简单重复先人之言。首先是基于对方法论的全面认识，是为了博采众长。他指出，认识是思维与存在的统一，方法是思维的工具。[②]在经济史的研究中，就方法论来说，应当扩大眼界，博采众家之长。这包括三层意思：根据不同对象和现有条件，采用不同的研究方法；同一问题，用不同方法去求解，以期得到更完备的论证；用某种你最信任的方法，进行多题研究（结果会形成一个学派）。无论采用哪种方式，都要以文献学方法为基础，以历史唯物主义为指导。这些说法明确了他重提"史无定法"的目的和作用。

二、经济史研究的五个层次与历史研究方法的三个层次要有机结合

相比较一般经济问题研究，经济史研究更加深隧、更加宽泛，内容更加丰富。吴老认为，方法与目的密切相关。几乎每种新的研究方法都是随着某种新的理论而来，这种理论和方法就形成一个学派，研究对象决定着运用不同的方法。

他对经济史研究与历史研究方法作了全面剖析后指出，经济史研究有五个层次，即历史条件、经济运行、制度、社会与思想文化。而历史研究的方法可分三个层次，一是世界观意义的方法，是从整体上指导研究的思维工具；二是认识论意义的方法，是解释、求证、推理的思维工具，其中又分逻辑思维和非逻辑思维两种；三是专业和技术研究方法，如社会学方法、经济学方法、计量学方法、比较研究法等。经济史研究的五个层次与历史学方法的三个层次如何有机结合，如何运作得当，是经济史研究须臾难以回避的问题。吴老对此作了大量的研究与比较分析。

他指出，第一，经济史首先是史，它在 19 世纪后期从历史中分化出来，但还是历史。一个时代的经济决定于这个时代的历史条件，如战国时期，经济为战争服务；在西方也一样。马克思认为经济是基础，决定上层建筑。吴老提出社会条件决定经济，与马克思不同，但并不反对马克思。研究经济史要有历史观，他赞成中国传统的"究天人之际，通古今之变"的历史观：长期看经济发展不能逆天行事，要辩证地考察历史上的经济兴衰，包括周期性。一切目的论、决定论的思维方式都不足取。

①　吴承明. 中国经济史研究方法杂谈. 载吴承明经济史：历史观与方法论. 上海：上海财经大学出版社，2007.
②　吴承明. 方法论与历史实证主义. 载吴承明经济史：历史观与方法论. 上海：上海财经大学出版社，2007.

历史学的首要任务是探求历史的真实，史料考证是治史之本，实证主义不可须臾或离。价值判断是中国史学的优良传统。吴老主张应作实证判断和规范判断的两种判断。实证判断要把所论的事情严格地放在当时的历史条件下，不可以今论古；规范判断要写在后面，是用今人的价值观来评论古人的历史局限性，但要有足够的谦虚态度，因为今人的价值观也有局限性。

第二，经济史要研究经济层面。经济史是研究各历史时期经济如何运行的，以及它的运行机制与效果。在经济史研究中，一切经济学理论都应视为方法论。任何经济学理论都要假设若干条件或因素可以略去或不变，否则不能抽象出理论来。这种假设与历史相悖，这不能改变，只能补救，即用史学的特长来规范时空和考察范围，使理论在小环境内起到分析方法的作用。

第三，经济史要研究制度层面。任何经济都是在一定制度下运行的，制度有稳定性，也有变迁。制度变迁是不可逆的，表现历史的进步，但也会出现反复和逆流，造成经济衰退。制度经济学认为，先有制度后有经济发展。吴老辩证地指出，制度是由于经济发展引起的。马克思主义注重研究制度问题，马克思在《德意志意识形态》一书中就曾指出：交往扩大了生产。吴老认为：其实什么制度都是诱导出来的。制度有多种形式，如赋役、租佃、雇工制度，这些制度是小制度，变迁到一定程度要引起体制的变革，体制的变革进一步发展则引起根本性制度变革，宪法改变，根本法改变。这个转变，在西欧就是从商业革命到工业革命，马克思称为生产方式的变革；希克斯认为由习俗经济、命令经济向市场经济的转换，用了300年；考虑到还有社会、文化的变迁与转换，布罗代尔、诺斯都说用了400年。在中国，16世纪经济就有向现代化转变的迹象，也有一定的制度变迁，但未能引起体制改革，即告中辍。又如清末开始制度变革，到民国时期才实行修宪。

第四，社会变革层面。社会变革过去是社会学范畴。年鉴学派认为社会变革是长时段的影响因素。如布罗代尔的书分为三卷，第一卷讲日常生活习惯，形成了长期起作用的制度，在吴老看来起制衡作用。一方面不合民族文化传统的制度创新往往不能持久，如果某项制度违背了民族传统则不会成功，坚持不下去，如"人民公社"制度；另一方面是先导作用，即历史上的启蒙，如欧洲民族国家的兴起经历了启蒙。历史学作为一门学问就是从启蒙时代发展起来的，许多思想家就是史学家。罗宾逊（Robinson）写了《新史学》。启蒙运动是文化运动引起的社会变迁，这是积极因素，如"五四"运动。马克思强调这一观点，认为历史是革命，渐变是小革命。后现代主义代表人物福克认为，历史是间断的，前进是跳跃的，他主要是从文化方面进行研究。哈贝马斯也持这样的观点。经济史也不是线性发展的，过去研究经济史用因果关系，被批评为简单的因果关系，实际上关系是复杂的。结构主义代表人物如布罗代尔认为变革是关系的改变。吴老赞同结构主义整体史观。

第五，文化思想层面。经济发展—制度改革—社会变迁，在最高层次上要受思想文化制衡。文化思想变迁与经济变迁不是如影随形，因此必须破除经济决定论。如恩格斯所言，思想发展有它自己的规律。[①]

三、在经济史研究中一切经济学理论都应视为方法

吴老所言"史无定法"，不仅因为方法有层次之分，而且认为要视研究对象采用不同方法，不同的方法在经济史研究中所起的作用不同。他重视经济理论在经济史研究中的方法地位，同时指出：经济史是研究过去的、还不认识或认识不清楚的经济实践，因而它只能以经过考证、认为可信的史料为根据，其余一切理论、原则都应视为方法——思维方法或分析方法。

经济学原理是从历史的和现实的经济实践中抽象出来的原理和原则，但不能从这种抽象中还原出具体的实践。吴老说：就像不能从"义利论"还原出一个君子国一样，历史实践的抽象不同于意识形态（哲学）的抽象。他引用马克思以及近当代著名西方经济学家的认识印证他的观点：如马克思、恩格斯指出，历史实践的抽象还不同于意识形态（哲学）的抽象，"这些抽象本身离开了现实的历史就没有任何价值""它们决不提供可以适用于各个历史时代的药方和公式""它们只能对整理历史资料提供某些方便，指出历史资料的各个层次间的连贯性"。[②]吴老认为，这里的"方便"可理解为方法。凯恩斯说："经济学与其说是一种科学，不如说是一种方法、一种思维工具、一种构想技术。"[③]熊彼特极有远见地把他那部空前繁浩而又缜密的经济学说史定名为《经济分析史》，指出："经济学的内容，实质上是历史长河中一个独特的过程。如果一个人不掌握历史事实，不具备适当的历史感或所谓历史经验，他就不可能指望理解任何时代（包括当前）的经济现象。"[④]

吴老对这些精辟的论断给予高度评价。这是因为经济学本是一门历史科学，因此，任何经济学理论都有它的"历史相对性"。熊彼特在解释这个问题时说，除了经济学家对于他们那个时代的"兴趣和态度"有所不同外，重要的是"我们使用的材料不能超过我们占有的材料，因此在进一步发现的前面，我们原有的成果一部或全

① 吴承明先生谈经济史研究方法问题.2004-6-8.载吴承明.经济史：历史观与方法论.上海：上海财经大学出版社，2007.
② 德意志意识形态.马克思恩格斯选集（第1卷）.北京：人民出版社，1974：31.
③ 现代外国经济学论文选（第8辑）.北京：商务印书馆，1984：4.该译文过简，兹按凯恩斯原文改译.
④ J.A.熊彼特.经济分析史（第1卷）.北京：商务印书馆，1991：29.

部也许站不住脚。"①

吴老以商品定价为例，说明经济范畴与经济理论随着经济历史变化不断演变：有人曾把马克思的价值规律作为一项永恒起作用的市场规律，其实不然。在简单的交易中，人们可凭经验得到劳动等价交换的概念，如里谚：君有一尺绢，我有五尺布，相与值贸之，粗者不贫，细者不富。②但到交易复杂化后，这种劳动价值调节生产和资源配置的作用就失效了。恩格斯说，"马克思的价值规律，从开始出现把产品转化为商品的那种交换时起，直到公元 15 世纪止这个时期内，在经济上是普遍适用的"，直到 15 世纪止，它起着"支配作用"。③16 世纪以后，西欧进入资本主义，市场竞争加剧，人们已无法凭经验取得劳动等价交换的概念，于是，马克思提出"商品价值转化为生产价格的理论"，也就是说，市场上商品价格的形成不再以劳动价值为基础，而是以成本价格加上平均利润的"生产价格"为基础；在市场上调节生产和资源配置的，不再是原来的劳动价值规律，而是生产价格的规律了。马克思说，所谓生产价格，"实际上这就是亚当·斯密所说的'自然价格'，李嘉图所说的'生产价格''生产费用'"，④也就是古典经济学所称"看不见的手"。生产价格理论作为市场机制，适用了 200 多年，市场进一步复杂化了。在市场上不仅是商品交易，还有期货、期权交易，信息和专利权、知识产权交易，以至风险交易。每种交易都要有价格，没有交易的也有影子价格，这些价格多半不能用生产成本来分析。于是，经济学家用新的市场机制的理论，其中比较实用的就是新古典经济学的均衡价值理论。均衡价值理论运用了近 100 年，市场又发生新的变化，于是在 20 世纪末又有合理预期和博弈理论出现。显然，这些经济学理论，无论它曾经具有多大权威，都没有永恒性，在经济史学家看来，只能是分析某一时代市场机制的方法。⑤

经济学理论作为经济史研究的方法，被赋予了更高的价值与地位。这是因为一项伟大的经济学说，在它产生的环境和条件变动后，往往就会消沉，但它所创立的经济分析方法，却能长存。如 20 世纪 30 年代的凯恩斯主义革命，是在 1929 年世界经济危机的条件下产生的。它曾煊赫一时。但不过 20 年，凯恩斯学说即为新古典综合派和新剑桥学派所代替，今天更有新的理论出现。但是，作为方法，凯恩斯创立的宏观经济分析，包括国民收入、总需求、总供给、储蓄和投资、国家干预经济的政策等，则不仅为后凯恩斯主义者所继承，也为几乎所有经济学家所取用。因此而兴

① J.A. 熊彼特. 经济分析史（第 1 卷）. 北京：商务印书馆，1991.
② 同治《余干县志》卷三市镇.
③ 价值规律. 资本论（第 3 卷）. 北京：人民出版社，1975：1019.
④ 资本论（第 3 卷）. 北京：人民出版社，1975：221.
⑤ 吴承明. 经济史：历史观与方法论. 上海：上海财经大学出版社，2007.

起的经济增长理论，后发国家的发展经济学理论，也和上述宏观经济分析一样，成为经济史研究的重要课题。[①]

四、比较不同研究方法的长短

为了经济史学园地百花齐放，吴老对经济学和历史学的理论在经济史研究中的运用，作了大量的例证分析与比较，包括：（1）文献学和考据学方法；（2）历史唯物主义；（3）经济计量学方法；（4）发展经济学方法；（5）区域论和周期论；（6）社会学方法；（7）系统论方法，等等。[②]对于不同方法的长短，他都作了实事求是的分析，并指出其作用的最佳方位。这也是他主张"史无定法"的重要依据，即需要多种方法取长补短，才能全面认识与分析经济演变的历史。

他赞成结构主义整体史观。因为经济发展是非线性的。诺斯的新制度学派 20 世纪 80 年代在我国很流行，大约是因为中国进行体制改革的缘故。新制度学派的方法很好，但也有缺点，在研究中国历史时许多方面用不上。诺斯的著作分成两部分，前面是理论部分，讲得很清楚，但后面分析历史时，却不是制度变迁，比如战争、疾病，都是非经济原因。因此，新制度学派需要修正。新制度学派理论已注意到国家作用，加入了国家理论，这一点对分析中国问题是重要的。新制度学派还注意到意识形态作用，认为意识形态是非正式制度。上述三点都不是以经济理论为基础的。

他赞同熊比特《经济分析史》中提出的研究经济史要有三个基本功：历史、统计与经济理论，最重要的还是历史，若无史感则不能了解任何时代的经济，包括当代经济。历史感或修养对个人的判断能力影响很深刻。他在 20 世纪 90 年代学习西方学者康德、汤因比、哈贝马斯等人的著作，感到虽然很有收获，但这些不是自己的，应用上还不行。研究经济史，必须要掌握古代史、近代史，养成历史观。

长期以来，西方学者把近代早期欧洲民族国家的形成和较早实现工业化归之于西方文化的特殊性和优越性，而认为明清时期的中国是处在停滞状态，鸦片战争以后发生的变化则是受西方的冲击引起的，即所谓"西欧中心论"和"冲击—回应"范式。近二三十年，兴起了反对这种观点的思潮，并渐形成巨流。吴老认为，在中西比较史研究中，彭慕兰的《大分流》以新的论证方法提出许多创新性见解；是研究中西比较史最值得通读的一本书，认为其最大贡献正是在方法论的创新上。他对方法论的贡献

① 吴承明.经济史：历史观与方法论（第六章第一节）.上海：上海财经大学出版社，2007.
② 对此，吴老曾说：所谈或详简，或我所不知而举疑，故曰杂谈。引自吴承明.中国经济史研究方法杂谈.2002-12-5.载吴承明.经济史：历史观与方法论.上海：上海财经大学出版社，2007.

有两个：一是对中国研究中比较目标的创新，二是比较方法的创新。通常研究者是以生产水平和消费水平作为比较的目标。由于中西文化、习俗和价值观不同，这种比较难得共同的标准。麦迪森统一用国内生产总值（GDP）的增速来衡量，而18世纪的GDP，他自己也说只是 guesstimate（俚语"瞎猜"）。这种比较是一个时间点的静态比较，不能反映某个经济体系的实力和前景，并会因双方所处景气周期的相位不同而失衡。彭慕兰则以极大的力量考察了双方阻碍市场发育的因素，诸如政府干预、特权垄断、行会和习俗限制等，并特别重视土地买卖和劳动力市场的自由程度；采取了中国与欧洲双向交互比较的方法和回溯分析与前瞻分析相结合的方法。①

关于文献学和考据学方法，吴老认为，我国史学一向重视文献学的方法，就是绝对尊重史料，言必有证，用现代话说就是"论从史出"。这是个好传统。文献学方法包括校勘、辨伪功夫。所论多宏观，故重典章制度。同时，它包含归纳法，广征博引，力戒孤证。在表达上，"让史料自己说话"，质朴、简洁、有力。

文献学、考据学是不断发展的。至近代，受西方实证科学影响，已日益重实效。方法本身也因资料库和电子计算机的利用而改进。但单靠文献学、考据学方法亦有弊端。正如列宁所说："社会生活现象极端复杂，随时都可以找到任何数量的例子或个别材料来证实任何一个论点。"②这就不是论从史出，而是史随论走了。因此，史料愈多，愈要有科学的驾驭史料的方法。这方法，首先就是历史唯物主义。

吴老把历史唯物主义视为研究经济史的基本方法。他认为，历史唯物主义是一种世界观，不只是方法。但是，如果我们不是写历史，而是研究历史，即研究一个未知领域或未决问题，不如把它看作方法。这是因为，原则不是研究的出发点，而是它的最终结果；规律虽是客观存在，但只在一定条件下起作用。历史唯物主义的原则，对别的学科来说，可用作逻辑论证，如评某文学作品，可说它不符合历史规律。但对研究历史本身来说，却不能这样。如五种生产方式，可称为社会发展规律，但具体研究某个民族的历史时，缺奴隶社会者有之，缺封建社会者有之，缺资本主义社会者更有之。这些"缺"正是研究的目的。对于研究工作者来说"马克思的整个世界观不是教义，而是方法""历史唯物主义从来也没有企图说明一切，而只是企求提出'唯一科学的'说明历史的方法"。这种科学的说明历史的方法的核心，也是在实践中用得最多的，就是历史辩证法。辩证法思想来自人们观察自然现象的

---

①《大分流》的基本观点是：1800年以前是一个多元的世界，没有一个经济中心；只是19世纪欧洲工业化充分发展以后，一个占支配地位的西欧中心才具有了实际意义。西欧首先实现工业化不是由于欧洲传统文化及制度上的优越性，而主要是两个具有偶然性的因素造成的：一是英国的煤矿恰好位于经济核心区，二是美洲殖民地的开发，后者尤为重要。该书由史建云译成中文，收入"海外中国研究丛书"，江苏人民出版社出版。吴承明对该书的评议引自《大分流》对比较研究方法的贡献，载《中国学术》2003年第3期。

② 帝国主义是资本主义的最高阶段.列宁选集（第2卷）.北京：人民出版社，1978：733.

总结，即自然辩证法或辩证唯物主义。"历史唯物主义就是把辩证唯物主义的原理推广去研究社会生活……应用于研究社会历史"。吴老认为，钱学森把历史唯物主义称为"社会辩证法"，与自然辩证法相并列，很有见地。但是，过去讲授历史唯物主义却很少讲辩证法，而把国家、阶级、阶级斗争当作主要内容。这是因为，我们把辩证唯物主义和历史唯物主义分成两门课。阶级斗争是历史的"直接动力"，这是 1879 年马克思发出的一个指挥革命行动的通告中说的。历史发展的基本动力是经济的发展，1893 年，恩格斯对此提出"归根到底是经济"的修正。[①] 这才是历史唯物主义的本意。

因此，一要承认各领域的相对独立性。从这一点说，本来可以分别研究，如政治史、文化史、经济史等。二要有整体观、系统观。研究经济史也要看到政治、文化对经济的作用，不能摆出一副"我是基础、我决定你"的架势。"归根到底"是经济，但在一事一物上却未必。三要辩证看待生产力和生产关系，相互作用是辩证法的基本原理，"反作用"其实就是作用。[②]

经济计量学源于数理经济学。数理经济学已有百年历史，经济计量学也有数十年历史，我国现已用于计划和管理。但经济计量学用于历史研究，还是 20 世纪 60 年代以来的事。它兴于美国，也以美国独盛，在欧洲和日本史学界并非主流。经济计量学用于历史研究有很大局限性。吴老有 20 余年经济工作的经历，开始研究经济史时，在作经济理论分析的同时也作计量分析。经过一段研究之后，到了 20 世纪 80 年代，感到计量分析需要假设许多不变的条件，如假定价格不变、制度不变等。这与历史不符。他从实际工作与经济史研究结合的角度总结出：计量方法是需要的，能够计量的要用计量。用计量方法可以进行定性分析，但不要从计量中创新观点。[③] 计量学用于现实经济，目的在设定最佳模式，选出最佳方案。用于历史则不行。历史不能选择，也不能假设。目前所用，大多只是回归分析（Regression analysis）和相关分析（Correlation analysis）二法，回归分析又多限于单元线性。线性回归方法，计算并不困难，但其适宜性在于对资料的理解、运用，这仍有赖于定性分析。吴柏钧用回归分析，发现国内外粮价与实际进口之间的关系在不同时期、不同口岸、不

---

①　恩格斯晚年，在 1893 年给弗·梅林的信中说，马克思和他当初是着重从经济基础中"探索出"政治、法权等观念的，这样做是对的，因为当时是批判黑格尔等唯心主义。但也因此犯了个错误，即忽视各种思想领域有自己发展的历史并在历史上起作用。因而他提出"归根到底是经济"的修正。次年，在给符·博尔乌斯的信中全面发挥了这一点：首先，经济基础不仅是经济关系，而是包括全部技术装备和地理环境。其次，"并不只有经济状况才是原因"，政治和意识形态都互相影响。同时，经济并不是自发起作用，而是经过人的决策，"是人们自己创造着自己的历史"。原来，1890 年他就提出历史是由人们的意志"合力"创造的理论，而人们的意志是由生活条件决定的。

②　吴承明. 中国经济史研究方法杂谈，1986 年 12 月在中国经济史学会成立大会上的讲话. 载中国近代经济史资料，1987（6）. 同时刊载轻工业经济研究，1987（7）. 红旗（内部文稿），1987（8）.

③　吴承明先生谈经济史研究方法问题，2004-6-8. 载吴承明. 经济史：历史观与方法论. 上海：上海财经大学出版社，2007.

同粮种（米或麦及面粉）都有所不同，需要从进口数量、倾销政策、市场的垄断性等方面来解释。一般来说，凡作回归分析，同时即可得出相关系数。问题是要有大量的连续性数据。目前所见，回归分析用于人口、外贸、物价之研究者最多，以及研究铁路运输与贸易的关系，农场规模与产量的关系等，均有成功案例。定量分析可避免概念模糊、夸大、以局部作总结等弊病。但应用最多的是拿它检验已有的论点或设想是否正确。在经济史研究中，凡能定量的，都应定量，不能定量的，也尽可能找出相对的数量概念。反之，欲用相关分析推导出新的结论，则须慎重。若迷信数字，必致失误。

发展经济学是研究不发达国家经济的，又注重长期趋势，它的方法以至一些论点，研究中国近现代经济史能有所借鉴。发展经济学学派众多，但有共同特点，即注重比较方法。20世纪60年代以前的发展经济学，多是与英美等国的工业化过程相比较，一如过去史学界的西欧中心论。用这些模式研究中国近代经济的发展，自然不得要领。不过，我们过去的研究偏重生产关系，对资本、劳动注意不够，在这方面与外国工业化过程作对比仍是有益的。李伯重先生研究明清江南经济，与16～18世纪中期的英国对比，以及近来一些学者与日本德川时代和明治时代经济的比较研究，都很有意义。20世纪60年代以后，拉美学者在发展经济学中异军突起，研究方法也变成南北对比。同时，提出结构主义、依附论、不等价交换等理论。他们运用大量资料和计量学方法作对比分析。我们研究帝国主义对中国的经济侵略也不能只研究本国，而需要研究对方。吴老认为，比较经济学方法不是比较两个孤立的国家，而是要研究两者的相互关系。发展经济学中还有其他一些值得注意的理论，如不均衡发展、发展阶段论、周期论等。这些理论不只从不发达国家出发，而是从整个经济史立论。

区域论和周期论，又称为空间时间研究法（Spacial and temporal study），是20世纪70年代兴起的美国学者研究中国经济史的一个学派，近年来极为盛行，并流行于日本、法国的中国史学者之中。它把中国分为八大经济区，清以后加上东北，成为九大区。每区都有一两个核心区（Core），经济发展是由核心区向边缘区（Periphery）推广。大区内由各级市场和资本、劳动力的转移相联系，形成多级性体系（Hierarchic system）。各大区的发展都有周期性。周期一般有四个阶段：边区（未开发）阶段、大发展阶段、衰落阶段和平衡阶段。区域论源于古老的地缘政治学。中国自古就是大一统为主的国家，经济制度和政治、法律等制度基本上是统一的，很早就有全国性市场。这一点和欧洲很不相同。美国籍学者王业键的清代粮价研究，用计量学方法说明各大区物价长期趋势的同步性，是个有力的证明。历史发展非直线，有盛有衰就是周期。事物发展从量变到质变，自成阶段。吴老认为这样去研究经济史比用断代史的方法好，因经济发展往往是朝代断不开的。我国周期论思想出现更早，春秋战国时即有范蠡、白圭的农业循环说。西方周期论最有贡献的是熊彼特的创新论，道出周期的根源。吴老觉得"阶段"比"周期"的提法更好。不过，西方的周期论一般只讲生产力，不讲生产关系，因而所得结论并不确切。

社会学内容广泛，其中人口、劳动等方面已成专门学科。吴老将涉及经济史者如收入结构学派、功能和行为学说等视为经济学的分支，认为社会学就方法论基本特点有三：第一，它认为每个民族或地区都有自己的社会结构和文化传统，其发展也非同一道路。这就摆脱了"西欧中心论"，不去套西方工业化模式，而注意各民族、地区特点的比较研究，因而有"空间史学"之称。第二，它重视"底层"即群众物质生活和精神生活的研究，把人类学、民族学、民俗学、心理学等作为方法引入历史研究，扩大了研究领域。第三，它非常重视社会调查，积累了一套科学调查方法。中国早就注意文化史的研究。社会经济的发展，主要决定于内部力量，传统力量的继承和演变，应是经济史的一个课题。

结构学派在经济学上是新学派，认为经济的发展不仅是生产力的进步，而且还在于结构的合理，否则比例失调，产生危机。在经济史上以法国年鉴学派为代表。从方法论上说，最重要的就是"整体历史"论，反对描述个别部门、事件，因为"整体大于部分之利"，而历史是一系列"互相连锁"。即使研究一国一地区历史，也是先研究地理、气候、交通等，即人与环境的历史，然后是人口、劳动、贸易、家庭、文化等，即群体的历史，最后才是政治、军事、外交等历史。他们主张研究质，不注意计量分析，而代之以结构分析；尊重传统，讲究平衡，重视经济结构，这都是研究中国经济史所需的。但是这派学者提及中国时，不恰当地强调了传统平衡的作用。行为学说是早期比拟于生物学的研究而来，功能学说则是认为社会现象不能用简单的因果关系去解释，时常是种瓜得豆，因而要研究先于结果（或目的）的东西，即功能。其理论用于经济学，形成制度学派；其制度（Institution）有制度和机构二义，如银行、交易所是一种制度，也是执行某种功能的机构；经济发展与否，就看这些机构执行其功能是否得当，以及各种功能配合得好坏，这种配合也就是结构（制度）。在方法论上，就是研究各种制度的功能效率，如钱庄的功能不如银行，漕运的功能不如商运。在研究中又特别重视服务性的功能，如商业、运输、资金融通、政府管理和税制等。有人把这些转化为交换成本，交换成本低，经济就有发展。国外用这种方法研究中国经济史的很多，一般把中国近代经济的不发展归之于运输落后、商业机构不健全、利息率高等，也用这种观点研究宋以后的市场、行会、商税和币制、票号、钱庄等。我国经济史学者一向注意政府作用的问题。历代统治者的作用，多强调赋税剥削、官田、官工商业、抑商和贪污腐败等消极作用。国外学者相反,一般认为,和欧洲封建社会相比,中国政府敛聚较轻,维持社会安定和经济秩序较有效率,对于水利、粮仓、救灾等大为赞扬。近年来,特别对于清政府的经济政策深为赞许,原因之一是中国在乾隆时能养活三倍于过去的人口。

系统论方法包括控制论和信息论,是 20 世纪 50 年代发展起来的科学研究方法。用系统论方法研究历史,尚未见国外著作,在中国却有不少论述,已形成一个学派。系统论在中国,尤其是在青年史学家中受到欢迎,大约因为它具有辩证唯物主义思想,许多原理本是马克思、恩格斯早已提到过的。在我国的一些论述中,有些是讲系统论的一些原则,如整体观、结构分析、层次分析、相互作用、功能、行为等,探讨这些原则在历史研究中的适用性。如金观涛、刘青峰、李桂海、陈平诸家把系统论用于中国封建社会史的研究。诸家研究的结论有个共同点,即认为中国封建社会是个超稳定系统,两千年来内部的振荡只引起王朝的更替,结果是封建模式的复制,重归于稳定。吴老不同意那种认为中国封建社会是个封闭系统,不能容纳外来因素输入,因而停留在稳定状态的说法;而认为中国从来不是个封闭国家,不仅汉唐朝时如鲁迅所说采取"拿来主义",直到明清海禁,许多重要农作物还是从国外引进的。吴老认为,应用系统论一些原则作为观察、研究历史上某些问题的方法是完全可以的。事实上,像结构分析、层次分析、相关分析以至功能、行为等学说,早已应用于历史研究了。但用系统论研究整个社会的历史有两个问题:一是大系统问题,二是计量问题。目前我国的研究者大都是把中国封建社会分为三个子系统(也有分成四个的),即权力(政治)系统、经济系统、文化(思想)系统,可谓包罗万象。还要研究系统与外部环境(地理、气候、邻国)的关系,再加上上下两千年,研究的范围就庞大无比,如此大范围研究必很难深入,系统论的精华在于计量,精密计量才能洞悉些微变化和偏差。目前用系统论研究中国历史的,除一些年代、人口数字外,都不计量,没有一个数学模型,这就失去了系统论的光辉。系统论方法中在数据不足时,也可不建立数学模型,先建立物理模型,作定性分析,但目的是为将来进入定量分析。在用系统论研究中国历史时,连物理模型也难建立。因而所谓相互关系、功能、结构等,还是一些概念,看不出方向、时序、质和量。在论各种力量时,只能用集中、分散、增强、减弱等来表示。系统论方法就是计量,经济计量学方法的一些缺点它也都存在。另外,系统论是不注意内部矛盾的,因为目前应用的都是人造系统(工程、计划、预测模型等),不去人为地制造矛盾。控制论的主要目的,就是消除不稳,使系统保持原有状态。这些都是不符合历史唯物主义研究原则的。但我并不认为系统论方法不能用于研究历史。毛泽东说:"应先作经济史、政治史、军事史、文化史几个部门的分析研究。"[1]我想，目前用大系统研究全社会历史的条件还不成熟，不如就一些经济史的专题，进行小系统研究。系统论的方法不断发展，比经济史研究进步更快。例如现在我们说的还是"老三论"，而新三论——耗散结构论、协同论、突变论，已经出世了。[2]

五、一点感悟

20世纪80年代以来，西方经济学在中国得到迅速普及和传播，对于中国市场趋向改革的萌起，发挥了促进与推动作用。相对而言，中国比外国经济史研究要冷清和滞后许多。30余年之后，随着改革开放的深入，当要求中国自己的经济理论问世并领航中国经济时，中外经济史教学与研究滞后的问题就逐渐凸显了。经济史与经济学存在着"源"与"流"的辩证关系。[3]今天我们对历史上的许多事物还不清楚，或不很清楚，还需要一事一物、一个一个专题进行研究。在这种定性研究中，传统的方法，文献学、考据学、考古学的方法，仍是第一要义。至于研究其发展变化，即动态的研究，也要以史料为基础，不能单靠逻辑思维或计算机给出答案，即使给出，最好也要有文献学的证明。近年来，一批经济史研究人员为了弥补史料、文献的不足，作了大量艰苦的基础工作，但与深入研究的需求比较，还很不够。不仅如此，对于已经发掘的史料，研究也很不足。

在这种背景下，吴老提出"史无定法"的包容理念，有两个重要意义，一是如前所述，为经济史研究开辟航道，打开思路，促进经济史成果百花齐放、推陈出新；二是启迪和勉励我等后生学者：经济史研究是一个多么有趣、多么广阔的天地，有大量尚待开垦的荒垣，可以从各个角度、多方位、多层次进入，取此法之长，补它法之短，通过不懈努力，定能收获硕果。

让我们努力开拓耕耘，以新的成果告慰吴老！

---

① 毛泽东.改造我们的学习（一九四一年五月十九日）.载毛泽东选集（第三卷）.北京：人民出版社，1977：802.

② 1986年12月在中国经济史学会成立大会上的讲话.载中国近代经济史资料，1987（6）；轻工业经济研究，1987（7）；红旗（内部文稿），1987（8）.

③ 详见董志凯.经济史与经济学的"源""流"之辩.中国经济史研究，2006（1）.

对"经济史应当成为经济学之源"理念的思考
——谨以此文纪念吴承明先生

广东外语外贸大学　刘　巍

内容提要： 长期以来国内经济史学界和经济学界学者自说自话，鲜有沟通管道，两界难以实现吴承明先生倡导的"源与流"之顺畅联系。源与流不能有效沟通之尴尬局面的症结在于，经济史学界与经济学界的研究范式存在着巨大差异。本文认为，经济史研究应遵循经济学的研究范式：前提假设—逻辑推理—实证检验，而在这一范式的各环节上选择何种分析工具，则可见仁见智。

关键词： 经济史　经济学　吴承明　研究方法　分析工具

吴承明先生（2006）曾在许多场合讲过，"经济史应当成为经济学的源，而不是经济学的流"。多年来，这一理念始终为国内经济史学界众多学者所接受，在许多文献中都可以看到赞扬和诠释。但是，绝大多数文献都停留在呼吁和号召的层面上，而将这一理念付诸研究过程或提出可操作的研究路径者却很少见到。国内学界长期以来的实际情况是"源"与"流"之间鲜有沟通管道，经济学和经济史两界学者自说自话，难以体现上下游之间的顺畅联系。以中国近代经济史为例，学界惯常的研究路径是，就时下经济中的某一热议问题——如房地产、"三农"、基础设施建设、股市等——做民国或晚清时期同一问题的论文，文中大都声称为当今提供借鉴。但是，由于作者对经济运行逻辑知之甚少，所以，论文描述的基本因果关系和所用数据的统计口径等规范性元素与经济学含义相去甚远，经济学界无法参考借鉴。于是，当"源"不能为"流"提供"达标水"时，经济学界一旦需要借鉴历史经验，大都是自己动手。例如，经济学家陈志武近年来正率团队研究整理中国1700 年以来的时间序列利率数据，其原因自不待言——中国近代经济史文献无法提供这类数据。又如，新中国成立以来中国近代金融史研究开展了几十年，但尚无国内学者估算货币供应量时间序列数据，目前学界使用的近代中国 24 年的货币供给量是美国经济学家罗斯基（1989）估算的。虽有一定瑕疵，但终强于无据可循。

众所周知，离开货币量数据，绝大多数经济问题是讲不清楚的。不可否认，也有经济学界学者轻率地使用经不起推敲的历史数据，进而得出令人遗憾的结论之案例。如财新网报道，香港大学许成钢教授 2011 年 7 月 5 日在北京出席 IEA 第 16 届全球大会时谈到了中国经济总量在世界上的地位问题："从最近的 30 年或者 50 年来看非常了不起，但把历史拉开来看，只是相当于中等程度的恢复。1913 年美国 GDP世界第一，中国第二，只看这个指标，中国终于回到了 1913 年时在国际上的地位。但从绝对数量上看，2010 年中国 GDP 约为美国的 2/5，还不如 1913 年。按照比较乐观的估计，2025 年中国 GDP 会成为世界第一，即便如此，中国也只是达到了 1880 年的状态，当时中国已经是世界最大的经济体。"①许成钢先生的数据不知出自何处，令人惊讶。在前辈学者研究成果的基础上，我们（刘巍、陈昭，2012）对 1887~1936 年缺失的 40 个数据做了初步的估算，形成了一个 50 年时间序列数据。笔者（2013）所做的比较研究结论是，1913 年中国不是第二，1880 年也不可能是第一。

　　凡此种种，不一而足，可见，在国内学界，有效沟通"源"与"流"，且保证"源"之水能为"流"所用，是当务之急。既然学界同仁对吴老提出的理念从无异议，于是，呼吁号召就嫌多余了，本文拟就有效沟通源与流的思路抒发一孔之见，藉以纪念学界泰斗吴承明先生。

一、经济史研究范式思考："史无定法"大义浅读

　　从国内学界源与流不能有效沟通的现状来看，笔者认为，经济史学界与经济学界研究范式的巨大差异是源与流尴尬局面的症结所在，同时，问题在于经济史学界。经济史学界一些学者片面地解读吴承明先生提倡的"史无定法"理念，常对此说望文生义，进而作为事实上不懂经济研究方法和分析工具的搪塞，通常凭聪明和灵感对经济史做出朴素的或想当然的解释，研究结论常常令经济学界茫然不解。这犹如不懂化学的人按自己的观察写出的化学实验报告和实验结果分析，化学家对这份报告是不会感兴趣的。

　　我们知道，经济史研究过程不是信马由缰的，研究者事先必有某种思路。于是，经济史文献中使用的历史资料必然是研究者精心选择的，基本适合研究者的研究思路。但是，如果研究者对经济运行逻辑关系知之甚少或浑然无知，那么，所选资料用处不大就是大概率事件了。南开大学经济研究所王玉茹教授在笔者的《中国

---

① 详见 http://overseas.caing.com/2011-07-05/100276240.html，国内各大网站相关栏目多有转载，影响较大。

货币供给机制研究：历史、逻辑与实证》一书序言中做了如下比喻："我们不妨虚拟两个实验。实验 1：让一个军事院校战争学资深教授率领的研究团队研究二战史，同时，让我本人率领的另一个团队也研究二战史，两家收集、整理和推测的资料应该是有很大差别的。原因在于，前者头脑中的军事理论根深蒂固，研究框架几经锤炼日臻成熟，需要何种资料，如数家珍。而我收集、整理的资料集与前者资料集的交集不会很大，原因自不待言。实验 2：让一个美术学院的资深教授领导一个团队研究 1840 年以来中国油画的发展历程，让刘巍也率团研究同一课题。显然，这两个团队收集、整理的资料之差异要显著大于实验 1。"

从研究范式差异这一起点开始，经济史和经济学两界学者必然渐行渐远。那么，吴承明先生提倡的"史无定法"究竟含义如何呢？笔者虽与吴老相识，也曾多次得到吴老的指点，且吴老是笔者博士学位答辩委员会主席，但是，笔者毕竟没有就"史无定法"之含义一题向吴老做过专门请教。于是，以下对吴老主张的"史无定法"理念之理解纯属笔者演绎，荒谬之处在所难免。

首先，"史无定法"是大视野的理念。历史是对既往人类活动场景的记述，绚烂多彩，人们从各个角度研究，产生了诸如外交史、战争史、农业史、音乐史、哲学史等"泛历史"分支。如今早已不是司马迁写《史记》的时代了，科学发展突飞猛进，理应有各个角度的方法，不可能也不应该一致。各个研究角度既然有客观的运行规律，就必有反映和继续探索这些规律的逻辑框架及研究范式。于是，研究各种专门史的方法应该有特定的一种或数种，即在某一专门史领域中，方法应该是长期积累形成的特定范式。比如，研究音乐史不可能用外交史的研究方法，研究农业史不可能用哲学史的研究方法。因此，笔者认为，大视野的"史无定法"理念中蕴含着特定领域的"史有定法"。

其次，经济史研究与经济学研究是不能割裂的。经济学产生至今已有约 300 年的历史了，当年威廉·配第、"经济学之父"亚当·斯密、大卫·李嘉图、边际革命三杰等著名学者研究的经济学，就是我们今天视野中的经济史（也包括经济学说史）。不仅如此，就连"现代经济学之父"凯恩斯的重要研究对象——大萧条，也成了今天经济史家不倦探索的领地。这些前辈经济学大师的研究方法体现在他们的宏论之中，是传世经典。吾等后辈学人今天在研究他们那个时代的历史经济运行，若连他们的研究方法和分析工具都不掌握（虽有些分析工具今天已显落后），甚至看不懂他们的文献，岂不汗颜。学术发展是需要传承的，若某一代人不能从前辈学者那里继承、发扬和创新充满智慧的技法，学术研究水准必将倒退。试想，假如一个人立志研究数学，但对笛卡尔的解析几何、牛顿的微积分既一无所知又不屑一顾，自己另起炉灶，即使此君终日悬梁刺股，又能有多大成就呢？

　　吴承明先生认为，"经济史研究历史上各时期的经济是怎样运行的，以及它运行的机制和绩效。依此定义，我们研究的视野就不能限于经济本身，因为自然环境、国家、社会和文化都制约着经济的运行，而经济运行的绩效也在自然环境、国家、社会和文化上表现出来"[①]。从吴老的定义和释义中可以读出，经济史研究和以往各个时代经济学界对他们的"当今"经济运行研究极为相似。笔者对吴老所言之放开"研究视野"的感受是，任何一个历史阶段的经济运行必然受制于或受益于自然环境、国家、社会和文化等因素，即在不同的自然环境、国家、社会和文化背景之下，不同历史时期的经济运行方式不同，经济机制的传导路径不同，经济绩效的高低不同。而宏观经济绩效的累积效应必然促使自然环境、国家、社会和文化等因素发生变迁，进而对下一阶段的宏观经济运行提供大背景。总之，既然经济史的研究内容是历史上的经济运行，无论从何种角度展开研究，必然逼近和最终深入到经济运行逻辑之中。因此，经济学的方法应该是经济史研究的核心方法。在《经济史：历史观与方法论》一书的第六章到第九章中，吴老将经济史研究的方法总结为经济学方法、社会学方法、计量分析方法和区域比较方法四种，除社会学方法之外，其余三种都是大经济学研究方法的子类。同时，应用社会学方法研究经济史也不能独立于经济学逻辑之外，因为研究对象毕竟是历史经济运行，对经济运行逻辑的拒绝无疑会阻碍研究者得出正确结论。

　　最后，经济史的研究方法与经济史的分析工具是不同层次的概念。从科学研究方法论角度观察，方法应该是上位层次概念，属于梯次展开研究过程的理念或范式；而分析工具则应该是在某种研究理念或范式之下，研究者选择的架构完整的分析手段，如新古典的或现代经济学理论框架，数量分析工具或博弈论分析工具，等等。在一定的方法（理念或范式）之下，可选择的工具很多，但工具本身不是方法，虽然在口语中常常将二者混淆。譬如，在实证主义理念下，经济分析遵循"前提假设—逻辑推理—实证检验"这一范式进行，这是目前主流经济学的研究方法。在这一范式的"逻辑推理"环节上，研究者根据不同的前提假设可选择不同的理论框架作为分析工具，推出最终结论。接下来，在"实证检验"环节上，根据资料情况，研究者可以选择数量分析工具做实证，也可以选择案例分析做实证；如果实在缺乏条件，也可以暂时不做实证，将逻辑推理的结论暂且作为"假说"，待有条件时再做实证。但是，无论怎么变换分析工具，实证主义的研究方法并未发生改变，若研究者不走实证主义路线，那才是研究方法发生了变化。纵观近年来经济史学界对于研究方法的诸多讨论，笔者认为，许多文献的"方法"内涵差异很大，且有大词小用之嫌。

---

　　① 吴承明.经济史：历史观与方法论.上海：上海财经大学出版社，2006：179.

二、经济史与经济学：研究范式对接与研究领地拓展

与大约 30 年前的索洛教授一样，笔者也来谈谈经济史与经济学的研究内容。索洛（1985）撰文批评过美国计量经济史学派，吴老在《经济史：历史观与方法论》一书中谈及方法论时，对索洛的论文做了客观的介绍。索洛认为，美国新经济史受到了经济学的损害，尽管也从经济学中得到了营养。索洛的批评主要是针对新经济史学家也和经济学界一样研究整合、使用回归分析工具和"用时间变量代替思考"，他认为，经济史学家应该从社会制度、文化习俗和心态层面给经济学提供广阔的视野。他虽然赞成经济史学家利用经济学家提供的分析工具，但认为不应还给经济学家"同样一碗粥"，即经济史学家应该用经济学的烹饪技艺做出几道新的大菜，从而令经济学家惊奇，而不是重复着经济学的菜单。

虽然吴老在书中对其他学者的观点也有详尽的介绍，但是，中国经济史学界却经常引用索洛的宏论而非其他著名学者的，其意无疑在于否定用经济学工具研究经济史的"新潮"。然而，用某甲的言论否定或肯定某乙的研究范式是最不科学的，除非某甲是万能的上帝。尤其不可取的是，用某甲若干年前的宏论作为考量某乙若干年后研究工作的尺度。作为 1987 年诺贝尔奖得主，索洛 1985 的观点无疑有较强的公信力，而且可能反映了当时的实际情况。但是，值得注意的是，1985 年美国新经济史的年龄不过二十几岁，阅历尚浅，"从社会制度、文化习俗和心态层面给经济学提供广阔的视野"这一重任对于新经济史学派力所难及。从新经济史学派的学术发展路径观察，正是由于新经济史学派执着地使用经济学界提供的研究范式和分析工具，潜心做了历史宏观经济运行之类的基础性研究，包括索洛所批评的"研究整合、使用回归分析工具和用时间变量代替思考"，然后才有了对历史上"社会制度、文化习俗和心态"的深入研究。20 世纪 80~90 年代新经济史学派的领军人物、1993 年诺贝尔奖得主诺斯对产权理论、国家理论和意识形态理论做出了巨大贡献，他的研究起点正是美国的航海运输史等经济史领域，若不采用经济学家提供的范式和工具，诺斯对新制度经济学的贡献难以想象。诺斯的贡献被当今经济学界广泛应用，这一贡献显然不是经济学家们早餐中常见的"一碗粥"，而是做出了在经济学菜单上被忽视的大菜。假如索洛的论文在十年之后——1995 年发表，大概就是另外一种宏论了。

众所周知，诺斯的贡献是里程碑式的，诺斯一生恐难再有这样的贡献，就像索洛也难有超越"索洛模型"的贡献一样。不可能每一个经济史学家都会有诺斯那样贡献，就像不可能每一个经济学家都会有索洛的贡献一样。绝大多数新经济史学者

在绝大多数时间里做的研究还都是基础性的工作，科学研究不可能一蹴而就，要给新经济史以时日，要允许新经济史修补往日研究的不足，相信新经济史日后会不断丰富经济学家的菜单。新经济史在美国出现至今，尚不足 60 年；传到中国并被少数学者接受，还不到 20 年。笔者相信，随着时间推移和新生代学者的成长，中国计量经济史也能为中国经济学提供新的营养餐。从笔者近年的体会来看，国内学界许多激烈批评计量经济史的学者其实还未搞懂计量经济史的研究范式以及所用的分析工具。从我们对美国计量经济史文献的学习心得和我们自身的研究体会出发，本文将计量经济史研究范式归纳为以下几个重要步骤。

1. 前提假设

一提起"前提假设"，就很容易招致攻击——"历史是不允许假设的"。但是，此假设非彼假设。计量经济史所说的"前提假设"是对研究对象所处的宏观经济环境的主要特征所做的简单抽象，这是研究的起点。要抽象宏观经济环境的主要特点，就必须查阅、分析大量的历史资料，否则，这一工作难以完成。我们是否可以这样认为，"历史不允许假设"中的"假设"大概是指虚构之意，计量经济史也是不同意虚构的，这没有问题。计量经济史的"前提假设"是对主要市场环境特点的抽象，是建立在大量史实基础上的，丝毫没有虚构的意思，批评者切不可望文生义。一般来说，抽象前提假设主要是在以下几个层面进行：（1）总供求态势——是需求约束型经济还是供给约束型经济，即经济增长的发动机是总需求还是总供给；（2）经济的阶段性特征和结构性特征；（3）经济制度安排和变迁的轨迹特征（正式约束）；（4）居民的习俗、宗教和主流意识形态等（非正式约束）。看得出，这需要计量经济史研究者在大量阅读的基础上逐渐养成一种历史学家常说的"历史感"，这种历史感会帮助计量经济史学者区别主次，激发研究灵感。对于计量经济史学者来说，前提假设是最难做的，前提假设也是绕不过去的；前提假设是有所建树的起点，前提假设也是迈向错误深渊的第一步。若前提假设与历史经济环境很贴切，训练有素的计量经济史学者会用有效的逻辑分析工具得出合理的、有意思的结论；前提假设如果远离当时的经济环境，逻辑分析再精致，一般也不会得出有效的结论。

2. 逻辑推理

在前提假设与历史经济状态一致或贴近时，通过较为缜密的逻辑推理，一般可以得出正确的结论。尤其值得强调的是，如果抽象出的前提假设与某一现成的经济理论框架设定的前提假设一致，我们就可以直接使用该理论框架，免去逻辑推理过程，因为经济学理论是数代经济学家潜心研究的结果，一般不会在逻辑推理方面犯低级错误。计量经济史研究者必须要熟练掌握发达经济学和发展经济学的理论，不仅要掌握各种理论框架的逻辑过程和结论，而且要对其前提假设有精准的把握。这样才能知晓在何种前提下何种影响因素能起作用，哪个前提不存在时，应该剔除哪个对应的影响因素。对于计量经济史研究者来说，通过研究经济学理论逐渐养成的经济学"逻辑感"是非常重要的，其重要程度至少不比"历史感"逊色。

诚然，逻辑推理过程中要使用有一定难度的数学工具，因为深藏在经济史表象背后的逻辑关系不是凭着肉眼看或用简单的加减乘除四则运算就可以得到的，必须将各变量符号化，使用相对高级一些的数学工具做分析方可拨云见日。传统经济史研究者最容易轻率地质疑（或公开批评）这种逻辑推理方法，然而，这却是最不该质疑的（批评往往也不得要领）。一个合理的顺序是，先弄懂再质疑（或批评）。众所周知，科学研究中的一个大忌就是胡乱批评自己还不懂的东西。不可否认的是，在逻辑推理过程中，"炫耀数学技术"的倾向也是不可取的。我们认为，在能够解决问题的前提下，分析工具越简单越好，而不是越复杂越好，使用何种程度的数学工具要视对问题分析的深度而定，如果动用了高深的数学工具，得出的结论却是人所共知、人所共信的，那就太没必要了。使用高级分析工具，得出了简单工具难以发现或难以证明的结论才是合算的。

3. 实证检验

实证检验是计量经济史学者"标志性"的研究手段，即用数据验证前面逻辑推理的结论之可靠性。若能通过检验，称为结论被证实；若未能通过检验，则必有某一分析环节出了问题，需重新做分析。这里所说的"以数据验证结论"是使用计量经济学方法所做的数量分析，俗称"做模型"。计量经济学分析方法最基本的功能是用一个时段内所有时点上的数据来验证某种因果关系，具有可重复性，能避免举例法的不完全性和研究者选择故事时的主观好恶，从而避免无谓的争论。数量分析结论不仅可以回答逻辑推理得出的因果关系能不能得到经验支持的问题，而且可以回答各个影响因素的敏感程度和重要程度的问题。成熟的计量经济史学者对于计量模型的建立和解释是相当谨慎的，没有见过哪一个计量经济史学者宣称数量模型可以代替经济史本身，更没有人宣称要用它建立新理论，这类批评完全是批评者的误解。作为经济史研究的一种分析工具，计量经济学的方法非常适合证实和证伪经济运行中各变量之间的逻辑关系，毫无疑问，这是目前其他研究方法望尘莫及的。计量经济史研究不可或缺的资料就是数据，没有数据就等于无米之炊。因此，当前中国近代计量经济史的主要任务之一就是数据建设。值得注意的是，某些经济领域的影响因素乍看上去确实难用数据表达，甚至有经济史名家宣称其不能数量化，我们不以为然。既然某因素影响经济，那么就必然会在某一数量指标上反映出来，关键是如何找到或构造出这个统计量，这需要有统计学的扎实功底和良好的智商。如果某因素确实任何数量指标也不影响，那就是对经济没有影响，直接剔除就行了。只要是经济的影响因素，就应该可以量化，你我不能量化不意味着他不能量化，过去不能量化、现在不能量化也不意味着将来不能量化。

综上所述，计量经济史研究的标准范式是"前提假设—逻辑推理—实证检验"。前两个环节要求研究者具备历史学和理论经济学的功底，后一环节要求研究者具备统计学和计量经济学的良好修养。可见，研究计量经济史不仅仅是会不会"做模型"的问题，而是要迈过理论经济学、历史学和计量经济学这几门功课共同设置的"门坎"。

三、经济史研究的最高境界：修正、补充或构建经济学理论

无论是从吴承明先生的"经济学之源"角度讨论，还是前引索洛的宏论分析，经济史研究的最高境界是修正、补充或构建经济学理论。著名经济史学家刘佛丁教授一贯倡导，经济史研究绝不应该是仅仅讲述经济史故事，而应该致力于补充、修正和发现经济学理论的前提假设，即研究经济学理论框架的适用条件，为当今经济当局实施宏观经济调控政策提供理论依据和剔除前提假设与当前宏观经济运行环境不一致的经济学教条。[①]这一理念和吴老的"源流"之说不谋而合。但是，由于受到诸多条件限制，这一研究导向的身体力行者不多见。

近年来，笔者及所在的团队——广东外语外贸大学中国计量经济史研究中心——虽远未到构建理论的境界，但遵循刘佛丁先生的遗训对一些经济学理论提出了质疑和尝试做了粗浅的讨论，成文的浅见主要集中在以下几方面（详见《中国计量经济史研究动态》各期[②]）：

1. 经济史进程中的阶段性特征研究

任何一个经济学理论均产生于特定的历史时期，而产生于特定历史时期的经济学理论之前提假设（明确的或暗含的）与后来的宏观经济运行环境未必一致或贴近，因此，从先前形成的经济学理论中衍生的经济政策未必都能奏效。我们将近代至今的世界经济史分成三个阶段：

---

① 由于刘佛丁先生英年早逝，这一理念并未成文。笔者作为刘先生的弟子，有幸面聆教诲，只是希望没有误会先生的要义。

② 见中国计量经济史研究中心网站. http://www2.gdufs.edu.cn/wtoresearch/xueshuchengguo123.html.

（1）供给约束型经济。这一阶段的特点是"短缺经济"，总供给的物质构成完全与总需求吻合。虽然总需求并不旺盛，但由于供给不足，销售没有任何问题，总需求总是被迫适应总供给。简单说就是，低下的总产出不能满足消费者低水平的购买。政府若干预经济，一般是压制本来就水平很低的消费，鼓励投资或引进外资。

（2）需求约束型经济。这一阶段潜在总供给能力强大，且总供给的物质构成完全与总需求吻合，只要有订单，厂商就能供给产品，销售成了企业最大的问题。简言之，总供给总是被迫适应总需求。相对说来，只有消费者买不起的问题，而生产一端没有太大问题。政府管理经济的手段一般是扩大外需和内需，经济政策往往比较奏效，至少在短期效果显著。

（3）"新供给"约束型经济。这一阶段总供给能力虽强大，但其物质形态与总需求增长不吻合。国内需求只是在旧有的规模上循环，总供给的物质形态不能适应国内需求的增长。国内富裕的消费者不是买不起产品，而是没有什么新产品可以引诱消费者多买。处于这一阶段的国家经济增长只能依赖出口，一旦出口受阻，则GDP口径的总产出便陷入低迷状态，一切需求管理的政府经济政策均无显著的正面效果。通过对日本经济泡沫和"失去的二十年"的研究，从主流经济学的政策主张回推，得出了"凯恩斯的有效需求不足实际上是指有效内需不足"的结论。在政策意义上说，就是宽松的财政政策和货币政策不能治理外需不足导致的经济低迷。

我们的研究结论进一步指出，英国在维多利亚时代中期就从供给约束型经济过渡到了需求约束型；美国从 1919 年开始，完成了这一过渡；中国自近代至改革开放前期，一直处于供给约束型经济态势下，直至 1995～1996 年方完成了向需求约束型经济的过渡；日本在 1950 年之后从供给约束型经济过渡到了需求约束型经济，20 世纪 80 年代中期则进入了"新供给"约束型经济。

2. 对某些国际贸易理论的修正

（1）贸易条件学说只适合于供给约束型经济，而在需求约束型经济态势下，已不适合作为考量国际贸易得失的尺度。对于绝大多数处于需求约束型经济态势下的国家（或地区）来说，本币贬值虽恶化了贸易条件，却能改善贸易收支，减少失业和投资增长；本币升值虽改善了贸易条件，却恶化了贸易收支，造成国内失业增加和投资下降。最能说明问题的是，在需求约束型经济态势下倾销与反倾销在国际贸易中司空见惯。倾销无疑是倾销国主动恶化贸易条件，但由于在产能巨大的条件下仍可薄利多销，所以很多国家乐此不疲；被倾销国虽贸易条件得到改善，但由于本国产品市场被挤占，则坚决动用关税武器反击。

（2）在需求约束型经济态势下，比较优势理论"2×2 模型"无效，自由贸易理论的基石发生松动。在"2×2 模型"中，两国都生产自己有比较优势的产品，互相贸易，结果都比没有贸易时的收益大，其中暗含的假设是产品销售没有问题，李嘉图时代的销售也确实问题不大。在当今需求约束型的世界经济中，产品销售是大问题，"2×2 模型"必然崩溃。同时，在国家之间时常产生利益冲突、局部战争不断的前提下，"2×2 模型"更难顺畅运行。

（3）对某些货币理论的修正。首先，主流货币理论将货币政策喻为一根绳子，认为"可以用绳子拉车但不可以用绳子推车"，即在萧条时货币政策难以启动经济，必须依靠财政政策。广东外语外贸大学中国计量经济史研究中心的研究结论认为，上述理论源自 1929～1933 年美国经济大萧条的特例，不具有一般性。由于胡佛总统固守金本位制，美国的基础货币根本没有供给弹性；由于美国商业银行大量倒闭，"硬件"系统无法使货币乘数运行。因此，问题不在货币政策的软件本身，而是保证其运行的硬件系统出了问题。大萧条时期，同是需求约束型经济的英国于1931 年实施了放弃金本位制的货币政策，经济便走出了低谷；处于供给约束型经济态势中的中国于 1933～1934 年发生了萧条，1935 年放了银本位制，经济增长重新开始。英中两国的共同特点是，货币供给有了充分的弹性，且商业银行体系均未遭受美国那样的重创。历史经验表明，货币政策也是可以引导萧条经济走出低谷的，用主流经济学家的话说就是"绳子未必不能推车"。其次，凯恩斯经济学在论述货币政策无效时论证了一个极端的假说——"流动性陷阱"：当市场利率（有价证券收益率）低到无可再低的水平时，公众将不再购买证券，当局无论投放多少货币，均会被货币需求吸收。于是，投资无法增长，经济不会走出低迷。通过逻辑讨论和对美国大萧条案例的分析，广东外语外贸大学中国计量经济史研究中心的研究结论认为，在金本位时期，经济中不存在凯恩斯"流动性陷阱"暗含的两个重要前提假设：其一，货币当局不具有持续增加货币供给量的能力；其二，有价证券市场上也没有一个"至低"的、公众一致不再购买证券的收益率。从逻辑层面分析，若第一个前提假设不存在，则"流动性陷阱"出现的可能性就消失了——既然当局不能无限供给货币，那么，"货币需求可以吞噬任何数量的货币供给"就成了纯粹的想象或虚张声势。即使存在第一个假设——当局有无限供给货币的能力，但如果第二个前提假设不存在，"流动性陷阱"也不会出现，最多是有价证券交易量下降，而不会出现无人购买的惨状，宏观角度的短期收入摆布结构依然是货币和证券。从实证角度讨论，大萧条时期的美国货币当局不具有无限供给货币的能力，同时，1932 年国库券到期收益率在 10～11 月低到了 0.01%时（股票的年平均收益只有0.72%），股票交易量明显下降，国库券交易额却有所上升。也就是说，在经济萧条到如此悲惨的地步时，由于前提假设不存在，因此也就未能出现凯恩斯的"流动性陷阱"，其逻辑也就成了一个地道的假说——理论正确但理论无效。

（4）我们认为，近代中国法币改革前的货币有"不可控外生变量"之属性，是一种有害的货币供给机制。众所周知，货币理论界对货币供给的性质向有"内生性"和"外生性"之分，而我们根据货币理论对银本位制下中国货币供给的形成机制分析之后认为，近代中国的货币供给既无经典的"内生性"，也无经典的"外生性"，而属靠天吃饭式的"不可控外生性"。这一研究结论一方面暗示了法币改革的重大经济意义，另一方面对经典货币理论提出了新意。

诚然，我们的研究刚刚起步，我们的团队实力尚弱。将不成熟的讨论结果在此做一总结归纳的意图有二：其一，供学界同仁品头论足，以便我们修正和深化；其二，对后来学人抛砖引玉，借而鉴之。

参考文献

1. 刘巍. 1887~1936 年中国总产出的国际地位研究——与美英日三国的比较分析. 广州：广东外语外贸大学学报，2013（2）.

2. 刘巍，陈昭. 近代中国 50 年 GDP 估算与经济增长研究（1887~1936）. 北京：经济科学出版社，2012.

3. 吴承明. 经济史：历史观与方法论. 上海：上海财经大学出版社，2006：219.

4. Robert M. Solow. Economic History and Economics. *Economic History*, Vol. 75, No. 2, May 1985.

5. Thomas G. Rawski. Economic Growth in Prewar China. University of California Press, 1989.

历史观与方法论
——吴承明先生晚年学术思想蠡测

武汉大学历史学院　任放

一、引子

斯人已逝，哀莫大焉！吴承明先生堪称中国经济史研究领域的顶尖学者，寰宇之内无不称是。作为深受吴式学风浸染的晚辈学人，笔者尝试对先生晚年学术思想予以分析，以此铭念这位笑卧九泉之仁者。

吴承明先生著述丰厚，尤长于运用经济学方法研究明清以降中国经济问题。在严格的意义上，吴承明先生的收官之作应该是《经济史：历史观与方法论》。[①]在该书"前言"，吴先生自述："2000 年我应邀在中国社会科学院研究生院的一个系列讲座中讲授'经济史：历史观与方法论'，仅两个半天课时。2001 年、2003 年重开此课，并在该院经济研究所和清华大学开讲过。2001 年 12 月，我接受中国社会科学院老年研究基金，立项撰写本书稿。时我已 84 岁，健忘，旋罹目疾，时作时辍，历时 4 年始完稿。所用资料以各章写作时为限，未能再作补正。"这说明它是在讲稿基础上修订而成的。大学讲稿重在体系完备、思路明晰，兼具独立思考，在讲授知识

① 吴承明. 经济史：历史观与方法论. 上海：上海财经大学出版社，2006.

按：就论文而言，笔者在"中国知网"查询的结果是：2006～2011 年间，吴先生刊发的文章计有 7 篇：《中外历史上"天一"观和"主客"观的演变——在"环境史视野与经济史研究"学术研讨会上的发言》，《中国经济史研究》2006 年第 1 期；《谈百家争鸣》，《中国经济史研究》2006 年第 2 期；《对〈中国十个五年计划研究报告〉的简要评论》，《当代中国史研究》2006 年第 4 期；《纪念许涤新同志诞辰 100 周年》（与方行合撰），《中国经济史研究》2006 年第 4 期，《经济研究》2006 年第 10 期标题改为《生命不息　奋斗不止——纪念许涤新同志诞辰一百周年》；《秦以后的中国是有中国特色的封建社会》，《史学月刊》2008 年第 3 期；《在清代经济宏观趋势与总体评价学术研讨会上的发言》，《清史研究》2008 年第 3 期；《一部承前启后的中国经济史杰作——〈中国近代经济史，1927～1937〉评介》（与叶坦合撰），《经济研究》2011 年第 2 期。另有《全要素分析方法与中国经济史研究》一文，载武建国、林文勋、吴晓亮主编《永久的思念：李埏教授逝世周年纪念文集》，云南大学出版社 2011 年版。2011 年 7 月 8 日，先生仙逝。由此可见，从论著类型及研究的完整性看，亦可确证上面提及的专著《经济史：历史观与方法论》堪称吴先生学术写作的封笔之作。2013 年 7 月 13～14 日，在"中国经济发展与市场变迁——吴承明先生学术思想研讨会"（天津·南开大学），吴承明先生之女吴洪教授披露：这是先生最后一部著作，也是最满意的著作，评价也最高。

之同时，能给学生以方法论的启迪。这样的一种文类，促使吴先生能够系统地整理自己的终生所学、所思、所得，能够系统地呈现吴先生的视野、学养和思想。对于一位年届八秩的纯粹学者，这一切都似乎水到渠成，而且蕴含某种天命所归的意味。

该书分上下篇，上篇"历史观"、下篇"方法论"，故直接拿来作为正标题，而且书名也是围绕经济史点出"历史观""方法论"这两个关键命题。副标题"蠡测"，语出《汉书》卷 65《东方朔传》，有"以管窥天，以蠡测海"之语，意为用蠡（贝壳做的瓢）来量海，比喻见识短浅。吴先生宛如大海，简陋如吾辈妄谈先生之学术思想，当然是"蠡测"。

二、历史观：通识与比较

按字面理解，历史观是特定时代的人对历史的看法。因此，人人皆有历史观。历史观可以简约为一句话，也可以扩展为一本书；可以是俗人的几句闲扯，也可以是名士的系统阐释。由于历史进程之复杂、历史认识之艰难，加之每个人的生命体验是如此不同，所以古往今来人们的历史观千差万别。就此而言，历史研究是不可能终结的，任何人都没有能力穷尽任何一个专题的历史研究。对于那些以史学为志业的学界人士，具备怎样的历史观尤为重要。从根本上说，历史观决定史学工作者的立场、方法，并最终影响研究成果的意义。遗憾的是，不少的专业人士并不清楚自己的历史观到底为何，缺乏足够的自觉性，多半是在历史观混沌莫辨的状态下着手具体问题的探索，满足于一时的结论，没有终极关怀。历史研究是否必须具有历史哲学的意味，这是一个有待深究的问题。至少在吴承明先生这里，形而下的历史研究与形而上的历史哲学是一体两面、不可或缺的。至少在笔者眼里，专题性的实证主义的历史研究如果最终导向历史哲学层面的深层思考，那将是历史研究的最高境界。其呈现形式，就是史家独到而深刻的历史观。

吴承明先生理解的历史观，包括三方面：

1. 人与自然的关系；

2. 人与人的关系；

3. 思维与存在的关系。

前二者属于世界观，第三者属于认识论（包括方法论）。关键是，吴先生的历史观包括古今中外，是为"通识"；包括中西互参，是为"比较"。在《经济史：历史观与方法论》中，吴先生并未系统阐述自己的历史观，而是将重点放在对历史时期人们的世界观和认识论的评述上。但在字里行间，在臧否之际，吴先生的历史观不时闪现于眼前。

从体例上看，《经济史：历史观与方法论》上篇"历史观"包括 4 章，略作评介：

第一章，通论西方经济史学、中国经济史学，显示作为一名研治中国经济史的学者应有的宽广的学术眼光。

第二章，通论古代中国与古代西方的历史观，详中而略西。作者对此的解释是："对西方的历史观，我把重点放在 18、19 世纪理性主义运动中的历史哲学以及近代的和当代的历史观上。"值得注意的是，吴先生所论"古代中国"截止于唐代。这迥异于通行的以 1840 年作为古代中国与近代中国分界点的做法，依稀可见日本学界"唐宋变革论"的论断。

第三章，标题是"理性化时期的中西历史观"，认为经历文艺复兴、宗教改革、近代科学的变革后，17 世纪的欧洲进入理性化时期，中国是从宋儒讲起，直到明清。在标题上，吴先生未用"近代"以接续"古代"，而是使用"理性化时期"，这是耐人寻味的。在吴先生晚年，中国史学界已有较多声音质疑"近代"的划分标准（如 1840 年）及其西方文化霸权的价值内核。当然，这主要受到美国学界对费正清学派"冲击—回应"模式以及更宽泛的西方中心论的批判的影响（主要是通过汉译作品）。吴先生显然敏锐地察觉到这一动态，并有自己的深入思考（在围绕彭慕兰《大分流》的争鸣中，可以清晰地听到先生的声音）。吴先生认为"宋明儒学是传统儒学的理性化，它具有唯理主义倾向，连同明末的反传统思潮和以经世致用为号召的启蒙运动，实际是一场不成功的理性主义运动。这场运动肇始于 11 世纪，比西方的文艺复兴早 400 年。但未能导致中国近代科学的建立和社会的现代化"，并指出"宋明儒学本身有严重的缺陷。它基本上都是道德理性，缺乏工具理性"。[①]吴承明先生用一节篇幅讨论"明儒理学和明清历史观"，此与近些年来国内学人多有从明清经济、社会、文化诸层面探寻中国"早期近代因子"的新趋向不谋而合，显示先生锋芒不减的求真务实的历史主义精神。

第四章，"理性主义的反思和西方历史观的转变"，则全以西方为讨论对象，包括胡塞尔、卢卡奇、海德格尔、维特根斯坦、雅斯贝尔斯、伽达默尔、哈贝马斯，以及后现代主义的海登·怀特、福柯等众多文化巨匠，令人目不暇接，然而读来不失亲切，简洁中透出深刻，说明先生惊人的理解力和举重若轻的功力。因为对于"跨界"知识和人物的点评，稍不小心就会被人讥为不通，或拾人牙慧，但吴先生勇于从历史学跨出去，又能沿着独特的思维之路折返，此番作为非大师莫属。与那些不懂装懂、装腔做势的俗闹之辈，判若天壤。虽然吴先生在论析孔子、柏拉图等数以

---

① 吴承明.经济史：历史观与方法论.上海：上海财经大学出版社，2006：83.

百计的中外大师们的思想时，也吸收了他人的研究成果，不全是独立研究之见解，但先生融会贯通之功夫着实令人感叹。吴先生"六经注我"式的选择性的论述，以及字里行间不经意的一二句点评，早已使孔子、柏拉图成为吴承明眼中的孔子、柏拉图，从而与他人区别开来。这是一种高明的智慧，或曰历史大智慧。它叫"会通"，"通"是治史者之不二法门。个中缘由在于，历史学是一门很大气的学科，历史研究是一种很大气的学问。它需要治史者具备深邃的眼光、开阔的胸襟、灵动的情愫，那些偏狭、迂腐、浅薄之士，终将被历史的泥淖所吞没。

能否"打通"诸学科，将诸种方法、知识、技术娴熟地运用于历史研究，此与研究者的知识结构有关。通常情形下，一个经济史学家的知识结构应该是兼具经济学与历史学之学养，且能融会贯通、两不相隔。不过，治学者在运用多学科方法从事经济史研究时，往往感到劳神费力、捉襟见肘、词不达意，是为"不通"。克服之道，在于分别研习相关学科之概念及方法，然后修炼"打通"功夫。之所以强调经济学之于经济史之知识价值，是由于历史学重在发掘史料、还原真相，经济学长于理论预设、逻辑演绎，落实到经济史领域，当然需要理论联系史实、史实验证理论，没有高下之别，只有源流之分。[①]难得的是，《经济史：历史观与方法论》一书表明，吴先生不仅"打通"了经济学与历史学之门垒，[②]而且"打通"了史学与哲学之障蔽，展示了一个哲人的风姿。吴先生非哲学专业出身，但他博览群书、勤于思考，漫步于中外哲学之林，倾听众多思想家的声音，以史家特有的以时空为基轴的贯通性思维和实证主义熏陶而出的冷静客观心态，轻巧地步入了历史哲学的殿堂。如果联想到先生品酒、吟诗、作词、演艺的魏晋风度，那么完全可以说，先生是文史哲之通人，是自由游走于人文科学（文史哲）与社会科学（经济学）之间的达人。

这种多学科杂糅的知识架构，使先生的历史观呈现"通识"特点，通观、通达、通透。不囿学科之疆界，不囿专业之界限，最终是不囿古今、中西。司马迁谓史学研究的最高境界是"究天人之际，通古今之变"，吴先生以自己的学术实践增加了"察

[①] 吴承明先生指出："经济史用经济学的理论进行分析，但还应多视角地回馈社会制度、文化习俗等历史实况。经济史应当成为经济学的源，而不是经济学的流。"
参见吴承明.经济史：历史观与方法论.上海：上海财经大学出版社，2006：283.

[②] 按：吴承明先生1934年就读于清华大学经济系，1940年毕业于北京大学史学系，1946年获美国哥伦比亚大学经济学硕士学位。1946年回国，担任资源委员会经济研究所专门委员，上海交通大学、东吴大学教授。1949年后任中央外资企业局、中央工商行政管理局调查研究处处长。1958年起任中国科学院经济研究所研究员。曾兼任南开大学经济研究所博导、中国经济史学会会长、中华全国工商联特约顾问、《中国大百科全书·经济学卷》"中国经济史"主编等。这样的一份履历揭示了如下重要信息：先生早年受过一流学府的经济学、历史学训练，长期供职于政府高级经济部门，有一般书斋型学者所不具备的经济实践经验，后来的数十年间一直在最高级学术机构从事学术研究工作。凡此，皆为吴先生"打通"经济学与历史学奠定了坚实基础。相较于那些出身历史学或经济学的经济史学者，吴先生的知识结构具有明显优势。大体上，历史学出身的学者更擅长史料研究法（收集史料、分析史料），但拙于理论分析，研究成果缺乏深度；经济学出身的学者更偏向模型研究法（推崇理论、热衷模式），但欠缺史料功夫，没有历史的厚重感，两者均难以摆脱单一知识结构所带来的方法论本身的困窘，除非花大力气解决知识结构的"短板"，力争"打通"经济学与历史学。

中外之别",然后"成一家之言"。这是历史观的发展。本于司马迁,又适度超越了司马迁。先生对清代史家章学诚非常推崇,同意章氏"业必贵于专精"之论,尤其赞赏其"通识"之论,所谓"通者,所以通天下之不通也""性之所近,而用力之能勉者,因以推微而知著,会偏而得全,斯古人所以求通之方也""取心之所识,虽有高下、偏全、大小、广狭之不同,而皆可以达大道,故曰通也"。[①]

吴先生实践"通识"的门径是"比较",简略言之,即中西比较。因此,"比较"是吴先生历史观的一个关键词。从上述该书的体例看,基本上每一章都围绕某一主题进行中西比较。因此,笔者认为"察中外之别"是先生对司马迁史学思想的一大发展。这或许跟先生跨学科的知识结构、中美教育背景、丰富的人生阅历有关,当然还有其他原因,暂不详述。没有比较思维,则容易井底观天,片面,狭隘。当然,比较思维的一大陷阱是容易产生高下、优劣等的价值判断,而且往往流于简单化、模式化。吴先生的高明之处,在比较时往往点到为止,不做生硬比较。先生更注重的是比较的方法论意义,而不是比较的具体结论。在很多时候,先生没有结论,他把比较的东西摆放在那儿,清者自清,浊者自浊,颇有禅宗意味。就历史观而言,比较是重要的,既需要具体而微的技术性比较,更需要宏大的世界观比较。这在某种程度上决定了学问的深度。

为什么第四章没有比较?吴先生的解释是:20世纪后期西方出现对现代化反思的历史观,包括后现代主义,但是"中国没有这种反思"。又说,"至于中国方面,鸦片战争后引进西方理性主义,在轰轰烈烈的第二次启蒙运动影响下,出现以进化论为主导的史学革命,20世纪30年代以后马克思主义历史观日占优势,以考证见长的传统史学亦转型而有新的发展。这些在我国史学界均耳熟能详。故本章就不论中国,专讲西方了"。[②]细品之下,觉得先生似有难言之隐。实际上,梁启超举起"新史学"大旗后,中国学界的历史观出现了不同于以往的格局,新旧杂糅、泥沙俱下,亟待梳理。先生作为历史见证者,感受既深,言之必切,但又欲言又止,诚为一大谜团。

三、方法论:会通与比较

与众多经济史家相比,吴先生是一个讲求"方法"的人,直白地说,是最爱谈论方法论的学者之一。最高妙之处在于,吴先生提出"史无定法",这是方法论的最高境界。犹如高手对决,剑不出鞘,已在气势、气场、气韵上决出胜负。这也坚定

---

① 语出章学诚《文史通义》。参见吴承明. 经济史:历史观与方法论. 上海:上海财经大学出版社,2006:150.
② 吴承明. 经济史:历史观与方法论. 上海:上海财经大学出版社,2006:15、151.

了笔者对"历史相对主义"的执着，因为在"历史"面前，一切当下的认识都是相对准确，是此一阶段的认识水平，不能终结认识的发展。

在《经济史：历史观与方法论》下篇"方法论"部分，吴承明先生开篇（第五章）大讲"经济史的研究方法"，包括世界观意义的方法、认识论意义的方法（逻辑思维和非逻辑思维），并详论中西方的历史实证主义。可见，在先生这里，历史观某种意义上也是方法论，因为先生认定的历史观就是两项内容：世界观和认识论。将实证主义纳入形而上层面的具有决定性意义的方法，是因为实证主义是历史学的身份标识，尽管不是唯一。

接下来，先生论述了经济学理论、社会学理论、计量分析、区域研究、比较研究与经济史研究的关系（第六、七、八、九章）。这些具体的可操作的分析工具，一并统驭于历史观和实证主义，而不是超越其上。以开放心态认真吸纳相关学科的理论概念与分析工具，为我所用，用于经济史研究，这种方法论上的会通是吴先生学术思想的一大特色，在其晚年愈益彰显。吴承明先生指出："在经济史研究中，一切经济学理论都应视为方法论。"这是先生留给后人的极富哲理的见解！鄙人试为先生通约之：在历史研究中，一切理论都是方法论。

在这里，吴承明先生辟专章讨论"比较研究"（第九章"区域研究与比较研究"），可见其对于比较之注重。他认为，区域研究应该注重"区域间研究"，因为"区域经济史不仅是研究一个区域的经济，而且也许更重要的是考察本区域与外区域以至外国的历史关系。区域无论大小，都不是孤立的，因为即使是封闭系统，也要与环境交换能量，并受环境的制约"。他又说："每个区域都有它的强项与弱项，都存在发展与制约问题。区域经济史之所以要作区域间研究，就是要综合考察，作出判断，并从全局出发，提出发扬强项、弥补弱点的意见。"这其实隐含了区域之间比较研究的主张。[①]与此同时，吴先生还讨论了"比较史学和中心论问题"，以及"关于中西比较研究的新思维"。他特别提及美国学者彭慕兰，认为彭氏《大分流：欧洲、中国及现代世界经济的发展》最大的学术贡献在于方法论。具体而言，一是在中西比较研究中对目标设定的创新（斯密型增长和内卷化），二是比较方法的创新（中西双向交互比较，回溯分析与前瞻分析相结合）。[②]

其实，先生提倡的方法论多是非历史学的，如经济学、社会学。之所以如此，一是与先生的跨学科知识结构有关（上文已述），二是与先生历史观中的比较思维有关。也就是说，历史观的"比较"决定了方法论的"比较"。正因为强调比较，所以

① 吴承明. 经济史：历史观与方法论. 上海：上海财经大学出版社，2006：271～272.
② 吴承明. 经济史：历史观与方法论. 上海：上海财经大学出版社，2006：278～280；另参见吴承明.《大分流》对比较研究方法的贡献. 中国学术（第13辑）. 商务印书馆，2003.

才可能在研究方法上注重"拿来主义"式的会通，而不会在心理上排拒非历史学的其他方法。那种认为历史研究除了实证就是实证，根本不需要从相关学科吸纳概念和分析工具的观点，实际上是历史学发展的桎梏。这是一种自我囚牢，近乎自虐般地满足于保持所谓历史学的纯粹性。相较之下，吴先生在方法论层面的会通思想，是一种更高妙的研究路径，因为所有非历史学的方法必须与历史实证主义相结合。这是前提。诚如先生所称"在遵循实证主义的原则下，经济史研究可以用经济学的方法，可以用历史学的方法，也可以用社会学的方法；可以用一种方法，也可以某种方法为主，兼用其他方法。事实上，历史是复杂的，很难用单一的方法揭示其全貌。就方法论而言，有新老学派之分，但无高下优劣之别。研究经济史，不能只讲'纯经济现象'，经济史学家应当具备相应的史学修养，从自然条件、政治制度、社会结构、思想文化、风俗习惯等各个方面来研究经济的发展与演变。与此相联系，经济史研究也不可能单靠计量分析或史料考据，必须二者结合……这样写出来的经济史，才最符合或接近经济发展、演变的历史原貌"。[①]这也是先生的历史观之特点所在。正如标题所示，比较既是先生历史观之内核，也是方法论之重心。

四、若干启示

综上所述，吴承明先生晚年的学术思想，或可归纳为"吴氏三大定律"：

第一，史无定法。

第二，在经济史研究中一切经济学理论都应视为方法论。

第三，经济史是经济学之源。

这三大定律落实到历史观与方法论层面，带给我们的启示有如下几点：

第一，历史观决定方法论。

第二，历史观的"通识"决定了方法论的"会通"。关键在于一个"通"字！

第三，历史观的"比较"决定了方法论的"比较"。"比较"反过来强化"通识"（历史观）、"会通"（方法论）的基础。

第四，在经济史乃至全部的历史研究中，实证是功夫，理论是境界，实证、理论兼擅是完美。吴承明先生就是接近完美的大师。

[①] 吴承明，叶坦.一部承前启后的中国经济史杰作——《中国近代经济史，1927-1937》评介.经济研究，2011（2）.

美国经济史学的形成、发展与转变(1870～1960)

南开大学经济研究所　张东刚　关永强

内容提要：本文简要回顾了美国经济史学从 19 世纪 70 年代产生到 20 世纪 50 年代后转向新经济史的发展历程，将其大致分为三个阶段：早期的研究主要由制度学派和经济史学者共同推动，二者都带有历史主义色彩，认为历史方法是经济学研究的基本方法，强调经济史对于理论和政策的现实意义；20 世纪 20～40 年代，经济史学在美国不断稳步发展的同时，也遭遇了来自计量经济学者的挑战，随着二战后整个美国经济学界的数学形式主义化，计量方法取得了全面胜利，而坚持历史方法的学者则被边缘化；20 世纪 50 年代以后，计量经济史逐渐成为了美国经济史学界的主流，但同时也日益失去了经济史学原有的历史主义方法传统，并因此而饱受争议；而对于计量方法和计量经济史，我国老一代经济史学家也都抱谨慎和批评的态度。

关键词：经济史　历史学派　制度学派　计量史学

在《经济学理论与经济史研究》和《经济史：历史观与方法论》中，吴承明先生都曾经引用美国经济学家罗伯特·索洛的文章《经济史与经济学》，来批评当代新古典经济学和新经济史学的现状，指出经济史有着源于历史主义和制度主义的方法论传统，可以为经济学提供更广阔的视野，"应当成为经济学的源，而不是经济学的流"。[①]随着吴先生思想在国内学术界的广泛传播，索洛的这篇文章也已为中国学者所熟知。但大部分读者通常都只注意了索洛对经济学的批评和吴先生对经济史学的期许，却很少关注到索洛和吴先生文章中对新经济史学（主要是针对计量史学）的批评。

事实上，索洛在批评了经济学脱离历史和实际、只顾埋头制造模型之后，紧跟着又指出，"在考察经济史学界当前的著作时，我有一种消沉的感觉，因为很多著作看上去正和我刚刚嘲讽过的那些经济学分析一样：同样地使用积分、同样地回归、

---

① 吴承明. 经济学理论与经济史研究. 中国经济史研究, 1995 (1)；吴承明. 经济史：历史观与方法论. 中国经济史研究, 2001 (3).

同样地用 T 统计量来代替思考……这种经济史学远远不是提供给经济理论家们一个更广阔的视野，而只是在回敬给经济学家们同样的一碗粥"。[①]

吴先生也指出，"计量学方法一般适用于研究生产力，而不包括生产关系；又只见量变，不见质变；以函数关系代替事物间的辩证关系；因而不能概括历史演变过程的全部内涵……计量学方法应该主要用于检验已有的定性分析，而不宜用它建立新的理论"[②] "统计分析很重要，计量学分析则有很大局限性"。[③]

由此可知，在吴承明先生和索洛所期望的经济史，与他们所批评的经济史之间，显然是存在差距的。那么，这一差距是如何产生的？本文就通过对美国经济史学从 19 世纪 70 年代到 20 世纪 60 年代发展和转变历程的简要回顾，尝试对上述问题作一个初步解答。

一、美国早期的经济史学及其历史主义风格

早在 19 世纪上半叶，美国就已经出现了一些金融史和工业史等方面的论著，不过这些基本都是零散的个体研究成果，并没有形成专业的大学课程和讲席。[④]

直到 1878 年，约翰·霍普金斯大学的亨利·亚当斯在以 1789～1816 年美国税收史论文获得博士学位后，开始留校讲授经济史课程；1881 年，理查德·埃利也来到了约翰·霍普金斯大学，并随后开始了"美国制度与经济史"的研究并设立了"商业发展的原理与历史"课程。与约翰·霍普金斯大学差不多同时的还有哈佛大学，早在 1871 年，哈佛就为查尔斯·邓巴设置了美国第一个政治经济学教授职位，而在 1884 年，邓巴也开设了"1763 年以来欧洲与美国经济史"课程。到了 1886 年，哥伦比亚大学的埃德温·塞利格曼开始讲授美国金融与工业史和欧洲经济发展史，耶鲁大学的爱德华·伯恩和阿瑟·哈德利也分别开设了"中世纪以来欧洲贸易与工业史"和"美国金融与政治史"课程。19 世纪 90 年代以后，美国主要的研究型大学相继都设置了经济史课程；到 1910 年时，在美国主要大学经济学和商学总授课时间 113000 课时中，专门的经济史课程已经占到了 8000 课时。[⑤]

美国早期的经济史课程大都由政治经济学或经济学教师兼授，上述亨利·亚当

① Robert M. Solow. Economic History and Economics. The American Economic Review, Vol. 75, No. 2 (May, 1985), pp. 328-331.

② 吴承明. 经济史：历史观与方法论. 中国经济史研究, 2001（3）.

③ 吴承明. 研究经济史的一些体会. 近代史研究, 2005（3）.

④ 对 1870 年代以前美国学者经济史著作的介绍，可以参见 Arthur H. Cole. Economic History in the United States: Formative Years of a Discipline. The Journal of Economic History, Vol. 28, No. 4 (Dec., 1968), pp. 556-589；N.S.B.Gras. Economic History. in the United States. in Edwin R. A. Seligman eds. Encyclopedia of the Social Sciences. New York: The Macmillan company, 1937, vol.5, pp.325-327.

⑤ J. de L. Mann, eds. The Teaching of Economic History in Universities. The Economic History Review, Vol. 3, No. 3 (Apr., 1932), pp. 332.

斯和查尔斯·邓巴等所接受的基本都是政治经济学或经济学教职。类似的还有，1872年耶鲁大学为弗朗西斯·沃尔克设置的"政治经济学与历史教授"，以及 1875 年卡尔顿学院为 J. B. 克拉克设立的"经济学与历史"讲师等。直到 1892 年，哈佛大学才为威廉·阿什利设立了美国第一个经济史教授讲席。

之所以如此，是因为这一时期美国的经济史乃至整个经济学科，都受德国历史学派的影响，把历史方法看作经济学者的必修课和研究经济学的基本方法。19 世纪的德国率先建立了现代博士学位制度，并发展了专题研讨班（seminar）这种新的培养方式吸引了大批美国学者赴德留学。在 1870～1900 年，美国 28 所大学的 76 名经济学者中，有 53 人曾留学德国；在美国经济学会的前 10 任主席中，除了邓巴和沃尔克，其他 8 位都曾留学德国。[①]而在当时，以罗雪尔、克尼斯、希尔德布兰德和施穆勒等为代表的历史学派正垄断着德国几乎所有的政治经济学教职；他们与克利夫·莱斯利、约翰·英格拉姆和威廉·阿什利等英国历史学派学者一起，[②]反对英国古典政治经济学和后来新古典经济学日益演绎化的倾向，倡导历史归纳的研究方法，强调所有的经济问题和经济现象应当被置于各国具体的政治、社会和文化等制度与历史的背景中进行考察。这些思想，在上述美国推动经济史发展的第一代学者身上，大都有所体现，尤其是理查德·埃利和威廉·阿什利，分别发展了后来的制度学派和经济史学。

理查德·埃利受业于德国历史学派的学者卡尔·克尼斯，获海德堡大学博士。1892 年，他从约翰·霍普金斯转赴威斯康星大学，创办经济、政治和历史学院并长期担任院长，把历史学派的治学方法和理念贯彻到教学当中，系统地开设了经济与社会史方面的课程，并采用历史的方法开拓了劳工问题的研究，培养了以约翰·康芒斯为代表的一批学者，为美国制度经济学派奠定了基础。

需要特别指出的是，无论是理查德·埃利本人还是后来的制度学派学者，都和德国历史学派一样，尽管从事了很多经济史研究，但他们并不把自己看作历史学者，而只是把历史当作研究现实经济问题的基本方法，始终以经济学者自任。例如，康芒斯曾主持编纂过十卷本《美国工业社会史文献汇编》和四卷本《美国劳工史》，但他从事这些工作并不是为了研究工业和劳工史，而是要通过历史的实证视角和归纳方法来考察美国当代的劳工问题；稍晚一些的韦斯利·米切尔也曾经对经济周期的

---

　　① John B. Parrish. Rise of Economics as an Academic Discipline: The Formative Years to 1900. Southern Economic Journal, Vol. 34, No. 1 (Jul., 1967), pp. 1-16.

　　② 关于德国历史学派和英国历史学派较详细的介绍，可以参见 Yuichi Shionoya. The German Historical School: The Historical and Ethical Approach to Economics. New York: Routledge, 2001; Yuichi Shionoya. The Soul of the German Historical School: Methodological Essays on Schmoller, Weber and Schumpeter. New York: Springer, 2005；杰弗里·霍奇逊. 经济学是如何忘记历史的. 高伟，等译. 北京：中国人民大学出版社，2008；杰拉德·库特. 乔音燕译. 英国历史经济学：1870-1926. 北京：中国人民大学出版社，2010.

历史进行过大量的统计研究，他的目的同样不在于研究周期的历史，而是为了解决现实的经济波动问题。从这里，我们似乎格外能够体会到吴承明先生所说的"经济史应当是经济学之源"的意义。

威廉·阿什利毕业于牛津大学，作为英国历史学派的代表人物，阿什利与理查德·埃利在思想方法上有着很多相似之处，他同样把自己看作政治经济学家而非历史学家，认为经济史的研究必须具有实用性，而政治经济学家的任务则应当是"在历史地考察社会进化方向之后，推动社会沿其自然轨道和方向发展"。[①]

20 世纪初，英国历史学派学者与新古典经济学之间发生了一系列的争论和竞争，但最终遭遇失败，于是决定在经济学以外建立一个独立的经济史学科。1926 年，阿什利担任了经济史学会（Economic History Society）的第一任主席。在就职演讲中，他曾经批评新古典经济学："理论经济学家们认为，只要给我们一小块属于我们自己的田地，就可以让我们保持沉默了；而我们这些谦卑的历史学家们也应当为这一小块没有争议的领地而感激庆幸，以至于听任那些经济学家们自行其是。"同时他又提出，新建立的经济史学科应当与理论经济学保持合作，"如果我们彼此都能多了解一些对方田地里的作物和种植方式，我想，一定会对双方的成长都有好处的"。[②]在这一点上，阿什利和索洛的观点如出一辙。

在哈佛的十年任期里，阿什利开设了很多课程，既包括经济学基础，也包括从柏拉图到历史学派的经济理论方法史和从庄园制到工场制的经济发展史，还有经济调查方法、政治学理论等[③]，成功地把历史学派的思想方法系统地注入到哈佛大学的经济史课程体系之中。正是在阿什利的基础上，他的继任者——施穆勒的弟子埃德温·盖伊在此后进一步推动了美国经济史的发展和经济史协会的成立。

二、美国经济史学的发展与遭遇的挑战

20 世纪初，美国的制度学派和经济史都取得了长足的发展。制度学派成为了与新古典经济学并列的美国经济学两大主流，继理查德·埃利以后，康芒斯、韦斯利、克拉克和莫里斯·科普兰等十多位制度学派学者，都先后担任过美国经济学会主席。哈佛大学的埃德温·盖伊不仅培养了包括诺曼·格拉斯、阿瑟·寇尔、阿伯特·厄

---

① 参见杰拉德·库特. 乔吉燕译. 英国历史经济学：1870-1926. 北京：中国人民大学出版社，2010：117、120、123. 阿什利还与德国历史学派保持着密切的联系，他不断把德国学者的研究成果介绍到英国，并自承"从施穆勒著作中得到的激励和促进比任何其他人都多"。

② William Ashley. The Place of Economic History in University Studies. The Economic History Review, Vol. 1, No. 1 (Jan., 1927), pp. 1-11.

③ J. de L. Mann,eds. The Teaching of Economic History in University. The Economic History Review, Vol. 3, No. 3(Apr., 1932), p.331.

什、切斯特·怀特、安妮·贝赞森、约翰·奈夫、伊尔·汉密尔顿等一大批著名的经济史学者，而且开创了哈佛大学商学院和那里的企业史研究。①

在制度学派和经济史学者的共同努力下，美国的经济史教学与研究也得以稳步发展，经济史教职、课程和论著不断增加，在1904～1928年经济学博士生最多的十所大学中，②经济史学甚至成为了最受欢迎的研究领域，在经济学科全部2809名博士生中占到了372名。③在20世纪上半期的美国经济史的发展历程中，最重要的事件当属美国国民经济研究局的创办和美国经济史协会的成立。

1920年，米切尔、康芒斯和盖伊共同创建了美国国民经济研究局（NBER），把历史主义研究方法贯彻到了NBER的工作中，从事了大量的历史数据统计研究，并迅速取得了骄人的成就。这主要包括由米切尔和他的弟子阿瑟·伯恩斯共同完成的一系列关于经济周期的研究，埃德温·盖伊领导的世界各国物价史研究，米切尔另一个弟子西蒙·库兹涅茨对国民收入波动和长期经济增长的研究，以及稍晚些时候，由安娜·施瓦茨和米尔顿·弗里德曼共同完成的美国货币史研究。

在1924年美国经济学会的主席演讲中，米切尔对制度学派的历史方法进行了新的阐释。他指出，与新古典逻辑演绎派学者偏重定性研究不同，制度学派更强调历史统计的定量研究；经济学理论固然有着作为我们研究问题的方法和视角的价值，④但单纯依靠逻辑推理所得出的经济学概念和理论，往往与现实情况相疏离。因此，我们必须以现实观测所得的资料作为研究的基础，而两者之间所存在的差异，恰恰为我们提供了这样一个机会，使得我们可以游移于二者之间，并根据研究任务的变化而不断地调整和修正我们的研究视角和方法。米切尔的目标，就是以历史统计为基础，形成一种新的经济学研究理念，来取代以个体主义和效用论为基础的新古典经济学理论体系。⑤

1929年，埃德温·盖伊的物价史研究得到了洛克菲勒基金的资助，⑥研究团队的规模扩大到包括英国、法国、德国、奥地利、荷兰和美国在内的多国学者。在此

---

① 关于埃德温·盖伊和哈佛大学企业史研究的发展，可以参见 Arthur H. Cole. Economic History in the United States: Formative Years of a Discipline.

② 依次是哥伦比亚、芝加哥、威斯康星、哈佛、宾夕法尼亚、明尼苏达、康奈尔、耶鲁、约翰·霍普金斯和伊利诺伊，合计约占全美国经济学博士生总人数的75%。

③ 位居第二的专业，也是由制度学派学者领导的劳工问题研究（357名），详见 Lewis A. Froman. Graduate Students in Economics, 1904-1940. The American Economic Review, Vol. 32, No. 4 (Dec., 1942), pp. 820-821.

④ 正如马歇尔所指出的，历史归纳和抽象演绎都是我们从事研究的方法，单纯观察历史本身不能直接发现事件的原因，而只能找到它们在时间上的发生顺序，任何宣称让事实和数字自己说话的人，实际上只是有意或无意地把自己选择和组织资料的理论和方法藏在身后而已；详见 Alfred Marshall. The Present Position of Economics. in A. C. Pigou, eds. Memorials of Alfred Marshall, London: Macmillan, 1925, pp.152-174.

⑤ Wesley C. Mitchell. Quantitative Analysis in Economic Theory. The American Economic Review, Vol. 15, No. 1 (Mar., 1925), pp. 1-12.

⑥ 事实上，洛克菲勒基金从1923年开始就对社会科学研究提供资金上的支持，力图改变当时学术研究脱离社会现实的局面，其中也包括对当时中国一些现实问题的调查和研究。参见 Yung-chen Chiang. Social Engineering and the Social Sciences in China, 1919-1949. Cambridge: Cambridge University Press, 2001.

基础上，经济史学者们在 1940 年组建了经济史研究委员会和经济史协会（Economic History Association），次年又创办了期刊《经济史杂志》（Journal of Economic History）。在 1941 年的经济史协会主席演讲中，埃德温·盖伊和当年的阿什利一样，回顾了历史学派的主要思想和发展历程，重申了经济史重视实证和追求真实的传统。盖伊承认历史学派在与新古典经济学竞争中的失败，但他把经济史放到了一个更宽广的背景下，满怀希望地提出经济史应与其他各种社会科学尤其是经济学合作，以历史方法为基础，推进实证研究在整个社会科学的发展。[①]

在洛克菲勒基金会社会科学部主任约瑟夫·威利茨的大力支持下，1940 年，经济史研究委员会获得了为期 4.5 年、总计 30 万美元的持续资助，用以开展对美国发展及其经验的大规模实证研究，主要包括四个领域：产业与企业案例研究、经济年鉴的编纂、地区经济史研究和美国经济生活中的政府。其中，最成功的是由阿瑟·寇尔和安妮·贝赞森在 1948 年成立的哈佛大学企业家史研究中心。

然而这种良好的局面并没有持续多久，到 20 世纪 40 年代末和 50 年代初，制度学派和经济史学就遭遇了非常严峻的挑战。

在对经济周期的研究中，米切尔虽然大量采用了统计方法，但对当时刚刚兴起的计量方法则抱以谨慎和怀疑的态度。他认为计量回归方法存在着具有不确定性的置信区间或概率误差，单一的相关系数也会把长期趋势和不规则波动融为一体，因而无法反映出统计数据分布情况所可能蕴涵的重要信息，而且相关性研究在变量可能存在的周期性时滞问题上也乏善可陈。[②]更为重要的是，与计量经济学依托于新古典理论不同，米切尔的研究拒绝接受已有的经济学理论，而是从现实情况出发，挑选了一些可能导致周期波动的经济因素，进而构建统计指标，通过对经验事实的归纳寻找经济周期的原因；对于所有的统计数据，他都坚持将其放在大量的制度事实中进行阐述，而不是进行纯数据之间的相关性分析。

之所以这样做，是因为米切尔发现把一些老问题放在新的统计数据背景中，不仅可能会给我们带来经济学理论形式的改变，甚至连理论的构成要件都会发生变化。而如果我们按照既有的理论来设定统计指标，那么大家往往只会循着已有的逻辑去给这些指标和概念赋值，而无法发现那些我们没有想到而现实中可能非常重要的关系。根据既有理论设计的统计和回归，很容易变成用经济史数据来拟合经济学理论伪装的实证研究；而米切尔的方法才体现了历史主义归纳法的真谛，真正地把经

---

① Edwin Gay. The Tasks of Economic History. The Journal of Economic History, Vol. 1 (Dec., 1941), pp. 9-16.
② Wesley C. Mitchell. Business Cycles: the Problem and Its Setting. New York: National Bureau of Economic Research, Inc., 1927, pp.262-264.

济史当作了经济学的源头而非经济学的附属。①

　　然而,这种研究方法在 1947 年遭到了来自考尔斯委员会经济学家佳林·库普曼斯的批评，他把科学研究分为开普勒式的实证阶段和牛顿式的理论阶段，将米切尔的方法称为"没有理论的度量",②认为由于米切尔没有选择新古典经济学理论的个人主义和效用论作为研究的出发点，因而严重限制了实证研究的成果展开及其对经济科学的价值。由于米切尔的逝世，1949 年，制度学派的拉特里奇·韦宁对库普曼斯予以了反驳，从而形成了"NBER 方法"和"考尔斯方法"之间的争论。③然而短短几年之后，考尔斯方法却成为了美国经济学界的唯一方法。

　　这场制度学派与计量学派之间的争论,很容易令人回想起十年前发生在英国的,凯恩斯对库普曼斯的老师——丁伯根的批评。1938 年，凯恩斯收到了丁伯根向其征求意见的新著《一种新方法及其在投资活动中的应用》，尽管该书是以凯恩斯理论为基础构建的计量研究，但凯恩斯却对此非常不满。在与哈罗德的私人通信中，他明确指出，经济学理论模型是人们思考的工具，但如果像丁伯根这样把经济模型变成了定量化的方程，"那等于是毁了它作为思想工具的价值"，在他看来，丁伯根的研究"几乎就是一种纯粹的欺骗"（almost pure hocus）。④

　　为了防止计量方法对青年学者可能产生的影响，1939 年，凯恩斯又专门以"丁伯根教授的方法"为题，公开发表了对计量方法的批评，认为丁伯根所从事的实际上是一种"炼金术"。他指出，进行多元回归分析所需要满足的前提至少应该包括：所有影响因素能够被全部包括进计量考察的范围，而不是存在偏差的模型、所有要考察的变量可以定量化、各变量之间彼此不相关、能够体现出要素间存在的非线性关系、能够解决时滞问题，而这些条件在现实中全都不具备。凯恩斯还特别指出，计量回归分析最关键的一条是研究变量的环境能够在考察时段里始终保持不变和整齐划一。⑤"即或我们发现过去的情况的确如此（整齐划一），我们也不能确知未来就一定还会这样继续下去"。⑥

　　从凯恩斯批评的"炼金术"到在美国的大行其道，考尔斯委员会对计量经济学

---

　　① Wesley C. Mitchell. Quantitative Analysis in Economic Theory. New York: National Bureau of Economic Research, Inc., 1927, p.4.

　　② Tjalling C. Koopmans. Measurement Without Theory. The Review of Economics and Statistics, Vol. 29, No. 3 (Aug., 1947), pp. 161-172.

　　③ Rutledge Vining. Koopmans on the Choice of Variables to be Studies and the Methods of Measurement. The Review of Economics and Statistics, Vol. 31, No. 2 (May, 1949), pp. 77-86; Tjallin C. Koopmans. A Reply, pp. 86-91; Rutledge Vining. A. Rejoinder, pp. 91-94.

　　④ John Maynard Keynes. The Collected Writings of John Maynard Keynes. Edited by Sir Austin Robinson and Donald Moggridge, vol.14, pp.296，299-300，332, London : Macmillan, 1973.

　　⑤ 换言之，即使我们可以用现在的方法计算出一千年以前中国的 GDP，但它所蕴含的市场化水平、产业结构、技术水平和社会制度都与今天迥异，两者之间也就失去了可比性。

　　⑥ Keynes. Professor Tinbergen's Method. The Economic Journal, Vol.49, No.195 (Sep., 1939), pp. 558-568; Comment. The Economic Journal, Vol. 50, No. 197 (Mar., 1940), pp. 154-156.

的发展发挥了关键性的作用。

受 1929 年大危机的影响和启发，阿尔弗莱德·考尔斯在 1932 年创办了考尔斯委员会，以推进数学方法对市场波动问题的研究。当时，新成立的计量经济学会及其期刊《计量经济学》（Econometrica）正面临困境，考尔斯委员会随即向其提供了资助，并邀请拉格纳·弗里希和欧文·费雪等计量经济学家加入委员会。二战期间，考尔斯委员会搬至芝加哥大学并得到了来自芝大社科委员会、洛克菲勒基金和古根汉姆基金的大量资助，从而吸收了一大批因二战而逃离欧洲的计量和数理经济学家，成为了计量经济学和数理经济学的世界中心。

在 20 世纪 40～50 年代，考尔斯委员会积极与美国政府和军方展开了大量的合作，推动了以计量方法、线性规划、博弈论和一般均衡为代表的经济学数学化浪潮。其中，特里夫·哈维默用概率论为现代计量经济学奠定了基础，克莱因、帕廷金、莫迪利安尼和托宾等学者则实现了凯恩斯经济学的宏观经济计量模型化，库普曼斯则不仅发展了线性规划理论，而且在 1948 年担任了考尔斯委员会主任，成为了新一代经济学的"旗手"。

考尔斯委员会取得的巨大成功，在 20 世纪 50 年代汇聚成了美国经济学界的一场"形式主义革命"，[1]研究形式的数学化取代思想方法成为了经济学的标准，[2]也对当时包括索洛在内的一代青年学者造成了压倒性的影响。[3]在这一过程中，考尔斯委员会的计量方法取得了彻底的胜利，不仅赢得了最广泛的接受者，而且使得包括库兹涅茨在内的 NBER 经济学家们也默许了计量方法的应用。

同样是在经济学形式主义革命的过程中，经济史学家们也遭到了进一步的边缘化。由于一些经济学家们的批评和洛克菲勒基金会内部部分人士的不满，1950 年，经济史研究委员会的进一步研究计划被洛克菲勒基金否决，只有阿瑟·寇尔主持的企业家史研究中心继续得到第二个五年资助，"原本前景美好的美国经济史研究结果只剩下了哈佛大学的企业史"。[4]1956 年，对哈佛大学企业家史研究中心的资助也停止了。

---

① Mark Blaug. The Formalist Revolution of the 1950s. Journal of the History of Economic Thought, Vol.25, Issue 02 (June 2003), pp. 145-156.

② 以美国三大经济学期刊（AER、JPE、QJE）为例，1920～1960 年，使用数学方法的论文比例从 0（纯文字）上升到了近 50%；而在经济理论方面的论文中，则更是从 0 迅速上升到了近 90%。参见 Roger E. Backhouse. The Transformation of U.S. Economics, 1920–1960. History of Political Economy, vol. 30, 1998, pp. 85-107.

③ Robert M. Solow. Cowles and the Tradition of Macroeconomics. in Cowles Fiftieth Anniversary, pp.81-108, New Haven: The Cowles Foundation, 1991.

④ Cristel de Rouvray. Old Economic History in the United States: 1939–1954. Journal of the History of Economic Thought, Vol. 26, Issue 2, 2004, p.236 .

三、计量史学对经济史与经济学的"再整合"①

计量研究方法在经济学界取得的胜利,很快也传播到了经济史学领域。1957 年,在美国经济史协会和国民经济研究局联合举办的会议上,约翰·迈耶和阿尔弗莱德·康拉德共同提交了关于方法论和奴隶制经济的两篇论文,②认为通过定量研究的方法,可以用新古典经济学的理论对历史上的因果关系进行科学阐释,并运用统计方法就奴隶制盈利性问题提出了与传统不同的看法。他们的观点遭到了一些学者的质疑,认为新古典经济学的理论并不适用于对历史的研究;但也得到了另一些学者尤其是年轻经济史学者如道格拉斯·诺斯等的赞同。

此后,兰斯·戴维斯、乔纳森·休斯、罗伯特·福格尔、道格拉斯·诺斯、阿尔伯特·费希洛和威廉·帕克等一些青年经济史学者,开始就计量方法在经济史中的应用展开了经常性的讨论与合作。1960 年,他们与传统经济史学者发生了一场冲突,兰斯·戴维斯关于新英格兰地区纺织厂与资本市场的计量研究论文遭遇了《经济史杂志》的拒稿,这些青年计量学者群起请愿,更重要的是,他们拥有着整个经济学科数学化所带来的强有力背书,因而最终不仅令该论文得以发表,而且迫使《经济史杂志》调整编委会,诺斯和威廉·帕克成为了新任编辑。同年,他们在普渡大学组织了第一次"经济史中的数量方法"讨论会,并将其发展成了年度会议。由此,计量经济史学得以迅速发展并占领了经济史学的阵地。

在计量经济史学者当中,福格尔被看作"把计量经济学方法引入经济史运动的公认领袖",③而诺斯则是计量经济史学"主要的宣传者和组织者"。④

在 1964 年出版的《铁路与美国经济增长》中,福格尔提出了著名的反事实度量法,把假设没有铁路情况下的美国经济水平与实际有铁路的情况进行对比,计算地区内和地区间商品从海运到铁路运输所带来社会福利的增加,进而发现铁路给社会福利带来的改进尚不足 1890 年美国国民生产总值的 5%,即铁路对于美国经济和制造业的影响并没有经济史学界以往认为的那么大。这种新的研究方法,加上异于以

---

① 本文这里只对计量经济史的发展作简要评论,详细介绍可参见隋福民. 创新与融合——美国新经济史革命及对中国的影响（1957～2004）. 天津:天津古籍出版社,2009;克里斯·弗里曼,弗朗西斯科·卢桑. 沈宏亮主译. 光阴似箭:从工业革命到信息革命. 北京:中国人民大学出版社,2007:9～43.

② John Meyer and Alfred Conrad. Economic Theory, Statistical Inference and Economic History. The Journal of Economic History, Vol. 17, No. 4 (Dec., 1957), pp. 524-544; Alfred Conrad, John Meyer. The Economics of Slavery in the Ante Bellum South. The Journal of Political Economy, Volume 66, Issue 2(Apr., 1958), pp.95-130.

③ 克里斯·弗里曼,弗朗西斯科·卢桑. 沈宏亮主译. 光阴似箭:从工业革命到信息革命. 北京:中国人民大学出版社,2007:18.

④ Lance Davis. Professor Fogel and the New Economic History. The Economic History Review, Vol. 19, No. 3 (1966), p.659.

往的结论，使得计量经济史学立即引起了学术界的激烈争执。

1974 年，福格尔与恩格尔曼合作撰写的另一部计量史学代表作《十字架上的岁月：美国黑人奴隶制经济学》则引起了学界更为激烈地讨论，赞同者认为是这项研究充满了革命性的发现，开辟了奴隶制研究的新时期；而批评者则认为这本书只看到奴隶制度塑造的模范奴隶，而不能看到奴隶对奴隶制的反作用和奴隶制的变化，实际只不过是从不同时期、不同地方搜集来的资料和数据的堆砌。

诺斯在 1961 年的《美国经济增长，1790～1860》一书中首次运用新古典经济学的比较优势贸易与分工理论，对美国经济的增长和地区间的互动提供了一套逻辑完整的解释，通常被认为是新经济史学的开拓性著作。他在 1974 年的另一本论文集《美国历史上的增长与福利》中则通过计量经济学的方法，对美国经济史中的很多问题提出了新的见解，成为了重要的计量经济史教科书。

而诺斯最著名的计量经济史研究则是 1968 年的论文《海洋运输生产率变化的原因：1600～1850》，在这篇文章里，他率先使用了间接计量法，对难以进行定量化计算的海洋运输率，采用了以海上航运成本和港口停泊成本来之和组成的航运成本来作为间接指标，从而进一步对各项航运成本进行分析比较，认为海盗减少是导致航运安全性加强和移民增加引起市场规模的扩大降低了成本。也正是在这篇论文中，诺斯注意到了在经济层面的技术革新以外，制度因素也对经济发挥着重要的影响，从而在后来逐渐转向了新制度经济学的研究。

20 世纪 80 年代以后，随着计量经济史学会的成立、计量史学刊物的发行以及一些数据库的出现，从事计量经济史研究的学者队伍也不断壮大。尤其是 1993 年，诺贝尔经济学奖颁给了福格尔和诺斯，更进一步肯定了他们"通过应用经济理论与计量方法革新经济史研究"的价值。计量方法日益成为了经济史学科内部的主导者，在目前的主要经济史期刊中，已经很少见到没有计量化的学术文章了。

1965 年，福格尔曾希望通过计量方法来倡导经济史学和经济学的再度整合与统一，[1]但在传统的经济史学者看来，这实际上是将经济史研究纳入到新古典经济学的理论体系当中，将其变成经济学家们的经济史或者"过去的经济"，从而彻底失去经济史学从历史资料出发来发现问题和修正理论的传统意义乃至独立地位，沦为了新古典经济学的附庸，当然也就更谈不上"经济学之源"了。

诺斯也意识到大部分新经济史研究实际上只是把新古典经济学简单运用到历史研究中，但"这种做法的收益很快就会出现递减"。[2]于是，他转而开创了新制度经

---

[1] Robert W. Fogel. The Reunification of Economic History with Economic Theory. The American Economic Review, Vol. 55, No. 1/2 (Mar. 1, 1965), pp. 92-98.

[2] Douglass C. North. Comment on McCloskey, Cohen, and Forster Papers. The Journal of Economic History, Vol. 38, No. 1 (Mar., 1978), p.78.

济学，试图借鉴制度学派的思想方法，以经济史研究来为新古典经济学提供更宽广的视野，进而提出某种挑战，促使其修正和改进理论。然而，直到计量经济史学产生四十周年的时候，诺斯承认，这种挑战基本上仍未出现。①

对于计量方法及其在美国引起的新经济史革命，我国老一代学者大都采取谨慎和批评的态度。

在 1986 年中国经济史学会成立大会上的讲话中，吴承明先生就提出，"经济计量学用于历史研究有很大局限性。原来计量学用于现实经济，目的在设定最佳模式，选出最佳方案。用于历史则不行。历史不能选择，也不能假设"。②1992 年，吴先生又指出"凡是能够计量的，尽可能作些定量分析"，但"计量经济学与上述统计学方法有所不同。它是设定一个经验模型或目标模型，求出几种变量之间的数量关系……计量学方法只见量变，不见质变，只追求数量的连续性，忽视突变。经济史上常见的由量变到质变以及突变（扬弃）过程，只能用定性分析得出。经济计量学是以函数关系代替事物间的辩证关系，不能说明对立统一的发展过程。又如经济制度等在经济计量学中顶多视为外生变量，而按历史唯物主义实为内在因素。又有些经济事物最初不表现力量……这些都只能靠辩证法，经济计量学无能为用"③。2005 年，吴先生再次专门指出，"我算是学经济出身的。我研究经济史就主要用分析方法，并喜欢计量分析……但是，到上世纪 80 年代，看法开始有改变……统计分析很重要，计量学分析则有很大局限性……历史现象，历史学家把它看成是因果关系，有时嫌简单化。计量史家把它看成是函数关系，那就太简单了……历史是要下功夫思考的，不能用 t 推论出来"④。

陈振汉先生也曾指出，"所谓反事实度量法只是根据一些简单理论假设的逻辑推理，不能是研究历史的方法"。他还指出，《十字架上的岁月：美国黑人奴隶制经济学》"虽然也搜集了不少原始历史资料，但是完全按照经济学理论的要求，把它们割裂开来加工处理之后再行利用，因而完全不涉及社会伦理道德，不涉及社会群众心理，不涉及作为人的、有知觉、有感情的奴隶，于是成了一部没有奴隶的奴隶制经济史"。陈振汉先生认为，"诺斯和福格尔的贡献在于用经济学来注释历史，从而为西方经济学开拓领域，扩大影响，以至于按照诺斯的意图和设想，全部人类历史都成为经济史，成为经济学家的经济史"，但是"我们要研究的不是单纯的经济史，而是社会经济史……目的是用历史事实，特别是政教文物制度、宗教信仰、伦理道

---

① Douglass C. North. Cliometrics: 40 Years Later. The American Economic Review, Vol. 87, No. 2(May, 1997), pp.412-414.

② 吴承明. 中国经济史研究方法杂谈. 中国近代经济史资料，1987（6）.

③ 吴承明. 中国经济史研究的方法论问题. 中国经济史研究，1992（1）.

④ 吴承明. 研究经济史的一些体会. 近代史研究，2005（3）.

德、社会风俗和日常生活习惯等方面变化的史实来看是否对生产技术和国民经济发展有什么影响。在这些历史因素中，有的显然无法彼此区别，因而对之也根本不能进行任何数量分析；有的在很长时期里停滞不变，它们的社会经济影响但凭经验观察就能了然无遗，无需什么数量分析"[1]。

彭泽益先生和章有义先生则强调计量史研究中对数据资料的校勘与选取。他们分别指出，"我们一定要实事求是，尽量避免把中国经济史的计量研究流于数据游戏，那不仅不会有多少科学价值，而且无补于揭示历史的实际"[2]"计量材料的缺乏给我们带来了难以克服的困难，但绝不能采取饥不择食的态度，而必须付出艰苦的劳动，对已有的不准确的材料，逐一进行细致的审定和校正"[3]。

在总结梁方仲先生的学术思想时，陈争平老师也指出，梁方仲先生最值得我们注意的不是他采用的统计方法，而是他在处理统计数据时所采取的历史主义态度，即"详细考察经济史数据产生的机制，只有在此基础上……才能对历史数据进行正确的统计学处理"，而如果"对数据的准确性缺乏细致的了解，而汲汲于祭出计量经济学方法，则是不足取的"[4]。

---

[1] 陈振汉. 西方经济史学与中国经济史研究. 中国经济史研究，1996（1）.
[2] 彭泽益. 中国经济史研究中的计量问题. 历史研究，1985（3）.
[3] 章有义. 关于中国近代农业生产计量研究的几则根据. 中国社会经济史研究，1990（2）.
[4] 陈争平，常旭. 梁方仲对经济史统计工作的贡献——兼评经济史研究中的统计方法与计量经济学方法. 清华大学学报(哲学社会科学版)，2011（2）.

近代亚洲贸易圈中的白银流通
——亚洲经济史面貌的一个构想

滨下武志

一、问题和研究视角

在本文中，笔者关心的根本问题是：是否能够通过对白银问题历史的探讨，勾画出近代亚洲经济史面貌？换而言之，本文的主题就是从亚洲区域的内部纽带中探讨亚洲问题，并以此为基础勾勒出近代亚洲的历史。为此，首先通过以下两点对历来的课题和研究视角做一反思。

第一个问题是，近代亚洲和西方之间的关系应该如何把握。

在过去对亚洲近代史的研究中，通常将欧美入侵时亚洲各国的反应及其与欧美各国的关系等作为亚洲近代史的主要内容和考察对象。也就是说，是从欧美国家对亚洲的侵略史中研究亚洲近代史，即使说是以欧美与亚洲的关系史来代替亚洲近代史也不为过。[①]

对于亚洲近代史研究的这一方法，由于其在出发点上将欧美与亚洲置于直接的对应关系上，因而很难形成以亚洲本身作为研究对象来进行分析的观点（即认为亚洲的历史从前近代到近代是一个连续的过程）。因此，在分析亚洲时，实际上是一种迂回的，借助其与欧美国家之间关系的角度来评价亚洲（即近代化）。

如果以这种观点来认识亚洲，那么即使注意到亚洲内部存在相互联系的、类似纽带的特征，也不得不忽视，甚至将这种特征当成是所谓的"传统的遗物"，从而认为其是应该改革或废止的对象。[②]

当把这种观点与经济史研究的主题联系在一起回顾时，就将亚洲近代经济史的开端，与所谓英印中三角贸易关系的形成对应起来。也就是说，英国以棉业资本作

① 松田智雄. 英国资本和东洋——东洋贸易的前期性和近代性. 日本评论社, 1950.
② 从中国史研究方面来看，围绕"广东十三行"进行的各种讨论就是一个典型。

为开辟亚洲市场的手段，由此建立起来的英印中三角贸易关系被认为是亚洲近代经济史的起点。在此，亚洲被"卷入"近代西方市场（即世界市场在外延上的扩大），并因此开始其近代经济史。[①]然而，在这个三角贸易中，虽然由于与英国存在贸易结算问题，因而具有一定新的意义，但是这对亚洲来说，不过是历史上已经存在的亚洲区域内贸易网络中一个部分的扩大而已。

因此，从上述视角进行研究的结果，是把"看不见的"贸易，即亚洲区域内贸易问题置于视野之外。也就是说，在贸易统计中无法体现的帆船贸易和以之为基础形成的亚洲区域内贸易圈，以及支撑区域内贸易的白银流通和结算等相关历史问题，都会成为研究视野外的死角。[②]

第二个问题与第一个问题相关，即对过去将亚洲直接作为探讨对象的研究史本身进行反省。

迄今为止，虽然已经有一些成果从不同角度对亚洲进行探讨，但是都未能描绘出统一的亚洲全貌，而只能首先给人以在地域上相连的亚洲经济地理的印象。也就是说，亚洲只能作为地区连接构成的亚洲存在。

但是，这样一来，认识亚洲历史的出发点，与其说是探索亚洲自身，不如说是一种认识西方模式的手段，一种参照物，即按照西方概念要求的一种非西方的亚洲。[③]从这个意义上来说，在面对近代西方时，亚洲既没有以规定的地域空间为目的展开的讨论，又没有认识亚洲自身的探讨。这种状况说明，虽然认识亚洲和认识西方本来是一件不可分的事情，但同时认识亚洲自身的努力却很容易陷入对个别地区、个别领域中所谓传统的强调以及再确认的偏狭之中，而普遍或者说全面理解亚洲的动机，在亚洲的研究过程中却不曾存在。

这种情况下，在亚洲与西方的关系中，围绕着近代（以及近代化）问题，尝试从历史角度对亚洲问题进行分析成为主要议题。但是，对亚洲近代的探讨，是以西方为模板，并以其在亚洲的适用与否为分析特征的。也就是说，对近代亚洲的讨论，是以其在各个领域西化程度为研究目的的，如近代国家的形成（或民族主义的形成）、近代国民经济的形成、工业化过程等。但是，研究欧美国家在亚洲势力范围内各国、各殖民地的历史时，存在一种细分化的倾向，即将西欧的殖民与殖民地的近代化置于直接的因果关系上。其结果是，将"亚洲的近代"等同于各地区的近代，等同于

---

① 从时间上来看，如果从西方的角度看，19 世纪初英国东印度公司在亚洲贸易垄断权开始出现变化，这就意味着亚洲市场出现了转机，而如果从亚洲市场发展的角度看，则可以将 19 世纪后半期看成是出现了转机。参见海迪.美国贸易和金融中的巴林商社：1763～1861（第七章）. 罗素公司，1970.

② 以 1835 年的例子来看，在新加坡与中国贸易的 130 万元中，约 47%的贸易是利用帆船进行的。参见黄林根.新加坡的贸易，1819～1869. 皇家亚洲学会马来分会杂志（第 33 卷），1960：106.

③ 除此之外，还有"东洋"这个范围，近年来围绕着"东亚"的讨论，比过去所设想的地域更加错综复杂。

列强与其亚洲殖民地关系的总和。因此就不能从整体上来把握亚洲近代史，即使尝试从亚洲范围内探讨殖民问题或民族独立问题，最终还是变成了国别史和地区史的研究。另外，由于直接使用近代西方的研究方法来研究亚洲，因此在对亚洲问题的研究上，就形成了一种传统和近代截然分开的现象，对两者关系的理解则进一步背离，甚至在对个别地域近代史的研究过程中，分别以"落后"和"先进"来区别传统与近代，并使之成为一种规律。总之，亚洲的近代史实际上变成了西方的近代史，其历史发展的动力也来自西方，因而近代西方史实际上就被当成近代世界史来描述。[①]于是，亚洲对自己的认识是在西方不断介入的状况下进行的，这种介入制约着亚洲内部的秩序。这种秩序一方面取决于亚洲与西方的关系如何，另一方面则仅把亚洲与西方有接触的部分作为光明的部分来描写，进而导致将所谓的"近代"模式用作对前近代或非近代历史的分析。

这样一来，在尝试寻找亚洲经济史内在联系时，在方法上就会存在如下三种具体化的课题：（1）在亚洲整体历史的基础上，构造地域间的相互关联；（2）在前近代和近代一以贯之的连续性中阐述这种地域间的相互关联；（3）根据前两条，阐述亚洲史自身具有的国际契机（即等同于西方）以及是在何时何地具有这一契机的，其条件如何。

本文的研究对象，是能满足以上条件的课题之一，即亚洲的白银问题。这里的白银问题是以下列两个问题的分析为前提条件的，一是所谓的亚洲白银圈，即以白银为主要货币的区域；二是金银比价问题，即分析与西方金本位制相对应的亚洲银本位制问题，以及由此产生的汇兑和币制改革，特别是亚洲的金汇兑本位制问题等。但是如果仅仅从这些角度来探讨亚洲的白银问题，其结果无非是为西方金本位制确立的历史提供了另一面，与其说是寻找亚洲内部纽带，不如说是一种补充关系的分析。[②]因此在本文中，笔者所关心的视角和研究的目的，是通过白银问题寻找亚洲内部的纽带在什么地方出现，进而以之为前提，围绕着亚洲经济史上的流通问题（即白银问题），对亚洲经济社会的性质进行确定，以阐述一个比单纯分析生产过程更基本的亚洲经济特征。正如之后要分析的，在亚洲的白银问题上应该注意，除了白银货币圈外，还存在金银块和硬币关系的白银问题，不仅如此，除了金银关系外，还有以生银和墨西哥银元关系存在的银银关系。因此，由于这两者的相关性，可以认为在亚洲区域内形成了一个相对稳定的白银流通圈。

最后要强调的是，在研究对象的设定和方法的分析上，与其说是限定课题，不如说是提出问题，与其说是以分析和提炼为目的，不如说是以包容和概括为目的更为恰当。

---

① 小野——郎. 南北问题的经济学. 同文馆, 1981.
② 从这个角度来看，西方真正开始对其亚洲殖民地进行币制改革是在 20 世纪初。参见 A．P．安德鲁. 墨西哥银元的终结. 经济学季刊, 1940（5）.

二、亚洲贸易圈的形成和白银流通

14、15世纪以来，亚洲的区域内贸易逐渐扩大，并存在着一个亚洲贸易圈，这个贸易圈包含一个以中国为中心的东亚贸易圈和一个以印度为中心的南亚贸易圈，并且以这两个贸易圈为两轴，中间有若干贸易中转港。而欧美各国为了获得亚洲的特产，携带着白银加入到亚洲贸易中，并在此过程中与亚洲已经存在的这个贸易圈发生关系，其表现之一就是英印中三角贸易关系。因此，近代亚洲贸易圈并不是由于西欧资本主义的加入才开始形成，而应该是以亚洲贸易圈的历史存在为前提，由于欧美各国的加入出现了新关系，进而使这个贸易圈扩展开来。对亚洲贸易圈的探讨和把握必须从以上种种因素的总体关系中展开，也就是说，在分析视角上，应该认为近代亚洲贸易圈是基于亚洲内部历史动因而形成的。对上述历史脉络进行具体分析，亚洲贸易圈自身所具有的总体性要素有以下几点：

（1）从历史背景来看，包括继承了以中国为中心东亚朝贡贸易圈的贸易关系、印度的对外贸易网、中印贸易以及两者之间的中转贸易，而以这三者为中心就构成了亚洲区域内贸易。19世纪以来，伴随着香港和新加坡登上历史舞台，亚洲区域内贸易越发活跃。

（2）因为中国和印度向东南亚各国发展商业贸易而形成了贸易据点，这又诱使移民（华侨和印侨）持续增加，从而使得东南亚地区与中国和印度之间的经济关系进一步得到强化。

（3）这个贸易圈中的贸易活动，因华侨和印侨向母国的汇款而形成了结算关系。在此结算关系中，主要使用的货币是白银，除此以外，也有使用米等产品或亚洲各国货币进行结算。亚洲贸易圈被这个汇款结算网络所支撑，并因此具有了亚洲白银流通圈的机能[①]。

1. 朝贡、帆船贸易、移民

从15世纪开始，中国在对外关系上，已形成了以朝贡关系为核心的宽松的统治关系，而在内部，则形成了被称为朝贡贸易的贸易关系。也就是说，朝贡是亚洲区域，特别是东亚贸易网络形成的一个必要前提，其与东亚贸易网络之间存在着相互促进的关系。所以，朝贡以及与之相伴民间贸易的扩大，逐步形成了亚洲区域内贸易的主要方式。

---

① 参见滨下武志. 近代亚洲市场和英国. 史海30号，1983.

泰国、马六甲、越南、爪哇、菲律宾、长崎、朝鲜及其他各地与中国（华南、华北、东北）相联系的朝贡贸易网，以及与沿海贸易相结合的移民浪潮的扩大之间，形成了一种内外共同发展的现象。[①] 印度的帆船贸易，在西边与中东的巩布尔、阿曼的马斯喀特、也门的亚丁、非洲肯尼亚的蒙巴萨、莫桑比克和印度西海岸的苏拉特之间进行，而在东南亚则与除了缅甸的勃固之外的其他地方，以及马六甲、苏门答腊的阿丁和印度东海岸的默苏利伯德等地之间进行。[②]

这种围绕中国进行的朝贡和贸易关系，与从印度出发的沿海帆船贸易关系一起促进了亚洲各中转港的贸易，与此同时，也促进了为保证贸易网运行、维持贸易据点而进行的大规模移民（特别是商人移民）。以泰国为例，由于泰国政府允许中国的特许商人全权担当朝贡品的筹措、运输等一系列工作，加上这些中国商人大多祖籍福建，因此很容易与祖籍建立贸易关系，而伴随着朝贡贸易的进行，民间贸易也随之增加并逐渐扩大。[③]

中国的移民绝大多数是从福建和广东向东南亚各国的移民，其原因有很多，比如人口压力、战争原因、政治逃亡以及为了发展商业贸易等，到了近代，移居国对中国劳动力的需求（苦力贸易）也成为原因之一。这些移民与其祖籍之间存在着难以割舍的联系，并通过宗族、地缘等方式维持着这种联系，而这种联系又因为各种中介机构的发达而在外延上有所扩大。这些中介机构包括旧客、水客、客栈、船头行、船舶业和信局等，它们都促进了移民的进行。此外，从印度泰米尔地方汇聚的商业移民，主要由巴尔西等地的教徒承担，而本国的中转贸易及对东南亚各据点的商业、金融业方面的中转贸易，则由被称为"切迪阿"的贷款者承担。

2. 亚洲区域内的贸易结算

亚洲区域内的贸易网，主要是由中国和印度商人在各地进行贸易而形成，并由此构成了相应的结算网，由此，亚洲各地的经济相互联系起来。两大商人集团在形成自己组织的同时，通过地缘、血缘或业缘关系形成了贸易网，并进一步形成垄断性质的流通网。比如广东商会就具有如下历史：

广东的公行组织始于1720年，以厦门为中心所开展的沿海贸易为背景，这些祖籍多为福建省漳州府和泉州府的行商被组织起来，而广东十三行就是其中的一部分，其活动范围逐渐延伸到越南、泰国、马来半岛、爪哇、菲律宾等地。[④]但是，谋求垄断西方贸易的公行，最初是由行商潘振成于1760年建立的，粤海关（广州税关）

① 田汝康. 17～19世纪中叶中国帆船在东南亚. 上海人民出版社, 1957.
② 赵得力. 英国东印度公司与亚洲的贸易世界, 1660～1760. 剑桥大学出版社, 1978: 42.
③ 维拉弗尔. 进贡与赢利：中国与泰国的贸易. 哈佛大学出版社, 1977: 40.
④ 梁嘉彬. 广东十三行. 上海 1937: 60; 维拉弗尔. 进贡与赢利：中国与泰国的贸易. 哈佛出版社, 1977: 43.

对作为专门与西方进行贸易的外洋行、与东南亚进行贸易的本港行以及与福州和潮州进行贸易的福潮行，分三部分进行课税工作。过去的研究历来都注意作为广东贸易行商组织的外洋行（广东十三行），而本文则对其他两者同样给予重视。也就是说，在中国的对外贸易中，还存在着以厦门、福州和潮州为中心的部分。一方面，是和东南亚进行的贸易，特别是泰国的大米对于华南大米市场来说是不可或缺的商品；另一方面，经过华南向天津方面进行的北方沿海贸易也是重要的部分。特别是在东南亚的贸易过程中，还包含着得到泰国政府特许，用泰国制造的帆船进行的泰国—日本—厦门之间的三角贸易[①]。

这些贸易结算时基本上使用白银，据此后厦门的海关报告可以看到贸易收支和金银收支的入超是由华侨汇款得以填补的（参见图1），不仅如此，华南经济与华中、华北的入超部分，也主要由东南亚华侨汇款得到抵补。由此可以看出华南与东南亚之间的贸易结算关系非常密切。

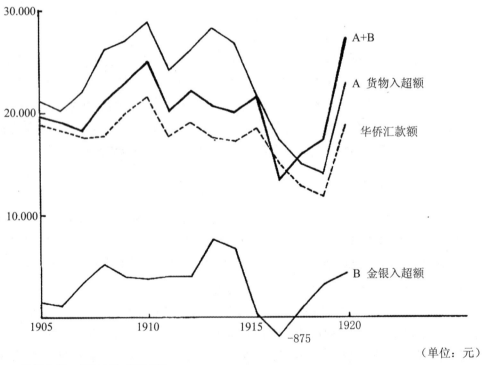

资料来源：厦门历年贸易统计。

图1　厦门的贸易收支与华侨汇款

① 维拉弗尔.进贡与赢利：中国与泰国的贸易.哈佛大学出版社，1977：58～69.

3. 西方加入亚洲区域内贸易

自 16 世纪以来，从西方向亚洲的白银输入一直在进行，其原因一方面是因为亚洲区域内发展起来的以白银作为结算方式的经济需要白银的输入，另一方面则是由于西方对亚洲产品的进口需求。

西方靠着从美洲新大陆输入的白银，以及稳定的白银价格支撑着对亚洲贸易的结算。但是，从 18 世纪末开始到 19 世纪初，从美洲新大陆输入的白银已无法增加，而欧洲的货币需求却在增长，如此一来长期维持的东西方白银结算关系开始崩溃。其结果如图 2 所示，这导致英国东印度公司将其贸易重心由过去的东西方直接贸易转向亚洲区域内贸易，结算关系也调整为在其殖民地印度和英国之间进行。之后，由于东印度公司侵害了亚洲区域内贸易商人的利益，东印度公司对亚洲的贸易垄断权被废止，而鸦片战争的爆发，也可以说是这种区域内利害关系冲突表面化的结果。[①]

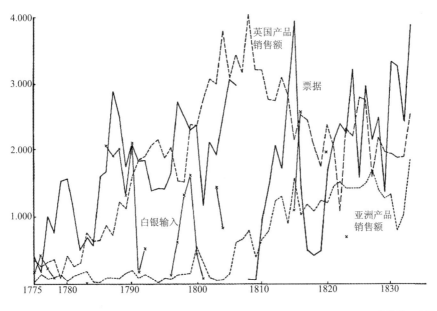

（单位：1000 两）

资料来源：H.B. Morse. The Chronicles of the East India Company Trading to China. Vol. IV, pp.387-388.

图 2 东印度公司在广东的贸易（1775～1833）

---

① 参见本山美彦. 英国资本主义的世界化和亚洲：东印度公司和广东商社围绕鸦片的角逐；小野一一郎编. 世界经济和帝国主义. 有斐阁，1973；田中正俊. 关于东印度公司的垄断——1822 年茶的价格. 中岛敏先生古稀纪念论文集（下卷）. 汲古书院，1984.

众所周知，从荷兰东印度公司开始，到英国东印度公司以及在亚洲的其他英国公司，它们都在亚洲区域进行所谓的中转贸易，但是实际上，这些公司之所以能够开展中转贸易，正是因为利用了亚洲区域内过去已经存在的贸易网。关于这个贸易网，之前的中日丝银贸易，以及之后的中印贸易等都是典型的例子。它们如实地反映出以中国和印度为两大轴心，向东南亚及东亚各国延伸的贸易关系，基于这种贸易关系，亚洲各地都以印度和中国商人为对象进行贸易。

在对亚洲区域内贸易历史的形成进行考察后发现，过去主要是从东印度公司、鸦片贸易、广东十三行等这些东西方经济关系交叉点问题为主要探讨对象。而今后，亚洲经济史对这一具有从前近代向近代发展特点的问题进行把握时，必须从帆船贸易、朝贡贸易以及亚洲区域内贸易这些问题展开探讨。

4. 亚洲的白银问题

在亚洲，白银问题在各国和各地区表现并不一致，原因之一是在白银流通过程中，没有国家或其他统一力量对其进行维护或支撑，更基本的是，白银是依据民间使用习惯和贸易习惯进行流通的。因此，如果站在重商主义及所谓近代产业资本等的立场来看，亚洲的货币是相当不统一和不规范的。但是，这种货币的复杂性并未因亚洲货币的贮藏性而被抵消，如果进一步探讨就可以看到，当时亚洲区域内贸易已经形成一种白银结算秩序，以之为基础白银按照惯例流通。因此，从西方流入的白银，也都按照这一惯例在亚洲进行流通，亚洲白银流通的这一特征非常重要。

亚洲区域内白银流通的历史，是以西班牙银元的大量流入为转折的。16 世纪初开始，西班牙银元通过马六甲的葡萄牙人和马尼拉的西班牙人流入东南亚，进而又从马尼拉流入广东、厦门、宁波等华南沿海地区。西班牙在 1537 年至 1821 年间铸造了超过 20 亿枚银元，1821 年至 1903 年间又铸造了超过 15 亿枚。由于有稳定的供给，以及能够保证一定纯度，西班牙银元实际上已经作为国际货币进行流通。特别是在亚洲地区，在大约 500 年间，西班牙银元实际上成为亚洲区域内外贸易的主要结算手段。[①]对于白银流入亚洲的原因，一般认为是在西方和亚洲之间

---

① 墨西哥银元和 19 世纪后半叶各国贸易银元的成分比例见下表：

墨西哥银元与各国货币成分比较				
通货名	年份	重量（格令）	纯度	纯银含有两
墨西哥元		417 15/17	902 7/9	377 1/4
香港元	1886	416	900	374 2/5
日本元	1871	416	900	374 2/5
	1875	420	900	378
美国贸易元	1873	420	900	378
	1885	420	900	378
西贡元	1895	416 2/3	900	375
英国贸易元	1895	416	900	374 2/5
海峡殖民地元	1903	416	900	374 2/5

资料来源：Chiang Hai Ding. Silver Dollars in Southeast Asia. Asian Studies, Vol. III, No.3, Dec.,1965,p.469.

存在着各种金银比价差异。但是，正如之后要讨论的，西班牙银元在亚洲并不是按照其币面价值进行流通的，而是按其实际含银量作为称量货币来流通的，而且在亚洲金银比价并非是一货一价的对应关系。因此，即使价格差的存在可以看成是白银流入的契机，但是这也不足以说明亚洲对白银具有的吸引力，也不能得出亚洲白银流通所具有的特征。[①]

到18世纪中叶为止，流入亚洲的白银，加上从英国向印度输出的银块和由于荷兰东印度公司在亚洲区域内中转贸易的开展所导致的日本白银输出增加等种种原因，促进了亚洲各国对白银的需求。对于西方来说，白银不仅是获取投机收益和吸收黄金的手段，同时还是交换亚洲出口产品（香料、生丝、食品）的最终等价交换物和结算手段。西方向亚洲输出白银的路线包括，从阿姆斯特丹（或伦敦）经喜望峰到印度（或印度尼西亚的雅加达）路线和从墨西哥阿卡普尔特到马尼拉路线等。经过上述路线向亚洲输入的白银，占世界白银年产量的近一半，仅18世纪从东印度公司输入的白银，平均每年就达到50万至60万英镑。[②]大量输入亚洲的白银，除了在民间作为流通手段和贮藏手段外，还在政府征税时作为支付手段而发挥作用，这样一以来又在财政政策和货币政策上逐渐增加了对白银的需求。因此，在印度和中国等地，促进从外部进行白银吸收的内在条件得到加强，而且，这种白银吸收的能力，还由于白银的不断流入和国内的稳定需求，在不断扩大之中。

如上所述，由于印度和中国对白银吸收力的提高，大量白银流入两国，在此过程中白银以银块或硬币等形态在亚洲区域内的贸易结算中使用。但是，从中国的情况来看，在交易过程中外国白银并不是作为标价单位使用的，而是先按中国称重价值单位的两、钱进行计算，然后按白银货币含银纯度换算后再进行交易。以下将对外国白银货币在亚洲区域内，按亚洲习惯方式进行结算的问题进行探讨。

第一个问题，在亚洲使用白银进行贸易时，由于外国白银有多种形态，以何种形态作为标准。流入亚洲的外国白银除了银条外，还有多种形态，比如西班牙银元（1821年以前是西班牙银元，1824年墨西哥独立后是墨西哥银元）、秘鲁银元、玻利维亚银元、智利银元、达卡特（威尼斯铸造所）、法郎、里克斯（德国和斯堪的纳维亚）、英国银元等[③]，当时的亚洲可以看作一个白银货币的博物馆，因此客观上要求先设定一种标准货币。众所周知，西班牙银元（之后为墨西哥银元）就是这样一种标准货币，但是西班牙银元得以在亚洲广泛流通并在各种白银货币中取得标准

小野一一郎. 墨西哥银元流入日本及其功过（一）. 经济论丛，1958，81（3）：3～8.
② 山胁悌二郎. 长崎的唐人贸易. 吉川弘文馆，1964：210～246；山胁悌二郎. 长崎的荷兰商馆. 中央公论社，1980：208；田代和生. "锁国"时代的贸易：以日荷贸易为中心. 现代经济季刊，1982（47）；平田桂一. 英国东印度公司出口贸易史：1650～1720年. 松山商大论集，1978，29（3）.
③ 马士. 东印度公司对华贸易编年史：1635～1834年（第一卷）. 牛津大学出版社，1926：68.

货币地位，是因为其数量大并且成分稳定，而并非是无条件地认为西方货币具有优越性的结果，对这个历史过程必须予以确认。总之，西班牙银元在亚洲区域，特别是中日印之间的贸易中具有重要作用，例如福建商人使用西班牙银元在长崎进行贸易等。①

第二个问题，使用外国白银货币进行贸易时，用什么标准换算来进行称重。这方面的例子，可以从 1830 年 6 月美国纽约的玛利亚号（约 420 吨重）驶入广东港时所缴纳的船钞税（相当于吨位税）明细进行说明（见表 1）。这里可以明确的是，各种税收都建立在银两征收的基础上，美元全部要兑换成银两，通常按 1 美元=0.72 两进行换算。也就是说，确保这个换算率的稳定，就使得外国白银在亚洲的流通具有保障，两者之间具有这样的关系。之所以如此，是因为中国白银流通的基础是称重白银体系，这种体系在中国更加的有效率。因此，外国白银在亚洲流通时一定要换成称重白银，这是白银得以流通的根本，不存在单纯使用外国白银作为标价货币，统一按价格单一计算的做法。

表 1　1830 年广东的关税收入

单位：两

船幅税额	842.285
换算成马蹄银的损失	75.806
溶解费	15.161
小费	810.691
	1743.943
粤海关入关费	480.420
	2224.363
运往北京的运输费及换算成库平银	150.145
向户部尚书缴纳费用	116.424
换算成马蹄银的附加费（1.1%）	1.280
	2492.212
广东和北京之间计算差（7%）	174.455
按 1 美元=0.72 两换算	3703.70 美元=2666.667 两

资料来源：W.C. Hunter, "Fan Kwae" at Canton Before Treaty Days 1825-1844, p.100.

第三个问题，在进行一般商业贸易时，采取什么方式进行结算。中国民间与外

---

① 山胁悌二郎. 长崎的唐人贸易. 吉川弘文馆, 1964：285.

国商人进行贸易时，过去是采取计算西班牙银元个数的方法来进行交易。东印度公司时代以来，根据多次的分析和实践之后，确定了重量换算率，即 100 两纹银相当于 109.799 卢比，111.900 西班牙银元。[①]公行组织废除后，制定了海关两这样的虚银两单位，并规定 100 海关两相当于 110 两（重量）墨西哥银元，并按此比例进行贸易结算。然后，因为银两贴水的问题，以计算西班牙银元个数进行贸易的方式，分别于 1853 年和 1857 年在广东和上海被废止了，然后应外国商人的要求，在这两个地方分别制定了按地方虚银两计算单位进行贸易的结算方式。[②]

采用这种虚银单位进行白银流通的事例，并非中国特有，在中东的麦加等地，就存在被西方商人称为"地方货币"的虚银单位的例子，并按 100 西班牙银元=121 当地货币进行换算。[③]采用这种称重货币制度的原因，在于存在银价变动的多层次关系。也就是说，在进行商业贸易和纳税需要大量纹银（99%以上的白银）时，需要加付纹银贴水，另外 19 世纪中叶，从西班牙银元向墨西哥银元的过渡期内，西班牙银元也需要加付贴水。因此，就产生了不以实货，而以计算单位为标准规定地方货币相互换算的方法。

如上所述，亚洲货币在流通过程中，经历了称重货币和各地虚银单位的过程，正是因为亚洲白银流通发生了这种转变，才使其具有贸易结算和关税支付手段上的职能。直到 20 世纪，除日本和印度的一部分地区外（这两个区域面临的是金银关系问题），这种生银向白银货币变动的银银关系，仍然是亚洲区域面临的主要问题。而被称为白银货币圈或白银圈的亚洲，其基本特征就是建立在这种虚银制度基础上的白银流通圈。

另外，亚洲生银流通过程中还有一个特征，即以铜进行的贸易活动也十分活跃。从荷兰东印度公司的中转贸易来看，就有从长崎向中国的铜输出，以及从长崎向孟加拉、印度科罗曼德尔，以及北部湾的铜输出。[④]这种状况显示，在亚洲，铜是作为金属货币来使用的，亚洲货币体系具有银钱关系这一特征。总之，亚洲白银的流通，应从银银关系和银钱关系的形成上来把握。

三、近代亚洲贸易圈与银价变动

欧美各国进入亚洲贸易圈的目的在于获得亚洲的茶和生丝。但是 19 世纪初开始，欧洲大陆本身对白银的需求增加了，因此欧美各国开始寻找不以白银为等价物

① 《中国文库》第 12 卷，广东，1843 年，第 397 页。
② 景复明. 中国的货币与货币政策，1845～1895. 哈佛大学出版社，1965：169～174.
③ 赵伯力. 英国东印度公司与亚洲的贸易世界，1660～1760. 剑桥大学出版社，1978：175.
④ 山胁悌二郎. 长崎的荷兰商馆. 中央公论社，1980：206.

与亚洲交易的方法。而与 19 世纪相比，由于对茶和生丝的需求大幅增加，这两种商品已经不再是被中国所垄断的产品，而变成了在亚洲多地区都能生产的产品，其结果是，在中国、日本和印度三国间出现了相互竞争出口的局面（见表 2）。欧美各国利用这一点，对茶和生丝进行收购，并通过增加结算方面的影响力促进了与当地商人和内地市场之间的交易关系。另外，还以亚洲其他地区的产品作为获得茶和生丝的交换物，其结果是亚洲区域内贸易规模得以扩大。因此，欧美等国从亚洲进口的茶和生丝的增加，并没有必然导致欧美工业品对亚洲出口的增加，反而是促进了亚洲区域内贸易规模的扩大，这点可以从图 3 看出。新加坡作为贸易中转港的作用将在后面提到，进入 20 世纪后这种倾向的增强是引人注目的。关于亚洲区域内贸易扩大的另一个事例是 19 世纪末以来围绕着棉纱和棉布的贸易，出现了中日印三国之间的竞争关系。这不仅成为西方进入亚洲贸易圈的契机，而且与之相对应，以亚洲区域内市场竞争关系为基础出现了亚洲与西方之间新的结合，由此可以说明近代亚洲市场已经形成。而在这个过程中，银价的下跌也是促成这一变化的重要原因。

表 2   各国茶叶出口统计

单位：1000 磅

年份	中国	印度	锡兰	日本
1896	228322	138921	110095	44322
1897	204237	150433	114466	43510
1898	205095	152346	122396	41102
1899	217385	158545	129662	46309
1900	184530	192310	149265	42987
1901	154360	182594	144276	44331
1902	202246	183711	150830	43679
1903	223615	209552	149227	48239
1904	193451	214300	157929	47484
1905	182527	216770	170184	38874
1906	187170	236090	170527	40028
1907	214630	228188	179843	40913
1908	210099	235089	179398	35551
1909	199742	250520	192887	40989
1910	208055	256439	182070	43929

资料来源：陈慈玉. 近代中国茶业的发展与世界市场. 台北：现代经济探讨丛书（第 6 种），1982：324～325.

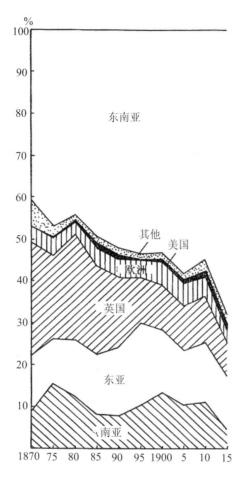

资料来源：根据 Chiang Hai Ding, A History of Straits Settlements Foreign Trade 1870-1915，第85～90 页数据绘制。

图 3　新加坡的贸易对象

1. 银价下跌

直到 17 世纪中叶为止，银价没有出现大的变化，但是到 19 世纪 70 年代，银价开始下跌，持续了一段时间后，19 世纪 90 年代又出现了更大幅度的下跌，直到 20 世纪初才稍微有所上涨。第一次世界大战期间，银价急剧回升，回升至 19 世纪初期的水平，但是到了 20 世纪 20 年代后又经历了一次大幅下跌，直到第二次世界大战才又开始回升。这种种的银价变动，特别是 19 世纪 70 年代开始的银价下跌，是国际经济史上首次遭遇的问题，加上此时国际经济的不景气，银价下跌在各个领域都产生了影响，关于这个问题，至今已有不少研究成果。[①]

银价下跌的原因有以下几点：（1）1873 年，普鲁士废除了白银货币并大量出售白银（数年间出售超过 6000 万磅）；（2）伦敦大量出售印度有价证券以及在印度的英国人向本国的汇款增加；（3）加利福尼亚银矿产量的增加；（4）欧美国家对亚洲贸易不振等。除了以上这些基本因素外，如下诸因素也不可忽视：（1）法国抛出白银吸收黄金以及德国和荷兰停止吸收白银；（2）国际市场金价上升；（3）在 1878 年和 1881 年的国际货币会议上，恢复复本位制的提案未被通过，以及随后美国政府停止收购白银等。[②]

也就是说，一方面欧洲废除白银货币以及美国白银产量的增加，促进了银价的下跌；另一方面在与亚洲的贸易结算方面，由于汇率的下降，印度有价证券大量发行，对亚洲的白银汇款减少，加上 1874 年由于恐慌导致的贸易不振，更加剧了白银价格的下跌。当初有人预测这种银价的下跌仅是一种短期现象，然而实际上与预测相反，银价持续下跌。[③]19 世纪 90 年代，由于美国《舍曼法》的废除、印度银币自由铸造被停止以及日本采取金本位制等原因，向亚洲输送的白银进一步减少，银价急剧下跌。

对于银价下跌问题，过去都是将其作为西方采取金本位制历史的另一面来进行研究。也就是说，这里主要是以这一脉络展开研究的：银价下跌→欧美各国采取针对银价下跌的对策（如对亚洲贸易时输出银元）→对亚洲金融和货币政策的改变（如在其殖民地进行币制改革或制定金本位制等），这种研究路线是一种以欧美为中心的，以国际金本位制确立过程中西方对亚洲政策的变化为主要研究视角。[④]但是，如上一节所述，当从亚洲白银流通这个视角来看待银价下跌问题时，上述这种从西方货币制度向亚洲扩展的研究视角，只能显示出事实的一半。而且其局限性还表现在，它将亚洲的银价下跌问题，仅看成一种被动接受外在事实的状况。

但是，在这里首先应该探讨的问题是银价的内容。一般在提到银价时，指的是伦敦市场上银块的价格，但是，如表 3 所示，在伦敦的银价市场上，还同时存在着墨西哥银元市场，其价格虽然与银块有着基本同样的波动，但是两者的变化却不一

---

① 与亚洲白银问题相关的论文有：石井宽治.英国殖民地银行群的再建：以19世纪70、80年代的日本和中国为中心（1、2）.经济学论文集（第45卷）.东京大学出版社，1979（1）,（3）；权上康男.印度支那银行（1875~1896）：法国殖民地银行的形成（上中下）.金融经济，1982（194）~（196）；滨下武志.世界资本主义和亚洲民族资本.社会经济史学的课题和展望.有斐阁，1984.

② 英国议会文书.白银跌价特别委员会取证记录.帕特里克·卡蒙贝尔的证言，1876：24~26；英国议会文书.金价委员会第一次报告.鲍尔·迪特曼的证言，1887：143.

③ 巴琼特."纸币"增加对印度白银流和汇率上涨的持久影响.经济学人，1876-10-7；另外美国对此的反应参见佐藤惠一.19世纪70年代美国白银问题：《白银问题委员会报告书》的意义和局限.茨城大学人文学部纪要（社会科学版），1973（6）.

④ A.P.安德鲁.墨西哥银元的终结.经济学季刊，1940（5）.

样，在这里就可以窥见亚洲对墨西哥银元需求的变化。

表 3　伦敦银价变动

单位：先令/便士

		银条		墨西哥银元	
		最高	最低	最高	最低
1890	1				
	4	48		47	
	7				47
	10	50			
1891	1				
	4				43
	7			45	
	10				
1892	1				
	4	39			38
	7				
	10				
1893	1				37
	4				
	7	30			
	10				

资料来源：Singapore Chamber of Commerce, Annual Reports.

　　其次，在银价下跌方面也有同样的问题。以香港为例，香港的白银因其不同的形态而具有不同的价格，并且这些价格有着不同的变动轨迹，见图 4。特别是当伦敦市场银价下跌导致汇率下降时，亚洲市场上的白银反而会出现数量不足的现象，此时银块、马蹄银、墨西哥银元等各种形态的白银都存在贴水问题。因此，值得注意的是，亚洲对白银的需求与伦敦市场上的银价变动并不一致，而是被亚洲的各种条件所制约。从上海市场来看，虽然伦敦市场银价下跌会直接导致上海市场汇率的下降，但此时白银在中国国内市场购买力的变化，与其在伦敦市场购买力的变化并非一致。因为上海银元的市场价格体现的是洋厘和铜钱的变动，而这两者与银价的变动并不一致，其价格能维持在相对较高的水平上，而这个差别，正是上海投资能增大的前提。[①]

---

　　① 滨下武志. 资本主义——殖民地体制的形成与亚洲：19世纪50年代英国银行资本在中国的进出过程. 载野泽，田中编. 中国近现代史讲座（第一卷）. 东京大学出版社，1978.

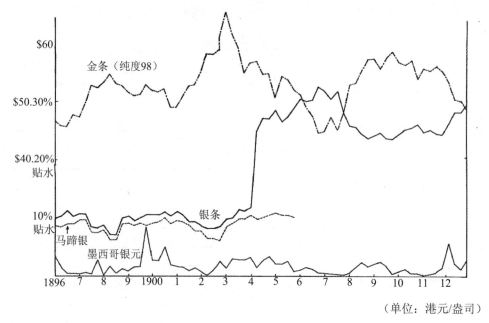

（单位：港元/盎司）

资料来源：Annual Reports of Hong Kong General Chamber of Commerce.

图 4　香港的金价和白银贴水

2. 银价下跌的各种影响

银价下跌的影响主要表现在以下几点：

（1）银本位国家在向以黄金为货币的国家返还债务时，其返还的金额实际上增加了，这就增加了银本位国家的财政负担。以中国为例，甲午战争后，清政府的财政开始向借款财政的方式倾斜，其军费筹措、向外国支付赔偿金以及兴办实业的资金都依靠外国借款，加上 1901 年义和团运动造成的赔款问题，使得列强在中国的侵略和掠夺迈上了一个新的台阶。但是，这些债务都是建立在金本位制度的基础上，因此当清政府归还债务时，如何填补银价下跌所造成的巨大差额就成为诸债权国所关心的问题。①另外，在公债发行时，如何排除金本位制度下银价变动的影响也是一件颇费周折的事情。与中国相似，印度的本国费，也是迫于填补因银价下跌所带来的亏损压力而产生的。总之，银价下跌加重了银本位国家的财政负担。

（2）伴随着银价下跌产生的汇率下降，导致了金本位国家对银本位国家出口产品价格上升，因而竞争力下降，同时进口增加。其作用还不仅如此，随着时间的推移，银价的下跌同时还会波及物价和劳动力价格。更基本的是，正如在之后要

---

① 王树槐. 庚子赔款（第三章第一节）. 近代史研究，1974.

讨论的，在中国银价的下跌导致了铜钱相对价格的上涨，因此部分抵消了银价下跌影响。

理论上，从贸易方面来看，银价下跌对银本位国家会产生有利的作用。[①]但是，如果以当时占中国进口产品首位的棉制品为例，对中国的棉布出口情况并不好。其原因正如美国驻厦门领事所指出的：①最大的问题是由于汇率的大幅度变动，使得中国的批发商人在购入金本位国家出口的商品时，因为无法预测汇率的变动而打消了购买的念头；②金银比价不能直接和银钱比价以及物价变动联系起来，因而削弱了欧美出口品的竞争力。另外，正如有人指出的那样，导致 1908 年不景气的重要原因，是由于货币贬值、米价腾贵、银价下跌，以及因上海钱庄滥发信用贷款产生的过度购买而导致的货物积压。[②]以上两种情况，都使得银价变动（也即汇率变动）成为阻碍进口的因素（关于银钱比价的问题将在之后讨论）。然而，英美棉制品出口中国受阻，与其说是直接为中国土布的生产提供了有利条件，不如说是为在亚洲区域以白银结算的印度和日本两国的棉纱制品的出口提供了契机。

在这期间的变动情况，也可以在英国金银委员会留下的证言记录中得到反映。1887 年，从事中国与日本贸易的英国商人普罗维特在回答"1874 年开始的金银比价变动对贸易方法有何影响"这一问题时，认为其在贸易和金融方面的影响是不一样的。[③]也就是说，在银价下跌以前，向中国和日本出口的全部货物都在英国发出票据，并在货款被收回之前得以更新。在 1874 年以前，汇率变动较小，而且其变动的程度可以预测。一般来说，6 月至 9 月承载中国和日本商品的船舶活动最频繁，因此在这个时期两个港口城市的汇兑市场的汇率比其他季节高。由于能预测到这一点，汇率的变动就不会妨碍贸易的进行。

另外，在银价下跌之前的 1873 年，向上海运送棉制品时采取如下这种结算方法。例如，在曼切斯特购买向上海运送棉制品的单据，与此同时，将此单据与同额度的 6 个月期限的商业票据一起汇到伦敦，假如在 6 个月之内售货款（以英镑汇票方式返还）不能返还，商业票据还可以更新 3 个月。在这里顺序如下：上海的收货人以银两建制进行购买，同时向上海的英国丽如银行或该行的分行购买伦敦发行的英镑汇票，然后将此汇票寄送给曼切斯特的货主。

但是，到了 1876 年，结算方法已经发生了巨大的变化。当时和亚洲进行贸易的

---

① 井上巽. 关于 19 世纪末萧条时期英国本位制的争论：1888 年《金银委员会最终报告书》的分析. 商学讨论，1971，23（1）；吉冈昭彦. 英国棉业资本和本位制争论. 载冈田与好编. 近代革命的研究（下卷）. 东京大学出版社，1973.

② 《领事和贸易报告》，美国，1906 年 3 月；《北华捷报》，厦门，1908 年 7 月 25 日.

③ 英国议会文书. 金银委员会第一次报告. 普罗维特的证言，1887：159～160.

大多数商人，受到银价下跌的冲击，已经不再向伦敦汇出汇票，而是转向上海汇出银两建制的汇票，向香港或日本汇出美元建制的汇票。如果货主向上海汇出60日支付的商业票据，而伦敦银行若按自己规定的汇率收购，可以避免由于汇率下跌而造成的损失。对于商人来说，这意味着将汇率下跌的风险转嫁给了银行。这说明，为了应对由于银价下跌而产生了汇率下跌，外国银行在亚洲所占的比重已经大大提高了，关于这部分内容，将另文进行讨论。

从银价下跌对进出口产品价格的影响来看，如图5、图6所示，到19世纪90年代为止，作为中国主要出口品的生丝、茶，以及主要进口品的棉布的价格没有大的变化，并且表现出同时下降的倾向。如前所述，受中国国内市场条件的影响，值得注意的是被称为亚洲商品的米、棉花的价格出现了上涨。另外，从出口商品数量的变化方面来看，值得注意的是从19世纪末开始大豆出口出现了大增。这意味着贸易投资是对亚洲区域内贸易的投资，也就是说在可能进行白银结算和白银投资的地区，资金的流通出现了活力。这一变化对亚洲区域内市场条件的影响将在后面讨论。

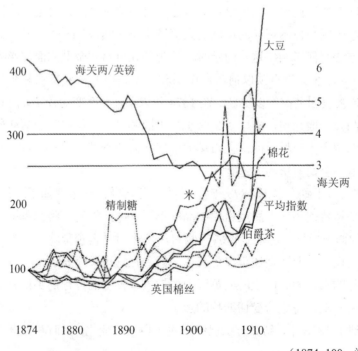

（1874=100，海关两/英镑）

资料来源：根据《海关十年报告（1901～1910）》附录9数据整理。

图5 中国进口品价格的变动

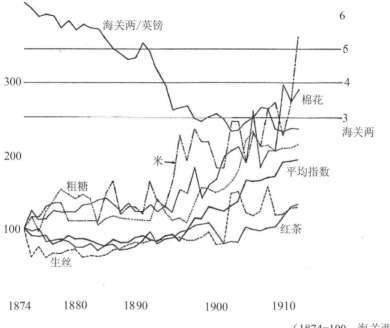

（1874=100，海关两/英镑）

资料来源：根据《海关十年报告（1901～1910）》附录 9 数据整理。

图 6 中国出品价格的变动

（3）西欧各国向银本位制国家投资时，如果按金本位制标准对其资产进行评估，受银价下跌影响其投资额实际上是减少的，因此导致了这些国家商人向本国的汇款受到了损失。但同样金额的资产，在银价下跌后以银本位制计算的资金，相比金本位制会出现资产总额增加的情况，因此开始出现西欧各国向亚洲进行长期投资的现象。并且，当出现贸易利润减少或不稳定状况时，相对于从事与出口品生产相关的土地投资，对服务业和工业等领域的投资开始扩大。

在对中国的投资方面，以《马关条约》外资获得在华创办工业企业权为背景，19 世纪 90 年代以后，出现了对租界内股份公司扩大投资的现象。也就是说，以 1891 年上海股东协会的成立为开始，到 1905 年，吸收中国资本的上海股票交易所已经成立，主要的投资对象首先是中国政府、租界工部局的公债、公司债，以及股份投资、房地产投资等。甲午战争之后，从事与贸易相关的企业投资占到所有企业数量的一半以上，但是到 1910 年，其他领域的企业投资，如制造业、服务业、矿山、资源（如橡胶树栽培）等都有所增加。这个时期，还出现了像中英公司这种外国资本的专业投资公司。之后，由于华侨资金的流入，企业的投资额得到进一步的扩大。[1]第

---

① 林金枝. 近代华侨投资国内企业的几个问题. 近代史研究，1980（1）.

二类投资对象是金银等贵金属的投资，比如在上海进口黄金，然后改铸成标金出口。这个时候从日本进口的黄金，主要是将在日本的外国银行手中的富余资金换成黄金集中流入上海的标金市场。①另外，为了适应亚洲殖民地国家实施金汇兑本位制的需要，白银可以被输出，因此上海和孟买等城市就作为白银市场或白银中转地而相继崛起，特别是香港和新加坡等作为资金集散地的重要性大大加强了。

包括投资问题在内，银价下跌的影响是多方面的，虽然汇率的下降对旧式的贸易活动有负面的影响，但是由于外国银行的介入，使得西方与亚洲之间的金融关系以银行为中心得到重组，进而由于长期投资增加，导致了亚洲区域内贸易产生了新的中转地、汇兑关系调整地以及资金集散地。总之，与之前所述的亚洲区域内银价问题具有多重性一样，银价下跌也是一种复合多重的影响，其对中央财政、贸易活动、外国企业、当地企业、当地商人等经济活动产生的影响是不一样的。而由于长期资金流入，亚洲区域内经济活动更加活跃，这可以被看作进入了一个划时代的历史阶段。

四、外国银行和亚洲的白银问题

19 世纪 50 年代以来，渣打银行和汇丰银行相继出现，标志着英国对亚洲区域内贸易金融的努力进入了一个新阶段。与此同时，伦敦也确立了对亚洲金融（贸易结算、资金调配、本国汇款）的统治地位。因此，可以说东西方之间的金融关系进入了一个新的时期。面对银价下跌的压力，这些外国银行就基地设在伦敦还是设在亚洲采取了不同的策略。基地设在伦敦的渣打银行，由于亚洲以金本位制核算资产减少的原因，采取了极力缩减其在亚洲资产，而由本社直接管理资金运用的战略。而基地设在香港的汇丰银行，如之后将要讨论的，则采取了一种利用各种形式扩大白银持有，从而使之成为资金运用之源的战略。总之，形成鲜明对照的这两家银行，都不得不针对汇兑问题的变化而采取相应的应对措施。

1. 汇兑对策

银价一开始下落，银行就采取了独立决定汇率的决策，以规避由于汇率变动而产生的风险，之前提到的金银委员会的证言已经说明了这一点。但是具体操作如何，这里将以图 7 为例作进一步的讨论，图中的曲线表示的是 1886 年到 1887 年，这一年间每月中旬以电汇汇率表示的银价变动趋势。从这张图上可以看出：第一，上海

---

① 小岛仁.日本的金本位制时代（1897~1917）（第三章）.日本经济评论社，1981.

向伦敦出售的电汇价格，比在伦敦购买 60 日汇票价格设定得更高，也就是说，这个买卖差额的存在是银行确保其利益，规避由于银价波动而造成损失的条件。第二，为了满足上述条件，买卖必须同时进行，这就使得电汇方式的利用进一步得到扩大[①]。除此以外，买卖双方如何取得平衡也是非常重要的，这就是说在贸易过程中结算问题的比重增大了。第三，票据的期限是 60 日，加上运送期和预备期合计达到 105 日（惯例），而在 105 日之后，上海市场上电汇的卖价已经由于贸易季节的变动由活跃期转为停滞期，也就是说，银行对票据的买卖价格会因为季节的变动而变动，因此为了确保一年间都有收益，在汇兑时就有必要对其价格进行平均化。[②]

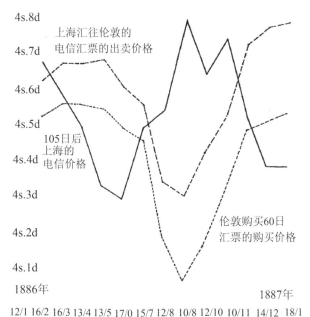

（相当于 1 上海两）

资料来源：BPP, Gold and Silver Commission, First Report, 1887, pp. 351-352.

图 7　伦敦－上海银行电汇汇率

2. 金银调整

外国银行为了防止银价变动和汇率变动的风险，力图对金银比价进行实际上的调整。以中国为例，中国的情况与其他亚洲殖民地政府不同，因为在中国不可能向

[①] 莱顿波斯. 大英东方汇兑银行：1914 年前影响其业务主要因素的概况. 科恩编. 东南亚的经济发展. 艾伦和恩温公司，1964：24.

[②] 除此之外，还有发出付息票据以减少汇兑风险（参见石井论文），以及采取票据贴现（参见权上论文）等对应措施。

其他殖民地那样，由列强通过管辖下的殖民地政府直接调整其货币和金融政策制定金汇兑本位制，因此各国银行只能在自己的活动范围内寻找方法。其结果是，外国银行在对中国的金融关系上，实际上是采取了金汇兑本位制的对策，也就是说，这些外国银行使用这种本位制度，发挥稳定中国币值对外职能的作用。从汇丰银行的营业报告（表4）来看，1891年以来，以金本位制计算的存款和以英镑计算的债权持有量都有所增加。因此根据金银价格变动而采取的这种银行内的金汇兑本位制，实际上发挥了对外汇兑基金的作用。同时，外国银行还利用入超和返还借款等措施打开单向汇兑局面（黄金汇率上升的原因），因而积极加入到亚洲区域内大豆、橡胶、米和砂糖等产品的贸易金融中。[①]另外，外国银行还通过增发银行券的方式，把它作为一种创造资金的重要手段，以避开因资金输入导致的汇兑问题。更进一步，外国银行利用银两和银元之间比价的变动，向钱庄进行白银资金的借贷，通过这种对内、对外金融关系的相互作用，发挥着一种中国中央银行的职能。最后，外国银行利用金银比价的变动和银银比价的变动，尝试通过投资的多元化而达到稳定化的效果，这就成为美国国际银行等各国殖民地银行和投资公司进入亚洲的契机，也是亚洲白银问题国际化的契机。[②]

表4　汇丰银行营业报告

单位：1000港元

		1897.12	1902.12	1907.12	1912.12
负债状况					
缴纳资本金		10000	10000	15000	15000
准备金	英镑	7000	10000	15000	15000
	美元		4750	13000	17000
保险		250	250	250	250
流通银行券		9888	16575	15711	24826
活期存款	美元	44141	86727	79411	121122
	英镑	18728	33051	47546	54838
定期存款	美元	31731	46112	50679	70409
	英镑	26447	54803	46441	42075
支票		18751	14397	11476	6011
损益情况		2430	4222	4943	5031
资产状况					
现金		17584	35254	40509	41980

---

① 柯利斯.汇丰（第四章）.伦敦，1965.
② 如1898年的中英公司，1899年的东方汇理银行，1902年的花旗银行、华比银行，1903年的荷兰银行等。

续表

		1897.12	1902.12	1907.12	1912.12
黄金		7106	8419	4132	5170
印度政府以及殖民地有价证券		5045	11602	8418	12509
英镑准备金投资		7453	10000	15000	15000
贴现票据及贷款		61259	93812	101598	139870
汇票		69846	107638	118007	136575
房屋折价		972	829	1792	5360

资料来源：根据《北华捷报》各期数据整理。

3. 金汇兑本位制

上一节讨论了银价下跌对各方面的影响，而对于银价下跌这一状况，实现金本位制度的西方各国主要尝试采取稳定汇兑和币制改革的政策。但是，1892 年在布鲁塞尔召开的第四次国际货币会议上，以国际间默契为基础维持银价稳定的政策（如国际复本位制提案等）并没有被采用，因此导致 19 世纪 90 年代产生了银价第二个急速下跌的时期。[①]于是，各国列强纷纷对其在亚洲殖民地采取了统一金银比价、稳定白银对外价值和确保贸易及投资利益等措施，并通过流通新铸造白银货币的办法处理剩余白银。这些措施都力图重组西方与亚洲银本位国家之间的金融关系，而其实质内容则是推行金汇兑本位制，并进一步加强外国银行在亚洲区域内的作用。

各国列强在其亚洲殖民地币制改革的情况如下：1893 年，为了避免银价下跌增加向本国汇款的负担，印度停止了卢比的自由铸造，以此作为实施金本位制的前提，到了 1899 年，印度制定了稳定的按 1 卢比兑换 1 先令 4 便士的金本位制。[②]日本则将甲午战争所获得的赔偿金作为本位货币储存在伦敦，并在 1897 年以固定的 1 日元兑换 2 先令的金银比价实施了金本位制。两国都通过实施金本位制，谋求减少政府支出、降低从银本位国家进口产品的价格，以及减少从金本位国家的进口。虽然实施了金本位制，但是在日本和印度实际上并不流通黄金。日本的情况是，以政府和中央银行的黄金准备为基础，用以维持当资本输入带来外币输入时本币的对外价值，因此实际上可以当作金汇兑本位制。[③]

1898 年美西战争结束，美国占领菲律宾后迅速对其进行币制改革，当时有三种

① 罗素.国际货币会议（第六章）.纽约和伦敦，1898.
② 英国议会文书，《赫琴尔委员会的报告》，1893 年；《福勒委员会的报告》，1899 年。
③ 松方正义.明治三十年币制改革始末概要.大藏省编.明治前期财政经济史料集成（第 11 卷之 2）.

方案：维持银本位制、使用美国的货币制度和采取与美元接轨的金汇兑本位制。最终于 1903 年采取了最后一种方案，并按 1 比索兑换 0.5 美元的比例制定了金银比价，菲律宾将其储备金存在纽约，同时将购买美国政府债的款项、铸造美元与比索的利润以及贸易收入利润等储存起来。[①]

在英国众殖民地中，货币政策改革最成功的例子是海峡殖民地。虽然历经曲折，但是在 1906 年终于实施了金汇兑本位制，并规定按 1 海峡元等于 28 便士进行汇兑，海峡殖民地将货币证券保证金储存在伦敦，同时海峡殖民地货币委员会授予伦敦和新加坡双方出售汇款汇兑的权限。[②]泰国也在 1902 年停止了白银的自由铸造，规定按 20 铢等于 1 英镑进行汇兑，并于 1908 年实施了金汇兑本位制。[③]

1877 年，荷属东印度公司以 10 荷兰盾的金币为本位货币实施金本位制。爪哇银行作为殖民地的中央银行，力图通过对殖民地的白银流通、黄金准备以及对外黄金储备等进行控制，以谋求金银比价的稳定。[④]法属印度支那在 1878 年采用银元匹阿斯为法定通货，之后因为银价下跌，1902 年和 1905 年先后停止了白银的自由铸造和黄金的自由进出口，从而实施了一种与国际白银市场相隔绝的货币制度。[⑤]

上述各种措施，即使在都实施金汇兑本位制的国家中也不一定有一样的效果，而是被各国的具体情况所左右。[⑥]在这种情况下，外国银行通过币制改革和资金借贷，担当起亚洲各国准中央银行的职能，从而执行各项货币政策，比如推进旧币回收、新币流通和纸币发行等进程。另外，与中国币值改革相关，围绕庚子赔款各列强形成了共同利害关系，它们为了维护各自的利益，提议吸取美国在菲律宾进行币制改革的经验，组织汇兑委员会。在提案中反映各国要求的意见有以下三点：（1）对银本位国家实施金汇兑本位制，其正在使用的白银货币将无限制地作为法定货币流通；（2）以中国现行的国币制度为基础，白银作为法定货币在全国流通，且白银与金的比价固定在 32 比 1；（3）稳定生银价格，并按各国政府铸造的需要有规律地实行白银收购政策。[⑦]

另外，各国政府也组织了各自的汇兑委员会，其中包括英国的汇丰银行、法国

① 凯迈勒.近代币制改革：印度、波多黎各、菲律宾群岛、海峡殖民地和墨西哥最近币制改革的历史和讨论（第三、四部分）.麦克米伦公司，1916.
② 凯迈勒.近代币制改革：印度、波多黎各、菲律宾群岛、海峡殖民地和墨西哥最近币制改革的历史和讨论（第三、四部分）.麦克米伦公司，1916.
③ 英格拉姆.泰国的经济变化，1850～1970（第七章）.斯坦福大学出版社，1971.
④ 维舍林.论中国的币制.荷属东印度群岛，巴达维亚，1912：144，132.
⑤ 托萨特.印度支那货币制度研究（第一章）.巴黎，舍里，1939.
⑥ 金本位制并非从一开始就具有一贯性，比如海峡殖民地就曾经历过被称为"英镑汇兑本位制"的阶段。参见保尔，钟飞旺.海峡殖民地和马来诸邦的币制改革：被误解的意图.马来经济评论，1973-3-18.
⑦ 国际汇兑委员会.国际汇兑的稳定：向中国及其他银本位国家介绍金汇兑本位制的报告.华盛顿，1903：42～46.

的印度支那银行、德国的德华银行以及日本的横滨正金银行、第一劝业银行和三井银行等。1903 年 10 月以美国詹克斯为代表向中国政府递交了备忘录，在这份备忘录中体现了各种讨论的结果，其内容包括：（1）中国政府应该应各债权国的要求实施货币政策，包括持有固定金价的白银货币政策等；（2）启用外国人为顾问或担当货币监督官；（3）采用以格令（grain，英美最小重量单位，为 64.8 毫米）为单位表示金价的方法，金银比价保持在 32 比 1，白银货币可以自由铸造；（4）为维持银本位货币的平衡，应在伦敦开设汇兑基金，基金来源可以通过借款获得；（5）在黄金不足时，外国可以以白银汇兑的方式向中国出售黄金；（6）给予外国监督官和各国代表促进中国政府经济改革的权限。①

从以上各点可以看出，在中国实施的是一种在列强监督下的金汇兑本位制，而其内容中的在国外设立汇兑基金，并且资金可以通过借款方式筹措等都显示出一种条约义务的延伸。总之，这个提案可以看作英美两国以其在亚洲殖民地实施的金汇兑本位制的折衷内容要求中国，并且以各列强国的银行集团为主要担当者推动中国的币制改革。

五、亚洲市场的发展和白银流通

金银比价按一定比例固定，而银本位国家的货币在对外价值上又与其宗主国的货币联系在一起，这种状况会出现什么结果呢？这种结果通常是从"国际金本位制度确立后，亚洲被卷入西方货币体系"这样的角度来进行理解，而本节则将着眼于从亚洲区域市场的观察角度来看待这种变化结果，以分析亚洲市场的发展过程。

第一个结果是，虽然伦敦银价下跌的趋势得到缓和，但是伴随殖民地对白银需求的变动，银价开始变动，其典型的例子是印度的白银需求变动与伦敦银价变动之间的关系，见图 8。为了铸造银币，印度对白银的需求量增大了，因此印度政府不得不购入白银。②而这些白银，是从亚洲各地，特别是香港吸收而来的（见表 5）。另外亚洲实施金汇兑本位制后，也有从西洋吸收黄金的情况出现。③

---

① 国际汇兑委员会. 国际贸易中的金本位制. 华盛顿，1904：80～81.
② 埃金森. 印度的卢比价格，1870～1908. 皇家统计会杂志（第 72 卷），1909（9）：545；竹内于敏. 印度货币政策和金汇兑本位制. 一桥大学《经济研究》，1981，32（2）.
③ 日本也采取了类似西方各国对其亚洲殖民地的方式，即允许中国台湾和朝鲜维持白银的使用，同时又从两地吸收黄金. 参见村上胜彦. 殖民地黄金的吸收和日本的产业革命. 大石嘉一郎编. 日本产业革命的研究（下卷）. 东京大学出版社，1975.

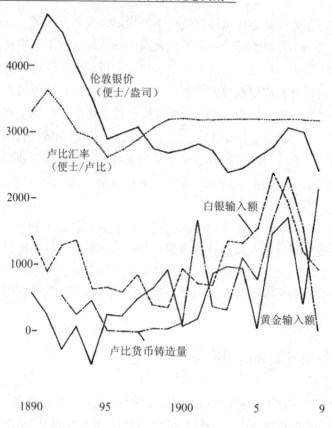

（单位：10 万卢比）

资料来源：F.A. Atkinson, "Rupee Prices in India." Journal of the Royal Statistical Society, Vol. 72, Sept. 1909, pp.510-511.

图 8　印度的白银输入与银价变动

表 5　1907 年中国的金银进出口

单位：1000 海关两

	输入				输出			
	金		银		金		银	
	金条·粉	金货	银条和马蹄银	银货	金条·粉	金货	银条和马蹄银	银货
欧洲	1143.9		176.0	215.6	4740.1		2618.1	409.1
美国		78.8	157.3				0.1	
印度、缅甸			33.5			21.2	10294.7	184.5
海峡殖民地			0.9	24.8			64.6	155.0
西贡、河内				10.0				36.7
中国香港、中国澳门	24.8	18.0	66.1	5923.1	282.1	16.4	452.7	23410.8

| | 输入 | | | | 输出 | | | |
| | 金 | | 银 | | 金 | | 银 | |
	金条·粉	金货	银条和马蹄银	银货	金条·粉	金货	银条和马蹄银	银货
暹罗				5.8				84.9
马尼拉								7.1
日本、中国台湾		6801.7		258.3	328.1	288.4		473.2
朝鲜		186.0	11.6	181.4		140.0	44.2	23.9
海参崴		16.8		5.2		7.4		18.1
合计	1172.7	7101.3	445.4	6624.2	5350.3	473.4	13474.4	24803.3

资料来源：根据《中国海关贸易报告》（1907）数据整理。

　　第二个结果是，亚洲各国与金本位国家之间的贸易扩大了。在这里，所谓的金本位国家并非专指西方各国，从新加坡贸易对象区域变化可以看出，亚洲区域内贸易的扩大令人瞩目。根据海峡殖民地货币委员会的证言，可以对这一情况作进一步的考察。1902年11月，婆罗洲商会（其在伦敦、新加坡、沙捞越、曼谷、清迈、雅加达、苏腊巴亚等地都设有分会）的负责人托姆森有如下描述：

　　爪哇由于已经使用金本位制度，因此与临近的不论哪个银本位国家相比，对外贸易都有明显的扩大，特别是近几年稳定的汇率，对爪哇的进口非常有利……沙捞越和泰国南部都是以白银为基础的贸易区域，在沙捞越，我们不仅是商人，而且是金矿和锑矿的所有者，并且参与到胡椒和黑儿茶的栽培中。到现在为止，（与银本位国家之间）低水平的汇率对于开发投资，特别是在栽培方面的投资非常有利。进口品除了木材的一部分是经香港输入外，其余都是经由新加坡输入的。[①]

　　这明确显示出，实施金本位制后爪哇对外贸易的扩大，以及其向银本位国家投资的增加。另外，正如托姆森所述，自海峡殖民地实施金本位制后，其与亚洲区域内贸易的增加，使得作为贸易结算地的新加坡发挥了越来越大的作用。

　　第三个结果是，在银本位国家之间的关系上，中国向马来半岛增加投资这点应该给予注意。之所以增加投资，是因为伴随着中国向马来半岛移民的增加，华侨汇款也增加了，这些华侨汇款就成为一种可以使用的资金流，另外从香港和上海吸收来的资金，以及从英国输入的白银资金也补充了投资资金。[②]这种情况意味着，伴

① 海峡殖民地立法会议过程.海峡殖民地币制委员会取证记录，1903：7.
② 海峡殖民地立法会议过程.海峡殖民地币制委员会取证记录，1903：2.另外，在新加坡印侨向本国汇款方面，在印度采取金汇兑本位制后，由于银价下跌而增加汇款负担的指责开始出现。但是，在其后对海峡殖民地币制变化以及英国对缅甸缓和马来半岛的经济政策中，切迪阿（印度金融业者）在汇款和投资中的地位都有所提高。

随着亚洲区域内贸易的扩大，中国商人应外国商社的要求，承担了亚洲与西方之间进出口商品的收购和贩卖职能，同时还直接参与到亚洲区域内贸易。以此为背景，中国商人利用自己的信用和资金（其并没有受到金银比价变动的影响），积极地进行白银投资，同样他们还利用银银比价，加强了其在亚洲区域内贸易的地位。海峡殖民地实施金汇兑本位制后，新加坡努力保持着新加坡元与黄金货币之间相对价格的稳定（见图9），此相对应的则是港元和上海两对新加坡元之间出现的贴水现象。也就是说，新加坡与香港和上海之间的银银关系，出现大幅变动的现象。这种现象与金银关系的稳定相反，因此反应出亚洲白银市场的活跃，特别是香港和新加坡之间的资金流动更是如此，尤其是 20 世纪初对橡胶和锡矿的投机性投资。

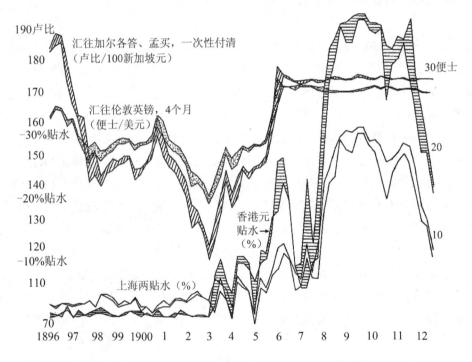

资料来源：根据 Singapore Chamber of Commerce, Annual Reports 数据整理。

图 9　新加坡的汇率变动（1896～1913）

　　第四个结果是，与上述内容相关，新加坡的作用增强了。正如之前证言所说的那样，不仅亚洲区域内相当部分的商品要经过新加坡，而且其作为橡胶和锡等产品的集散地与西方市场的贸易也得到加强。与本文的主题相联系，到了 19 世纪中叶，新加坡已经具有对金银关系进行调整的媒介功能（像法国等金银复本位制国家所具有的那样）。也就是说，正如托姆森所强调的那样，由于新加坡在贸易、投资和汇率方面的作用大大增强，其所处的地位就要求新加坡对亚洲区域内白银价格与国际银价，以及货币问题等广泛意义上的金银比价关系，发挥调整的职能。另外，如表 6 所示，香港向新加坡大量中转金银的现象也非常引人瞩目，这不仅说明香港和新加坡之间的金融关系进一步加强，而且显示出两地作为金融市场的作用在日益增大。①

表 6　1905 年海峡殖民地的金银铜进出口情况

单位：新加坡元

	输出						输入					
	金		银		铜		金		银		铜	
	生金	金货	生银	银货	生铜	铜货	生金	金货	生银	银货	生铜	铜货
英国	363712							254000				
英国殖民地（印度及其他）	165175						755998		165998			5019
马刺加		2650					7977			26131		
槟榔屿		37190		3948296						785550		
吉隆坡		22300		734435			22400					
新加坡							1365	29030				
法属印度支那	2930	18711	5000	1735300								
暹罗	21886			27495								
菲律宾				3370								460
中国香港						2700	3598565	209495		2046415		
中国				387939			14000					
日本							3400					

资料来源：Straits Settlement Legislative Council Procedure,1906.

六、小结

综上所述，白银问题，即使仅从白银变动对汇兑和币制的影响来看，其表现也是不一样的。显而易见，白银变动对各种各样的经济活动更是具有不同的影响。现在，从传统的金银关系与西方—亚洲关系相对应这一观点为基础来看：第一，可以

---

① 在币制方面，由于香港是华南经济的一部分，并且位于东亚、东南亚和西方贸易的中转位置，香港当局企图推行独立的货币政策（如铸造新货币等）遭受了很多次失败。直到 1935 年中国进行币制改革，香港还是实行相同的银本位制。关于相关中转贸易的实际情况，以及包含银行券在内的货币制度的历史变化情况等，将另文详细探讨。

肯定的说，西方的金本位制和亚洲相对应的金汇兑本位制的制定，并没有在亚洲区域内达到同样的效果。[①]当然，不仅在亚洲白银货币圈的形成历史过程中，具有吸收白银和促进白银流通的能力，而且像中国那样，在内部币制形成过程中，以银钱关系作为内部币制的形式，也使得金银关系变化难以对其产生直接的影响，银钱关系的变化有时甚至还起到了缓和金银关系的作用。

第二，围绕着所谓的金银关系，历史上形成的亚洲区域内贸易关系，使得新加坡和香港成为贸易与金融的中转地，这不仅成为亚洲区域内贸易扩大的促进因素，而且也成为了亚洲与西方在贸易与金融关系上不可或缺的重要媒介。新加坡和香港发挥媒介调整功能所构成的亚洲区域内贸易关系，与其想象成是各国、各殖民地的综合关系，不如想象成是以这两地为轴心，并由此形成的各地区之间的多边经济联系，进一步以这种关系为基础确定殖民地与西方的关系。

第三，在亚洲区域内贸易中，需要注意的是，所涉及的结算关系有金银关系、银银关系和银钱关系，与此相对应，贸易关系也是由多层关系组成的。在这里，与其说这三种结算关系是一种阶梯式的关系（比如像消费市场的进出口、批发收购以及零售这样的阶梯关系），不如说这三种结算关系具有相互独立的地位，并且每一种关系根据其他两者之间的关系而寻找自身相关领域的利益，因此三者之间具有很强的替代性。可以认为，这带来了亚洲区域贸易中以印侨和华侨移民为背景的，印商和华商的经济活动。从这一意义上来看，亚洲区域内贸易不能孤立地从各个国家或地区来进行分析，因为：（1）各地区经济具有相关性；（2）由其所处的商业圈以及在此商业圈内主要承担者的情况所决定；（3）从亚洲白银圈出发构想亚洲区域内贸易不仅是可能的，而且具有历史根据。关于新加坡和香港所具有的中转职能的分析，将另文探讨。

（原文为日语　翻译：龚宁　校对：滨下武志）

---

① 关于印度的情况，作为英国财政一个环节的印度财政（本国费）和货币制度的改变，虽然是探讨的主流，但是 19 世纪初以来围绕着黄金和白银货币使用，这些政策在国内几次尝试改变，但并未能得到预期的效果，本文在探讨亚洲区域内白银流通问题时，依然有必要对印度的情况进行一番探讨。参见麦克罗特的《印度币制》和杰文斯的《印度的货币、银行和汇率》。

清代的经济萧条和市场结构

——以康熙年间和道光年间的比较为中心

［日本］御茶之水女子大学　岸本美绪

前言

吴承明教授在 1997 年的著名论文中，十分明确地提出清代"经济萧条"问题之重要性，并且指出 17 世纪后半叶的"康熙萧条"和 19 世纪上半叶的"道光萧条"是清代前期（即鸦片战争以前）中国的两次经济衰退时期。此后不少学者讨论清代的"经济萧条"问题，但讨论的重点各有不同，比如："萧条"的存在与不存在，"萧条"的原因（气候变化、白银不足等），康熙或道光时期经济情况的实证性研讨，等等。在本文中，笔者对近年来围绕清代"经济萧条"而展开的讨论，主要从市场性质这方面来进行初步整理，其后着重于康熙年间和道光年间的比较来试图探讨清代市场问题的连续性和转变过程。

一、清代经济史研究和"白银论战"

虽然"经济萧条"的原因相当复杂，并不限于白银流通问题，但无论康熙年间还是道光年间，银荒问题都为当时人士所瞩目，被认为是经济衰退的主要原因之一。目前国际学界关于清代"经济萧条"问题的研究中，海外白银对中国经济的影响这个问题也成为讨论的焦点，本文姑且将其略称为"白银论战"。在这里概略地整理"白银论战"的展开过程，以窥见各位论者对清代市场经济的看法。

1. "白银论战"的前史

海外白银流入中国是中国经济史研究在 19 世纪与 20 世纪之交以来的重要问题之一。布莱尔和罗伯逊编的《菲律宾诸岛志》（1905）、莫尔斯的《东印度公司中国贸易编年志》（1926～1929）等资料性著作中包含大量有关白银流入的记载。到了20世纪30年代，小竹文夫、百濑弘、梁方仲等学者使用这些资料开始研究白银流入中国的具体经过。二战以前，有关白银流入的研究，虽然相当实证，至今仍有一定的参考价值，但没有试图用经济学套式来说明白银流入的原因和效果。50年代彭信威和全汉升的研究，用各自不同的理论套式来探讨白银流入问题。彭信威在他的巨著《中国货币史》中，对白银流入和中国物价的关系作了如下解释："我并不是说，物价的上涨和白银数量的增加有机械的联系。那时世界白银的价值已经降低，但在中国，对白银的生产力还没有提高到世界其他地区的水平，所以白银还是维持着原有的购买力，一定要等到中国人能充分利用低价的白银，那时白银在中国的购买力才会同它的价值相符。"在这里，彭信威用的"生产力""价值"等词语大概是以马克思主义经济学为前提的，但他主张的内容颇近于丹尼斯·弗林等学者最近著作中的"微观经济学"分析，即因为美洲白银的"生产成本（cost of production）"很低，所以美洲白银流入到白银购买力仍然较大的中国时，能够产生颇高利润；但当中国对白银的"存储需求（inventory demand）"通过长期的白银流入而一致于"存储供给（inventory supply）"时，对中国的白银输出不再产生利益而趋于减少。全汉升在《美洲白银与十八世纪中国物价革命的关系》以及其后陆续发表的相关论文（多数为与王业键共著）中，主要以货币数量说（特别是费雪方程式）来解释清代的物价动向，即货币的流通量和物价之间呈正比关系。但他们还注意到货币流通速度的变化，以及粮食生产成本的上升等多方面因素。

　　虽然彭信威和全汉升使用的套式不同，但是他们似乎都认为，通过白银流入，中国经济和世界经济之间逐步走向平均化，尽管中国和其他地区之间有时间滞差。彭信威认为，白银在中国的购买力和世界其他地区的水平逐渐趋于一致。全汉升把18世纪中国的物价腾贵看做来得稍迟的物价革命，即"因为中国和美洲的距离较远……因此，中国的物价并不像欧洲那样早在十六七世纪便已开始上涨，而迟至十八世纪才发生急剧的变动"。这两位学者的研究试图在全球视野中，用经济学套式来考察明清白银流入史。但到了20世纪70年代，有关明清时代白银流入的研究，受到欧美经济学、历史学新潮流的影响，经历了较大的变化。在这里所谓的"新潮流"并不是指明确的某一学派，而是泛指一种研究动向，其中包括经济学上的"依附理论"、法国历史学界提炼出来的"变动局面"概念，以及综合两者的沃勒斯坦的"近代世界体系"论等。

　　威廉·阿特韦尔在1977年发表了《关于白银、外贸与晚明经济的小研究》，虽然篇幅不长，却是一篇代表20世纪70年代新研究动向的论文。他认为，16世纪后半期以后的中国经济，通过白银流入，与东亚各地乃至世界经济息息相关，但这个相关性同时意味着中国经济对海外白银的依靠性："在 17 世纪初期的东亚，货币金属的流通并非总是顺畅的，中国的商人和生产者所体验到的是其后在 18 世纪困扰了印度人，甚至在当今的发展中国家也并不少见的状况。在交易高峰期所得到的丰厚利润的诱惑下，他们太过于依靠扩大的货币经济，尤其是为了增加货币金属的存储量，而依赖于极不稳定的出口市场。当出口市场由于各种各样的原因而缩小时，输入中国的银就减少，作为其后果的流动性和信用危机，对大多数人来说都是悲惨的。"阿特韦尔在 1986 年论文里提到的所谓东亚"17 世纪危机"是这些危机的一例。全球性气候变化的影响和白银供给的不稳定在东亚也导致了严重的经济"危机"，德川初期的日本和明末的中国共同遭受了这场危机的冲击，但两者的命运不同。日本度过了危机，而在中国，这一危机成了导致明朝灭亡的原因之一。

如果像阿特韦尔主张的那样，明清货币经济依靠于出口市场的话，明清经济的盛衰肯定在相当程度上关系到国家的贸易政策与世界经济的动向。不少学者从这些观点来讨论清代几次"危机"的原因。比如，岸本美绪考察了 17 世纪 60 年代到 80 年代的"康熙萧条"，林满红分析了 19 世纪前半期的"银钱比价危机"。两者与阿特韦尔相同，都强调当时中国国内经济对海外白银的依靠性。本文将这些看法略称为"依靠论"。白银论战的焦点正在于这一"依靠论"的当否——明清国内经济的顺利进行到底依靠海外白银的流入与否？

2. "白银论战"的过程

白银论战的较多部分是有关各种经济局面中具体经济指标的讨论，比如，明清交替时期的白银流入量经历了怎样的变化、康熙年间的粮价降低在哪一年开始等问题。这些问题当然重要，但在这里姑且不论这些具体实证性问题，而集中探讨各位论者作为前提的市场观。首先看批评"依靠论"的论点。对"依靠论"的批评虽然涉及多方面，但可归纳为如下几点：

（1）与整个中国的经济规模相比，白银流入量微不足道

杰克·戈德斯通批评肖尼等看法，认为通过欧洲贸易流入的白银对明末经济的影响微不足道。他认为，16 世纪中期中国的国民所得估算为 8 亿两到 11 亿两，与此相比，17 世纪初期通过欧洲贸易的白银流入为 200 万两到 300 万两，因此白银流入量不过是中国经济的千分之二到千分之三。即使欧洲贸易完全消失，中国经济也应该几乎感觉不到其影响。

关于国民所得等推算的精确性在此姑且不论，值得注意的是，在这里戈德斯通以"整个中国"为单位来估量白银流入的重要性。我们讨论明清经济时，"整个中国"这一单位有没有意义？这是一个十分耐人寻味的问题。

（2）重要的不是货币的流通量而是货币的库存量

丹尼斯·弗林和理查德·冯·格兰都强调这个论点。金属货币的特点在于，与粮食、布帛等一般商品不同，它不是通过消费而消耗掉的商品，而是可以在市场里被积累起来的东西。因此，对白银的需求不是与货币的流通量有关，而是与货币的库存量有关。支持"依靠论"的学者仅注意到年年的白银流入量的变动，但是流入量的减少并不意味着白银库存量的减少，因此流通量的短期减少不应该直接导致白银不足。

他们强调金属货币的特点的确是十分重要的问题，但白银不是单纯地被积累，而只有辗转流传于人手，才能发挥其经济作用。如果我们要讨论当时人们对白银的需求，我们应该注意到白银和商品流通之更为具体的情况。

（3）决定白银流入量和物价水平的要因，与其说是海外白银的供给情况，不如说是国内对白银的需求

"依靠论"的前提是，白银流入量的变动对中国的一般商人和生产者而言是无法变更的外部要因。格兰的看法与此相反，他引用米尔顿·弗里德曼的"新货币数量说"，认为中国国内的白银需求才是决定物价水平和白银流通方向的主要因素。他说："明清中国的货币史颇符合现代货币理论的看法，即决定货币价值的要因不仅是货币的供给也是对货币的需求……白银供给的变动——换言之，白银流入的变动——对国内经济的影响不如一般认为的那么广泛。我们不应该把国际性贵金属移动单纯地看作调节贸易收支不均衡的机制……贵金属不仅仅是货币金属，而且是商品。贵金属的交易因其产生的利益而增减。从经济的逻辑来看，我们可以认为，因为在 17 世纪中叶银价降低，所以向中国流入的白银减少。"总之，关于白银，供求也应该是趋于平衡的，因此当时人所讲的"白银不足"不是中肯之论。他对其他时期的货币问题也从白银需求这一观点来解释，即在康熙年间，由于明清交替动乱带来的人口减少，工薪上升而租额降低，导致当时人回避对土地的投资而选择贮藏白银。所以人们对白银的需求增大，物价随之下降。关于道光年间的银价高腾和白银流出，他指出：当时人对各种白银的需求有很大的不同，特别是江南人对"佛银（本洋，Carolus peso）"的偏好十分明显。1808 年以后佛银的停铸和中国人对此赋予的升水是道光年间银价高腾的主要原因；同时，其他外国银币的贬值导致了 19 世纪 20 年代末以后对进口银币的需求之消失。

现代的经济理论可不可以适用于明清经济？其判断标准在于，以现代经济理论套式作为前提的条件是否适合于当时经济的基本性质。格兰在这里引用的货币学派套式基本上是以排除外国贸易等复杂的现实因素的封闭理论体系，在这里，需求和供给都在这个体系内部被调整，尽管也有短期不均衡。但问题在于，这种以封闭理

论体系为前提的经济套式，是否是我们分析明清现实经济时的最适当的工具？

（4）"依靠论"是不是"货币就是财富"式谬论的现代版

支持依靠论的学者一般重视当时的记述史料，他们的看法基本上符合当时人们关于"银荒""谷贱伤农"的慨叹。但读过亚当·斯密书的人一定觉得奇怪，为什么他们（当时人和依靠论者）认为白银流入是国内经济繁荣的关键？货币难道不只是实物经济的面纱吗？张彬村评论17世纪中国官僚的白银进口论指出："大体上，在16世纪到18世纪之间，中国长期处于白银不符市场需求的状况，这些官僚只看到白银通货不足的坏影响，没有看到过剩时的坏影响，因此立论时也就忽略了后者……他们多半把白银视同财富而非普遍的商品，其输入即表示国家财富的增加，反之即表示国家的贫穷化，因此在国际白银的流通上，他们只愿中国'日见其赢'，而反对白银的输出。"

虽然张彬村这段话不是对依靠论者的评论，而是针对清朝官僚而言的，但他的提问仍是依靠论者需要回答的问题。如果白银本身不是"财富"，那么白银为何特别重要？

（5）怎样评估铜钱经济的重要性

众所周知，从明代中期以来，白银和铜钱是中国的两种主要货币，尽管其流通情况因时因地不同。依靠论是不是忽视了铜钱的重要性？肯特·登批评依靠论说：支撑中国经济成长的主要货币不是白银而是铜钱；因为白银质量和重量的不统一，交易成本太大，所以在19世纪失掉其作为货币的重要性，这才是导致19世纪白银流出的原因。黑田明伸（Kuroda Akinobu）提出"市场的多层性"这一概念，勾画出明末以来的市场变化：在第一阶段（16世纪到17世纪初），白银的流通范围几乎限于城市的"上层市场"；到了第二阶段（17世纪后半叶到18世纪前半叶），白银渗透至农村的"下层市场"，外部需求对下层市场粮食贸易的影响力逐渐增大，引起银荒或者粮食暴动等经济问题；在第三阶段（18世纪后半叶），政府铸造的大量铜钱普及于下层市场，下层市场对上层市场的依赖性趋于减少。总之，17世纪的中国市场"一体性高而不稳定"，与此对比，18世纪后半叶的中国市场则"一体性低而稳定"。他认为，仅关注白银的岸本美绪等依靠论者倾向于忽视清代市场的多层性和历史变化。

市场的历史发展过程一般被认为是"从分散到整合"的过程，但黑田提醒我们注意市场结构的历史变迁过程更为复杂。他提出的问题促使我们重新思考"什么是市场整合"这一重要问题。我们将在下一节集中探讨这个问题。

3. 何为市场整合？

以上整理出的对依靠论的各种批评，是以各自的市场观为前提的，他们的市场观有些地方相似，但并非完全一致。那么，依靠论一方的市场观如何呢？阿特韦尔在 1977 年的论文中，主要使用记述史料，以江南地区为中心来讨论 17 世纪 30 年代到 40 年代的经济问题。在当时的江南地区，生丝等外销产品的生产已广泛成为农民维持生活的不可或缺的手段，但该时期白银流入量的减少和自然灾害互相结合，对江南经济造成沉重打击。他的具体记述有说服力，但他还没有充分讨论白银流入量的变化对江南以外的广大地区有多大影响这一问题。我们能否认为白银流入对整个中国经济发挥了关键性作用？

与这个问题相关，岸本美绪指出：流入的白银会连锁式创出购买力，比如，卖生丝的江南农民得到海外白银，他们用白银，除纳税之外，还买湖南稻米；湖南农民得到白银，买其他地区的产品，等等。她将明清市场经济比喻为"通过水渠连接的、有落差的小贮水池群"。从东南沿海港口流入的水（即白银），经过一级一级的贮水池，滋润着全国。国家白银财政，如同强制性的回流水泵一般，从各贮水池中往上吸水，然后排放出去，促进水的流动。在这种市场，行业分工结构不是一定范围内的互相交换，而是开放性的连锁。各层次的市场依靠外部的购买力，而购买力则以白银流入的形态显现于人们的眼前。林（Lin Man-houng）也用比喻来解释清代市场，但其比喻与岸本的有所不同："18 世纪末以来的中国，政府财政、国际贸易、省际贸易和大部分批发买卖，都依靠白银，其情况可比作身体对血液流通的依存。如血液供给量减少，整个身体就受到损害。""由于其较高的经济价值，白银能够克服伴随远程贸易的运输成本和长距离运送的困难……清代中国的多样地方经济可比做身体中的多样器官。但当时还有某种轻便而高价的东西起到结合全部器官的'血液'般的作用。除了权力、知识和技术以外，白银也是这条血液流通的关键成分。"

由此可见，依靠论方面的市场套式也不能说完全一致，但他们都重视白银的流通。为什么依靠论者强调白银的流通？这是不是背离现代经济学的落后想法？为考察这个问题，我们有必要先回顾一下有关中国市场整合的讨论。

众所周知，关于中国市场整合问题，20 世纪 80 年代围绕施坚雅（G. William Skinner）的"巨区（macro-region）"论有一场争论。但关于"何为市场整合"这一关键问题，中国经济史学界似乎还没有充分的共识。许多专家认为，市场整合的基准是物价变动的同步性乃至"一物一价法则"的实现。比如，吴承明认为："市场整合或称一体化，是指一个区域乃至一国的市场由贸易网络连接，形成供求比较平衡的状况。整合状况，一般是用区域内各地价格变动的同步性来检测，同步性强，表示市场组织较佳，保持供求平衡的有效性较大；反之，反是。"托马斯·罗斯基和莉莲·李则说明："市场整合亦即一物一价法则以如下假设为前提：由于买贱卖贵的普遍愿望，买方被最便宜的价格吸引，而卖方被最贵的价格吸引，结果地区间的价格差距应该减少到相当于运输成本的数值。市场整合成立的条件是，便宜的运输工具、有关成本的充分的信息以及效率好的经济制度。"乍看之下，关于市场整合的定义，学界内毫无二致，没有什么复杂的问题。其实，市场整合的含义不那么简单。

一物一价法则本来是以人们追求买贱买贵的合理性行动为前提而演绎出的理论假设。在市场里面，各个参与者追求最高利润，灵活地进行经济活动，把商品从价格高的地方运送到价格低的地方。在这里，交换网络，像蜘蛛网一样，向市场所有方面伸张。只要通过这样的调节过程，质量相同的商品的价格就会自动地趋于一致，尽管留有相当于运输成本的差异。由此看来，一物一价法则应该是不仅对若干大宗商品，而且对所有商品都适用的，换言之，这样才算是整合的市场。亚当·斯密以来的主流经济理论作为前提的是这个意义上的，即自动地趋于均衡的市场。我们把这类筛网型市场套式姑且称为"A 型市场"。

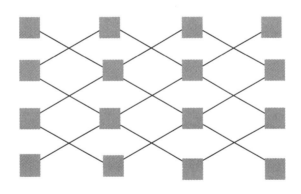

图 1　A 型市场的交易关系套式

以往明清史学者讨论的不一定是这种"A 型市场"的存在与否。实际上，中国经济史学家讨论市场整合时所分析的不过是米粮价格而已。大家承认，当时中国米粮交易网的形态，与其说是筛网型，不如说是树枝型。长江流域各地出产的米粮通过水路流入以长江为主动脉的长途贸易路线。但是，即使在长江及其支河流域的大城市之间可以发现米价同步升降，这能保证其他所有商品在长江流域的广大地区内实现了一物一价么？我们暂且设想这种树枝型市场套式，称之为"B 型市场"。

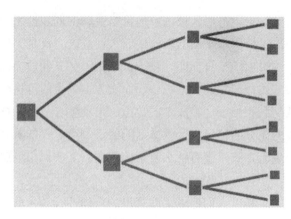

图2　B型市场的交易关系套式

当然这两个套式都是十分极端的理念上的套式。两个套式之间的不同，并不在于交易网的疏与密乃至广与狭，也不在于交易活动的活跃与停滞。两者的不同在于交易关系的编制方法：A型市场的交易关系以一定范围内的互相交换为主，而B型市场的交易关系以连锁式交换为主，而其连锁的顶端对外部开放。

下面，我们针对货币流入对两种市场的作用，尝试做一假设性探讨。在A型市场套式中，货币流入不太重要，因为市场内部的需求和供给，通过市场内部人们各自的生产、交易活动自然地趋于平衡。当然为了交易的方便，一定程度的货币库存量是必要的，但货币毕竟对实物经济不能发挥任何重要的作用，只不过是罩着实物经济的"面纱"。一旦有了足够的货币库存，即使更多货币流入市场也不过导致物价上涨而已，对经济成长没有任何好处。批评依靠论的论者（Goldstone & Glahn 等），无论自觉与否，都采用此"A型市场"观，把整个中国视为一个"A型市场"。与此不同，在"B型市场"套式中，供求不平衡不容易得到解决，因为周边地区不能通过多方向交易渠道来灵活地调整供求。依靠论者（岸本等）认为，在明清时期，白银通过这个树枝状渠道年年流入中国几乎所有的角落。在当时中国，由于白银纳税制度，全国每年都对白银有迫切需求。如果白银顺畅地流入，农民能够卖他们的产品来得到白银，并以此白银，在纳税的同时，买别人生产的日用品。这样，白银流通成为锁链般地结合广域交易关系的不可或缺的媒介。如果由于某种理由，白银流入停止的话，一连串交易关系都陷于瘫痪状态。在此意义上，明清经济"依靠"白银流入，重要的不是白银的库存量而是流入量。在当时人看来，对他们产品的需求，不是来自市场内部的互相交换，而是直接或者间接从外部来的。流入的白银正是从外部来的需求之化身。

乍看之下，"依靠"一词，似乎表示当时中国经济比其他国家落后，处于对欧洲诸国的依附地位。这恐怕是标榜反欧洲中心主义的学者们反对"依靠论"的理由之一。但我们应该注意，18世纪以前的欧洲人也大都认为，白银流入是国内经济成长的关键。约瑟夫·熊彼特指出，从1600年到1760年是欧洲经济思想史上"货币分析"强盛的时代，货币并不被认为是"面纱"般的无关紧要的东西。小林升更深入地讨论重商主义货币理论的历史意义。他认为，重商主义时代的欧洲经济有四个特点，（1）货币经济不断扩大；（2）至少在该时期的初期，信用制度还没有建立；（3）公民经济被认为是高度开放体制；（4）劳动力和诸原料相对丰富，被认为是闲置资源。在当时人看来，从国外持续流入的白银，为国内失业、半失业劳动力创造了雇佣机会；与此相反，白银流出意味着外国产品对国内市场的蚕食、国内生产的停顿，以及雇佣机会的减少。小林升指出的重商主义时代的经济特质，与依靠论者所认为的明清经济的特质颇为一致。中国和欧洲诸国的不同在于，中国没有采用像欧洲诸国那样的积极的重商主义政策。之所以这样，恐怕是因为当时中国与欧洲诸国不同，出口品的质量之高和价格之低廉不是其他诸国所能竞争的，因此在大部分时期，中国受惠于白银顺畅地流入。换言之，中国不需要花力气把依靠白银流入的市场结构（B型市场）改变为以内部交换为主的自立的市场结构（A型市场）。从这点来看，中国市场的依靠性，可说是中国产品的国际竞争力之强大带来的结果。

二、"康熙萧条"和白银问题

上面主要对"白银论战"的理论方面作了简单的整理。但"白银论战"的内容不仅是经济理论上的讨论，也是以实证性探讨为基础的历史研究。在这里我将以"康熙萧条"为例，从实证方面来再度探讨白银问题和清代经济之间的关系。幸而格兰对岸本以往提出的"康熙萧条"说做了十分详细的批评，所以笔者将借他的诸论点为分析的出发点。

1. 格兰对"康熙萧条"的看法

格兰对岸本"康熙萧条"论的批评内容大略如下：

（1）物价变动和白银流入的动向并不一致

中国的谷物价格在顺治十三年（1656）开始低落，但日本白银对中国的流入量在17世纪50年代增加之后，经过1661年的迁界令也并不减少，一直到17世纪60年代中叶仍维持相当高的水平。马尼拉的对外交易据公式统计从1650年到1685年表示谷底状态，但如考虑走私贸易的话，美洲白银对中国的流入量一定会比公式统计多。因此，中国的"谷贱"和海外白银之间没有单纯的关联。

（2）物价变动的原因不是白银流入的减少而是对货币的需求增大

由于明清交替时期的人口减少，人口与土地的比率降低，因此发生了工资上涨和地租减少的现象。因为土地投资不产生利益了，所以人们避开土地投资而偏好货币贮藏。由于货币需求的增大，土地和农产品的价格都降低。价格越降低，人们越缩小投资，失业者越增加，消费越减少，价格降低更加严重。"康熙萧条"的原因不在于海外白银等外在因素而在于国内的需求变化。

格兰的如上看法是对"康熙萧条"十分有兴趣的一个解释。下面我将对他的各个论点简单地加以探讨。

2. 物价变动和白银流入

格兰观点中值得商榷的第一个问题是物价的时期性变化。他认为中国的物价低落在1656年开始。的确在清初江南，有关"谷贱"的记述在1656年前后首次出现。但"谷贱"的开始时期因地区而不同。表1表示各省有关谷物价格低落的初见事例。

表1　各省有关谷物价格低落的记述之初见事例

地点	年份	价格	出典
安徽桐城	1655	谷1担3钱	濒年苦旱今年稔，百事支分尽在田，岂料秋成农更苦，一担新谷祟三钱（方文《涂山集》卷三《谷贱》）
江苏太仓	1656	米1石7钱	谷贱伤农，今始验之（陆世仪《陆桴亭诗集》卷五《水田谣》）
江西	1661		前数年间，江西之米最贱，而南赣一带，抵银一两可买谷十一石，民尚多饥饿者……百姓如此之穷……自顺治十八年以后至今日而甚者何也（魏际瑞《四此堂稿》卷十《总括大意》康熙十年前后）
山东	1662		往在山东，见登莱并海之人，多言谷贱（顾炎武《钱粮论》）
湖南澧州	1664		康熙三年甲辰，有年，谷价最贱。四年乙巳，早禾大熟，谷石价至八分，粮贱金贵，折赋维艰（乾隆《澧州志林》卷十九）
浙江桐乡	1664		甲辰大水，米益贱，民财益匮（张履祥《杨园先生全集》卷十七《桐乡灾异记》）
福建海澄	1666	米1斗3~4分	康熙五年六月，彗星见西北方，米价平自此始，以后虽贵，一斗三四分（康熙《海澄县志》卷十四）
广东肇庆	1670	米1斗2分	康熙九年，大有年，斗米二分（康熙《肇庆府志》卷十七）

由此看来，"谷贱"现象扩大于全国的是17世纪60年代中叶，甚至在广东，谷价降低现象到1670年才开始。

值得注意的是，在江南，1656年前后的米价低落也是短期现象，而长期低落在康熙二年（1663）以后才明显起来。据上海人叶梦珠的《阅世编》记载，上海的米价在顺治十四年（1657）减至每石六钱至八钱的水平，但顺治十六年又增加，一直到康熙元年呈现每石一两三钱到二两的高水平。"自此以后，米价又渐减，然未有如八年己酉之贱者……新米每石纹银六钱，后至五钱有奇，后至五钱"。当然，郑成功管辖的地域并不听从这个命令，但江南船的海外贸易一定会受到海禁令的影响。巴达维亚的荷兰人在1658年1月的报告中，记载如下：

过去一季（即1656~1657年）共有47条中国帆船在不同地区泊至长崎，其中28条来自安海，11条来自柬埔寨，3条自暹罗，2条自广南，2条自北大年，1条自东京。我们发现，这些船只均属于大商国姓爷及其同伙，因为我们没有听说有船来自南京（即江南）或其他地区。

江南米价的短期低落时期和到达长崎的江南船只的减少时期可以说是颇为一致。

格兰观点中第二个问题是日本白银对中国的流入量。格兰认为，当时从日本输出的白银都流入到中国。格兰依据的是罗伯特·英尼斯的博士论文中日本白银输出统计。这个统计以长崎官僚编写的资料（《通航一览》所收）为基础，但我们应该注意，这些数字除了中国本土出航的中国船装出的白银以外，还包括荷兰船和东南亚等出航的中国船装运的白银数量。17世纪50年代以后，荷兰竞争不过郑氏势力，不得不从中国贸易撤出，荷兰装出的日本白银的绝大部分转向流入到印度。日本白银的输出数量中，荷兰船装出的部分占不可忽视的比率（参见图3）。另外，航至长崎的中国船只中，外地启航的船只在1663年以后超过中国本土启航的船只（参见图4）。外地船装载的货物以鹿皮、苏木、胡椒等南洋物产为主，因此这些船只装运的白银似乎多半被运到这些物产的产地。流入东南亚、台湾等的日本白银中可能有些部分被偷运至中国本土，但我们没有办法推算其数量。因此，我们要推算当时日本白银对中国本土流入量，把荷兰船和外地船的装运量排除在外的推算方法比较妥当。假设根据每只中国船（包括本土船和外地船）的白银装运量相同而推算的话，流入中国本土的白银量的变化如图5，可知以1661年为顶峰而白银流入量急速减少，1666年以后达到谷底。

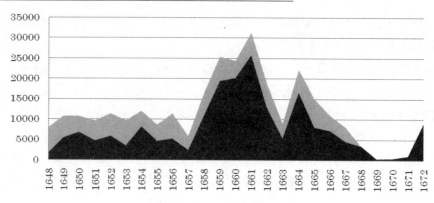

图3 日本白银的出口量（单位：贯＝100两）
■中国船只 ■荷兰船只

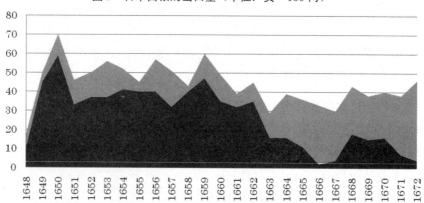

图4 来自长崎的中国船只数
■中国本土船 ■外地船

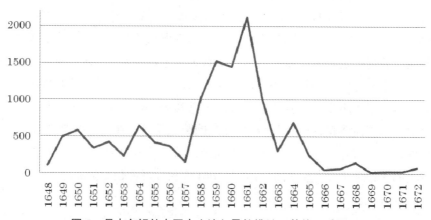

图5 日本白银的中国本土流入量的推计（单位：千两）

资料来源：通航一览（第四册）. 国书刊行会，1912～1913：323～335
岩生成一. 近世日支贸易に关する数量的考察. 史学杂志. 1953，62（11）：12～13.

第三个问题是美洲白银的流入量。据马尼拉的公式统计，中国东南沿海启航的船只数在 18 世纪 60 年代非常少，但格兰认为，走私贸易的数量不可忽视。当然我们不能否定走私贸易的存在，但与此同时我们应该注意到当时统治马尼拉的西班牙人的证言。从 1663 年到 1668 年担任马尼拉总督的萨尔塞多（Diego de Salcedo）在刚刚到任时写的书信中指出"菲律宾诸岛和周边所有地区之间的贸易陷于瘫痪状态"。据一位多米尼科派传教士的报告，"在 5 年萨尔塞多（Diego de Salcedo）在任期间，马尼拉人士一直感到不满，因为由于国姓爷的儿子 Sipuán（郑经）和鞑靼（清朝）之间的战争，最重要的中国贸易急速减少，而从中国来航的船只寥寥无几"。这些证言似乎表示 17 世纪 60 年代中国的吕宋贸易不仅在公式统计上而且在实际上也呈现衰退倾向。

总结以上三个问题的探讨，我们可以说，中国国内的物价变动和海外白银的流入动向相当一致，格兰的批评欠缺实证性基础。

3. 国内的投资动向

格兰推测，在清初时期由于饥馑和战争带来的人口减少，工资上涨而地租减少，因此富家避开土地投资而偏好货币贮藏。但他没有提出有关工资和地租以及投资动向的具体史料。我们首先探讨工资和地租在清初时期的变动，尽管由于管见所及的范围不大，目前收集的明末清初的相关资料寥寥无几，并且限于江南地区。

记录明清交替时期苏州情况的《启祯记闻录》顺治六年（1649 年）记载"自鼎新以来，岁多丰穰，米价是年减至两许。然诸食用之物及诸色工作之价，无不倍增"。浙江桐乡县人张履祥在顺治十五年（1658 年）撰写的《补农书》里也指出"今年人工既贵，偷惰复多"。由此看来，在清初的江南，工资的确上涨。但我们应该注意，工资上涨并不是在明清交替以后才开始。明末湖州人朱国桢在《涌幢小品》（天启二年（1622 年）跋）卷二中慨叹说："近年农夫日贵，其值增四之一。当由务农者少，可虑，可虑。"从明末到顺治年间工资继续上升，之所以这样大概是由于米价维持高水平，富家的收入相当充裕，小民容易找工作。吴江人陆文衡《啬庵随笔》卷三中有如下记载：

至今日民间以米贵为常，顺治壬辰、癸巳（九、十年，即 1652 年、1653 年）在三四两外，而小民工作昂价比往常数倍，有田之家以少米易多金，侈靡如故，两不相病。丁酉（十四年，即 1657 年）有秋，担米不值五六钱，饔餐似乎易给，而富家岁入不足供诸费，百从节缩，贫民亦遂无处趁钱，一时交困，所云谷贱防农者非耶。

据陆文衡的观察,顺治年间(中期)的工资上升没有导致富家对货币贮藏的偏好。这大概因为顺治年间工资上升的原因不是人口减少而是米价上涨。当时的米价上涨给江南社会带来了经济繁荣。河道总督靳辅在康熙十八年(1679年)前后的上奏指出:

> 臣屡闻江浙士民之言,谓顺治初年,江浙等处一切丝粟布帛器具各物,价值湧贵而买者甚多,民间资材流通不乏,商贾俱获厚利,人情莫不安恬。近来各物价值颇贱而买者反少。民情拮据,商贾亏折,大非二十年前可比等语。臣又闻江浙士民云,伊等邻里宗族戚友,顺治初年,凡十家之中,富足与平常可以度日者,居其七八,穷窘者居其二三,然亦告贷有门,觅食有路,而不至于大困。迩来家家穷窘,即有外貌平常似乎可以度日,而其内中空虚,俱发岌然,有朝不保夕之势,求其真正富足者,百家之中,不过二三家而已等语。言人人同。

下面看看田租和田价的动向。上海人叶梦珠关于明末清初松江府的田价变化叙述如下:

> 就吾郡一府之田论之:华、娄、青邑,亩收三四钟,皆石外起租,甚至一石五六斗者比比。独上海上田不过石一二斗,次则八九斗,下至六斗起租耳。崇祯中,华、青美田,每亩价值十余两,上海田美者,每亩价值三、四、五两。缙绅富室,最多不过数千亩。无贱价之田,亦无盈万之产也。顺治初,米价腾涌,人争置产。已卖之业,加赎争讼;连界之田,挽谋构隙。因而破家者有之,因而起家者亦有之。华、青石五六斗田,每亩价值十五六两,上海六七斗田,每亩价值三四两不等。田产之贵,至此极矣。厥后,米价渐平,赋役日重,田价立渐驯减。至康熙元、二、三年间,石米价至五六钱,而差役四出,一签赋长,立刻破家(略)视南亩如畏途,相率以有田为戒矣(略)中产不值一文,最美之产每亩所值不过三钱五钱而已。自均田均赋之法行而民心稍定,然而谷贱伤农,流离初复,无假问产。于是有心计之家,乘机广收,遂有一户而田连数万亩,次则三、四、五万至一、二万者,亦田产之一变也。

在这里,叶梦珠认为田租因田土的肥瘠有固定的数额,而其数额在明清交替前后没有变化。他以租额不变为不言而喻的常识来解释田价的变动。关于顺治年间的田价上升和康熙初年的田价降低,上海人曾羽王的《乙酉笔记》也指出:"鼎革之初,钱粮缓征,而米豆价复倍于昔。于是富室大买田宅,庄行田有至十两之外者。即余乡六十图田，亦有六七两一亩者（略）至康熙二年，催科尤迫，新旧十年并征（略）于是人不聊生，富者尽以役废，或万金，或数万金，如此者以千百计，欲死欲逃，溃败不可收拾。其田每亩一金，莫有应者，后减价五钱，卒莫之顾。"

这些史料都强调康熙初年赋役负担的增加。这个问题有几个方面：第一，因为当时土地税是用银交纳的定额税，所以农产品价格的降低意味着实质上赋税负担的增加。第二，当时政府采用紧缩政策，在加强征税的同时，缩减财政支出。户部银库是贮藏了征收自全国银两的最大保管库，从户部银库中的银的数量变化，可以窥见清政府的收支状况。比如康熙六年（1667）户部银库积贮银约250万两，十一年（1672）约为1800万两，十二年（1673）增加到约2100万两。每年积贮银数的差额，是征收额与支出额的差额，对康熙六年至十二年之间的差额加以平均来看的话，每年大约有300万两的银从流通中被抽取出来，贮藏到户部银库内。这意味着国内白银流通量的减少，导致白银不足和物价低落。除了这些问题以外，还有江南独有的要因，比如江南的重赋问题从明代以来比其他地区更为严重。但在其他地区有关康熙初年纳税困难的记载也不胜枚举，赋役负担的增加是全国性的现象。

关于江南以外地区的田价变动，史料不多，在这里依据赵樵岗（Kang Chao）作的统计图示徽州的田价变动（参见图6）。因为赵樵岗的数据是以十年为单位的平均，所以按年变化并不清楚，但与上述江南的情况没有龃龉。当然在战乱极其荒废的地区（比如四川），其情况应该与江南有所不同。

图6　徽州的田价（单位：两）

资料来源：Kang Chao. Man and Land in Chinese History: An Economic Analysis. Stanford University Press, 1986: 130.

格兰对清初国内投资动向的解释，除了与实际资料有所矛盾以外，还有关于当时投资行动的抉择引起如下疑问：

（1）如果像他主张那样，战乱后的工资上升和地租减少是富家避开土地投资的原因的话，顺治年间的经济繁荣和土地热潮为何发生？

（2）如果像他主张，富家的货币贮藏是物价低落的主要原因，那么富家手里应该有丰富的货币。在明代后期，由于赋役过重，也有富家避开土地投资的现象。但在明末，富家把自己的货币积极投资于城市不动产和商业、高利贷等，因此城市经济繁荣异常，与农村的萧条形成鲜明对比，明末人关于城市的繁荣、奢侈的记载不胜枚举。与此不同，在康熙谷贱时期的士人专门指出包括城市和农村的全盘萧条，例如，"天下货物之多而美，莫不共推苏杭江宁广东福建等处（略）今则（略）江浙闽广之人，无论大家小户，个个诉穷""当今之世，无人不穷（略）枫桥之市，粟麦壅积，南濠之市，百货不行"，等等。为什么康熙年间的富家没有寻找多样投资对象，而要专门贮藏货币，导致全盘萧条呢？

把白银流入的问题和国内投资的问题总结起来，格兰对"康熙萧条"的看法没有充分的说服力；"康熙萧条"还可认为是以海外贸易的减少和财政紧缩政策为原因的比较典型的"银荒"型经济萧条。下面笔者将讨论"道光萧条"的特点，与"康熙萧条"进行简单的比较。因为笔者关于道光时期的经济没有做过实证性研究，所以以下的比较包括许多假设性论点，但将暂时提出粗浅看法，以期抛砖引玉。

三、"康熙萧条"与"道光萧条"

1. 白银流出和物价动向

与"康熙萧条"相比，在道光时期，白银流出和物价变动之间的关系不太明显。图 7 表示鸦片进口量和白银流出量都在 19 世纪 20 年代后期以后增大，尽管也有短期变动。图 8 和图 9 分别是江苏南部和湖北、湖南的米价，两者虽然在 19 世纪 30 年代中期以后呈现降低的倾向，但价格之间的高低差距很大，与白银流出的动向似乎没有明显的对应关系。像罗畅作的苏州、南京、杭州、汉阳、顺天、天津、奉天、济南、福州、桂林、台湾、安庆等米价变动图所表示那样，1820 年到 1850 年各地米价的长期趋势线的确下降，但由于短期变动幅度太大，米价的长期下降对经济生活的影响很难推测。关于康熙年间的米价降低，地方志、随笔等异口同声地指出"谷贱""熟荒"等，但在道光年间的史料中"谷贱""熟荒"等记载比较少，经济问题的焦点似乎集中于"银贵钱贱"问题。

图 7　鸦片进口和白银出口

资料来源：H. B. Morse. *The International Relations of the Chinese Empire*, Vol.1, p.210.

林满红. 银线：十九世纪的世界和中国. 台大出版中心，2011：105.

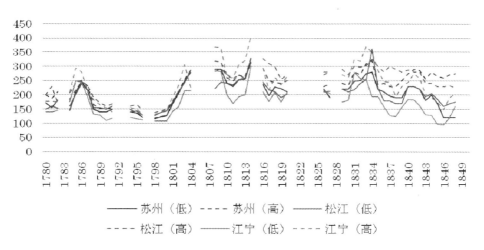

图 8　江苏南部每年九月的米价（单位：分/石）

资料来源：王业键编《清代粮价资料库》，http://140.109.152.38/。

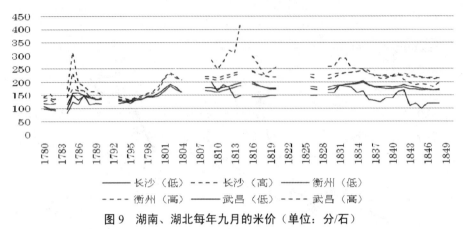

图 9　湖南、湖北每年九月的米价（单位：分/石）

资料来源：与图 8 同。

　　下面看看道光年间的田价。上列图 6 中的徽州田价（以银两表示）在白银大量流出的 19 世纪 30 年代却达到清朝一代中的最高峰，其后急速下落。与此不同，图 10 表示的江南田价（以铜钱表示）早在 19 世纪 20 年代初以后呈现明显的低落。华亭县人姜皋在《浦泖农咨》（1834 年自序）中也指出该地区田价降低如下："三十年前，亩值七折钱五十两者，及甲戌（1814 年）歉收后，已减十之二三，自癸未（1823年）至今，则岁岁减价矣。癸巳（1833 年）冬间，此等田欲以易钱十千，无受之者。"图 11 表示浙江省处州府松阳县石仓村的契约中的田价（以铜钱表示），与徽州、江南都不同，从 18 世纪末到 19 世纪中叶，一贯呈现上升的趋势。据曹树基的研究，道光年间是石仓冶铁业崩溃的时期，砂扎（洗铁砂的设备）的价格急速下跌。如果是这样的话，石仓契约中的田价上升未必是经济繁荣的反映，或许表示投资方向从工业到土地的变化。

　　总结起来，道光年间的田价动向因地区差异很大，看不出来全国性的共同情况。

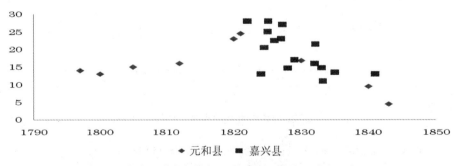

图 10　嘉庆、道光年间的江南田价（单位：千文 / 亩）

资料来源：Kathryn Bernhardt. *Rents, Taxes, and Peasant Resistance.* Stanford University Press, 1992: 51.

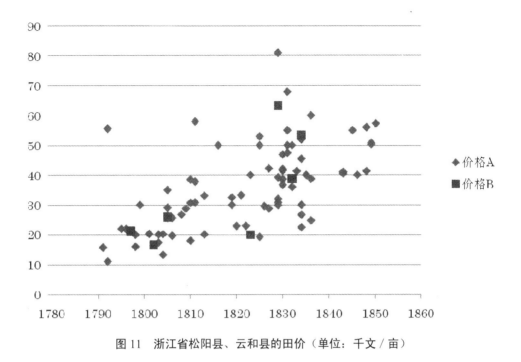

图 11　浙江省松阳县、云和县的田价（单位：千文／亩）

注："价格 A"是正契和找契的合计价格。"价格 B"是绝买价格。

资料来源：曹树基等编.石仓契约（第 1 辑，第 1、2 册）.浙江大学出版社，2011.

　　与粮价和田价不同，银钱比价的变动中地区性差异不大，在整个道光年间呈现出比较一贯的银贵钱贱的情况（参见图 12、图 13）。

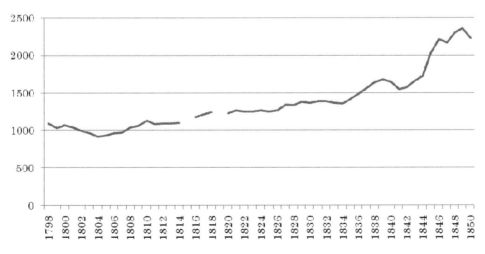

图 12　直隶宁津县的银钱比价（单位：文/两）

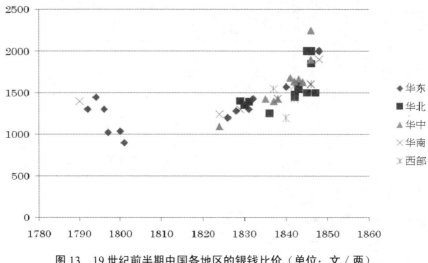

图 13　19 世纪前半期中国各地区的银钱比价（单位：文／两）

注：图中各地区包括的省份如下：华东——江苏、浙江、安徽；华北——京师、直隶、山东、山西、陕西、甘肃；华中——江西、湖南、湖北；华南——福建、广东、广西；西部——四川、贵州、云南、新疆。

资料来源：林满红. 银线：十九世纪的世界与中国. 台大出版中心，2011；汪辉祖，《病榻梦痕录》；陈春声. 市场机制与社会变迁——18 世纪广东米价分析. 中山大学出版社，1992：171.

　　康熙年间的人士也不是没有注意到银钱比价问题，但当时银钱比价变动的主要原因被认为是铜钱品质问题，而不是白银不足问题。比如，据上海人叶梦珠的记录，在顺治年间银贵钱贱的现象十分严重，每千文兑银五六钱以下，但康熙初年政府发行新钱并且允许以铜钱纳税以后，钱价恢复到每千文兑银九钱的水平。铜钱价格的这个趋势与一般物价恰恰相反。与康熙年间的这种情况不同，在道光年间，银贵钱贱现象被认为是白银不足带来的最严重的问题。

　　总结起来，虽然"康熙萧条"和"道光萧条"都在海外贸易状况激烈变化的时期发生，但两个"萧条"的具体情况又不同。下面笔者从若干侧面来探讨其不同所产生的背景。

2. 白银和铜钱

　　从康熙到道光的一百多年中，中国经济经历的最大变化之一是铜钱经济的发达。不少学者已经指出，18 世纪中叶在许多地区铜钱替代白银而成为日常生活中的主要货币。表 2 是以嘉庆年间（1796～1820）的刑科题本为材料，调查各省的货币使用情况的统计表。虽然资料有限，但看得出比较明显的地区性差异，即：（1）在华北和华东诸省铜钱占绝对优势；（2）在华南诸省，铜钱和白银（包括洋钱）的使用比率几乎相等；（3）在贵州、云南等西南诸省，白银占绝对优势；（4）以华中为中心的内陆诸省，铜钱占相对优势，但可说是在华北、华东和西南之间的中间地位。

表2　嘉庆年间中国各省的货币使用情况

省份	铜钱	银两	银元	其他	备考
直隶	90（96）	4（4）	0	0	铜钱：大钱、京钱、东钱等
山西	47（78）	13（22）	0	0	银两：纹银、元银等
奉天	62（95）	2（3）	0	钱票1	铜钱：市钱、大钱等
江苏	36（84）	1（2）	1（2）	七折钱4，钱票1	
浙江	45（79）	5（9）	7（12）	0	
安徽	53（85）	5（8）	0	七折钱4	
福建	31（57）	7（13）	16（30）	0	
江西	53（83）	9（14）	2（3）	0	银两：元银等
山东	39（100）	0	0	0	
河南	40（98）	1（2）	0	0	
湖北	48（87）	6（11）	1（2）	0	
湖南	47（63）	28（37）	0	0	银两：元丝等
广东	24（53）	7（16）	14（31）	0	
广西	16（52）	15（48）	0	0	
四川	152（74）	53（26）	0	0	
贵州	12（23）	41（77）	0	0	
云南	4（21）	15（79）	0	0	
陕西	71（69）	32（31）	0	0	银两：元丝银　铜钱：大钱等
甘肃	29（91）	3（9）	0	0	铜钱：大钱、小钱等

资料来源：杜家骥主编. 清嘉庆朝刑科题本社会史料辑刊（全3册）. 天津古籍出版社，2008.

乍看之下，中国经济的大部分已经被铜钱化了。但我们应该注意，即使基层经济圈内部的交易以铜钱为主，但把许多地域经济结合起来形成全国性经济网络的主要媒介仍是白银。黑田明伸主张的"市场的多层性"——即以铜钱为媒介的下层市场和以白银为媒介的上层市场的双层结构——才是18世纪中叶以后中国市场的重要特点。在18世纪后半叶，通过海外贸易流入的白银，在经由上述B型（树枝型）市场结构到达中国内陆各个角落的同时，其带来的外部需要间接促进基层经济圈内部以铜钱为媒介的交易。从这点来看，肯特·登（Kent Deng）的上述看法——即因为白银由于交易成本太大，所以在19世纪失掉其作为货币的重要性——恐怕有点过于简单。

与康熙年间相比，道光年间的白银问题给基层经济的冲击不太直接，因为在中国的大部分地区，上层市场和下层市场的双重结构发挥了缓冲作用。与康熙年间不同，白银不足未必直接导致"谷贱伤农"情况。道光年间的白银问题却显现于白银经济和铜钱经济接触的层面，所以"道光萧条"时期政策论的焦点与其说是"谷贱伤农"，不如说是"银贵钱贱"。对在铜钱经济圈里生活的一般庶民来说，他们直接面临"银贵钱贱"，感到痛苦的不是卖农产物而取得铜钱的时候，而是把铜钱换成白银（或者按照地方政府决定的过高的折钱比率）纳税的时候。因此，纳税时的银钱交换比率成为当时最重要的问题之一。

3. 国内市场和白银流通

在康熙年间，白银流入量减少的原因是海外贸易的衰退。由于体现海外需要的白银流入通道几乎闭塞，出口品生产者的收入减少，不能买东西，因此对其他产品的需求也减少，通过这样的锁链式反应，收入减少波及国内经济的末端。与此不同，道光年间的海外贸易并不衰退。比如，当时大宗贸易的茶叶对英国每年出口值在19世纪20~30年代从1200万元增加到1600万元，经过鸦片战争时期的短期减少，在40年代再度增加，达到2000万元以上。茶叶等出口品的生产者未必因白银流出而直接受到打击。那么，白银流出如何影响到中国国内经济呢？

对这个问题，当时官僚已经提出相当敏锐的看法。林则徐在道光十八年（1838年）的奏文中指出：

> 臣历任所经，如苏州之南濠、湖北之汉口，皆阛阓聚集之地，叠向行商铺户暗访密查，佥谓近来各种货物，销路皆疲，凡二三十年以前，某货约有万金交易者，今只剩得半之数。问其一半售于何货，则一言以蔽之，曰鸦片烟而已矣。此亦如行舟者验闸河之水志，而知闸外泄水之多，不得以现在行船尚未搁浅，而姑安于旦夕也。臣窃思人生日用饮食所需，在富侈者固不能定其准数，若以食贫之人，当中熟之岁，大约一人有银四五分，即可过一日。若一日有银一钱，则诸凡宽裕矣。吸鸦片者，每日除衣食外，至少亦须另费银一钱。是每人每年即另费银三十六两（略）若一百分之中，仅有一分之人吃食鸦片，则一年之卮漏即不止于万万两。

值得注意的是，在这里林则徐假设一般庶民的可支配收入（disposable income）有"准数"（每日银四五分乃至一钱）。林则徐注意到可支配收入的用途如何——如果买一般商品的话，各种货物的销路顺畅，但如果买鸦片的话，各种货物的销路反而缩小。他指出，连在最繁华的地方，一般商品也竞争不过鸦片，各种货物"销路皆疲"。与康熙年间相比，人们也慨叹销路缩小，但当时惯用的描写是"有千金之产者，尝旬日不见铢两""中产之家，尝旬日不睹一金，不见缗钱""迩来家家穷困……求其真正富足者，百家之中，不过一二家而已"，等等，即人们可支配收入减少，连富家也根本没有钱用的情况。

康熙年间和道光年间的不同在何处？简单地说，康熙年间的"银荒"被认为是流入量减少及其波及的结果，但道光年间的"银荒"被认为是流入量和流出量之间的逆差。借林则徐的比喻来讲，在道光年间，"水"在不断流入"闸河"（即地方经济）的同时，又不断流出于"闸河"。"水"的流动十分顺畅，流来流去的总量也相当可观。在流来流去的过程中，供给各个地区的水量会因时因地不同，与康熙年间的全盘不足有所不同。

倪玉平在近年有关关税的翔实研究中，批评"道光萧条"论，指出："在嘉庆道光时期，关税征收仍然保持在 500 万两左右的水平，相较于乾隆时期并没有出现大幅度的下降……不能通过嘉道时期关税收入的变化，来论证'道光萧条'。"据他制作的关税统计，道光年间的长距离商品流通的活跃程度的确不亚于嘉庆初年。但流通的活跃不一定意味着"萧条"根本不存在。倪玉平的研究促使我们思考，"萧条"概念与活跃的商品流通能否两立？道光年间根本不存在"萧条"吗？还是道光年间经济情况还可认为是一种"萧条"吗？

4. 财政

康熙年间"银荒"的背景之一是政府的紧缩财政。17 世纪 60 年代后半期到 70 年代初，从民间流通被抽取出来而贮藏于户部银库的银额，每年达到数百万两。道光年间最主要的经济问题之一也是赋税负担的增大。但如果政府在通过纳税的渠道来吸收货币的同时，通过财政支出对民间投放同量的货币的话，未必导致"银荒"现象。所以从货币流通的观点来讲，重要的是，政府征收的银量和投放的银两之间的关系。

在这里姑且通过当时被认为"天下财赋总汇"的户部银库库存情况，来窥探政府的财政收支差额。史志宏基于户部银库库存统计，描绘清代库存银数的变化如下："从康熙到乾隆，银库库存的变化走势总体是向上的，而以乾隆三十年代中及四十年代初的 8000 万两上下为其最高水平。嘉庆以后，银库库存从乾隆末的 7000 万两左右高位急剧跌落，一直到道光朝，大部分时间都在 2000 万～3000 万两的区间波动，道光后期更减少至不足 1000 万两的水平。"他同时指出："以上（道光年间的库存）还只是账面数字，实际情况更要严重得多。道光二十三年，银库发生巨额亏空案……按当时库册所开，计应存银 1218 万两，而盘查结果，仅实存 292 万两，亏短 926 万两。"由此看来,道光年间的财政基调不是紧缩财政,而接近于入不敷出的赤字财政。

假使全部赤字部分被投放于国内,那么不少白银一定会回流到民间,以资银荒问题的缓和。但《南京条约》之后,政府不得不动用关税、地丁等税,偿付赔款 2100万元,这些白银没法回流到国内。因此,财政对银荒问题的影响在《南京条约》的前后有所变化。如果把国家白银财政比喻成强制性的回流水泵的话,国家吸上来的水,在《南京条约》以前回流到国内,但《南京条约》以后其一部分流出到国外。这可能是粮价下跌在 19 世纪 40 年代加剧的一个原因。

5. 自然灾害

康熙年间也不是全无自然灾害,但总的来说,在"康熙萧条"最严重的 17 世纪60 年代后半期自然灾害比较少。像"熟荒"一词所示那样,收获的丰富和家计的缺乏这两者的讽刺性组合才是为当时人士所注目。与此不同,道光年间屡次发生严重的自然灾害,特别是在江南,农民家计穷乏的主要背景与其说是"银贵钱贱"等货币问题,不如说是自然灾害。

李伯重在《"道光萧条"与"癸未大水"——经济衰退、气候剧变及 19 世纪危机在松江》论文中,专门讨论了这个问题。像他指出那样,上列姜皋记录的田价下跌应该是跟自然灾害后农民贫穷化有关的现象。19 世纪 30 年代前半期江南米价的急速上升(参见图 8)也无疑是 1833 年大水灾的结果。因此在江南,"道光萧条"不一定伴随着物价低落。

但灾荒和"萧条"之间的关系比较复杂。灾害对非灾区经济的影响如何、饥馑对非农业部门的影响如何等,都是值得探讨的问题。笔者认为,法国经济史学家欧内斯特·法鲁斯(Ernest Labrousse)以 18 世纪法国的事例为材料提出的所谓"旧型恐慌"假说在讨论中国的"萧条"时也可能有参考价值。据他说,因灾荒而导致的谷物价格暴涨、非食品费用支出(纤维制品等手工业产品)缩小,结果手工业制品的生产急剧减少——这是资本主义经济发达以前的"旧型恐慌"。因此,粮食价格的上升和"恐慌"有密切的关系。在明清中国,表示灾荒和手工业生产之间关系的史料也不少,比如"荒年米贵,则布愈贱""窑家作辍,与时年丰凶,相为表里"等。曹树基推测 19 世纪 20 年代石仓冶铁业的崩溃反映江南铁市场的崩溃,指出江南市场的萧条不仅与白银问题有关,而且可能起因于气候剧变带来的自然灾害。如果是这样的话,石仓冶铁业的兴衰可能是法鲁斯所谓的"旧型恐慌"波及近邻地区之很好的例子。

当然,一个地区的自然灾害给近邻地区带来的影响不限于手工业产品的销路缩小，灾区的粮价上涨对近邻地区的农民来说可能是获利的机会。自然灾害不仅打击当地居民，而且通过市场关系给近邻地区的居民带来多种多样的影响。因此，由于自然灾害的同时发生，"道光萧条"的性质比"康熙萧条"复杂得多。

如果说"康熙萧条"是比较典型的"银荒"型经济萧条，与此相比，"道光萧条"是比较复杂的复合型经济萧条。如上所述，（1）由于市场的双层结构，白银问题对以铜钱为主要交换手段的基层经济没有带来直接的打击；（2）尽管白银流出急速增加，但是海外贸易和国内商品流通似乎保持以前的规模；（3）财政基调是入不敷出的赤字财政；（4）道光年间的自然灾害对灾区及其近邻地区的经济给予严重的影响——"道光萧条"的这些特点表明，当时经济困境背景复杂，不应该单纯地归于白银流出问题，但白银流出仍然是"道光萧条"的主要原因之一。白银不足阻碍上层市场和下层市场的顺利结合，加深了各级市场之间的紧张状况。

四、结语

像吴承明教授早已指出那样，"道光萧条"情况比较复杂。本文的目的是以"康熙萧条"为比较对象，试图分析"道光萧条"的复杂性。但为了比较，首先需要弄清"康熙萧条"是什么。关于"康熙萧条"的性质，从来有意见分歧，而其意见分歧的背景有对明清市场经济的不同看法。因此，本文在第一部分，以白银论战为中心，对相关先行研究进行初步整理。在第二部分，通过回答格兰的批评，重新讨论"康熙萧条"的原因和性质。在第三部分，从与"康熙萧条"的比较，提出关于"道光萧条"的性质这一笔者未成熟的看法。

清代经济既然不是资本主义经济，又不是单纯的封建经济，而是有独自运动规律的市场经济。以经济萧条为切入点，我们可以探讨清代市场经济的性质问题，因为通过探究经济萧条的原因，我们才可以发现当时经济繁荣的条件是什么。

与此同时，研究清代经济萧条的目的并不限于弄清清代经济性质这一课题。从16世纪到19世纪前半期，世界上不少地区面临着全球性白银大流通，或多或少地与国外经济结合起来发展自己的市场经济。清代经济也可说是这些市场经济之一。这些经济之间，有什么共同点和相违点？清代的经济萧条与印度或者欧洲诸国的萧条有什么不同？清代萧条研究可能为这样的比较史研究提供重要的线索。

国际贸易关系中的中国二元经济（1842～1949）

近代史研究所　林满红

西蒙·库兹涅茨注意到，在 19 世纪和 20 世纪的早期，意大利、巴西、美国、加拿大、德国、瑞士和法国都存在着区域发展不均衡的现象，这一现象直到下一个发展阶段也没有得到缓和。在第一个发展阶段中，国家向发达地区倾注了更多的努力，这些发达地区拥有着更完善的金融财政系统、更便捷的交通运输条件以及更广阔的市场。在这里，财富和人才都能获得更好的发展。与此同时，落后地区由于缺乏精英，以致不能为这些地区谋求更多的利益。在第一个发展阶段中，不便捷的交通运输限制了技术扩散和社会变革。发达地区和落后地区之间的差距越拉越大，这就是所谓的二元经济发展现象。如果面向现代国际贸易的那些地区同时也是食物和工业原料生产的中心，那么这种二元经济问题将会变得更为严重（库兹涅茨，1965）。

中国就表现出这样一种经济。虽然中国的文明起源于西北内陆，然而汉族与非汉族之间在北部频繁的战争、南方的稻作生产以及国际贸易的发展，都促进了自 11 世纪以来中国经济中心向东南沿海地区转移（林，1992：62～3）。绝大多数的中国主要商品——丝织物、棉花、稻米、糖和盐——都产自东南沿海地区，同样绝大多数的条约口岸也分布在这一地区。

随着 1842 年第一批条约口岸的开埠，中国与国际经济的联系通过贸易更为密切。因此，一个更深刻的问题是，国际投资究竟在多大程度上造成了中国的二元经济。在施坚雅著名的词汇里，中国二元经济中的"落后地区"和"发达地区"分别被指称为"边缘中国"和"核心中国"。1926 年，一位在中国的美国经济学者雷默，用了一个相似但更具体的词汇来表述中国的二元经济：外部中国——指条约口岸的腹地或是距离铁路、河流 50～75 英里（大约是 80～120 公里）的地区；与之相反的则是内部中国。这两种地区有着截然不同的物价与工资趋势以及与国际经济融合的程度（雷默，1962:240）。本文将运用施坚雅的词汇说明雷默关于中国二元经济的定义，即核心中国，仅仅包括条约口岸的腹地以及距离铁路、河流 50～75 英里的地区，而其他地区都属于边缘中国。（注释）

本文将分别就此种意义上中国二元经济的发展程度，以及中国波动的国际关系如何通过贸易影响二元经济的这两个问题进行综述。

一、第一阶段：1850 年至 19 世纪 70 年代晚期

在这个阶段中，当中国的茶叶市场与来自日本、印度和锡兰，中国的丝织物市场与来自日本，中国的糖市场与来自爪哇的竞争还不激烈时，世界经济是有利于中国的，中国的主要出口物销售情况良好。伦敦海关留下的记录显示，1814～1849 年中国出口到英国的茶叶及丝织物的年增长比例要低于 1850～1886 年的比例（林，1995：385～417）。中国的茶叶产自核心中国的山区，中国的丝织物则主要来自长江下游流域和珠江三角洲，这些地区同样属于核心中国。在欧洲、美洲以及澳大利亚拥有良好市场的白糖，产自作为核心中国一部分的台湾南部和广东南部（林，1997：23～33；范，1980：23）。

同样在此阶段，几场重要的战争给中国造成了巨大破坏：如 1850～1868 年发生在华中和华南的太平天国运动，1854～1877 年发生在云南、陕西和新疆的穆斯林起义，1854～1873 年发生在贵州的苗族起义，以及 1858～1868 年发生在淮河流域的捻军起义（郭，1980：172）。这些战乱严重地干扰了核心中国和边缘中国之间的区际贸易。

在 18 世纪晚期和 19 世纪早期，每年由云南运抵到北京的铜的价值约为 1.13 亿两白银。尽管如此，铜的生产被 1856～1874 年发生在云南的穆斯林起义所干扰，并且此后的生产再也没有恢复到原先的水平。在 1874～1886 年以及 1887～1906 年，铜贸易分别只达到了 5.91 万两白银和 19.21 万两白银（全，1974：155～82）。与之相似，由于太平天国运动，华南生产的糖的出口量以及在华中、华北和东北地区的销售量都减少了（杜，1961：26）。为了证明所在省份所遭受到的影响，1871 年陕西巡抚在送往北京的奏折上写道，"以前，陕西各地的富商们与东南地区有着很大的贸易往来。自从东南地区被战火席卷以来，陕西的财富日渐减少。由于陕西自身也遭受到战争的不幸，富商的财富都在这一过程中化为了灰烬（从前各处财富之户，多贸易于东南。自东南用兵，陕省物力既已潜消默耗，又加本籍被灾，资产悉付兵燹）"（方，1979：66）。太平天国运动同样扰乱了四川和大江南北各省的贸易往来。在穆斯林起义之后，甘肃由于过于荒困，以致"长距离的贸易者不再到达……商人们害怕来到甘肃。产自长城外的烟草和皮毛原本是甘肃的主要出口物，但是由于甘肃的大部分地区遭到破坏，富商们便将他们的资金撤出，剩下的资金不够继续开展贸易（以致行商绝迹……商视甘肃已为畏途……至于甘肃口外物产，如皮货水烟等项，均属大宗，今其地既残破，富者携资还去，贫者无力经营，内鲜聚积之人，外

少往来之贩）"。在贵州，官员奏报，"长距离的贸易者不再来了，当地百姓失业，成为了游民。与其他省份的交通联系中断，使得本地没有商品出售。而本地出产的诸如水银、药材和靛蓝亦不能出售到以前的市场。商人和普通人一样，变得日益穷困（远方商贾裹足不前，本地商民皆迁徙失业……各省因路多阻隔，既无货物运至，本省所产水银、药材、蓝靛，又不能运往销售，商民交困）"（王，1990：84～91）。就北方和西北的对外贸易而言，经过山西、蒙古、西伯利亚和中亚地区出售到俄国市场上的来自九江和汉口的砖茶数量也大大减少（谢，1977：97～106；陈，1980：11～25；刘，1980：51）。

虽然核心中国同样遭受太平天国运动的打击，但它能够通过与英国及其他欧洲国家之间兴旺的丝织物、茶叶和糖贸易迅速复苏，尤其是在 19 世纪 50 年代至 70 年代。这个时期，许多新的发明开始登陆条约口岸，例如电灯、电话、电报、煤气以及现代卫生管道等。除此之外，外国商店、西方建筑和教堂、印刷厂、机器厂、码头、外国银行，以及面粉厂、食品厂、制药厂、缫丝厂也同样开始在条约口岸建造（湖北大学政治经济学教研室，1958：233）。这些发展与日益穷困的内陆地区形成了鲜明对比。引用墨菲的话说，在 19 世纪 70 年代，当饥荒袭击内地时，华北的条约口岸——天津，正欣欣向荣（墨菲，1974：17～73）。这表明了中国的二元经济从 1850 年到 19 世纪 70 年代晚期发展较快。

二、第二阶段：19 世纪 70 年代晚期至 1906 年

墨菲用二元经济框架描述了贯穿中国近代史时期的条约口岸和边缘中国之间的关系。他指出，总体说来，进口洋货仅仅用于条约口岸，条约口岸构成了一种飞地经济。与中国传统城市不同，条约口岸与边缘中国鲜少联系（墨菲，1974：52～7）。然而 19 世纪 70 年代晚期至 1906 年的证据并不能支持他的观点。毫无疑问，核心中国持续发展并与边缘中国形成了极大的反差。1889～1893 年核心中国占中国对外贸易的比例高达 95%（严，1955：67～8）。核心中国有更好的条件去接触先进技术（雷，1981：78），并消费更多的奢侈品（林，1985：105）。尽管如此，边缘中国的经济以及它与核心中国的联系实际上也显著加强。

来自华北和东北的大豆，西南、西北、华北、东北的土产鸦片，西北的动物制成品以及边缘中国的其他产品的产量，由于核心中国蓬勃发展的市场比较繁荣，南北之间、东西之间的区际贸易同样得到加强。从汕头销往新加坡、马来西亚、泰国和越南的糖刺激了东北大豆的生产，因为豆饼是甘蔗生产中的一种肥料。

从 19 世纪 70 年代开始，贸易持续向前发展。19 世纪 70 年代早期，华南吸引

了烟台约 50% 的出口品，而到了 70 年代晚期，这一数据下降到 30%，贸易向前发展的原因，主要是因为华南需要北方的豆饼（刘，1990：13～16）。在条约口岸开埠之前，华中是东北大豆的主要市场。尽管如此，到 1900 年时，包括汕头、福州、厦门在内的华南口岸进口了 80% 的东北豆饼，而华中仅为 10%，但华中进口豆饼的绝对数量并未减少（雷，1981：6～7）。北方口岸如天津和烟台，从华中、华南进口的诸如纸张、茶叶、棉布、瓷器和丝织物等消费品也有所增加（范，1980：24～6；叶，1982：39；刘，1990：22～31）。

在中国东西部区际贸易中，印度鸦片和棉花的进口使得中国内陆地区的经济也获得了一定发展。例如，印度鸦片刺激了土产鸦片的生产。虽然中国在 19 世纪 20 年代开始种植鸦片，但直到 1880 年土产鸦片的生产量才超越了外国鸦片的进口量。从 19 世纪 70 年代晚期至 1906 年，中国土产鸦片的产量增加了 12 倍，而总的土产鸦片产量 9 倍于外国鸦片的进口量（林，1985：194～207）（参见表 1）。

表 1　中国西南地区生产的鸦片与外国鸦片的数量

（单位：1 万担）

年份	中国西南地区生产的鸦片	外国鸦片	外国鸦片与中国西南地区鸦片的比值
1836	数千担（以 0.5 作为平均）	4～5	8～10
1847	0.9	5	6
1866	1.65	7.68	4.5
1876	2.75	7	2.5
1881	22.4	6.6	0.29
1896	24	4.9	0.2
1906	36.4	5.4	0.15

资料来源：林（1985：69，193～4，207～9）。

虽然几乎每个省份都种植鸦片，但主要的鸦片种植区一直都分布在边缘中国。1879 年，四川、云南、贵州、山西、陕西、甘肃、河南、广西和新疆占土产鸦片输出总量的 89.8%。1890 年和 1906 年，这一数据分别为 88.93% 和 84.47%。湖南、湖北、江西和安徽等沿江省份在 1879～1906 年，仅占到土产鸦片输出总量的 2%。而满洲、直隶、山东、江苏、浙江、福建、广东等沿海省份，则占这一比例的 10% 左右（参见表 2）。1869 年以前，云南是最重要的土产鸦片生产省份，但随后四川取而代之（林，1985：189～96）。

表2 中国各省鸦片生产量

(单位：担)

	1879（怀特）	1896（赫德）	1905（摩斯）	1906（海关）	1907（林奇）
总量	98,000	334,000	376,000	584,800	331,000
内陆省份	88,000	297,042	323,000	494,000	273,000
比重	89.8	88.93	85.9	84.47	82.48
河南	5,000		5,000	15,000	5,000
山西	4,000		5,000	30,000	5,000
陕西	5,000		10,000	50,000	10,000
甘肃			5,000	34,000	5,000
四川	45,000	120,000	250,000	238,000	200,000
云南	17,000	80,000	30,000	78,000	3,000
贵州	12,000	40,000	15,000	48,000	15,000
广西			3,000	500	3,000
新疆				500	
沿海省份	7,000	34,958	42,500	80,500	47,500
比重	7.14	10.47	11.3	13.77	14.45
满洲		6,000	15,000	15,000	15,000
直隶	3,000	1,500*	5,000	12,000	10,000
山东	1,000	1,458†	10,000	18,000	10,000
江苏		10,000	5,000	16,000	5,000
浙江	3,000	14,000	5,000	14,000	5,000
福建		2,000	2,000	5,000	2,000
广东			500	500	500
沿江省份	3,000	2,000	10,500	10,300	10,500
比重	3.06	0.58	2.8	1.76	3.17
湖南	1,000		3,000	1,000	3,000
湖北	2,000		4,000	3,000	4,000
江西			500	300	500
安徽		2,000	3,000	6,000	3,000

资料来源：1879（怀特）：王（1979:216）。1896（赫德）：《十二朝东华录》（1963:3945）。1906 中国海关，年报 1890：22。1905（摩斯）。1907（林奇）：国际鸦片委员会 Ⅱ：57。

*中国海关，年报，1890：22。

†根据《十二朝东华录》（1963：3945），由鸦片税额除以鸦片税率得到。

当施坚雅编辑《中国帝国晚期城市》时，他在书中写道，"两个区域间中心城市交易的可能性被高额的非机械化交通及长距离运输所减缩"（施坚雅，1977:217）。

在传统中国，相对于水运交通，区际陆运交通的成本较高。相同的距离和相同的重量，用人力车和驴车的成本分别是船只运输的 28.3 倍和 15 倍（参见表 3）。用人力车运输尤其昂贵，因为在长途运输中需要住宿和食物消耗所花费的成本。从成都到汕头的 3060 里（1 里等于一又三分之一英里），如果凭借脚力，大约需要花费 51 天，而依靠铁路仅仅需要 2~3 天（林，1985：274）。在雨季，从长春到营口需要 21 天，而冬季则需花费 15 天（雷，1981：106~8）。另一方面，依靠航运从福建或者广东到天津需要 15 天（雷，1981：178；叶，1982：8）。在绝大部分中国地区，没有船只、高速路或者铁路使用，虽然在一些平坦的地方也可以利用驴车来运输，但主要的交通方式仍是人力车运输。

表 3　在中国各种交通方式运费排名

交通方式	运费排名
人力车	28.3
汽车运输	25
独轮车	16
驴车	15
轻轨	2
铁路	1.67
船只	1

注：运费取自 1934 年大运河北部地区。原始运费每里、每吨按分来计算。在这张表里，船只显示 1、人力车显示 28.3 意味着相同距离、相同重量的货物，人力车的运费是船只运费的 28.3 倍。

资料来源：根据张（1987：16）提供数据计算得出。

在边缘中国，除了地理环境、气候条件合适，有大片空地和充足劳力可供利用生产土产鸦片外（林，1985：265~7），土产鸦片高昂的价值也可以负担其与核心中国之间的交通成本。在主要的进口商品中，外国鸦片的平均单位价值是最高的，是稻米的 326.4 倍、小麦的 163.2 倍、棉花的 45.7 倍以及铜的 26.9 倍（参见表 4）。与进口鸦片相比，尽管土产鸦片的吗啡含量要逊色不少，但它仍能卖出进口烟片的一半价格（参见表 5）。鸦片在每单位基础上有如此高的利润，以至依靠人力运输 200 英里仅需要花费其原始价值的 0.16%（林，1985：274）。相反，在产煤区将煤炭运输 200 英里，需要花费的是其原始价值的 10 倍至 20 倍（珀金斯，1969：120）。因此，鸦片进行长距离贸易的可能性大概是煤炭的 1 万倍。即使比煤炭更轻的商品也比鸦片运输花费得多。例如，将棉花由汉口运往上海的花费相当于其原始价值的 10%~15%（珀金斯，1969：120）。与此同时，土产鸦片的单位价值仍大约是棉花的 22.8 倍。更进一步说，在核心中国，广泛生产诸如丝、茶和棉花等轻重量商品，边缘中国生产的商品则过重而不能远运（林，1985：235～42）。

表4　1872～1911 年晚清时期中国主要进口商品的单位价值

（单位：海关两/担）

年份	鸦片	生丝	蚕茧	绿茶	英国棉布	铜	稻米	皮毛	小麦	糖	绵羊毛	棉花
1872～1881	417	350	77	24	22	16	1	10	4	5	7	9
1882～1891	360	340	58	19	19	14	1	11	3	7	8	10
1892～1901	534		68	24	23	24	2	13	3	6	10	13
1902～1911	974		102	34	40	31	3	25	4	5	17	18
平均	571.2	345	76.25	25.25	26	21.25	1.75	14.75	3.5	5.75	8.4	12.5

资料来源：根据中国海关《十年报告》，1902～1911：336～8，以及英国国会档案中丝价（Vol.17:579-605）计算得出。

表5　土产鸦片与国外鸦片价格比较

年份	地区	百分比	数据来源
1863	镇江	60	中国海关：专门报告，鸦片，№.2:71
1863	厦门	50	ibid., №.2:76
1869	中国	33	英国国会档案，Vol.9:344
1887	牛庄（营口）	50	英国国会档案，Vol.16:393
1887	汉口	40	中国海关：专门报告，鸦片，№.9:14～16
1893	中国	60	英国国会档案，Vol.18:327
	平均	48.83	

吸食鸦片在当时的中国是一个普遍的现象（参见表6）。不同地区的鸦片生产等级不同。中国更富流动性的社会结构允许低阶层的人去仿效高阶层的人吸食鸦片，同时低阶层吸食比高阶层更低等级的鸦片。在边缘中国生产的土产鸦片卖到全国（林，1985：440～4，469～71），一半的土产鸦片就是为长距离国内贸易所生产（林，1985：432）。印度棉花的进口使得华南越来越多不需要依赖于华北和西南的棉花，这同样导致了这些地区生产更多的鸦片（赵和陈，1977：49；叶，1982：65；张，

1982：19）。土产鸦片的价值相当于中国所有区际贸易价值的六分之一（林，1985：432～5）。

表6　1889年各省人均鸦片吸食量

省份	人口	鸦片吸食总量（担）	人均鸦片吸食量*
沿海省份			
满洲	6,000,000	6,000	100
直隶	18,000,000	16,000	88
山东	36,000,000	18,000	50
江苏	21,000,000	24,000	114
浙江	12,000,000	16,000	133
福建	20,687,000	24,000	116
广东	30,000,000	18,000	60
长江流域省份			
湖南	21,000,000	21,000	100
湖北	33,000,000	32,000	97
江西	24,000,000	20,000	83
安徽	21,000,000	12,000	57
内陆省份			
河南	22,000,000	14,000	64
山西	12,000,000	10,000	83
陕西	8,000,000	7,000	87
甘肃	5,000,000	3,000	60
四川	68,000,000	50,000	74
云南	11,000,000	9,000	82
贵州	8,000,000	4,000	50
广西	5,000,000	5,000	100

*单位：1/10000担。

摘自：李（1957:Vol.2:9-10）

资料来源：由《文汇报》（1889）计算得出。

中国东西部地区的整合，还可以从西北与北方日益增长的贸易中看出来，包括皮、毛、奶在内的动物产品，从西北销售到天津，在1870年至1911年间增长了70倍（叶，1982，附表2.3a）。与此相对应，天津的商人将棉布和日用品销售至中国的西北地区（叶，1982：11）。

整合也发生于某些特定的地区。经济作物和家庭手工业产品进入了世界市场，茶叶出口贸易继续利用着华南诸省的更多丘陵地区（林，1997：57～9）。本土鸦片也在沿海许多不适宜耕作的土地上种植（李，1957：464；《政治官报》，光绪三十四年六月二十八日）。棉花在华北的种植利用了新开垦的土地（叶，1982：67）。家庭手工业利用国外的新技术，不断扩大的市场，更多的原材料、资本以及劳动力也在乡村发展起来。一些工业如汕头的纺纱、棉布、冥币业（为了祭神等宗教仪式而燃烧的纸钱），以及重庆的缫丝业，都围绕着通商口岸发展（范，1980：92；张，1982：142～6）。另一方面，像汕头地区的造纸和陶瓷业，已经发展到出产原材料的偏远乡村地区。汕头的夏布和靛蓝工业，仍然分布于这些产品在乡村地区闻名的传统产地（范，1980：92）。与此同时，一些工业很容易传播到中国的边缘地区。尽管火柴的生产技术是从国外学得，但由于易于学习，又只需要极少的资本，它迅速传播到重庆周边的城市和乡村地区。毛纺和棉纺工业也迅速传播至四川的乡村地区，因为它们能够利用非生产季节的劳动力，而且产品重量较轻，易于运输（张，1982：129，146，155，164）。在棉纱由国外进口之后，四川乡下的一些棉布商贩甚至发展成了生产棉布的公司（张，1982：161）。

在与国际经济整合的过程中，一些新城市超越了老城市，并控制了更好的市场。台南、汕头、九江和芝罘，一度在连接世界市场方面很重要，但都沦为不利市场形势的牺牲品。台湾的经济中心从台南转移到了台北（林，1997：180～1），芝罘也被青岛所超越（林，1986：899）。这表明中国的一些边缘地区，相比于原来的核心地区，甚至更易于参与国际经济的一体化。

在通商口岸开放之前，中国已经存在着区域间的贸易，例如漕粮的官方贸易，从长江下游地区通过大运河运输到北京（叶，1982：7）。非官方的贸易由山西商人所主导，他们往来于天津、直隶、山东、河南和陕西之间（叶，1982：8）。来自江苏、浙江、福建和广东的纺织品运至山东、直隶和南满地区，同时运回大豆、小麦、枣子和梨子等农产品（叶，1982：9）。天津的棉花销售到广州、汕头和福州（叶，1982：65），河南商人用中药换回天津的食盐（叶，1982：19）。汕头的糖销售到上海、苏州和天津（方，1979：3、114）。福建的纸销售到全国各地（方，1979：66）。台湾用糖和大米从大陆交换回布、木材和食品（林，1997：7）。湖北的棉花运送到四川（张，1982：19）。江西南部的纸销售到镇江，并通过大运河运到天津（谢，1977：90）。当清政府与俄国在1689年签订《尼布楚条约》之后，贸易商队就在天津和恰克图之间往返穿梭（叶，1982：8）。除此之外，四川的生丝经过缫丝工序后被销售至国外（张，1982：38）。

鸦片战争前夕的区际贸易，据吴承明和其他学者的计算，总值达到了3.87亿两白银。根据珀金斯的估计，经过林满红的调整，1908年的区际间贸易达7.3亿两白银（林，1985：435）。中国的区际贸易从19世纪中叶至20世纪之交，几乎翻了一番。

三、第三阶段：1906～1937

1906～1916 年成功的禁烟运动，严重损害了本土鸦片在 19 世纪 70 年代到 1906 年之间的区际间的整合功能。因为禁烟运动，四川通过重庆与中国沿海的贸易下降到仅及原有水平的六分之一，同时四川的贸易收支也转为赤字（张，1982：19）。相似的情形也发生在云南。在 1885～1986 年，鸦片贸易占云南向其他省份出口总额的百分之七十（中国海关《十年报告》，1882～1891：668）。云南 1200 万人民所需要的棉纱和棉花，每年进口额超过 1500 万元。随着鸦片被禁种，几乎没有其他商品能用来交换这些必需品（龙，1939：1a）。在禁烟运动之前，陕西省每年要花费数百万两白银购买纺织品，同时它依靠鸦片产品来平衡白银的外流（仇，1906：5～6）。与此相似，由于本土鸦片的生产，华北能够从汕头购买糖、从南方购买侈品（中国海关《十年报告》，1882～1891：526～7）。禁烟运动严重削弱了这种贸易。

1911 年前后，国际市场的变化也加剧了北方与南方之间的反整合进程。这点可以由汕头的情况看出来，它将主要的出口地由华北转向了东南亚（范，1980：23）。到 1913 年，由汕头出口到天津的糖、缫丝、纸、茶叶等已不能与外国产品相竞争了（叶，1982：39），汕头也从东南亚进口水果、蔬菜、冥币、牲畜以及纺织品。甚至像上海，这个在汕头成为通商口岸之前的主要贸易伙伴，也开始变得不甚重要了（范，1980：24）。同时，天津和芝罘也减少了与汕头的贸易，更多地转向了华中、华北、东北以及日本（叶，1982：39；刘，1990：25～7）。

这种南北方之间、东西部之间反整合的进程，随着山西票号的衰落，进程加快了。它们原本是遍布中国、行使着汇兑网络功能的传统本土银行。山西票号的崩溃又伴随着清政府的衰弱，因为它们依靠的是清政府官僚机构资本的存款（张，1982：99）。当鸦片在四川禁种时，原本丰裕的公共财政不再充足，同时公共金融变得不稳定。四川是 1911 年辛亥革命发起省份之一，推翻了两千余年的封建制度（张，1982：8、61、99）。这种发展表明，区际经济的反整合与国家命运是联系在一起的。

在 1906～1916 年禁烟运动之后的民国时期，鸦片种植有复燃的倾向。然而，民国时期的鸦片种植趋势显得更为坎坷，因为不断有更频繁的禁烟运动。鸦片产品掌握在每一个军阀手中，而且在 1911 年后，即使是全国产量的峰值也无法与晚清时期相比。结果，鸦片贸易的空间整合作用相比于晚清时期，重要性已经大大减弱（于，1934：178）。

晚清时期的一些区际间的整合仍然在继续，同时一些新的区际贸易随着国际经济的变化发展起来。在经过了 19 世纪 70 年代到 1911 年间 70 倍的增长之后，中国西北地区经天津出口到日本的动物产品，在 1911～1931 年增长了 1 倍（叶，1982，附表 2.3a）。在这两个时段中，增长率下降了，而且 1931 年的这一贸易额仍然未达到西北地区与沿海省份间的本土鸦片贸易额（林，1986：895～6）。西南地区继续出口中药、麝香、桐油、丝、毛和铜等。这些产品的价值远小于 1906 年前后本土鸦片的贸易额（林，1986：896）：

- 鸦片　　　　68,000,000 两
- 丝　　　　　1,750,000 两
- 药材　　　　　　3,000 两
- 麝香　　　　　200,000 两
- 毛　　　　　　800,000 两
- 铜　　　　　　146,000 两

20 世纪 10 年代至 1937 年的民国时期，是一段战乱频仍的年代。与此相反，据《皇家亚洲杂志》的观察，在 1850～1870 年的大规模内战之后，中国内部一度是和平的（金史米尔，1898：54，89）。由此可以推断，战乱不断的民国时期，相比于晚清末期，区际间的联系更为困难。

更多的现代化设施在中国的核心区域积累起来。截至 1937 年，89%的纺织机械、80%的面粉厂、90%的烟草公司、绝大部分的电厂和化工厂，以及 4/5 的高等级公路，都位于沿海省份。最主要的还是位于参与国外贸易的沿海地区（张，1958）。在这一时期，政府要面对的最严重的二元经济问题是大约 95%的政府税收来自中国核心区域的工业和商业税收。在 1937～1938 年短短一段时期，中国核心区域沦陷，迫使政府寻求以通货膨胀的政策来应付战争的威胁（周，1963：64）。

四、第四阶段：1937～1949

在 1937～1938 年，中国的核心区域沦陷，被日本占领，这迫使 639 家现代化的工厂内迁，同时一些新的工厂也在内地建立起来。在 1945 年，占内地 93%的 6000 余家工厂，都是 1937 年后建成的（杨，1967：982～4）。在同一年，83.09%的现代化工厂分布于内陆省份，包括四川、贵州、山西、绥远、宁夏、陕西、云南、甘肃、西康，以及广西，同时有 16.91%位于湖南、江西、广东、安徽、浙江、福建、湖北以及江苏（中国通商银行，1967：183）。内陆工业在 1937～1943 年比 1943～1945 年发展迅速，这是由于日本的封锁与抵制，中国边缘地区很难获取原材料，同时大部分企业家的资本被用来投机（陈和盖伦森，1969：17）。

虽然中国边缘地区新兴的现代化工厂比例高于中国的核心区域，但中国边缘地区仍然在日本与政府相互的抵制中，与国际经济断绝往来。一些商品和战争武器通过云南至越南的铁路运输，也通过中国与缅甸之间的中缅公路来运输。除了一些至香港的空运，南亚是战时中国的主要贸易伙伴（秦，1983：663）。与此相反，在日本占领地区，58%～71%的贸易是与日本进行的（郑，1956：180～1）。这是自1895年以来，日本在中国对外贸易中，作为一个重要角色不断增长的顶峰（严，1955：65）。

从20世纪30年代到1949年，美国是中国首要的贸易伙伴（严1955：65）。1945年以后，东南亚也开始变得重要，尽管同美国的贸易中，中国在贸易平衡方面处于不利地位，但战后同东南亚的贸易却有盈余。由于战争的破坏，同日本以及南亚的贸易减少。随着苏联最终停止购买中国的砖茶，它也在中国的对外贸易中变得无关紧要了。

整个中国，在1946～1948年，上海大约控制了中国80%的进口贸易和60.4%～71.3%的出口贸易。由于对外贸易，南方再次成为中国最重要的地区。由于东北的战乱，它在对外贸易中的地位急剧下降（郑，1956：180～1）。

随着日本在1945年的战败，内地工业衰落了。对这些内地工厂产品的战时需求下降，由于移民返回东部沿海市场也变小了。而且，来自东部沿海和外国的货物同他们的产品竞争，尤其是政府货币相对于东部沿海地区货币的高估，资本返回东部沿海。以云南的昆明为例，1948年，有22755000元资本从昆明流向上海，408000元则从上海流向昆明。由于战争的破坏，天然材料的获得显得更加困难。内地工厂建设不足，他们产品的成本也高，而且工人想返回他们沿海的家乡。由于相似的冲击，政府被迫将资金从重庆转移到南京（杨，1948：下15～下16）。越来越多的内地工厂倒闭（张，1964：215，255）。尽管沿海地区的国产产品面临外国产品竞争的威胁，但是他们在运输和金融方面仍然具有优势，发展比那些内地企业要快。从1945年到1947年，在电的使用方面，沿海地区增长了258%，台湾也增长了239%，但是内地却只增长了13.9%，而在满洲则下降了361.4%（郑，1956：168）。1945年，沿海地区的工业占全国工业的15.3%，而在1946年和1947年则分别占到了48.2%和52%（郑，1956：170）。1949年，77%的铁路分布在发达地区，只有23%分布在落后地区（吴，1967：115）。绝大多数重要资源再次被集中到沿海地区。尽管手工业在1933年以前依靠现代工业获得了发展，但是在1933～1949年间却衰落了，特别是在1945年以后更是如此（张，1969：94）。二元经济问题再次变得严重。

五、结束语

　　口岸的开放加强了中国同西方的联系，事实上也加强了同亚洲的联系。在1906～1916 年禁烟运动以前，印度鸦片将其影响从南亚扩展到了中国。在 1937～1945 年的战争期间，南亚对于政府而言尤其重要。从 1842 年到 1949 年，在整个这一时期，给中国提供大米和消费品的东南亚也是中国的贸易伙伴。从 19 世纪中期到 20 世纪 30 年代，香港，连同英国都是中国最重要的贸易伙伴。1895 年以后，东北亚（日本）变得更加重要。日本和美国，给中国提供了越来越多的纺织品和工业原料，这削弱了 20 世纪早期英国的地位。在 1930～1940 年，中国的贸易伙伴主要是美国，日本占领区的贸易主要是和日本的贸易。除了一些砖茶和石油方面的贸易以外，受到苏联对中国经济的干预，东北亚的贸易变得并不引人注意。南部和东部承担了中国国际贸易的主要部分。

　　从 1850 年到 1949 年，除去 1937～1945 年抗日战争的 8 年，现代经济资源的绝大部分积聚于东部和南部。东部和南部口岸的设立增强了这种经济资源的集中。在 1850 年到 19 世纪 70 年代后期的内战期间，世界经济发展良好，来自日本的对中国丝市场的竞争，以及来自爪哇的中国糖市场的竞争还不是很激烈，中国核心地区和世界经济的联系要比内陆地区的联系紧密得多。在此期间，核心地区与世界经济的一体化几乎没有渗入到内陆地区。1906 年到 1937 年间，出现相似的趋势，即中国北部更多地同日本做贸易，南部更多地同东南亚做贸易。相对而言，19 世纪 70 年代后期到 1906 年间由于贸易原因，中国的区域一体化达到顶点。与此相较，在 1906～1937 年，中国内部的区域联系似乎要脆弱很多。从 1945 年到 1949 年，尽管区域联系再次得以加强，但也只是核心地区吸纳了更多的优势资源。相比较而言，19 世纪 70 年代后期到 1906 年，大豆从满洲运到南方销售，来自西北羊毛制品在北方销售，土烟和许多其他经济作物，以及乡村工业产品（如纸、火柴、瓷器）在外围地区和核心地区之间被作为日用品而交易。这种贸易是中国区域一体化的主要组成部分。中国与其他国家在 1850 年到 1945 年的贸易表明了区域一体化对维护政治和社会稳定的重要性。在 1911 年前后，中国空间经济关系解体，两千多年封建帝制瓦解。在 1938 年到 1939 年间，日本占领了国内资源积聚的核心地区。这种资源损失影响了政府战时的通胀政策。

　　1949 年之后，尽管政府付出了巨大努力，但是二元经济问题在今天的中国依然存在。不论国际联系的扩展会使中国二元经济变得更糟还是相反，中国的二元经济都是一个不容忽视的现实问题。由 19 世纪 70 年代后期到 1906 年中国的区域一体化达到顶点，可以看出，某些特殊产品有助于核心地区和边缘地区的一体化。这些产品的特征往往是：利润能够高于从边缘地区到核心地区的运输成本（如鸦片、猪鬃、棉布）；生产可以利用边际土地和剩余劳动力；需要资本较少（如火柴）；生产过程易于掌握，或者产品原料就在乡村（如陶瓷）。随着中国对世界经济的开放，带有这样特征的产品（尤其是经济作物和乡村工业）可以在内地生产，从而促进区域一体化。

劳伦·勃兰特（Loren Brandt）指出：从 1870 年到 20 世纪 30 年代，中国已同世界经济高度一体化了。黄宗智（Philip Huang）认为这种同世界经济的高度一体化对中国核心地区与边缘省份的一体化产生了消极影响。与此相反，马若孟（Ramon Myers）则认为这种影响是积极的。王国斌（Bin Wong）在对这一争论的回顾中指出：在 1992 年，两种观点都没有充分的资料支撑。他引用山东的情况认为，在这一时期城市的金融机构就不曾达到乡村（王，1992：606～10）。对中国地区间经济联系这样一个大问题，还有大量的工作需要从不同角度去做。然而，从贸易的观点，而不是讨论一个简单的积极或消极影响，本文指出中国的区域一体化是随着它对国际经济的参与而起伏的。

注释

施坚雅指出："中心"指的是有较高份额的资本收入，有较高的商品需求，较大的人口密度，较多的可耕土地，更多的资本投资，以及更高的商业化（施坚雅，1977：281～2，284～5）。但是，以这一标准将两个地区区分开来，我们通常难以找到相应的资料支撑。雷默以"用主要的交通工具行走两天的距离作为分界线"的定义更为精确。

参考文献

1. 于恩德. 中国禁烟法令变迁史. 上海：中华书局，1934.

2. 王宏斌. 晚清货币比价研究. 开封：河南大学出版社，1990.

3. Wong, R.B. Chinese economical history and development: a Note on the Myers-Huang exchange. Journal of Asian Studies, 51:3 (1992).

4. 中国海关（China Imperial Maritime Customs）. 贸易统计与贸易报告. 各年.

5. 中国海关. 十年报告. 1882～1991，1892～1901（上海）.

6. 中国海关. 专门报告. 第 1 部，第 9 部（上海）.

7. 仇继恒. 陕境汉江流域贸易表. 关中丛书. 1906年手稿. 1934～1935年陕西通志馆重印.

8. 方行. 清代陕西地区资本主义萌芽兴衰条件的探讨. 经济研究, 1979（12）.

9. 叶淑芬. 天津港的贸易对其腹地经济之影响. 台湾大学经济系硕士论文, 1982.

10. 严中平. 中国近代经济史统计资料选辑. 北京：中国社会科学出版社, 1955.

11. 李文治. 中国近代农业史资料. 中国近代经济史参考资料丛刊（第三册）. 北京：生活·读书·新知三联书店，1957.

12. Kuznets,S. Regional inequality and the process of national development: a description of the patterns. Economic Development and Cultural Change, 13:4, Part Ⅱ (1965).

13. 张奇瑛. 三十五年度之中国经济. 东方杂志，1947，43（11）.

14. 张淑芬. 近代四川盆地对外贸易与工商业变迁. 台湾师范大学硕士论文，1962.

15. Lin,M. World Recession, Indian Opium, and China's Opium War, in Mathew, K.S.(ed.). Mariners, Merchants, and Oceans: Studies in Maritime History. New Delhi, 1995.

16. 林满红. 中国传统经济的特征. 人文社会科学通讯，1992，2（5）.

17. 林满红. 茶、糖、樟脑业与台湾之社会经济变迁，1860～1895. 增订版. 台北：台湾联经出版事业股份有限公司，1997.

20 世纪前半叶中国东北的水泥贸易

近代史研究所　陈慈玉

内容提要：1824 年，英国利兹（Leeds）城的泥水匠阿斯普丁（Joseph Aspdin，1778—1855）确定水泥（华北称为洋灰，华南称为士敏土，Cement）制造的方法，经过一百多年的推广与技术革新，至今仍是建筑材料中不可或缺的。

水泥在近代东亚是一进口替代的产业，中国一向依赖进口，在 1889～1890 年之际，开平矿务局在煤矿附近，附设用立窑烧制水泥的唐山细绵土厂，到 1907 年盘让给周学熙经营，改名启新洋灰公司。

相对于本土资本，外资水泥企业的重要性亦不容忽视。早在 1886 年，英国律师艾云斯（Creasy Ewens）于澳门创办青洲英坭厂（青洲岛属于中国领土），次年亦在香港设厂。20 世纪初期，日俄战争后，日本取得东北的利权。小野田水泥制造株式会社成为日本水泥资本投资中国的先锋。日本民间企业接二连三地在此建设新的工厂，这些水泥工厂的产品，主要供给当地工厂、"满铁"、军方和政府机构；但也流入中国其他地区，以及日本与东南亚，同时东北也自日本、朝鲜等地进口水泥。

关键词：日本　中国　水泥　贸易网络

一、前言

水泥是工业建设的基本材料。1756 年英国土木工程师史密顿（John Smeaton，1724—1792）在建造灯塔的过程中，发现含有黏土的石灰石，经煅烧和细磨处理后，加水制成的砂浆能慢慢硬化，成为坚固的人造石。他使用新发现的砂浆建造了举世闻名的普利茅斯港的漩岩灯塔（Eddystone Lighthouse）。但直到 1824 年，英国利兹（Leeds）城的泥水匠阿斯普丁（Joseph Aspdin，1778—1855）才正式确定水泥制造的方法。因为他使用的是波特兰（Portland）地方所产的石灰石，所以获得第 5022 号的"波特兰水泥"（Portland Cement，硅酸盐水泥）专利证书。其后，经过一百多年的推广与技术革新，至今仍是建筑材料中不可或缺的。①

　　水泥在近代东亚是一进口替代的产业，中国一向依赖进口，1889～1890 年之际，开平矿务局在煤矿附近，附设用立窑烧制水泥的唐山细绵土厂，到 1907 年盘让给周学熙经营，改名启新洋灰公司。而在"自强运动"的后期，广东巡抚岑春煊于 1906 年在广州创建广东士敏土厂。湖广总督张之洞则因修筑粤汉铁路需要大量水泥，于 1907 年公开招商兴办水泥厂，结果由清华实业公司程祖福上书应招，成立民营的湖北水泥厂（大冶水泥厂）。②换言之，中国最早的三家官营或民营水泥厂都得到当时清政府的大力支持。它们的设备也随着先进国家水泥技术的改进，而由立窑改为回转窑，其产量在 1911 年有 10 万多吨，接近最高年进口量（1910 年）。③

　　相对于本土资本，外资水泥企业的重要性亦不容忽视。早在 1886 年，英国律师艾云斯（Creasy Ewens）在澳门创办青洲英坭厂（青洲岛属于中国领土），次年亦在香港设厂。④20 世纪初期，日俄战争结束，日本取得东北的利权。于是日本组织"南满洲铁道株式会社"（以下简称"满铁"）来开发东北的丰富资源，并进一步树立"蒙满经营"的根基。而小野田水泥制造株式会社（以下简称"小野田"）也成为日本水泥资本投资中国的先锋，它与"满铁"在东北的经营呈现出互补性。

　　本文拟根据中国海关资料以及当时的相关日文史料等，研究 1945 年以前中国东北水泥进出口贸易的变迁。首先分析其进口趋势，其次探讨出口的过程，然后阐明"九·一八"事变后东亚水泥贸易中东北地区扮演的角色。

二、进口趋势

　　水泥是基础建设的一项重要材料，东北在 20 世纪初期即进口水泥。日俄战争结束后（1905 年），日本得以经营"南满铁路"，组织"满铁"用来开发东北的丰富资源，不但加强大连区域的建设，并且发展以"南满铁路"为中心的产业，所以一时产业聚兴，加上铁路、港湾以及都市等建设，工程络绎不绝，以致水泥需求与日俱增。⑤

　　东北的水泥一向依赖进口，直到 1905 年，小野田才派员到此地考察矿山资源等建厂条件，最后选定在大连建厂。大连乃"南满铁路"终点，又濒临大海，是海陆

　　① 王燕谋.中国水泥发展史.北京：中国建材工业出版社，2005：6～36.
　　② 王燕谋.中国水泥发展史.北京：中国建材工业出版社，51～60.至于此三厂之演变，因非本文范围，故从略.
　　③ 王燕谋.中国水泥发展史.北京：中国建材工业出版社，2005：53～60.
　　④ 王燕谋.中国水泥发展史.北京：中国建材工业出版社，2005：37～41.
　　⑤ 光绪三十三年（1907 年）通商各关华洋贸易论略·大连湾口.中国旧海关史料.北京：京华出版社，2001（46）：203；东北物资调节委员会研究组编.水泥.东北经济小丛书.北京：全国图书馆文献微缩复制中心，2006：1.

辐辏要地。而且石灰石资源丰富，质量佳，容易开采。[①]因此，在 1907 年小野田决定建设投资 120 万日元、年产 25500 吨的大连支社（即关东州分工厂，以下简称大连分厂），地点是大连市郊邻近原料采取地的周水子泡崖屯，采用当时德国最先进的干法回转窑技术。小野田于翌年提出建厂申请，1909 年正式完工运转，[②]聘请了工程师 3 名，"其工厂规模宏大，实为东北第一"。

1. 日本小野田水泥制造株式会社的设立与发展

小野田会社由日本山口县士族笠井顺八，得到井上馨的协助，1881 年在该县厚狭郡小野田町创设，当时资本额为 57150 日元，年产仅 107 吨而已。它成立的时代背景与明治政府的产业政策息息相关。明治政府工务省除了扩充接收各种国营工矿企业外，曾于 1872 年在东京深川区创立"摄绵笃制造所"（水泥制造厂），但经营状况不理想。当时政府因极力扩大国营企业，导致财政危机，后改弦易辙，开始治理国营企业，重视民间产业的培育，所以原名"水泥制造会社"的小野田成为日本第一家民间水泥公司。到 1883 年，工务省直营的"摄绵笃制造所"（此时易名为深川水泥工厂），在涩泽荣一的协助下，将其卖给了煤炭业者浅野总一郎，成立浅野水泥工厂（以下简称浅野），资金 45000 日元，浅野总一郎和涩泽荣一各出资 30000 日元和 15000 日元。小野田和浅野在近代日本水泥制造业分庭抗礼。

其中，小野田采取英国的水泥制造法，即从工厂附近采掘所需的原料——泥土与石灰，能利用舟楫之便，将产品运往各地，且容易取得地权，这是当时将厂建在厚狭郡的原因。在建厂之前，笠井顺八先派人到东京深川水泥工厂研习技术，设厂之后经过不断的努力研究，终于在 1883 年 9 月制造出不亚于深川水泥工厂的优良产品。遂其产品开始供应神户铁道局、九州岛三池矿山局、兵库造船局等官营企业，以及阪神一带的建筑业。为了开拓新市场与有效管理销售网，小野田会社实施分区贩卖制度，把阪神与长崎方面的市场分别委托松村商店和三井物产株式会社（以下简称三井物产）贩卖，其本身直接经营自九州岛北部至山口县方面的交易。后来，将海外输出部分亦委托三井物产进行，到了 1901 年 12 月以后，甚至把该会社产品全权委托三井物产贩卖。

自 1870 年开始进口水泥以来，日本的水泥市场行情被输入品的价格所左右，这与外汇行情关系密切。即使小野田和浅野先后成立，由于产量不多，也没有发生同业竞争所带来的市价变动情形。大致而言，日本水泥质量略逊于进口品，所以价格

① 王燕谋.中国水泥发展史.北京：中国建材工业出版社，2005:64.
② 井田幸治编. 小野田セメント製造株式會社創業五十年史. 東京：小野田セメント製造株式會社，1931：254-260. 结果花费 91 万多日元，回转窑的制造能力为 29000～31000 吨。

较低廉。小野田创业时的市场仅限于四国、九州岛和关西一带,1887 年以后,小野田试图扩充工厂设备和增加产量,因为东京方面出现了机关、学校和国会议事堂等建筑工程计划,以及佐世保、吴等海军镇守府的设立,这些都亟需水泥。小野田积极运作,向中央政府商务省分析课提交水泥样品,请其做化学分析;同时请横须贺海军镇守府进行物理试验,从两处都获得小野田水泥是"不劣于外国品的最优良品"的认定证明书。

此时适逢日本积极建设交通事业,铁路、港湾、道路、河川整治及桥梁等的建设都与水泥业息息相关,所以小野田的事业得以扩张。首先,小野田聘请德国工程师,改善工厂组织及制造方法,以图改良产品质量和增加产量。其次,增资10 万日元来扩充设备,并于明治政府实施《商法施行条例》(1893 年 1 月)后,在该年 11 月改名为"有限责任小野田水泥制造株式会社",其水泥制造能力提高到年产 13000 吨。

随着日本国内市场的扩大与产量的增加,小野田亦着眼于海外市场的开拓。虽然 1887 年三井物产天津分行曾经向小野田订购了 170 吨的水泥,但因为日本内需旺盛,小野田生产不足,以致于无法交货。到 1890 年,小野田拥有月产约 500 吨的制造能力,于是嘱咐长崎三井物产分公司调查海外的水泥市场,并寄送样品到天津、上海两地的三井物产分公司,也制作英文说明书到香港、芝罘、新加坡、马尼拉、澳洲和美国等地宣传,结果该年得以首次出口 37 吨水泥。到中日甲午战争以后,日本曾经历了短暂的好景气,小野田改善工厂设备,水泥制造能力再增为年产 34000 吨。小野田也与台湾的贺田金三郎商店签订独占贩卖契约,从 1900 年开始出口到台湾,供给台湾筑城、基隆筑港等之所需,1903 年底首次出口 267 吨水泥到美国。

日俄战争结束以后,日本经济发展迅速,蓬勃发展对于水泥的需求激增。小野田的制造能力已经无法满足日本的内需,"满铁"开始改筑广轨工程,对于水泥的需求增大。因此,小野田计划在原料丰富、交通便捷的大连附近建设工厂,1909年 5 月完工时工厂占地 35.6 公顷,除了工厂本身外,还包含宿舍、医务室、小学校舍等。当时水泥制造能力仅年产 3 万吨,其后经过两次扩充设备,到 1928 年,年产能力已达 28 万吨以上,是创设初期的 9.8 倍左右。

2. 替代日本水泥的进口

如前所述,小野田大连分厂在 1909 年建造完成后,开始生产水泥。随着需求的增加,该厂于 1921 年 10 月进行第一期扩建工程,并在 1923 年 9 月完工,年生产能力自原有的 33000 吨左右增为 108000 吨。其后产量增加,逐渐替代了来自日本的水泥。根据表 1 可以看出在 1924 年,小野田大连分厂的水泥生产量比前一年增加一倍,进口量则减少了约 16000 吨，出口量却大增了 34000 吨，自此年开始，东北水泥的出口量超过了进口量。

表 1　东北水泥需求量表（1921～1928）

单位：吨

年份	生产量（A）	输入量（B）	计（A+B）	输出量（C）	需要量（A+B－C）
1921	38 798	37 199	75 997	2 763	73 234
1922	39 229	43 426	82 655	3 973	78 682
1923	49 613	46 842	96 455	6 745	89 710
1924	100 181	30 611	130 792	40 756	90 036
1925	86 347	27 282	113 629	44 996	68 633
1926	105 402	65 448	170 850	59 056	111 794
1927	110 237	88 529	198 766	40 964	157 802
1928	148 695	59 432	208 127	62 278	145 849

利用中国海关报告所作的表 2 和图 1 以及表 3 和图 2，说明 1924 年水泥的进口量显著减少，而该年出口量则大增。

表 2　东北主要口岸水泥进口量表（1903～1940）

单位：吨

年份	大连 数量	大连 比重	牛庄 数量	牛庄 比重	安东 数量	安东 比重	哈尔滨 数量	哈尔滨 比重	其他各关 数量	其他各关 比重	总计 数量
1903	-	-	1 270.08	100.0	-	-	-	-	-	-	1 270.08
1904	-	-	-	-	-	-	-	-	-	-	-
1905	-	-	166.62	100.0	-	-	-	-	-	-	166.62
1906	-	-	257.94	100.0	-	-	-	-	-	-	257.94
1907	16 365.42	92.9	978.36	5.6	271.62	1.5	-	-	-	-	17 615.40
1908	17 853.42	87.3	1 086.12	5.3	197.76	1.0	-	-	1 307.28	6.4	20 444.58
1909	16 003.20	80.1	757.92	3.8	956.88	4.8	-	-	2 248.86	11.3	19 966.86
1910	24 975.36	84.1	471.60	1.6	576.54	1.9	69.90	0.2	3 588.30	12.1	29 681.70
1911	7 348.08	41.2	411.72	2.3	8,931.30	50.1	-	-	1 136.04	6.4	17 827.14
1912	5 770.86	60.0	279.60	2.9	2,054.94	21.4	-	-	1 512.30	15.7	9 617.70
1913	16 124.52	80.5	131.94	0.7	1,504.80	7.5	-	-	2 267.16	11.3	20 028.42
1914	14 627.76	69.5	407.88	1.9	907.02	4.3	-	-	5 090.22	24.2	21 032.88
1915	3 493.98	44.8	249.24	3.2	525.12	6.7	-	-	3 537.84	45.3	7 806.18
1916	11 128.14	65.1	36.30	0.2	142.02	0.8	-	-	5 776.38	33.8	17 082.84

续表

| 年份 | 大连 | | 牛庄 | | 安东 | | 哈尔滨 | | 其他各关 | | 总计 |
	数量	比重	数量	比重	数量	比重	数量	比重	数量	比重	数量
1917	11 474.16	68.0	11.88	0.1	769.44	4.6	-	-	4 613.58	27.3	16 869.06
1918	25 623.84	82.4	11.88	0.0	697.50	2.2	-	-	4 765.02	15.3	31 098.24
1919	55 663.02	93.3	2.94	0.0	967.74	1.6	-	-	3 001.26	5.0	59 634.96
1920	27 690.84	69.5	21.24	0.1	11 437.14	28.7	4.62	0.0	674.28	1.7	39 828.12
1921	28 303.68	84.1	95.58	0.3	4 997.04	14.8	46.62	0.1	223.92	0.7	33 666.84
1922	32 143.02	89.0	446.10	1.2	2 740.20	7.6	428.46	1.2	362.40	1.0	36 120.18
1923	32 489.70	89.5	259.74	0.7	3 045.42	8.4	4.44	0.0	497.76	1.4	36 297.06
1924	8 541.84	58.3	217.98	1.5	5 738.82	39.2		-	146.04	1.0	14 644.68
1925	15 986.34	83.1	4.98	0.0	2 690.28	14.0	4.62	0.0	540.96	2.8	19 227.18
1926	27 143.76	68.2	5 133.84	12.9	7 083.12	17.8	304.08	0.8	139.56	0.4	39 804.36
1927	20 702.70	79.8	-	-	3 124.62	12.0	1 048.44	4.0	1 076.64	4.1	25 952.40
1928	7 056.54	44.3	1.68	0.0	3 933.18	24.7	4 427.82	27.8	503.76	3.2	15 922.98
1929	19 672.14	62.8	-	-	9 477.84	30.2	1 717.80	5.5	474.00	1.5	31 341.78
1930	9 331.98	56.9	2 230.38	13.6	3 898.80	23.8	649.38	4.0	302.10	1.8	16 412.64
1931	4 967.94	56.4	-	-	3 173.16	36.0	287.22	3.3	375.90	4.3	8 804.22
1932	12 490.32	50.0	1 993.08	8.0	2 789.70	11.2	-	-	7 698.66	30.8	24 971.76
1933	107 485.02	52.4	2 579.22	1.3	30 954.54	15.1	3.48	0.0	64 112.64	31.3	205 134.90
1934	228 682.98	70.3	266.10	0.1	30 556.44	9.4	25.08	0.0	65 882.82	20.2	325 413.42
1935	107 107.26	72.2	964.20	0.6	22 434.36	15.1	-	-	17 931.78	12.1	148 437.60
1936	108 512.76	65.0	1 109.46	0.7	3 581.82	2.1	-	-	53 787.90	32.2	166 991.94
1937											63 323.00
1938											201 671.00
1939											506 761.00
1940											215 280.00

资料来源：中国旧海关史料（1859～1948）. 北京：京华出版社，2001.

注1：1937 年仅统计至 11 月，1940 年仅统计至 9 月。

注2：其他各关包括瑷珲、三姓、满洲里、绥芬河、珲春、龙井村、大东沟、图门、山海关、承德等。

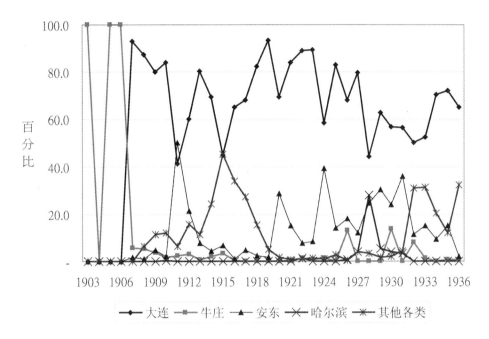

资料来源：中国旧海关史料（1859～1948）. 北京：京华出版社，2001.

注：其他各关包括瑷珲、三姓、满洲里、绥芬河、珲春、龙井村、大东沟、图门、山海关、承德等地。

图 1　东北主要口岸水泥进口量比重图（1903～1936）

表 3　东北主要口岸水泥出口量表（1912～1940）　　　　　　　单位：吨

年代	大连		牛庄		安东		哈尔滨		其他各关		总计
	数量	比重	数量	比重	数量	比重	数量	比重	数量	比重	数量
1912	4 896.66	100	-	-	-	-	-	-	-	-	4 896.66
1913	15 772.62	100	-	-	-	-	-	-	-	-	15 772.62
1914	15 174.84	100	-	-	-	-	-	-	-	-	15 174.84
1915	24 374.82	100	0.84	0	-	-	-	-	-	-	24 375.66
1916	10 917.84	100	0.36	0	-	-	-	-	-	-	10 918.20
1917	7 371.36	99.66	3.42	0.05	21.96	0.3	-	-	-	-	7 396.74
1918	10 000.02	99.92	3.06	0.03	4.68	0.05	-	-	-	-	10 007.76
1919	8 256.66	99.97	2.34	0.03	0.24	0	-	-	-	-	8 259.24
1920	8 100.30	99.96	1.92	0.02	1.44	0.02	-	-	-	-	8 103.66
1921	2 710.32	99.93	1.2	0.04	0.78	0.03	-	-	-	-	2 712.30
1922	3 933.96	99.64	0.72	0.02	-	-	13.62	0.34	-	-	3 948.30
1923	5 373.84	99.67	4.44	0.08	0.9	0.02	12.42	0.23	-	-	5 391.60

续表

年代	大连		牛庄		安东		哈尔滨		其他各关		总计
	数量	比重	数量	比重	数量	比重	数量	比重	数量	比重	数量
1924	31 503.84	99.96	1.56	0	1.62	0.01	8.70	0.03	-	-	31 515.72
1925	48 086.76	99.94	8.22	0.02	5.46	0.01	16.02	0.03	-	-	48 116.46
1926	63 432.96	99.94	28.08	0.04	0.84	0	11.16	0.02	-	-	63 473.04
1927	42 992.34	99.95	1.32	0	0.6	0	20.82	0.05	-	-	43 015.08
1928	65 740.20	99.96	-	-	0.66	0	22.68	0.03	-	-	65 763.54
1929	79 337.76	99.99	-	-	0.78	0	5.04	0.01	-	-	79 343.58
1930	107 985.90	99.98			0.9	0	16.14	0.01	-	-	108 002.94
1931	59 162.40	99.97			0.9	0	18.72	0.03	-	-	59 182.02
1932	35 309.46	98.93	382.44	1.07	1.08	0	-	-	-	-	35 692.98
1933	14 419.98	100	-	-	0.06	0	-	-	-	-	14 420.04
1934	8 345.82	99.95	-	-	4.14	0.05	-	-	-	-	8 349.96
1935	14 989.14	99.84	20.16	0.13	2.76	0.02	-	-	1.26	0.01	15 013.32
1936	92 719.92	99.99	-	-	0.96	0	-	-	3.96	0.00	92 724.84
1937											27 786.00
1938											13 402.00
1939											439.00
1940											71.00

资料来源：中国旧海关史料（1859～1948）北京：京华出版社，2001.

注1：1937年仅统计至11月，1940年仅统计至9月。

注2：其他各关包含图门、山海关等。

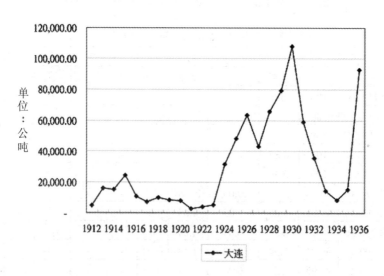

资料来源：中国旧海关史料（1859～1948）．北京：京华出版社，2001.

图2   大连水泥出口量趋势图（1912～1936）

那么，此趋势所象征的进口替代过程为何呢？

第一，就小野田水泥的质量而言，据调查其粉末程度、扩张力和耐压力都较 20 世纪初期有明显的进步。大连分厂的产品原本供应"满铁"、关东都督府、海陆军方面，以及当地民间的需求，而一旦"满铁"、关东都督府等建设工程结束，对水泥的需求就会明显地减少，所以后面将分析，非得开拓海外市场不可。

另外，刺激东北水泥需求市场兴旺的主要因素是第一次世界大战。战后俄国的相对弱势使东北北部的俄国资本工业完全没落，华商资本继之而起，在铁路沿线以外的地区，柞蚕丝业、毛织业等小规模工厂增加不少；而东北南部的企业亦在战争中兴起，1919 年可以说达到一个高峰。所有这些新兴事业，虽然华商投资不少，但绝大部分仍是日本投资的。日本最主要的投资对象仍是"满铁"，不仅在量的方面，而且在质的方面也呈现出多元化经营的现象。另外，日本民营企业积极参与，1915～1919 年，共计在当地成立 605 家公司，总资本达 14636 万日元，是 1914 年的 7.79倍，而单单 1919 年一年即投入了 7522 万日元，约占该年投资总额的 51.4%。其中最引人注目的是工业部门，日本民营公司在 5 年间共成立了 213 家工厂，全部资金为 4806 万日元，占总额的 32.8%左右。其中 111 家是 1919 年成立的，共有资金 2275万日元，是该年投资额的 30.2%强。

此外，日本财阀和银行亦在东北成立分公司和分行，投资集中于商业和金融业。至于中日合资的企业则以农林水产业和矿业居多，也有一些个人经营的小型商店和工厂。首先，1919 年日本对东北的直接投资（包括"满铁"，以及成立于当地的企业、分公司、合资企业和个人经营者）共达 74935 万日元，是第一次世界大战前的 2.65倍，其中"满铁"虽居总额的 49.3%，有举足轻重的地位，但比战前的 81.5%，已降低很多。其次，就投资结构而言，包括"满铁"投资的运输业和金融业所占比例最大，各占总投资额的 25.3%和 23.7%，因为战前各为 44.5%和 5.1%，故升降互见。而工业部门（包括"满铁"的投资）的地位自战前的 5.2%上升至 13.1%；矿业部门（包括"满铁"的投资）则从 23.1%降到 14.2%；商业部门也提高了，战前仅 4.1%，1919 年则有 10.8%的比重。由上述统计数字可见，第一次世界大战以后，东北经济趋向多元化，这些投资建设都需要水泥，因此水泥的产量、进口量和总需求量增加。

第二，"满铁"本身的发展，亦促使水泥需求增加，"满铁"的投资重点是铁路、制铁和煤矿三大部门，其中对铁路部门的投资高达 13812 万日元，占总金额（36936万日元）的 37.4%。公司为增强铁路运输效率，铺设双轨铁路，增强铁轨的承载量，并增加火车头与车厢，如 1909 年即已完成大连至苏家屯间双轨铁路的铺设，在 1915～1918年，又进行苏家屯—奉天段的工程，而到 1919 年又开始铺设奉天—长春段的铁轨。公司同时亦逐步更新铁轨，将原本 64 磅铁轨改为 80 磅的铁轨，到 1919 年更引入

100 磅重的铁轨。机关车、客车和货车的数目则在 1916 年分别为 270 辆、219 辆和 3194 辆，到 1920 年分别增加为 340 辆、328 辆和 5624 辆，平均增加率为 71%左右。

同时，"满铁"亦以提供贷款的方式，投资于非公司经营的线路，最早是一战前的吉长铁路（原为中国官办铁路）。"满铁"的贷款，高达吉长铁路所需资金的一半（215 万日元），但由中国政府掌握铁路的经营实权。1917 年"满铁"与中国的财政和交通两总长缔结新借款协议，"满铁"提供 650 万日元（减去前欠未偿额 199 万日元，实际仅付 451 万日元），乘机取得日方干涉工务、运输和会计的一些大权，使吉长铁路成为配合"满铁"连络、运费政策的"参考线"。一战期间，"满铁"为了扩张铁路网到内蒙古东部，又贷款给中国铺设四洮铁路，铁路业的发展，使水泥的需求剧增。

第三，除了铁路部门以外，"满铁"在一战后积极建造鞍山制铁所，本溪湖煤铁公司亦展开扩建工程。这是因为第一次世界大战期间，日本工业兴旺，这与欧洲工业和海运业的相对衰退有关。因为在一战期间，各主要工业国家（美国、英国、德国）均面临劳力不足、交通运输欠缺、机械减产的问题，生产力因此降低，由于船舶不足和海难增加，欧美国家的海上运输能力也急速减低。战火中的欧洲又极需工业产品，海运费因而迅速上升，于是日本的海运企业获得巨利，得以扩大规模，对于钢材和燃料煤炭的需求也因此剧增。再者，始于海运的产业连锁效应，亦波及日本国内的机械制造业和电机业，增加了对钢铁的需求；而染料业、纤维工业的发展（与出口成长有关），则带动与化学工业相关的企业，所有这些新兴工业都以煤炭为主要燃料，日本当局和矿业资本家除了扩大本国煤炭和钢铁生产外，也扩大从中国和其他国家进口所需煤炭、生铁和钢材，包括东北鞍山制铁所和本溪湖煤铁公司的产品，此情况一战后依然，而其扩建工厂则需要大量的水泥。其结果如表 2 所示，东北各关进口激增（1915 年除外），1919 年大连水泥的市价是战时的两倍多，而当时小野田大连分厂的生产不足以供应急增的需求，得靠日本本公司的补给，因此当时大连分厂已经孕育了扩充设备的契机。

当时来自日本的水泥，除了小野田的产品外，还有浅野水泥工厂的产品（1913 年改为浅野水泥株式会社）。该公司在 1915 年合并了北海道水泥株式会社，1917 年建设完成位于日本川崎，以及中国台湾台南厅兴隆内里打狗山的工厂。公司所生产水泥总量则自 1911 年的二厂（东京、门司）的 21 万吨，倍增为 1918 年底的五厂（东京、门司、川崎、台湾、北海道）的 44 万公吨。

事实上，日本水泥并非仅出口到中国东北地区而已，其他地区如图 5 所示，包括香港、印度、菲律宾群岛等。其中，中国在总出口量中的比重，自 1922 年的 25.18%，降到 1923 年的 23.54%，而 1924 年骤降为 7.72%，1925 年仅占 6.37%。同时，中国东北地区在日本水泥总出口量中的比重，则自 1922 年的 26.13%上升为 1923 年的 50.69%，但 1924 年的比重急降到总出口量的 12.84%，1925 年比重又下跌到 11.76%。这意味着东北本地所产水泥成功地替代来自日本的进口，如表 4 所示。

表 4　大连港水泥进口来源表

单位：吨

年份	1921	1922	1923	1924	1925	1926	1927	1928
横滨	-	-	-	-	31.75	2.72	-	261.22
大阪	-	-	94.33	471.64	6.35	48.07	704.74	-
神户	-	-	4.54	216.77	1.81	9.98	86.17	412.69
下关	-	-	20 628.81	0.91	3 317.81	1 892.00	508.83	-
门司	-	-		6 930.39	10 729.81	19 548.57	17 495.12	10 140.26
津九児	-	-	8 019.69	3 902.82	1 895.63	5 446.54	-	-
姫ノ浦	-	-	266.66	-	-	-	-	-
高雄	-	-	3 802.14	-	-	1 514.69	-	-
伏木	-	-	-	-	-	-	620.39	-
小樽	-	-	-	-	-	-	1 238.96	-
仁川	-	-	-	-	-	-	0.91	-
日本合计	31 705.09	24 676.75	32 816.17	11 522.53	15 983.15	28 462.57	20 655.11	10 814.16
天津	-	-	172.33	734.67	-	636.71	-	67.12
龙口	-	-	-	-	1.81	-	-	-
烟台	-	-	-	-	78.91	-	-	-
青岛	-	-	1 628.07	2.72	-	3.63	-	-
上海	-	-	693.86	439.90	5.44	298.40	7.26	68.03
中国合计	831.72	3 865.63	2 494.25	1 177.29	86.17	938.75	7.26	135.14
欧美合计	-	-	1.81	72.56	58.05	-	66.21	11.79
其他	-	2.72	-	-	-	-	-	-
总计	32 536.81	28 545.10	35 312.23	12 772.37	16 127.37	29 401.31	20 728.58	10 961.10

注：欧美各地包含不莱梅（Bremen）、纽约（New York）、阿瑟港（Port Arthur）、旧金山（San Francisco）、安特卫普（Antwerpen）、汉堡（Hamburg）、利物普（Liverpool）等。

3. "九·一八"事变后东北水泥的贸易

由于各项建设工程急速进行，尤其是以"满铁"为中心的产业开发最引人瞩目，因此对水泥的需求增加。如表 2 所示，1931 年以后，从东北各港进口的水泥激增，1933 年的进口量是前一年的 8.21 倍，而 1934 年的进口量则是 1932 年的 13.03 倍，此后进口量减少，但 1939 年又突增为 1932 年的 20.29 倍，达到颠峰。

相比之下，由表 3 可以看出，自 1931 年开始，由东北各港出口的水泥显著减少，1933 年是前一年的 40.40%弱，翌年则只有 1932 年的 23.39%而已。此后出口量虽然增加，甚至 1936 年是 1932 年的 2.60 倍，但战争期间的出口量再度减少，1939 年仅有 439 吨，是 1932 年的 1.23%。

在太平洋战争爆发以前，水泥需求量大增，进口来源如表 5 和图 3 所示，除了日本之外，朝鲜水泥大量流入，而中国关内虽仍运销到关外，但比重远不及前两者。唐山的启新水泥公司素为小野田大连分厂的劲敌，原本在"九·一八"事变前，在当局的保护下，多向东北运输，在 1927 年前后，最高曾达 47 万吨，因而大连分厂的制品，曾受到严重打击。"九·一八"事变后，从表 5 可看出，相对于从日本和朝鲜的大量进口，启新水泥在水泥总进口量中的比重，自 1932 年的 11.5%下跌到 1940 年的 0.2%。

至于苏联的产品，以前多输向东北的北部各地，曾活跃一时，但到 1933 年，仅输入 5000 多吨，此后如表 5 和图 3 所示，可谓完全绝迹。

唐山启新水泥公司的产品，多由铁路运至沈阳及其附近地区，日本的产品利用船舶运送到大连；朝鲜水泥中有经铁路运往安东、沈阳及其周边各地，亦有运送至图们地区的；苏联产品则由铁路运到哈尔滨一带。

表 5 中国东北水泥进口来源表（1932～1940）

单位：吨

年份	日本		朝鲜		中国东北		关东州		其他		总计
	数量	比重	数量	比重	数量	比重	数量	比重	数量	比重	数量
1932	14 335.74	57.4	7 745.40	31.0	2 880.48	11.5	-	-	10.14	0.04	24 971.76
1933	112 467.36	54.8	84 686.58	41.3	2 486.88	1.2	-	-	5 494.08	2.68	205 134.90
1934	246 182.82	75.7	76 285.68	23.4	2 935.98	0.9	-	-	8.58	0.00	325 413.42
1935	123 946.74	83.5	24 406.20	16.4	75.66	0.1	-	-	9.00	0.01	148 437.60
1936	157 461.90	94.3	9 475.68	5.7	54.24	0.0	-	-	0.12	0.00	166 991.94
1937	14 984.00	23.7	26 408.00	41.7	2 003.00	3.2	19 911.00	31.4	17.00	0.03	63 323.00
1938	81 993.00	40.7	82 685.00	41.0	1 862.00	0.9	35 060.00	17.4	71.00	0.04	201 671.00
1939	350 660.00	69.2	110 885.00	21.9	3 289.00	0.6	41 927.00	8.3	-	-	506 761.00
1940	144 622.00	67.2	63 162.00	29.3	479.00	0.2	7 017.00	3.3	-	-	215 280.00
合计	1 246 653.56	67.1	485 739.54	26.1	16 066.24	0.9	103 915.00	5.6	5 609.92	0.3	1 857 984.62

资料来源：中国旧海关史料（1859～1948）.北京：京华出版社，2001.

注 1：1937 年仅统计至 11 月，1940 年仅统计至 9 月。

注 2：其他包括英国、德国、苏联等。

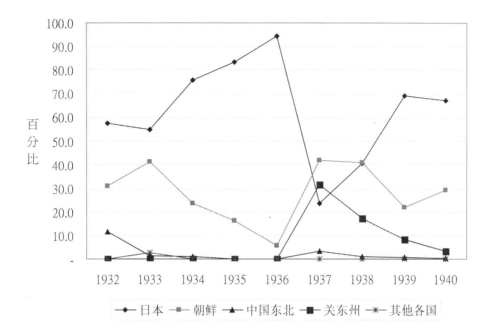

资料来源：中国旧海关史料（1859～1948）. 北京：京华出版社，2001.

注 1：1937 年仅统计至 11 月，1940 年仅统计至 9 月。

注 2：其他包括英国、德国、苏联等。

图 3　中国东北水泥进口来源比重图（1932～1940）

三、出口变迁

东北水泥产业大抵以小野田大连分厂为核心，产品的销售市场颇为广泛，这是由于交通运输工具比较齐备的缘故。经由"满铁"干线，以及陆续完成的四洮、吉长、吉敦等支线，可以将产品销售到各地区。在出口方面，则经由大连港运送到东南亚和日本等地。

1. 总出口量的增加

根据表 3 和图 2，可以明显看出：

（1）虽然 1913～1916 年第一次世界大战期间，东北曾出口水泥一二万吨，但战后萎缩了，甚至 1921～1922 年只有二三千吨而已。到 1924 年，其出口又大增，此后逐渐增加，1930 年达到颠峰，该年出口量是 1924 年的 3.43 倍左右，而为 1914年的 7.12 倍。

（2）就出口港而言，几乎都是从大连港出口的，仅有少量分别经由安东、牛庄和哈尔滨出口。

（3）1931 年的出口量骤减，是前一年的 54.80%，此后持续减少（虽然 1936 年曾经暴增），这意味着出口导向发展时期的短暂与不稳定性。

（4）如果和表 2 的进口量相对照的话，则发现一有趣的现象：1932 年以后输入量突增，这显然与当地政经情势的变化有关。换言之，在东北水泥需求市场上，本地产品和进口产品一直处于相互竞争的状态，此竞争情况影响到当地水泥的贸易。

2. 影响东北水泥贸易的因素

以大连为主的东北水泥输出量一直到 1924 年才开始增加，其主要目的地，如表 6 所示，是青岛、上海、天津、芝罘、香港、泗水、爪哇以及日本等地。当时小野田水泥都是由三井物产株式会社独家经营；浅野水泥公司则在大连设有办事处，经营该公司的产品。

从表 6 可以明显地看出 1925～1927 年，输出到中国的数量超过到日本的数量，此趋势到 1931 年以后才有所改变。

表 6   大连港水泥输出地区表

单位：吨

年份	1923	1924	1925	1926	1927	1928
横滨	-	3 544.56	1 919.21	20.86	175.05	5 939.04
大阪	15.42	293.87	-	10 854.98	6 622.01	17 401.70
神户	126.07	633.09	-	950.54	-	2 317.39
下关	6.35	-	0.91	-	-	8.16
门司		4.54	182.31	357.36	1 254.38	1 424.90
基隆	-	-	-	623.11	5 047.46	7 299.54
高雄	-	-	-	623.11	2 673.84	8 224.68
其他	13.61	46.26	204.08	4 749.05	1 531.02	5 409.35
小计	161.45	4 522.30	2 306.50	18 179.00	17 303.75	48 024.74
天津	511.55	802.70	2 669.30	4 943.15	832.63	2 259.34
龙口	25.40	57.14	32.65	84.35	2.72	74.37
芝罘	121.54	299.31	508.83	1 050.31	419.03	749.18
威海卫	6.35	9.98	17.23	61.68	57.14	32.65
青岛	3 056.59	2 524.18	2 091.54	570.50	803.60	1 499.27
上海	458.04	4 163.13	12 648.12	17 903.27	9 635.06	7 662.34

续表

年份	1923	1924	1925	1926	1927	1928
汉口	-	-	1 293.38	119.72	-	682.06
福州	29.93	89.79	-	72.56	119.72	-
厦门	-	137.86	118.82	35.37	-	59.86
汕头		234.01	-	-	-	-
香港	-	7 194.32	7 903.60	2 678.37	4 014.38	5 529.07
广州	59.86	1 394.06	7 413.82	12 672.60	4 847.92	208.61
其他	26.30	71.65	1 462.99	296.59	292.05	244.89
小计	4 295.55	16 978.13	36 160.28	40 488.48	21 024.26	19 001.65
雅加达（Batavia）	269.38	3 446.60	3 062.03	3 329.60	449.87	1 623.53
巨港（Palembang）	360.99	360.99	1 015.84	179.59	-	370.06
唐格朗（Tangerang）	-	179.59	-	-	720.16	
Panggarangan	-	-	89.79	538.76	-	-
三堡垄港（Semerang）	270.29	3 808.49	1 443.04	224.94	809.04	136.05
泗水（Surabaya）	903.37	2 986.75	3 018.50	1 296.10	809.04	2 034.40
孟加锡（Makassar）	-	-	36.28	54.42	-	-
丹戎潘丹港（Tanjung Pandan）	-	-	-	-	-	1 449.39
爪哇（Java）	-	1 265.27	902.47	-	-	-
小计	1 804.02	12 047.68	9 567.94	5 623.40	2 788.12	5 613.42
旧金山（San Francisco）	-	107.03	34.47	-	-	-
纽约（New York）	-	0.91	-	-	-	-
汉堡（Hamburg）	-	117.00	-	-	-	-
小计	-	224.94	34.47	-	-	-
总计	6 261.02	33 773.05	48 069.19	64 290.88	41 116.12	72 639.82

那么，为什么对外输出要到 1925 年才开始大增呢？固然前述的小野田大连分厂的扩建增产，使得供给量增加乃为一大因素，但值得深思的是当时关税制度和政治经济情势的影响。首先，在对日本输出方面，日本从 1911 年开始对外国水泥采用高税率的进口关税（每吨 5 日元），用来保护本国产业。此税率一直持续到 1925 年，使大连分厂的产品难以进入日本市场竞争。1923 年 9 月发生关东大地震，日本市况沉寂，所以对日输出量急剧减低。次年为了挽救日本水泥业，业者组织水泥联合会，努力调节供需和维持市场平稳。其次，如前所述，小野田大连分厂的第一期扩建工程于 1923 年完成，生产能力显著增加。其结果是在供给当地的内需之外，势必出现

过剩的情形，因此考虑到扩大输出。但由于当时中国各地动荡不安，出口不易，因此只得把希望寄托在日本本国，而面临的问题就是前述的高进口税率。

当时影响东北水泥流入市场的主要因素，是接连不断的战乱和抵制日货运动。并且，中国是银本位国家，采用金本位的日本常因银价上升或下降的汇率，而必须权衡利害得失。进而言之，第一次世界大战结束以后，欧洲水泥开始进入中国，中国水泥公司亦在上海附近的龙潭设厂制造水泥，于是来自日本、中国和欧洲的产品在上海展开削价性的国际竞争，市价因此于 1924 年曾一度低落。1925 年虽然中国各地动荡不安，但因对小野田大连分厂产品的信赖，所以如表 6 所示，输往上海、天津的数量大增。其后又因为战乱和抵制日货运动接踵而来，使得市价低迷，东北水泥输出大减，只得转向日本，以至于没有太多存货。而 1928 年下半期，日本市况好转，对东北水泥的需求增加，因此如表 6 所示，输往中国者明显减少。

此外，从表 6 也可以看出，在 1927～1928 年，输入台湾的基隆与高雄两港的数量，几乎与日本进口量最多的大阪不相上下，这意味着台湾成为东北水泥的重要市场。事实上，小野田在日本的水泥工厂，通过大阪、神户地区的贸易商人，将水泥运销台湾，但数量并不多。到 1908 年 8 月，该公司才和台北的贸易商签订独家贩卖契约，适逢筑城、基隆港建设等大型工程需求，所以该公司陆续取得大量水泥的订单。东北大连分厂扩建完成后，如表 6 所示，起初也只供给中国大陆、东南亚和日本，直到 1926 年才开始输往中国台湾。

如前所述，小野田大连分厂水泥产量的增加，曾经过两次扩建工程，第二次是于 1927 年 2 月着手进行，次年 5 月完成，生产能力大增，表 3 和表 6 就显示出该年以后出口量大增和进口量减少，而这应该也是小野田水泥公司投资东北的主要因素。换言之，东北本地的需求量影响了出口量的多寡。由表 2 可以看出，20 世纪 20 年代的东北对水泥的需求，维持稳定增长的趋势（1925 年例外），输入量虽曾一度减少，但 1926 年又显著增加，这或许是小野田大连分厂展开第二期扩建工程以图增产的重要理由吧！

如前所述，第一次世界大战以后，东北本地水泥需求增加，则和当地工业化的进展息息相关。如表 7 所示，小野田大连分厂的产品，主要供给工厂本身和东北各地，到 1924 年才开始大量出口，但内需一直占总消费量的七成左右。例如 1916 年东北（表内的工厂用和东北）消耗了 68.57% 的该厂水泥；到 1920 年，东北的消费量减少，但仍占该年总量的 70.56%；而 1924 年出口量大增，但内需也占总量的 70.27%。此后随着输出量的增加，东北消费量在总量中的比重平均下降到 52.31% 左右。这一现象说明东北水泥出口的增加，推动了小野田大连分厂的持续发展。

表 7　小野田大连分厂水泥消费量表（1916～1929）

单位：吨

年份	工厂用	东北	海外	日本	台湾	杂用	合计
1916	377.17	24 878.50	11 577.50	-	-	-	36 833.17
1917	113.67	30 407.50	5 591.67	-	-	-	36 112.83
1918	108.67	26 985.50	8 525.00	-	-	-	35 619.17
1919	157.67	31 542.67	6 767.00	-	-	-	38 467.33
1920	140.83	22 796.67	9 569.17	-	-	-	32 506.67
1921	267.50	36 661.50	1 875.00	-	-	-	38 804.00
1922	3 942.00	31 560.17	4 296.17	-	-	-	39 798.33
1923	2 847.50	39 903.50	3 914.83	113.33	-	-	46 779.17
1924	532.33	64 976.17	23 644.83	3 975.00	-	100.67	93 229.00
1925	174.83	43 719.67	45 139.17	1 928.33	-	30.50	90 992.50
1926	235.50	45 704.33	46 546.67	15 801.17	770.00	-	109 057.67
1927	3 228.67	60 509.67	24 726.00	10 066.17	6 792.33	-	105 322.83
1928	2 699.00	82 707.00	22 023.67	30 945.50	13 556.50	925.50	152 857.17
1929	200.67	46 857.33	19 814.67	12 060.33	9 661.67	-	88 594.67

　　"九·一八"事变以后，相对于进口量，从表 8 和图 4 可看出，出口量非常少，大概不及其十分之一，除了 1936 年以外，没有超过 4 万吨者。在"九·一八"事变前，只有小野田大连分厂的水泥曾被出口；而"九·一八"事变以后，如前所述，东北需求逐渐增加，日本浅野公司和盘城公司都陆续在此设厂，所生产的水泥大多仅供内需。

表 8　水泥输出表（1932～1940）

单位：吨

年份	日本		朝鲜		中国		其他地区		总计
	数量	比重	数量	比重	数量	比重	数量	比重	数量
1932	24 470.34	68.56	120.30	0.34	10 076.16	28.23	1 026.06	2.87	35 692.86
1933	2 762.46	19.16	-	-	11 489.46	79.68	168.12	1.17	14 420.04
1934	1.26	0.02	3.78	0.05	8 260.86	98.93	84.06	1.01	8 349.96
1935	10 710.54	71.34	2.16	0.01	4 160.52	27.71	140.10	0.94	15 013.32
1936	91 842.48	99.05	0.12	-	686.10	0.74	196.14	0.21	92 724.84
1937	11 313.00	40.71	1 185.00	4.26	14 834.00	53.39	454.00	1.63	27 786.00
1938	4 661.00	34.78	9.00	0.07	8 228.00	61.39	504.00	3.76	13 402.00
1939	-	-	98.00	22.32	60.00	13.67	281.00	64.01	439.00
1940	-	-	1.00	1.41	1.00	1.41	69.00	97.18	71.00
合计	145 761.08	70.11	1 419.36	0.68	57 796.10	27.80	2 922.48	1.41	207 899.02

资料来源：中国旧海关史料（1859～1948）. 北京：京华出版社，2001.
注 1：1937 年仅统计至 11 月，1940 年仅统计至 9 月。
注 2：其他地区包含印度、印度尼西亚以及中国香港等。

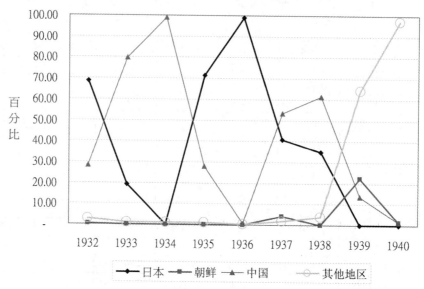

资料来源：中国旧海关史料（1859～1948）. 北京：京华出版社，2001.

注：其他地区包含印度、印度尼西亚以及中国香港等。

图4 水泥输出地比重图（1932～1940）

"七•七"事变以后东北本地需求量的增加，则与军方的需求有关，以表9来说明。

表9 东北水泥用途表

用途	1939 年		1942 年		1944 年	
	数量（吨）	%	数量（吨）	%	数量（吨）	%
军用	275 790	27	691 751	46	397 945	36
当局	83 320	7	103 452	7	68 503	6
铁路	145 550	14	257 089	17	149 299	14
煤矿	48 470	4				
电力	103 720	12				
钢铁	83 960	8	421 404	28	449 777	41
化学工业	36 565	4				
制造工业	57 840	6				
其他民需	183 775	18	25 342	2	43 175	3
合计	1 018 990	100	*1 499 038	100	*1 108 699	100

资料来源：东北物资调节委员会研究组编. 水泥. 东北经济小丛书之一. 北京：全国图书馆文献微缩复制中心，2006 年影印 1947 年版，98～99.

注：*为不包含输出及本厂用的数量。

表 9 说明了以下的讯息：

（1）最大的需求者是军方，其次为铁路建设，两者在 1939 年占总需求量的 41%，到 1942 年两者的比重高达 63%，即使后来水泥产量减少，两者的比重仍占 50%。

（2）当局的用量比重大抵不变。

（3）在 1939 年重要产业对水泥的需求方面，以正在修建的丰满水电站的数量为最多，甚至超过了当局的用量，而钢铁业也是另一大用户。

（4）就数量而言，军方、当局和"满铁"在这三年的总量分别是 504660 吨、1052292 吨和 615747 吨，亦即 1942 年的用量是 1939 年的两倍多，尤其是军方用量居然增长了 150.83%。

（5）1944 年水泥产量减少，军方、当局和"满铁"的用量皆大减，但军方和"满铁"的消费仍然比 1939 年多。

（6）至于重要产业界的用量，则持续增加，1944 年的用量是前一年的 1.07 倍，而为 1939 年的 1.36 倍。

（7）因为军方、"满铁"与重要产业界互争资材，以致民需水泥量异常缺乏，而且 1942 年的用量甚至只有当年总消费量的 2%，实际数据仅为 1939 年的 13.79% 而已。

四、结论

水泥是近代化建设的基础材料，随着中国东北铁路网的普及、道路桥梁的架设、港湾河川的修筑，以及市街建筑的营造的进展，对水泥的需求不断增长；而且又有优质丰富的石灰石和粘土，以及低廉的劳动力等颇佳的生产条件，因此东北水泥的价格远低于日本，所以从 20 世纪初期以后，此产业不断地扩张，在此建设了许多新的工厂。

事实上，在抗日战争爆发前，东亚水泥市场上呈现出多元的流通现象，当时日本的产量是朝鲜以及中国大陆和中国台湾总产量的 2.88 倍，而其中 17.72% 是出口到全世界的。换言之，在东亚水泥贸易网络中，日本居举足轻重的地位，中国东北则是以自给自足和替代来自日本的进口品。

晚清海关组织建构述论

厦门大学　戴一峰

一、引言

　　海关者,乃国家的进出关境监督管理机构。我国海关之设,始于唐开元二年(714年),唐王朝在广州设置市舶使,可谓源远流长。[1]清康熙二十三年（1684 年）,清政府开解海禁,在沿海四省相继设立粤、闽、浙、江四处海关,由户部统辖,专司海洋贸易管理事宜。其后渐形成粤海关一关独大的局面,并形成由粤海关制度和公行制度构成的与"广州贸易体系"相适应的海外贸易管理体制。

　　鸦片战争后,由于公行保商制度的废除,领事监督制度与协定关税制度的建立,广州贸易体系被新的条约贸易体系所取代,旧海关制度便随之逐渐为新的海关制度所取代。

　　咸丰四年（1854 年）,由于江海新关的建立,以实行外籍税务监督制度为标识的新的海关制度首先生成于时为我国对外贸易中心的上海。此后,首任海关总税务司李泰国及其后继者赫德,先后在各通商口岸建立新式海关,推广上海的海关管理制度。至清末,全国各通商口岸已设置 43 处海关(不计分关、分卡),其雇用的外籍关员已有 1400 余人,华人关员约 5000 人,形成一个庞大的机构。

　　与一般的海关不同,晚清海关先后承担业务内外的诸多职能。除遵照一系列中外条约的相关规定以及海关制定的规章开展监管、查私、征税和统计等四项本体业务外,晚清海关还挟其优势,先后兼管常关和厘金,兼办大清邮政、海务、新式教育,以及筹办参展世博会事宜等;海关总税务司以及部分高级关员,甚至参与清政府的许多外交活动,插手清政府的财政金融改革以及新式海军的创办,由此在晚清的经济、政治、文化、外交和军事等各个领域均留下深浅不同的印记。

---

① 关于中国古代海关制度的起源,学术界多有分歧。学者或主张始于西周建国,或主张始于西汉,但大多主张始于唐代的市舶司制度。参见蔡渭洲. 中国海关简史. 中国展望出版社, 1989;《人民海关》1983 年第 3 期;陈诗启. 中国近代海关史（晚清部分）. 人民出版社, 1993.

　　与承担的诸多业务内外职能相匹配，晚清海关的组织架构颇为庞大复杂，外人不易洞察其详。是故，本文拟对晚清海关的组织建构详加评述。

二、晚清海关的横向结构：四大部门

　　晚清海关组织，横向上并立征税（Revenue Department）、船钞（Marine Department）、教育（Educational Department）及邮政（Postal Department）四大部门，实为海关的四大运行系统。四大部门中以征税部门为海关之本体，其余则为海关兼管之附属事业，系随着海关势力的扩张而依次逐步形成。

　　征税部门随海关的建立而形成，是海关四大部门中成立最早、人员最多、规模最大、组织机构最为庞杂的一个部门，也是海关系统的核心部门。其主要职能在于稽查、管理进出口船舶货物，依照税则征收税钞，以及处置相关的行政管理事务。征税部门内部素来又划分为内班 （In-doors Staff）、外班（Out-doors Staff）和海班（Coast Staff）。

　　内班为办理海关内部事务而设，负责关税征收、统计、经费预算、会计、人事、文案和业务报告等事宜，是海关管理机构，具有业务管理和人事管理的决定权。因其成员均在海关办公楼里办公，故名。总税务司署征税部门的全体成员均属内班；各口海关征税部门的内班成员，则包括税务司、副税务司、各等级帮办、供事、文案、司书、录事等。①

　　外班负责检查船舶和稽查、检验货物等事务。因其成员均在码头、验货厂等各种室外场所工作，故名。外班内设各等级总巡、验货、钤字手，以及巡役、听差、门役、更夫、杂役等名目。总巡负责外出巡察，在船舶到埠时亲自登船检查；验货通晓税则并具有商品学识，负责查验货物，确认货物价值、数量以确定税额；钤字手专司来往码头检查客商行李；巡役等名目则属杂勤人员，职位卑贱。②

　　海班管辖海关所有大小船只，负责巡视江海，防范走私。内分各等级管驾、管输，以及炮手、水手、火夫、执役等。由于长期在外执行巡查任务的流动性，加上海关船只数量有限，作为海班主管的管驾官及其所指挥的海关船只，均由总税务司直接指派前往各关区或由一关区调往另一关区。但总税务司的调遣命令须经由所在关区税务司附署生效日期后转交管驾官。管驾官到达调往之关区口岸时，应进见税务司，报告到达，听候差遣，并执行税务司职责内就该关区或沿邻近关区边界的任务所发布的有关命令。每季末，管驾官应向税务司提交送总税务司的敞口呈文、简

---

① Imperial Maritime Customs Service List, 1875-1910.
② Imperial Maritime Customs Service List, 1875-1910.

要报告其船只及船员之现状，并附呈航行日志。①

船钞部门始设于同治七年四月三日（1868 年 4 月 25 日）。其主要职能在于负责海港浮桩、号船、塔表、望楼等助航设施的建造和维护，指泊出入港口船只，测量船只吨位，验察损伤船只，调查失事缘由，验看引水执照等。由于该部门的经费完全来自船钞专款收入，故名。船钞部门的职责有别于征税，本应建立一个不隶属于海关的独立的专门机构。但总税务司认为，筹建一个独立为政的机构，会使船钞专款耗于薪饷。故筹划设立一个并入海关的机构，设置一名海务税务司主事。②

同治八年（1869 年），总税务司赫德在船钞部门内设置三类机构：其一，营造处（Engineers），参与一切有关改善沿河沿海之航行，改善海港以及监督与此相关之所有公共工程。其二，理船厅（Harbours），委以监督船只锚泊与河道巡吏考试任用及引水之责。其三，灯塔处（Lights），总管灯标部门事宜，尤指管理不久将于牛庄至海南间建立之十五座灯塔。③

为便于管理，总税务司将中国海岸线划分为北、中、南三段：北段包括奉天、直隶与山东之海岸，自北纬 41° 至北纬 34°，包括条约规定之通商口岸牛庄、天津及芝罘。中段包括江苏与浙江之海岸，自北纬 34° 至北纬 27°，包括上海与宁波两口岸以及长江之商埠镇江、南京、九江及汉口。南段包括福建、广东之海岸，自北纬 27° 至北纬 20°，包括福州、厦门、淡水、基隆、台南、打狗、汕头、广州及琼州。三地段各指派一名关员专司船钞部之工作，称之为巡查司，名列副税务司级，归海务税务司管辖，分别常驻芝罘、上海和福州口岸，在特殊情事发生或总税务司指令要求时，巡视其辖区段内之各口岸。④

巡查司的主要职责有三：其一，专心于所辖各港口及驻地的理船厅职责；其二，定期视察段内各港口，检查当地的浮标及标桩状况、引水情形，及该地理船厅履行港口职责情形等；其三，尤须留意监督段内沿海设置的灯标不灭。⑤

同治九年（1870 年）底，为进一步明确各巡查司职责，防止海务税务司权力膨胀、尾大不掉，总税务司裁撤了海务税务司一职。⑥

光绪三年十二月（1878 年 1 月），总税务司发布第 38 号通令，将中、南、北三段合并，以温州为界划分南北两段，仅设南北两段的巡查司。上海作为北段之中心口岸，仅须负责该段所设灯塔之物料供应，其他各关税务司继续管理各关区灯塔的

① 海关档案：Inspector General's Circulars（总税务司通令），第一辑，1875 年第 32 号。
② 海关档案：Inspector General's Circulars（总税务司通令），第一辑，1868 年第 10 号。
③ 海关档案：Inspector General's Circulars（总税务司通令），第一辑，1869 年第 25 号。
④ 海关档案：Inspector General's Circulars（总税务司通令），第一辑，1868 年第 10 号、第 15 号。
⑤ 海关档案：Inspector General's Circulars（总税务司通令），第一辑，1868 年第 15 号。
⑥ 海关档案：Inspector General's Circulars（总税务司通令），第一辑，1870 年第 14 号。

其他方面。而厦门作为南段之中心口岸，则不仅负责物料供应，且须负责南段所有灯塔的全面管理。①

光绪六年（1880年），总税务司进一步撤销南北两段巡查司，改设海务巡工司，由上海理船厅兼任，常驻上海，与常驻上海的总营造司一同协助总税务司主持船钞部门，管理各通商口岸的营造处、灯塔处和理船厅。总营造司负责一切技术、建筑及机械设置等事宜；海务巡工司则负责职员调配、船钞部门的行政事务及理船事宜等。是为此后船钞部门的基本组织格局，直至清末。

船钞部门的设立，是海关第一次大规模兼管海关本务外的业务，也是海关组织结构的第一次部门扩张，由此形成海关组织系统的第二个大部门，其在海关内部的重要性仅次于征税部门。

在晚清海关四大部门中，教育部门异常特殊，且名实颇为不符。虽称其为海关的一个部门，却未见总税务司署或各口海关内有相应机构设立。将其列为海关一大部门，实乃起因于总税务司赫德对晚清同文馆事务之强势介入。同治元年七月（1862年8月）总理衙门大臣恭亲王奏请设立培养外语人才的同文馆获准。是年先开英语科，次年旋开法语及俄语科，其经费之开支，由海关负担。同治四年七月（1865年8月）总税务司署迁入北京后，在赫德的极力献议和帮助下，总理衙门于同治五年十一月（1866年12月）奏请在同文馆内添设学习天文、算术等自然科学的格致馆获准。由赫德代为在欧洲聘请了五名洋教习，教授格致及算术代数各科。初输入泰西学术，遂为后来创设大学之准备，并建筑新校，附设印刷处与观象台。

同治八年（1869年），美国人丁韪良（Martin，W. A. P.）经赫德推荐出任同文馆总教习。此后，海关税务司马士（Morse，H. B.）、帛黎（Piry，T.）、欧礼斐（Oliver，C. H.）等人也先后在同文馆兼任教习。欧礼斐还继丁韪良之后，出任总教习。是故，光绪十四年（1888年）起，赫德将同文馆人员归入总税务司署编制，编入海关职员名录，海关体系内的教育部门遂告形成。

光绪二十七年十月初二（1901年11月12日），光绪帝降谕，把北京同文馆归入新设立的京师大学堂，由是与海关断绝关系。其后，广州同文馆又归并两广的游学预备科，规模极小，无所事事。而总税务司署内的教育部门随之裁撤。

邮政部门是海关系统最迟形成的一个组织。不过，海关兼营邮政事务却早在同治五年（1866年）业已开始。是年，总税务司商请总理衙门将使馆和海关从北京发出的邮件由总理衙门交驿站代办；而上海寄北京的邮件则由总理衙门送交总税务司署开袋分送。由此，海关开始介入邮政事务。②

---

① 海关档案：Inspector General's Circulars（总税务司通令），第一辑，1878年第38号。
② 中国近代经济史资料丛刊编辑委员会主编. 中国海关与邮政. 中华书局，1983：1.

光绪三年（1877 年）海关总税务司根据九江关税务司葛显礼（Kopsch，H.）策划的海关试办邮政方案，通令津海关税务司德璀琳（Detring，G.）建立北方各通商口岸和北京、上海等地海关间的邮政业务。光绪四年二月（1878 年 3 月），德璀琳创办了北京和天津间的骑差邮路，并成立了书信馆，于四月（5 月）间宣布开放邮寄。江海关、芝罘关和牛庄关税务司也相继设立书信馆，经办邮政事务。津海关还仿照西方国家的邮政章则，制订了邮务章程，并发行邮票。①

光绪五年十一月十日（1879 年 12 月 22 日），总税务司发布通令，任命德璀琳统管各地邮政，推广邮政事务，其总局暂设于天津。总税务司要求各关对德璀琳此后所发有关邮政的指示，应一体遵照执行。并希望各关在不影响海关业务，不增加现行开支的条件下，殷切关注邮政业务，鼎力相助，尽力在当地推行海关邮政业务。②为给海关邮政业务的拓展提供充足经费，总税务司还向兼管邮政之税务司提供专款，以支付因设立及维持各海关邮政局而发生的支出。海关邮政所需文具由海关库存提供；邮政表格由上海造册处提供，③由是，海关邮政事务进一步推广到浙江等地。

光绪二十二年（1896 年），总理衙门接受赫德的建议，开办大清邮政并交由海关兼管。海关系统内的邮政部门方告形成。是年，总税务司兼任总邮政司，总揽全国的邮政事务；各口海关税务司则兼任邮政司，负责管理当地的邮政事务。邮政部门先后另设立邮政总办（Postal Secretary）、副总办和专任邮政司等职，专理邮政事务。④

海关邮政部门虽形成最迟，却发展最快。光绪二十七年（1901 年）全国各地已有邮政局所 300 处。⑤光绪二十九年三月（1903 年 4 月）则增至总局 33 处，总局所辖分局 309 处，分局所辖支局 388 处。全国除甘肃兰州尚未通邮外，其余各省省城，均已联络邮寄，形成一个庞大的邮政系统。⑥

光绪三十二年（1906 年），清政府设立邮传部，统辖轮船、铁路、电报、邮信四政。宣统三年五月初一（1911 年 5 月 28 日），邮传部接管了海关的邮政业务，海关邮政部门因此裁撤。

晚清海关四大部门，以征税部门为核心；征税部门内之三班，则以内班为首。内班中之总税务司为全国海关之总首领，内班中之各口海关税务司则为该口海关之首领。

---

① 中国近代经济史资料丛刊编辑委员会主编.中国海关与邮政.中华书局，1983：80.
② 海关档案：Inspector General's Circulars（总税务司通令），第二辑，第 89 号.
③ 海关档案：Inspector General's Circulars（总税务司通令），第二辑，第 90 号.
④ 海关档案：Inspector General's Circulars（总税务司通令），第二辑，第 1282 号.
⑤ 海关档案：Inspector General's Circulars（总税务司通令），第二辑，第 975 号.
⑥ 黄序鹓《海关通志》上册，第 12 页.

三、晚清海关纵向结构（1）：总税务司署

晚清海关组织，纵向上系由中枢机构总税务司署（Inspectorate General of Customs）和地方机构税务司署（Commissioners Office）组成。海关总税务司署创建于何时，史无明载。咸丰九年（1859 年）初，何桂清任命李泰国（Lay, H. N.）为总税务司时，新式海关仅有江海新关一处，似无另行设置一个统辖机构的必要。其时，李泰国身兼总税务司和江海新关税务司二职。总税务司名下尚无独立的下属员司，亦无独立的经费开支，其薪俸系由江海新关支给。是年六月（1859 年 7 月）李泰国选任德都德（Davies, H. T.）为江海新关税务司后，虽将总税务司与江海新关税务司两个职责分开，但其薪俸仍由江海新关支给，总税务司署仍未设立。此后，李泰国先是意外受伤，伤愈后又赴广东开办粤海关和潮海关，接着因英法联军进攻北京，暂时离开海关，之后则忙于奔跑总税务司的重新任命。这期间，李泰国尚无时间和心思考虑设置总税务司署问题；而仅有的三个海关，两个刚设立，也没有设置总税务司署的迫切需要。

咸丰十年十二月十四日（1861 年 1 月 24 日）李泰国被新设立的总理衙门重新任命为总税务司后，[①]并未应总理衙门大臣的邀请进京，并于两个月后就请假回英国，推荐赫德和费士来（FitzRoy, G. H.）代理总税务司职责。至此，尚未见总税务司署设置。[②]

咸丰十一年四月二十七日（1861 年 6 月 5 日），赫德进京和总理衙门大臣初次会面。在向总理衙门大臣呈递的清单七"通商各口征税费用"中，赫德罗列了总税务司人员的编制和薪俸预算：总税务司一员，每年薪俸银一万二千两；委员，每年银九千两；帮办写字一名，每年银二千四百两；中国写字先生三名，每名每年银六百两，共一千八百两；差役十名，每名每年银七十二两，共七百二十两；共计二万五千九百二十两。[③]是为总税务司署组织建构最早的设计。

五月十二日（6 月 30 日）赫德由总理衙门正式授命署理总税务司。是日，赫德向各关发出第 1 号总税务司通令。这或许可以视为总税务司署开始设立的标志。但该通令并无官署名称。[④]

同治元年十月（1862 年 12 月），首次设立直属总税务司管辖的高级官员——文案兼委巡各口款项事（Secretary and Auditor），由英国人金登干（Campbell, J. D.）

---

① 咸丰十年十二月十四日，奕訢等又奏遵给李泰国札谕片，《筹办事务始末》（咸丰朝）第 8 册，卷 72，第 2706～2707 页。
② 1859 年 5 月 1 日，吴煦禀（底稿），《吴煦档案选编》第 6 辑，第 298 页。
③ 1861 年赫德呈递清单七，《筹办事务始末》（咸丰朝）第 8 册，卷 79，第 2943 页。
④ 海关档案：Inspector General's Circulars（总税务司通令），第一辑，1861 年第 1 号。

充任。次年，从上海发出的该年第 1 号通令，初次有英文为 Inspectorate General 的官署名称。①

同治二年九月（1863 年 11 月）设立另一名直属总税务司的高级官员——总税务司录事，由英人满三德（Man, J. A）充任。同治三年正月初十日（1864 年 2 月 17 日）从上海发出的该年第 1 号通令，将总税务司官署的英文名称改为 Inspectorate General of Customs。是为总税务司署此后长期沿用的英文名称。至此，总税务司署最后形成。②

同治四年七月（1865 年 8 月），总税务司署自上海迁往北京。迁京初期，除由总税务司主持全署事务外，已有两名文案，即总理文案兼委巡各口款项事（Chief Secretary and Auditor）和汉文文案（Chinese Secretary）襄辅。前者由副税务司担任，掌管总署普通行政事务；后者初由供事充任，继而亦由副税务司担任，一切汉文文稿及与清政府来往公文事宜等均由其承办，并会同前者处理总署日常行政事务。至此，总税务司署内的征税部门已初步形成。③

同治七年三月（1868 年 4 月）成立船钞部门后，总税务司署内设立一名海务税务司，作为首脑，其协办人员包括 1 名理船营造司、1 名文案和 2 名灯塔营造司。海务税务司直属总税务司，执掌建筑、管理沿海、沿河的灯塔、浮标、雾角及其他航行标志，撤除航道的沉没船只，修浚港口航道，管理锚泊地航船的停泊，以及延用专门人才等事务。④首任海务税务司为霍士（Forbes, C.）。但任命时他尚在伦敦研究灯塔和浮标问题。直到同治八年（1869 年）初方上任。⑤九年（1870 年）底，霍士因不满赫德对他工作的过分限制而辞职。赫德乘机裁撤了海务税务司一职。⑥

同治十一年（1872 年），总税务司署征税部门的两个文案均改由税务司分任，分别称为总理文案税务司和管理汉文文案税务司（光绪初年改为管理汉文税务司），其属下尚有多名帮办、写字等办事人员，襄助其工作。

同治十二年八月（1873 年 10 月），鉴于始于咸丰九年（1859 年）的海关统计日显其重要性，且各口海关对江海关印书房（Printing Office）及表报处（Return's Department）的需求日益增多，亟须予以改革，赫德发布第 17 号总税务司通令，决定将印书房和表报处两部门与江海关分离，单独成立一个部门，名曰"造册处"（Statistical Department），由一位海关税务司主管，称为"造册处税务司（Statistical

① 海关档案：Inspector General's Circulars（总税务司通令），第一辑，1863 年第 1 号。
② 海关档案：Inspector General's Circulars（总税务司通令），第一辑，1864 年第 1 号。
③ 海关档案：Inspector General's Circulars（总税务司通令），第一辑，1865 年第 2 号。
④ 海关档案：Inspector General's Circulars（总税务司通令），第一辑，1868 年第 10 号。
⑤ 海关档案：Inspector General's Circulars（总税务司通令），第一辑，1868 年第 15 号。
⑥ 海关档案：Inspector General's Circulars（总税务司通令），第一辑，1870 年第 14 号。

Secretary）"，为总税务司署成员之一。造册处设在上海，全称为"总税务司署驻沪造册处"。首任造册处税务司为美国人廷得尔（Taintor，E. C.），后来又增设一名造册处副税务司以辅助之。

造册处的主要职能有二：其一，负责提供海关系统使用的统一表格、海关证件、专用账册及各种办公用纸等，相当于海关系统办公用品供应中心；其二，汇总、编印海关贸易报告，统计年报、季报，印刷海关文件、书籍等，相当于海关系统的出版社兼统计处。[①]

同治十三年二月（1874 年 3 月），总税务司署设立"大清海关总税务司署驻伦敦办事处"（London Office of the Inspectorate General of Chinese Maritime Customs），由原任总理文案兼委巡各口款项事的金登干出任首任驻伦敦办事处税务司，并规定其主要任务是承办由总税务司交办的专门任务，即在欧洲进行种种外交政治活动；其次，采办运送海关用品，承办招募海关洋员，负责支付回国休假洋员的薪俸及回程旅费等。[②]

金登干调任驻外税务司主持驻伦敦办事处工作后，其原先担任的双重职责分离，而继任者裴式楷（Bredon，R. E.）只担任总理文案税务司，不兼稽查账目税务司（原名"委巡各口款项事文案"），并任命雷德（Wright，F. E）为稽查账目税务司，吉必士（Gibbs，J. H.）为襄办稽查账目副税务司。稽查账目税务司将每年至少莅临各口岸巡视一次，就地检查账目。就地检查的重点，由稽查账目税务司根据总税务司指令酌定行事。其主要任务为核定是否有未经许可之开支，各类账目是否及时登账，结存款项是否合乎规定与呈报相符。襄办稽查账目副税务司则驻北京，负责审查各口岸按季报送之账目。[③]

同时规定：稽查账目税务司抵达各口时，该口岸税务司须指派当时主管各种账目之通事立即将保存有关结存款或有关票据、支票以及派司簿（银行存折）等之保险箱钥匙交出，并立即将各种账簿呈示，俾使稽查账目税务司将抵达口岸时保险箱及各种账簿之确实状况上报总税务司。经本总务司亲自特别授权及总理衙门批准，稽查账目税务司一旦发现未经许可之开支，滥用公款，以及其他违章情事时，有权停止任何税务司或主管官员之职务，若有必要可径行接管该口岸海关，于总税务司下达指令前，代行税务司职务掌管该口岸。[④]

至此，总税务司署征税部门已设置五名正税务司级别的文案，协助总税务司处理各种事务。其分工为：一般文报等事务，由总理文案负责；一般汉文文报、册结

---

① 海关档案：Inspector General's Circulars（总税务司通令），第一辑，1873 年第 17 号。
② 海关档案：Inspector General's Circulars（总税务司通令），第一辑，1874 年第 3 号。
③ 海关档案：Inspector General's Circulars（总税务司通令），第一辑，1874 年第 26 号。
④ 海关档案：Inspector General's Circulars（总税务司通令），第一辑，1874 年第 26 号。

等工作，由汉文文案负责；海关开支等事务，由稽查账目文案负责；编造一般贸易册报、财务册报等事务，由造册文案负责；海关供应等事务，由驻外文案负责。

光绪二年（1876 年），总税务司署内征税部门机构随着海关数量的增多，业务量的增加而扩大。总理文案辖下增设襄办文案（Assistant Secretary），由副税务司充任，称襄办文案副税务司，后改称襄办洋文副税务司。管理汉文文案辖下增设襄办汉文文案（Assistant Chinese Secretary），亦由副税务司充任，称为襄办汉文文案副税务司，后改为襄办汉文副税务司。

光绪五年四月（1879 年 6 月）设立总司录事司（Private Secretary，I. G.），由帮办充任，职掌签发机要函件，代总税务司处理私人事务等。

光绪二十二年（1896 年），由于海关代办大清邮政，海关系统内的邮政部门形成，总税务司兼任总邮政司，总揽全国的邮政事务；总税务司署内设立邮政总办（Postal Secretary）一职，由驻上海的总税务司署造册处税务司兼任。①

光绪二十三年二月（1897 年 3 月），在北京的总税务司署另设一名邮政副总办，由副税务司充任。五月（6 月），邮政总办改驻北京，由邮政副总办署理；在上海另设一名额外邮政总办，仍由造册处税务司兼任。②

光绪二十四年（1898 年）因事务甚繁，总税务司署设置 1 名副总税务司，由裴式楷（Bredon，R. E）充任。

光绪二十五年十二月（1899 年 1 月），为扩展邮政事务，邮政总办由兼任改为专任，由阿理嗣（Aalst，J. A. van）充任。通令授权邮政总办在总税务司辖下总管邮政事务。邮政总办所发送的一切指令和机要函件与总税务司发出的命令同等有效，有关邮政业务的一切公文函件应寄送邮政总办。③

海关总税务司署的最高统领为总税务司。首任海关总税务司为英人李泰国。先于咸丰九年（1859 年）初，由两江总督何桂清派令帮同总理各口稽查关税事务。咸丰十年十二月（1861 年 1 月），再由新任总理衙门大臣恭亲王札谕给予确认。④因阿思本小舰队事件触怒清廷，于同治二年十月（1863 年 11 月）被革职。继任者为英人赫德。此后，赫德长期担任总税务司一职，直到宣统三年七月二十八日（1911 年 9 月 20 日）病故于英国。九月初四日（10 月 25 日），由英人安格联继任。

总税务司赫德总揽海关人事、财政之大权，在海关系统中拥有绝对的权力，实行近乎独裁的统治，几有一国元首之权威。⑤各口海关所有外国人帮办税务事宜，

---

① 海关档案：Inspector General's Circulars（总税务司通令），第二辑，第 709 号。
② 海关档案：Inspector General's Circulars（总税务司通令），第二辑，第 782 号。
③ 海关档案：Inspector General's Circulars（总税务司通令），第二辑，第 873 号
④ 1859 年 1 月何桂清《派李泰国为总税务司札谕》（底稿），《吴煦档案选编》第 6 辑，第 270 页。
⑤ 黄序鹓《海关通志》下册，第 193 页。

均由总税务司募请调派，其薪水如何增减，其调往各口以及应行撤退，均由总税务司作主。总税务司通过通令，向全国各口海关以及各业务部门颁布各种规章制度，下达各项指令，协调工作，统一关政；同时还通过官函、半官函、机要函等来指示不同口岸海关的个别事务。[1]各口海关定时向总税务司汇报关务，请示遵行。总税务司署直辖的各部门主管，遵照总税务司的指令，经常考察各口海关之日常工作，查看各口海关税务司遵照总税务司的有关命令办理事务的情况。[2]

四、晚清海关纵向结构（2）：税务司署

咸同年间各通商口岸相继建立新式海关，实行外籍税务司管理制度时，均建立税务司署，作为管理该通商口岸各项相关业务的首脑机构。然而，晚清榷关制度，原以海关监督为所驻口岸关务，包括海关和常关的最高负责人，设有海关监督衙门；税务司署与监督衙门虽为分立的两个组织机构，税务司署的首脑海关税务司虽由总税务司所任命，但作为帮同监督办事的人员，理应隶属监督，位居监督之下。同治三年（1864 年）总税务司发布第 8 号通令时，就此明确声称：就事实而言，在适当处理每一个口岸的海关事务方面，正式负责的是该口岸的海关监督；税务司的职位必须是次于海关监督的。同年颁布的由总税务司起草的《海关募用外国人帮办税务章程》中也明确规定：凡有公事，自应归监督做主；税务司所办之事，即监督手下之事；税务司不得招摇揽权，有碍公事，以至监督难专其事。但是，由于海关监管征税的对象主要是洋船、洋货和洋人，海关使用的各种文件、单据又均为英文，遂使缺乏相应语言能力和管理知识的海关监督难于实施其权力，大多将税务事宜委之于税务司。总税务司赫德遂利用外籍税务司的优势，竭力架空海关监督。

同治十二年七月（1873 年 9 月），总税务司赫德就各口海关税务司与海关监督的关系发布第 13 号通令，告诫各口税务司：与海关监督只是会同办事，若将海关监督称呼为"海关监督阁下"，实属不妥；嗣后凡致函海关监督，一律只称"海关监督"，停止使用"阁下"字样；此外，亦不得称"奉监督之命令如此办理"或"受命如此"或"此事须请示监督"等。各税务司所用之向监督"请示"一词应改称与监督"相商"，"已接到监督命令"应改称"经与监督会商"。[3]

同年十月（1873 年 12 月），赫德再次就各口海关税务司与海关监督的关系发布第 24 号通令。通令将各口海关划分为两部分：负责征收各种税捐的执行部门和负责

---

① 海关档案：Inspector General's Circulars（总税务司通令），第一辑，1874 年第 15 号。
② 海关档案：Inspector General's Circulars（总税务司通令），第二辑，第 378 号。
③ 海关档案：Inspector General's Circulars（总税务司通令），第一辑，1873 年第 13 号。

管理各种档案的文案部门；税务司由总税务司受权任命，以外籍长官的身份主持执行部门工作；海关监督则由皇帝或皇帝钦命大臣任命，以本国官员身份执掌文案部门工作。据此，通令强调：各关税务司者系奉命与监督共事，与监督彼此为同僚，非为监督下属；各口海关作为一体虽以海关监督为首席长官，但监督作为文案部门主事，不得出格干预执行部门事务。①

是故，赫德虽承认海关监督为海关之首席长官，却又强调税务司为总税务司所任命，是海关征税部门之首脑，非海关监督之下属，因此可以独立行事。而在实际运行中，税务司逐渐独揽海关行政管理大权，海关监督主要拥有管理各口岸常关的权力。对于海关，则只是负责关税收入的报解户部。至光绪二十七年（1901 年）后，据《辛丑各国和约》之规定，各通商口岸 50 里内常关均归海关监管，海关监督的权力更为萎缩。

税务司署作为各口管理海关事务的首脑机构，其辖下海关的行政组织，随着海关四大部门的渐次形成，经历一个与总税务司署同步扩大、完善的过程。但是，由于各口海关所在口岸贸易规模的大小不同，海关承担的内外业务的多寡也不同，因而在组织规模、结构、类别等诸方面，也稍有差异。唯其组织与人员配置原则、主要机构名称等，则多有共通之处。

咸丰、同治年间建立的十余处新式海关，其建关初期内部组织结构及其相关机构的情况，史无明载。咸丰九年（1859 年）李泰国被任命为总税务司时，曾从海关经费的角度提出上海等地海关组织与人员配置的设想。其中仅上海口列举详细的配置，分为三类：一是正税务司一名，副税务司一名，总办事（旧名大写）一名，副办事（旧名二写、三写）四名，帮办十一名；二是巡船总办事二名，副办事二名，帮办六名，外国扦手三十名，通事六名，书办、舍人、书手、听差、中国扦手、摇船手、巡船水手、吴淞巡役、卡房巡役等各若干名；三是排船指泊总管一名，副管二名，帮管三名，吴淞排船指泊总管一名，小船摇手及搁浅船工、锚链望楼工、铁浮子看守工、修理工等各色杂役各若干名。②此为海关税务司署下辖组织建构的雏形。

同治初年，各口海关征税部门的内班建构逐渐成型。内班的核心机构是大公事房，行使总务功能。大公事房内按业务分类设立各种以不同业务冠名的业务台，一般包括大写台、进口台、出口台、复出口台、结关台、饷单台、号头台、核对台、问事台等。内班除大公事房外，一般尚有派司房、存票房、关栈房、综核房、总结房和账房等机构。各房依据事务的繁简，置帮办为主管。各口海关内班房、台等机构，依该口海关业务内容的变化而时有增减；所设房、台种类的多寡，亦依各口海

① 海关档案：Inspector General's Circulars（总税务司通令），第一辑，1873 年第 24 号。
② 1859 年 3 月江海关呈送税务条款清折（吴通商大臣），《吴煦档案选编》第 6 辑，第 279～280 页。

关业务量的大小而异。①

同治六年八月（1867 年 9 月），鉴于征税部门内班业已稳定成型，赫德为各口外班之编制及调配事宜发布第 14 号总税务司通令，提出各口海关外班按所在口岸业务规模，配备数量不等的总巡、验货、铃子手等各类人员的基本编制模式。②其中总巡设水上总巡、头等总巡、二等总巡、三等总巡和四等总巡 5 个等级，验货设一等验货、二等验货 2 个等级，铃子手设一等铃子手、二等铃子手和三等铃子手 3 个等级。

同治七年（1868 年）海关船钞部门建立后，总税务司根据需要，在一些通商口岸相继建立理船厅、营造处和灯塔处三种机构，分别负责航船行政、工程建造和灯塔维持三方面的事务，并实行条块结合的双重管理。

理船厅的主管亦称理船厅，下辖供事、指泊所、巡江吏、信旗吏等人员。船钞部门建立之前，牛庄与上海口岸的税务司署内已设有理船厅，为牛庄、天津、上海、宁波、福州、淡水及厦门锚地、港口水域、航道及沿岸提供浮标和标桩。汕头、厦门、芝罘等地海关外班头等总巡则一直在港口担当类似上海理船厅的工作。因此，船钞部门建立初期，赫德筹划改变一些重要口岸头等总巡的地位，改称为理船厅，除所负的海关职责外，还正式全面负责港口港务及水域之工作。③同时将沿海划分为北中南三段，设立了三种级别的理船厅：北段理船厅有芝罘（二级）、天津（二级）、牛庄（二级）；中段理船厅有上海（一级）、宁波（二级）、镇江（三级）、九江（二级）、汉口（一级）；南段理船厅有福州（一级）、厦门（一级）、淡水（三级）、台南（三级）、潮州（一级）、广州（二级）。④理船厅相当于海关不同等级之通事，一、二、三级理船厅分别与一、二、三等通事同级。理船厅设立初期由巡查司和所在口岸税务司共同节制。巡查司与理船厅保管各自账目并亲自登录，必要时准有一名海关通事协助。光绪七年（1881 年）巡查司一职撤除后，各口理船厅直接受各关税务司节制，同时在业务上又受海务巡工司指导。

营造处主管称营造司，下辖供事、匠董和入水匠等人员。光绪元年（1875 年），总税务司发布第 33 号通令，规定凡有营造司供职之关区，均设营造处，并在上海设立营造处总部，设置 1 名总营造司。无论在上海或任何其他口岸，营造处均由主管该口岸之税务司节制；但营造司等关员将工作情况经由所在关区税务司上报总税务司时，应将抄本一份送交总营造司知悉；总营造司即可就关区工作经由有关关区税务司发出呈文，亦有权向总税务司直接呈文；营造处之任何人员，如有个人申请，或与关区无关之陈请欲上呈总税务司，须先送交总营造司，由其备文附呈总税务司，文中由总营造司对所涉各点提出意见或建议。税务司欲于其关区内设置新标志，或改变原有标志位置或撤销现有标志时，应直接呈文向总税务司建议，并将抄件送总营造司，由总营造司提出应采取之最佳方案。①

灯塔处主管为主事人，下辖各等级值事人和灯塔值事人。②总税务司依据需要在部分通商口岸设置灯塔处人员。其中以上海口岸人员数量最多，次之为厦门口岸。各口灯塔处人员均受所在地海关税务司的节制，但业务上则由海务巡工司指导。

光绪四年（1878 年）遵照总税务司赫德指示，津海关率先设立书信馆，创办海关邮政。江海关、芝罘关、牛庄关、浙海关等海关也随后相继设立书信馆，经办邮政事务。③部分地方海关组织机构因此有所扩展。

光绪二十二年（1896 年），海关系统的邮政部门正式建立，各口税务司兼任邮政司，经办辖区内的国家邮政事务，相继设立辖区内的邮政总局、分局和支局。各口海关机构因之急速膨胀，人员因之急速增加，各口税务司的职能也因之大大扩展。各口海关组织建构的扩展至此基本完成。④

各口税务司署的首脑为税务司。同治三年（1864 年）第 8 号通令规定：各海关税务司系其所辖关区内之总税务司首席代表，除总税务司署人员外之所有海关人员，凡在该关区内者均为该税务司之下属。⑤然在海关系统内，税务司必须严格按照总税务司的指示办事，并无擅自行事之权力。在总税务司对各口税务司的任命状中已规定：税务司必须定期向总税务司递送正规处理公务之呈文，并按照总税务司回文的批示办理各项事务；作为呈文之补充，税务司还须每隔两周以机要函或密函形式向总税务司报告所在口岸及其附近发生之令人关注或重要事件。⑥

同治十二年八月十五日（1873 年 10 月 6 日），为加强各口税务司的行政组织能力，总税务司发布第 15 号通令，告诫各口税务司，各口海关之第一要务在于税务司本人应洞悉赋予海关之使命，及本口岸之惯例，继而将海关业务作出分类安排，并立即对众关员作明智与明白之调派。⑦

光绪四年正月二十六日（1878 年 2 月 27 日），为加强对各口税务司的监管，赫德特发布第 48 号通令，重申税务司与中国官员会晤应报告总税务司，对会晤期间之一切均须详加陈述，所有书信往来均须呈报抄本，俾总税务司知晓。⑧

① 海关档案：Inspector General's Circulars（总税务司通令），1875 年第 33 号。
② 海关档案：Imperial Maritime Customs Service List，1875～1890 年。
③ 海关档案：Inspector General's Circulars（总税务司通令），第二辑，第 89 号。
④ 海关档案：Inspector General's Circulars（总税务司通令），第二辑，第 89 号。
⑤ 海关档案：Inspector General's Circulars（总税务司通令），第一辑，1864 年第 8 号。
⑥ 海关档案：Inspector General's Circulars（总税务司通令），第一辑，1874 年第 15 号。
⑦ 海关档案：Inspector General's Circulars（总税务司通令），第一辑，1873 年第 15 号。
⑧ 海关档案：Inspector General's Circulars（总税务司通令），第二辑，第 48 号。

作为海关税务司署的主管，晚清各口海关税务司就这样在总税务司直接、统一指挥下，行使其对当地海关的行政管理职能。

五、结束语

综上所述，晚清海关的组织建构，横向可分为负责征税及其相关事宜的征税部门，负责海务、港务的船钞部门，负责同文馆管理事宜的教育部门和负责邮政事务的邮政部门等四大部门，是为晚清海关的四大运行系统。纵向则可分为中央机构总税务司署和地方机构各口海关税务司署两个部分。纵横交织，相互联结，形成一张庞大的组织网络。这张组织网络的中心是总税务司统领下的总税务司署。整个海关系统实施垂直的统一管理。总税务司凭借在同治年间已逐渐建立的严格的人事管理制度和财务管理制度，统辖各口海关，调度四大部门运作，有效开展海关各项事务。

民国时期的定货契约习惯及违约纠纷的裁处

中国社会科学院经济研究所 刘兰兮

内容摘要：本文通过对民国时期定货契约习惯及违约纠纷裁处的考察，揭示商事习惯在维系交易秩序中的作用。尽管当时国家制定了独立的商法，商事习惯仍在维系交易秩序中发挥至关重要的作用。商事习惯通过不同形式的社会力量约束商行为，而不同形式的社会力量则构成对交易行为的多层管理体系。这是保证民国时期商务正常开展，商业渠道畅通的重要因素之一。

关键词：民国时期 定货契约习惯 违约纠纷裁处

定货契约习惯是商人①在商务实践中多次重复、最终被群体所认可的行为方式。它不是某个商人个体的有目的的、理性的创造，而是在商人群体种种无意识的尝试中逐渐形成的。习惯一经形成，便显示了它的两面性：一方面，它令商人间的相互沟通更加便捷，节省了交易费用，有利于商事活动的顺利开展；另一方面，它作为商人集体意志的体现，是调节商事关系的规则，从而约束每个商人个体的行为。近些年来，新制度经济学的兴起与传播，促使学界越来越关注非经济因素在经济发展中的作用，习俗或习惯对经济行为的影响也受到应有的重视。笔者最近接触了一些有关民国商事习惯的调查资料，有些感想，故不揣浅陋，撰成此文，以就教于方家。

一、民国时期的定货契约习惯

定货是常见的买卖行为，而买卖实际是一种契约关系，即："称买卖者，谓当事人约定一方移转财产权与他方，他方支付价金之契约。当事人就标的物及其价金互

---

① 本文所言商人，并非经济学所指以营利为目的、直接媒介财货交易之人，而是法学意义上的商人。按民国时期颁布的《商人通例》，凡买卖业、赁贷业、制造业或加工业、供给电气煤气和自来水业、出版业、印刷业、银行业兑换金钱业或贷金业、担挥信托业、作业或劳务承揽业、设场屋以集客之业、堆栈业、保险业、运送业、承揽运送业、牙行业、居间业、代理业均为商业，其主体则为商人。

相同意时，买卖契约即为成立。"①与现货交易相比，定货交易有明显的预期交易特征，即承诺交易与完成交易之间有一个或长或短的时间过渡期。换言之，定货是对预期交易的承诺，承诺交易与完成交易之间存在的某些不确定性，增大了交易的风险。因此，控制风险并在交易双方之间分配承担风险责任，就成为保证定货交易顺利进行首要解决的问题。订立契约习惯正适应了这一需要。

我国买卖习惯一直有口头协议与书面契约两种方式。书面契约习惯至迟在汉代就已形成。据现存出土文献，西汉时人们已习惯用文字记载当事人的意思表示——书写契约，契约上除载明日期、当事人、标的物、价金等主要内容外，还有见证人的署名。②这一习惯为后世所承继，见于预买与赊销等商业行为中。

民国时期，现货买卖（非不动产）一般多用口头协议；定货，若非相熟，可确认对方资信，则须订立书面契约。如上海糖业贸易习惯"除现货往来间用口头契约，凡抛盘期货，均用公所规定之成票方式。双方盖戳，互换各执"。③上海棉花交易"凡系期货，必订合同，以资信守；如系现货，一方交银，一方交货，只凭栈单，不订合同"④"靛青买卖，对于素熟之客家，及有信用之客人，均凭口头说合，一言为定；否则亦有订立契约，作为凭证者"。⑤

定货契约称定货成单，也叫成单或定单，或依地方习惯称卖条、交单、信单等。民国时期，全国各地风情不同，契约习惯也存有差异。譬如：陕西省长安、凤翔等县的习惯："甲欲买某种货物，与乙商议定数量若干、价值若干，书立契约，预交定钱，限期交货。"而在察哈尔陶林县，无论定购或现购成趸货物（如胡麻、菜籽等油类），只需由"卖主开具卖条一纸，其卖条上书某商号定买某物若干，右旁批每斗价银若干，并无期限之限制，更无定银之交付，契约即为完成""至给付时，卖出人又必开具取条一纸，给与买受人持执，而买受人收受货物，并不出具收条，其取条上书某商号取某货若干，买卖即为完成"。山东掖县凡"订购各种货物，皆须立有定单，方能发生效力。届期背约，按照订单内交货时价值赔偿"。湖北宜昌"预约买货，习惯先立定单为凭"。湖南临澧"商家买卖货物，必先议定价额，由经纪人约凭双方书立交单，载明某货若干，价目若干，加盖商号戳记，无论货与款交过与否，该买卖即视为成立"。福建平潭牙行"向船商买卖货物，一经议定，必立信单二纸，互相签字盖印，各执为据。单内登载某年月日、议买某货若干，价值若干"。

① 《民法·债编·买卖通则》第345条.引自梅仲协，罗渊祥编.六法解释判例汇编.上海昌明书屋，1947：181.
② 叶孝信主编.中国法制史.复旦大学出版社，2002：111.
③ 吴桂辰等编.中国商业习惯大全·买卖契约.世界书局，1923.本文未注明出处者，均见该书.
④ 严谔声编.上海商事惯例.新声通讯社出版部，1947：61.
⑤ 严谔声编.上海商事惯例.新声通讯社出版部，1947：60.

汉口是国内几大商埠之一，商贾辐辏，贸易兴隆，流行定单买卖与登账买卖两种方式："各商人向为定期买卖时，有书立单据者，称定（单）买卖；有仅由出卖人之一方，将所定商货之类及数量登载自己账簿之上者（称登账买卖），此种买卖，书立定单或仅登账簿，一任双方之自由。"但相比之下，登账买卖最为普遍。"登账"无一定之规，无可稽考。定单则有议定规章。汉口《纱业公会公议定货规条》规定：定货凭单以双方盖印为据；定货每件以定银五两为保证金；银期面议，以注明单内为凭；每件照例另加栈力银一钱，等等。

从以上各地契约习惯中不难发现：第一，各地立约习惯不同。在有的地区，交付定银是立约的附带条件，如陕西长安、凤翔，湖北汉口纱业；有的地区，有否交付定银与立约无涉，如察哈尔陶林。据笔者所见资料，交付定银是定货交易中较常见的现象。定银在这里不是被当作价金的一部分，先期垫付，而是如汉口《纱业公会公议订货规条》所言，充作保证金。契约当事人预先支付一定数额的款项作为债权的担保，为的是确保契约的履行，即"买主已交定银与卖主，于履行契约之先期，不得抛弃定银而主张解约；卖主亦不得返还定银取销（消）买卖"。

第二，各地契约内容有差。上述各地契约的主要内容不一，涉及立约日期、当事人、标的物、货物数量质量、价金、交货日期等，但似乎均不注明偶然性风险的承担责任及违约赔偿责任。更简单者，如陶林的"卖条"、汉口的"登账"连交货日期也未注明。这些内容的缺欠，显然不是由于当事人的考虑不周，而是源于各地固有的习俗。比如，察哈尔陶林"卖条""条面虽无限期，一般习惯于旧历年关以前，任卖主自由交付"。而湖北通行"限期交货，大都一月内外"（有关因立约到交货期间物价涨落引起的交易风险及违约的处理习惯，将在后面叙述）。当然，契约条款的缺欠，容易引发商事纠纷。因此，成书于民国十二年的《中国商业习惯大全》的作者建议"凡定货者，应注意下开条件：定货双方立约或凭居间人立约、交货之日期、悔约之惩处、逾期交货之惩罚、其他必要之事件"。

第三，承担偶然性风险责任习惯不同。如何在交易双方之间分配因立约到交货期间物价涨落引起的交易风险，各地有不同的习惯。陕西长安、凤翔等地习惯：若立约后契约所指货物价格涨落，甲方或乙方因利益受损提出解除契约，必经由立约证人"酌量情形设法调停双方愿意，始能了结"。汉口商人通例则是"自协议付银及交货期间后，届时无论货价高涨或低落，双方均应履行。倘货价高涨，在承卖之甲商人催令收银付货，乙商人不能拒绝；或价银低落，乙商人催令付银，甲商人亦须履行，殆成汉商通例。唯有时货价高涨，在承卖之一方，因订卖人货物缺乏，要求免交，即以交货时之价格与约定时价格比较，而将其余额交付与承买人，买卖从此终了；或货价低落，承买者一方，恐货难转售，亦得要求免受，而以前法比较，将差数交付定卖人，买卖亦从此终了"。湖南临澧习惯于只要立单，买卖关系即为成立，即日后价有涨落，"买卖双方均以交单为据"。福建平潭的习惯也是：立约后，即便物价"突有起落"，买卖双方"彼此不得反悔"。由此看来，各地对物价涨落引起的风险大致有三种分配习惯：（1）无论货价涨落，均按约定价金履约。如湖南临澧、福建平潭即是。此法看似不合理，却含有均分风险的意味。因为市场变化较快，货价涨落不定，在自由竞争的条件下，任何商家都无法使自己在货价涨落的风险中永远是赢家，有得有失才是常见的现象。所谓"均分风险"正是在得与失中实现的。（2）解除契约。如陕西长安、凤翔即是。若买卖中的一方因利益受损提出解约，要由证人调停，或是说，由证人寻求一个契约双方都能接受的承担风险的方案，作为解约的条件。由于史料阙如，我们无法确知方案的具体内容。可以确知的仅是此法会增加买卖双方的交易费用；而且，假设交易者是理性的，那么只有在增加的交易费用少于因货价涨落造成的损失（包括违约赔偿）时，商家才会采用此法。（3）汉口似乎是上述两种习惯并行，但与习惯（2）不同，若要解约，无需证人调停，只要提出解除契约的一方向契约的另一方作出赔偿，就可撤销原约。这看上去有些矛盾，实则第一种分配习惯强调风险承担责任，第二种则为违约赔偿责任。"此种商行为……为双方通融办法"。

　　第四，违约责任习惯不同。当契约的一方没有按约定履行契约时，契约被破坏或违反，利益受损的一方有权要求违约方承担违约责任。首先，买卖契约发生效力期间，卖方负有按约定时间向买方交付契约所指货物，并使买主取得该物所有权的义务。卖方的违约有两种情况：未能如期交货、货物质量与约定不同。按各地习惯，若卖方违约，买方或可要求退换货物，或可要求违约赔偿。陕西长安、凤翔"会交货物或量数不足，或质不佳，买主可径向卖主退还"。山东掖县对背约者的处罚是"按照订单内交货时价值赔偿"。山东临朐习惯与此相同。汉口商人"在承卖之一方因订买人货物缺乏，要求免交，即以交货时之价格与约定时价格比较，而将其余额交付承买人"。其次，买方对卖方有交付约定价金及受领约定货物的义务。买方的违约主要是不能如约交付价金。在陕西长安等地，若"买主无力交银，可凭中正撤销原约，听卖主将货另行卖出"。而在汉口，若承买人背约，要将约定货物的交货时价格与约定价格间的差额交付给承买人，作为赔偿。

　　上述契约习惯是华商间交易的定货习惯，华商向洋商定购洋货，在上海，则依从国际商事惯例。1931年，上海市商会答复上海特区地方法院关于订货习惯的调查时说："照普通习惯，定货出货，皆按成单之规定办理。而各行成单，大致亦皆以英商公会备案之标准成单为根据。"①

---

① 严谔声编.上海商事惯例.新声通讯出版部，1947：14.

　　上海市商会视为根据的英商公会标准成单——"华商订购棉绒布合同条款",计有绪言、付银、争论、关税、保火险、货物存栈、提货、货物遗失或缺少、装运—议罚—取销—人力难施各办法等 9 项条款,主要内容为:(1)当事人名称;(2)交付价金时间;(3)双方若对合同所定之货发生争议的解决办法;(4)合同有效期内,关税税银的增减由买主承认;(5)保火险由买主支付;(6)栈租由买主交付;(7)买主未在限期内提清所定之货,应按未提之货至少十分之一的货价算给卖主,并承认于提货时照付因展限增出之栈租、保险及卖主亏耗之利息等费用,若限期展至二月后,买主仍未提货,此项未提之货,听由卖主自由处置,如有盈亏,仍同买主清算;(8)合同所指之货,全部或一部分遇有人力难施保护,以至毁坏者,卖主不负责任;(9)合同所指之货,未在指定起运限期内装船,准展限 10 日,如展限期满,仍未装船,买主可决定再行展限或取消合同,并在接到此消息 3 天内通知卖主;(10)合同所指之货,如在指定起运限期满后一个月起运,买主有权从指运限期满后第 10 日或取消订货,或承认再行展期,不得要求减价或赔偿,如遇指定起运限期一个月不到二个月起运,货价(按合同内货价并水脚等费总数计算)减百分之二分五,过限二个月不到三个月起运者,货价减百分之三分五,过限三个月起运者,货价减百分之七分五,但上述所指限期每期按宽放 10 天计算;(11)因自然灾害、罢工停工等意外事件迟延按期未到之货,延迟超过一个月买主有权取消订货或收受货物,但不得要求减价,等等。[①]另外,按照华洋交易习惯,"号家向洋行定货以金磅作价者,金磅涨落归号家负责,如以银作价者,金磅涨跌,与号家无涉"。[②]因成单"系置(买)主以银两交付货价",单内特别注明"汇兑行情涨落,慨与买主无干"。

　　显然,这份成单详细注明华商(买主)与洋商(卖主)应尽的义务与责任。与国内商人定货契约习惯不同,偶然性风险及违约责任被明确写入契约,而且,有关条款正是契约阐述最为详尽的部分。诚然,它是成单的范本,但更为重要的是定货契约双方对预期贸易的承诺,"定货出货,皆按成单之规定办理"。一旦发生因供货或提货延迟、限期内未付货款或付款方式与契约不符引起的违约纠纷,违约方要按照契约中的约定赔偿另一方的损失。

　　该成单未提及定货与货样不符的责任问题,但有双方发生争议的条款,写明:若双方就所定之货发生争议,"自当央人调处,亦须按照本埠市场上英商公会承认之惯例办理。在调处之先,两方面应将争论之理由,缮具节略,送交调处人,以凭评论;并应预先声明,一经调处评定,均愿遵守。调处人收到两方节略,察酌情形,孰是孰非,缮具评定书,连同作证货样,封送英商公会宣布"。不难想象,由于定货

　　① 严谔声编.上海商事惯例.新声通讯出版部,1947:14~20.
　　② 严谔声编.上海商事惯例.新声通讯出版部,1947:8.

与货样不符的情况比较复杂，不好预先设定损失赔偿，因而不写入成单。据上海总商会的调查"号家向洋行购定洋布匹头，先有货样为标准，如来货与定货不符"，卖方负违约责任，"小错则割价，大错则退货""但须请公证人解决之"。①由此看来，若定货与货样不符，买卖双方须请公证人调处；同时，预先声明愿意遵守调处意见；公证人视具体情况作出"评定"，交由英商公会宣布，买卖双方执行。

华商向洋商定货如上所言，洋商向华商定购土货又是怎样呢？1914 年 6 月，直隶高等审判厅因"本庭受理华洋诉讼案件纷至沓来"，函请天津商会调查华洋交易习惯，"以资参政"。商会旋委托会员、德义洋行的张月丹调查，张复函说："查各洋行买货，凡立票批定货物，先交定洋，即系洋人转售于外国，如到期无货可交或迟误期限，索要罚款或赔偿市价，皆取决于外国买主，罚数之多寡必须由外国公证人议定，签有凭单为据，此乃洋商向来情形也。"②可见，洋商向华商定货依华商书写契约习惯，即不将违约责任写进契约——"批票"，俟违约行为发生，再由外国公证人调处。正因违约赔偿没有被写入契约，外国公证人的调处又不能平息所有的纠纷，法庭收到的华洋诉讼案件才会"纷至沓来"。这无疑会延误交易时日，增加交易费用。为此，张月丹建议商会"转呈高等厅，函请各领事馆转知各洋行，俟后皮货先交定银，如到期无货可交，应如何包赔罚款，详细逐条注明批票，设或诉讼，不难直解。"③由此可见，洋商在与华商的土货交易中依照中国的契约习惯。

综上所述，民国时期定货契约的缔结大多秉承中国的习惯（华商向洋商订购洋货除外）。与西方的习惯不同，中国习惯多不将违约责任记入合同，西方（见定购洋货）则将违约条款作为合同的重要内容。由于这一差别，在西方契约习惯下，契约当事人一方违约，可依契约条款本身对违约行为作出处理（定货与货样不符除外），无须找第三方调停；而在中国契约习惯下，契约当事人一方违约，双方为此发生争议，则须找第三方调处。

中国的契约习惯如何形成，尚待进一步研究。从现有的研究看，它与中国传统社会文化难脱干系。在中国传统社会"重义轻利"的道德规范下，社会对个人追求"利"的行为不持赞赏态度，契约当事人双方在处理对方违约时的"讨价还价"，便须由第三方来平衡。顺便说一句，在我国古代文献中，有"乡老"在基层"市"交易双方间言定物价的记载。因此，不难理解，当违约行为发生时，解除契约或赔偿损失常常由契约当事人双方商请中人或公证人，即由第三方（调停方）视具体情况裁定。当然，一旦违约，违约方所承受的不仅是经济上的赔偿，还有来自社会关系

① 严谔声编. 上海商事惯例. 新声通讯出版部，1947：8.
② 天津市档案馆等编. 天津商会档案汇编（1912～1928）2. 天津人民出版社，1992：1983.
③ 天津市档案馆等编. 天津商会档案汇编（1912～1928）2. 天津人民出版社，1992：1983.

方面（如舆论、资信、人际交往等）的压力，后者将对违约方日后的经营产生影响。也许，在传统的中国社会，国人更重视社会关系对违约方的软约束。不过，仅从传统文化的特质来探讨这一问题显然是不够的。毋庸讳言，"商"是以盈利为目的的经营，买卖契约习惯正是确保商人整体利益的交易秩序的一部分。从经营的角度考虑，将违约责任写入契约，契约当事双方就会在设定违约责任时"讨价还价"，从而增加交易成本。因此，如契约当事人双方自觉信守承诺，不将违约责任写入契约，免去了双方的"讨价还价"，其实是节约了交易成本；相反，若契约当事人一方违约，找第三方调停，则定然会增加交易费用。目前我们无从测算因找第三方调停增加的交易费用与"讨价还价"增加的交易成本之间究竟有多大的差额，进而确切说明它与文化背景、社会关系是怎样地相互作用并左右商人群体的选择。但假如信守契约的商家多于违约的商家，或者从整体上看，守约行为多于违约行为，商人群体就有可能选择不将违约责任写入契约，在一个重视人际关系的社会更是如此。

二、违约纠纷中的裁处

买卖契约是买卖双方的一种合意，在双方自愿的基础上产生。但契约一旦缔结，就对缔结契约的当事人产生约束力。这是因为买卖契约习惯既被某个群体认同，就成为一种社会力量，无论当事人主观意愿如何，它对每个个体都具有教化与约束作用。如上所述，民国时期各地定货契约习惯不将违约责任写入契约，这样，违约后双方的争议就须找第三方裁定。那么，在中国的契约习惯下，违约纠纷如何裁定？

就笔者所见，民国时期，若买卖双方对履约中的问题发生争议，经双方协商，仍无法达成一致，或酿成商事纠纷时，调停、解决纠纷的办法有三：（1）由中人或证人，或与双方无经济利害关系的第三者出面调停；（2）提请商人自治组织作商事仲裁；（3）诉请司法机关作商事裁决。

1. 由中人或证人，或与双方无经济利害关系的第三者出面调停商事纠纷，是行之已久的商事习惯。前引陕西长安、凤翔等地，遇货价涨落，买卖中的一方试图解除契约，即由证人出面调停。按照一般程序，在调停之前，有争议的双方"应将争论之理由，缮具节略，送交调处人，以凭评论；并应预先声明，一经调处评定，均愿遵守"，[①]一旦调停人察酌情形，作出公断，原有争议的双方就必须信守"均愿遵守"的承诺，接受调停。需要强调的是，"预先声明，一经调处评定，均愿遵守"是买卖双方执行调停决定的先决条件，或者说，调停能否生效取决于买卖双方有否预

---

① 严谔声编. 上海商事惯例. 新声通讯出版部，1947：15.

先声明"均愿遵守"调处决定。譬如，上海某华商向外国进口行家定购匹头，双方因货物品质与定单不符发生争议，自愿请公证人调停。当时，上海商界对定货与货样不符的处理习惯是："小错则割价，大错则退货"。①公证人按"割价"（一九扣）公断，断卖方降低价金，买方须按原定价格的一九扣买入货物。买主以"品质上既有百分之十之差异，依据通例，不得强迫……出货"为由，要求退货；而卖方声称并无买方说的"通例"，坚持要买方提货。买方对此不服，便上诉地方法院，并请律师为自己辩护。律师接受委托后，就有无委托人所言商事通例向商会咨询，商会答复说："此案即由公证人决定，在价格上，定货人可得一九扣，是定货与货样不符，已证明属实，在理自不能强迫定货人出货，否则又何贵有此货样？但如双方同意交付公断时，已立有愿意服从公断之书面声明书，则一经公断，自然按照决定履行，否则该进口行家，亦不能强迫该定货人以服从公断也。"②言下之意，定货与货样不符，是卖方违约，断无强迫买方提货的道理；但若买卖双方在调停前已有书面声明表示愿意服从调停，就必须履行自己的承诺，执行调停决定。显而易见，尽管是否选择由第三者调停双方争议取决于买卖双方的意愿，但一经选用此法，无论调停对自己是否有利，争议双方都须遵行。这里，调停人的调停不单纯是个人行为，甚至不再是个人行为，而被赋予了社会性，他是"习惯"的人格化，代表社会力量约束买卖双方的行为，维护交易秩序。

2. 提请商人自治组织作商事仲裁。近代中国商会是商人的自治组织，它自诞生之日起，就将商事仲裁作为自己的职能之一。20世纪初，商部奏准颁行的《商会简明章程》第十五款规定：凡华商遇有纠葛，"可赴商会告之，总理定期邀集各董秉公理论，从众公断。如两造尚不折服，准其具秉地方官核办"。③据此，各地商会在成立章程中都将商事仲裁与调查商业、联络同业、启发商智、兴办商学等同列为商会的立会宗旨，并选举资深、公证、素洽商情的会员担任评议员，调处商事争议。注重"理案"的苏州商务总会还撰拟理案章程，对商事仲裁作了专门的规定。成都商务总会则率先成立了商事公断处。④

民国初年，民国政府又颁布了《商事公断处章程》，对商事公断处的主旨、组织、职员之选任及任期、公断处之权限、公断程序、职员之裁制等事项作了详细规定。该《章程》明确指出商事公断处附设于各商会，对于商人间商事争议立于仲裁地位，"以息讼和解为主旨"。公断处设公断处长、评议员、调查员、书记员，受理两类讼案："于未起诉先由两造商人同意自行声请者"及"于起诉后由法院委托调处者"。

① 严谔声编. 上海商事惯例. 新声通讯出版部，1947：8.
② 严谔声编. 上海商事惯例. 新声通讯出版部，1947：9.
③ 天津市档案馆等编. 天津商会档案汇编（1903～1911）（上册），天津人民出版社，1989：25.
④ 任云兰. 论近代商会的商事仲裁功能. 中国经济史研究，1995（4）.

其商事公断程序为：公断处接到争议双方的"声请书"，于 5 日内通知双方到场听候仲裁。"公断之判决"由评议员（一般为 3 人或 5 人）投票决定，多数票赞同即算通过，但必须征得争议双方同意，方能发生效力。若双方不愿遵守公断判决，仍可向法庭起诉；如双方对公断均无异议，应强制执行，然须函请法院宣告。该《章程》还对公断处受理讼案收取费用作了规定，仲裁费或由理屈者付，或由双方分担，限收费不得超过双方所争物价额的 2%。①民国三年，政府又颁布了《商事公断处办事细则》，规定"公断处评议事件得依据各该地方商习惯及条理行之，但不得与现行各法令中之强制规定相抵触"。②

《商事公断处章程》出台后，各地商会纷纷筹备设立商事公断处，强化商会的商事仲裁职能。即使有的商会因种种原因未设商事公断处，依然对调解商事纠纷发挥了作用。

违约纠纷在商会仲裁的商事纠纷中占有一定比例，包括因延期交货、定货与货样不符、违约起货、提货后不交银等引起的纠纷，都可申请商会仲裁。比如民国四年十月，天津鲜货商裕顺合向昌平县峰山村韩风等人订购大枣 10 石，定价 2.8 元，中枣 10 石，定价 2.4 元，并按每石 1 元交付了定金，言明寒露、霜降后过斗付价。谁知届时行市稍涨，货主竟将大枣偷偷卖给他人，只以次枣五六石搪塞裕顺合，裕顺合董事褚聘三遂向天津商会提出诉呈，"请转函昌平县处理"。③受资料的限制，我们无从知晓昌平县商会对此案的仲裁过程，但从《商事公断处办事细则》有关仲裁依据的规定，可推知商会会依习惯仲裁，判定违约人承担违约责任。

3. 诉请司法机构作商事裁决。诉请衙门裁决商事纠纷古已有之，但直至 19 世纪末，我国既无独立的商法，也未分设民事法庭。受理诉讼的官员因不谙商情，或拖延时日，或难昭公允。

我国商法的制定可以追溯到 20 世纪初。当时国内工商业的发展与对外贸易的扩大，迫切需要商事法律的保护。1903 年 7 月，清政府设立商部，仿效欧洲大陆法系"民商分立"（民法与商法分立）的立法原则，开始制定商法。同年即公布了《商人通例》与《公司律》，定于 1904 年实施。1908 年修律馆又起草《大清商律草案》，内容包括总则、商行为、公司法、票据法、海船法等五编，但未得实施。民国初年，北洋政府对《大清商律草案》中的"公司律""商法总则"作了修正，先后颁布了《公司条例》与《商人通例》。1927 年南京国民政府成立后，进一步加强法典的编纂，但立法原则及司法制度发生了一些变化。首先，改"民商分立"的立法原则为"民

① 郑希陶译纂. 商事公断处章程. 中国商业法令. 上海：1926：76～79.
② 郑希陶译纂. 商事公断处章程. 中国商业法令. 上海：1926：71.
③ 天津市档案馆等编. 天津商会档案汇编（1912～1928）2. 天津人民出版社，1992：2385.

商合一"，将有关商事的总则、契约、买卖方面的内容归入民法债编。其次，1932年公布《法院组织法》，改四级法院体系（即初级审判厅、地方审判厅、高等审判厅、大理院四级）为三级（即地方法院、高等法院、最高法院三级）三审制，并在各级法院分设民事、刑事庭。审判人员称"推事"，地方法院一般采用推事独任审判，高等法院一般以 3 名推事组成合议庭审理案件。①几年后，南京国民政府又发布《民事诉讼法》，规定契约诉讼在当事人指明债之履行地情况下应由履行地法院管辖，同时，将调解制度纳入诉讼法，如先行调解未成，即由调解阶段的首任推事继续担任裁判。②

如果说在调处违约纠纷时，第三方调停、商会仲裁以商事习惯为公断依据的话，那么法院的裁决则以法律为准绳。然而，由于民国时期，尤其是北洋政府时期成文法律不健全，司法审判往往缺乏依据，习惯仍常常是法官断案的重要参考资料，对裁决起重要作用。鉴于此，民国时期《民法·总则》第一条规定民事规范的适用顺序："民事法律所未规定者，依习惯；无习惯者，依法理。"习惯被明定为民事裁决的法律依据。考虑到各地习惯良莠不齐，《民法·总则》第二条对适用于法律依据的民事习惯作了限定，"以不背于公共秩序或善良风俗者为限"。具体说，满足下列四个条件，即：（1） 有内部因素，即人人有确信以为法之心；（2） 有外部因素，即在一定期间内，就同一事项反复为同一之行为；（3） 系法令所未规定之事项；（4）无背于公共之秩序及利益③ 的习惯，就可能成为判案的法律依据。

从历史法学的角度观察，民法对民事规范使用顺序的规定并非没有道理，商事习惯与商法的确有千丝万缕的联系。商事习惯及惯例是商法的历史渊源，它是构建有约束力的法律规则的原始材料。事实上，西方最早出现的商事法典，就是商事惯例的汇编。譬如，被称为欧洲三大商事法典的《康索拉度海法》（Lex Consulato）、《奥莱隆惯例集》（Rolls of Oleron）以及《维斯比海法》（Laws of Wisby）分别汇集巴塞罗那、奥莱隆岛、维斯比港口的商事习惯与商事惯例。当然，它们并非由国家制定，而是商人自己在商事实践中设立的，用来调节彼此的商事关系，但它所建立的规则却对近代商法的设立产生了重大的影响。当欧洲民族国家纷纷成立，自治城市不复存在，商人设立的商事习惯法也随之变成国家立法的组成部分。

我国古代虽有较发达的国内贸易，对商事习惯的记载却较分散。鸦片战争后，西风东渐，晚清政府仿效德国、日本制定商事法规，其法制建设开始与国际接轨。但因所定法规照搬德日商法，与中国的商事习惯不甚融洽，难以贯彻执行。上海商

① 叶孝信主编. 中国法制史. 上海：复旦大学出版社，2002：389～390.
② 叶孝信主编. 中国法制史. 上海：复旦大学出版社，2002：391.
③ 梅仲协，罗渊祥编. 六法解释判例汇编. 上海昌明书屋，1947：5.

务总会会长李云书评论说:"政府颁布商事法令,每不与商人协议,致多拂逆商情之处,是非徒不足以资保护,而且转多窒碍。"①为改变这种状况,1907年,上海预备立宪公会联合商会在上海召开了第一次全国商会商法讨论会,会议提出"由各埠商会分任调查,以本国之惯习,参各国之法典,成一中国商法",②议决各商会调查商事习惯。北洋政府成立不久,即针对清律中民事内容少,当时审判厅主要依靠民事习惯为裁判依据的情况,要求各审判庭长率民庭推事调查各地习惯。1918年设立的修订法律馆进一步要求各省设民商事习惯调查长,各县设调查员,并拨发调查经费,开展民商事调查。一时间,民商事习惯调查形成热潮,它不仅为后来修订民商法奠定了基础,也为法院断案提供了参考。即或是商法公布以后,法庭仍间或就受理案件涉及的商事习惯向商会调查,以求裁决公允。

　　笔者没有法院受理违约纠纷案件的分类统计,无法对法庭裁决在多大程度上依据成文法规,多大程度上依据商事习惯作精确说明。印行于1947年的《六法解释判例汇编》辑录了一些违约纠纷判例,反映司法机构依据成文法规执行裁决的事实。这里仅从法庭向商会调查商事习惯的案件中取两例,看习惯在裁决违约纠纷中的作用。

案例1　民国二年三月上海总商会答复上海地方审判厅

　　调查主文:兹有甲商店向乙商店定购货物,先交定洋若干元,言明于某日交货。及到期之后,乙商店因意外之情事(不可抗力者)不能交货,而此项货物价格飞涨。本埠商业习惯,此时乙商店应否负损害赔偿之责任,抑谨须交还定洋,即可解除契约,不负其他责任。应请调查商情,以资参考。

　　答复要点:查所谓不可抗力之情事,除天灾人祸非人力所能挽回者,自无法再令交货。其余应就事实分别处理也。③

　　案例1是乙商不能如期交货,又不肯负损害赔偿责任而引发的商事纠纷。从"调查主文"可以看出,甲商诉乙商违约,要求乙商退还定金,并赔偿因物价上涨,超出原定价格,给甲商造成的损失。乙商以不可抗力为抗辩理由,声称自己遇不可抗力,无法在限期内交货,不应负赔偿责任。本案裁决的关键是乙商不能交货的理由能否成立。查民国《民法·债编》第二章第一节"买卖"中没有关于"不可抗力"的条款,故上海地方审判厅向商会调查商事习惯。所谓不可抗力,指不预见、不可避免、不能克服的客观情况,它独立于人行为之外,不受当事人的意志所支配。"调

---

① 天津市档案馆等编. 天津商会档案汇编(1903~1911)(上册). 1989:284.
② 天津市档案馆等编. 天津商会档案汇编(1903~1911)(上册). 1989:284.
③ 严谔声编. 上海商事惯例. 新声通讯出版部,1947:2~3.

查主文"并未说明是什么情况阻碍乙商履约，因此，上海总商会的答复强调"不可抗力"是"天灾人祸非人力所能挽回者"。果真是不可抗力，乙商没有过失，不能再令交货，只有解除契约。笔者没有见到上海地方审判庭的裁决，若依《民法·总则》第一条规定，裁决有可能采用上海总商会的答复。若此，乙商的权益受到保护，甲商索赔的意愿则不能实现。

案例 2　民国六年一月上海总商会答复上海公共租界审公廨

调查主文：案据美商茂生洋行控中国化学工业社定货不出欠款一案，业经会讯，因所定之硼砂粉，桶漏耗损，以致重量不付（符），是以迄未出货。据原告供称，是项定货，由纽约落船交卸以后，应由被告负责；质之被告，则称须要收足定货，并付清货款，原告方可卸责等语。查阅供词各执，而定单文义又不明了，自应查明商界习惯，以杜争执。希查复以凭核办。

答复要点：依据上海商业习惯，定货如载西文 C．I．F 字样者，系属货到上海迟十天交货，交货之后，方与收货人脱离关系。今录示译文，定单系 C．I．F 字样者，应照习惯办理也。[①]

案例 2 是因定货损失引发的商事纠纷。原告茂生洋行诉中国化学工业社到期不提货、不付货款；被告中国化学工业社称硼砂粉重量与原定不符是原告方违约，原告则辩称硼砂粉漏失是被告责任，双方争论的焦点即硼砂粉在海运途中漏失，究竟由谁来负责，而这实际是由双方约定以离岸价或到岸价交易决定的。审公廨不谙商情，又没见到相关的法律条文，只好求助于商会。

离岸价格，简称 FOB（Free on Board），以货物装上运载工具为条件的价格。采用离岸价时，卖方负责将货物装上运载工具，并承担将货物装上运载工具前的一切费用和风险，而起运港到目的港的运费及保险费均由买方承担，[②]海运途中硼砂粉的漏失也由买方负责。到岸价格，简称 CIF（Cost Insurance and Freight），以货物装上运载工具并支付运费、保险费为条件的价格。采用到岸价时，卖方支付由起运港到目的港的运费与保险费，海运途中硼砂粉的漏失由卖方承担责任。上海商会答复审公廨"定货如载西文 CIF 字样者"，即以到岸价交易，"系属货到上海迟十天交货，交货之后，方与收货人脱离关系"。今定单有 CIF 字样，即"应照习惯办理"。

受篇幅所限，这里不能剖析更多的案例。上述史实已经明确地揭示了商事习

---

① 严谔声编.上海商事惯例.新声通讯出版部，1947：4.
② 辞海（缩印本）.上海辞书出版社，1979：355.

惯在调节违约纠纷中的作用。中人或证人调停、商会仲裁自不待言，即便是法庭，在没有具体法律条文的情况下，也把习惯（不背于公共秩序或善良风俗者）作为断案的根据。

上述史实还揭示了事情的另一面，即商事习惯是如何通过不同形式的社会力量——中人或证人、商会、司法机构来约束契约当事人的行为，从而维持交易秩序的。诚然，上述三种不同的社会力量对契约当事人的约束力有所不同：中人或证人调停最为简便易行，但须契约当事人双方预先声明愿意遵守"公断"，公断结果才能生效。商会仲裁有半官方意味，契约当事人双方若不服仲裁，可向法院上诉；若双方认可，则"函请法院宣告"仲裁结果，强制执行。法院的裁决无疑最具约束力，无论契约当事人认可与否，都须强制执行，但为此付出的费用可能最高。因此，除非迫不得已，争议双方不愿"对簿公堂"。值得注意的是，违约纠纷的裁处须依靠不同形式的社会力量；换言之，正是不同形式社会力量的相互配合，才能有效地解决违约纠纷的裁处问题，建立起真正的交易秩序。

笔者关注商事习惯的初衷源于对中国近代化的思考。19世纪下半叶，大机械工业裹挟着西方文明进入中国，加速了中国的近代化进程。清末民初民商法的制定，就是借鉴、吸收西方现代文明的产物。那么，传统因素在中国近代化的过程中扮演了什么角色，它一定是近代化的对立物吗？回答是否定的。从上述对定货契约习惯的考察可以看到，在中国近代化初期，尽管国家制定了独立的民商法，商事习惯仍在维系交易秩序中发挥至关重要的作用。商事习惯通过不同形式的社会力量约束商行为，而不同形式的社会力量则构成对交易行为的多层管理体系。这是保证民国时期商务正常开展，商业渠道畅通的重要因素之一。这一史实发人深省，即当近代中国上层社会的变革眩人耳目时，基层社会的运作则主要依靠传统习惯维系！这里，笔者丝毫不否认国家司法在市场治理机制中的意义，只想客观地描述市场治理机制的多样性，并揭示中国近代化初期传统因素（习惯）与现代性因素（司法）在市场治理中的互补关系。今天，伴随中国现代化建设与市场经济的发展，商法已逐步完善。与民国初年相比，商事惯例在断案中的作用淡化。然而，经济秩序往往包含多个层面，它的建立与维系，则需调动各种社会力量，实施多层管理体系方能奏效。这是考察民国时期的商事习惯与商法留给笔者的启示。

原载《中国社会经济史研究》2003年第3期

附：写此文时正值我从《中国经济史研究》编辑部调回中国经济史研究室，重又面临研究方向的选择。我向吴先生请教可否将中国近代商事习惯作为研究方向，先生答曰：此前少人研究，如能收集到相关资料，不妨做一做。惜乎，后因种种缘故，我没能对商事习惯做深入研究，然感念先生教诲，故以此文纪念先生。

近代中国农村物价指数变动趋势分析

南开大学经济研究所　王玉茹

　　内容提要：中国历史上是一个农业国，农村和农民问题一直是中国经济发展的重要问题。价格作为市场经济的核心机制，研究和分析农村物价的变化，是研究农村经济和社会发展的关键。本文利用可以找到的历史统计资料，推算出中国近代农村物价指数，并对其变动趋势进行分析。

　　关键词：近代中国　农村物价　物价变动趋势

　　中国历史上是一个农业国，农村和农民问题一直是中国经济发展的重要问题。近代中国虽然已经开始工业化进程，但是到 1949 年中华人民共和国成立，农业依然占国民总生产的近 70%，就业人口的 80%依然是农民。但是由于资料的缺乏和问题的复杂性，对近代中国农业和农村问题的研究还是远远不够的。价格作为市场经济的核心机制，研究和分析农村物价的变化，是研究农村经济和社会发展的关键。根据可以取得的资料，我们的研究就从农村物价的变动开始。

一、农村物价资料及其相关研究的考察

　　中国近代统计数据缺乏是众所周知的，而农村和农业统计资料的缺乏尤甚。与城市批发物价资料相比，农村批发物价资料显得更为匮乏。关于中国农村的物价统计资料和相关研究，我们见到的 20 世纪 30～40 年代比较权威的出版物有：金陵大学农业经济系张履鸾对 1894～1932 年江苏武进物价的研究及所编制的物价指数，[①]张景瑞对 1907～1932 年江西南城县物价的调查研究，[②]金陵大学农业经济系卜凯（John Lossing Buck）对 1929～1933 年中国 22 个省、168 个地区、16786 个田场、

　　① 张履鸾. 江苏武进物价之研究. 金陵学报, 1933, 3（1）.
　　② 张景瑞. 二十六年来江西南城县物价变动之研究. 江西省政府秘书处统计室编印. 江西经济丛刊第十二种. 南昌生记书局印刷，1935.

38256 个农家状况的研究以及编制的相关指数,[1]国民政府农林部中央农业实验所农业经济系对 1933~1939 年 13 个省 59 处乡村物价的调查资料,[2]以及国民政府相关统计资料中刊载的农村物价统计资料。新中国成立后出版的主要有许道夫对近代以来几种主要粮食作物价格的较为系统的研究及所编制的物价指数。[3]近年来出版的当推张培刚对 20 世纪以来中国的粮食价格变动的量化分析,[4]河南大学彭凯翔对清代以来米价做的计量研究。[5]在这里还需要补充说明的是,王业键等对清代粮食价格的研究,也涉及本文研究时段的 20 世纪初期。

　　以上所列各研究存在的主要问题是:研究地域覆盖面较窄(如张履鸾的研究仅限于江苏武进一个县)、时间序列较短、统计方法存在差异。因此很难直接使用某一个或几个资料对近代中国农村物价变动作出趋势分析,更不用说深入分析影响其变动的主要因素。我们的研究要在这些可以找到的资料的基础上,进行归纳、整理,重新编制出农村批发物价指数序列,并在此基础上展开我们的分析。

二、近代农村物价指数的编制

1．资料的选择

　　如前所述,目前我们见到的序列较长的农村物价资料只有张履鸾调查的 1894~1932 年江苏武进的物价资料,[6]国民政府农林部中央农业实验所农业经济系调查的 1933~1939 年 13 个省 59 处乡村的物价资料[7](但是这个资料不包括华北、华东部分地区和东北地区)和卜凯所作的调查[8]三种。虽然卜凯的调查与前述两个资料相比覆盖面最广,但其编制的物价指数却未说明所依据的原始数据和计算方法。而其他农村物价统计不过是不系统的零星资料。故我们编制农村物价指数资料只能是量米下锅,根据可以找到的合用资料来进行。

　　张履鸾调查的江苏武进的价格资料虽然只是江苏武进一个县,但是它的统计从时间上跨越了 1894 年到 1932 年的 38 年,国民政府农林部中央农业实验所调查的数据覆盖了 13 省 59 处乡村,时间从 1933~1939 年的 7 年时间。这两个资料内容的系

① Juhn Lossing Buck. Land Utilization In China. The Commercial Press, LTD, Shanghai 1937.
② 杨铭崇编. 近七年我国十三省五十九处乡村物价调查. 农林部中央农业实验所印行, 1941.
③ 许道夫. 中国近代农业生产及贸易统计资料. 上海人民出版社, 1983.
④ 张培刚. 20 世纪中国粮食经济. 华中科技大学出版社, 2002.
⑤ 彭凯翔. 清代以来的粮价: 历史学的解释与再解释. 世纪出版集团, 上海人民出版社, 2006.
⑥ 张履鸾. 江苏武进物价之研究. 金陵学报, 1933, 3 (1).
⑦ 杨铭崇. 近七年我国十三省五十九处乡村物价调查. 农林部中央农业实验所印行, 1941.
⑧ Juhn Lossing Buck. Land Utilization In China. The Commercial Press, LTD, Shanghai 1937.

统性较好，而且均可以找到他们编制指数时使用的数据资料，时间上也可以相衔接，我们据此进行新指数的推算，所以我们的推算和编制工作以这两个资料为基础进行，对那些不够系统的其他零星资料，我们将在指数分析时参考使用。

2．权重和基期的选定与计算方法

为了保持研究的整体性和统一性，与笔者其他相关的研究同样，本文编制物价指数时涉及的所有加权平均指数的权重都以巫宝三《中国国民所得，一九三三》中1933年对各部门国民生产值估计的比重为基础来设定。因为只有1933年一年的年度产值估计数据资料，所以在我们编制的指数中采用固定的权重。如前所述，选择巫宝三估计的产值作权重，主要考虑资料的全面性和科学性。一方面，巫宝三对1933年各行业的产值有较全面的估计，而且这一估计在中国学者以往的各种研究中也被广泛引用，较为权威。如前所述，对中国农业产值的估计，巫宝三与刘大中、叶孔嘉的估计的差别至今是一个没有结果的争论，笔者更愿意接受巫宝三的估计。使用巫氏的估计还可以照顾到我们的研究结果与其他相关研究的统一性和可比性。另一方面，在我们的研究中，最终选用的农产品的种类都是近代以来中国农村的主要商品，而近代本来就发展迟滞的中国农村的产业结构也是相对稳定的，所以我们选用1933年的产值作为从1894年到1939年所有年份的权重，虽然不十分理想，但还是可以接受的。巫宝三估计的1933年各种农产品的产值如表1所示。

表1   巫宝三估计 1933 年稻麦等 28 种作物总产值表

作物名称	总产量（千市担）	总产值（千元）	作物名称	总产量（千市担）	总产值（千元）
稻	2 288 598	4 613 814	绿豆	30 154	119 591
糯稻	41 466	123 983	豌豆	46 313	114 578
小麦	511 249	1 576 181	黑豆	33 123	89 565
大麦	111 574	174 053	马铃薯	47 994	117 105
春麦	30 182	47 084	甜薯	623 116	473 568
裸麦	13 510	21 076	红萝卜	146 148	336 140
荞麦	15 988	24 933	花生	46 056	175 750
莜麦	11 337	16 552	芝麻	11 056	56 597
玉蜀黍	188 255	375 945	油菜籽	37 832	1679 033
高粱	262 349	494 794	烟	24 650	417 571
小米	266 922	800 766	棉花	15 403	383 489
糜子	12 618	27 003	麻	4 103	60 195

作物名称	总产量 （千市担）	总产值 （千元）	作物名称	总产量 （千市担）	总产值 （千元）
黍子	26 616	56 958	甘蔗	338 715	118 550
黄豆	171 999	480 221	其他谷类	10 908	17 016
蚕豆	45 837	104 738	总计	5 413 985	11 550 847

资料来源：巫宝三.中国国民所得，一九三三（修正）.社会科学杂志，1947，9（2）：109.

从指数的编纂方法上，本表采用的是拉氏指数计算方法，即先以选定的权数计算各年度一揽子商品的加权平均价格，而后再以 1933 年或 1932 年为基期计算各年度的定基指数。选择两个年度为推算指数的基期是由我们使用的两个统计数据资料序列的特殊情况决定的，因为我们使用的前后两个数据系列的统计品种范围和地域范围不同，所以我们分别以两个数据系列的首尾年份分别作基期来推算农村物价指数，这样做既兼顾了两个数据系列的各自情况，同时按照近代中国的经济发展状况，我们选取的这两个相近的年份的物价没有较大变化，因此也不违背科学性原则，与我们推算中国近代城市批发物价的基期也比较一致。

指数的计算公式如下：

$$\overline{p}_t = \sum_{i=1}^{n} p_t^i v^i \bigg/ \sum_{i=1}^{n} v^i$$

式中，$i=1, 2, \cdots, n$ 表示 n 种商品；v^i 表示第 t 年的商品产值权数。

3．中国近代农村物价指数的编制

本文中，农民所得物价是指农民出售各种农产品时所得到的价格；而农民所付物价，则指的是农民为满足生产和生活的需要，购买各种生产和生活资料时所支付的物价。可见，所得物价和农民收入水平相关，而所付物价则与农民的生产和生活费用密切相关。

关于所用物价资料商品种类的选择，因为使用巫宝三对农业生产估计的结果作为权重,但是巫宝三估计 1933 年农业生产时与我们使用的资料中的农产品种类不尽相同，当年巫宝三估计全国的农业产值依据的是针对全国范围而言的主要农产品种类，我们使用的资料中有些是地域性的农产品，因此我们的估计是只能选择两种资料都有的农产品物价资料，而不得不放弃了武进资料中关于其他商品的大量的物价记载。按照这样的标准，计算平均所得物价时，只选取了白米、糯米、小麦、黄豆、豌豆和蚕豆 6 种商品，而放弃的物价记载则包括粳稻、元麦、棉籽油以及地价和地税等 10 种。计算平均所付物价时,选取了白米、糯米、小麦、大麦、黄豆、蚕豆和棉花等 7 种商品,放弃了其他的 57 种在巫宝三资料中找不到产值数量的次要商品。另外,计算加权算数平均数时,白米和糯米的权数以巫宝三资料中的稻和糯稻的 1933 年产值数代替。

推算中国近代农产品物价指数的过程是,第一步,分别处理我们选用的两种资料:

(1)武进农产品价格资料因为只是一个地区的资料,我们直接用巫宝三估算的产值做权重,分别计算"1894 年到 1932 年农民所得物价"和"1910 年至 1932 年农民所付物价"的加权算术平均数,作为各年度的农民所得和所付的平均物价。

(2)国民政府农林部中央农业实验所调调查的资料的时间虽然仅跨越 1933 年到 1939 年的 7 年时间,但地域范围却覆盖了 13 省 59 处乡村,具有较强的代表性。具体的处理过程是:第一步先计算各县市各商品价格的加权算术平均数,得到作为该县市农民所得和农民所付的平均物价。第二步采用简单几何平均法计算各省的平均物价,然后仍用简单几何平均法计算所有省份(即代表全国)在 1933 年到 1939 年的平均物价,包括农民所得和农民所付物价两类数据。简单几何平均法的公式如下:

$$\overline{p}_t^{\text{总}} = \sqrt[n]{\prod_{i=1}^{n} \overline{p}_t^i}$$

式中,$i = 1, 2, \cdots, n$ 表示各地区;$\overline{p}_t^i$ 表示各地区 t 年平均价格。

第二步,将上述两种资料所得的计算结果,即各年度平均物价资料合并,得到 1894 年至 1939 年农民所得平均物价,以及 1910 年到 1939 年的农民所付平均物价两个长序列,然后计算物价指数和绘图。这里计算出了三种物价指数:一是以 1933 年为基期计算农民所得物价的定基指数。二是考虑武进资料截至 1932 年,而农林部资料始自 1933 年,两种资料记载的商品种类不同,所以合并之后存在逻辑上的瑕疵。尤其是农林部调查的资料中关于农民所付物价的记载,经筛选只有"水牛或黄牛"一种商品的资料可用,这就使 1932~1933 两年所求之平均价格因本质不同而相去甚远,实际上不能直接合并,故分别以 1932 年和 1933 年为基期重新计算了农民所得和所付物价指数,然后再将指数合并。这样,1932 年和 1933 年的指数都是 100%。

按照上述的编制方法,我们编制出中国近代农村所得物价指数与所付物价指数两个指数系列,如表 2 所示。根据表 2 的数据,我们绘制出中国近代农村物价指数的变动趋势图,如图 1 所示。

表 2　中国近代农村物价指数

（1932 年以前以 1932 年为基期，1933 年以后以 1933 年为基期）

年份	所得物价指数	所付物价指数	年份	所得物价指数	所付物价指数
1894	28.85		1917	60.17	54.81
1895	28.84		1918	57.69	53.00
1896	49.59		1919	56.92	52.10
1897	42.58		1920	75.51	65.64
1898	49.38		1921	81.37	69.99
1899	40.95		1922	95.37	80.43
1900	37.36		1923	99.17	84.31
1901	37.17		1924	89.08	80.50
1902	53.46		1925	96.77	83.26
1903	53.93		1926	123.99	105.95
1904	45.77		1927	123.21	113.71
1905	38.51		1928	96.48	100.21
1906	48.00		1929	114.16	109.27
1907	62.98		1930	143.10	136.34
1908	59.39		1931	104.76	105.11
1909	50.12		1932	100.00	100.00
1910	60.82	56.63	1933	100.00	100.00
1911	66.63	61.82	1934	96.08	104.89
1912	63.56	58.04	1935	96.64	105.90
1913	62.73	53.33	1936	102.59	106.60
1914	58.46	52.92	1937	113.01	114.02
1915	65.84	56.18	1938	119.62	119.48
1916	64.30	55.78	1939	178.50	168.39

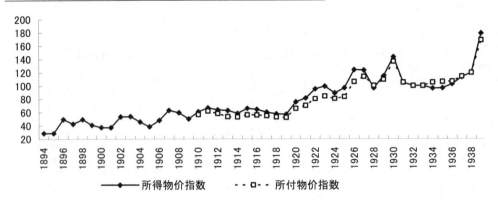

资料来源：根据表 2 数字绘制。

图 1　中国近代农村物价指数的变动趋势

三、近代中国农村物价变动趋势分析

1. 近代农村物价变动的总趋势

（1）由表 2 和图 1 所显示的变动趋势可以看到，中国农村自 19 世纪末期至 20 世纪 30 年代末，物价虽有波动，但总趋势是上升的。所得物价指数 1910 年以前在波动中略有轻微上升，1910～1920 年期间所得物价与所付物价都比较稳定，中国农村的农产品价格基本上是在微小的波动中略有上升，如果我们给变动的曲线做一条移动平均的趋势线，这种变动趋势就看得十分明显。如果是 3 年移动平均，可以看到还有较小的波动，如果 5 年移动平均，则看到的是一条几乎没有波动微微向右上方倾斜的线。1920 年开始农村物价有明显的上升，1920～1935 年经历了一个上升又下降的完整周期，这个周期的最高点是 1930 年。1936 年开始一个新的上升期。

（2）近代中国农村所得物价（农产品售出价格）与所付物价（农民支出所付物价）的变动总趋势大致相同，但是两者相比，所得物价指数的变动幅度大于所付物价的变动幅度，只是个别年份例外。1928 年以前所得物价指数高于所付物价指数的水平，但是 1928 年开始，尤其是 1930 年以后，所付物价指数一直高于所得物价指数；尤其表现在 20 世纪 30 年代以来，所付物价巨幅膨胀，而同时所得物价却增速缓慢。同期所得物价在 1936 年下降到谷底然后开始回升。

2. 中国近代农村物价变动的影响因素

如前所述，农村物价变动实际上就是以粮食为主的农产品的物价变动，影响农村物价变动的因素是多方面的，包括人口因素、货币因素、粮食生产率及生产成本因素及其他因素等。以下将逐一分析这些因素对物价的影响，寻找导致近代农村物价变动趋势的根本原因。

（1）人口因素

按照经济学最普通的资源配置原理，人口、耕地与粮食价格的关系通常是：当人口增加速度超过了耕地面积扩大的速度，会直接导致人均耕地面积下降、粮食需求增加；在粮食产出不变，即单位面积产量没有增加的情况下，会引致粮食价格上涨。也就是说，在农业生产力水平没相应提高，种植的作物品种没有改变的情况下，人口的骤增与耕地近乎停滞性增长的矛盾必然表现为粮食供需紧张，表现出粮价的持续性增长。

虽然 1840 年鸦片战争后由于西方国家的入侵，中国的传统经济受到冲击，中国传统经济开始解体、现代经济的产生都是在 19 世纪的七八十年代。所以我们对中国近代经济的考察始于 19 世纪 80 年代。在我们研究的这一时段，人口和耕地的统计有很多种。但是据笔者以前的研究，清代中国即从 17 世纪中叶到 19 世纪中叶的 200 年间耕地面积扩大了 1 倍，但是人口的增长速度更快，增长了 2.28 倍，结果到 19 世纪中叶，人均耕地面积下降了约 40%。[①] 这一时期耕地面积的扩大与清晚期对东北等地开发的解禁有直接的关系，当然这一时期随着社会分工的发展，有一部分人从农业部门转移到非农业部门，如果按照农业从业人口计算耕地面积，会更高一些。19 世纪末到 20 世纪 30 年代，笔者见到的比较有代表性和权威性的研究当推美国学者珀金斯（Dwight H. Perkins）和中国学者吴承明的研究成果。珀金斯（Dwight H. Perkins）是较早对中国农业经济进行系统研究的外国学者，他对这一时期中国的耕地（他定义为：所有种植作物的土地）和人口做出过估计。[②]吴承明先生也曾对相同时期的中国耕地和人口进行过研究，并做出了相应的估计。[③]笔者在他们估计的基础上计算出同期人均耕地面积，整理为表 3。

① 刘佛丁，王玉茹，于建玮著. 近代中国的经济发展. 山东人民出版社，1996：28.
② Dwight H. Perkins. Agricultural Development in China. Edinburgh University Press, 1969: 1368-1968.
③ 吴承明. 中国近代农业生产力的考察. 中国经济史研究，1989（2）.

表3　珀金斯、吴承明对中国近代人口和耕地的估计

年份	珀金斯的估计			吴承明的估计		
	耕地面积（百万市亩）	人口（百万人）	人均耕地面积（市亩）*	耕地面积（亿市亩）	人口（亿人）	人均耕地面积（市亩）*
1873	1210	350	3.46	11.451	3.453	3.32
1893	1240	385	3.22	11.889	3.801	3.13
1913	1360	430	3.16	12.679	4.380	2.89
1933	1470	500	2.94	14.047	4.500	3.12

资料来源：珀金斯著. 宋海文，等译. 中国农业的发展，1368~1968. 上海译文出版社，1984：5. 耕地的估计误差为±50百万亩，人口的估计误差为±25百万人。《中国近代农业生产力的考察》，载《中国经济史研究》1989年第2期。

*笔者根据珀金斯和吴承明估计的耕地面积和人口数推算。

　　20世纪80年代末彭南生也对这一时期的人口与耕地作了研究。[①]虽然他选择的具体年份、使用的材料不一，推算结果的具体数字也不尽相同，但都反映出近代中国人均耕地面积是一种下降的趋势。因此，人地比例关系恶化，人均耕地面积降低，是造成中国近代农产品价格上涨趋势的一个重要因素。

　　（2）粮食生产率及生产成本因素

　　粮食是人们生活的不可替代的必需品，在一定时期内（撇开人口因素）需求弹性较小。同时我们知道，一般商品法则从量的规定性来说，其需求的弹性较大，定性只是一种假象。而粮食这种商品则相反，有极强的需求定量性，其需求量不能随着市场价格而作出相应变化。相对于粮食需求量而言，粮食的供应则随着生产和价格变动而富有极大弹性，因为粮食生产的特点是受自然变化影响大且生产周期长，生产量的多少直接影响到市场供应量的多少，同时市场价格高低对粮食生产者和粮商影响较大：价格上涨时，便猛向市场抛投粮食，而当价格下跌时，便囤积不卖，待价而沽。从总的粮价变动与供需关系看，粮食供应的弹性大和粮食需求的弹性小必然导致粮食价格的持续性增长。价格的形成取决于凝结于商品中的价值量，而价值量则是由社会必要劳动时间决定的，即在一定的现有的社会正常的生产条件下，在社会平均的劳动熟练程度和强度下，生产某一单位产品所需要的劳动时间，这就使我们必须来探讨近代粮食生产率的问题。

　　从近代整个农业生产力发展看，粮食生产能力尽管有一定提高，但主要是以耕地面积一定程度的扩大和高产作物的推广与普及获得的，属于外延性的增长，土地生产率与劳动生产率增长极为缓慢。清朝自雍正以后，随着可垦荒地减少，农业生

① 彭南生. 近代农民离村与城市社会问题. 史学月刊，1999（6）.

产的发展一般地表现为密集的劳动投入和精耕细作程度加深，小农以不惜浪费其家庭成员的劳动力、牺牲其牲畜体质的可怜办法，在十分有限的耕地上集约投资经营。这就涉及农业生产中的一般规律——报酬递减法则，即在技术构成不变情况下，对有限耕地连续追加投资，超过其所需最佳标准量时，相对于投入而言便会产生报酬下降或边际效益趋于零。

我们认为，在近代粮食生产中，在生产工具、技术、品种改良及肥料水利设施诸方面都没有大的改进和提高的前提下，随着劳动量投入的增加，这种低层次的集约经营是存在报酬不变或报酬递减问题的。报酬递减的产生势必提高生产每一单位粮食所需的成本，而粮食价格的形成最终则是以生产成本的高低为基础的。同时，随着人口增长，越来越多的荒地纳入耕垦之列。随着优中等耕地的开垦殆尽，大量属于不毛之地的劣等土地必然被不断垦耕。尽管这种劣等耕地所需要投入的资金和劳动量大大超过优中等耕地，却得不到同等于优中等耕地的经济效益。用开垦劣等土地的办法来增加粮食总生产能力，必然会增加生产单位面积产品的价值量。而粮食价格的形成，则必须在原则上以劣等耕地生产的粮食价值和成本作为基础，否则下等耕地将不能维持再生产。由此看来，粮食价格随着生产粮食成本的增加而持续性上涨是有一定根据的。

（3）货币因素

粮食价格变动的长期趋势，始终要受到货币购买力的影响。笔者认为，造成近代中国物价上涨的主要因素是：货币价值量下降，也即货币供应量增长的结果。中国近代粮食价格是由货币——白银来表示的，白银流通量及购买力的变化会直接影响粮价变动。价格是商品价值的货币表现，在这里就必须从货币本身和商品价值本身来考虑。清朝实行银铜平行本位制，铜钱与白银相权而行，二者均为法定货币，都具备无限法偿资格。但实际上，清代市场上大宗交易基本以白银流通为主，我们所看到的有关清代粮食价格计算材料，大多都以白银来计算，即使在零售市场上用铜钱表示，但在奏呈皇帝时也必折算为银两，这样，白银流通量的多少就直接影响到粮食价格。

众所周知，工业化先驱的英国从1816年开始率先实行金本位制度。19世纪70年代以后，世界主要工业化国家相继放弃银本位制度，改行金本位，只有中国继续实行银本位。到1935年的币制改革时，中国已是世界上唯一实行银本位的重要国家。这种长期拒绝与世界经济接轨的做法，一方面说明中国自然经济的坚韧性，另一方面在国家经济政策上的反映则是对参与国际经济循环的冷漠，力图维持一种经济上的封闭性。旧货币体系对中国经济的影响得失兼备，其现象的复杂性和不确定性，使中央政府在币制改革的问题上犹豫不决。由于这一政策的弊病，最后还是迫使其不得不最终放弃银本位，改行现代的各国通行的货币制度。在银价跌落时期，白银的流入往往给中国带来表面的繁荣，而这正是 19 世纪 70 年代至 20 世纪 30 年代金银比价变动的基本趋势。中国放弃银本位不是由于银价下跌，而是由于美国收购白银政策所造成的银价上涨和白银外流的结果。

由于中国 1935 年以前一直实行银本位制，世界其他国家则改行金本位制，所以白银在中国是货币，而世界市场上则为商品。但中国不是大量产银的国家，又不是白银的主要消费国，所以白银的价格非中国所能左右，而为其在世界市场，特别是英、美市场上的价格所决定。根据笔者在《近代中国价格结构研究》中的研究，在 1836～1873 年之间，世界市场上金银比价十分稳定，维持在 1:15 左右；但是从 1874 年起银价开始下跌，80 年代末达到 1:22 左右；1891 年后银价下跌加速，1898 年时达到 1:35；其后一段时间下跌的趋势减慢，到 1915 年，最低时几近 1:40，银价仅为 1873 年以前的 40%；其后一段时间银价急速回升，1920 年时比例为 1:15.31，基本恢复到 1873 年以前的水平；但是其后银价又开始下跌，1929 年时接近欧战时期银价最低的 1915 年水平，为 1:38.54，1930 年后猛烈下跌，金银比价达到 1:53.28，1931 年更跌至 1:71.30，该年银价仅为 1873 年的 22%，也即不到 60 年中银价下跌了 4 倍还多；其后银价下跌趋势减缓，并从 1934 年后回升，到 1935 年时金银比价回复到 1:54.9。从总的趋势看，在中国近代化开始起步后的 60 年中，世界银价的变动是一种下跌的趋势。这种下跌的趋势主要是由于白银购买力下降所致。当然这并不排斥金银比价在短期内变化有些是由于金购买力变动的结果。[①]

另据笔者的分析，中国近代化起步后的 50 年间的物价总水平呈上涨趋势的主要原因是银价下落的结果。通过比较银价变动与物价变动的图像发现，二者呈相反方向变动。若再将中国的金价指数作一曲线，则可以看出，金价的变动与物价总水平的变动趋势相同。这就证明，中国近代物价的上涨几乎全系由银价下跌所致，而非商品本身价值量变动的结果。[②]

（4）其他因素

近代中国天灾人祸不断发生，是导致农产品价格不断波动的重要原因。频繁的自然灾害（邓拓《中国救荒史》中有详尽的描述）和战乱，常常破坏甚至中断农业生产，导致农业产出时有跌落，农产品价格不同幅度上涨；同时，受世界资本主义经济的影响，外来商品的大量入侵，抢占了中国农产品的销售市场，又会迫使中国农产品价格下跌。这些不同因素的交互作用，使得农村物价水平出现频繁上下波动的现象。

---

① 王玉茹. 近代中国价格结构研究. 陕西人民出版社，1997：45～46.
② 王玉茹. 近代中国价格结构研究. 陕西人民出版社，1997：46.

主要参考文献

1. 张履鸾. 江苏武进物价之研究. 金陵学报，1933，3（1）.

2. 张景瑞. 二十六年来江西南城县物价变动之研究. 江西省政府秘书处统计室编印. 江西经济丛刊第十二种. 南昌生记书局印刷，1935.

3. 巫宝三. 中国国民所得，一九三三（修正）. 社会科学杂志，1947，9（2）.

4. 杨铭崇编. 近七年我国十三省五十九处乡村物价调查. 农林部中央农业实验所印行，1941.

5. 许道夫. 中国近代农业生产及贸易统计资料. 上海人民出版社，1983.

6. 张培刚. 20世纪中国粮食经济. 华中科技大学出版社，2002.

7. 吴承明. 中国近代农业生产力的考察. 中国经济史研究，1989（2）.

8. 彭凯翔. 清代以来的粮价：历史学的解释与再解释. 世纪出版集团，上海人民出版社，2006.

9. 刘佛丁，王玉茹，于建玮著. 近代中国的经济发展. 山东人民出版社，1996.

10. 彭南生. 近代农民离村与城市社会问题. 史学月刊，1999（6）.

11. 王玉茹. 近代中国价格结构研究. 陕西人民出版社，1997.

12. Juhn Lossing Buck. Land Utilization In China. The Commercial Press, LTD, Shanghai 1937.

13. Dwight H. Perkins. Agricultural Development in China. Edinburgh University Press, 1969：1938-1968.

中国国家资本的历史分析

吴太昌　魏明孔　朱荫贵　武力　剧锦文

中国国家资本始于中国封建国家对经济领域的干预和对工商业的直接经营（这一部分可以视为国家资本前史），贯穿整个近代和新中国国有企业，大体按历史的顺序，考察两千多年来中国国家资本的变化和特点，从中探讨中国国情以及国家资本的地位、作用和演变趋势。列宁在评论民粹派经济学家对俄国资本主义发展问题的研究时指出："我们有人往往把'俄国资本主义的命运'问题的实质描绘成这样：似乎具有重要意义的是速度如何（即资本主义如何迅速地发展？）的问题具有主要意义。其实，究竟如何和从何而来（即俄国前资本主义的经济制度如何？）的问题具有更重要得多的意义。民粹派经济学最主要的错误，正是对这两个问题作了不正确的回答。"[①]中国资本主义发展的缓慢、曲折与中国封建经济的长期延续是原因相通的。同样，中国的社会主义的产生和发展与以上两个因素也是密切相关的。中国的社会主义是在资本主义发展不充分、生产力比较落后的半封建、半殖民地旧制度基础上建立起来的，彻底摆脱旧制度、确立和完善新制度需要一个漫长的过程，这就是社会主义初级阶段的国情。国情是传统的反映，传统可以批判，可以改造，但无法割断，那样做无异于一个人试图拎着自己的头发离开地球。鉴古知今，中国特色，在于中国的国情和传统。

一、中国封建社会经济结构及国家经济职能

马克思指出："从直接生产者身上榨取无酬的剩余劳动的独特经济形式，决定着统治和从属的关系，这种关系是直接从生产本身产生的，而又对生产发生决定性的反作用。但是，这种由生产关系本身产生的经济制度的全部结构，以及它的独特的政治结构，都是建立在上述的经济形式上的。任何时候，我们总是要在生产条件的所有者同直接生产者的直接关系——这种关系的任何形式总是自然地同劳动方式和

---

① 列宁全集（第 3 卷）. 俄国资本主义的发展. 人民出版社，1984：343.

劳动社会生产力的一定的发展阶段相适应——当中，为整个社会结构，从而也为主权和依附关系的政治形式，总之，为任何当时的独特的国家形式，找出最深的秘密，找出隐蔽的基础。"①毫无疑问，中国封建社会的发展具有自身的特点，这只有以马克思主义关于人类社会发展一般规律的概括为指导，从中国封建社会的事实出发，同时在与其他国家和地区封建制度的比较研究中，通过对中国封建经济结构的分析才可以阐明。这里既不应该从个别的原理出发，也不能用简单的现象比较代替对本质的分析，更不能用比附代替比较，硬造出一个世界"中心"，逼中国封建社会的实际去就"范"。诸如中国未完成封建化，中国封建社会长期停滞、万劫不复、存在一个"超稳定结构"，中国封建社会末期不可能分解出资本主义因素，中国资本主义"外铄"论，这类讨论大体都与上面所说的简单化的研究方法有关，是背离中国社会实际和马克思主义一般原理的。

中国封建经济形态的发展大致可以分为两个阶段，第一个阶段是领主制经济阶段，约从西周至春秋末期；第二个阶段是地主制经济阶段，自战国时期至清代，这一阶段以唐代中叶为界又可分为两个时期，前期贵族地主经济占统治地位，带有较多的农奴制残余，后期才是比较典型的成熟形态的地主制经济。中国区别于欧洲等地封建国家的主要是第二阶段。一般封建国家或者是没有经历过这一发展阶段（如德国和俄国），或者是这一阶段与资本主义关系同时（也可能略有先后）产生于领主制经济的崩溃时期，因而未有充分发展即逐渐为资本主义生产方式所排斥和取代（英国、法国可算作这类国家的典型），经历最长的也不过三百年左右。只有中国这一阶段延续了两千多年，由于没有新的生产方式的挑战而得到充分的发展，取得了典型的独立的形态。我们将着重分析这一阶段社会经济结构的基本特征。

在封建经济形态下，农业是社会主要生产部门，这样土地制度当然就是社会经济结构的基本要素，或称核心要素。中国封建社会第二阶段的土地制度是比较复杂的，它具有以下一些特点。

1. 土地私有制和土地国有制并存，土地私有制占统治地位；地主土地所有制和自耕农小块土地所有制并存，地主土地所有制占统治地位。在第二阶段前期，贵族地主所有制、庶族地主所有制、国家土地所有制、自耕农所有制并立，贵族地主所有制占有相对优势，作为地主所有制补充的国家所有制和自耕农所有制也还具有一定的规模；后期地主所有制、国家所有制、自耕农所有制虽仍然并立，但国有土地相对减少，自耕农大批转化为佃农，地主所有制占有绝对优势。

---

① 资本论（第3卷）. 人民出版社，1975：891～892.

2. 由于土地制度的多样性，地权的分散和流动具备了条件，在相当范围内土地可以自由买卖；另一方面，中国封建土地所有制缺乏严格的等级结构（愈到后期愈是如此），社会各阶级和各阶层的经济地位与经济身份可以变动不居，以土地作为社会财富和阶级身份的主要标志。上述两点使得地租、利润、利息结合在一起，形成地主、商人、高利贷者三位一体的经济纽带，加剧土地兼并，促进了小农经济的破产和大土地所有制的发展。

3. 国家和地主一般不直接经营农业，而是将土地租予小佃农分散经营。中国佃农较领主制下的农奴具有相对的自由（当然仍不同程度地保留着对地主的人身依附关系，而且愈在前期这种依附关系愈为严重），但佃农与土地的结合不稳定，经济上缺乏保障，处于竞争之中，这一方面提高了社会劳动生产力，另一方面也加强了地主剥削的残酷性，土地剩余生产物的地租化与赋税化强化了地主阶级及其国家的统治，使得小农经济地位日益恶化，分散经营的小农业基本上是一种简单再生产的结构。

土地制度多样性和土地经营分散性的必然结果就是，中国封建地主所有制不可能形成领主经济制下那种完整的庄园经济体系，一家一户进行个体生产的小农不仅生产自己所需的农产品，而且也生产日常所需的一部分工业品，这种自给自足的小农业和家庭手工业相结合的生产结构成为中国封建经济的细胞组织，成为中国封建社会第二阶段自然经济的特殊表现形式。另一方面，中国小农经济农工结合体的基本特征是"耕织结合"，自给范围主要限于吃穿，相当一部分生产资料（如生产工具）和生活资料的供给要依赖交换和市场，而封建地主占有的剩余劳动主要是谷物地租、极少工业品和农产品制品，其消费更要依赖市场，如果再考虑到纺织品原料及区域性产品生产的地理条件限制，那么这种自然经济的不完整性就更为明显了。因此，作为封建地主制经济必要补充的城乡小商品生产在中国封建社会第二阶段得到存在和高度发展；与此同时，以分散狭小但基数极大的小农经济和小商品生产为基础的商业，特别是转运贸易也得到了繁荣与发展，构成了中国封建社会第二阶段自然经济失去典型形态以后的特有现象。这种与地主制经济伴生的商品经济独立性有限，在一定程度上仍然保持着对于封建自然经济的依附和从属地位。不过，商品经济的发展终究是社会生产力作用的结果，是社会分工扩大和交换扩大的产物。较领主制经济代表着更高劳动生产力的地主制经济使典型的自然经济形态发生变异，需要小商品生产和商业的发展作为它的补充，自然经济和商品经济互为依存，二者相反相成，扩大了中国封建社会第二阶段的经济基础。中国封建社会中央集权国家制度正是在这样的基础上建立和发展起来的。

马克思指出，"全国性的分工和国内交换的多样性""正是建立统一的管理体系和统一的法律的唯一可能的基础"。[①]以往关于中国中央集权封建国家制度的讨论，或言地主经济是其基础，或言小农经济是其基础（这种观点是完全错误的），或从二者的结合上加以论证，总之都一致认为自然经济是中央集权国家的基础，而忽视商品经济发展对其形成的作用，甚至削足适履，否认商品经济与自然经济的区别，把它们等同起来。一定的政治制度和国家形式总是经济发展的结果。世界历史的发展已经证实，在以领主经济制为特征的比较纯粹的自然经济形态下，是不可能产生中央集权形式的国家制度的。如欧洲奴隶制时代一度繁盛过的中央集权国家制度到了中世纪的封建自然经济时代便不复存在了；查理大帝企图在领主制经济占统治地位的法兰克王国建立君主集权制度，但他不曾成功；拜占庭帝国在封建领主制确立以后，其中央集权制度也就逐渐消亡了；亚洲的日本竭力仿效汉制，但历经一千余年也未能建立起中央集权国家。再如，中国封建社会魏晋南北朝时期由于贵族地主领主化而导致中央集权制度几番衰落的史实，中国封建社会第二阶段的前期和后期因地主经济制成熟程度和商品经济发达程度不同而显示出中央集权国家制度发展水平和稳固程度的差别，这些都是明显的例子。

　　本文不拟探讨中国封建社会中央集权国家制度形成和发展的整个过程，也不涉及这一制度的其他方面，这里我们只着重说明中央集权封建国家的经济职能以及它对社会经济结构所产生的深刻影响。根据马克思对"古代东方"国家职能的论述，在一定条件下古代国家是可以具备某种经济职能的。[②]当然中国和印度等国家不同，并不是由于地理环境的影响才成为一个中央集权的封建国家，上面我们已经分析过，中国中央集权国家制度是建立在发达的地主经济和与此相联系的商品经济较高程度发展的基础上的，它正是封建社会文明高度发展的产物。中国封建社会第二阶段较为发达的生产力和广泛的社会经济联系使得中央集权的封建国家具有较印度等国家更为完备和发达的经济职能。这种经济职能并不像印度等国家那样出于对共同灌溉的需要仅仅从事公共水利工程，固然中国封建国家也大规模地从事水利工程的建设，而且还从事交通和国防等公共工程的建设，但这些还不是其经济职能的主要部分。中国中央集权封建国家的经济职能表现在三个方面：第一，从事水利、交通、国防等公共工程的建设和管理；第二，通过赋税和各项经济政策干预社会的再生产；第三，直接经营手工业、商业和农业。

　　关于第一点，此乃中央集权国家顺理成章之举，无须赘述，只是应该强调，公共工程的建设和管理需投入大量的人力、物力和财力，它在整个国家支出中所占比重相当可观，对社会经济发展的作用也是极为重要的。第二、第三两点是相互关联

---

　① 革命的西班牙. 马克思恩格斯全集（第 10 卷）. 人民出版社，1964：462.
　② 不列颠在印度的统治. 马克思恩格斯全集（第 9 卷）. 人民出版社，1964：143.

的。马克思说过,"在任何一种生产方式的基础上,商业都会促进那些为了增加生产者(这里是指产品所有者)的享受或贮藏货币而要进入交换的剩余产品的生产;因此,商业使生产越来越具有为交换价值而生产的性质""商业对各种已有的、以不同形式主要生产使用价值的生产组织,都或多或少地起着解体的作用"。[①]中国封建社会第二阶段,社会分工的扩大和商品经济的发展不断促进了地主制经济的繁荣,但作为封建地主经济补充的小商品生产和商业的发展在客观上又是对自然经济的否定,它的过度发展必然会危及地主制经济的基础,动摇中央集权封建国家的根本,这是地主阶级所不能容忍的。因此,封建国家政权通过赋税和各项经济政策干预社会再生产,力图抑制商品经济的发展,以求巩固地主阶级统治的根本。历代王朝都以"重农抑商""强本抑末"作为其经济政策的中心,力言奖励农桑耕织,并以重征商税、限制商人经营活动、贬低商人社会地位等手段抑制商业资本的发展和它对小农经济的瓦解作用。但商品经济的发展是社会生产力的体现,这种经济力不是封建国家的某种经济政策就可以任意抑制其发展的,所谓"今法律贱商人,商人已富贵矣;尊农夫,农夫已贫贱矣!"[②]这便是历史发展的真实写照。正是在自然经济和商品经济的这一矛盾运动中,中央集权封建国家的第三种经济职能得到了高度发展。

官营手工业早在领主制的周代就已经以与农奴制相对应的工奴制形式而存在,其时主要生产封建贵族需用品和军用品,是自然经济的典型形态。及至汉代,官营手工业出现了重要的变化,生产活动不再限于非营利性的自用工业品和军用品的生产,逐渐扩展到营利性的关系国计民生的重要产品的生产,如制盐、冶铁及其他矿业、货币铸造、造船等,经营规模越来越大,生产组织也越来越严密。中央集权封建国家垄断重要工业品的生产,其意一在增加财政收入,扩大集权国家的经济力量;二在抑制商品生产的发展,巩固地主制经济,而后者是更为重要的。正如《盐铁论》所载:"今意总一盐铁,非独为利入也,将以建本抑末,离朋党、禁淫侈、绝并兼之路也……往者,豪强大家得管山海之利,采铁石鼓铸、煮海为盐,一家聚众,或至千余人,大抵尽收放流人民也。远去乡里,弃坟墓,依倚大家,聚深山穷泽之中,成奸伪之业,遂朋党之权,其轻为非亦大矣。"[③]

与此同时,封建国家的经济活动也扩展到商业领域,国家设立了均输、平准、常平仓等商业机构,凭借其强大的经济力量以及超经济的政治力量建立起以京师为中心的全国性商业网,对一些重要商品实行专卖和榷酤制度,在相当程度上保持了对流通和市场的控制,并获得巨额盈利。由此可见,封建国家"重农抑商""强本抑

① 资本论(第3卷). 人民出版社, 1975: 364~371.
② 汉书(卷24上). 食货志(上). 中华书局, 1962.
③ 桓宽著, 王利器校注. 盐铁论校注(卷1). 复古第六. 中华书局, 1992: 78~79.

末"的政策在实际执行过程中是有区别的，它们抑制的只是民间工商业，而官营工商业的发展是完全符合地主阶级利益的，扬此抑彼，彼消此长，总为巩固地主制经济的统治地位。这是制度选择的结果。封建国家在以经济政策干预和调节社会再生产的同时，利用经济手段，也就是以直接参与经营活动的形式为既有经济社会制度提供保障，应该说是制度创新吧。

封建政权直接从事工商活动这一经济职能在唐宋及以后各代不断得到发展和完善，工商业活动的范围和规模进一步扩大，内部分工和生产技术都达到很高的程度，构成了中国封建经济繁荣的一个重要方面。官营工商业从本质上说有异于一般商品经济，但它具有商品经济的外在特征，是中国封建社会第二阶段经济结构演变的产物，是自然经济变异后产生的一种特殊的混合型经济。官营工业的发展，限制了民间手工业特别是城市手工业的市场，阻断了商业资本向产业的转化；同时官营商业的发展也进一步加强了封建地主经济对城乡手工业的控制，抑制商业资本的发展，削弱其对小农经济的瓦解作用，使其不得不依附于地主经济。官营农业以屯田制度为主体，其军事政治作用自然重要，但历代规模和影响不一，在经济总量中份额较小，本章不再论及。官营工商业作为中国封建社会经济结构的一个组成部分，作为自然经济和商品经济之间的缓冲结构，作为一种经济力，进一步强化了地主经济制的经济基础，也巩固了中央集权的封建国家制度。因此，官营工商业在中国封建社会经济结构中的地位和作用是绝不可以忽视的。纵观历代王朝，其前期政治比较清明，政策比较得当，国家参与、干预和调节经济的能力较强，社会总体处于上升和发展阶段；而进入中后期，统治集团趋于腐败，国家参与、干预和调节经济的能力不断削弱，甚至出现反向调节，政府之手变成"掠夺之手"，加剧小农等劳动阶层的破产，促进豪强兼并，经济停滞衰退，天灾人祸交汇，社会矛盾逐步激化，王朝显现出下半世光景，这时离农民起义和朝代更迭也就不远了。中国封建社会就是在这种周期性变化中曲折上升和发展的，当然，这种大动荡式的改朝换代对经济社会发展的负面影响也是众所周知的。

二、中国封建经济与资本主义发展

"商人资本的存在和发展到一定的水平,本身就是资本主义生产方式发展的历史前提"。[①]可以说，自唐宋以后，中国封建社会经济结构内部就已经出现了产生这一历史前提的物质条件，明代以前已有一些关于资本主义关系偶发、先现的记载。学

---

① 资本论（第3卷）.人民出版社，1975：365.

者们一般也认为明代中叶以后，中国封建社会已出现明显的资本主义关系的萌芽。但说到底，萌芽指的只是一种生产方式稀疏地散现在旧的社会经济结构中，严格讲并不构成新生产方式的一个独立发展阶段。马克思说："资本主义社会的经济结构是从封建社会的经济结构中产生的。后者的解体使前者的要素得到解放。"[①]中国资本主义萌芽虽早，封建经济结构的解体却极为缓慢。原因何在?任何一种生产方式都具有历史的暂时性，所谓"超稳定结构"的说法在历史上和逻辑上当然都是缺乏根据的。在生产力发展的作用下，新的生产关系一旦产生，其势就不可阻遏，这时旧生产方式能维持多久，一方面在于它内部结构的坚固性，另一方面在于它对新生产方式暂时的包容性,中国封建社会经济结构在上述两个方面及其结合上都有独特之处，因此解体缓慢，阻滞了资本主义生产方式的发展。

封建经济结构的解体一般是通过商业资本的作用体现出来的，中国封建社会的商业也相当繁荣和发达，但它对旧生产方式的解体作用却与它的发达程度不成比例。正如马克思所分析过的，"商人资本的发展就它本身来说，还不足以促成和说明一个生产方式到另一个生产方式的过渡""它对旧生产方式究竟在多大程度上起着解体作用，这首先取决于这些生产方式的坚固性和内部结构。并且，这个解体过程会导向何处，换句话说，什么样的新生产方式会代替旧生产方式，这不取决于商业，而是取决于旧生产方式的性质"。[②]中国封建社会商业资本的发展有两个显著的特点，一是其对于小农经济和小商品生产的寄生性，二是其对于地主制经济的依附性。在中国封建地主制经济下，作为商品进入流通领域的社会产品有以下几个类别：（1）农工结合的个体农民的必要产品（自耕农则有部分剩余产品）；（2）独立手工业者的产品；（3）封建地租；（4）后期民间手工业工场的产品；（5）官营手工业产品；（6）国家赋税（包括国有土地的地租和部分产品）。工场手工业属资本主义经营，后两类与民间商业资本的活动无关，都先存而不论。从前三类可以看出，社会商品的主要提供者还是个体农民和独立手工业者。农民不是直接的商品生产者，他们是为了取得不同的使用价值出卖和交换其部分必要产品的，他们"不必要像在正常资本主义生产方式下那样，使土地产品的市场价格提高到向他提供平均利润的程度，更不必提高到一个固定在地租形式上的超过平均利润的余额的程度。所以，没有必要使市场价格提高到同他的产品的价值或生产价格相等的水平"。[③]另一方面，作为小商品生产者的独立手工业者虽与农民有异，但他们的生产动机也不在追求剩余价值，他们的产品进入流通主要是为了交换其他必需产品，其生产结构和小农经济一样，也

① 资本论（第1卷）. 人民出版社，1975：783.
② 资本论（第3卷）. 人民出版社，1975：366～371.
③ 资本论（第3卷）. 人民出版社，1975：908～909.

是狭小的简单再生产结构。

以这二者为广阔基础的商业资本在不发达的共同体的产品交换中得到独立发展，取得了对产业的支配地位，它通过欺诈和贱买贵卖侵占了农民和独立手工业者的绝大部分乃至全部剩余产品（这里指封建地主及其政权掠夺所余部分），对于佃农来说则是直接侵占了必要产品。尽管商业和商业资本的发展使生产不断朝着交换价值的方向发展，生产的总量也不断增加，但绝大部分生产者的经济地位都难以改善，有些甚至会日益恶化，使他们更进一步为封建地主和商业资本所控制。马克思所说的从封建生产方式向资本主义过渡的两条途径中"生产者变成商人和资本家"这条"真正革命化的道路"，①大概是很难出现在中国封建社会的独立小商品生产者面前的，更不要说农工结合体的个体农民了，自然经济的家庭手工业是抵御资本主义生产方式的最坚固的堡垒。而另一条"商人直接支配生产"的途径，由于商业资本对于地主阶级的依附性，其过渡也是极为艰难和缓慢的。中国封建社会第二阶段由于土地制度的特点而形成地主、商人、高利贷者三位一体的格局，商业资本与地主经济之间具有某种融通性，商业利润大量为土地所吸收，其结果当然不是促进商品经济的发展，而是促进了土地兼并和大土地所有制的发展。总之，商业资本对于地主经济的依附性以及它与地主经济之间的融通性大大削弱了商业资本对封建经济结构的解体作用。恩格斯说："商人对于以前一切停滞不变、可以说由于世袭而停滞不变的社会来说，是一个革命的要素……现在商人来到了这个世界，他应当是这个世界发生变革的起点。但是，他并不是自觉的革命者；相反，他与这个世界骨肉相连。中世纪的商人决不是个人主义者，他像他所有同时代的人一样，本质上是共同体的成员。"②看来，中国封建社会第二阶段商业资本作为革命的要素，其对于封建经济结构的解体作用是不能估计过高的，而它作为封建共同体循规蹈矩的成员倒是相对比较称职的。这是我们在比较中西封建经济向资本主义过渡的不同特点时应充分予以注意的。

以上是我们所要说明的中国封建社会经济结构坚固性的一个方面，另一方面就是封建国家经济职能的作用和影响。在封建经济的发展过程中，就工业方面的生产形态来说，最具有积极意义的是城市手工业和农村独立手工业，它们的发展及向规模更大、分工和协作更为发达的工场手工业的过渡标志着资本主义的曙光。上面已经说过，由于商业资本的寄生性榨取，城乡独立手工业难以向工场手工业过渡，这里我们还要进一步强调官营工商业的活动对其发展的限制。

官营手工业对城乡独立手工业发展的阻碍主要表现在对劳动力的控制和对市场

---

① 资本论（第 3 卷）. 人民出版社，1975：373.
② 资本论（第 3 卷，增补）. 人民出版社，1975：1019.

的限制两个方面。唐代中叶以前，官营手工业的劳动力除官奴婢和刑徒外，大量是为封建政权服徭役的更卒、匠人和丁夫等，他们基本上是无偿劳动，这一时期官营工业对劳动力的使用主要采取劳役制的形式。唐代中叶至明代中叶，官营工业劳动力的性质从劳役制逐渐过渡到工役制，手工业者对封建政权的依附关系较前一时期有所削弱，但国家通过户籍制度的建立，把手工业劳动力固定起来，使城乡独立手工业者成为官营手工业的劳动力后备军。这种劳动力国家编户制度妨碍了独立手工业者经济活动的正常开展，工匠服役地点一般都远离乡土，往返很费时日，当值一月，实际费时两至三月，特别是官吏的苛扰和盘剥更使得名为募雇的官营手工业工匠所得无几，近乎无偿劳作。官营手工业对民间手工业劳动力的封建束缚是城乡独立手工业发展的严重障碍。

官营手工业在市场方面对民间手工业发展的限制也是很显然的。中国自秦汉就建立了统一的中央集权的封建国家，但在自然经济占统治地位的情况下，作为市场主体的还是地方小市场和区域市场，至于可以为手工业的发展提供较多机会的重要产品的全国性市场虽然早就存在，那基本上是为官营工商业所垄断和独占的，即使是封建统治阶级所需的工业消费品（特别是奢侈品）市场也由于官营手工业的自给性生产而大大缩小了。这样，城乡独立手工业当然只能与自然经济的农村家庭手工业去争夺狭小的地方市场了。市场的扩大是商品生产发展的前提，官营手工业的存在极大地限制了城乡独立手工业的市场，使其经营规模相应狭小，生产技术的进步和生产力的提高都很缓慢，同时商业资本向产业的转化也就更为困难了。这里还应当提及官营商业的作用。官营商业通过对重要商品的垄断性经营，不仅抑制了民间商业资本的发展，削弱了它对自然经济的解体作用，而且也阻止了民间手工业对全国性市场的渗透和冲击，进一步加强了封建国家对民间手工业的控制，保证了官营工业的支配地位。此外，官营商业控制和垄断了国际贸易，抑制市场的对外扩展，这对于民间工商业发展的消极作用也是不能低估的。欧洲资本主义生产关系最早是出现在航运业、纺织业和采矿业中，主要是因为这些生产部门在社会经济发展中具有全局性影响，易于开拓市场，同时也是生产力最有可能取得突破的部门。在中国，除以上三个行业外，陶瓷、造船等也是具有全国性意义、生产力水平较高的部门。但是在明代中叶以前，由于官营手工业在工业生产方面居支配地位，上述各个部门较高的生产力水平主要不是体现在城乡独立手工业中，而体现在官营手工业中，这是城乡独立手工业中极少出现规模较大的手工工场的根本原因。

在社会经济总的发展过程中，各种经济力是相互影响、交互发生作用的。以上我们说的只是问题的一个方面。另一方面，官营手工业本身也是生产力，作为一种经济力，它对于整个社会经济的发展也具有积极的意义。官营工业凭借封建国家所集中的巨大的人力、物力和财力，可以从事大规模的公共工程建设和手工业生产，生产规模的扩大导致分工和协作的发展，导致生产技术的不断进步和生产力水平的提高，同时官营作坊较为先进的生产技术和生产工具的传播也刺激与促进了民间手工业的发展。应当看到，中国封建社会生产的发展和经济的繁荣与封建国家的经济活动是密切相联的。明代中叶以后，随着生产力的发展，社会经济联系日益广泛，市场进一步扩大，城乡独立手工业有了一定的发展机会，雇佣较多工人进行较大规模生产活动的手工作坊逐渐增多，资本主义因素开始缓慢地出现。民间工场手工业的发展和雇佣劳动的大量出现，加剧了手工业者和封建政权的矛盾，他们力图摆脱封建束缚而进行的阶级斗争也日益发展，官营作坊工匠的逃亡、怠工和故意压低产品质量，城乡独立手工业者的逃避轮输、抗税、罢市、"盗矿"，乃至暴动，这些都显示出，官营手工业工役制剥削方式已经越来越成为生产力发展的桎梏。民间工场手工业的发展和竞争使官营手工业生产力水平原有的相对优势逐渐减弱，由于工匠的斗争和管理上的痼疾，官营作坊的生产成本骤增，产品质量则不断下降，这就迫使封建王朝不得不进一步改变官营工业的劳动制度和逐渐缩小官营工业的经营范围。明成化以后，官营工业中的应役工匠逐步以银代役，官府用代役银或雇募工匠生产，或直接向市场采买，匠籍制度名存实亡，国家对手工业劳动力的控制削弱，盛及几朝的官营工业开始走下坡路了。清初匠籍制度被明令废除，雍正二年（1724年）又宣布废除工匠当官差的制度，其后，经营范围已经大为缩小的官营工业普遍采取了自由雇募制度，手工业者对于封建政权的依附关系大大松弛，这是工场手工业和资本主义关系进一步发展的重要标志；同时也说明，社会生产力的发展总是要突破原有经济关系的障碍的。

我们还可以从封建国家的经济职能进一步说明中国封建经济结构对于资本主义生产方式在一定时期内的包容性。资本主义时代是从工场手工业时期开始的，工场手工业的发展促进了手工业和农业的分离，加速了小农和小手工业者的被剥夺以及他们与生产资料的分离，为资本主义开辟了国内市场和创造了进一步发展的前提。但是，马克思也强调指出，"工场手工业既不能掌握全部社会生产，也不能根本改造它。工场手工业作为经济上的艺术品，耸立在城市手工业和农村家庭工业的广大基础之上。工场手工业本身狭隘的技术基础发展到一定程度，就和它自身创造出来的生产需要发生矛盾" [1] "真正的工场手工业时期并没有引起根本的改变……只有大工业才用机器为资本主义农业提供了牢固的基础，彻底地剥夺了极大多数农村居民，使农业和农村家庭手工业完全分离，铲除了农村家庭手工业的根基——纺纱和织布。

---

[1] 资本论（第1卷）. 人民出版社, 1975: 407.

这样，它才为工业资本征服了整个国内市场"。[①]因此，我们在肯定工场手工业对于封建生产方式解体作用的同时，还应该认识到，工场手工业的独立性是有限度的，它的发展并不一定立即导致旧制度的崩溃，旧的生产方式在一定条件下可以包容它，这种包容的程度在不同的国家由于封建经济结构的不同特点而呈现出差异。从世界资本主义发展的历史看，工场手工业也是一个过渡时期，这个时期可以在资产阶级政权下完成，也可以在封建政权下完成。例如，英、法两国工场手工业的发展大体是同步的，但法国资产阶级革命却比英国晚了差不多一百五十年，而且是在英国工业革命的影响下才发生的。中国封建经济结构对于工场手工业性质的资本主义生产方式的包容性，由于封建国家的经济职能的作用显得更为突出。

中国封建社会具有高度的物质文明，其经济结构一方面具有坚固性，另一方面也富有较大的弹性，能够容纳较高水平的生产力。官营工业是封建经济的一个组成部分，但它作为一种经济力，代表了较高的生产力，对于整个社会经济的影响是客观存在的。就生产力水平而言，官营工业和民间工场手工业并没有什么区别，它们所不同的只是占取剩余劳动的经济形式。任何生产关系的变革总是生产力发展到一定程度的结果，因此，民间工场手工业要彻底打破旧的经济关系，就必须创造出比官营工业更高的生产力。从明中叶到清初，我们还没有看到这种情况，清代中期至鸦片战争前，民间工场手工业有了较快的发展，在一些生产部门较之官营工业已具有优势地位，但它所代表的生产力水平也还不足以完全突破原有的生产方式，封建经济结构在一定程度上仍然可以包容它。

鸦片战争以前，中国封建经济结构已经开始缓慢解体，资本主义有了一定程度的发展，但民间工业的发展还远没有达到形成一个工场手工业时期的水平，即便我们假定没有外国资本的入侵，中国民间工业能否独立地发展到工场手工业时期完成向自由资本主义的过渡，恐怕也是大有疑问的。尽管清代中期以后官营工业逐渐丧失了在一些工业部门的支配地位，但作为封建经济的物质基础，它在若干部门仍是不可取代的；同时封建国家加强财政措施和政策干预，并通过官营商业的活动和培植特权商人等手段继续保持对社会经济的控制，民间工业是很难脱离封建国家经济职能的影响而独立发展的。况且，官营工业与资本主义性质的工场手工业之间并没有什么不可逾越的障碍，官营工业在劳动制度和商品性生产等方面有过许多重要变化，特别是雍正以后官营工业普遍采取自由雇募的劳动制度，计工给值，虽然不能说这是一种根本性的转变，但至少可以看作是官营工业向资本主义性质的国家工场手工业过渡的前兆和准备。封建社会向资本主义过渡是根本不同于资本主义社会向

---

① 资本论（第1卷）．人民出版社，1975：816～817．

社会主义过渡的，前者不需要以政权性质的截然变更作为生产关系转化的标志。因此，以政权的封建性质否定官营工业向资本主义国家工场的转化是缺乏根据的，我们应该以生产资料所有者占取直接生产者剩余劳动的基本形式作为衡量官营工业生产关系性质变化的标志。如前所述，社会经济发展过程中各种经济力是相互影响和交互发生作用的。清代中期以后，在民间工场手工业和其他社会经济力的作用下，官营工业既有趋于衰落的一面，同时又有向资本主义经营方式转化的一面。据现有资料看，鸦片战争以前官营工业在矿冶、铸钱、织造等部门已经大量采取了资本主义方式的雇佣劳动制度和经营制度，我们可以将其视为中国国家资本主义的初始形态。这也是封建政权适应生产力发展的制度选择。

总之，按照中国社会经济发展的正常程序，中国资本主义的发展道路完全不同于英法等西方国家，它一开始就将是国家资本主义与民间资本主义并进，完成工场手工业时期的过渡和封建经济结构向资本主义经济结构的转化，不经过典型的自由资本主义阶段即伴随大工业的产生而进入垄断阶段。这是由中国封建社会经济结构的固有特性所决定的。不过，历史无法假定。中国封建社会到了清代后期，封建政权腐败日甚，管理能力下降，缺乏制度和政策创新能力，脱离世界发展潮流，已经成为经济和社会发展的严重障碍，甚至没有保护国家安全的能力，落后挨打以及丧失领土和主权都是不争的史实。剧烈的社会变革已是不可避免。

三、中国近代国家资本的发展、膨胀及崩溃

鸦片战争以后，由于外国资本的入侵，中国社会经济的发展脱出了常轨，进入了一个剧烈变化的时期，封建的社会经济结构加速解体，逐渐向半殖民地、半封建的经济结构转型。在外国先进生产力的作用下，中国传统的封建经济结构未完成其向工场手工业时期的过渡，便进入了近代机器工业的创建时期，作为中国近代资本主义关系三种基本形态的外国资本、国家资本以及民族资本也先后产生和发展。

在中国近代资本主义关系的三种基本形态中，居于支配地位的无疑是外国资本。鸦片战争前后，外国商品在中国市场上尚无足够的竞争能力，外国资本对中国的侵略以走私鸦片、贩卖苦力、军火贸易、房地产投机和战争掠夺为主要内容，商品输出并不占重要地位，资本输出当然更谈不上，基本上是一种原始积累性质的殖民掠夺。及至 19 世纪 60 年代，由于西方主要资本主义国家工业革命的完成和机器的普遍使用，商品生产成本不断降低，竞争能力加强，同时也由于不平等条约的作用，中国国内市场发生变化，外国商品对华输出迅速增加。外国资本纷纷在中国设立各

种洋行，通过买办的商业网，垄断了中国的进出口贸易，并在一定程度上支配着中国的国内市场。19 世纪末，世界资本主义的发展进入了帝国主义阶段，甲午战争标志着外国资本对中国的经济侵略进入了资本输出时期。其后，外国产业托拉斯和财团资本开始在中国进行大量产业投资，逐渐在交通运输、资源和能源开发等基础工业部门以及纺织等主导工业部门居于垄断地位。同时，帝国主义列强还以政府借款形式不断扩大资本输出的规模，控制了中国的财政金融和重要的经济命脉。中国资本主义发展过程中，膨胀最迅速的是外国资本，而本国资本的发展则相对缓慢。外国资本作为一种外来的经济力量，在一定程度上促进了中国封建经济结构的解体和资本主义关系的发展，但外国资本的主体是在对华经济侵略活动中积累起来的，它的扩张严重阻碍了中国资本主义的发展。当然，决定中国资本主义发展道路和前途的是内因，根本问题还在于中国社会经济结构内部的变化。

中国近代国家资本和民族资本与鸦片战争以前的资本主义萌芽有着明显的继承关系。例如，中国民族资本主要是继承资本主义的民间工场手工业发展而来的。鸦片战争以后，外国商品的倾销在一定程度上破坏了中国传统手工业的发展，但这种破坏主要表现在农民家庭手工业性质的棉纺织业。据《中国资本主义发展史》[1]一书考察，中国三十二个传统的手工行业，鸦片战争后衰落的有七个，继续维持的有十个，有较大发展并向机器工业过渡的有十五个，清代前期已有资本主义萌芽的十几个行业中，只有踹布和刨烟丝两业为外国商品所替代，其余都维持下来，并有九个向机器工业过渡，这是民间资本主义关系发展的主流。关于外国资本和民族资本的发展过程以及它们的地位和作用，学界论述甚多，不再赘述，下面我们要着重说明在中国资本主义发展史上别具特色的近代国家资本主义的产生和发展过程以及它在半殖民地半封建经济结构中的地位和作用。

人们通常所说的国家垄断资本主义是从现代资本主义的发展中引伸出来的概念。资本主义从自由阶段进入垄断阶段即帝国主义阶段以后，各种固有矛盾不是消失或缓和了，而是空前地尖锐化了。在这种情况下，垄断组织依靠自身的经济力量已经难以维持其垄断统治地位，私人资本占有形式也越来越不能容纳社会生产力的发展，垄断资本要求直接利用国家机器来维护它的统治，加强对国内外劳动者的剥削和掠夺。于是，"资本主义社会的正式代表——国家不得不承担起对生产的领导"，[2]一般垄断资本主义逐渐向国家垄断资本主义发展，国家这个"理想的总资本家"，通过国有经济的建立和对社会经济活动的全面干预，使国民收入的再分配有利于垄断资本，从而进一步强化了垄断资产阶级的统治，延缓了资本主义制度的衰落。总之，

①　许涤新，吴承明主编. 中国资本主义发展史. 人民出版社，1985.
②　恩格斯. 反杜林论. 马克思恩格斯选集（第 3 卷）. 人民出版社，1995：628.

国家垄断资本主义的出现和发展，是帝国主义阶段资本主义各种固有矛盾进一步激化、社会危机不断加深的必然结果，是生产社会化高度发展的产物，在一定程度上调节社会矛盾，拓展了资本主义的发展空间。国家干预和调节能力的不断加强，是制度趋于成熟的标志，这一点与中国地主制经济制度的发展何其相似。

　　很显然，中国的国家资本主义不是在这样的条件下产生和发展的。中国国家资本主义有其独特的产生背景和发展过程，我们应该在国家垄断资本主义的广义概念上去理解和分析它。中国的国家资本主义不是在生产集中的基础上产生的，它不是生产社会化高度发展的产物，而恰恰是生产分散、资本主义极不发达的产物。溯其源，中国国家资本主义在鸦片战争以前就已产生，它是中国封建经济结构向资本主义转化过程中的必然产物。因此，我们不能把中国国家资本在其初级形态的基本特征简单地归结为垄断。近代国家资本的产生乃是由于外国资本的入侵加剧社会经济结构的分解和动荡，动摇了封建统治的基础，清政府不得不"师夷长技"，从19世纪60年代开始引进西方先进的生产方法，大力投资和创建近代企业，以求增强军事和经济力量，维持其摇摇欲坠的统治，史称"洋务运动"。这是不得已而为之的选择。洋务派近代企业系由已是国家资本主义初始形态的官营工业转化而来，创建者本意在维护旧的经济结构，但生产力的发展进一步突破封建的生产关系，洋务派近代企业的发展导致了封建官营工业向国家资本主义的全面过渡。不论是清政府举办的民用工业，还是它举办的军事工业，其占取无酬劳动的形式是相同的，都具有资本主义的性质，它们是中国国家资本主义的初级形态。

　　洋务派近代企业不是生产的集中，实在只是小生产的汪洋大海里一种相对集中的生产，其封建性质自不待言，而且在很大程度上须依赖外国资本，但这种初级形态不完备的国家资本主义，也多少具有与外国资本抗衡、抵御其入侵的性质。从历史的观点看，中国传统的经济结构在其转型过程中首先产生和发展国家资本主义，这也具有某种必然性。中国资本主义近代工业并非由工场手工业时期过渡而来，它的出现不是生产力在某些主导部门取得突破的结果，而是西方先进生产力引进和移植的结果，这种引进和移植首先是满足"自强"的需要，它必然从以军事工业为中心的重工业开始。鸦片战争前后中国资本原始积累过程非常缓慢，大量的剩余产品以赋税形式为国家所占有，民间资本是没有力量独立兴建以重工业为主的近代企业的，而且国防本国家之责，从重工业开始的近代企业的创建当然只能由清政府来承担，至于它能否承担这一责任那是另一个问题。事实上，由于清政府鼓吹"中学为体，西学为用"，力图把资本主义生产方式纳入旧的封建体制，加上主办官员的腐败无能，洋务派企业大多经营不善、较少成效，没有形成具有规模的资本积累，也未能有力地促进中国资本主义关系的发展。

就国家资本主义的产生来说，日本和中国颇有共同之处（当然，两国经济结构有差异，中国早有官营工业的传统和国家资本主义的历史渊源，其近代国家资本产生固然早，惰性也大），尽管二者的发展结果是大相径庭的。明治维新前的日本和鸦片战争前后的中国境遇类似，19 世纪 70 年代日本为求自强也首先由国家创办了第一批近代企业，80 年代以后政府陆续把军事工业以外的一些国有企业出让给私人，以促进和扶植民间资本主义的发展。与此同时，国有企业也一直保持着可观的增长。甲午战争以后，为适应对外侵略扩张的需要日本国有经济始终保持着迅速的增长，20 世纪 30～40 年代建立了军事国家垄断资本主义的全面统治，可以说日本的资本主义是在国家资本带动下和对外侵略中发展起来的。

看来，在中国和日本这类外国资本入侵前本国资本主义关系已有一定程度发展的国家，由于外国先进生产力的影响首先产生和发展国家资本主义不是偶然的，中国和日本国家资本主义的产生不仅早于西方的国家垄断资本主义，甚至也早于西方的一般垄断资本主义，它只是中国这类国家原有经济结构转化过程中的必然选择。那种把中国国家资本主义视作不发达国家国家资本主义原型、认为是受世界国家垄断资本主义影响而产生和发展的说法恐怕是失之偏颇的。

甲午战争以后，孱弱腐败的封建政权完全成为帝国主义的侵略工具，根本不能承担领导社会经济发展的责任。辛亥革命是一场不彻底的资产阶级革命，它推翻了满清政府，证明了帝国主义终究不能任意支配中国的命运，但它未能完成反帝反封建的任务，政权转到受帝国主义支持的大地主和买办资产阶级联合专政的北洋军阀手中，其后国家资本的买办性质日益加强，愈来愈成为外国资本的附庸。北洋政府时期，国家资本仍然有所发展，官商合办和官助商办是其主要形式，与此相应，亦官亦商的官僚资本也已初具形态和规模。

恩格斯指出："与所有其他曾经占统治地位的阶级相比，资产阶级的特点正是在于：在它的发展过程中有一个转折点，经过这个转折点之后，它的威力手段每进一步的增加，从而首先是它的资本的每进一步的增加，只是使它愈来愈没有能力进行政治统治。站在大资产阶级背后的是无产阶级。"[①] "五四"运动标志了这个根本的转折。马克思主义传播和十月革命的胜利把社会主义道路展示在中国人民面前，中国无产阶级革命运动的兴起和蓬勃发展使帝国主义、大资产阶级和地主阶级加紧勾结和合作，企图强化其联合统治镇压人民革命运动，企图以对社会经济的全面控制和垄断挽救旧制度的覆灭，国民党国家垄断资本的形成和膨胀就是他们维持半殖民地半封建经济结构的重大努力。同样是一次选择。国民党垄断资本的产生主要不是针对帝国主义的（在

① 德国农民战争（第 2 版序言）. 马克思恩格斯全集（第 16 卷）. 人民出版社，1964：451.

一定程度上具有抗日因素），而是在帝国主义支持下针对中国共产党领导的新民主主义革命的，是新民主主义经济的对立物。国民党政权背离了孙中山先生的政治和经济主张，背离了孙中山先生设想的发展道路，改变了孙中山先生关于发达国家资本的初衷。国民党国家垄断资本是中国产业不发达的产物，而它的膨胀则又窒息了产业的发展；它既是中国半殖民地、半封建经济不得发展的结果，又是中国社会经济不得发展的原因。国民党国家垄断资本的发展和膨胀是中国资本主义发展史上真正具有规模的原始积累过程，它所进行的积聚和掠夺使中国人民承受了极大的痛苦，包括中产阶级在内的各个阶层都受到伤害，尤其是抗战胜利以后，腐败和投机横行，通货恶性膨胀，社会生产力特别是农业和中小工业遭到严重摧残，经济逐步走向崩溃。

过去，我们将国民党国家垄断资本也称为官僚资本。据实考察，二者应该加以区分。客观地说，国民党国家资本在发展经济、支持抗战方面是做了大量工作的，也取得了一定成就，在这些机构服务的广大员工所做的贡献也是应该肯定的，不能将国民党的失败简单地归咎于国家资本的存在。而严重危害国家、社会和百姓的是真正的官僚资本，它是权力和资本相结合的产物，是国民党政权腐败的产物，以孔宋为代表的豪门资本以及大大小小的豪强资本成了国民党政权的恶性肿瘤，这是一种最恶的资本形态，而且发展到了极致。不过，责任最终只能由国民党政权和国民党国家垄断资本承担。在一定程度上也可以说，国民党政权是亡于腐败。

以上我们说明的是中国传统的经济结构向资本主义转化的一面，特别是着重说明了国家垄断资本膨胀发展的过程。但中国资本主义发展的水平并不高，在整个社会产业结构中所占的比重较小，中国的封建经济体系继续坚韧地维持着。其根本原因仍在于中国半封建、半殖民地社会经济结构的独有特征。鸦片战争以后，中国农村以小农业和家庭手工业相结合为特征的自然经济进一步解体，国内市场有所扩大，为近代资本主义的发展提供了一定的条件。但农村自然经济的解体主要表现为农民家庭手工业的衰落和商品性农业有所发展，而作为封建经济结构基本要素的土地制度并没有发生根本的变化，地主阶级仍然保持着对农村的封建统治。中国农村自然经济解体的加速主要是外国商品大量入侵引起的。由于中国封建经济结构的坚固性和它一定程度上能容纳较高水平生产力的弹性作用，外国资本入侵和瓦解这个经济结构在客观上具有极大的困难，不过外国资本发现利用中国传统的经济结构进行寄生性剥削却有很大的便利。因此，它们不是以摧毁封建经济结构、在中国发展资本主义为目标，而是以勾结中国的官僚、封建势力，培植买办，利用原有的商业高利贷网剥削中国的农民和手工业者，作为其支配中国市场、扩大经济侵略活动的基本手段，即使是在外国资本侵略活动的资本输出时期，这一手段也仍然占有重要的地位。

至于带有浓厚封建性的国家资本，它本来就和地主经济互相依存，当然更是竭力维护腐朽的封建制度。正如列宁所说，国家资本主义的性质决定于政权的性质。从清政府到国民党政府，从洋务派企业到国民党国家垄断资本，封建经济的主体始终不曾受到触动，这里资本和封建经济的对立已为国家资本的半封建性质所化解，中国封建经济结构的维持和延续主要得力于国家政权的保护和国家资本与之密切的结合。民族资本是中国近代资本主义关系中最具有积极意义的一种资本形态，但中国的民族资本从来也没有成为一支独立的经济力量，它一方面依附于外国资本和国家资本，另一方面它和封建经济联系的纽带仍然相当牢固。民族资本与封建经济之间既有对立的一面，又有利害共通的一面，而后者是主要的方面，民族资本在很大程度上是利用封建势力和封建剥削网从事经营活动的，地主、资本家，二者也往往是兼而为之的。这里，我们把民族资本和国家资本并列在一起说明，绝不是要抹杀二者之间的区别，也不是否定民族资本以及民族资产阶级的两面性（不过，就民族资产阶级参加革命的可能性来说，其反封建的一面要远逊于反帝的一面），只是为了强调民族资本在半殖民地、半封建经济结构中的依附地位，它在中国社会经济发展过程中虽然具有积极的意义，但并不能代表近代中国社会发展的方向，这一点它和国家资本是共同的；唯其如此，民族资产阶级不能领导中国的民主主义革命，而只能成为革命力量可以争取的同盟军。

总之，外国资本、本国资本和封建经济三位一体，这是中国半殖民地、半封建经济结构最根本的特征，它说明中国资本主义的发展是建立在极为脆弱的基础之上的。帝国主义的侵略和资本主义关系的扩大虽然促进了自然经济的解体，但由于农村封建制度的延续，农民被迫力求自给，这种解体过程总的说来是非常缓慢的，直至全国解放，中国农村的经济结构和生产结构没有发生本质的变化，继续保持着封建的半自然经济状态，市场的扩大很有限，在20世纪30~40年代的相当一段时间里市场是不断呈现萎缩趋势的。另一方面，由于封建经济制度的存在，自然经济的解体并没有为资本主义在农村的发展开辟道路，而是造成了地主土地所有制的发展和农村经济的破产，造成农村金融的枯竭和农民购买力的不断降低，这也正是中国这样一个以农民为主要居民的国家国内市场难以扩展、并不发达的资本主义还每每遭遇市场危机的根本原因。同时，农民经济地位的日益恶化和极端贫困也为新民主主义革命的发展准备了充分的条件，破产的农民不能为资本主义大生产所吸收，而是作为无产阶级最可靠的同盟军成为中国革命的主力。

鸦片战争以后中国资本主义发展的历史表明，这种外国资本、本国资本和封建经济三位一体的经济结构，有利于帝国主义的经济扩张和对中国的政治控制，而不利于本国资本主义的发展，特别是民族资本，外有帝国主义的压迫，内有国家资本和封建经济的阻遏，其发展更为艰难。半殖民地、半封建经济彻底崩溃的事实说明，半封建的资本主义是注定要失败的。

在中国资本主义发展史上，甲午战争是一个分界线。一方面，它表明在帝国主义时代，随着殖民地化程度的不断加深，中国失去了发展资本主义的外部条件，已经不可能正常地、独立地发展到资本主义。另一方面，甲午战争以后，外国资本、本国资本和封建经济三位一体的半殖民地、半封建经济结构逐渐凝固化，失去了自身调节的能力，无论何种资本，都不具有打破封建经济结构的力量，无论是国家资本，还是民族资本，都不能承担摆脱帝国主义控制和压迫的任务，半殖民地、半封建的中国是不可能走上资本主义道路的。

国民党国家垄断资本的发展和膨胀只是进一步加剧了旧中国半殖民地、半封建社会的各种矛盾，这种生产方式的崩溃是必然的，它所集中的巨大的生产力恰恰为新民主主义革命向社会主义革命的过渡准备了必要的物质条件，这是半殖民地、半封建的旧中国向社会主义新中国过渡的必由之路。要使中国社会经济走上正常的发展道路，要使社会生产力得到解放，就必须从外部打破半殖民地、半封建的经济结构，这个任务只能由无产阶级来担当。只有无产阶级领导的新民主主义革命和社会主义革命能够救中国，历史的结论就是如此。这是一次根本性的制度选择，中国国家资本的发展由此进入了新阶段。

四、新中国国家资本的发展与运行的经验教训

1949 年新中国成立，中国经济和社会从此进入了全新的发展轨道。新政权在国民经济恢复时期迅速形成了具有一定规模的国家资本和国营经济，1953 年转入大规模经济建设。在过渡时期总路线的指导下，通过对农业、手工业和资本主义工商业的社会主义改造，通过"价格剪刀差"不断地转移农业剩余，国家资本的规模进一步扩大，控制力不断增强，社会主义经济制度得到确立。尽管在较短时间里我们借助国家资本建立起相对独立完整的工业体系，在一定程度上保证了国家安全，但由于忽视价值规律和市场规律，管理水平不高，也形成了经济运行大幅波动、产业结构严重失衡和资源配置失调浪费的不良局面，这也成为我国实行改革开放的重要历史背景。

1. 新中国国家资本的产生

迅速建立和发展国有经济，这是中国共产党和新政权恢复国民经济、实现新民主主义向社会主义过渡的必然选择。经过历时 4 年的没收国民党政府遗留下来

的官营企业和官僚资本企业，初步形成了新中国的基础工业，形成了中央工业与地方工业的基本框架，并以此初步建立起了能够控制国计民生的国有经济。以解放区公营经济为基础组建的国营经济，主要集中在金融与贸易领域。此外，苏联移交、外国转让及其他来源也形成了一部分国营经济。这些就是新中国最初的国家资本。

新中国成立以后，对城乡私人资本主义经济实行"利用、限制、改造"的政策，在国民经济恢复时期，作为国家资本与私人资本合作的经济形式——国家资本主义已有初步发展。1953 年，中国共产党提出了"党在过渡时期总路线"，并明确以国家资本主义的形式完成对资本主义工商业的社会主义改造。通过"公私合营"的方式将私营资本主义工商业转变为国营企业，私有资本转变为国家资本，整个过程到1956 年底基本结束。

中国共产党创造性地将马克思列宁主义的理论运用于中国的实际，通过"赎买政策"成功地用和平的方法解决了无产阶级和资产阶级的矛盾问题，资本主义企业改造成了社会主义企业，原来的工商业者也转变为社会主义劳动者。社会生产力没有因为制度变革受创，而且有了显著的提高。当然，国有企业资产的主要部分，还是来自国家投资。在整个公私合营过程中，私人股份合计为 24 亿元人民币，而在"一五"计划期间，国家预算内投资即达到 531.2 亿元，加上预算外的投资，国家基本建设投资达到 588.5 亿元，是公私合营中私人股份的 24.5 倍。由此可以看出，这场声势浩大、影响深远的消灭资本主义生产资料私有制的变革，并没有成为国有企业及其资产的主要来源，但是它却为后来国家集中剩余和资源配置提供了制度基础。应该说国家资本主义是新中国实行社会主义改造的基本形式，它也应该长期发挥作用，认识这一点对于我们理解社会主义初级阶段的国情具有重要意义。社会主义改造基本完成以后，从上到下都急于求成，很多脱离实际的举措，往往都与对上述问题的认识偏差相关，片面强调社会主义制度的纯粹和政府的计划管理，而过早放弃国家资本主义的市场作用，这不能不说是一个遗憾。

2. 国家资本的扩张

计划经济时期，我国经济发展的总目标是早日实现工业化和确立社会主义制度。1949 年 3 月中国共产党七届二中全会和 1949 年 9 月第一届全国政治协商会议都确定了优先发展重化工业和国营经济的基本政策。1956 年社会主义改造基本完成后，我国的所有制结构基本上由国营经济和集体经济两大部分构成。而国家工业化则主要是通过政府投资推动的，由此形成了国家资本持续扩张的机制。

1950 年 3 月，新中国实行"统一财经"体制，中央政府的投资逐步成为基本的投资形式。到 1952 年底，我国基本上完成了国民经济恢复的任务，从 1953 年起我国开始实施第一个国民经济五年计划。从"一五"计划执行的结果看，政府的基本建设投资完成 588.5 亿元，属于中央政府直接管理项目的投资占 82%，地方政府占 18%。在优先快速发展重工业的方针之下，这个时期政府投资领域主要集中在工业方面。在重工业内部，又以机械制造特别是国防工业为主，从项目来看，则是以苏联援建的 156 个重点项目为核心。在 1958 年至 1960 年的"大跃进"期间，国家基本建设投资共完成 1007 亿元，但其中不少投资并没有形成真正的生产力，导致了 20 世纪 60 年代初国民经济的严重困难。国民经济经过 1961 年至 1965 年的调整，刚转入良性发展轨道，1966 年就爆发了长达十年的"文革"。在此期间，政府投资呈现出以"备战"为中心的加快重工业和内地工业发展的特点。1976 年 10 月，"四人帮"被粉碎，"文革"结束，我国又掀起新一轮投资高潮。在"新跃进"的指导思想下，不切实际地加快了项目建设和国外设备技术的引进，再次造成了国民经济的波动。1952 年，全民所有制企业的固定资产原值仅有 240.6 亿元，到了 1978 年就增加到 4488.2 亿元，后者是前者的 18.7 倍，年均增长 12.4%。

在计划经济时期，国家资本形成中有相当部分是通过工农业产品"剪刀差"的方式从农民那里提取的。在改革开放以前，国家通过统购统销获取的牌市价差额为 2800 亿元。再加上农业税收入与支农资金之差 194.28 亿元，政府在这一时期大概从农民手中将近 3000 亿元资金转化为财政收入和国家资本。

3. 国有经济的管理体制和经营状况

从 1949 年到 1978 年，我国的国营企业是名副其实的国家所有、政府经营的企业。国营企业又分为由中央各部和总公司直接经营管理的中央直属企业，以及分属于省、市、县地方政府经营管理的企业。然而，无论是中央企业还是地方企业，在计划经济体制不断变动的年代里，都缺乏经营管理的自主性，基本成为政府的附属物。

中国工业基础薄弱，生产力相对落后且发展极不平衡，国营企业数量众多，但技术装备和管理水平差距巨大，采取高度集中的经营管理体制显然不适应生产力的发展。在计划经济体制下，我们也一直探索国有企业管理体制的变革，如民主管理改革，公私合营企业的管理，"鞍钢宪法"的制定和实施，托拉斯管理体制的试行，中央和地方管理权责的划分，这些方面的变革也取得了一定成效。但管理体制的变动过于频繁，历次变动也总是围绕中央与地方权限的划分进行，是在没有触动单一公有制和行政性计划经济体制的前提下进行的，虽然其动机是调动两个积极性，减少中央决策的僵化，但是结果却事与愿违。过多的权力下放给地方而又缺少必要的制约，加上"反右"和反"反冒进"形成的经济建设急于求成的情绪，使得经济运行中不断出现波动和混乱。无论条条块块如何分割，国企的管理体制变动都没有把企业作为解决问题的主体，忽视价值规律和市场法则，其结果往往是在统放乱收的怪圈里打转。

1949～1978年间，国营企业效益变动的特点是波动幅度太大。有的时期增长率超过了80%，而有的时期则又是负增长，但总体上是呈下降趋势的。国营工业企业的劳动生产率是起伏不定的。国民经济恢复时期和第一个五年计划时期，国营企业全员劳动生产率处于不断上升的状态；"大跃进"时期则出现了大幅下滑；三年调整时期则出现了恢复性的增长；"文革"时期再次出现负增长；"文革"后期到1980年又有所回升。企业之间的劳动生产率差距很大。国营企业不合理的大面积亏损发生于"文革"时期，1977年、1978年，国营企业的亏损状况仍然存在。

4. 国家资本的历史贡献

国家资本、国有经济推动我国经济发展的历史贡献，主要体现在以下几个方面：

（1）国营企业成为推进中国工业发展的主要力量，奠定了社会主义制度的经济基础。1949～1978年，中国工业的发展速度是相当惊人的，这与国家持续的巨额投资密切相关。不仅国营工业的增长率与全部工业的增长率同步，而且，国营工业的增长速度还快于整体的增长速度，国营工业成为推进我国工业增长最主要的因素。

（2）建成一批大型项目。计划经济的最大优势在于可以在短时期内聚集大量资源，并集中投放于重点项目上，从而迅速形成生产能力。从1953年到1980年，国家投资建成的大中型项目合计达到3531个，其中工业为2324个，占总数的65.8%。运输邮电次之，为493个，占总数的14%。在工业中，机械和电力又是最多的。这些重大项目的建成，大大提升了我国的生产和技术能力，也成为以后我国实施改革开放的重要物质基础。

（3）国营经济的发展优化了区域经济布局。国营工业企业的迅速发展，不仅提高了我国的工业在三次产业中的比重，还改善了我国工业的区域布局，尤其是西部地区的工业生产能力获得超常发展。从工业的产值上看，1952年沿海和内地的比率为69.4:30.6，到了1978年就改变成60.9:39.1，内地工业产值增长了近9个百分点；从轻重工业产值的角度看，1952年的轻工业沿海与内地的比是71.5:28.5，到了1978年就变为64.5:35.5，内地重工业的比重增加了7个百分点。再从产品结构方面看，在计划经济时期，一些以原材料为主的基础性产业，发生了从沿海向内地大转移的过程。到1980年，相当部分的基础性原材料已经由内地生产了。这是国家资本的功绩。

5. 国家资本运行的内在矛盾

计划经济时期国家资本的过度扩张和国有经济的僵化管理模式，使得国家资本的运营效率大打折扣，体制内部的矛盾越来越突出。

（1）国家资本过度扩张及其"挤出效应"。在一个经济极度落后且人口众多的国家发展经济，国家资本有其存在的必然性，国家资本的发展无疑会成为解决资本短缺的有效手段，并通过国有经济的方式带动国民经济的发展。然而，并不是所有发展水平的企业都适于国家管理和经营的。我国国家资本在其发展过程中，特别是在对资本主义工商业的改造中，将已经存在的私人资本国有化，实际上是对其他资本的一种排斥和"挤出"，特别是那些适于私人经营的有特色的中小企业。我们承认私人资本的盲目性和见利忘义，但我们不能否认私有资本的运营效率。再则，在一国的资本市场范围内，如果仅有一种性质的资本存在，就会失去竞争的激励和约束，这就不能保证资本的所有者做出正确的决策，并使资本运营的效率逐步提高。因此，从这个意义上讲，计划经济最终的瓦解恰恰是资本不能获得合理收益的必然结果。

（2）僵化的国有经济管理体制与巨量的交易成本。计划经济时期，国有经济的管理体制几经变动，但基本上是在中央与地方政府之间进行权力再分配，而企业始终缺乏经营和管理的自主权。对国有经济的管理是通过计划指标逐级下达。在"条条"为主的体制下，国营企业被若干政府职能部门进行系统管理，企业如果要与其他系统的企业发生经济联系，只能通过系统的管理部门实现，企业间是不能直接联系的；在"块块"为主的体制下，国营企业是被一个个地方政府进行管理的，假如不同地方的企业要进行经济往来，只能通过地方政府来实现，企业间也不能直接发生关系。显然，这两种管理体制都有其僵化的一面，给国营经济的管理带来了巨大的交易成本，造成社会资源的浪费。

（3）高度集中管理与价值规律的矛盾。价格由政府人为确定是国家资本主导的计划经济的核心内容之一，而这显然与价值规律的内在要求是矛盾的。再则，理论上我们可以对全社会进行统一定价和统一核算，但现实中，产品和服务千差万别，对全社会进行统一核算几乎是不可能的。即便我们花费巨大代价粗略地做出一个统一核算结果，往往不是已经过时，就是难以操作而大打折扣。

（4）国家资本扩张与经济结构失衡。计划经济时期，国家资本的扩张确实有其合理的一面，但过度扩张就会成为经济结构失衡的隐患。"大跃进"时期，为了实现"超英赶美"的高速度，国家资本迅速膨胀，结果是忽略了国民经济各部门、各地区之间的内在联系性；"文化大革命"时期，由于对"三线"等产业的巨额投资，经济结构再次严重失衡；国家资本的过度扩张，使得积累率始终保持在较高水平，而消费率则被压缩到很低水平，积累和消费结构总是处在失衡状态，等等。长期的经济结构失衡，导致国家人力、物力和财力的巨大浪费，宏观经济运行及其效率提升受到严重影响。

（5）不合理的国有经济治理与经营结构。在计划经济时期，国有经济被赋予了多重目标，它们不仅承担了发展经济、为国家直接提供利润的职责，还承担着许多诸如安排就业、职工社会保障等职能，甚至国家安全和城市发展的职能。过多的企业目标很难对企业的管理者进行业绩考核，而管理者很容易以其他方面付出为由，掩盖企业的经营管理不善。

就国营企业的激励机制而言，虽然与国家的利益没有根本冲突，但却存在着一些具体利益上的差异，这为计划管理带来一定难度。企业出于方便经营的需要，会尽可能地多占各种资源，并通过讨价还价的方式降低国家下达的指标；同时尽可能提高职工的收入和福利。从约束机制来看，由于国营企业属于政府所有，政府与企业之间实际上是所谓的"父子关系"，政府对企业的管理实际上也是"软约束"。尽管政府通过各种计划指标对国营企业实施管理，但事实上企业完不成指标也不会受到惩罚，企业吃国家的大锅饭的现象比比皆是。企业吃国家的大锅饭，职工吃企业的大锅饭。在平均分配的体制下，工人干好干坏一个样，积极性难以调动。在这种国营经济管理体制下，企业没有经营管理和进行经济核算的动力。其结果就是，不能保证现有生产能力的合理利用，并发挥其最大的经济效果；也不能保证用尽可能少的活劳动和物化劳动的消耗，创造出尽可能多的新的生产能力。这些正是国营企业劳动生产率一直难以提高的重要原因。

（6）国家资本控制与所有制实现形式多元化的矛盾。在计划经济时期，全民所有制在一定范围内和一定程度上，还包含"大全民"所有和"小全民"所有的关系，还必须适当利用物质利益去推动它们努力管好生产。然而，在国家资本成为国民经济的主控力量的体制下，任何意义上的"分权"都会被认为是对社会主义经济基础的削弱，从而使各种更灵活的企业组织形式失去了产生的前提。

以上原因导致的国民经济低效运行的状态已经难以为继，彻底改革这种不适应生产力发展需要的旧体制的条件日渐成熟。本书着重探讨国有经济，较少涉及农村、农民、农业问题。这里需要强调，这一时期经济发展主要依靠高积累，在一定程度上侵害了农民的利益，工农差别、城乡差别难以缩小，传统的二元经济结构也有强化之势，"三农"问题已经成为社会主义经济制度和经济结构的短板，制约了经济的发展，也影响了制度的稳定。改革正应始于此。

五、国家资本在改革开放中得到新的发展

中共十一届三中全会吹响了中国改革开放的号角。在农村改革先行并取得成效的基础上，20 世纪 80 年代初，围绕搞好搞活国有企业这个中心环节，以转变控制方式，提高国家资本运营效率和增强国有企业竞争能力为出发点，我们开始了一系列改革和探索。又从 20 世纪 90 年代初期开始，国有经济适应社会主义市场经济的逐步确立，在有进有退、有所为和所不为的方针下坚持调整重组，全面改革国有资产的管理体制，进一步提升了国有经济的影响力和控制力。经过 30 多年的不懈努力，经营性国家资本在运营形态、运行效率和基本功能等方面都发生了重大变化，突出体现在更贴近市场规则的要求，经营更加灵活和自主，更能够发挥其对国民经济的影响和控制、弥补市场失灵和"诱致"市场产生的基本功能。

1. 改革国有企业制度，提升国有资本的微观效率

扩大企业自主权是国有企业提升经营效率、实施市场化改革的逻辑和历史的起点。1978 年 10 月，四川省率先给予省内一些国营公交企业一定的自主权，从此拉开了国有企业改革的帷幕，"放权让利"的改革迅速扩大到几乎所有的国有企业。在"放权让利"的改革实施不久，又在国有企业中实施经济责任制和"利改税"，尽管实施的时间较短，但起到了承上启下的作用。1984 年党的十二届三中全会通过了《中共中央关于经济体制改革的决定》，提出企业的所有权和经营权可以分离，一些企业据此创新实施了承包经营责任制，并很快成为当时具有中国特色的一种国有企业改革的主流模式。它是按照所有权与经营权分离的原则，以承包经营合同形式确定国家与企业的责、权、利关系，使企业在不改变产权关系的基础上，实行自主经营、自负盈亏的经营管理制度。与单纯"放权让利"式改革相比，承包经营责任制已经涉及政企分开、企业自主权的法律认可等一系列国有企业深层次的制度问题。但是，经营承包责任制也难以从整个制度体系上克服国有企业产权关系不清的弊端。国有企业基本产权制度的改革被提到议事日程。

1992 年 10 月召开的中共十四大明确提出，中国经济体制改革的目标是建立社会主义市场经济体制。企业是市场的基本经济单元和竞争主体，必须在社会主义市场经济体制下重新确立企业的市场主体地位。在这一背景下，一些企业以建立现代企业制度为目标，开始探索企业产权多元化的改革，主要形式是企业的股份制。

2. 实施国有经济战略性重组，提升国有资本的社会收益

尽管国有企业在建立现代企业制度方面取得了较大进展，但国有经济整体上的被动局面却未见根本好转。国有独立核算工业企业的亏损面仍在扩大，亏损额不断上升。与此同时，非国有经济却出现了快速发展的态势。针对这种情况，中央于20世纪90年代初期提出了对国有经济实施战略重组的决策，即抓大放小、有进有退，从整体上搞好国有经济的战略决策。对国有大企业和企业集团通过"三改一加强"将其搞好，对国有中小企业采取多种形式放开搞活；在重要行业和关键领域，要增进国有经济的控制力和影响力，在其他行业和领域，则可有进有退，重在提高国有资本的社会收益。

我国国有企业中绝大多数是小企业，大中企业数量虽少，但在国民经济中的地位十分重要。抓住、抓好这些"关键少数"，使其通过建立现代企业制度、优化资本结构、加速技术改造和加强内部管理，提高企业素质和规模效益，发挥骨干作用，就能巩固公有制的主体地位，发挥国有经济的主导作用，并有效地影响、带动一大批中小企业共同发展，也会增大对危困企业的调整能力。而对于数量众多、产业和地域分布分散的中小国有企业，采取更放开一些、更灵活一些的改革举措，比如实行兼并、联合或租赁，有的改组为股份合作制或直接出售。这就是后来人们所称的"抓大放小"。

在促进国有大企业发展的过程中，让国有公司陆续走向资本市场，成为国有控股的上市公司，使国家资本由过去的实物形态转化成更具流通性的证券形态。国家资本形态的高级化反映了国家资本变动的最新趋势，也是我国社会主义市场经济体制日益走向成熟的重要标志。

随着国有企业的改革思路从"放权让利"转向企业制度创新，从搞好每个企业转向搞活整个国有经济，国有经济在产业上的战略重组就成为必然选择。2001年初，中央政府正式提出国有经济要在196个工业行业中进行产业重组。15个行业必须由国有工业垄断或以垄断为主；35个行业国有工业无须垄断经营，但应保持一定的控制力；146个一般竞争性的产业国有工业应逐步退出。2004年，国资委针对中央企业的现状和调整方向，进一步划分了三大类和七个领域，央企据此重组。2006年12月18日，国务院办公厅转发国家国资委《关于推进国有资本调整和国有企业重组的指导意见》，进一步明确提出七大行业将由国有经济控制。对于军工、石油和天然气等重要资源开发及电网、电信等基础设施领域的中央企业，国有资本应保持独资或绝对控股；对以上领域的重要子企业和民航、航运等领域的中央企业，国有资本保持绝对控股；对于石化下游产品经营、电信增值服务等领域的中央企业，应加大改

革重组力度，引入非公经济和外资，推进投资主体和产权多元化。同时，国有经济对基础性和支柱产业领域的重要骨干企业保持较强控制力，包括装备制造、汽车、电子信息、建筑、钢铁、有色金属、化工、勘察设计、科技等行业。这一领域国有资本比重要降低，国有经济影响力和带动力要增强。其中，机械装备、汽车、电子信息、建筑、钢铁、有色金属行业的中央企业要成为重要骨干企业和行业排头兵企业，国有资本在其中保持绝对控股或有条件的相对控股；承担行业共性技术和科研成果转化等重要任务的科研、设计型中央企业，国有资本保持控股。

随着一系列改革措施的推进，特别是现代企业制度的逐步建立，国家资本企业获得新生和新的发展，在市场体制下管理能力不断提高，制度创新和科技创新能力不断增强，虽然重组后数量大减，但对于国民经济的影响力和调控力没有下降，而是在新的高度上进一步提升。

3. 国有资产监管体制改革

从 1978 年算起，国有资产监管体制改革大致经历了三个阶段。

第一阶段为国有资产监管体制的初创时期（1978～1988 年）。这一时期，由于政府实施了向企业放权让利和大规模经营承包制的改革，政企关系开始发生了变化；同时，中央政府还将大量原来属于中央各部委管辖的企业下放给地方，尤其是下放给中心城市管理，从而改变了过去中央政府过度集中管理国有资产的模式，一些中心城市拥有了更大的国有资产监管、运营的权力。

第二阶段为国有资产监管体制的积极探索时期（1988～2002 年）。这一时期的标志是 1987 年深圳市成立全国第一个专门的国有资产管理机构和 1988 年国务院成立了国有资产管理局，并部分地履行监管职能。此后，北京、上海也先后进行了改革的尝试，形成了各具特色的国有资产监管模式，这些有益的探索为后来形成全国统一的国有资产监管体制创造了条件。这个时期的改革实践，使人们开始确立了国有资产产权的意识，提出了国有资产保值增值的目标。但是，由于改革处于探索过程中，这一时期形成的国有资产监管体制仍然存在着许多突出的问题。

第三阶段为国务院国资委的设立与新型国有资产监管体制的基本形成（2003 年至今）。1998 年下半年，原国有资产管理局撤销后，一般竞争性行业的主管部门被撤消，经营班子人事和监督职责归并到一个部门，但收益分配和国有产权变动等权能仍由不同部门负责。这种多机构分割权能的体制直接造成了国有产权的分割和国有资产运营效率的下降。2001 年经营性国有资产增长仅为 6.6%；国有资本收益权被忽视甚至被侵犯，造成每年流失数百亿国有资产。政企职责不明和分割管理，使得管资产和管人、管事相脱节，产权责任追溯机制难以建立等。在这一背景下，2002

年 11 月中国共产党十六大召开并提出设立专门的国有资产监管部门的建议。2003年3月，中央和地方国有资产监督管理委员会分别陆续成立，统一了管人、管事和管资产的权力。中央政府设立国家国有资产监督管理机构，全面负责国有资产的监督管理职能。将原来国务院三个部委的职能统一归并于国有资产监督管理委员会之中。与此同时，省、市（地）两级地方政府国有资产监督管理委员会的设立工作也相继展开。2003年6月，国务院发布《企业国有资产监督管理暂行条例》颁布，进一步明确了我国国有资产监管的基本框架。

综上所述，国有企业改革确实取得明显进展，国家资本的产权边界已经有所明确，国有经济的功能和形态已经发生了巨大变化。但仍有一些深层矛盾没有得到解决，国家资本与社会主义市场经济体制之间的关系还没有完全理顺，国有企业更深层次的改革，国家资本功能的再调整正处于攻坚阶段。

国有经济的产业分布及其结构不合理的状况仍有巨大的调整空间。目前国有资本仍然分布在众多的行业和领域，其中一般加工业、商贸和服务业大约占近一半，而这些领域还可以继续实行退出。此外，在垄断产业领域，那些可竞争性环节和业务，也需要国家资本退出。而需要国家资本重点强化的社会公益性领域，国家资本的供给却明显不足。因此，对国有经济实施战略性产业重组的任务依然十分艰巨。

建立真正意义上的现代企业产权制度仍然任重道远。国有企业的产权明确界定、产权结构的合理配置、产权的正常流转、产权收益的有效保护等四大产权制度尚未完全落实。相当一部分国有大型企业特别像中央所属的国有企业集团依然采用国有独资模式，企业内部组织结构和治理结构安排存在许多不一致的方面，旧体制保留下来的"老三会"和现代企业制度要求的"新三会"之间的矛盾导致企业"内耗"不止，企业治理效率难以提高。

一些国有企业在改制过程中未能处理好利益相关者之间的关系。有些改革措施既损害了投资人、债权人的利益，也损害了广大职工的利益，而一些企业的"内部人"则大肆攫取国家的资财，国有资产和国家资本仍处于不断流失的风险之中。

国有资产监管体制存在政企、政资的再次合一。尽管我们已经建立了专门的国有资产监管机构，但国有资产监管部门既做裁判，又当运动员的问题并未根本解决，如何使政企彻底分开是国有资产监管下一步必须解决的问题。

为了推动国有企业改革向纵深发展，并在改革中解决国家资本的经营效率、国有资产的保值增值和防止流失的问题，需要采取更缜密和更有针对性的政策措施。

1. 尽快构建起系统而完善的国有资产管理体制。我们必须按照政企分开、资本经营和生产经营分开，全国国有资产联网管理的原则，逐步完善国有资产管理体制的政策安排。

横向上实行"政资分开"。建立与行政系统相独立的国资监督和管理系统,建立国有资本经营预算制度。为真正实行"政资分开",现在的国资监督和管理体制还要探索,如一时难以做到,也可把国资监督和管理机构作为"特设机构",以谋求剪断与政府的"脐带"。

纵向上实行"上下权益分开"。针对原有的"地方没有所有者权益"的弊端,改为由中央和地方"分别代表国家享有所有者权益"。现在上下的权益划分是按现有资产边界确定的,地区之间差异较大,今后面临调整的任务。要尽快明晰国有产权和地方政府产权。

经营上实行"所有权与经营权分开"。国有资产监督和管理部门固然代表国家行使所有权职能,但不可逾越权力边界。国有资产监督和管理部门在加强国有资本的"监督和管理"的前提下,必须尊重和维护企业的市场主体地位及其权利,不能直接干预企业的经营活动。

针对垄断产业的特殊性,建立和完善符合中国实际的管制体制。

2. 继续推进国有经济的战略性重组。国家资本是一种战略性资本。它应当存在于国家的战略性产业、战略性区域,在关键时期发挥作用。国家资本应当追求长远的战略性收益,而不应当过多顾及眼前的和暂时的利益。自 20 世纪 90 年代中期以来,我国国有经济产业分布与产业重组的重点集中在一般竞争性领域,主要是实施战略性"退出",这方面的任务已大致完成;接下来,国有经济、国家资本需要向具有战略意义的行业和领域推进,包括向基础设施领域、社会公用事业及其他一些自然垄断和行政性垄断行业推进。

对于垄断性行业,特别是行政性垄断行业,包括金融、电信、电力、民航、铁路、邮政、石油等应当确定为下一阶段国家资本改革和调整的重点。通过渐进市场化的办法,即在垄断行业可市场化的部分逐步引入市场竞争机制,持续往复,直至使垄断行业的市场化水平提升到合理程度。与此同时,要积极探索垄断性国有企业产权制度的改革,以混合所有制、多元产权结构为目标,通过公司化改造逐步引入非国有资本,增强国有控股企业的治理效率。而将有限的国家资本更有效地集中于最具战略意义的产业上。

要充分发挥国有大型企业的技术与科技实力雄厚的优势,鼓励它们在涉及国家战略性技术方面发挥更大作用。比如在常规性研发方面,国有企业要利用已经形成的国家级技术中心承担更多重大的、关键性的技术攻关和技术创新。此外,要鼓励有实力的国有企业成立专门的创投公司,扶持那些有较大潜在价值的技术开发项目。

政府要有意识地通过对国家资本在不同地域间的重新调配，为经济不发达地区创造基础条件。比如政府要在这些地区投资建设各种基础设施，按照当地的资源状况建立一些国有企业，通过创造市场而实现市场的扩大效应。

3. 推进国有企业产权制度改革，完善企业法人治理体系。以"混合所有制"模式来改革现有国有大型企业的产权结构。积极借助包括股票、债券和产权交易等资本市场，将有条件的国有企业的产权逐步推向市场，实现部分企业的整体上市或企业的部分产权的自由交易；对于那些需要保证政府控制权的企业来说，要在不丧失控制权的前提下，要鼓励引进外资、民营资本性质的大的战略投资者，以打破单一所有的产权结构，扩大国家资本的支配力和影响力。

以《公司法》为准绳，完善国有企业的法人治理体系。国有企业改革已经从制度创新进入到完善治理结构的新阶段。从公司治理结构和治理机制的角度看，国有大型企业要在变革其产权制度的基础上，要将重点放在建立以股东大会为核心的企业权力机构、以董事会为核心的决策机构、以监事会为核心的监督机构和经营管理者之间的竞争制衡机制，以及相应的决策机制、激励机制和约束机制上。

努力营造适应国有经济环境的企业家成长及发挥作用的氛围。国有企业是特殊的企业制度，有着特别的企业文化和理念，但都需要企业家发挥作用。不过，正因为国家资本、国有企业所特有的战略属性，国有企业中的企业家更应具备战略经营的能力和素质。就国家资本的所有者——政府而言，要针对国有企业的特殊性来安排今后的改革，注重精神激励与经济激励相结合，为国有企业的企业家发展成长和发挥作用创造更好的环境。另一方面，也要完善考核体系和奖惩制度，逐步建立责任追究的法律制度。奖优罚庸，对胡乱作为造成国有资产重大损失者则须追究经济责任或刑事责任，对腐败者更应依法严惩。

4. 推进国有企业的配套改革。国有企业改革是一个十分复杂的系统工程，它不仅涉及政府与企业，企业与员工、在职员工与退休、下岗人员等方方面面的利益，而且与众多社会机构或单位有着千丝万缕的关系，因此，在对国有企业制度实施改革的同时，需要实施多方的配套改革。

要通过各种方式解决"企业办社会"问题。要依据"主辅分离"的原则，坚决地将过去企业举办各种与主业无关的经营性业务，以及医院、学校等社会职能机构剥离出去，使企业一心一意地专注于经营、专注于主业。当然，国有企业在"去社会职能"的同时，也不要忘记应当承担的社会责任。

要解决依法破产问题。破产虽然可先搞一段政策性破产，但作为制度性安排，应建立依法破产机制。对于这些国有企业配套改革的内容，不应只看成包袱，根据过去的经验，这恰恰是国有大型企业改革由外围攻向核心部位的切入点，一些难度较大的国有大型企业改革正是从"主辅分离"开始的。

5. 改革国有企业的分配制度。通过改革提高国有企业的效率是我们改革国企的出发点，但相当一部分企业曲解此点，认为只要对企业的主要管理人员激励到位，企业的效率就能得到提高。部分企业出现了忽视广大职工利益，在利益分配上严重不公的问题，挫伤了普通职工的积极性，这是无助于企业效率提高的。以后的改革中必须高度重视职工权益保护。无论是企业转制、并购或破产，要充分考虑职工的合法权益，充分尊重职工在改革中的意愿。坚决制止损害广大员工权益的企业行为。

要重新确立和完善国有企业的初次分配制度，对高管的激励应有明确的制度安排，对一些垄断行业和企业的过度分配必须有效加以抑制。这些方面的改革须由政府主导，不能放任垄断行业和企业高管自行其是。在多种经济成分并存而国企相对处于主导地位的格局下，政府不只是守夜人，更应该是社会利益关系的协调人，建立社会各阶层和群体之间较为平衡的利益分配体系，实乃政府当务之急。必须逐步建立规范统一的国有企业分配制度，并使其成为全社会分配领域的标杆，特别是应该成为国家公务员及事业单位分配制度改革的标杆和基础。

6. 强化反腐败工作，遏制国有资产流失势头。国有企业中存在的腐败和国有资产流失的根源之一在于现行制度存在缺失。须尽快制定出关于委托人、代理人以及各类利益相关者之间权、责、利清晰的法律规则，明确在参与国有企业运营时，各自拥有的法定权利，同时必须承担保证国有资产保值增值、防止国有资产流失、防止侵占职工经济利益等相应的责任。在此前提下，如果认定参与的任一方有牟取私利的越轨行为，就可以界定其为腐败或犯罪，从而使腐败行为同其他正常经营行为清楚地区别开来，就为准确地打击腐败行为创造了条件。这些年，我们先后制定了许多关于国有企业的法律、法规，从不同侧面，在一定程度上对国有企业的各参与方的权利与义务作了界定，但没有一部能够称得上是全面的、系统的和到位的。国家应尽快启动立法程序，研究制定一部关于国有企业的根本法律。

实施既有助于寻利又能遏制寻租的制度变革是扼制国有企业腐败和国有资产流失问题的根本途径。制定法律是为了建立规则，在法律还不完全到位的情况下，仍然有必要对现行规则实施变革。这其中对各种利益集团左右政府决策的行为要予以特别关注和全力阻止，要严防官商勾结、权钱交易，这一点适用于拥有公权力的各级部门、官员和各类企业。当前，要重点打击国有产权交易中恶意侵吞国有利益，人为造成国有资产流失的腐败行为。

国家是国有企业的资本受益方，必须大幅提高对国有企业利润的收缴比例，其余利润也应大多转为资本，小部分用于企业激励。这样有利于平衡社会利益关系，也有利于公平竞争。垄断性国有企业通过国家授予的垄断特权获取的大量垄断利润，更应收归国有，这部分利润如留在企业，在激励和监督难以到位的情况下，极易产生资源的扭曲配置和挥霍性腐败浪费。通过征收更高比例的资源占有税和提高利润上缴比例将这些资金收归国库，一方面，可以缓解解决社会公平问题资金不足的压力；另一方面，当企业需要时再作后续投资也无妨。

整合、充实、加强监督资源，提高全社会特别是国企委托人的监督能力。整体来看，这些年，政府投在对国有企业代理人的监督资源并不少，只是由于体制原因使其散布在不同的管理部门和各个企业中间，实际上它们并未发挥出整合的规模监督效应。要通过改革从内外两个方面使分散的监督资源逐步整合起来。从内部来看，比如将存在于国有企业中的纪检、监察、会计、审计等监督力量统一于各监管机构专门监察部门，实行有限的垂直管理。政府要强化国有资产委托人的监督能力，建立起一支能够代表委托人利益的强大的反腐败队伍。从外部而言，通过加强审计、税务、工商、监察以及社会舆论等部门的联动，整合国有企业外部的监督资源。其中将国家的会计和审计部门独立运作是一个重要的制度选择。将企业的财务会计从企业的人事关系和工资关系中独立出来，由国家直接设立的专门机构统一管理。同时，政府对企业法、会计法等有关法律作适当修改，以明确国有企业财务会计应由政府根据其经营规模适量选派，并对财务会计的职责和权利以及考核和奖惩办法做出明确规定。独立会计的经费由政府财政解决。政府的审计机构要通过法律给予更大的独立行为权，根据国外的经验，将效益审计作为审计机构的主要职责。如果发现企业在运用国家资金上有腐败现象，就要提请有关部门进一步调查。要研究将政府的审计和会计合署运营或财政和会计合署运营的可行性。

7. 鼓励大型国有企业和国家主权基金不失时机地走出国门。这些年，我们已经有许多国有企业成功地走出了国门，取得了很好的经济效益和经营经验。这些经验表明，国有企业和国家资本投资于海外的实业和资本市场，可以获取我们亟需的能源、原材料、先进技术和先进的管理，也能使我们的大量外汇储备通过国外的资本市场保值增值。因此，政府对国有企业和国家资本实施海外投资应持积极鼓励的态度。其中当然也有许多惨痛教训，对于走出去的国有企业或具有国家资本背景的投资机构，必须建立严密的治理结构和治理机制，以及有效的预警机制和责任追究制度，防止因"廉价决策"而导致重大失误；否则，由此造成的经营风险和后果是无法控制的。

六、新时期国家资本的战略地位和功能定位

经过古代、近代、现代和当代几千年的沧桑历史，中国经济在近 30 多年里进入

了前所未有的辉煌时期。经过不断的改革，国有企业逐步融入了市场经济，成为参与市场竞争的重要成员；国有经济通过战略重组，更多地集中于一些关系国计民生的支柱产业和上游产业；国家资本正在通过证券化而实现了向高级形态的转换。实践表明，以国家资本具有显著调节功能的中国模式的确取得了令世人瞩目的成就。在各国相互借鉴并深化自身发展模式的背景下，根据我国历史经验分析概括国家资本、国有经济在市场经济体制特别是转轨经济中的功能定位，显然具有重要的理论和实践意义。

1. 成为实施国家经济战略的基本工具

根据世界一些国家特别是后发国家经济发展的历史经验，国家资本、国有经济在发展本国经济，建立民族产业方面具有不可替代的作用。在进入市场经济之后，我们认为，国有经济、国家资本在国家经济发展战略方面仍然有其不可替代的作用和价值。国有经济、国家资本的存在为国家实现其战略目标提供了强有力的支持。

战略性高科技的研发与推广。在人类社会步入新经济的时代，科学技术的重要性日益凸显，科技发展水平的高低直接关系到一个国家或地区的综合实力与竞争能力。信息技术、新能源、宇航空间技术、核能技术、新材料、海洋与生物技术等科技研发领域的成果对于一个国家的竞争力将发生根本性影响。但是这些领域中，某些研发活动的资本投入规模之大、风险之高、回收周期之长、保密性强、涉及方面之广又是绝大多数非国有企业、民间资本所无法承受的，这就需要依托国家资本的力量来组织科学技术的研发活动。一些发达国家也更多地以国有企业的形式建立和发展高科技行业。比如，美国航天局、欧洲宇航局、空中客车公司等，都是由国家资本控制的。我国的航天、核能技术同样在国家资本的推动下取得了快速发展。

战略性产业的控制。从经济学角度看，所谓战略性产业都具有体现国家工业化水平、产业关联性强、对于整个经济增长带动系数大的特点。显然，一国的战略产业不是固定不变的，而是随着经济发展水平变化的。在特定条件下国家资本应当对这些战略产业实施某种程度的控制，有助于国家战略的实现。对于已经失去战略意义的产业，国家资本则要主动退出，以免影响这些产业的竞争效率。

战略性资源的开发与获取。土地、石油、煤炭、铁矿、稀有金属矿产、森林等战略性资源是国民经济的命脉，开发战略性资源对于国民经济发展具有重要意义。而且，战略性资源还涉及国家安全。国家资本直接控制战略性资源，可以在资源开发、利用等方面更有效、更直接地体现国家意志。从各国的经验来看，国有企业在战略性资源产业中均占有相当比例。

2. 成为政府宏观调控的政策工具

市场经济发达国家实施宏观调控的主要手段是财政政策和货币政策，国有经济还不足以成为一种政策工具。在我国，由于国有经济依然是一支重要的经济力量，它所具有的影响力和控制力完全可以成为像财政和货币政策那样的政府调控经济的政策工具。事实上，正是由于国家资本、国有经济所具有的政策意义，我国正在形成区别于西方国家的市场经济模式，即社会主义市场经济模式。这个模式的基本含义可以概括为：政府通过财政、货币以及国有经济等政策工具来调控市场，市场再引导其他企业的运行，以实现政府追求的经济目标。当然，需要强调的是，这里的国有企业是近乎中性的一种经济组织，即国有企业是经济组织，但又不是以营利为唯一目的的。否则，国有企业就会利用政府的力量形成市场垄断，从而使这个模式最终陷于失灵。总之，国有企业应该坚持经济效益和社会责任的统一，坚持可持续发展，在制度建设、依法经营、善待员工、合理分配、规范管理、节约资源、保护环境以及回报社会诸多方面，成为全社会的榜样和标杆。

3. 成为捍卫国家经济安全的屏障

我们可以将资本大致分为实体资本和虚拟资本两大类，在市场经济状态下，会形成实体资本市场和虚拟资本市场。市场总是存在风险，各国经济发展史充分表明，市场的风险有时会通过市场危机的方式集中释放，并给一国乃至全球带来巨大打击，甚至会使一国经济在短时间内陷于瘫痪和破产，尤其是虚拟资本市场危机所具有的破坏性和杀伤力往往超乎人们想象。国家资本所具有的体现国家和全民意志的属性会对投机资本起到有效的制衡作用，会在投机资本兴风作浪时维持市场的稳定性和流动性，这就会在一定程度上避免或减轻危机的伤害。这已被我国在 1997 年爆发的东南亚金融危机、2008 年美国爆发的"金融海啸"中的卓越表现所证明。不仅如此，继欧洲一些发达的资本主义国家为了应对 2008 年的金融危机实行了银行国有化后，美国政府也入股银行，借助国家的力量平抑金融市场的剧烈波动。所谓自由经济，政府不干预和参与经济，现实中根本不存在，只是干预和参与的程度有别而已。

再从实体资本角度看，产业资本本身也存在因为结构性失衡、产业升级不畅而陷于危机的可能性。在经济日益全球化的背景下，经济发达国家的跨国公司正在利用其规模优势、技术优势和制度优势，与所在国的企业展开生死之争。如果没有一种对应的制衡机制加以限制的话，后发国家的民族产业，乃至国家的战略产业等实体资本将难以生存。这个机制的核心只能是国家资本和国有企业。在产业资本及其市场一旦出现异动，比如某种要素极度短缺或过剩，某些要素被人为垄断，就可以利用国家资本的规模优势平抑市场，打击投机，抵御外来资本的突然攻击，以确保国家经济、民族产业的安全。

4. 国有经济与产业结构升级

产业具有自身演进的规律，它总会不断地自我累积和完善，也会不断地由低级向高级方向延伸。史实充分证明，政府在产业演进过程中能够起到一定作用。而政府在推动国家产业结构升级的过程中，所采用的手段之一就是发挥国有企业和国家资本在这方面的独特作用。发展经济学的基本原理告诉我们，在经济发展的初级阶段，国家资本作为一种"诱致性"资本，具有十分重要的作用。通常在一国或一个地区经济发展的初级阶段，经济发展水平相对落后，私人资本积累能力有限，虚拟资本市场的功能也不健全，有效途径就是依靠政府的力量，借助国家资本创造市场，初步形成产业体系，并在此基础上实现国家和地区的产业结构升级。国家资本或国有经济在参与产业结构调整时，其功能主要在于诱致市场的产生，市场有了一定的规模，国有经济、国家资本就应当主动退出，再进入需要"诱致"的其他领域。国家通过国有企业过多地干预资源配置会扭曲要素市场和产品市场价格，导致资源浪费和经济竞争力下降，这是我们需要避免的。

5. 国有经济与区域经济协调发展

在推动区域经济发展方面，国家资本、国有经济经常充当着积极角色。由于私人投资的区域选择取决于地区的投资回报率，落后地区往往难以吸引到私人资本。而国家资本投资于这些地区的公共领域，如基础设施方面的港口、机场、城市供水、煤气、供电、城市公共交通、环保设施、公共文化事业等，以改善落后地区的"硬"条件，为吸引更多私人资本而提供条件。早在计划经济时期，特别是在20世纪60~70年代，国家通过"三线"建设，在我国中西部比较落后的"三线"地区，投资兴建了大批企业，极大地提高了这些地区的工业生产能力。改革开放以来，特别是中央于1998年提出"西部大开发"战略后，政府通过直接投资公共工程、扩大对西部国有企业的投资，使广大西部地区的经济有了巨大改观。

6. 国有经济与政治和社会稳定

国家资本、国有企业是政府推行各项社会发展政策的重要手段。国家资本、国有经济作为社会资本的载体，不应以营利为唯一目标，而必须承担一定的非商业目标，要更注重社会责任。国有企业是政府直接掌握关键性生活资料，应付各种紧急状态，实施危机管理的必要工具。中外的经验表明，关系广大民众日常生活的行业需要保持一定的国有经济。粮食、成品油、自来水、天然气、电力等大众必需品，消费弹性比较低，如果这些部门完全由非国有经济来经营，那么一旦社会出现紧急状态，这些企业很可能会因牟取高额利润，而置国家、人民的整体利益和有关法律、法令于不顾，社会利益就会受到巨大损害。因此，由国有部门代表国家直接掌握一部分经济社会发展的关键资源和生活资料，应付各种紧急事态就是非常必要的。特别像我国这样一个发展中的大国，正处于全面转轨过程中，保留一定规模的国家资本和国有经济是完全必要的。

国家资本、国有经济除了承担经济和社会的功能外，它们还具有一定的政治性功能。国家资本、国有经济在维护国家主权方面发挥着重要作用。在日益全球一体化的背景下，国与国之间的竞争是全方位的竞争，包括政治、经济、文化等各个层面，但是经济竞争是最基本的。如果在经济领域不能自立、自强，那么在政治领域就有沦落为经济发达国家附庸的可能。这也是为什么许多发展中国家都急于发展民族经济的根本动因。为了政权的稳定和国家的安全，国家通常通过建立国有企业在内的各种方式来控制整个国家的经济命脉，将关系到国家政治、经济命脉的一些战略性部门直接掌握在手中。

国家资本、国有经济具有执行国家安全等特殊使命的功能。在一些特殊产业领域，它们与国家经济发展关系密切，而且往往与国家在国际上的地位、威望和利益密切相关，有的产业与国家安全密切相关，是维护国家利益和安全的战略工具。国有产业还是国家主流文化意识形态的传播者。目前，包括一些发达国家的文化传播媒体产业都是由政府直接掌控的，如美国公共广播公司就是由国家经营的。因为新闻媒体产业具有社会公共产品的特征，必须受到政府严厉的监管，并且在必要时由政府直接控制。总之，国家资本、国有经济始终是社会主义上层建筑最重要的基础。制度使然。

当今世界正处于一个剧烈动荡和变革的时期，各种利益关系错综复杂，但诸多利益关系最终都会集中反映在国家利益和民族利益上，相对而言，国家利益和民族利益具有恒久的性质。在全球化背景下，单个企业的影响力有限，市场竞争力越来越取决于众多企业叠加的综合经济实力，越来越有赖于国家的综合国力以及国家的支持和干预，有赖于国家资本的发展和参与。国家干预和参与经济的趋势正不断加强，中国也不例外。正如前面所分析的，这一点也可以说正是中国发展道路最显著最基本的特点。在中国，国家干预和参与经济的传统已持续两千多年，对此世人评价不一，贬褒毁誉皆有。其实说的都是不同时期的不同侧面，不管人们如何评价，也不管人们是否喜欢，这一传统仍将持续下去。国家资本的性质、行为和发展前景，取决于政权的性质、行为和前途。发展和停滞，兴盛和衰败，往往就是在政权失范和重大决策失误的过程中实现转换的，这方面的历史教训并不少。当前，改革日益深化，各种社会矛盾凸显，政府决策、国企行为、官员形象越来越成为公众关注的焦点。在新的国内外形势下，我们必须总结和牢记历史的经验教训，依据社会主义初级阶段的基本国情，以民为本，科学发展，坚持社会主义市场经济体制下的改革开放，大力改善经济和社会管理，不断提高国家资本干预和参与经济活动的正当性和有效性，努力做好应该做的和能够做的事情，切实将国有企业管理和经营好，国有经济和国家资本会有更加辉煌的发展前景。国家和人民则幸甚。

论中国经济发展中的政府与市场关系

（1978～2013）

中国社会科学院当代中国研究所　武力

2008 年经济危机爆发后，政府与市场的关系再次成为政策辩论的核心。2012年中共十八大报告中提出了"经济体制改革的核心问题是处理好政府和市场的关系"这个命题，并强调"必须更加尊重市场规律，更好发挥政府作用"。中国作为一个世界上最大的发展中国家，在以工业化、市场化、城市化为标志的经济现代化过程中历尽艰难曲折，终于懂得了必须依靠市场调节和政府调控并举的"双轮驱动"，明白了政府与市场的各自职能和边界并不是固定不变的，而是因时、因地、因事而随时调整的，从而可以避免经济发展过程中的"市场失灵"和"政府失灵"。1978 年十一届三中全会以后，中国共产党在充分吸取过去经验教训的基础上，解放思想，实事求是，与时俱进，突破了新中国前 30 年形成的发展模式，实现了对传统社会主义理论的带有根本性的突破和创新，引导中国走上了中国特色社会主义市场经济的发展道路。改革开放以来的政府与市场关系大致可以划分为三个阶段。

一、"放权让利"，引入市场机制（1978～1991）

1978 年底召开中共十一届三中全会，拉开了波澜壮阔、令世界瞩目的经济改革帷幕。由于在经济落后和严峻国际环境下为实现超常发展而建立起来的单一公有制和计划经济体制的弊病，与长期形成的经济结构失衡、人民生活水平长期徘徊交织在一起，因此加快经济发展就成为首要的、也是突破固有观念最强大的武器，是全党和全国人民改革的动力。改革不仅从体制的薄弱环节，而且也是原有体制束缚最大、生活最困难的农业和农民开始的。以"家庭联产承包责任制"为主体的农村改革，不仅见效快、成效大，也为后来的改革起到了开辟道路和示范的作用，这种农村生产关系的深刻变革，实际上已经突破了单一公有制和计划经济。

农村的经济改革之所以先行，不是偶然的。这里既有生产经营体制扭曲最严重、农民生活最需要提高的客观条件，也有上下都知道的历史经验。1958年"大跃进"时期建立的以"一大二公"为特点的人民公社，既"政社合一"，又脱离农业特点和生产力水平，经营管理过于集中，收入分配过于平均，严重压抑和挫伤了农民的劳动积极性。如何改革这种集体劳动、统一经营体制的弊病，早在1956年和1962年就曾经出现过两次以"包产到户"为形式的改革，并且效果明显，可惜在将其提到走资本主义道路还是走社会主义道路问题的高度后，被压制了下去。因此当"解放思想"的春风吹到农村时，广大农民和基层干部就率先开始了以"包产到户"为核心的农村改革。

在家庭联产承包制发展过程中，随着农村多种经营的开展，出现了从事商品生产的专业户。这种专业户是在农村分工分业发展基础上，以一家一户为单位，专门或主要从事某项专业生产或经营的经济实体，一开始就以商品生产者的面貌出现，讲求经济效益，充分利用零散的资金和劳力，注意学习和掌握科学技术，发挥了农村各种能手的作用。他们生产的农副产品商品率一般达到70%以上，获得的收入普遍高于一般农户，年收入达千元甚至万元以上。这种专业户随着规模的扩大，开始雇工。与此同时，乡镇企业也如雨后春笋般迅速发展起来。专业户和乡镇企业的发展，加速了我国农村经济由自给半自给经济向商品经济转化，商品率迅速提高。

1978年至1984年的改革开放成果，特别是农村改革的巨大成效，不仅极大地鼓舞了党和人民的改革信心和热情，也为进一步扩大改革开放提供了物质基础，即通过经济调整和改革开放，我国的经济形势出现了建国以来少有的最好时期，几乎每个人都是改革开放的受益者，都迫切希望并通过进一步改革开放促进经济发展、增加收入。于是，从1984年10月的十二届三中全会开始，改革范围扩大，改革重心由农村转入城市。

城市改革首先遇到的就是计划管理问题。在计划经济体制下，计划是社会再生产和扩大再生产活动的核心。对于如何做到既搞活经济，又合理组织经济这个长期追求的目标，《中共中央关于经济体制改革的决定》提出了计划体制改革的目标是"建立自觉运用价值规律的计划体制"。

自改革开放以来，中国一直在探索如何改革计划体制，以便使我国经济在有效的宏观管理下做到活而不乱。十一届三中全会起，是在"计划经济为主，市场调节为辅"这一思路指导下启动和逐步展开的，引进和逐步加强了市场调节的作用，按发展生产的要求组织生产和流通，简政放权，适当扩大企业的经营自主权，调整综合经济部门的职能和权限等。1982年根据各种经济和社会事业在国民经济中地位和作用的不同，党的十二大正式提出了指令性计划、指导性计划和市场调节三种管理形式，并逐步缩小了指令性计划的范围，即：对关系国计民生的重要经济活动，实行指令性计划；对大量的一般性经济活动，实行指导性计划；其他实行市场调节。1984 年 10 月，国务院正式批准了《关于改进计划体制的若干暂行规定》，同时又批准了在农村实行以调整国家与农民关系为主要内容的农村第二步改革和科技、教育改革。从 1985 年起，计划体制改革转向按照建立有计划商品经济的思路进行，以缩小指令性计划、放宽计划控制为核心，开始按照发展商品经济的需要，积极改善计划管理和其他宏观管理。

在农业生产和分配方面，国家原来主要通过农副产品的统购、派购制度将其纳入国家的计划。改革开放以后，这种制度的消极作用日益暴露，成为发展农村商品经济的阻力。为了扩大农民的自主权，减少国家计划对农业生产的控制，1985 年 1 月中共中央"一号文件"决定取消统购、派购制度。国家只对粮食、棉花、油料、烤烟、黄红麻、生猪等关系国计民生的大宗农产品的收购和调拨，规定指令性指标，签订收购合同，以便国家有比较稳定的粮棉来源，保证人民生活的稳定。农民完成定购任务后，可以自由销售，以部分满足了农民发展商品生产的要求。禽蛋、水产品、蔬菜等取消派购后，则全部由农民自由上市、自由交易。①

在工业交通生产和分配方面，为了搞活企业，只对煤炭、原油及各种油品、钢材、有色金属、木材、水泥、基本化工材料、化肥、重要机电设备、化纤、新闻纸、烟、军工产品等重要工业产品中由国家统一分配调拨部分的生产、分配实行指令性计划，重要物资的铁路货运量、水运量、沿海港口吞吐量，也实行指令性计划，以保证重点生产建设的需要。原总量控制指标和其大部分产品，改为指导性计划。实行这一改革后，国家计委管理的实行指令性生产计划的工业品，由 123 种减少为 60 种；国家统一计划分配的生产资料，由原来 256 种减少为 65 种左右，其中国家计委直接管理的 30 种，由国家物资局管理 35 种左右；国家收购调拨的人民生活必需品，由原来的 65 种减少为 20 种；由国家统一安排供应出口的商品，由原来 70 多种减为 36 种。各部门管理的指令性指标也大幅度减少。

在基本建设方面，国家只对预算内拨改贷的基本建设投资、纳入国家信贷计划的基本建设，以及利用国际金融组织和外国政府贷款安排的基本建设，实行指令性计划。并且规定，固定资产投资从 1985 年起，凡地方、部门自筹投资计划、自借自还的利用外资投资计划，在国家确定的额度内自行审批，并允许在 10%的范围内浮动；非生产基本建设项目，凡建设条件地方部门能自行解决的，原则上可自行审批；用自筹资金安排的中小学建设，县以下医院、保健站等文体设施，职工宿舍，扩建公路、城市道路和增加公共交通车辆，可不纳入基建计划（即"五不纳入"）。

---

① 参见《中共中央国务院关于进一步活跃农村经济的十项政策》，1985 年 1 月 1 日。

此外还放宽了预算内（包括纳入国家信贷计划的）国家审批的投资限额，简化了审批手续。

在劳动工资方面，国家对全民所有制单位的职工人数和工资总额下达计划指标，但允许企业的工资总额，根据完成国家计划的情况和经济效益的好坏，按国家规定的比例增加或减少。

这一时期的经济改革，集中于政府的职能从全能型向效能型转变。由于改革计划经济体制首先是从过去束缚最多、危机最深的农业开始，而家庭联产承包责任制的巨大成效和乡镇企业的"异军突起"不仅从根本上改变了农村经济的微观机制，也为城市改革提供了榜样和示范。于是，在"让一部分人、一部分地区先富起来"的引导下，加上"放权让利"的制度和政策保障，于是在 20 世纪 80 年代形成了一个自下而上的诱致性变迁为主的强大动力，中国共产党终于在 80 年代突破了单一公有制和按劳分配这两个过去作为社会主义经济制度基石的理论束缚，从而为建立新型的社会主义市场经济发展道路奠定了微观经济基础。

在这个阶段，单一公有制和计划经济条件下的政府原有经济职能主要是从两个方面逐渐消解的。第一，放权让利，给原有公有制经济自己活动的空间；允许非公有制经济和"三资"企业存在和发展。这个方面以农村改革最为突出，成效也最大，从 1979 年开始推行农业生产经营责任制（"大包干"）到 1983 年取消人民公社，不过 5 年的时间。在城市，国营企业的改革推进虽然不快，但是从简政放权到推行"承包制"，也扩大了企业的经营自主权和对利润的分享。这种政府放松对公有制经济的控制和剩余索取，尤其是农村，应该说是调动了农民和企业的积极性，是 80 年代经济高速增长的动力之一。在公有制经济体制内改革的同时，政府还通过实行对外开放、鼓励城市待业人员自谋职业和农村"专业户"的发展，并对他们网开一面，让市场机制去调节。于是，在公有制外形成了一个极具活力的经济成分。

第二，逐步放松对整个经济的行政控制，退出部分领域让市场机制替代调节。在这个方面，政府的指导思想经历了从"计划经济为主，市场调节为辅"的主从结构，到"计划管理与市场调节相结合"的板块结构，再到"政府调控市场、市场引导企业"的上下结构，最后 1989 年又回到"计划经济与市场调节相结合"的含混提法。但是，上述指导思想毕竟反映出政府越来越多地将原来由自己直接管理的领域让渡给市场调节。即使在 1989 年至 1991 年治理整顿期间，市场化仍在推进，如粮食流通体制的改革、证券市场的建设等。

总之，1978 年实行改革开放以后，经济体制改革最先遇到的问题仍然是计划体制的僵化，而在这方面无论是理论上还是经验上，都认识到引入市场机制的必要，陈云在 1956 年中共八大上提出的计划经济为主、市场调节为辅的主张也随着他主持中央财经委员会工作而成为改革初期的指导思想，并体现在 1982 年中共十二大提出的 "有计划商品经济"。这个思想随着改革的深入，市场机制发挥作用的范围不断扩大，效果突出，尤其是受农村经济改革成就的鼓舞，到 1987 年的中共十三大终于提出了 "政府调控市场，市场引导企业" 的计划与市场有机结合的体制设想，实际上，这个设想已经具备了社会主义市场经济的内涵了，由于当时党内外对市场经济的属性认识还不统一，这与社会主义市场经济只差一层窗户纸了。

但是随后出现的经济过热、经济秩序混乱、价格扭曲导致的政府机关和干部经商潮，特别是 1989 年的 "北京风波" 和治理整顿，使得党内外都出现对市场化改革方向的怀疑和动摇。中国关于政府与市场关系的探索再次处于一个十字路口，从上到下都在探索这个问题。

二、市场经济框架的形成和政府改革的重大突破（1992～2001）

这十年是中国社会主义市场经济基本形成时期。在这个阶段，一方面，产品市场的价格基本放开由市场调节，资本市场、劳动力市场初具规模，市场经济框架基本形成；另一方面，政府方面的改革也有突破性进展，分税制改革奠定了划分中央与地方财权的制度基础，国企改革取得关键性成功，因加入世界贸易组织（WTO）而承诺转变政府职能。

1. 市场经济体制框架基本形成

1992 年初邓小平在视察深圳、珠海经济特区时对社会主义的描述以及对市场经济的解释，对于结束 1989 年以来党和政府在计划与市场关系上的含混认识，重新确立市场化改革方向起到了催化剂的作用。时任中共中央总书记的江泽民 1992 年 6 月 9 日在中共中央党校的讲话中谈到社会主义市场经济与计划的关系，指出："社会主义经济从一开始就是有计划的。在人们的脑子里和认识上，一直是很清楚的，不会因为提法中不出现'有计划'三个字，就发生了是不是取消了计划性的疑问。" 9 月召开的中共十四大，根据改革开放以来的理论探索和实践，将中国特色社会主义理论发展到一个新的高度，使中国的经济体制改革有了明确的目标，即建立社会主义市场经济体制。

中共十四大以后，经济体制改革进一步深入，改革在全面推进的基础上，重点由过去的增量改革、产品市场改革为主，转向以存量改革、要素市场改革为主（即资金市场和劳动力市场），国有企业建立现代企业制度、建立资金市场和劳动力市场、转变政府职能，成为 1992 年以后改革的三件主要工作。

1993 年 11 月，中共中央经过一年的酝酿，在十四届三中全会上通过了一个关于建立社会主义市场经济体制的具体设想，即《中共中央关于建立社会主义市场经济体制若干问题的决定》。该《决定》指出：社会主义市场经济体制是同社会主义基本制度结合在一起的。建立社会主义市场经济体制，就是要使市场在国家宏观调控下对资源配置起基础性作用。为实现这个目标，今后应完成以下主要任务：（1）转换国有企业经营机制，建立现代企业制度；（2）培育和发展市场体系；（3）转变政府管理经济的职能，建立以间接手段为主的完善的宏观调控体系；（4）建立以按劳分配为主体，效率优先、兼顾公平的收入分配制度；（5）建立多层次的社会保障制度，以促进经济发展和社会稳定。《决定》计划到 20 世纪末，初步建立起社会主义市场经济体制。

1978～1991 年的改革，对于城市来说，主要是"增量"改革，即一方面通过"搞活"，让个体、私营和外资企业发展起来；另一方面则通过"放权让利""承包"制等各种形式调动国有企业的积极性，至于原来国有企业职工享受的医疗、住房、交通等福利和无失业之虞，依然维持，同时城市居民在教育、医疗、交通、食品等方面享受的国家财政补贴也继续维持着。但是，1992 年确立市场经济改革目标以后，改革进入攻坚阶段，一方面，政府改革了过去计划经济时期在食品、住房、医疗、教育等方面的国家补贴或包下来制度，取消了国家对城市粮、油及副食的补贴；逐步停止了福利分房，实行住房商品化；积极推行医疗保险、"大病统筹"来替代过去的"公费医疗"；取消了教育基本由国家包下来，允许教育、特别是高等教育收费。另一方面，国家通过深化国有企事业改革，改变了过去"职工吃企业'大锅饭'，企业吃国家'大锅饭'"的不合理体制，同时伴随着大量企业破产、转制和实行"减员增效"，使得相当数量的职工下岗或失业。这都表明，从 1978 年以来开始的收入分配改革实际上进入了"存量改革"阶段。但是，在这个"存量改革"阶段，政府改变过去那种国家对国有企事业职工从生老病死"包下来"的办法和对城市居民的过度补贴是正确的，这不仅有利于调动职工的积极性，也有利于消除城乡之间的不公平。

这个时期有关市场经济建设还有两个重大推进：一是金融和银行业的改革，对资本市场的形成至关重要；二是加入 WTO，对中国融入国际市场、与国际经济接轨至关重要。

2. 政府经济职能转变的重大进展

这个阶段有关政府经济职能转变，主要集中在以下三个方面。

第一，通过实行"分税制"改革，实现了由过去长期形成的"行政性分权"向财政分权的转变。分税制是市场经济国家普遍实行的财税制度，1992 年我国确定建立社会主义市场经济以后，长期以来困扰中央与地方关系的财权划分问题终于找到了改革目标，那就是由计划经济基础上的"行政性"的集权与分权交替转向市场经济基础上的"财政分权"。1993 年 11 月党的十四届三中全会通过的《中共中央关于建立社会主义市场经济体制若干问题的决定》有一段专门论述财税体制改革，总计 800 多字，包括三项内容：一是把现行地方财政包干制改为分税制，建立中央税收和地方税收体系；二是改革和完善税收制度，推行以增值税为主体的流转税制度；三是改进和规范复式预算制度。

1993 年 12 月 15 日，国务院下发国发〔1993〕85 号文件，决定从 1994 年 1 月 1 日起改革原有的财政包干体制，对各省、自治区、直辖市以及计划单列市实行分税制财政管理体制，具体内容主要包括以下四方面：（1）中央与地方事权和支出的划分。中央和地方之间财力分配，要以财权与事权相统一为原则。（2）中央与地方财政收入的划分。根据中央和地方的事权，按照税种划分中央与地方的收入。（3）中央对地方税收返还的确定。中央财政对地方税收返还数额以 1993 年为基期年核定。（4）原包干体制有关事项的处理。实行分税制以后，原体制分配格局暂时不变，过渡一段时间后，再逐步规范化。

分税制改革不仅使中央与地方的财政关系走出了行政性分权的怪圈，为今后的发展提供了财政制度稳定的保障，而且大大增加了中央政府的财力，提高了调控经济和统筹发展的能力。但是实行分税制后，地方政府的财政收入的增幅与过去相比减少，越是往下，收入越少，反而事权越多，因此财政越困难。于是就有所谓的顺口溜："中央财政喜气洋洋，省市财政勉勉强强，县乡财政哭爹喊娘。"于是，以分税制为分水岭，地方政府的经济行为开始由"经营企业"为主转变为"经营城市"为主。由于分税制改革将各级地方政府通过"企业留利"为主的预算外收入掐断，于是以"土地出让金"为主的预算外收入以及随后扩展而成的"土地财政"，就成为各级地方政府发展经济的内在动力和资金来源。因此，国营企业在 1994 年以后逐步陷入困境直至 1997 年出现全行业亏损，应该说是与各级地方政府失去对其"照顾"的积极性有很大关系。在一些以集体所有制经济为主体的地方，乡镇企业同样遇到困难，并且地方政府乐见其"转制"，也与实行分税制有关。可以说，分税制实际上从反面促进了国企改革。

第二，对国有经济实行比较彻底的调整和改革，包括国有商业银行的改革，攻克了传统计划经济体制固守的最后一个堡垒。改革的历程是：20 世纪 90 年代上半期强调转换经营机制和建立现代企业制度，1996 年以后，则将建立现代企业制度与"抓大放小"、股份制改造结合起来，政府转让出部分国有经济，并使其退出部分领域。这个改革目前还没有完成。政府积极构建与市场经济相适应的管理体制，包括对外贸易和投资体制。在 1993 年、1998 年进行了两轮大规模的政府机构改革的同时，既加强了政府宏观管理职能建设，又加强了政府对企业行为和市场秩序的规范职能，还将新的社会保障体系建设纳入了政府的主要职责之一。

第三，自 1996 年国民经济运行实现"软着陆"以后，新中国成立以来从未有过的买方市场出现了，内需开始成为制约经济增长的主要因素。这种供求关系的变化，最直接的影响，就是原来依靠旺盛需求支撑的经济效益不高的国有企业和部分乡镇企业陷入困境。1997 年竟然出现国有企业总体亏损的局面。1997 年以后的"内需不足"虽然只是相对的和结构性的，从根本上来说是农民和部分市民缺少购买力，以及消费结构的升级所致。但是这种需求不足反过来又导致产业结构调整，导致改革力度加大（国企改革进入攻坚阶段），从而进一步导致部分产业改组（例如"抓大放小"和纺织业的"限产压锭"）和部分群体收入下降（"减员增效"），并且整个社会对未来的收支预期发生变化，对消费持观望态度，这进一步加剧了"内需不足"。总之，从 1997 年开始的中国经济形势的变化，使党面临着许多过去没有遇到的新问题，地区之间、城乡之间、阶层之间以及人口与资源、发展与环境之间出现的新的不平衡，已经越来越成为社会稳定和可持续发展的主要制约因素；同时，政府调控经济的手段，也需要发生相应的变化，在市场经济体制框架基本形成的条件下，怎样运用"政府之手"来弥补"市场失灵"在当时还是一个新问题。这就对 1978 年以来的发展观念和经济调控手段提出了挑战。

1997 年以后，面对亚洲金融危机冲击和国内买方市场的形成，为了维持经济高速增长，一方面，中央政府为扩大内需，提出西部大开发战略，通过扩大投资和缩小区域差距来增加国内需求；另一方面，加快加入 WTO 的谈判，以扩大对外贸易。而出于加入 WTO 和与国际接轨目的，则要求实现中国政府经济职能的转变。

3. 为加入 WTO 加快政府经济职能转变

从 1986 年 7 月中国正式提出"复关"申请到 2001 年 12 月正式加入 WTO 的 15 年，正好也是中国的市场化改革快速推进并基本建立起社会主义市场经济体制的 15 年，没有这 15 年的市场化，中国不可能在 2001 年加入 WTO；但同时由于加入 WTO 要以市场经济为前提，加入世界贸易组织的谈判过程，也促进了中国的市场化改革和转变政府经济职能。中国加入世贸组织以后，根据其原则和所做出的承诺，在此基础上，对与之有关的经济法律规章进行了重大调整。从 1999～2005 年，中国政府制定、修订、废止了 2000 多项经济法律规章，建立起了符合规则的法律体系。加入世贸组织以后，WTO 所倡导的透明度、非歧视原则等一些基本精神已经成为中国市场竞争的基本原则，有效推进了国内市场环境的改善。

三、经济全球化下的政府经济职能转变（2002～2013）

2001 年年底，中国经过长达 15 年的谈判（从 1986 年正式提出"复关"申请算起），终于加入了世界贸易组织，从而为中国扫除了对外贸易障碍，对扩大两个"利用"起到了关键作用。而以西部大开发为龙头，随后跟进的"振兴东北老工业基地""中部崛起"、东部"率先发展"等，则导致了新一轮地方发展的"锦标赛"，而其中政府仍然是经济发展的主角。特别是 2008 年世界金融危机爆发后，政府注入 4 万亿元投资以"稳增长"，更是强化了政府投资的功能。与此同时，实行工业"反哺"农业、城市支持乡村，也强化了政府的经济地位和作用。

一方面，随着中国经济总量的迅速扩大和财政收入的大幅度增加，我国的投资能力也迅速提高，2002 年的投资总量第一次超过 4 万亿元人民币，这种能力不仅是改革开放前不可想象的，也是 20 世纪 90 年代中期以前不可望其项背的，而且资本市场的形成又为提高资本投资效率提供了条件，这就为我国投资科技含量高的新兴产业提供了资金上的支持。此外，我国政府的财力也越来越大，能够承担起诸如三峡工程这样投资大的高效工程，也能够承担起诸如"退耕还林"、治理污染这样的"不赚钱"项目。

另一方面，由于政府经济职能转变滞后于市场经济成长速度，政府对市场的调控乏力，遂导致未能有效缓解收入差距过大问题。从 1979～2008 年，居民收入的增长幅度一直低于国民经济的增长，这当然有利于资本积累和经济扩张，但是却不利于扩大居民的消费需求。在 2008 年世界金融危机爆发使中国的出口受到抑制后，这一状况在过去的两年中发生了一些改变。2009 年，我国国内生产总值（GDP）增速为 9.1%，城镇居民家庭人均可支配收入比上年增长 9.77%，农村居民家庭人均纯收入比上年增长 8.49%；2010 年，GDP 增速为 10.3%，城镇居民家庭人均可支配收入增速 7.8%，而农村居民家庭人均纯收入增速为 10.9%，一跃成为三个指标中最高的。2011 年，农村居民家庭人均纯收入增速同样高于 GDP 增速和城镇居民家庭人均可支配收入的增速。这种改变将推动我国城乡收入分配格局的调整。

从地区之间的发展差距来看，随着国家西部大开发、振兴东北工业基地以及中部崛起战略的实施，中西部地区的发展速度加快。根据国家统计局的测算，进入 21 世纪以来，我国各地区的综合发展指数都在稳步提升，其中，东部地区明显高于其他地区，而西部地区的增速最快。2010 年综合发展指数排在前十名的地区分别为北京、上海、天津、浙江、江苏、广东、福建、辽宁、山东和重庆。2000～2010 年，综合发展指数年均增速排在前十名的地区分别为贵州、新疆、重庆、山西、四川、江西、西藏、安徽、宁夏和甘肃。

因此，从 1998 年开始的扩大内需目标一直未能奏效，遂导致在这个阶段政府为保持经济高速增长，不得不依赖投资和外贸两驾马车的拉动。

1. 由于上一个阶段的政府职能转变没有及时跟上，遂导致这个阶段的经济发展呈现出投资率不断攀升，地方政府转向"经营城市"，房地产成为拉动经济的支柱产业。特别是 2008 年以来，为应对世界金融危机的冲击，政府宏观经济调控加强，掩盖了经济职能转化的要求。政府对国民收入分配调控不力，内需不足，因此政府不得不过度利用外贸和投资两驾马车。这十年，投资猛增，投资率不断攀升，居高不下，投资由两个需求推动：一是国内的基础设施建设（经营城市和房地产）；二是生产资料生产本身产生的需求；三是对外贸易扩大带来的产能增加。因此，这个时期投资和经济发展呈现出重化工特点。全社会固定资产投资从 2002 年的 4.32 万亿元增加到 2012 年的 37.47 万亿元，增长幅度之大前所未有。

2. 分税制后地方政府事权与财权不匹配，地方政府搞"土地财政"，房地产畸形繁荣。1994 年实行分税制以后，中央财政收入大幅度增加。按照当时分税制改革时的设想，中央收入比重 60%，支出比重 40%；地方收入比重 40%，支出比重 60%，其中差额由中央转移支付解决。1994 年当年，中央财政收入占整个财政收入的比重就从 1992 年的 28%上升到 55.7%，1996 年更提高到 58.5%。但是对地方政府来说，则是自由支配的财政收入相应地大幅度下降了。在改革开放初期，即从 1978 年到 1993 年实行分税制前这个时期，中央与地方的财政关系主要是"承包制"，或者称其为"分灶吃饭""财政包干"。这种体制的方式是中央与各省商定各自的固定收入、分成收入和其他调剂收入。地方政府在上缴了规定的财政收入后，地方财政就可以在划分的收支范围内多收多支、少收少支，自求平衡。

如前所述，分税制改革在提高了中央财政收入的比重后，通过转移支付来弥补地方政府财政收支的差额。但是由于相应的政府职能转变没有及时跟进，地方政府的事权远远超过财权，而转移支付则限制过死，因此出现了前面所说的"经营城市"和"土地财政"（因为土地转让收入归地方财政）。就地方政府来说，以分税制为分水岭，其经济行为由"经营企业"为主转变为"经营城市"为主。

由于"经营城市"和大力发展房地产业，对地方政府有五大好处：（1）卖地增加财政收入；（2）增加地方的 GDP；（3）技术门槛低，投资风险小，资本沉淀率低，节能减排好（没有高污染、高能耗）；（4）拉动第三产业，有利于产业结构调整。（5）有利于城市化和改善城市基础设施。因此，这个时期地方政府的"土地转让"收入持续大幅度增长，房地产价格在高收入投机性购房和中低收入者"恐慌性"购房的双重推动下，也持续升高，而中央政府为了"保增长"，对其始终没有出台真正的抑制政策。

2012 年 11 月召开的中共十八大，针对改革开放 30 多年来政府职能转变与市场经济体制存在的问题，又一次提出了通过改革促进政府经济职能转变，从而进一步促进中国经济发展方式转变和保证全面建设小康社会目标的实现。中共十八大报告提出："深化改革是加快转变经济发展方式的关键。经济体制改革的核心问题是处理好政府和市场的关系，必须更加尊重市场规律，更好发挥政府作用。"为此，要求"更大程度更广范围发挥市场在资源配置中的基础性作用，完善宏观调控体系，完善开放型经济体系，推动经济更有效率、更加公平、更可持续发展"。2013 年 3 月，十二届人大一次会议审议通过了《国务院机构改革和职能转变方案》。这个方案是由中共十八届二中全会建议的，国务院秘书长在对人大会议的说明中解释说：这次改革的目的"重在向市场、社会放权，减少对微观事务的干预，同时改善和加强宏观管理，严格事后监管"，"这次国务院机构职能转变，要按照政府职能向创造良好发展环境、提供优质公共服务、维护社会公平正义转变的要求，适应加强市场监管、提供基本社会保障的需要，推进职能转移，着力解决政府与市场、政府与社会的关系问题，充分发挥市场在资源配置中的基础性作用，更好发挥社会力量在管理社会事务中的作用"。

2013 年 3 月 18 日，担任新一届政府总理的李克强在答记者问时表示了这次机构改革的目的和决心："这次改革方案核心是转变政府职能，厘清和理顺政府与市场、与社会之间的关系。现在国务院各部门行政审批事项还有 1700 多项，本届政府下决心要再削减三分之一以上。把错装在政府身上的手换成市场的手。这是自我革命，会很痛，甚至有割腕的感觉，但这是发展的需要，是人民的愿望。"

四、没有完成的双重任务：政府转型与市场建设

今天，中国的经济发展与 10 年前相比，战略机遇期的内涵与条件都发生了很大变化，从出口来看，不仅发达国家经济增长乏力，而且中国参与经济全球化、承接国际产业转移的某些有利条件，特别是劳动力成本低廉、环境要求宽松的优势已经明显弱化；从国内投资来看，劳动力无限供给的"人口红利"正在消失，资源价格正在攀升，环境制约越来越大，产能过剩问题严重，房地产拉动难以为继，这些都使得经济发展成本明显上升，从而制约了投资效益提高，这已经从经济增长减速的趋势中得到证明。因此，中国未来经济发展不得不靠"以人为本"的扩大内需和转变发展方式，而这两点都必须以理顺政府与市场的关系为前提，尤其是实现政

府职能的转变最为关键。这也是 2013 年十二届人大一次会议提出国务院机构改革的原因。从 1978 年改革开放算起，中国的市场化改革已经历了 35 个年头，社会主义市场经济体制框架已经基本建立起来，但是从政府与市场关系的处理来看，任务仍然没有完成。

一方面，政府经济职能转变还没有实现，越位、缺位、错位问题还很多，在消除市场失灵的宏观经济调控方面还存在很多问题，中央政府与地方政府的关系还没有完全理顺，中央政府的宏观调控问题，转移支付的有效使用问题，地方政府的财权与事权不一致问题，国企的垄断问题。另一方面，市场建设还任重道远，市场诚信失范、秩序混乱、不公平竞争、价格扭曲等不市场不成熟的表现随处可见。对企业违法行为有效监管和消除负外部性的能力还很弱，主要是市场监管问题，企业的外部性（尤其是环境）、社会责任，以及政府的监管不到位。

2012 年 10 月，中共十八大报告指出："经济体制改革的核心问题是处理好政府和市场的关系，必须更加尊重市场规律，更好发挥政府作用。"市场经济是否能够自动达到均衡发展？从发达国家的历史经验来看，是很难自动达到的，如果说在产业结构、区域发展、城乡差距等方面市场调节还能够比较有效的话，那么在调节收入分配差距方面则显得束手无策，甚至出现"马太效应"，必须靠政府这只"看的见手"来调控。

总结新中国成立 64 年来中国政府与市场关系的演变，尤其是改革开放以来政府与市场关系的演变，不难发现：无论是改革开放以来经济与社会的快速发展成就，还是收入差距过大等问题，都与能否正确认识和处理政府与市场关系紧密相连，而这个关系并不是固定和一成不变的，它是动态的，因时、因地、因事、因发展水平而变动。

首先，就经济发展模式来说，中国必须对传统工业化或现代化的目标价值进行重新审视。近一个半世纪来，中国现代化道路，先后虽然经历了"西方自由资本主义""国家资本主义""传统社会主义"与"市场社会主义"等四次经济发展模式的选择与实践，但始终都以学习西方、追赶西方的传统工业化为核心概念与实践逻辑；然而，随着经济的快速发展和诸多经济社会问题的出现，进而深刻地影响到人类当代及其后代的幸福生活，人们便不禁重新拷问以传统工业化为核心的经济发展目标价值。历史似乎向我们昭示：中国的现代化既不能绕过工业化阶段，又必须避免走传统工业化的老路；而社会经济发展中的各种问题，既要通过加快发展逐步解决，更不能消极等待发展来解决。因此，中国的现代化发展必须充分考虑人、自然、社会的协调发展，走"绿色"与"和谐发展"的生态现代化之路。

其次，就经济社会发展中政府与市场的经济职能而言，政府的宏观调控与市场的经济调节均是现代经济发展的必需。新中国成立 64 年来，经历了由一只政府"看得见的手"到政府与市场"双管齐下"，由集中资源配置、实行计划经济到"两只手"相互配合的社会主义市场经济。20 世纪 80 年代以来，在世界范围内，一方面，计划经济的破灭和出于对政府过度干预的担忧导致市场"迷信"盛行，以"新自由主义"为代表的许多学者大力呼吁让政府回归到古典主义的"守夜人"角色中来；另一方面，"市场失灵"，特别是 2008 年的世界金融危机，又使人们对政府经济职能寄予厚望。政府与市场的关系就仿佛跷跷板的两头，要么此上彼下，要么此下彼上，难以协调和平衡，至今仍然是一个没有解决对策的难题。但是，正如市场失灵并不必然导致政府过度干预，同样政府失灵也并非必然要求构建不受干预的市场。实际上，政府经济职能绝不是要不要权力或其大小的问题，也不是简单的职能强化或弱化的问题，而是政府与市场职能如何正确分工、各就其位、准确定位和相互配合的问题，关键是政府管理职能既不"缺位"，也不"越位"，而应是全面落实"到位"的问题。

最后，克服"政府失灵"，关键在于政治民主与科学决策。历史告诉我们，实现政府职能和发展方式转变，建立生态文明和"和谐社会"，需要全体人民的共同努力。在市场经济条件下，"市场失灵"要求政府干预，而政府干预又同时面临"政府失灵"的危险，实际上，就世界范围来说，无论是发达国家还是发展中国家，都遇到过双重"失灵"的问题。按照西方经济学的观点，"政府失灵"的主要原因有三：（1）决策信息不完全和不及时；（2）政府机构和官员的自利动机；（3）难以预期的企业和居民对政府计划的反应。[①]对此，信息化大大降低了民众广泛参与政府经济决策的成本，提高了及时性，同时民众的意见得到尊重就会与政府政策保持一致，民众充分参与并发表意见，政府官员手中的公共权力和私利动机也能得到了较好的监督和有力制约；这些恰恰是中国协商民主政治的内涵所在，也是决策科学化的基础性条件，因而也是克服政府与市场双重失灵的关键因素。中国之所以实行"社会主义市场经济"，就是要用社会主义的"人民当家作主"性质，来克服市场和政府的双重"失灵"问题。2013 年十二届人大一次会议通过的国务院机构改革和职能转变方案提出的"必须坚持人民主体地位，最广泛地动员和组织人民依法管理国家事务和社会事务"，即反映了这个思想。

新中国成立以来，中国共产党在极为错综复杂的环境和人力资源非常匮乏的条件下，带领中国人民经过 64 年的艰辛探索，终于形成了中国特色社会主义理论、发展道路和基本制度，初步建立起社会主义市场经济，再一次向全世界证明社会主义

---

① 斯蒂格利茨.经济学.中国人民大学出版社，1997：503～505.

是可以与时俱进并有着巨大优越性。这种优越性不仅体现在其经济体制比资本主义具有更大的包容性，可以充分发挥国有经济、私营经济、外资经济的积极作用，可以有机地融入全球化的世界经济并获得共赢，而且还体现在它所具有的强大经济发展动力和充分利用各种资源的能力上。

中国省际全要素生产率及其影响因素分析
（1979～2007）

华东理工大学经济学系　吴柏均　金峥

一、问题的提出

中国改革开放以来，年均经济增长率达到 9.6%，超过大多数发达国家和发展中国家。有不少学者认为中国经济以往的增长一直是高投入、低效率的模式（胡鞍钢，2002）。[①]还有学者指出，中国的经济增长方式同东南亚经济发展模式相一致，即发展起点低，以出口为导向，高比例的农业人口，高国内储蓄率和投资率等（Sachs & Woo，1997）。[②]但也有学者认为中国的经济增长主要依靠效率的提高，表现为全要素生产率（Total Factor Productivity）的贡献（Bhattasali，2001）。[③]鉴于以上两种经济增长源泉的不同意见，如何采用科学的概念、理论和测度方法，以准确衡量中国全要素生产率的实际水平，分析全要素生产率与其他增长要素的关系，对于进一步分析经济增长的源泉和未来影响经济增长的因素是有现实意义的。

目前，全要素生产率（Total Factor Productivty, TFP）的研究主要注重于：（1）工业和农业部门等行业全要素生产率分析（Lin，1992；Jefferson，1996；孔翔，1999[④]；Allan Rae & Hengyun Ma，2003；张军，2003[⑤]）。史清琪（1986）[⑥]估计中国工业的资本产出弹性在 0.2～0.3 之间，认为中国工业的全要素生产率对产出增长的贡献率为 20% 左右。

① 胡鞍钢. 未来中国经济增长取决于 TFP. 中国大战略. 转载于中国网，2002-07-04. http:// www.china.com.cn/chinese/2002/Jul/168635.htm.
② Sachs, Jeffrey D., Wing Thye, Woo. Understanding China's Economic Performance. NBER Working Paper 5935, 1997.
③ Bhaattasali, Deepak. Sustaining China's Development: Some Issues. Presentation to Tsinghua University 90th Anniversary Celebrations Seminar Series. Beijing, People's Republic of China, 2001.
④ 孔翔，Robert E. Marks，万广华. 国有企业全要素生产率变化及其决定因素：1990～1994. 经济研究，1999 (7).
⑤ 张军. 中国的工业改革与经济增长：问题与解释. 上海：上海人民出版社，2003.
⑥ 史清琪. 对加速我国技术进步措施的探讨. 开发研究，1986.

杰弗逊等（Jefferson et al.，1992）[①]基于 293 家企业的研究，得出国有企业改革后全要素生产率有所增长，集体企业的全要素生产率增长率更高。邹至庄（1994）[②]则认为中国工业部门的全要素生产率没有增长的趋势，中国经济增长主要源于生产要素投入的增加，而不能归功于技术进步。马塞尔（Marcel P．Timmer，2000）[③]研究了 1963～1993 年间亚洲四国制造业部门生产率增长中结构变化的作用，认为生产率提高是普遍的。杨（Young，2003）认为改革后 20 年的非农业部门的全要素生产率增长率为 1.4%，此数据明显低于前期的研究。沈能（2006）[④]用基于非参数的马姆奎斯特（Malmquist）指数方法，研究了 1985～2003 年中国制造业全要素生产率，发现 TFP 年均增长主要得益于技术水平的提高，而技术效率的变化反而产生负面的影响。

（2）国家及省市间全要素生产率及地区差异的分析。主要关注的是全要素生产率的测量。李京文（1996）[⑤]发现，1953～1990 年，决定中国经济增长的主要因素是资本投入（占 75%），其次是劳动投入（占 19.5%），生产率增长的贡献率只有 5.5%。王小鲁（2000）[⑥]利用生产函数法估算我国 1953～1999 年全要素生产率增长率，认为 1953～1978 年间全要素生产率为 -0.71%，1979～1999 年全要素生产率增长率为 1.46%，对经济增长的贡献率为 14.9%。王和姚（Wang ＆ Yao，2003）在考虑人力资本因素后，认为中国改革前全要素生产率对经济增长的贡献是负的，而改革后全要素生产率对经济增长的贡献率达到 25.4%。郭庆旺、赵志耘和贾俊雪（2005）[⑦]采用 DEA、Malmquist 指数方法对 1979～2003 年的分省数据进行分析，发现中国省份之间经济增长的差异性较大且有扩大的趋势，主要原因是由全要素生产率的差异造成的。王志刚等（2006）[⑧]通过对 1978～2003 年分省宏观数据的分析，发现地区之间的差距基本保持不变，且 90 年代后全要素生产率有下降的趋势。同样的分析和结论还见于其他学者的研究中（郑京海、胡鞍钢，2003；李胜文、李大胜，2006；沈能，2006）。

（3）全要素生产率的影响因子分析。其一，人力资本与 TFP 的关系研究。李胜文、李大胜（2006）[⑨]基于 1990～2004 年的省际数据，发现人均资本存量和研发（R&D）

① Jefferson, Gary, Thomas. Rawski, Wang Li and Zheng Yuxin. Ownership, Productivity Change and Financial Performance in Chinese Industry. Journal of Comparative Economics, Vol 28, 2000.
② Chow. Capital Formation and Economic Growth in China. The Quarterly Journal of Economics, 1993, August.
③ Timer P. Marcel. Productivity Growth in Asian Manufacturing: The Structural Bonus Hypothesis Examined. Applied Economics, U.S. 2000(30):121-132.
④ 沈能. 中国制造业全要素生产率地区空间差异的实证研究. 中国软科学, 2006（6）：101～110.
⑤ 李京文, 龚飞鸿. 生产率与中国经济增长. 数量经济技术经济研究, 1996（12）：27～40.
⑥ 王小鲁. 中国经济增长的可持续性与制度变革. 经济研究, 2000（7）：53～54.
⑦ 郭庆旺, 贾俊雪. 全要素生产率的估算：1979～2004. 经济研究, 2005（6）：51～60.
⑧ 王志刚, 龚六堂, 陈玉宇. 地区间生产效率与全要素生产率增长率分解（1978～2003）. 中国社会科学, 2006, 158（3）：45～54.
⑨ 李胜文, 李大胜. 我国全要素生产率增长的区域差异. 数量经济技术研究, 2006（9）：12～21.

投入的下降是导致我国 TFP 下降的主要原因，而外贸依存度的增长对地区全要素生产率的提高没有显著的作用。罗默（Romer，1990a，1990b）[①]和曼昆等（Mankiw，Romer & Weil，1992）都将人力资本存量作为技术进步或 TFP 函数的一个主要变量。本哈比等（Benhabib & Spiegel，1994）[②]在 Cobb-Douglas 生产函数的基础上，利用不同国家间的物质资本存量、人力资本存量和经济增长数据进行回归得出，一个国家的 TFP 增长率主要取决于一国的人力资本存量水平。其二，R&D 与 TFP 的关系。杰弗逊和闫（Jeffery I. Bemstem & Xiaoyi Yan，1996）[③]研究了加拿大和日本 R&D 溢出与生产率增长的关系，结果表明国内溢出对生产率的贡献大于国际溢出的贡献。加里（Gary Madden，2001）[④]研究了亚洲和 OECD 国际 R&D 溢出，建立了一个将 TFP 与国内和国外 R&D 活动联系起来的经验模型。文斯左（Vincezo Atella，2001）[⑤]通过对意大利的实证研究，认为 R&D 对 TFP 的作用取决于 3 个方面：一是生产函数的定义；二是用于估计索洛余值的假设数目；三是经验分析中所用数据的整合水平。其三，他国技术外溢同 TFP 的相关性研究。伊根和莫迪（Egan & Mody，1992）[⑥]曾调查了在欠发达国家采购的美国买主，他们发现美国买主通过对欠发达国家供应商的员工进行培训，使欠发达国家供应商获得长期利益。科埃等（Coe，Helpman，1993；Coe，Helpman，Hoffmaister，1997）[⑦]证明了存在通过贸易方式的技术溢出效应，并指出一国的 TFP 不但依赖于本国的 R&D 投入，还显著地受贸易伙伴国 R&D 投入的影响。爱德华（Edwards，1997）使用了一个包括 93 个国家的数据分析了开放与 TFP 增长的关系，结果表明，越开放的国家确实获得了越快的生产率增长。格里芬（Gereffi，1999）[⑧]则应用全球商品链的方式来分析通过贸易方式来学习国外技术的过程。他们的研究表明，一国的 TFP 水平提高与对外贸易活动紧密相关。此外，魏梅（2008）[⑨]认为人力资本的深化、基础设施、城市化、农业占政府资源规划（GRP）的比重等对生产率都有综合的和正向的影响。刘秉镰、刘勇（2006）[⑩]分析了外商投资、工业集聚度、基础设施水平、城市化水

① P.M.Romer. Capital, labor and productivity. Brookings Papers on Economic Activity, 1990.

② Benhabib, Jess and Mark M. Spiegel. The Role of Human Capital in Economic Development: Evidence from Aggregate Cross-Country Data. Journal of Monetary Economics, 1994, 34(2): 143-73.

③ Jeffrey I. Bernstein & Xiaoyi Yan. International R&D Spillovers Between Canadian and Japanese Industries. Canadian Journal of Economics, Canadian Economics Association, 1997.vol. 30(2), pages 276-94, May.

④ Gary Madden, Scott J. Savage, Paul Bloxham. Asian and OECD international R&D spillovers 2001(8) . UNCTAD World Investment Report, 2005.

⑤ Atella, Vincenzo, Quintieri, Beniamino. Do R&D Expenditures Really Matter for TFP? Applied Economics, Taylor and Francis Journals. 2001,vol. 33(11), pages 1385-89, September.

⑥ M.L. Egan, A.Mody. Buyer-seller links in export development. World Development, 1992

⑦ D.T. Coe, E. Helpman, A.W. Hoffmaister. North-South R&D Spillovers. The Economic Journal, 1997.

⑧ G. Gereffi. A commodity chains framework for analyzing global industries Institute of Development Studies, 1999.

⑨ 魏梅. 区域全要素生产率影响因素及效率收敛分析. 统计与决策. 2008（12）：77～79.

⑩ 刘秉镰，刘勇. 区域特征对全要素生产率的影响——河北省为例. 河北大学学报（哲学社会科学版），2006（03）：19～24.

平以及制度变迁等区域特征对全要素生产率的影响，认为综合性因素影响 TFP 的研究成果正越来越多（王英伟、成邦文，2005[①]；袁鹏、陈圻、胡荣，2005[②]；黄燕琳，2006[③]；戴平生、陈建宝，2007[④]）。

（4）对全要素生产率的进一步分析，使一些研究细分技术进步和技术效率的有不同贡献。但迄今为止，这方面的研究还局限于概念和定性的分析（郑京海和胡鞍钢，2004；岳书敬、刘朝明，2006；王志刚等，2006）。

总体来看，随着经济增长研究的不断深入，国内学者关于全要素生产率的研究也逐渐深化。从原来单纯的测量区域经济或行业部门的生产率数值到现在分析全要素生产率的构成；从原来单一的索罗余值方法，到数据包络技术和随机前沿函数的运用。但全要素生产率研究中一些问题还有待探索：其一，如何衡量全要素生产率中的技术效率和技术进步；其二，如何对 TFP 影响因子进行定量的和系统的研究。一些学者（李胜文、李大胜，2006；刘秉镰、刘勇，2006；魏梅，2008）已经分析单一因素（如 R&D、技术溢出等）与 TFP 的关系，试图解释究竟是什么因素推动了中国经济效率的增长。但这些研究仍停留在相关性分析和因果分析上，缺乏定量研究，无法解释哪些因素构成技术进步和技术效率。

因此，发现影响技术进步和效率改善的决定因素，并加以定量的分析，已成为全要素生产率和经济增长源泉所应研究的关键问题之一。本文基于这样的研究需要，重点讨论决定影响技术进步和效率改变的因素，在此基础上，修正 TFP 的分析模型，探索全要素生产率与区域经济增长的关系。鉴于 2008 年后受金融危机影响，政府投入巨额资金于公共产品和私人产品生产领域，可能导致全要素生产率变动趋势的变化，因此本文的研究暂截止到 2007 年。

二、中国区域全要素生产率的测算

1. Malmquist 方法以及全要素生产率的分解

以数据包络分析（DEA）为基础的 Malmquist 指数是在前沿生产函数模型的基础上将生产率拆分为技术进步、效率改善和规模效率等因素的模型之一。下文就 Malmquist 指数进行具体的解释。

首先，参照 Färe（1994）的定义，假定 t 期第 i 个决策单元 DMU_i 的输入向量

---

① 王英伟，成邦文. 我国研究与发展对全要素生产率影响的定量分析. 科学管理研究，2005，25（6）：39～42.
② 袁鹏，陈圻，胡荣. 国际贸易对技术效率影响的实证研究. 预测，2005（6）：52～55.
③ 黄燕琳. 试论影响我国技术进步的几个因素. 商场现代化，2006（35）.
④ 陈建宝，戴平生. 我国财政支出对经济增长的乘数效应分析. 厦门大学学报（哲学社会科学版），2008（5）.

为 x_i^t：$(x_{i1}^t, x_{i2}^t, \cdots, x_{im}^t)$，输出为 Y^t，共有 n 个决策单元，输入输出组合为 (X^t, Y^t)。$x^t \in R_+^N$，$y^t \in R_+^M$，假定从输入 X^t 到输出 Y^t 存在生产可能性集合 S^t，它的数学表达式为：

$$S^t = \left\{ \left(x^t, y^t\right) : x^t \text{可以生产} y^t \right\} \tag{2-1}$$

在生产可能性集合 S^t 中，每一个既定输入因子的最大输出因子的生产集合子集被称作生产技术的前沿。另外，t 时刻决策单元 DMU_0 的产出距离函数可以定义为：

$$D_0^t\left(x^t, y^t\right) = \inf\left\{\theta : \left(x^t, y^t / \theta\right) \in S^t\right\} = \left(\sup\left\{\theta : \left(x^t, \theta y^t\right) \in S^t\right\}\right)^{-1} \tag{2-2}$$

该距离函数表示了投入产出最大可能量与实际产出的比率。当且仅当 $\left(x^t, y^t\right) \in S^t$ 时，$D_0^t\left(x^t, y^t\right) \leqslant 1$。且，$D_0^t\left(x^t, y^t\right) = 1$ 时表示 $\left(x^t, y^t\right)$ 位于技术前沿上。技术前沿面上的点意味着技术效率为 1，即既定投入下产出达到最大化。在单一投入和单一产出的情况下，生产率达到最大时，最大产出也就实现了。因此，最大化的生产率就是样本中的"前沿"和"最佳实践"。

为了明确 Malmquist 指数的定义，下面用 t 时刻的生产技术作为参考衡量 $t+1$ 时期生产（X^{t+1}，Y^{t+1}）效率的产出距离函数：

$$D_0^t\left(x^{t+1}, y^{t+1}\right) = \inf\left\{\theta : \left(x^{t+1}, y^{t+1} / \theta\right) \in S^t\right\} \tag{2-3}$$

该函数表示在 t 时刻的生产技术为参照时投入产出量 $\left(x^{t+1}, y^{t+1}\right)$ 所能达到的最大可能产出与实际产出的比率。同理可证，$t+1$ 时刻的生产技术为参照，投入产出量为 $\left(x^t, y^t\right)$ 的所能达到最大可能产出与实际产出的比率，定义为距离函数 $D_0^t\left(x^t, y^t\right)$。

t 时刻 TFP 的 Malmquist 指数可以表示为：

$$M_0^t = \frac{D_0^t\left(x^{t+1}, y^{t+1}\right)}{D_0^t\left(x^t, y^t\right)} \tag{2-4}$$

$t+1$ 时刻 TFP 的 Malmquist 指数可以表示为：

$$M_0^{t+1} = \frac{D_0^{t+1}\left(x^{t+1}, y^{t+1}\right)}{D_0^{t+1}\left(x^t, y^t\right)} \tag{2-5}$$

为了避免基期不同带来的混淆，把以产出为指标的 Malmquist 指数表示为两个不同时期的 Malmquist 指数的集合平均值，数学表达式为：

$$\left(x^{t+1}, y^{t+1}, x^t, y^t\right) = \left[\left(\frac{D_0^t\left(x^{t+1}, y^{t+1}\right)}{D_0^t\left(x^t, y^t\right)}\right)\left(\frac{D_0^{t+1}\left(x^{t+1}, y^{t+1}\right)}{D_0^{t+1}\left(x^t, y^t\right)}\right)\right]^{1/2} \tag{2-6}$$

该公式有一个假设，就是生产技术的规模效益不变，即生产技术是中性的。公式（2-6）可以进行进一步的分解，将其拆成效率改善和技术进步两大因子，即：

$$效率改善 = \frac{D_0^{t+1}\left(x^{t+1}, y^{t+1}\right)}{D_0^t\left(x^t, y^t\right)} \tag{2-7}$$

和

$$技术进步 = \left[\left(\frac{D_0^t\left(x^{t+1}, y^{t+1}\right)}{D_0^{t+1}\left(x^{t+1}, y^{t+1}\right)}\right)\left(\frac{D_0^t\left(x^t, y^t\right)}{D_0^{t+1}\left(x^t, y^t\right)}\right)\right]^{1/2} \tag{2-8}$$

效率改善指的是时刻 t 和 $t+1$ 之间生产距离的变化，也就是生产效率的变化。技术进步指的是相同的投入产出条件下，不同时刻的技术进步的比率，也就是代表生产技术前沿在产出方向的增加。如果效率改善或技术进步小于 1，就代表全要素生产率可能因此下降。

下面以省际面板数据为例，来进一步说明 Malmquist 指数的含义。

假设有 $k=1, \cdots, K$ 个省市自治区，在 $t=1, \cdots, T$ 中的每一个时刻，使用 $n=1, \cdots, N$ 要素投入，于是有 $x_n^{k,t}$。这些投入被用来生产 $m=1, \cdots, M$ 个种类的产出 $y_m^{k,t}$。生产可能集合也就是生产技术前沿，可以表示为：

$$S^t = (x^t, y^t): y_m^t \leqslant \sum_{k=1}^{k} z^{k,t} y_m^{k,t} \quad m=1, \cdots, M$$

$$\sum_{k=1}^{k} z^{k,t} x_n^{k,t} \leqslant x_n^t \quad n=1, \cdots, N$$

$$z^{k,t} \geqslant 0 \quad k=1, \cdots, K \tag{2-9}$$

其中，z 表示每一个横截面观察值的权重，$Z^{k,t}$ 表示第 k 省在 t 时刻的观察值权重。

下面以图 1 来说明全要素生产率的组成，以及技术进步和效率改善的图解。

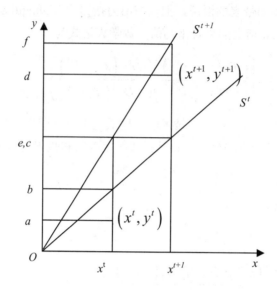

图 1　Malmquist 全要素生产率指数及其分解

横轴表示投入，纵轴表示产出。两条射线代表生产前沿面，也就是前文的 S^t 和 S^{t+1}，$\left(x^t, y^t\right)$ 为 t 时刻观测到的投入产出点，在该时刻表示距离函数的值就应该为 oa/ob（a 点即 y^t 点），即给定时刻和投入下实际产出同前沿生产函数上的产出之比。同理可得，$t+1$ 时刻观测到的投入产出点 $\left(x^{t+1}, y^{t+1}\right)$，相对于 t 时刻的生产前沿函数的距离之比为 od/oc。因此，$t+1$ 时刻与 t 时刻的生产率之比为：

$$T\dot{F}P^t = \frac{od/oc}{oa/ob} \tag{2-10}$$

时间截点为 $t+1$ 时也同理可得：

$$T\dot{F}P^{t+1} = \frac{od/of}{oa/oe} \tag{2-11}$$

还是为了避免选择 t 或 $t+1$ 时刻的生产前沿为参照的随意性，同样选取两个生产率的几何平均值。这样以产出为指标的 Malmquist 生产率指数还可以用图 1 中的符号写成如下形式：

$$M_o = \left(TFP^t \cdot TFP^{t+1}\right)^{1/2} = \left(\frac{od/oc}{oa/ob}\frac{od/of}{oa/oe}\right)^{1/2} = \left(\frac{od/of}{oa/ob}\right)\left(\frac{of}{oe}\frac{oc}{ob}\right)^{1/2} \tag{2-12}$$

其中，效率改善 $= \dfrac{od/of}{oa/ob}$，技术进步 $= \left(\dfrac{of}{oe}\dfrac{oc}{ob}\right)^{1/2}$。

效率改善还可以拆分为纯的效率改善和规模效率，前提是在规模效应变化的情况下。

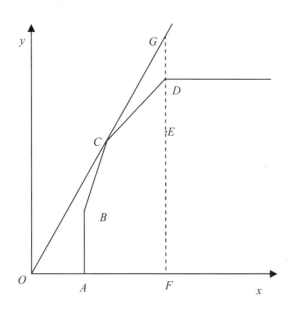

图 2　纯效率改善和规模效应

如图 2 所示，OCG 是具有规模不变效应的生产前沿曲线，而 BCD 是具有规模效应可变的生产前沿曲线。以生产集合中的任意一点 E 点为例，通常的效率改善指的是 FE/FG。但如果具有规模可变效应，效率改善还可以分为纯效率改善和规模效率，用图例表示分别为：FE/FD，DG。即规模效率可以定义为这两个效率改善之间的比值（Forsund & Hjalmarsson，1979）[①]。

综上所述，Malmquist 指数可以用来比较不同时期生产效率与技术进步的变化，反映可持续发展能力，考虑到规模效益时，Malmquist 指数可以分解为：

$$Tfpch = Effch \times Techch = Pech \times Sech \times Techch \tag{2-13}$$

Effch 表示效率改善指数，反映了研究对象对生产前沿面的追赶程度，如果大于1，代表生产效率提高；Techch 为技术进步指数，如果大于1，表示考察对象的技术发生进步；其中 Effch 还可以分解为 Pech 和 Sech，分别带代表纯的效率改善变化之术和规模效率变化之术的乘积。

① Finn R. Forsund, L. Hjalmarsson. Frontier production functions and technical progress: a study of general milk processing in Swedish Dairy Plants. Econometrica, 1979.

2. 数据来源与一些变量的说明

省际全要素生产率的测算需要地区 GDP、劳动力情况和资本存量方面的数据，本文将全要素生产率测度的数据起讫时间定于 1978～2007 年。因此，各地区 GDP 数值均折算到 1978 年的价格水平。本文利用的统计数据，在 1995 年之前的数据来源于《新中国五十年统计资料汇编（1949～1999）》，1995 年后的数据来自各年的《中国统计年鉴》。需要说明的是，由于西藏和海南省的数据缺失比较严重，通过其他途径获取的数据口径也与中国统计年鉴的有较大差别，因此本文未将这两省的数据纳入样本中；而重庆市在 1997 年才作为一个独立的统计样本，因此将其纳入四川省的数据一并统计，经过上述删减后，省份的样本个数为 28 个（下同）。

资本存量的计算方法也是按照大多数学者采用的永续盘存法进行处理（1978 年作为不变价）。1979 年的资本存量是通过该年固定资产的投资额乘以投资价格指数，加上 1978 年折旧后的资本存量得到的，其他年份的数据同理可得。关于折旧率，不同学者提出了截然不同的看法，如杨（Young，2003）将折旧率设定为 6%，这个结果是基于对各个类别资本增长率做权数并结合资本投入额度计算而得到的，张军（2004）则将该值设定为 9.6%，该值的估计是根据固定资产投资各类寿命计算折旧率然后加权平均得到的。还有宋海岩（2003）将折旧率定位全国 3.6% 的折旧率加上各个省的经济增长率。本文采用了张军的方法。

劳动力的确定也是决定全要素生产率的关键。蔡金续（2000）、叶裕民（2002）、赵伟等人（2005）以从业人员计算，郭庆旺和贾俊雪（2005）以职工人数计算，后者覆盖的就业人数范围较前者窄。本文选取就业人数。

3. 全要素生产率的变动趋势

结合全要素生产率的波动幅度、总体走势和组成因素，将中国 1979～2007 年全要素生产率的演进分为以下几个阶段（参见表 1）。

1979～1991 年期间，全要素生产率波动较大，绝对值趋于上升，主要由效率改善带动。效率改善在这个阶段发挥了主要作用，均值在 2% 左右。技术进步率为负主要是因为 1978 年从计划经济体制向市场经济转型期间，要素配置结构尚不能适应新的制度体系的需要，这在一定程度上阻碍了技术进步率的提高。这个阶段中出现一个比较重要的转折点，1989 年技术进步取代了效率改善成为带动全要素生产率的因子。由图 3 可以看出，技术进步曲线在 1989 年跨过效率改进曲线，处于全要素生产率曲线之上。可能的原因有两方面，一个是政府层面开始加强对技术生产的引导。1988 年 9 月 5 日，邓小平在会见捷克斯洛伐克总统胡萨克时，曾提出"科学技术是第一生产力"的著名论断，加上 1985 年《关于科学技术体制改革的决定》的出台，在宏观上正式制定了科学技术必须为经济服务，科技成果需要推行商品化的方针政策。另一个是经济增长绝对值出现了小幅波动，造成技术进步和效率改善的反转。1988 年左右开始的以放、调、管相结合的价格改革等一系列改革举措的出台，经济增长出现了小幅波动。受此影响，全要素生产率也出现了一个微小的波谷，之后快速回升，并保持在 4% 的增速上。

表 1　1979～2007 年中国全要素生产率及其构成

年份	效率改善变动	技术进步变动	纯效率改善变动	规模效率变动	全要素生产率变动
1979	1.0180	1.0040	1.0240	0.9940	1.0220
1980	1.0210	1.0090	1.0200	1.0010	1.0300
1981	1.0390	0.9710	1.0200	1.0190	1.0080
1982	1.0740	0.9680	1.0550	1.0190	1.0400
1983	1.0670	0.9750	1.0490	1.0180	1.0410
1984	1.0690	1.0020	1.0310	1.0370	1.0710
1985	1.0240	1.0090	0.9980	1.0260	1.0330
1986	1.0410	0.9450	1.0240	1.0160	0.9840
1987	1.0460	0.9700	1.0320	1.0130	1.0140
1988	1.0250	1.0020	1.0040	1.0210	1.0270
1989	0.9930	0.9930	0.9960	0.9980	0.9860
1990	0.9780	1.0180	0.9860	0.9910	0.9960
1991	0.9580	1.0670	0.9760	0.9820	1.0230
1992	0.9670	1.0990	0.9680	0.9990	1.0620
1993	0.9720	1.0800	0.9700	1.0020	1.0500
1994	0.9780	1.0550	0.9790	0.9990	1.0330
1995	1.0030	1.0230	1.0000	1.0040	1.0260
1996	1.0200	1.0070	1.0050	1.0150	1.0270
1997	1.0020	1.0220	1.0080	0.9940	1.0240
1998	1.0120	1.0020	1.0100	1.0020	1.0140
1999	0.9990	1.0160	0.9960	1.0030	1.0150
2000	0.9990	1.0120	1.0010	0.9980	1.0110
2001	0.9920	1.0170	1.0000	0.9920	1.0090

续表

年份	效率改善变动	技术进步变动	纯效率改善变动	规模效率变动	全要素生产率变动
2002	0.9850	1.0260	0.9890	0.9950	1.0100
2003	0.9820	1.0300	0.9890	0.9930	1.0120
2004	0.9790	1.0320	0.9970	0.9820	1.0110
2005	1.0100	1.0100	1.0100	1.0000	1.0200
2006	1.0400	1.0590	1.0150	1.0250	1.1020
2007	1.0200	1.0030	0.9740	0.9680	1.0170

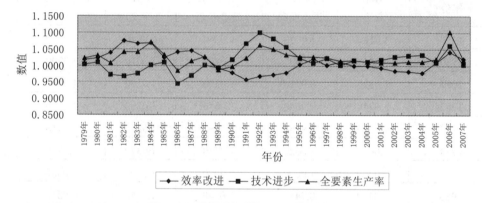

图3 全要素生产率及其构成的时间趋势

1992～1996年期间，全要素生产率连续下降，技术进步下降是主要原因。一方面，说明中国国内自主创新投入下降，导致科技产出增速下降；另一方面，也说明该期间中国通过吸收学习国外先进技术和产品的速度放缓。据统计，中国科技三项费用增速由1990年的30%，降低为1992年的13.13%；进入1994～1995年，科技三项费用增速反转为负，为-14.92%左右。1993～1996年间的外资投入水平也趋于平缓，1990～1992年的平均增速为152.46%，而1993～1996年的平均增速下降为16.95%。同时，这个阶段也正好出现了产能过剩的局面，物价上涨，国内市场已经从短缺经济过渡到了过剩经济，资本过度深化，而人力资本投入相对不足。

1997～2004年期间，全要素生产率趋于平稳，技术进步降速放缓。其中，1997～2003年是一个相对平稳的区间，2004年后的曲线又有微微的上扬。这个区间明显的特征是技术进步成为了拉动全要素生产率变动的原因，说明要素配置、要素流动已经开始适应制度变革的需要，同时技术学习、模仿和创新带来的效用开始超过效率改善的释放量，规模经济的效果已经不能跟80年代的效果相提并论。效率改善的下降另一方面也可以反映出实际产出水平与技术前沿的差距扩大，说明了某些地区跟不上前沿技术的推进，导致地区间的效率改善差距拉大，整体效率改善水平下降。效率改善的追赶效应在 90 年代中后期逐渐被自主创新带来的技术进步所掩盖，从原先追赶先进个体的时期进入了一个能够主动创造经济效率的时期。

2005~2007 年期间，全要素生产率又有小幅波动，技术进步和效率改善双双下降。该趋势是继续保持还是反转波动，有待进一步验证。

4. 各省市全要素生产率的比较研究

上述 2520 个数据源构成了 30 个年份、28 个对象、2 个投入因子和 1 个产出因子的面板数据，符合软件 DEAP 2.1 对数据的要求，从而得到各省市各年的全要素生产率数值和分解。限于篇幅，下文先给出以各省市为对象的全要素生产率均值和分解，以及以年份为对象的全要素生产率均值和分解值，从而可以在纵向的时间轴上和横向的地区轴上对全要素生产率的变动进行分析。

各地区的全要素生产率及其分解，沪广两地全要素生产率较高，但推动因素不尽相同。

表 2 给出了各个省份的全要素生产率及其分解值，与运用索罗模型的其他学者结果不同的是，本文得到的全要素生产率在地区间的波动比较平滑。28 个省份的全要素生产率在 30 年间的均值为 1.022，说明总体上全国各省市在规模经济性、要素的利用效率、技术的进步方面都获得了一定的提高。其中，全要素生产率的大部分是由技术进步带动的，达到了 1.3% 的增速，这与吴（Wu，2002）的研究有一定的出入，吴（Wu）认为在整个 20 世纪 80 年代，各地区的经济效率具有极大的改善，而这其中最主要的动力来源于效率改善的变动，技术进步却没有出现，这可能与时间截点的选择有关系，吴（Wu）选择的是 1978 年到 1990 年期间，这个时候改革开放刚刚起步，各种制度转型带来的成本较高，有可能对要素投入的选择产生不利影响，造成了技术进步不高。但随着 1992 年以后制度转型进入加速期，技术进步也随之提速。

表 2 各地区全要素生产率及其构成

省份	效率改善变动	技术进步变动	纯效率改善变动	规模效率变动	全要素生产率变动
北京	0.991	1.038	0.987	1.004	1.029
天津	1.021	1.009	1.013	1.007	1.029
河北	1.007	1.016	0.992	1.015	1.024
山西	1.022	1.006	1.027	0.995	1.028

续表

省份	效率 改善变动	技术 进步变动	纯效率 改善变动	规模 效率变动	全要素 生产率变动
内蒙古	1.004	1.021	0.995	1.009	1.025
辽宁	1.016	1.024	0.995	1.022	1.041
吉林	1.011	1.008	1.012	1.000	1.020
黑龙江	0.996	1.016	0.997	0.999	1.012
上海	1.000	1.043	1.000	1.000	1.043
江苏	0.992	1.015	1.003	0.989	1.007
浙江	1.007	1.020	1.009	0.998	1.027
安徽	1.000	1.001	0.998	1.002	1.001
福建	1.016	1.005	1.005	1.011	1.021
江西	1.002	1.008	1.002	1.000	1.01
山东	1.008	1.011	0.998	1.01	1.019
河南	1.011	1.003	0.999	1.012	1.014
湖北	1.009	1.011	1.004	1.005	1.021
湖南	1.012	1.001	1.016	0.997	1.014
广东	1.029	1.015	1.014	1.015	1.045
广西	1.014	1.001	1.016	0.998	1.015
四川	1.011	1.019	0.989	1.022	1.031
贵州	1.011	1.001	1.013	0.998	1.013
云南	1.027	1.003	1.032	0.995	1.030
陕西	1.008	1.01	1.009	0.999	1.018
甘肃	1.022	1.005	1.028	0.994	1.028
青海	0.993	1.017	1.000	0.993	1.011
宁夏	1.010	1.02	1.000	1.010	1.030
新疆	0.999	1.011	0.982	1.018	1.01
平均数	1.009	1.013	1.005	1.004	1.022

其中，上海和广东的全要素生产率较高，分别达到了 4.3% 和 4.5% 的增速，但两个省份增长的原因却是截然不同的，上海依靠的主要是技术进步的提高，广东则主要依靠效率改善的增长。上海作为长三角经济集群的领先者，在外资引进过程中和高新人才引进的过程中，不可避免地获得了一定的技术溢出效应和技术产出。而广东在深圳、东莞、佛山等一大批在改革开放政策中受惠的城市带动下，充分利用了"后发优势"，通过将技术学习和模仿，追赶前沿生产曲线上的先进个体，获得了一定成功。

东西部地区的全要素生产率及其分解。根据国家有关经济发展政策中的提法并参考其他学者对经济区域的划分，本文将 28 个省市自治区按照地理因素分为东部、中部、西部三个地区。

全要素生产率的地区特征，1990 年以前差异不大，之后东部地区超越领先。从图 4 可以发现，1990 年以前东部、中部和西部地区的全要素生产率的差异不大，说明地区之间的赶超效应比较明显，效率改善指数较高。1978～1990 年的十多年正值改革开放起步阶段，虽然政策对东部等沿海地区有一定的倾斜，但是规模报酬效应还未完全体现出来。1984 年后，我国正式开始了实现经济特区—沿海开放城市—中西部地区这样主次开放的经济发展模式。因此，在同样的技术条件下，东部地区要比中西部地区的效率改善方面更加出色，在全要素生产率上即表现为东部地区比中西部地区的绝对值要大。全要素生产率方面的差距在 1990～1997 年之间表现得尤为显著。1992 年以后，全国的全要素生产率出现了普遍的下降，西部地区的下降趋势相对来说比较缓和，而东部和中部地区下降的斜率较大。1992～1994 年之间，很多没有效率的投资受到了金融政策的鼓励，实际上大量的信贷被配置到了那些选择不当的项目上去了，这个资源配置也在一定程度上影响了全要素生产率的改善（张军，2002）。

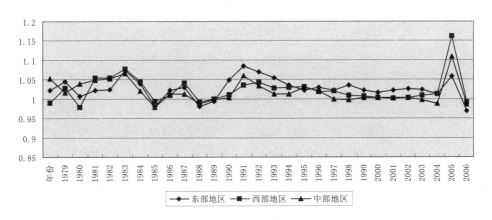

图 4　各省市全要素生产率及其构成的区域比较

效率改善的地区差异，西部地区提升较快，1990 年后赶超并接近东部地区。从图 5 可以看出，1981～1985 年期间，全国各地区的效率改善指数均进入了一个明显的上升通道，效率改善平均水平达到了 6%左右。这 5 年当中农业的家庭联产承包责任制刚刚施行了 4～5 年时间，农业生产力得到了一定的解放，农业产出水平呈现出全国范围内的普遍提升。这也说明了，当时的全要素生产率提高主要是依靠制度释放出的效率改善，区域经济之间的差距也尚未形成，区域间的效率改善相差不大。从 1990 年开始，地区之间的效率改善曲线由于政府梯度策略的贯彻和实施，各省市之间的效率改善情况出现了一定的变化。其中，东部地区的效率改善曲线一直处于较平稳的状态,并在 1995 年左右被中西部地区赶超,后者的增速超过前者 2%~3%。由于效率改善又可以分为纯的效率改善和规模效应,说明中西部地区通过扩大生产规模达到了规模经济带来的效应,而东部地区则是由于规模经济效应已经达到或超过了临界点,进入了规模报酬递减的阶段。同时,效率改善曲线在 1995 年左右也普遍进入了一个下降的通道,这其中的原因之一可能是区域间结构趋同,造成了地区间生产能力的重复,区域竞争导致生产模式开始偏离比较优势(Young,2000)。效率改善下降的另一个原因可能是"最佳实践省份"的增加(胡鞍钢、郑京海,2005),越来越多的省份加入到了前沿生产面上,导致追赶效应减少。

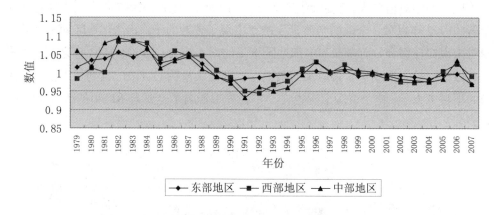

图 5　各省市效率改善的区域比较

技术进步的地区差异,三大地区基本趋同。从图 6 可以看出,1979~1993 年,全国的技术进步曲线匹配度相当高,三大地区的技术进步曲线趋势基本保持一致,平均增速为 3%~4%。尤其在改革开放初期阶段,地区间的发展差异主要通过规模经济效应实现,真正依靠技术进步实现全要素生产率提高的为少数,说明要素配置结构已不适应技术进步的需要,甚至成为阻碍技术进步的关键因素,由要素密集性特征变革引起的中性技术进步对技术水平的提高有一定的作用,但整体上技术水平提高的并不明显。随着产业结构的不断优化与改善,第二、第三产业的比重开始上升。相对农业来说,第二、第三产业采用的技术相对复杂,产品更新换代迅速,在不断吸收和淘汰技术产品中催生新的科技产品。在 1994 年,我国正式提出建设社会主义市场经济体制,同时实行金融、外贸、财税、国有企业、社会保障体制五大领域改革,旧的制度体系逐渐被打破,推动了新技术和新知识的开发与挖掘。东部地区的技术进步开始加快,与中西部之间的技术差异也开始拉大,差距最大时可达到 4%,原本的中性技术进步有了很大的提高。这说明要素配置进步显著,产业结构调整取得了初步成效,具有很大的潜力。同时,东部地区吸引了大批的高等人力资源，有利于输出新的技术和高科技产品，而其他地区的生产主要依靠附近省份的农村剩余劳动力，其中大多数从事的是劳动密集型行业，对技术进步的直接影响较小。

图 6　各省市技术进步的区域比较

5. 全要素生产率的特征与变动趋势：一个总结

通过以上分析可以总结出以下特点。

从地区来看，全要素生产率在东部、中部和西部之间仍然有一定的差距。

1979～1989 年期间，全要素生产率在地区间的差异并不明显，变动趋势也较为一致，地区间微弱的全要素生产率差距主要来自效率改善的不同，而地区间的技术进步在三大地区基本上是一致的。这说明在改革开放初期，市场经济体制尚未完全成熟的阶段下，中国的生产率进步主要是依靠制度改革释放出来的效率改善带来的。这些效率改善中包括了规模经济效应带来的成果创收，对外开放带来的技术模仿与追赶，加大基础设施投资缓解其带来的"瓶颈"作用等。与之情况相反的是，技术进步的增长与变动在各地区之间表现的比较一致，说明人力资本存量积累、科技研发投入以及外资引进等种种要素带来的新知识和新技术还未在经济增长中完全体现出来，或者说地区特征和政策优势在该期间仍未体现出来。

1990～2007 年期间，全要素生产率在经历了 1990～1993 年的一段波峰之后，总体趋于下降，并于 2004～2005 年企稳。这期间，地区间的差异趋于明显，尤其是东部地区与中西部地区的全要素生产率的平均差额可以达到 0.02～0.03。与前一阶段不同，全要素生产率在该阶段的差异主要是由技术进步带来的。东部地区本来就是人力资本存量较高的地区之一，20 世纪 90 年代邓小平南巡讲话以及开放特区城市等一系列举措过后，东部沿海地区出现了新的一轮投资和增长浪潮。1992 年以后，人力资本和货币资金大量涌入沿海地区。能源供应得以放松，进口原料也变得相对低廉，内陆地区作为东部沿海地区的原材料供应的地位被降低。同时，在相同的优惠政策下，由于沿海地区具有较好的基础设施、产业基础和较强的吸收高新技术的能力，大多数外商直接投资（FDI）还是会选择东部沿海地区。在 90 年代初大放异彩的乡镇企业大部分也集中于东部沿海地区，产业集聚带来的技术模仿和交流使得东部地区通过知识溢出和转移机制获取了大量新知识和新技术。以上种种原因造成了东部地区的技术进步略高于中西部地区。

从时间上来看，结合全要素生产率的波动幅度、总体走势和组成因素，中国 1979～2007 年全要素生产率的演进可分为以下几个阶段。

1979～1991 年，表现为高经济增长，高生产率增长。这与相关文献的结果是基本一致的，即中国经济增长比改革之前明显提高主要是由于全要素生产率由负变正所致，并达到较高的增长率。

1992～1996 年，表现为高经济增长，低生产率增长。一方面，由于 20 世纪 90 年代初期过度的投资形成的产能过剩，国内市场已经从短缺经济过渡到过剩经济。另一方面，经济体制改革在 80 年代取得了初步成效之后，到 90 年代中期遭遇了制度瓶颈，如政府治理成本过高，资本过度深化而人力资本投入不够等。

1997～2004 年，表现为高经济增长，平稳的生产率增长。效率改善增长变缓，技术进步下降。

2005～2007 年，出现了一个短暂的波动，技术进步和效率改善都在经历了一个小波峰后下降，由于三年的时间间隔较短，不足以作为未来全要素生产率走势的判断基础。

综上所述，找到影响中国全要素生产率地区差异和时间波动的因子，并按照技术进步和效率改善的口径进行统计和分析，应该能够对未来中国经济的走势提供一些预测和建议。

三、区域经济全要素生产率影响因子分析

1. 效率改善、技术进步的影响因子选择

尽管众多的因素影响技术进步，但从中国的实际情况看，主要的影响因素是科技投入与研发水平、国外技术外溢效应、人力资源水平与教育投入。根据中国统计年鉴的变量，要获得直接的数据是很困难的。所以，本文选择 7 个变量作为标志性因素，观察其对技术进步的影响，这些变量分别为大学教育程度人口比例、中学教育程度人口比例、小学教育程度人口比例、科技三项支出费用、就业率、进出口总

额、实际利用外资情况。

　　同样，影响一个国家生产效率改善的因素很多，也难以用几个直接的变量衡量。我们选择了 5 个变量作为标志性的因素，反映其对效率改善的影响，这些变量分别为产业结构、工资水平、基础设施投资、政府行政费比重和产业集聚水平。见表 3。

表 3　变量和变量定义

变量	变量说明	变量	变量说明
effch	效率改善	techch	技术进步
Industru	产业结构	eduuni	大学教育程度
Wages	工资水平	edumid	中学教育程度
Infrastru	基础设施投资	edupriv	小学教育程度
Governan	政府行政费比重	R&D	科技三项支出
Induagglo	产业集聚水平	employ	就业率
		imexpor	进出口总额
		FDI	实际利用外资情况

2. 数据及来源

　　除特殊说明以外，所有的分省数据均来自各年的《中国统计年鉴》《新中国五十年统计资料汇编（1949～1999）》《中国国内生产总值核算历史资料（1952～2004）》。数据起讫时间为 1990～2007 年。选择此时期的原因，首先，1978 年到 1990 年期间分省数据缺失的情况比较严重，不能满足面板数据和 DEA 方法中对于数据分析的基本要求；其次，从前文的分析中可知，中国的全要素生产率从 90 年代前期出现了首次下降，我们有必要把转折点作为分析的重点；最后，90 年代初期，是中国向市场经济转型加速的时期（Uillaumont Jeanneney & Hua，2004），将 1990 年作为起始点，可以观察到在市场经济转型期这些变量的动态变动情况。

　　一些变量的数据及其计算，说明如下：产业集聚度主要是根据各地区第二产业产值占全国第二产业产值比例计算的。FDI 利用情况是指实际利用外资金额占所有外商直接投资比重。进出口额已根据当年的官方平均汇率折算为人民币。就业率为该地区本年就业人员数量占该地区人口的比重。大学、中学、小学教育水平指标代表了人力资本存量水平。小学、初中、高中和大专以上教育水平的受教育年数分别设为 6 年、9 年、12 年和 16 年。由于国家统计局没有提供系统的就业人口受教育水平数据序列，定期公布的人口受教育状况数据是基于年度 6 岁及以上人口调查的结果。除了前述数据来源外，1990 年和 2000 年的数据分别来自第四次和第五次人口普查。工资水平是各地区的职工平均工资。基础设施建设为各地区财政支出中的基础建设支出数。研究与开发支出以各地区财政支出中的科技三项费用代表，此三项费用是政府为支持科技事业发展而设立的新产品试制费、中间试验费和重大科研项目补助费。通常科技三项费用在 R&D 费用中占有很大的比例。政府行政费用比重是根据各地区财政支出中的行政管理费用和该地区的 GDP 的比率，用来衡量政府交易成本拉动生产的一个指标。

3. 全要素影响因子模型及应用

如前所述，本文选择影响效率改善的 5 个因量和影响技术进步的 7 个因量，分别构建两个模型：

$$Effch_{it} = a_0 + \sum_{m=1}^{m} a_m x_{mit} + \varepsilon_{it} \tag{3-1}$$

$$Techch_{it} = b_0 + \sum_{m=1}^{k} b_m y_{mit} + \varepsilon_{it} \tag{3-2}$$

其中，a、b 表示变量的系数，x 和 y 代表自变量，其中 x 变量分别由 Industru、Wages、Infrastru、Governan、Induagglo 组成；y 变量分别由 eduuni、edumid、edupriv、R&D、employ、imexpor、FDI 组成。i 代表第 i 个省市，t 表示第 t 个时期（1990 年为 1，以此类推），m、n 分别代表自变量的序号。

（1）模型检验

第一，单位根的 ADF 检验。

为了避免伪回归问题，本文采用 ADF 单位根检验方法分别对两个模型各自的因变量和自变量进行平稳性检验。检验结果如表 4 所示。

表 4　ADF 单位根检验结果

变量	ADF 检验值	5%显著水平	1%显著水平	判断结论
effch	-4.990792（2）	-2.867889	-3.444991	平稳
Industru	-3.719052（6）	-1.941543	-2.570216	平稳
Wages	-4.753017（7）	-3.420068	-3.979052	平稳
Infrastru	-5.082083（4）	-2.867845	-3.44489	平稳
Governan	-10.63252（2）	-2.867815	-3.444823	平稳
Induagglo	-2.713746（4）	-1.94154	-2.570192	平稳
techch	-3.566482（4）	-2.867845	-3.44489	平稳
eduuni	-2.757941（4）	-1.94154	-2.570192	平稳

变量	ADF 检验值	5%显著水平	1%显著水平	判断结论
edumid	−6.144001（12）	−2.867859	−3.444923	平稳
edupri	−7.617533（5）	−2.867965	−3.445162	平稳
imexpor	−4.415409（7）	−1.941545	−2.570228	平稳
employ	−10.16096（13）	−2.867995	−3.445232	平稳
R&D	−2.585362（7）	−1.941545	−2.570228	平稳
FDI	−4.00084（5）	−1.94154	−2.5702	平稳

从表 3.2 中可知，所有的变量序列经过滞后步长的调整后，ADF 检验值的绝对值大于 1%显著水平的绝对值，因此均呈现出平稳性。表 3.2 中的括号表示滞后步长数。通常 ADF 检验需要输入滞后步长数，本文选择最优滞后步长的标准是看 AIC 和 Schwarz 最小化，即取使 AIC 和 SC 值达到最小的方程中的参数 P 为最优滞后阶数。下面以工资水平，即变量 wage 的 ADF 单位根检验为例，来说明滞后阶数的选择。由表 5 可以看出，ADF 检验值绝对值均大于显著性水平临界值时，滞后阶数最大可以达到 8 阶，但是通过比较 AIC 和 CS 的值我们可以发现，在滞后阶数为 7 时，AIC 和 SC 达到最小值。因此，在 wage 的单位根检验中，本文将滞后阶数选为 7。

表 5　ADF 单位根检验滞后阶数的选择

滞后阶数	Akaike Info Criterion	Schwarz Criterion
1	18.87242	18.90920
2	18.86760	18.91365
3	18.86904	18.92439
4	18.85546	18.92014
5	18.86067	18.93472
6	18.84846	18.93191
7	18.70236	18.79524
8	18.70855	18.81089

第二，格兰杰因果检验。

平稳性检验表明，变量因子具有时间平稳性。因此，可以进行变量与全要素生产率关系的因果检验。

同样按照 AIC 最小化的标准来决定最优的滞后阶数。经过计算，表 6 显示了技术进步和其他影响因子间的因果关系。由表 6 可知，技术进步与大学教育水平、进出口总额、外商直接投资等 6 个因子均存在因果关系，显著性水平也均为 1%，表明这 6 个因子均是技术进步的格兰杰原因。

其中，就业率和技术进步互为因果关系，说明不仅就业率能拉动技术进步，技术进步也是影响就业率的主要因素之一。技术进步能提高生产效率，从而吸引更多高新人才就业。

表6　技术进步与其影响因子的格兰杰因果检验

Null Hypothesis	F-statistic	Probability
Eduuni does not Granger Cause Techch (4)	6.17635	7.7E-05*
Techch does not Granger Cause Eduunie (4)	1.42768	0.22381
Eximport does not Granger Cause Techch (7)	6.54835	2.3E-07*
Techch does not Granger Cause Eximport (7)	1.60870	0.13098
FDI does not Granger Cause Techch (5)	16.1569	13E-14*
Techch does not Granger Cause FDI (5)	2.74799	0.011856
Employ does not Granger Cause Techch (13)	7.70896	9.8E-14*
Techch does not Granger Cause Employ (13)	10.7318	9.8E-20*
R&D does not Granger Cause Techch (7)	3.25307	0.00224*
Techch does not Granger Cause R&D (7)	1.01338	0.42097
Edupri does not Granger Cause Techch (5)	4.29060	0.00081*
Techch does not Granger Cause Edupri (5)	1.04564	0.39023
Edumid does not Granger Cause Techch (12)	1.76808	0.11810
Techch does not Granger Cause Edumid (12)	10.9565	6.1E-10*

注：*表示满足该显著水平下拒绝原假设。

通过同样的方法证明效率改善与其他因子均存在因果关系，且后者是前者的格兰杰原因。如表7所示。

表7　效率改进与其影响因子的格兰杰因果检验

Null Hypothesis	F-statistic	Probability
Industru does not Granger Cause effch (6)	3.64921	0.01271
Effch does not Granger Cause Industru (6)	0.23939	0.86887
Wages does not Granger Cause Effch (7)	1.42655	0.16578
Effch does not Granger Cause Wages (7)	0.76552	0.66218
Infrastru does not Granger Cause Effch (4)	5.38137	0.00941*
Effch does not Granger Cause Infrastru (4)	2.74799	0.99563
Governan does not Granger Cause Effch (13)	2.21178	0.00214*
Effch does not Granger Cause Governan (13)	0.55205	0.94257*
Induagglo does not Granger Cause Effch (4)	2.21725	0.00208*
Effch does not Granger Cause Induagglo (4)	2.44197	0.00058*

注：*表示满足该显著水平下拒绝原假设。

（2）模型的经济含义分析

由于本文采用的数据属于面板数据，面板数据模型通常可以分为随机效应模型和固定效应模型。固定效应模型适用于不同的截面或不同的时间序列，由于我国各地区之间的经济发展水平有很大差异，地区因素也是影响全要素生产率的原因之一，同时固定模型也允许误差项与解释变量之间具有相关性。基于这些特点，本文选择固定效应模型，并运用 Eviews 5.0 软件进行数据处理。如表 8 所示。

表 8　技术进步的面板模型分析

变量	系数	标准差	P 值
C	1.17062	0.026254	0
EDUUNI?	0.087454	0.083112	0.0433
EDUMID?	−0.117412	0.023132	0
EDUPRIV?	−0.112344	0.042357	0.0083
RND?	0.00325	1.22E−09	0.0082
EMPLOY?	−0.079601	0.04202	0.0589
IMEXPOR?	4.66E−10	8.70E−10	0.0926
FDI?	−7.10E−08	5.94E−08	0.0124
Fixed Effects (Cross)			
BJ_--C	0.049987		
TJ_--C	0.001419		
HEB_--C	0.016108		
SX_--C	−0.010781		
NM_--C	0.007917		
LN_--C	0.004511		
JL_--C	−0.004709		
HL_--C	0.008975		
SH_--C	0.035909		
JS_--C	0.020376		
ZJ_--C	0.025143		
AH_--C	−0.02428		
FJ_--C	−0.00577		
JX_--C	−0.009886		
SD_--C	0.010197		
HN_--C	−0.013794		
HB_--C	−0.005591		
HUN_--C	−0.015081		
GD_--C	0.037018		

续表

变量	系数	标准差	P 值
GX_--C	−0.016065		
SC_--C	0.010815		
GZ_--C	−0.030582		
YN_--C	−0.029373		
SHX_--C	−0.007374		
GS_--C	−0.021149		
QH_--C	−0.023733		
NX_--C	−0.003351		
XJ_--C	−0.006856		
Effects Specification			
Cross-section fixed (dummy variables)			
Weighted Statistics			
R-squared	0.990608	Mean dependent var	1.171319
Adjusted R-squared	0.989835	S.D. dependent var	0.324661
S.E. of regression	0.032732	Sum squared resid	0.442492
F-statistic	1281.257	Durbin-Watson stat	0.867092
Prob(F-statistic)	0		
Unweighted Statistics			
R-squared	0.262092	Mean dependent var	1.032525
Sum squared resid	0.445094	Durbin-Watson stat	0.855645

由表 8 可以看出，在技术变量为因变量的固定效应模型中，AR 达到了 0.989835，说明模型的拟合度还是比较好的。DW 检验说明不能排除残差序列正自相关的可能。但是由于面板数据的截面往往都很大，通常只能得到误差经过时间抑制后（time demean）的估计，所以 DW 的数值也有可能不是原模型误差。

教育水平与技术进步。本文将教育水平按照大学、中学和小学三个层级进行分类，可以发现中学与小学的受教育水平比例与全要素生产率中的技术进步因子呈现反向关系，也就是说中小学教育水平每增加一个百分点，技术进步水平的增速相应减少 11.74% 和 11.23%，这与菲尔普斯的观点有很大的出入。但是反观中国的国情，自实行义务制教育制度以来，小学入学率 2008 年已经达到 99.54%，即中小学教育水平已成为国民基础教育的基准水平，所以中小学教育对直接推进技术革新和研发的动力已不太明显。而直接促进新产品研发和技术创新的群体，其教育水平以大学本科及以上水平为主，因此大学教育水平对技术进步因子有直接的正向关系。

科技研发投入与技术进步。科技研发投入与技术进步呈现同向关系，这从理论上是容易解释的，因为科技投入直接影响新产品和新技术的产出。科技投入越多在某种程度上会给新产品和新技术提供越多动力。本文的模型系数为 0.00325，可见科技研发对技术进步的贡献率较低。根据前文的描述性统计可以发现，全国 R&D 经费投入绝对值虽然在上升，从 1990 年的 125 亿元上升至 2005 年的 1287 亿元，按不变价计算，年均增长 5.3%。但从 R&D 经费占财政支出的比重来看，增速却在逐渐放缓。另外，本文采用的科技研发投入指标是政府的科技三项费用支出，并未包含企业和其他社会组织的自主创新投入，这可能是本模型中科技研发投入系数较低的原因，但也不能排除科研投入产出比较低的可能性，如科研经费被列支到其他项目，或项目的实际社会回报和产出低于预期值等。

就业率与技术进步。就业率同技术进步呈现反向关系，且解释度不高，未通过 5% 的显著性水平。由于我国目前的产业结构仍然以劳动密集型产业为主，技术创新的产出效率不高。因此，就业率的提高对技术进步并没有带来显著的改善或降低。

进出口总额与技术进步。进出口总额对技术进步呈现正相关，并通过了 1% 的显著性水平。这说明进出口带来的技术溢出和技术模仿在我国得到了一定的体现，全球化竞争压力和市场间的交流使企业个体产生了模仿和学习的动力，从而推动了生产前沿面，企业规模也朝着最优规模靠近。但是从进出口总额对技术进步的影响系数来看，作用却是相对微弱的。因为从进口的角度看，虽然直接引进先进生产设备和技术创造了我国对其进行吸收、消化的机会，但是由于我国有相当大部分的进口是出口产品的中间投入品（胡兵、乔晶，2008），因此这部分进口基本没有吸收前沿技术的动力。而从出口的角度看，虽然近年来我国出口产品的质量和结构已经得到了较大的提升，但是质量和附加值还是未达到同等国家的相同水平，在刺激技术进步上的作用不大（舒元，1998）。因此，进出口推动技术进步的作用仍然是有限的。

实际利用外资情况与技术进步。外商直接投资对技术进步的作用不太明显，并且是负向的关系。相对于单纯的货物贸易，外商直接投资不仅为我国的经济增长带来了资金支持，更重要的是带来了先进的技术和管理，对我国的经济增长和效率改善的提高有一定的意义。罗长远（2006）的分析也发现：FDI 作为"投资"本身对经济增长的直接作用并不显著，但它通过促进全要素生产率的提升和"挤入"国内自身的投资，对中国经济增长具有"催化剂"的性质。FDI 的技术溢出效应与之前假设的方向相反可能与几个原因有关。首先，国内的创新活动无论是吸收外国的经验还是本国的自主创新，都是在基于国情和条件的基础上开展的，因而国内创新所产生的技术相较于 FDI 溢出更有利于企业组织吸收。其次，正如罗长远（2006）的研究结果一样，技术的引进和完全吸收本身就需要一定的时间差，同时还与地区本身的技术条件水平也有关系。如果新技术要求的环境和人力条件与本地区的条件基本匹配的话，这个时间差可以相应缩短。但是如果差距较大，学习和引进的成本以及时间差就会相应增加。最后，国内技术溢出的成本相对于外国技术溢出的成本为低，这些成本包括了模仿和学习的改造成本，引进时购买其保护权的成本，成本低廉也是国内研发引起技术进步的弹性要高于外资的原因之一。

地区特征在技术进步中也体现得较为明显，北京、上海、广东三地的截距项在所有 28 个样本中最大，而贵州、甘肃等西部省份相对较小，说明技术进步因素同地区特征也有一定的联系。东部地区发展较早，在基础设施、政府政策引导、人力资源方面享有一定的优势，因此在技术进步的增量上也享受相似比例的提升。相反，西部地区由于生产资源的相对不足，虽然赶超的速度较快，但仍不可避免地受制于地区特征下的某些限制。

对于效率改善的固定效应模型，从表 9 可以看出，模型的拟合程度更高，达到了 0.999344，有较好的解释效果。遗憾的是，面板数据中的 DW 检验仍然不太理想，原因同上。

表 9　效率改善的面板模型分析

变量	系数	标准差	P 值
INDUSTRU?	0.000246	0.000171	0.0028
WAGES?	6.18E-07	3.01E-07	0.0409
INFRASTRU?	4.72E-10	4.48E-09	0.0162
GOVERNAN?	−0.171612	0.042883	0.0001
INDUAGGLO?	0.130705	0.164362	0.4269
Fixed Effects (Cross)			
BJ_--C	0.005104		
TJ_--C	0.030667		
HEB_--C	−0.004132		
SX_--C	0.010497		
NM_--C	−0.020794		
LN_--C	0.030333		
JL_--C	−0.004317		
HL_--C	−0.005044		
SH_--C	0.031501		
JS_--C	−0.00777		
ZJ_--C	−0.011553		
AH_--C	−0.020037		
FJ_--C	−0.000594		
JX_--C	−0.014848		

续表

变量	系数	标准差	P 值
SD_--C	0.008947		
HN_--C	−0.00342		
HB_--C	−0.014656		
HUN_--C	0.00234		
GD_--C	0.021231		
GX_--C	−3.28E-05		
SC_--C	0.020719		
GZ_--C	−0.012576		
YN_--C	0.009219		
SHX_--C	−0.009209		
GS_--C	0.003012		
QH_--C	−0.021502		
NX_--C	−0.002714		
XJ_--C	−0.020372		
Effects Specification			
Cross-section fixed (dummy variables)			
Weighted Statistics			
R-squared	0.999391	Mean dependent var	2.102665
Adjusted R-squared	0.999344	S.D. dependent var	1.685321
S.E. of regression	0.043153	Sum squared resid	0.772809
F-statistic	21292.87	Durbin-Watson stat	1.134434
Prob(F-statistic)	0		
Unweighted Statistics			
R-squared	0.082396	Mean dependent var	0.990507
Sum squared resid	0.869232	Durbin-Watson stat	1.154326

　　产业结构与效率改善。本文中的产业结构是通过第二、第三产业增加值相对于第一产业增加值的比值实现的。该比值每增加 1%，效率改善就提高 0.00246%。一般认为第一产业占 GDP 比重 10%以下，同时第三产业比重超过第二产业（即在 45%以上）的国家工业化进程就达到了成熟阶段。东部地区部分城市的这一比值从 1978 年到 2005 年已经增长了 5 倍，而西部地区和全国平均水平则只增长了 2 倍左右，因此，产业结构优化调整应该是我国尤其是西部地区效率改善和全要素生产率增长的源泉之一。

　　工资水平与效率改善。未能通过 5%的显著性水平，说明工资在追赶效应中发挥的作用还是较弱的。

　　基础设施建设与效率改善。基础设施建设同效率改善水平呈现正相关关系，说明基础设施投入在一定程度上推动了相对落后地区向先进地区追赶。蒋迪娜（2003）根据基础运输行业的分析后发现，铁路运输业的全要素生产率在整个研究跨度内都处于上升状态，并存在较为明显的规模经济性；公路运输业在 20 世纪 90 年代后固定资产投资的快速带动下，拉动了落后地区尤其是西部边远地区的生产效率；民航运输主要受到固定资产投资增长率的影响，同时具有一定的规模经济性，民航运输的发展使经济发达地区的经济效率得到了进一步提升。

政府行政费用支出与效率改善。政府行政费用支出对效率改善不能施加积极的影响，政府干预一方面可能会降低资本和劳动等生产投入要素的效率，另一方面较高的政府行政费用支出也代表该地区治理成本在拉动 GDP 方面的效率过低，行政费用与提供公产品和提供科技研发费用的配比不恰当。

产业集聚与效率改善。通过产业集聚可以减少企业间的交易费用，通过集聚产生的正外部性来提高效率水平。本文模型也显示出了产业集聚对效率改善的正向作用，说明产业集聚对促进企业间合作与竞争有一定的促进作用。

综上所述，在技术进步模型的分析中，大学教育水平、研发支出和实际利用外资三个因子对全要素生产率项下的技术进步有显著的作用。而在效率改善模型的分析中，产业结构、政府行政费用支出两个因子对全要素项下的效率改善有显著作用。同时，截距项显示地区特征在技术进步或效率改善中也有显著作用，如广州和上海、贵州和甘肃等省份在截距项上的显著差异。

四、简单的结论

本文的分析表明，全要素生产率的变动呈现出几个阶段。1979～1985 年，表现为高经济增长，高生产率增长。这与相关文献的研究结果基本一致，即与改革之前比较，中国经济增长率的提高主要是全要素生产率由负变正所致。1986～1992 年，短暂降低后迅速增长。1988 年左右开始的以放、调、管相结合的价格等一系列改革举措的出台，经济增长出现了小幅波动。受此影响，全要素生产率也出现了一个微小的波谷，之后快速回升，并保持 4% 的增速。1992～2007 年，表现为高经济增长，低生产率增长。效率改善变缓，技术进步下降。一方面，由于 20 世纪 90 年代初期过度投资形成的产能过剩，国内市场已经从短缺经济转化为过剩经济；另一方面，经济体制改革在近年面临制度瓶颈，如政府治理成本过高，资本过度深化而人力资本投入不够等，阻碍了经济效率的提高。

从地区全要素生产率的比较看，东部、中部和西部之间的全要素生产率有一定的差距。1979～1990 年期间，全要素生产率在地区间的差异并不明显，变动趋势也较为一致，地区间微弱的全要素生产率差距主要来自效率改善的不同，而地区间的技术进步在三大地区基本上是一致的。1990～2007 年期间，全要素生产率在经历了1990～1993 年的一段波峰之后，总体趋于下降。在这期间，地区间的差异趋于明显，尤其是东部地区与中西部地区的全要素生产率的平均差额可以达到 0.02～0.03。与前一阶段不同，全要素生产率在该阶段的差异主要是由技术进步带来的。1992 年以后，人力资本和货币资金大量涌入沿海地区。能源供应得以放松，进口原料也变得相对低廉，内陆地区作为东部沿海地区的原材料供应者的地位被降低。同时，在相同的优惠政策下，由于沿海地区具有较好的基础设施、产业基础和较强的吸收高新技术的能力，大多数 FDI 还是会选择东部沿海地区。在 20 世纪 90 年代初大放异彩的乡镇企业大部分也集中东部沿海地区，产业集聚带来的技术模仿和交流使得东部地区通过知识溢出和转移机制获取了大量新知识和新技术。以上种种原因造成了东部地区的技术进步略高于中西部地区。

进一步来说，本文对技术进步和效率改善的影响因子的分析表明，大学教育水平、研发支出和实际利用外资三个因子对全要素生产率项下的技术进步有显著的作用。而产业结构、政府行政费用支出两个因子对全要素项下的效率改善有显著作用。同时，截距项显示地区特征在技术进步或效率改善中也有显著作用，如广州和上海、贵州和甘肃等省份在截距项上的显著差异。

外资投入带来的技术溢出未被很好地吸收，外资投入对推动全要素生产率项下的技术进步效果不明显。东部地区集聚了中国大部分的外国直接投资，同时具有较强的人力资源，能够较好地融合和吸收外来技术。经济发展水平相对落后的中西部地区，由于本地技术与外来技术之间的差距过大，无法及时地吸收和模仿，技术外溢的效应是较为微弱的。

产业结构变迁在改革开放初期显现了效率改善的巨大效果，但随着市场制度的不断完善，由制度改变释放出来的效率改进逐渐减小。由于第二和第三产业的资本深化速度过快，资本开始挤出劳动，甚至以劳动密集型占优势、能吸收大量劳动力的第三产业，其资本劳动比也在快速上升，对中国这个目前仍然以劳动力资源丰富作为竞争优势之一的国家来说，资本过度深化的直接后果就是降低就业率增长率，这不但不能改善效率，反而会增加失业人群损失的那部分产出。

部分地区的政府治理成本过高，从 1990～2007 年间，地方政府单位行政费用产出的 GDP 均出现不同程度下降，政府治理成本不降反升也是导致效率改善降低的原因之一。

以长时段的基本规律把握中国问题

——略谈吴老关于中国传统与现代化道路关系的研究①

中国社会科学院经济研究所　　林刚

一、经济学是一门历史科学

吴老认为"经济学是一门历史科学，即使最一般的经济规律，如价值规律，也不能无条件地适用于任何时代或地区"。他引用恩格斯的话强调该观点："恩格斯说：'政治经济学不可能对一切国家和一切历史时代都是一样的。'其他社会科学也是一样，在用于历史研究时，必须注意当时当地的特点。"②

又说："我以为经济史首先是史，是历史学的一个分支"③"经济史有广阔的天地，无尽的资源，它应当成为经济学的源，而不是经济学的流。"④

吴老注重"历史是理论之源"的观点，就研究方法而论，我理解有两方面内涵，这是由历史学科本身的特性决定的，而纯粹抽象理论则难成之。一是时间维度方面。理论要经受得住历史性长时段的检验，而历史学研究的本质特点之一就是对实际情况在长时段中的描述和归纳。二是多角度和多面性方面。实际生活由无穷无尽的多种因素构成，模型或抽象而成的理论，不可能不舍弃大量原生因素。而历史研究本身，则要求尽量全面考虑由具体时间、空间构成的现实。正如吴老所言："没有一个古今中外都通用的经济学""任何经济学理论都要假设若干条件或因素是不变的或

---

① 笔者注：本文所引用各先贤言论，务请读者查阅作者原文，以了解其完整含义。评价思想，最忌片面，但限于篇幅又难以全盘照录，何况原作者的思想也可能有前后变化，故上乘思想史分析应对原作者思想有整体把握。这可能是造成不同人会对原文理解产生歧意的重要原因。

② 吴承明. 市场·近代化·经济史论. 昆明：云南大学出版社，1996：97.

③ 吴承明. 经济史：历史观与方法论. 上海：上海财经大学出版社，2006：281.

④ 吴承明集. 北京：中国社会科学出版社，2002：322。

者可以略去，否则不可能抽象出理论来。这种假设是与历史相悖的，因而，应用时必须用历史学的特长来规范时间、地区特点和考察范围。"①

当然，历史研究应该借鉴各种社会科学的分析方法，历史学方法本身也非万能。

对中国这样一个世界上唯一拥有数千年延续不断文明的国度而言，只有经受住这两方面的检验，才谈得上奠定认识和总结基本规律的前提。在经济史方面，就观察问题的多角度而言，吴老认为，"经济史学者无力研究整个社会，只能着眼于对经济运行和制度变革的有关方面。其中如人口和人口行为、家庭和宗族、分业（士、农、工、商）和等级制度、乡绅和社会精英、消费习俗等，题目已经不少，还都需请社会学专家的帮助。今天，我们还不具备独立完成一部整体论的中国社会经济史的条件，但要有整体观；不要孤立地看任何问题，不能就经济论经济"。②

这才是大师的眼光和胸怀！

吴老对中国"传统经济"，特别是农业、手工业和小农经济与中国现代化道路关系的研究，充分体现出他从长时段的和尽量全面的视角去认识中国经济发展的基本规律，以此维度去把握和分析中国经济具体问题的大师治学特点，实需后人学习、借鉴和继承。

吴老对传统农业、手工业和小农经济与中国现代化道路关系研究的重视，可从以下方面看出：

吴老有三部综合性的文集，即 1996 年云南大学出版社出版的《市场·近代化·经济史论》，2001 年三联出版的《中国的现代化：市场与社会》，2002 年中国社会科学出版社出版的《吴承明集》。在《市场·近代化·经济史论》与《吴承明集》两文集中，吴老选入了相同的三篇文章：《近代中国工业化的道路》《论工场手工业》《论二元经济》。而 2001 年三联出版的《中国的现代化：市场与社会》中，也选入了《论工场手工业》《论二元经济》这两篇。论文《中国近代经济史若干问题的思考》，则又分别被收进了《市场·近代化·经济史论》和《吴承明集》。吴老在《吴承明集》的前言中有一说明："工业化注重传统经济中的积极因素，故将《论二元经济》选入，表明我的观点。又，我认为农业是工业化的基础，有篇《中国近代农业生产力的考察》，因专业知识不够，经两次修订，仍不满意，故未收入。"而在《市场·近代化·经济史论》一书中，则收入了此文。以上文章，都是从理论到实证，专论传统经济的农业、手工业和小农经济与现代化、工业化之关系的，可见吴老对此专题的重视。

仅从吴老自选文集的内容角度看他对传统经济与中国现代化道路关系之重视是

① 吴承明.经济史：历史观与方法论.上海：上海财经大学出版社，2006：282.
② 吴承明.经济史：历史观与方法论.上海：上海财经大学出版社，2006：284.

远远不够的，我们可以从吴老一生主要著作的内容看出，这个问题实为吴老思考和实证的基本内容之一。限于篇幅，本文不能详细举证。

二、从长期的全面的角度认识中国经济的基本规律，以此认识中国问题

作为一代大师，吴老为什么如此重视传统经济与现代化的关系问题？原因何在？值得思考。

对于传统经济对现代化的影响和作用，历来就存在不同的看法和争论。据个人所知，这些意见中最主要的大致可以认为有两点：一是新式大机器生产的生产力要远远超过传统生产，故后者被消灭以至淘汰是历史必然。二是不仅是生产力，而且在社会组织形式、社会中的经济联系、社会发展方向等方面，传统经济的落后都毋庸置疑。它无论在中国近代"转型"过程中有多么大的作用，但对历史发展和进步而言，被消灭当然也是必然。

有不同意见实属正常。但笔者仍难免疑问：大机器工业的生产力当然比手工业大得多，就像人走路速度完全不能和汽车、飞机相比一样，这是儿童都知道的，为何像吴老这样的大学者还要强调传统因素对中国现代化的重要作用？

这是一个很大的问题，无疑，论证这个大问题非本文所能。这里只能就两者关系中的一个比较关键的问题，即农业与手工业结合的小农经济与现代化道路的关系问题略谈浅见。

对该问题的"标准解释"表述大意如下：农业与手工业的密切结合，是自给自足经济的基本内容，是中国封建经济的主要体现之一。它阻碍中国社会进步，也是阻碍资本主义产生和发展的基本原因。

作为"自然经济"主要代表者之一，"农民家庭手工业"给人的第一印象就是保守、落后、生产效率极低。无须仔细思考，人们就会觉得，它与现代资本主义大工业竞争时，会遭致惨败和被淘汰的命运。因此，在解释中国近代农民家庭棉纺织手工业与现代纺织工厂竞争的命运和后果时，如下说法会轻易建立其统治地位："机器工厂的生产率是手工的 80 倍，因此洋纱（机纱）首先取代了土纱，完成农家手纺织业瓦解的第一步。尽管农民会利用洋纱织布顽强抵抗，但机器织布效率仍然较手工高出 4 倍，最后也不可避免地被淘汰。"这种说法和其灌输的理念，以生产效率为传统手工业最终被消灭的根本原因，至今仍然在各种教科书和专著中被奉为"经典"式的金科玉律，很少有人去质疑其正确性。

个人认为，如果从长时段和中国经济"转型"的意义上看，近代中国手工业有不同类型，它们的命运是不一样的。其中确实有相当部门被机器生产所打败和消灭，

但也有部分手工业发生了重大变化，特别是农村手工织布业。南通以及河北的高阳、山东的潍县等一批近代主要土布产区的发展史表明，与其说洋纱取代土纱是自然经济瓦解、小农家庭纺织业被破坏的第一步，勿宁说，这是经过改进的、将传统优势与现代工业优势相结合的新式农家纺织业，是它在商品市场上局部取代旧式纺织业的结果与体现。它表明的不是农民家庭纺织业不可避免的解体趋势，而是相反，它显现出了农民家庭手工业完全可能与新生产方式融合，迸发出新的强大生命力。

对于机器与手工生产效率问题应该如何比较，吴老其实早已进行过精辟分析，他针对中国近代工场手工业和机器大工业的关系说：

"在一定的条件下，工场手工业又常成为工业化过程中的不可逾越的阶梯。甲午战争后，我国从国外引进了一些新工业，它们在国外已是机器大生产，引入中国后，却变成了手工业。这并不是中国人习于落后，也不完全是中国劳动力便宜。例如针织业，20世纪初，上海一部美式电力织袜机约售900两，一台德式手摇织袜机约售80两。电力机与手摇机的产出比率约为6:1，而资本投入比例为11:1，在当时的市场下，手摇机具有较大资本边际效益，工场手工业便是最佳生产规模。"

"尤其值得重视的是棉织业和丝织业，由投梭机到手拉机，再到足踏铁轮机以至足踏自动提花机，这种手工厂，就足以和机器大工业竞争了……更可引人深思的是，上述这些手拉机、铁轮机、提花机、皮辊轧花车等等，原来都是来自日本，后由中国仿造。那么，在已经有了英美式的机器纺织厂后，日本人为何还费力去研制这些手工器械，难道专为销往中国吗？不，原来日本的工业化就是这样走来的"。①

这里，吴老用资本边际效益概念，解释了日本和中国用手工器械代替动力机器生产，终能在市场中取胜的道理。据我了解，资本的边际效益，是由生产要素的最佳配置决定的。不同的国家在不同时期的不同状况下，生产要素的禀赋和比例都会不同，在19世纪的中国和日本，劳动力价格与资本价格，与欧美工业化国家显有差别，由此造成人工加上改良机械的生产效益明显胜过由资本主导的动力机器。这在现代经济学理论中，可以得到进一步解释：劳动力、资本等生产要素之间的替代在某种程度上是可能的。吴老曾介绍过日本学者将帕累托关于选择商品的无差异曲线理论用于二元经济，提出生产的无差异曲线的观点。在这个曲线上，资本与劳动力两要素的不同配合可以获得同一的经济效益。吴老针对中国说，"近代化企业需要较大资本，工场手工业需要较多劳力，按不同情况，两者并用，即可形成无差异曲线

---

① 吴承明.中国的现代化：市场与社会·生活·读书·新知三联书店，2001：15～16.

的生产"。①

由此看来，用劳动生产率或单位产量高低这样的单一因素解释土布一定会在市场竞争中被洋布取代，至少不够全面。这只是一种浅层次的表面现象。而吴老的资本边际效益的分析，至少考虑到具体历史环境中的生产要素构成比例、生产要素价格及其形成基础，以及与之竞争的国家的相应要素价格等多种因素。需要强调的是，吴老的分析除了运用由相关因素构成的经济学概念外，还有更为根本的理论背景和素养，即把握至少包括中国和日本在内的国家的历史土壤、当时的时代环境以及历史与当时变化之间的联系。没有这方面的把握并上升到相应的对其基本特征乃至规律性的认识，资本边际效益只是一个抽象的干巴巴的经济学概念，绝难洞察问题之本质，做出有血有肉的切合实际的分析。

以上，仅涉及洋货—土货竞争问题的经济层面，分析还远未到位。吴老对工农结合为一体的小农经济的分析，还须放在更深远的眼光下即在历史的长时段中总结出的中国经济基本特征的角度去认识才更便于理解，这就不能"就经济论经济"。对小农家庭的"工农结合"传统，还应该并且必须考虑它的社会作用和影响，考虑它对就业和民生问题的重要性。吴老在对此问题的研究中不止一次地将中国与日本的现代化过程加以比较。他认为，传统产业的最大效果是在就业方面。直到1935年，日本农林产业的就业人口不断下降，而"在来产业"的就业人口不断增加，所占全部就业人的比重也增加，也就是说，近代化过程中农业释放的劳动力不能全部转入近代化产业，而需要由传统经济吸收。1920年日本近代工业就业人口为172.3万人，但"在来工业"179.1万人，"新在来工业"94.9万人，即手工业占61.4%。

20世纪30年代，日本的工业化已有一定的基础，同时手工业逐步电力化、机器化；日本工业的结构也转入现代化企业与中小企业的并行发展上。原来日本为发挥劳动力优势，大企业多行多班制，而将一些工序和零配件制造转包给中小企业，二次大战后，中小企业又对日本经济的复兴作出重要贡献。1980年日本政府发表《中小企业白皮书》称："实际上它们在支撑我国经济基础的同时占有核心地位。"②

这就是说，传统农村产业在中国转型中的兴衰原因及其社会影响，不仅要看到生产率高低，也要看到生产效益大小，还要分析其经济以外的社会效益，其中包括是否有利于普通民众的生存改善。应该从中国整体国情出发，从如何才能真正有利于"生产要素和资源配置更优化"的视野来考虑问题。

正是具有历史的长期和多方位视角，才能形成中国的近代化必须高度重视传统与现代关系的思维。也只有具有这种思维，才可能较好地分析以至在整体上把握传

① 吴承明. 市场·近代化·经济史论. 昆明：云南大学出版社，1996：166.
② 吴承明. 市场·近代化·经济史论. 昆明：云南大学出版社，1996：165～166.

统农业手工业和现代工业的产品竞争与互补的不利与有利因素等问题。这在吴老的一段话中已可说明，"从缫丝和棉纺织业的发展中还可以悟出一个道理，即在中国，工业的发展必须与广大农村经济相结合。在当时，中国要走日本的或今天亚洲'四小龙'的那种外向型发展的道路是不现实的，工业的原料和市场都是在农村""在南通，由张謇创建的，包括农、工、商、运输以至银行的'南通实业'体系，人或讥之为地方主义或封建割据，其实，它那包括农业在内的十几家实业公司都是由大生纱厂资助或保证，是建立在大工业资本之上的。在幅员辽阔的中国，这种以大工业为中心，以农村为基础的区域或乡土经济发展路线，不失为中国式的近代化的途径之一。它比之那种以洋行为中心，以租界为基地，脱离农村的口岸经济发展路线，应当有更广阔的前途"。①

为进一步说明吴老晚年的传统经济与中国现代化关系问题的思想，我们简要评述吴老与方行先生的几封信件。

1. 从小农经济的研究说起。吴老在2004年10月与方行先生的一则通信中说，"耕织结合的小农经济是一种经济结构，也是一种社会组织。它的形成、发展以至解体，与传统的义利观、本末论、家庭观念、多子继承，以及国家巩固自耕农的政策，榷关制度等等，都是分不开的。对小农经济的研究，从经济学方面转入社会学方面，加上非经济因素的分析（当然都需要实证），就大有可为了。说不定会多少修正原来的评价和结论"（"关于传统经济的通信"，《中国经济史研究》2012年第2期）。这表明，（1）晚年吴老仍对小农家庭经济高度重视，认为有必要再行认真研究小农经济问题。（2）仅仅局限于经济学的方法研究小农经济这类复杂对象是不够的。

2. 吴老上述看法，绝非孤立或偶然，我认为这是他整个理论体系中一个环节的体现。为什么这么说？吴老多年前就提出：有不同性质的商品，甚至有不同性质的商品生产（方行先生进一步深化为价值规律的体现不同）。对小农的商品生产性质与"一般商品生产"加以区分，这个观点吴老不仅一直坚持且有所深化，所谓深化就是将它与小农经济的性质判断联系起来，从而对中国社会经济的长期特点加以新认识。2004年11月他说，"问题又回到农业与家庭手工业密切结合的小农经济……回忆70年代末我们写中资史一卷时，徐新吾提出'小农经济万恶论'，因为它阻碍了资本主义萌芽的发展。当时我觉得过分了，改为'自然经济的分解'②……这以前，30年代，梁漱溟曾提出，小农经济工农结合很好，中国工业化的道路应当是在农村复

---

① 吴承明. 市场·近代化·经济史论. 昆明：云南大学出版社，1996：20.
② 应该申明，对于中国传统小农经济的看法，吴老虽与徐新吾先生不尽一致，但这丝毫不抹煞他对徐老在经济史研究中重大贡献的高度评价。

兴中发展工业，工业与农业'合作'生长。90年代，乡镇企业兴起，费孝通写了文章大加赞扬，说这就是中国传统的工农结合在家庭转化为社会上的结合，是完全正确的道路。我同意费公的看法"。

3. 吴老在2004年说，"我的想法一直是：中国现代化必须利用传统经济，特别是小农经济的能动因素或积极因素。"这使我们回忆起，吴老早些年提出的中国近代化、现代化道路特点的论断，是与他对中国历史上小农经济的认识和定位密切相关的。早在1987年《中国近代化过程中的内部因素和外部因素》一文中，吴老就提出："19世纪以来的中国近代化，本来应当走自己的道路，正如今天走有中国特色的社会主义现代化道路一样。"他在高度肯定张謇基于农村家庭手织业和发展植棉基础上，成功促使大生纱厂发展的经验后说，"历史的教训告诉我们，没有立足于本国大地的民族工业和相应的教育文化，是不可能实现本民族的现代化的"。1991年《中国工业化的道路》等文章中，吴老又再次强调指出："近百年来我国农业生产仍能对工业建设做出贡献……是因为我国以家庭为单位的、集约化的小农经济有很高的生产效率，亩产量始终居于世界前列。这是我国传统农业中可贵的积极因素，至今我们还在利用这个积极因素即家庭承包制。"

4. 吴老在1990年至2004年间多次提到对小农经济性质（主要表现是农业与手工业相结合的家庭生产）和历史作用的重新认识问题，并涉及如何结合中国的实际，认识和把握社会分工对中国社会经济长期发展的作用。这个问题较为复杂，学界认识殊不一致，这里不能详述。但近若干年来，此类问题已经引起一些学者的注意，方行先生在多篇论文中运用社会分工的观念分析了问题，"加州学派"提出的"斯密动力"对中国机器工业之前时代的经济发展作用问题，中国人民大学夏明方教授数次重点讨论了吴老的"没有分工的市场"观点。学者们的不同见解和争论，至少表明了此问题的重要，以及深化研究它的巨大空间。这的确不是一个无关大局的支节问题，而是关系到如何把握中国社会经济长期发展的基本规律。

吴老数次指出，"与欧洲不同，中国历史上从来不是个海上国家"[1]"我国不是一个海上国家，工业发展必须以国内农业为基础""我国的工业化应当是建立在工农协调发展的基础上"[2]。这些论断，都可以说是吴老从中国历史演变的长期和整体角度出发，把握中国经济长期基本特点乃至规律的整体历史观的体现。[3]

---

[1] 吴承明. 市场·近代化·经济史论. 昆明：云南大学出版社，1996：279.
[2] 吴承明. 市场·近代化·经济史论. 昆明：云南大学出版社，1996：152.
[3] 吴老对于"规律"持以特别谨慎的态度。他说，"鉴于发现和证明一项规律是很难的事，我主张在广义政治经济学的研究中多讲事实和经验，少讲规律。又规律过于概括，反不如说明事实和经验对人有用。至于用规律推导出事实或结论，更不可取"。本文所提的站在历史长时段所总结的规律，是指吴老归纳长期历史变化和基本事实而上升为理性的认识。这与吴老所"警惕"的规律是相反的。

三、何谓中国社会经济演变的长期基本规律？三农问题的近代溯源

对中国社会经济演变长期规律的探讨，特别是传统经济与近现代经济的相互关系的探讨，由来已久，并非自吴老始，也并非少数人在思考。

鸦片战争中国大败。面临数千年未有之巨变，中国最大的问题是如何才能避免"亡国灭种"的命运。在朝野上下各种不同救国思潮中可以分辨出，分歧意见集中在如何对待传统农业、农民、农村经济与学习外国"现代化"的关系问题上。不同思潮的争论和交锋远未随鸦片战争的完结而中止，它实际上一直延续到170年后的今天仍然存在，只不过披上了不同的理论外衣而已。

一种思潮是，以已经成为世界强国的诸列强为中国前进和现代化的榜样，"要救国，只有维新，要维新，只有学外国"。[1]具体到现代工业与中国传统小农经济的关系、现代工业与农民家庭工业的关系，就是要毫不犹豫地最坚决地推行工业化、商业化（市场化）和城市化，取代和消亡小农经济——包括与农业结合的家庭工业。另一种思潮是，注重从本土特点出发考虑中国现代化的路径。具体而言，即特别注重提高农民和农村经济，认为农村经济——包括家庭工业在内——有其特殊重要性，只有从农村入手建设，才可能为大工业的发展建立基础，也才能走上现代化道路。

从中国本土特点即从农村农民出发考虑中国前途——既包括眼前的最紧急的救国问题，也包括未来中国的建设和发展问题——在知识界中不乏其人，其中乡村建设思想是很有代表性的。

乡村建设思想有各种差别，在乡村问题源头的认识、具体的实践和做法上也不尽相同，但总体上在主要代表人物中大致有基本的共同点，即乡村建设的根本目的是通过建设乡村，教育和提高农民，达到再造中国的最终目标。在实现这个最终目标的过程中，学习国外先进技术并革除中国之固疾是同步的。然而，一切均要从中国国情出发，决不能盲从外国。中心是围绕中国农民这个"人"的方方面面进行提高和革新，从解决农民最大困难入手，在解决问题过程中培养农民的人格和能动性，最后形成农民对农村的经济自立和政治自主。

梁漱溟和晏阳初是上述思想的重要代表人物。

梁漱溟认为，中西文明不同。中国文化是以乡村为本的文化，中国社会是以乡村为本的社会。人口的80%住在乡村，过着乡村生活，中国就是由二三十万乡村构

---

① 论人民民主专政. 毛泽东选集（第四卷）. 北京：人民出版社，1991：1470.

成的。农业是中国的主要产业，是中国的国命所寄，它的好坏是解决中国一切问题的关键和从事其他建设的前提。中国的国命既然寄托在农业，寄托在乡村，所以他的苦乐痛痒也在乡村。①只有乡村安定，才可以安藉流亡；只有乡村产业兴起，才可以广收过剩的劳动力；只有农业增加产量，才可以增加国富；只有乡村自治真正树立，中国的政治才有基础。一句话，只有乡村有办法，中国才算有办法。②

似乎不少人认为，梁漱溟是近代中国文化保守主义的代表，只强调传统的重要而轻视甚至反对新生产方式。这完全不对。梁漱溟非常重视新式工业，认为这是中国发展的方向。但他反对用西方资本主义方式发展中国的工业，而主张用传统与现代相互帮助的方式，用农业与工业协调发展的方式，从中国本土积极因素出发来实行工业化。他说：我们的目标在工业，必须引发到工业上去，达到工业化的目的，中国经济方可望翻身。现在我们要问：究竟在发展农业的时候，工业能否跟着抬头而渐次促成工业化的实现？我们的回答是一定可以成功的。不但一定成功，我们还可断言，中国工业的建立，如不借着农业的引发，是没有旁的道路可寻。③

晏阳初认为，中国乡村在国家和社会中有压倒一切的重要地位：首先，乡村是中国的经济基础。他说，"以农立国"是我们常说的一句话。什么叫"以农立国"？就是离开了农业、农村和农民，国家就不能存在。过去几千年的中国如此，现在还是如此。我们吃的、住的、穿的、甚至走的路都是由农而来，是农民生产的。没有了农村，衣食住行以至一切人生需要就立刻生问题。试看今日与济关系最显著的银行家，他们向来藐视至少也是看不起农民，只放款给工厂，给商人，而不给农民，然近年来由于工商业不景气，工厂商家成群成群的倒闭，银行吃了不少倒账，不仅不能获得投资的利益，甚至连资本也无法收回。而工商业不景气的原因，是由于农村的破产。农民失去了购买力，工厂的产品没有销路，只好关门。银行家看清了这一点，不得不改变营业策略，主张对农村放贷。这并不是因为他们看破了本身利益，考虑到国家福利，而是自身利害关系所迫。这一点正好证明中国经济的基础不在都市而在农村④

晏阳初、梁漱溟的上述言论表明了他们的如下思想：（1）农民、农村、农业是中国的立国之本。（2）这个立国之本在西方列强侵入中国以来受到了最强烈的重创，危害到中国的生存。

因此，要救中国，唯一途径是做"固本"的工作。这就是进行乡村建设运动。

① 梁漱溟全集（第一卷）.山东人民出版社，1992：608～609.
② 郑大华著.民国乡村建设运动.社会科学出版社，2000：161.
③ 梁漱溟全集（第五卷）.山东人民出版社，1992：991.
④ 原文载《晏阳初全集》第二卷第32页。因较长，此处主要引用了郑大华著《民国乡村建设运动》（社会科学出版社2000年）第138～139页对晏文之摘要。

乡村建设运动①的直接目的是帮助农民，提高农民，在帮助和提高农民的过程中改进农民，使农民成为家乡和整个农村的生机勃勃的主人翁，从而在整体上改进和提高中国的农村社会和农业生产。如此，中国就可以既保持传统农业文明的精华与传统，又能够适应世界新变化，最终获得"民族再造"，古老的中华民族就会有新生命。

如果说梁漱溟的思想渊源主要来自中国传统文化和哲学观，有着浓厚的"本土情结"，那么另一些有西方学术背景的学者也提出类似的思想，即中国不能以牺牲农业农民为代价发展现代化，必须形成两者的协调共进，则又一次说明了从本土特征出发认识中国现代化问题的客观性和重要性。

费孝通对中国从"传统社会"转入"新型社会"的基本理念，建立在他对中国国情的总体把握基础上。他说："我一直认为，中国农民占中国人口的大多数，认识中国社会特点，应该从认识农民和农村开始。中国社会的变化，一定会从广大的农村开始。"正因为如此，在中国受西方影响后而不能不发生的社会变革过程中，在农民和农村占据中国主体的客观存在下，如何使农民的生产和生活在工业化变革中得到改善和提高，是费孝通全部思想的基础和核心："如果中国工业只能以牺牲农民为代价而发展的话，我个人认为这个代价未免太大了。"②为了贯彻这个原则，费孝通从调查江村入手，努力认识中国农业社会的传统，认识渗透传统的相应社会环境中的农民和农村经济的运作机制，得出多数中国农民的经济特点是"人多地少，工农相辅"的结论，由此产生出他终身一以贯之的中国现代化基本思路。

无独有偶，被费正清誉为中国两位真正经济学家之一的方显廷，在获美国耶鲁大学哲学博士学位后，于1929年回国，受聘于南开大学，随即开始了对天津手工业的系列调查。作为参与组建南开经济研究所的学术带头人，他说："如果可以将'口号'这个词使用到学术问题上的话……那么南开经济研究所的口号就是要把经济学中国化。"由方显廷主持，吴知、毕向辉等进行的高阳农村织布业调查、宝坻手工织布业调查，做出了当时水平最高的农村手工业研究专著。在这些研究专著中提出的中心思想，是主张"复兴农村工业"，认为剥削农村工业的敌人是商人雇主制，摧残农村工业的敌人是大量出产的城市机器工业。他主张走合作制的道路来解决问题，并由现代经济向农村贷款、推广先进技术，提高农民知识文化。③

---

① 郑大华著. 民国乡村建设运动. 北京：社会科学出版社，2000. 书中十分详细地介绍了民国时期的乡村建设运动，对运动内容和领导人物的思想都有深入的分析，具有很高的开拓性学术价值。本文中诸多地方均受惠之，但笔者也并非完全同意郑大华对梁漱溟等的评价。

笔者相信，随着中国现代化事业的发展，民国时期晏阳初、梁漱溟、陶行之等乡村建设先贤的思想和实践努力，定会显现出其对中华民族复兴的历史性贡献的不朽意义。

② 费孝通. 江村经济. 江苏人民出版社，1986：149.

③ 方显廷，见吴知. 乡村织布工业的一个研究. 引言. 商务印书馆，1936.

　　方显廷对宝坻、高阳农村织布业深入研究后形成的关于中国"新工业制度"的思想，对中国的现代化和工业化，至今仍具有十分重要的启迪和参考价值。他认为，现代工业向大城市高度集中绝非历史的必然趋势和最后结局，而是工业化发展过程中的过渡现象。在他所处的 20 世纪 30 年代，世界各工业化国家不仅在理论上提出了工业高度集中的弊端，而且在实际生活中也出现了都市工业向乡村分散的现象，"自 150 余年前产业革命发生以还，工业之集中化——国际的或国内的，久已目为经济发展之最后阶段……然而晚近之发展，则证明其仅为一过渡的而非最后的阶段耳""近数年来，工业分散化之趋势，已由学理之讨论，而变为事实之必需；其大部原因，不外今日之整个工业机构，已逐渐改变其形态。新原料及代替品之发现；熟练工人被自动及半自动机械所排挤；电力较汽力用途之扩大；资本减趋于有利可图之企业，不问其在都市或乡村；消费地近，亦有工厂之星布；以及乡村环境之宜于工业劳工；凡此起彼伏种种，更加其他因子，足使高度工业化之国家亦趋于工业分散化之一途"。对于大工业和包括家庭工业手工业在内的小工业，城市工业和乡村工业的相互关系，方氏予以特别注意。

　　值得注意的是一些外国专家学者对于中国经济基本问题的看法。20 世纪 30 年代作为国民政府全国经济委员会顾问的国联专家沙尔德，对农民、农村、农业对中国经济向"现代转型"的重要性之认识，决不亚于梁漱溟和晏阳初。他认为，中国经济最重要的特点，是农业为经济的生命。他说，中国经济生命，必以农业生产为基础。增加农业生产，以改进农民状况，或增添他们的农业附属工艺技能，是根本性问题。

　　为什么沙氏将农民经济放到如此重要的地位？最重要的理由是：农业和农村经济是现代工业成长发展的根本基础，离开了这个基础，中国的现代工业不可能发展起来。

　　沙氏认为，工业问题无疑是当前经济政策实施中最重要者，但如何发展工业，答案应从中国经济组织的特质中去找。这就要对农业和农民予以特别的注意，因为中国工业品的市场主要依靠的是农村市场。但正是因为中国的基本国情是人均耕地面积狭小，使农民生产所获甚少，除去自己的家庭消费，所剩无几（个人认为甚至多有食不果腹、衣不蔽体现象），这就从总体上大大局限了农村市场的扩大：只有农民所生产的产品除供给自己消费之外有所剩余，才可能形成市场购买力。由此观之，中国举办工业的原因，同时就是限制工业发展的要素。

　　对于中国只能主要依靠国内市场，沙氏进一步解释说，中国如果能开辟国外市场，运销工业品，则自然可进一步走向工业化，果能如此，就可不必依赖农民购买力来形成市场。但在国际市场被已工业化国家控制（特别是推行保护性关税政策）

下，即便中国有低工资成本，从长期看也难以与先进强国竞争。因此，中国的经济不能不以农村经济为基础。

沙氏观点的逻辑性相当鲜明：中国要迈向工业化，首要取决于市场，而这个市场只能是国内农村市场。农村市场的形成又只能在农户经济剩余增长后才有可能实现，"中国工业产品之销路，系以国内市场为基础，而国内市场又全以农村经济为基础，必农人以其所获生产品，于自供消费之外，尚有剩余，始能以其剩余，形成市场上之购买力也"。这是沙氏报告中，对于中国要摆脱经济困境、迈向经济发展所走的方向和道路问题上反复强调的最主要观点。

20世纪30年代，与沙氏同样重视中国"三农"问题的还有另一位国际著名学者，英国的经济史教授陶内，他径直指出：吾人倘因少数重要企业发生效率之条件乃大量生产，即以为一切企业皆须如依此而行，并竭力设法予以实现，而促使经济之发展，此种观念，实有大谬存焉。此种错误观念，虽流行于欧洲各地，然现今多已加修正。此尤为中国所应警惕者。中国以农立国，手工艺（业）仍将继续发荣滋长。中国人士倘不顾其传统之经济制度，而妄加模仿，其不智盖亦甚矣。

他上段话译成现代汉语的主要含义是，假如因为少数重要企业具有效率可以大量生产，就认为一切企业都可以仿照行事，从而促进经济发展，实在是极为错误的。这种错误观念虽曾流行于欧洲，但现今多已修正，这种错误观念应引起中国特别警惕。中国是以农立国的国家，手工业仍会继续发展成长。中国如果不顾及它的传统经济制度而随意模仿欧洲国家，真实在是太不明智了。

总之，无论穆藕初，还是梁漱溟、晏阳初，以及方显廷、费孝通、韩稼夫、顾翊群等，还是沙尔德、陶内，都属于对农民和农村经济特别重视、认为"三农"对中国的"现代化"特别重要者。这是吴老认为的与"全盘西化"不同的另一类思想流派。正如吴老所指出的："在近代中国的理论界，也不乏全盘西化论者。但是，以卓越的工业家穆藕初为代表，也曾有一种农本主义思想，认为工业化不能脱离农业，应从改革农业入手。还有以著名经济学家方显廷为首的一批学者，根据中国国情，主张优先发展乡村工业，以就地利用资源和剩余劳动力，降低运输成本；且众擎易举，有类今日之乡镇工业。"他还指出，顾翊群、马寅初、刘大钧等都提出了向内地发展小工业的主张。[①]

中国近代的乡村建设运动绝非少数人少数地方开展的个别行动，特别是在20世纪30年代后，可以说在全国多个地区都有展开，尽管各地规模和效果并不一样，但其影响是全国性的。

---

① 吴承明.近代中国工业化的道路.吴承明集.北京：中国社会科学出版社，2002：74～75.

1931 年，第一任山东乡村建设研究院院长梁耀祖提出："不谈建设而已，欲谈建设必须注重乡村建设。"[①]1933 年 7 月、1934 年 10 月、1935 年 10 月，连续三次召开了"全国乡村工作讨论"年会，出版了会议专集《乡村建设实验》。1933 年春在南京召开了中国社会教育社理事会，通过决议以钮永键提出的《由乡村建设以复兴民族案》为同年 8 月该社召开的第二届年会的讨论中心。[②]

随着乡村教育向乡村建设的方向发展，原来已有的从事乡村教育的机构、团体和院校渐将工作重点转向乡村建设，另外在各地农村又陆续新设立了实验区从事乡村建设事业。其中较著名的有：

1. 由黄炎培为主要负责人的中华职业教育社创设的徐公桥乡村改进实验区，1928 年 4 月改由职教社独立续办，1934 年试验期满交地方接办。

2. 定县乡村平民教育实验区，中华平民教育促进会 1926 年选定地点，1929 年开始大规模工作。

3. 无锡民众教育实验区，江苏省立教育学院创办。无锡实验区先后设立过三个区，1929 年春设立黄巷实验区。1932 年将黄巷区交当地自办，又设立了北夏实验区。1932 年 8 月又正式成立了惠北实验区。

4. 晓庄学校，1927 年由陶行知、赵叔愚创办，1929 年改名晓庄学校。1930 年被封闭，1932 年陶行知又继续创办了山海工学团。

5. 邹平乡村建设实验区。1931 年 1 月由梁耀祖、梁漱溟在原河南村治学院班底基础上创办，1931 年 6 月正式成立山东乡村建设研究院。

6. 清和社会实验区，北平燕京大学社会学系主办，1930 年正式开办。

7. 乌江农业推广实验区，由中央农业推广委员会和金陵大学联合创办。

8. 龙山实验区，山东齐鲁大学 1927 年创办于济南附近。

9. 镇平自治区，1930 年起，镇平在彭禹廷领导下开始办理地方自治工作。

10. 东乡自治区，由国民党元老沈定一主持，于 1928 年在浙江萧山东乡开始进行地方自治工作。

上述实验区之外，尚有 1932 年创办的江苏武进东安农村改进区；1932 年成立的江苏武进湖塘桥农村改进区；1932 年成立的江宁西善桥乡村实验区；1933 年成立的江苏句容县下蜀自治实验区；1929 年南京汤山实验区；1930 年成立的位于镇江金山寺西的中冷新村；1933 年成立的浙江萧山湘湖东乡生活改进实验区；1932 年成立的山东济南历城县祝甸民众教育乡村实验区；1933 年成立的北平师范大学乡村教育实验区；1933 年成立的北平大学农学院农村建设实验区；1933 年成立的

---

① 郑大华. 民国乡村建设运动. 北京：社会科学出版社，2000：76.
② 郑大华. 民国乡村建设运动. 北京：社会科学出版社，2000：76.

洛阳实验区；1932 年成立的四川巴县乡村建设实验区；1932 年设立的广西垦殖水利试办区，1934 年更名为广西农村建设试办区；1934 年成立的江西黎川实业实验区，等等。①

据南京国民政府实业部的调查，20 世纪 20 年代末至 30 年代初，全国从事乡村工作的团体有 600 多个，先后成立的实验区有 1000 多处。②据晏阳初估计，在以平民教育为先导、后发展为乡村建设运动开展仅数年的 1926 年秋，全国平民学校的毕业生可能有三百多万人。③

以上所述，大致表明一个事实：吴老关于中国传统经济对现代化的重要性认识，不是偶然的和个案的，有其形成和理论化的历史原因。这是中国古代、近代和当代国情的反映，是几代先进人士历经千辛万苦探求解决中国问题出路的思想结晶，也是在实践中历经苦干实干上升到理性认识的体现。它的意义表明，三农问题是中国的基本问题，这是从中国古代"遗传"下来的中国国情的主要特点，在外资入侵后的百年中，它仍深刻地乃至决定性地影响着中国的现时和向"现代"的转变。了解这些，有助于人们对中国国情长期特点的认识，也有助于人们对吴老研究的学术和现时意义的认识。

对中国现代化道路的不同看法远超出了中国国界，它涉及包括发展经济学在内的整体经济学理论。吴承明在评论发展经济学理论时曾经指出："在晚近的发展经济学理论中，曾有一种在国际上广为流行的刘易斯二元经济模式，它是把传统农业看作完全无所作为的，只为工业发展提供无限劳动力。这种模式，以及它的修正模式，显然不能适用于中国。"④上述吴承明对近些年"发展经济学"理论的批评，我认为实际是晚清以来，中国的现代化建设走什么道路？中国向何处去？这两大思潮的又一种体现。

四、中国"转型"与小农经济的现在与未来

1. 有一种看法，承认中国手工业在近代并非如固有观点所认为的，在西方势力侵入后不可阻挡地直线衰亡下去，而是发生了若干新变化。但是他们认为，这种变化"不足为训"，不值得过分看重、强调或有多大价值，因为从西方诸国现代化的经历看，资本主义取代封建社会是必然规律，原有的旧事物的消亡总有一个过程，甚至可能要经过数十至近百年时间，才会被新生产方式所取代。

---

① 郑大华. 民国乡村建设运动. 北京：社会科学出版社，2000：95～107.
② 郑大华. 民国乡村建设运动. 北京：社会科学出版社，2000：103.
③ 詹一之编. 晏阳初文集. 成都：四川教育出版社，1990：25.
④ 吴承明. 近代中国工业化的道路. 吴承明集. 北京：中国社会科学出版社，2002：74～75.

这种看上去颇有道理、也可能确实是许多资本主义国家发展史中出现过的现象，能够得到不少认同，是不奇怪的。但是，作为探讨国情制约下中国社会经济发展的长期规律，特别是从所谓"从传统向现代转化"的重大历史变化时代的规律，上述看法，从认识论和方法论的角度加以评论，至少是不足取的。因为：探讨如中国这样的世上唯一延续数千年文明不断的大国的历史发展特点，最根本的是要从中国的国情和实际变化——历史的和时代的——出发，才有可能进行。那种简单化的看法，即以西方资本主义国家的发展历史和现状为蓝图，认为这是全世界所有国家和民族都一定要遵循的"人类社会发展普遍规律"，实在与多年来在世界人文与社会科学领域取得的认真的而不是意识形态性质的成果相去甚远。如果一定要与某些"先进国家"进行历史比较，那么，第一个需要明确的就是，中华文明从发源开始，直到近代，为什么会形成一种基本稳固的农业文明，而与西方早期资本主义国家的海洋文明、商业文明有何重大区别？在经历了"黑暗的中世纪"后，"西方诸国"向资本主义转型时期的许多基本特点，与它们的古代社会经济状况有何种联系？与自身文明所产生的社会土壤和国情有何联系？又与它们在转型时期的国际关系有何种联系？这种联系的特点与性质，与中国近代转型时期的相同和不同之处是什么？只有大致明了这些基本问题后，才可能有说服力地进行中国与西方的"转型比较"。

2. 更重要的是，中国近代过渡时期的历史绝非仅仅是已经消失的过去。它不但对理解当时中国是必需的，而且对理解当代中国和预见未来中国都是必需的，因为它充分反映了中国国情的基本特点。所谓中国国情，有长期、中期和短期之别。我们这里强调的是长期国情。它是影响中华文明历史变化的，起基本和长期作用的根本的、决定性的因素，即它不但影响了中国历经千万年的古代社会，也影响了中国百余年的近代社会，还在继续影响中国的今天（例如家庭承包责任制）；不但会影响中国的今天，也将影响中国的明天。这对于当前和今后相当一段时期内，仍然处于"过渡""转型"阶段的中国，尤须注意。

近代时期是中国古代社会受到外来资本主义影响发生重大变化时期，中国古代固有的基本规律，它的"正""负"两面特征，是在这个时期因受到重大冲击而充分显现，外来势力在与中国本土的搏击中，也发生了重大变异，其为何发生种种变异？这种变异与中国本土国情有何关联？也在近代过渡时期充分暴露和体现。不高度注意近代时期的种种变化特征，就不可能对中国古代国情和发生巨变的近代中国国情有起码的了解。

3. 充分注意中国历史进程的特点，研究其发展所特有的规律，并不是完全否定在人类的生存和发展过程中存在某种普遍性的规律。不过迄今为止，这种普遍的共同规律究竟是什么？是如何体现的？并没有一个能够在学术上令多数人信服的答案，实在需要进一步讨论。而要认识这样一个普遍规律，只有从处于不同国情土壤环境中的各个国家的历史、现状和今后的发展趋势的特点中总结和综合分析才有可能。①总不能在没有确切认清这种普遍规律之前，就先入为主地硬行臆造出一个，而且一概抹煞各国特点，强行将各个国家的发展轨迹都纳入这个普遍规律之中，恰如以前我们的主流意识形态那样，将中国历史发展纳入"人类五阶段"发展程序中，且认为社会主义阶段就是公有制加计划经济，"共产主义是是天堂，人民公社是桥梁"，结果造成了极其巨大的历史悲剧。②

至于说到以小农经济为核心的"传统社会"经济形态的过渡性问题，个人以为这是一个不成为问题的问题或可曰"伪问题"。任何社会经济形态都是在一定的历史条件和环境中产生的，都是人类与自然、人与人、人类自身状况变化的产物，都不能不变。过去的传统会变，今天的现代也会变，关键是变化的形式、道路和方向。而这无一不取决于各个民族、文化的不同，历史土壤和时代条件的不同。

要研究转型问题，对于有数千年农业文明的中国而言，搞清楚农业社会与现代工商业经济的关系是最重要的基础工作，其中包括如何认识两者的相互关系与相互作用，对此学界的研究远远不够。在此状况下，相对地评论小农经济的大小轻重的作用是研究的应有之意，但若暗含以西方式资本主义的"现代化"为发展的"价值坐标"，将其作为"世界历史发展的必然规律"，并以此衡量中国小农经济是否应该存在，应该存在多长"过渡期"，其"功过"如何，我认为并不适宜。

我个人的认识是：

中国的国情和历史土壤决定了：

1. 中国是一个只能自己解决庞大人口吃饭所需要的粮食的大国，而不能主要依赖国外进口。

2. 中国是一个只能自己解决庞大人口就业的大国，而不能依赖向国外输出劳动力。

3. 中国人口的大多数是生活在农村的农民，无论城市化的水平有多高，甚至达到发达国家水平，农村人口都将达数亿，超过任何一个已经"现代化"国家的全部人口总和。

---

① 如果实践是检验真理的唯一标准，那么迄今为止的各种"人类社会发展普遍规律"作为"公理"即"放之四海而皆准"的绝对真理，均不能令人释疑，因为人类在自己的发展中只走过了很有限的路程。其中资本主义发展阶段在数十万年的人类史中只有数百年时间。现在的所谓规律，至多作为对已经过去的历史的认识时才有参考作用，但历史是不能重复的。对于今天，特别对于未来的千千万万年的人类社会发展，没有什么学说可以先知先觉。只根据人类社会中极其有限的生存时间段中得出的认识，就将其定格和固定为人类社会发展的根本规律，而且将其作为统率当前一切工作的"指针"，难道还有比这更荒谬的事情吗？！

② 不能否认，历史作为人文科学之一，难以避免史学家要受到时代的社会现象和社会矛盾的各种影响，因此使每一时代的历史带有浓厚的"当代史"特点。虽然如此，上乘的学者应该将学术与政治和意识形态区分开来，首先将尊重史实放在最基本的位置上。

4. 中国发展工业所需的原材料和能源是高度紧张的，中国要想达到发达国家的工业化和城市化水平，其规模和总量将远非本国所能拥有的自然储备。与此同时，绝大部分生产与生活的废弃物和污染都会留在本土。像西方发达国家那样的消费和生产，不但不可持续，在客观上也是不可能的。

5. 中国不可能主导国际市场。无论是主要原材料和能源的进口，还是产品的输出，至少从当前看，中国都不居于可控地位，而是受制于人。

上述特点迄今依然存在。因此，从最基本的生存保障到最乐观的工业发展和国际贸易前景，中国都不是一个可以依赖国外资源解决国民基本生存问题的国家，仍然不能不以农业和农村为基础，不能不高度重视和妥善处理好农业与工业、城市与农村的相互关系，其中如何对待农民家庭经济可谓关键。

从鸦片战争以来的 170 余年的历史变化来看，截至 20 世纪 80 年代前 140 年的历史，已经证明了这一点。在改革开放全面推行后的 30 余年中，农业—农民—农村问题仍然是中国问题的重中之重，依然在证明这一点。①

这里特别强调，重视中国传统因素在历史发展过程中和当前现代化进程中的作用，绝不意味着肯定传统中的消极、负面因素，不去对这些负面因素进行理论上的清算和实践中的改进。在思维逻辑上这完全是两码事。前者是客观存在，不可能以当代意识的好恶为转移，但正是为了有效推进当前的"现代化"，才必须极清醒地认清我们的立足基础，以充分利用传统积极因素的同时，又充分引进和借鉴世界先进理念，在顺应国情特点的基础上去改进传统中不合时代的甚至违反时代前进的积弊。在这一方面，近代乡村建设运动中晏阳初、梁漱溟的理论创新及其在河北定县、山东邹平等地的实践活动已再好不过地提供了例证。②

还应该强调，正因为我们赞成用历史的方法看待和分析中国问题，所以不能把

---

① 理应对当代小农经济的现状详加论证，但限于时间和篇幅，以及个人研究的局限，本文只能放弃。这里最扼要地提一下：人们以为，我国粮食已连续 9 年丰收，在供给总量上似不成问题。但是，尽管在 2012 年全国粮食总产量达到 58950 万吨（5895 亿公斤），但全国粮食进口超过 7200 万吨，相当于每个中国人进口 107 斤粮食，是历史上进口最多的一年。与此同时，肉类进口增长同样迅速，猪肉从 2008 年由净出口转为净进口，进口量增长迅速。有学者指出，从 2004 年开始，9 年期间，我国从农产品贸易顺差国转变为农产品贸易逆差国，并成为世界农产品贸易逆差大国，其速度转变之快，逆差金额之大，在世界上实属罕见。2012 年，我国农产品出口额增长率为 4%，进口额增长率为 18.7%。从 2003 年至 2012 年，我国粮食总产量从 43070 万吨增至 58950 万吨，年产量增长 36.8%，但是同期粮食进口量增长 217%，粮食缺口越来越大，我国粮食自给率下降至 88%，突破了原定粮食自给率不低于 90%的要求（翁鸣. 重新审视农产品贸易大出大进问题. 中国社会科学报，2013-6-5；北京青年报，2013-6-30）。

至于农民和农村社会经济的问题，可能较粮食和粮食安全问题更大，仅因"畸形城市化"带来的农村空心化、农民失地问题、农民家庭"破碎化"问题、农民工转化为真正意义的市民问题(至少拥有和市民一样的稳定就业及失业保障、住房、社会及医疗保险、受教育)，等等，就引起层出不穷的社会冲突事件。这里还不谈人类生存的最基本条件——环境问题、资源问题等，所有这些都不是所谓发展经济就能够自动解决的，对 13 亿人口、人均资源高度紧张的中国更不易解决。

② 可详细参考宋恩荣主编. 晏阳初全集（一卷，二卷）. 长沙：湖南教育出版社，1992；詹一之编. 晏阳初文集. 成都：四川教育出版社，1990；中国文化书院学术委员会编. 梁漱溟全集（各卷）. 济南：山东人民出版社，2005；郑大华. 民国乡村建设运动. 北京：社会科学出版社，2000.

任何一种现象和特点看作永久性的"规律"。对待传统经济与现代化的关系之认识，毫无疑问也是如此。最重要的在于，一种现象及其理论认识，其产生的前提条件和制约环境是什么？这些条件和环境是否继续存在？还是在发生变化？这些变化是局部的还是根本性的？这需要对此起前形成的理论作部分修正还是整体否定？

我个人认为，当前中国的社会经济无疑较前发生了巨大变化，但是，这种变化没有根本改变中华民族和国人的基本生存环境和生存条件，有些方面的情况可能变得更坏，特别是总体的宏观上的资源、环境、国内的人均资源、就业、财富分配、可持续发展、社会公平等。正因为如此，我们不能忽视工业与农业、城市与乡村基本生存保障与经济发展中诸多领域的良性循环、互补与相互支持，而这些，统统都离不开正确认识和处理传统与现代化的关系问题。

国际学术界在研究"非原生"资本主义国家向资本主义经济的"转型"过程时，对于它们基于历史文化和社会土壤差别所产生的种种特点有过极其重要的发现，很值得中国人学习和借鉴。这些发现，与古典经济学、现代西方经济学一样，堪称人类智慧的颠峰显现。可惜，却被淹没在几近意识形态化的主流经济学之中。这些智慧的代表性研究成果之一，是恰亚诺夫的专著《农户机制》。

比较吴老与恰亚诺夫在小农经济研究方面的历史观与方法论是很有意思的一项工作。尽管本文不能详尽论证（这不但需要在理论本身进行艰苦求索的远征，而且要深入把握产生理论的中、俄两国的社会经济历史环境），但两位大师在思想上有如此相通之处，笔者仍禁不住不揣冒昧，在个别方面极简要地尝试一下。以下我们将注意力集中于小农经济的特殊经营机制及在社会向资本主义"转型"过程中的社会影响方面。

恰亚诺夫在论及俄国与欧美等不同民族和社会的社会经济特点时，在历史观和方法论上有一很值得注意的观点："在资本主义的发展过程中，家庭经济构成生产的主体阶段与家庭经济变得微不足道的阶段二者之间，国民经济的结构与功能（就价格确定、收入分布、生产区域等而言）是否存在某种关系？差别无疑是存在的。大量家庭农业生产部门，一般说来是被动地卷入了资本主义经济体系中，并从属于资本主义的组织中心。一旦如此，家庭农场本身也开始以其经济行为的特殊性质影响资本主义的组织体系，并且，在某些方面这种影响很快便具有了决定性意义。换言之，在资本主义发展的现阶段上，大部分工业与商业以使用雇佣劳动的经济组织形式为基础，而农业则有相当一部分以家庭农场组织形式为基础，因此，当代资本主义不可避免地要受到这两种类型的经济活动的影响""就理论而言，从李嘉图直到今天，关于国民经济的种种研究一直以作为资本主义企业主，在雇佣劳动基础上从事经营的经济人的动机与经济预测为依据进行推论。然而事实表明，这种古典经济学的经济人并非都是资本主义企业主，而往往是家庭生产的组织者。因此，那种将经济人当作资本家、以其经营活动为依据的理论，显然是片面的，用它来认识具有复杂多样性的经济现实显然不堪胜任"。①

吴老曾对自亚当·斯密迄今的西方经济学说进行过令人叹服的评介。指出：自李嘉图起，主流派经济学家强调抽象演绎法，不讲历史实证，从此经济学与经济史分道扬镳。②

吴老认为，"迄今人类各种文明社会都是各种经济成分并存的。《资本论》是把各种非资本主义成分都抽象掉，这种研究方法不适用于本学科""自耕农、手工业者和其他个体劳动者虽在上述'封建经济'总称之内，却不是封建主义本质的东西。特别需要注意的是我国的自耕农，他们一直数量巨大，在生产上有重要地位，在经济运行中受到特殊机制的作用"。③

"'经济人'的假设在发达的市场经济条件下也是不完整的，研究迄今为止的中国经济史基本上不适用"。④

更有意思的是两位大师对小农家庭经济在受到资本主义强大影响后的地位和发展前景的看法。

吴老在20世纪90年代至2004年间多次提到对小农经济性质和历史作用的重新认识问题，甚至说，"现在看来，农业与手工业密切结合的小农，能不能不分解，直接过渡为工农结合的现代化经济呢？那样最好，但恐怕不能"。我想，吴老此话的内涵，恐怕要联系他有关传统经济与现代化关系的整体论述来体会，方可以理解。这使我们想起恰亚诺夫的著名论点。恰亚诺夫认为，"农民农场作为一种生产组织类型，存在于特定的历史时期。从理论上说，它是多种经济制度的组成成分，它可以是自然经济的基础，可以是由农民农场和城市家庭手工业作坊构成的经济制度的一部分，也可以成为封建经济的基础。当然，在不同的制度中其内在结构是有所区别的。在这些经济制度中，农民农场都占有一个特殊的地位，在不同的具体条件下，它会以不同的方式同其他社会阶级相联系""我们非常清楚地认识到，农业中资本主义影响的增大与生产的集中发展，不一定如人们曾经预料的那样采取大地产的形成与发展形式，更可能的情况是，商业与金融资本主义会建立起对数量极多的农业生产组织的经济控制。而就农业生产过程而言，仍会一如既往地由小规模家庭劳动农场来完

　　① 恰亚诺夫. 农民经济组织. 北京：中央编译出版社，1996：222.
　　② 吴承明. 经济史：历史观与方法论. 上海：上海财经大学出版社，2006：28.
　　③ 吴承明. 市场·近代化·经济史论. 昆明：云南大学出版社，2006：218.
　　④ 吴承明. 经济史：历史观与方法论：283. 笔者又注：本文所引用各言论，务请读者查阅作者原文，以了解原文的完整含义。评价思想，最忌片面，但限于篇幅又难以全盘照录，何况原作者的思想也可能有前后变化，故上乘思想史分析应对原作者思想有整体把握。这可能是造成不同人对原文理解产生歧意的重要原因。

成，后者的内在组织方式则遵循劳动消费均衡原则，通过实行合作制，农村经济的相当部分将会融入社会化生产之中，它将表现为在所有的技术加工领域内实现机械化和电气化过程，亦即建设一个利用了全部农业科学与技术成果的新型农村"。①

在相距 80 多年后，面对两个世界上最大的农业社会，两位经济理论、经济史大师居然会产生如此相通的思想火花，难道不值得深思吗！

最后，本文以吴老的一句话作为结语，笔者认为它可以概括吴老关于传统经济与中国现代化关系的核心思想：

"历史经验告诉我们，没有一个立足于本国大地、适应本国国情的发展战略，是不可能实现工业化的。"②

---

① 恰亚诺夫. 农民经济组织. 北京：中央编译出版社，1996：16～17.
② 吴承明. 市场·近代化·经济史论. 昆明：云南大学出版社，1996：159.

整体史观与近代中国农村经济研究

中国社会科学院近代史研究所　郑起东

自 21 世纪初开展近代中国农村经济讨论以来，已有很大进展。尤其近年以来，学术思想的解放、研究方法的改进、调查资料的发掘，使得研究进一步深入。其中李金铮、莫曰达诸先生功不可没。李金铮对定县经济的研究拓展了近代农村经济微观研究的领域，莫曰达对全国农村经济的研究扩大了近代农村经济宏观研究的视野。但是，应当承认，深入的、全面的、综合的对于近代中国农村经济的研究只是刚刚开始，在近代中国农村经济研究中，还存在着诸多问题需要解决。首先，仍然存在着理论和方法的差异。有的学者用历史学的方法研究经济史，有的学者用社会学的方法，有的学者用经济学的方法，还有的学者三者兼而用之。应该说，这三种方法都是研究经济史不可或缺的，但在研究中难免会出现理论、观点和方法的碰撞，需要今后进一步加强理论磨合和实证切磋。其次，还有大量的近代农村经济资料尚未被利用，而已被利用的资料则由于解读不同而产生了一些歧义。对于国民政府农情所的调查、卜凯调查都存在以上情况。因此学者们不仅在近代农业是否有所发展，农民生活是否有所改善以及近代地权的发展趋势是集中还是分散，地租率是向高还是向低等重大问题上达不成一致意见，就是在近代耕地数量、近代粮食作物和经济作物的产量上也没有共同认知。虽然学术研究的原则是求异存同，然而解决这些问题仍旧是我们努力的方向。

我们认为，对于近代以来，尤其抗日战争前的华北乃至全国的农村经济仍然存在低估的倾向，其原因是缺乏整体史观的认识，没有能把区域研究和全国研究结合起来，把短时段的研究和长时段的研究结合起来，把个别研究和综合研究结合起来。同时，在研究农民贫困程度时，仍然把恩格尔系数作为唯一标准；在研究农村经济兴衰时，仍然把短时段的资料作为评判依据；在研究农业生产力时，仍然把劳动生产率作为唯一指标。因而，不能对近代中国农村经济进行合理定位。

一、全面看待近代中国农村经济

1. 不能仅凭恩格尔系数确定农民贫困程度

要全面看待近代中国农村经济，首先要有统一标准，这就像我们量衣服一样，使用的尺子不同，量出的长短不同。比如对于恩格尔系数，我曾认为对于研究近代中国农民生活不适用。多年前，我在专著《转型期的华北农村社会》中指出："恩格尔系数只是表明消费水平发展的一种长期趋势，我们不能完全依据恩格尔系数分析中国农户的消费结构和消费水平。"（上海书店出版社，2004，第469页）可是，不幸的是，至今仍有人把恩格尔系数奉为圭臬，把它作为确定近代中国农民贫困程度的唯一标准。

李金铮先生认为，恩格尔系数是"衡量历史与当今生活水平的基本标准"，依此标准衡量定县34家、123家和20家的消费水平，"34家的消费水平为绝对贫困型，123家也为绝对贫困型，20家更属绝对贫困型。由此观之，尽管农家收入有所增加，但并没有改变农民生活的绝对贫困状态"。[①]（参见表1）

表1　定县34家、123家、20家恩格尔系数比较

单位：银元

项目 农户	平均每家支出	其中饮食费支出	恩格尔系数%
34家（1928）	242.64	167.97	69.23
123家（1931）	424.55	254.59	59.97
20家（1936）	269.99	211.51	78.34

资料来源：（1）李景汉. 定县社会概况调查. 中华平民教育促进会，1933：304～305，164表。

（2）何延铮. 三十年代初期河北定县一百二十三户生活水平调查. 河北文史资料选辑（第11辑）. 石家庄：河北人民出版社，1982：77～84.

（3）杜修昌. 农家经济分析：1936年我国四个地区177农家记账研究报告. 国家统计局，1985：52，77表。

李金铮先生仅仅根据恩格尔系数高低，即断定定县34家、123家和20家都是绝对贫困型，是欠妥的。

[①] 李金铮. 收入增长与结构性贫困：近代冀中定县农家生活的量化分析. 近代史研究，2010（4）：111.

关于 34 家和 123 家的情况，恕不多赘。[①]对于 20 家的情况，由于知者较少，还要再啰嗦几句。

1936 年，国民政府中央农业实验所杜修昌负责农家记账研究课题，选择南京上下伍旗、余粮庄，浙江萧山湘湖和河北定县试行。南方的浙江萧山湘湖，农业经营规模较小，而且佃农多；北方的河北定县，农业经营规模较大，而且自耕农多。至于南京的上下伍旗和余粮庄则介乎二者之间。因此，1936 年的记账地区，包括江苏南京、浙江萧山及河北定县三省四个地区 177 户农家，在经营规模和地权形态上，有一定的代表性。河北定县由于邀请了平教会熟悉农村工作和农村调查的人进行指导，统计口径和此前的调查基本一致（参见表 2）。

表 2 我国四个地区农家经济状况（1936 年）

单位：银元

项目		上下伍旗	余粮庄	湘湖	定县	总平均
平均净财产		807.820	1 583.458	137.690	893.455	2 613.660
平均总收入		368.328	386.495	248.167	359.144	656.329[②]
平均农家所得		258.432	296.126	211.763	280.074	547.429
平均每家盈亏数	盈	58.642	56.502	76.606	108.973	283.562
	亏	57.788	37.259	34.736	46.869	

资料来源：杜修昌：农家经济分析：1936 年我国四个地区 177 农家记账研究报告. 国家统计局，1985：第 8 页第 21 表，第 10 页第 23 表，第 49 页第 70 表，第 59 页第 90 表。

由上表可见，20 家平均净财产为 2 613.660 元，平均总收入为 656.329 元，平均农家所得（总收入减去经营费）为 547.429 元，平均盈余为 283.562 元。

李金铮先生曾在文中举出当时学者提出的家庭贫困线的标准，有 150、187、200、292、329 元之说，现以其最高线 329 元为标准，[③]则 20 家平均所得（即人均纯收入）547.429 元，已经是其最高线 329 元的 1.66 倍。其实，即使 123 家，平均总收入为 440.79 元，[④]如经营费按照 20 家的水平，至多不过百余元，其平均所得，也超过了这一最高标准。

---

① 郑起东. 近代华北的农业发展与农民生活. 再论近代华北的农业发展与农民生活. 中国经济史研究，2000（1）.

② 奇怪的是，李金铮将定县 20 家收入与定县其他地区进行比较，在其他地区都是平均总收入时，却将 20 家用平均所得比较，令人百思不得其解。按照统计学常识，不同项目是不能进行比较的，唯一可能的解释是：是否嫌 20 家平均总收入数额太大了，需要调整呢？见李金铮. 收入增长与结构性贫困：近代冀中定县农家生活的量化分析. 近代史研究，2010（4）：106，表 1.

③ 李金铮. 收入增长与结构性贫困：近代冀中定县农家生活的量化分析. 近代史研究，2010（4）：108.

④ 何延铮. 三十年代初期河北定县一百二十三户生活水平调查. 河北文史资料选辑（第 11 辑）. 石家庄：河北人民出版社，1982：80.

　　我想，绝不能把拥有这样高的平均总收入和平均纯收入的农户家庭，视为绝对贫困户，况且，就是把他们的平均所得（即人均纯收入）按每银元等于 35 元人民币的低价折合，[①]也早超过了我国 2011 年公布的人均纯收入 1500 元的贫困线。定县 20 户早已脱贫，却硬要将其归入绝对贫困户，恐怕他们自己知道了，也要大呼冤枉。

　　可见，看农户是不是绝对贫困型，不能只看恩格尔系数高低，还是要看收入。恩格尔系数只是一个参考指标，它只是表明消费水平发展的一种长期趋势，而在短时期内，当农民生活有所改善的时候，农民会加大对食品的支出。因此在这时把恩格尔系数作为划分绝对贫困型、勉强度日型、小康型、富裕型农家的标准是会南辕北辙的。[②]

　　定县 20 家农户调查颇显 20 世纪 30 年代中期农村兴旺景象，与有些学者哀鸿遍野的描述大相径庭，使我在列举其数据时多少有些忐忑不安。幸好这 20 家平均占有耕地仅 28.96 亩，其中只有 2 家占地 40 亩以上，并且调查者声言：“记帐农家，大都均属小农”，[③]但我仍希望其千万不要是地主、富农，以使我既逃“富裕（地主、富农）拉升”之讥，[④]又免“掩盖农户间收支阶级差别”之罪，[⑤]获保首领、屁股以归。

2. 不应根据短时段的资料判断农村经济的兴衰

　　笔者曾说过，“经济史研究考察的经济历史进程应该是时空的结合，这就需要在时间上进行纵向比较，探讨事物发展的趋势，而不能够就本时间点论本时间点，即所依据的是缺乏时间走向的材料”。[⑥]看来，这样说还不够，应该加以补充。

　　纵向比较分为短时段的比较和长时段的比较。短时段的比较只能说明短时期的现状，但是，它不能抓住事物的本质，说明事物发展的趋势。而只有长时段的比较，才能呈现事物的长期趋势，表明事物前进的方向。这样的例子屡见不鲜。

　　如刘克祥先生就曾利用 1935 年以前的资料，论证 20 世纪 30 年代中期“该地区（指华北——笔者）主要副业都呈现衰颓态势”。[⑦]殊不知这样做，忽略了 1935 年以

　　① 陈明远. 知识分子与人民币时代. 上海：文汇出版社，2006；陈明远. 文化人的经济生活. 西安：陕西人民出版社，2010. 1936 年一块银元折合今天 35 元以上。今以 35 元计，定县 20 家平均所得 547.429 银元，可折合人民币 19160.015 元，按其家庭平均 7 人计算，每人可得 2737.145 元。2011 年，我国拟将贫困线标准提高至 1500 元，定县 20 家人均纯收入等于我国 2011 年贫困线人均纯收入的 1.82 倍。
　　② 郑起东. 转型期的华北农村社会. 上海：上海书店出版社，2004：467~469.
　　③ 杜修昌. 农家经济分析：1936 年我国四个地区 177 农家记账研究报告. 国家统计局，1985：2.
　　④ 刘克祥. 对《近代华北的农业发展和农民生活》一文的质疑与辨误. 中国经济史研究，2000（3）：126；李金铮. 收入增长与结构性贫困：近代冀中定县农家生活的量化分析. 近代史研究，2010（4）：107.
　　⑤ 夏明方. 发展的幻象——近代华北农村农户收入状况与农民生活水平辨析. 近代史研究，2002（2）：214~215；刘克祥. 对《近代华北的农业发展和农民生活》一文的质疑与辨误. 中国经济史研究，2000（3）：128.
　　⑥ 郑起东. 再论华北的农业发展和农民生活. 中国经济史研究，2001（1）：105.
　　⑦ 刘克祥. 对《近代华北的农业发展和农民生活》一文的质疑与辨误. 中国经济史研究，2000（3）：133.

后的大量资料，因而没有能看到 1936 年下半年和 1937 年上半年，近代华北农村中多种手工业都出现了新的高潮。①

无独有偶，夏明方先生也只是根据 30 年代中期以前的资料，得出了高阳织布业在抗战前走向衰落的结论。②而恰恰有大量 1932 年以后的资料见证了高阳布业的兴衰，使高阳布业的第三次兴起成了学者的共识。如刘佛丁、陈争平写道："1934～1937年抗战爆发前是高阳织布业第三次兴盛时期。由于农业丰收和法币政策的实行，农产品价格上涨，农民购买力提高。又由于抵制日货运动的推动，使高阳布，特别是人造丝布供不应求。各布线庄扩大经营范围，开辟了新的市场。在生产上高阳织户注意扬长避短，根据市场需要，更新花色品种，产品质量也有比较明显的提高。"③丁世洵也指出："布匹滞销，营业赔累，是 1933 年以前高阳织布业衰落的主要现象之一，而在第三次兴盛时期则完全不同了。据有的布线庄的老商人谈，当时麻布求过于供，在高阳城里的集上收买现货，简直是'挨不上个'，就是'撒机子'定货，也感觉时间上太迟，而各地的'外庄'又纷纷发来催促发货的函电，因此就派人在天津、大连等地购买白坯布，运回高阳进行染整后出售。还有的布线庄在天津买坯布（棉布）就地加工染色，贴上自己的'牌子'，作为高阳布，成火车皮地发往外地。高阳的染厂一向是承染外活，或者是收买坯布加工出售，自己是不'撒机子'的，可是在色布畅销的情况下，规模较大的同和工厂，从 1936 年起也开始经营起撒线收布的生意。一些'织卖货'的老织户回忆那时的情况说，布织出来以后，有时用不着到集上去卖，布线庄就派人到村里来收了，不但给价比较大，而且也不怎么挑剔。各布线庄在衰落时期已经撤销的'外庄'，这时大都又重新设立，同时还在西南的西康、云南、贵州等省的城市，开辟新的市场。高阳布不但畅销，而且盈利优厚，甚至超过贩运洋货。"④

《高阳织布业简史》也提出："高阳布业第三次兴盛始于 1934 年，终止于 1937年芦沟桥事变。当世界经济危机引起的市场萧条、产品滞销等不利条件向高阳布业袭来时，高阳布业不仅承受住了这一压力，而且积极在布匹的质量和花样品种方面开拓新路，使高阳布业得以获得繁荣的转机。这一时期的突出表现是：织机增加，企业兴旺。"⑤

我在这里不厌其烦地列举了 1932 年后高阳织布业兴盛的情况，意在说明，1929～1933 年的世界经济危机的确造成了农村副业和手工业的暂时衰退，但是我们

① 郑起东. 再论华北的农业发展和农民生活. 中国经济史研究，2001（1）：105～108.
② 夏明方. 发展的幻象——近代华北农村农户收入状况与农民生活水平辨析. 近代史研究，2002（2）：230～238.
③ 刘佛丁，陈争平. 高阳织布业的历史和现状. 河北学刊，1984（6）：56.
④ 丁世洵. 一九三四年至一九四九年的高阳布业. 南开学报，1981（1）：24.
⑤ 高阳织布业简史. 河北文史资料选辑（第 19 辑）. 石家庄：河北人民出版社，1982：6～7.

不能就此得出结论：农村副业和手工业从此衰亡。事实上，随着世界经济危机的结束，农村副业和手工业凭着顽强的生命力，渐次恢复和发展，农村副业和手工业产品的出口也逐渐恢复，农村副业和手工业又迎来了一个新的发展时期。同时，我们还想提醒：对于近代中国农村经济，必须放在长时段的历史时期考察，否则只进行短时段研究，就会只知其一，不知其二。因此，短时段的比较和长时段的比较结合起来，才能得到历史的本质和真相。

3. 不宜进行缺乏可比性的比较

这句话本来是刘克祥先生批评我的，认为我不应该拿定县123家与34家作比较。今天我以此与刘先生共勉。刘先生提出："1931～1937年的人均粮食产量比1840年下降了15%强，比1786年下降了43%弱。人均粮食产量的这种大幅度下降，除了人口增长外，恐怕主要还是近代农业生产长期停滞和衰退的结果。"[①]

刘先生把近代的人均粮食产量与古代和前近代相比较，在方法上是有问题的，在数据上是可质疑的。

首先，近代与古代和前近代相比，在农业生产结构上已发生了巨大的变化。近代以来，经济作物的种植、农村副业的发展，使原来主要以种植粮食为主的农业变成了全面发展的农业。

莫曰达先生经过多年近代农业统计研究，得出了近代农业中棉花、油料、烟叶等经济作物的产值在粮食作物、经济作物合计产值中的比重（参见表3）。

表3　全国经济作物在粮食作物、经济作物合计产值中的比重（1840～1936）

单位：千元

年份	粮食	棉花	油料	烟叶	合计	经济作物的比重（%）
1840	6 159 288	274 455	138 606	65 280	6 637 629	7.2
1894	6 697 933	284 459	519 154	81 600	7 583 146	11.7
1911	6 836 014	224 837	581 427	105 876	7 748 154	11.8
1920	5 340 350	192 350	733 281	130 152	6 396 133	16.2
1933	7 754 050	337 041	1 407 855	216 665	9 715 611	20.2
1936	7 880 934	494 675	128 386	218 705	9 878 175	20.2

资料来源：莫曰达. 1840～1949年中国的农业增加值. 财经问题研究，2000（1）：13，表14.

---

① 刘克祥. 1927～1937年农业生产与收成、产量研究. 近代史研究，2001（5）：112.

由上表可以看出，从 1840 年至 1936 年，农业的生产结构已经发生了很大的变化，经济作物在粮食作物和经济作物合计产值中的比重已从 1840 年的 7.2%上升到 1936 年的 20.2%，即在总产值中的比重已从不足 10%上升至 20%有余。

再从农村副业来看，农村副业的增加值从 1840 年的 25509 万元增加至 1936 年的 101138 万元，增加了近四倍（参见表 4）。

表4　全国农村副业增加值占种植业增加值比重

年份	副业增加值（千元）	种植业增加值（千元）	副业增加值占种植业增加值比重（%）
1840	255 092	7 542 801	7.4
1894	638 190	8 992 795	7.1
1911	722 482	9 686 019	7.5
1920	834 814	7 436 709	11.2
1933	996 094	11 881 422	8.4
1936	1 011 375	12 071 581	8.4

资料来源：莫曰达. 1840～1949 年中国的农业增加值. 财经问题研究，2000（1）：13，表 17.

因此，撇开经济作物的种植和副业的发展，断定近代农业生产长期停滞和衰退，显然是有失偏颇的。

人均粮食产量由两个因素决定，其中一个是粮食总产量，另一个是总人口数量，而恰恰是在这两个因素上，刘克祥先生所引用的数据和加工制作的方法，都有问题。

刘克祥先生在论文和专著中用 1931～1937 年的人均粮食占有量和 1924～1929 年比较，这种方法是不妥的。刘克祥先生曾经多次强调在比较两个事物时要有可比性，而将 1931～1937 年的人均粮食占有量和 1924～1929 年比较恰恰缺乏可比性。人所共知，1937 年，日本帝国主义全面侵华已经开始，"八·一三"淞沪抗战已经开打，华北、江南已大部沦陷。年底，日军攻占南京，在这期间，农业生产受到严重破坏。而 1924～1929 年间，虽然发生过第二次直奉战争和北伐战争，但其对全国农业的影响却是不可同日而语的。因此，学者大多是以 1937 年为界，来考察战前农业或战后农业的。我认为，这种方法是可取的，我们如果用 1931～1936 年人均粮食占有量和 1924～1929 年相比，就会发现结果大不相同。

按照刘克祥先生的计算，1931～1937 年的全国粮食作物平均总产量为 292829 万市担，[1]但如按战前六年计算，则全国粮食作物平均总产量为 296047 万市担（战

---

[1] 刘克祥. 1927～1937 年农业生产与收成、产量研究. 近代史研究，2001（5）：106，表 16.

前 6 年全国粮食作物总产量的算术平均数）。

　　再从总人口数字和全国人口平均增长率来看，刘克祥先生选取了较高的数字。如 1928～1929 年全国人口数字有两个，一是 4.45 亿人，此数字是陈华寅根据 1912 年和 1928 年两次人口普查的结果，对 1929 年全国人口数的估计。[①]二是 424 906 746 人，是王士达"采用某一两年度的统计作为基本，其余缺少数字的省、市政区则引用邻近的年度作补充"[②]得出的。刘克祥先生都没有采用这两个数字，而是采用了更高的数字 452 791 069 人。[③]而且刘克祥先生根据《统计月报》第 2 卷第 9 期陈长蘅文所估计的较高的全国人口平均年增长率 7.8‰，计算出 1931～1937 年的全国总人口数，并得出了 1931～1937 年全国总人口平均数，然后结合 1931～1937 年全国主要作物平均总产量得出 1931～1937 年全国人均粮食产量 622 斤的判断（参见表 5）。

表 5　全国主要农产品人均占有量统计

单位：市斤

年份	总人口（人）	粮食			油料	棉花	烟叶	茶叶
		原粮	成粮	口粮				
1931	459 882 158	636	512	358	27	1.6	?	?
1932	463 469 238	668	535	375	28	2.1	?	1.1
1933	467 084 298	651	524	369	27	2.5	2.7	1.0
1934	470 727 556	574	465	325	26	2.5	2.6	?
1935	474 399 231	625	501	351	23	2.9	2.7	?
1936	478 099 545	635	522	365	25	3.6	2.7	?
1937	481 828 721	568	466	326	13	2.5	2.7	?
平均		622	503	353	24	2.5	2.7	?

　　资料来源：刘克祥.1927～1937 年农业生产与收成、产量研究.近代史研究，2001（5）：108，表 17.

　　但是，这个论断是站不住脚的。如果我们引用王士达估计的 1928～1929 年度全国总人口数 424 906 746 人，并采用 7.3‰的全国人口平均年增长率，[④]得出 1931～1936 年全国总人口平均数，并与 1931～1936 年全国粮食平均总产量相比，结果则大不相同（参见表 6）。

　　① 陈华寅.民国十八年中国人口总数之推测.统计月报（2 卷 9 期），1930：52.刘克祥先生前引文 108 页表 17 注明引用此资料，但不知为何并未利用此数据，而使用了 452 791 069 人这个未注明资料来源的数据.
　　② 王士达.最近中国人口的新估计.社会科学杂志（6 卷 2 期），1935：201.
　　③ 刘克祥.1927～1937 年农业生产与收成、产量研究.近代史研究，2001（5）：108.
　　④ 国民政府实业部中国经济年鉴编纂委员会编.中国经济年鉴（第三章）.商务印书馆，1934：18.

表6 全国主要农产品人均占有量估计

单位：市斤

年份	总人口（人）	粮食			油料	棉花	烟叶	茶叶
		原粮	成粮	口粮				
1931	431 133 028	678	546	382	29	1.7	？	？
1932	434 280 299	712	570	400	30	2.3	？	1.1
1933	437 450 545	696	560	395	28	2.7	3.0	1.1
1934	440 643 934	613	497	347	28	3.1	2.8	？
1935	443 860 635	668	535	375	25	2.2	2.9	？
1936	447 100 818	679	558	390	27	3.9	2.9	？
平均	439 078 210	674	544	382	28	2.7	2.9	？

按此计算，1931～1936 年的人均粮食产量 674 斤与 1924～1929 年的 669 斤相比，反而超出 5 斤。

再从刘克祥先生给出的 1924～1929 年全国人均粮食产量 669 斤来看，也不可靠。刘先生既没有给出历年的全国粮食作物总产量，也没有提供历年全国总人口数字，我们无从知道其资料来源，但若以许道夫先生计算的全国 1924～1929 年的稻、麦及杂粮产量 254 947 400 000 斤，[①]加上大豆产量 27 525 900 000 斤，[②]共为 282 473 300 000 斤，与刘先生计算的 1924～1929 年全国平均人口 452 791 069 人相比，1924～1929 年全国人均粮食产量应为 623.85 斤，而非 669 斤。而 1931-1936 年全国粮食作物总产量是 296 047 万市担，即使据刘先生提供的 1931～1936 年全国总人口计算，其平均数为 468 943 671 人，因此，1931～1936 年的全国人均粮食产量应为 631.31 斤，尚比 1924～1929 年多 7.46 斤。

两种比较都说明，1931～1936 年比 1924～1929 年，全国人均粮食占有量不但没有下降，反而略有增长，这和我们后面对近代农业生产力的分析和评价是一致的。因此，刘先生断言，同 1924～1929 年比较，1931～1937 年全国人均粮食产量下降率为 9.3%，[③]是不成立的。

何炳棣认为，"光绪二十八年（1902）至 1927 年间所有官方人口数字都是自欺欺人的"，并认为，1927～1949 年间的官方人口总数"完全是揣测的，而不是普查得来的"。[④]何炳棣这一观点已问世近 40 年之久，迄今仍未遭遇有力的挑战。姜涛

---

① 许道夫编.中国近代农业生产及贸易统计资料.上海人民出版社，1983：339，表 5.单位原为千市担，现化为斤。

② 许道夫编.中国近代农业生产及贸易统计资料.上海人民出版社，1983：341，表 11.单位原为千市担，现化为斤。

③ 刘克祥.1927～1937 年农业生产与收成、产量研究.近代史研究，2001（5）：112.

④ 何炳棣著.葛剑雄译.1368～1953 中国人口研究.上海古籍出版社，1989：77～78、85.

在其《中国近代人口史》中持与何炳棣相同的观点，认为民国时期的多种全国户口统计数字"根本不能准确地反映出民国时期的人口变动"。[①]因此，我们在采用民国时期人口统计数字和人口增长率时，必须格外谨慎和警惕。

因此，笔者提出，不宜把近代人均粮食产量与古代和前近代进行比较，一是因为这会忽视经济作物的种植和副业、手工业的发展；二是因为古代、前近代和近代全国人口数字多不可靠，需要我们更加谨慎从事。

二、农业资源优化配置是农业发展的综合指标

对于农业发展的标准，学术界众说纷纭，莫衷一是。学者们所用指标有总产量、人均产量、单位面积产量、劳动生产率等，考察的侧面除了技术水平、生产条件，还有收入水平、劳动分工程度、人均 GDP 的增长等。各类判断虽都兼顾多项指标，却各有依以为据的侧重点，这就不免在一些基本判断上产生分歧。因此，以全面的、综合的、长期的眼光看待近代中国农业的变化，建立一套评估农业经济发展水平的指标体系，才是研究近代中国农业经济的当务之急。

我们细究以上指标，都有可议之处。首先，它们都是单一指标，都表明了某一方面的真理，却又不能顾及全面的事实，如用总产量衡量近代农业的发展。如果总产量增加了，但劳动力和总人口数量也增加了，显然，这种增长被讥为"有增长而无发展"，并非毫无道理。但人均产量增加是否可视为发展呢？在一定时期内，耕地的数量往往是固定的，或者只有缓慢的增长，那么，人口的增减就成为影响人均产量的主要因素。而近代往往在战乱之后，人口大减，而后农业出现恢复性的增长，那么，这种恢复性的增长可否称之为发展呢？再有古代较近代人少地多，因而人均产量近代总也超不过古代，是否古代农业反较近代发达呢？如果按照这种逻辑，推动近代农业发展的各种新因素都会一概视而不见了，那么，对于近代农业还有什么研究的必要呢？

再看单位面积产量，近代，在新的垦殖区，垦殖面积增加时，亩产量总会有所下降。而老的垦殖区，亩产量反而会逐渐上升。如辽宁省 1915 年粮食亩产为 196 斤，1930 年为 197 斤，15 年增加 1 斤，主要是新垦区多，亩产较低，原来的农区单产稍高。[②]但新的垦区增加了土地资源，土地是劳动对象，属于生产力三要素之一，土地增加了，怎能说不是农业的发展呢？

至于劳动生产率，自然是农业生产的重要指标。然而，农业是一个特殊的行业，

---

① 姜涛. 中国近代人口史. 浙江人民出版社，1993：87.
② 张之民. 辽宁近代农业概述. 古今农业，1995（3）：18.

正像我们现在判断工业发展与否不能单纯根据劳动生产率,而要加上环保指标一样,我们判断农业发展与否,也不能单纯依靠劳动生产率这个社会经济指标,而应结合自然生产条件。因为劳动生产率只以劳动因素作为农业生产力的标准,而土地生产率只以土地因素作为衡量农业生产力的标准,因此单独以劳动的社会生产率或劳动的自然生产率作为考察农业生产的标准都是不完全的。

吴承明先生指出:"从经济学的观点看,以最少的土地生产最多的农作物应当是一个经济原则。"[①]这个经济原则就是农业资源优化配置。

农业资源优化配置是农业发展的综合指标,而农业资源优化首先是经济结构的优化。经济结构既是经济发展的必然结果,又是经济进一步发展的前提条件,因此美国著名经济学家钱纳里说"发展就是经济结构的成功转变"。[②]

农业经济结构的优化包括农业产业结构的优化、农业种植结构的优化、农民饮食结构的优化等,近代农业正是循此途径前进的。

1. 农业产业结构的优化

所谓产业结构,是指农村经济中各种产业的数量关系或比例关系。农业中工副业份额上升,必然导致农业资源配置状态的改善和地区总产出率的提高。

有的学者至今仍对近代农村副业和手工业有不屑的看法,一是认为其与现代工业相冲突,是传统农业耕织结合生产方式的产物;二是认为其是小农为维持生存而被迫从事的末业。

实际上,近代,尤其是 20 世纪以来,农民从事的副业和手工业已与前近代有很大区别。

首先,农村副业和手工业产品种类更加繁多,产区更为扩大,土布和豆油、桐油代丝茶而兴,草帽辫和发网业开始形成。在华北、江南、四川都形成了很多大大小小的农村副业和手工业产区。如河北高阳、宝坻和江苏南通、广西郁林土布产区;河北、山东的草帽辫产区;山东的花边、发网产区;东北的大豆榨油区,四川、湖南、广西的桐油榨区等。

其次,产品的质量和专业化程度较以往有了较大提高。就拿土布来说,已不是开关以前的土布。就其规格、品质、原料来源而言,大抵可区分为四种类型:(1)原料并用土纱和洋纱,宽度 1 尺左右,品质非常粗厚坚实,例如河北省定县的土布;(2)原料为洋纱,宽度为 1 尺左右,品质粗厚,例如江苏省南通县、广西省平南县的土布;(3)原料采用洋纱,宽度 1 尺 5 寸至 2 尺,品质较粗,例如广西省郁林县

① 吴承明. 中国近代农业生产力的考察. 市场·近代化·经济史论. 昆明:云南大学出版社,1996:144.
② H. 钱纳里(H. Chenery). 工业化和经济增长的比较研究(原版序言). 上海三联书店,上海人民出版社,1995.

的产品；（4）原料采用洋纱，宽度 2 尺以上，品质较细，几乎和洋布相似，例如河北省高阳、宝坻，山东省潍县的产品。因此有时称前二者为旧式土布，后二者为改良土布。[①]黄宗智先生赞为"温暖、耐穿""价廉耐久"的土布，正是这种土布。农村副业和手工业产品质量的提高，还体现在规格上。四川猪鬃大王古耕虞把猪鬃收集起来，按照长短、粗细、颜色进行加工，整理成各种规格，使"虎牌"猪鬃驰名欧美市场，成为产值上千万美元的巨大产业。这些副业和手工业，无论是在质量上还是在数量上，远不是前近代可比拟的。

最后，农村副业和手工业已不仅是贫苦农民维生的手段，而愈益成为受国内市场和国际市场拉动的产业。

我们要看到，有两种农村副业和手工业，一种是农民在边际效益递减的情况下，为了维持生计而被迫追加的劳动，其对于农家总收入的影响较小。我们可以举浙江省嘉兴县为例（参见表 7）。

表 7　副业收入对农家总收入的百分比

单位：银元

经营规模	自耕农			半自耕农			佃农			合计		
	总收入	副业收入	百分比	总收入	副业收入	百分比	总收入	副业收入	百分比	总收入	副业收入	百分比
过小经营	62 074.32	8 766.34	14.12	196 361.20	17 408.42	8.87	110 533.65	15 113.13	13.67	368 969.17	41 287.89	11.19
小经营	48 804.20	2 617.90	5.37	156 145.34	7 323.90	4.67	67 370.45	2 952.30	4.36	272 320.00	12 894.10	4.73
中经营	10 055.54	1 024.70	10.19	21 066.40	579.35	2.75	77 227.09	1 423.80	1.84	108 349.03	3 027.85	2.79
大经营	2 095.66	47.00	2.24	21 751.22	264.60	1.22	15 633.56	127.00	0.81	39 480.44	438.60	1.11
总计	123 029.72	12 355.94	10.13	395 324.16	25 576.27	6.47	270 764.76	19 616.23	7.24	789 118.64	57 648.44	7.31

原注：上表之副业收入，包括农家植产、畜产收入以外任何收入。

资料来源：冯紫岗编. 嘉兴县农村调查. 国立浙江大学，嘉兴县政府，1936：129.

由上表可以看出，无论是自耕农、半自耕农，还是佃农，规模大者，对于副业收入的依赖较低；规模小者，对于副业收入的依赖较高。低者仅为1%有余，而高者亦仅为 10%以上。对此，调查者冯紫岗解释说，"浙江不能说是工业发达的省份，嘉兴也不是工业发达的一县""农民的兼营副业随着经营面积的大小而有显著的差

[①] 王子健. 中国土布业之前途. 千家驹编. 中国农村经济论文集. 上海：中华书局，1936：127.

别……这个理由是很简单的：第一，经营规模愈大，他们的经济地位愈高，无需斤斤于求副业的帮助；第二，经营农田愈多，则他们的劳力尽可在农田工作中充分利用，他们没有余闲来从事副业；第三，种田多者，农业收入及畜产收入必多，因此相对副业收入的比例就降低了"。①

看来，一般地区，或手工业不发达地区，都属于以上情况。

但是，富庶地区，或手工业发达地区，则是另一种情况。例如盛产辑里丝的吴兴地区，兼事种稻与蚕桑者，高达总户数的 96.86%，而产丝最盛的 20 世纪 20 年代前半期，蚕桑收入（包括桑叶、蚕茧、丝织品）占农家总收入的 70% 左右。②可见农村副业和手工业创造的产值已成为农民的主要收入。

河北省定县 1932 年的调查也证明了以上情况。定县 6 个村中有 5 个村从事家庭手工业的人口数占全村总人口数 75% 以上，其中大西涨村从事家庭手工业的人口数占全村总人口数的 80.26%（参见表 8）。

表 8 大西涨村 274 个从事家庭工业之家庭全年全家一切收入与从事家庭工业赚利之关系

（1932 年）

单位：银元

全年全家一切收入组	家数	全年收入		全年从事家庭工业赚利		每组各家家庭工业赚利占全年收入之百分比
		总计	平均每家	总计	平均每家	
50 以下	4	165	41.25	41.50	10.38	25.15
50~99	53	3,899	73.57	875.51	16.52	22.45
100~149	65	7,670	118.00	1,872.38	28.81	24.41
150~199	61	10,139	166.21	2,210.02	36.23	21.81
200~249	22	4,750	215.95	718.34	32.65	15.12
250~299	35	9,270	264.86	1,725.11	49.29	18.61
300~349	11	3,310	300.91	656.74	59.70	19.84
350~399	11	3,890	353.64	480.74	43.70	12.36
400~449	5	2,000	400.00	86.64	16.33	4.35
450~499	3	1,350	450.00	25.54	8.51	1.89
500~549	2	1,000	500.00	5.44	2.72	0.54
550~599	…	…	…	…	…	…
600~649	1	600	600.00	6.56	6.56	1.09
650~699	…	…	…	…	…	…
700 及以上	1	800	800.00	3.60	3.60	0.45
总和	274	48 843	178.26	8 708.12	31.78	17.83

资料来源：张世文. 定县农村工业调查. 中华平民教育促进会，1936：432~433.

---

① 冯紫岗编. 嘉兴县农村调查，1936：128.
② 中国经济统计研究所. 吴兴农村经济. 上海：中国经济统计研究所，1939：29.

由上表可见，定县大西涨村 274 个从事家庭手工业的家庭中有 229 个家庭，对家庭手工业的依存度（各家家庭手工业赚利占全年收入的百分比）在 20% 左右或以上，274 家平均达到 17.83%。这充分说明了家庭手工业收入对农民收入的重要性。

另据张世文统计，在 274 个从事家庭手工业的家庭中，有 242 个家庭有盈余，平均每家盈余为 47.59 元，而每家从家庭手工业中平均赚利（减去自纺棉线的价值）33.06 元。如将平均每家盈余洋数与平均每家赚利洋数比较，则可知平均每家盈余仅较平均每家赚利多 14.53 元，也可以说，如果此 242 个家庭不从事家庭手工业，则其全年平均每家盈余仅 14.53 元，由此可以看出从事家庭手工业与盈余的关系。

32 个亏短的家庭，平均每家亏短 12.60 元，此 32 个家庭平均每家赚利为 22.10 元。根据这两个数目，如果此 32 个家庭不从事家庭手工业，则其全年平均每家亏短要增至 34.70 元。[①]由此也可以看出从事家庭手工业对贫困家庭维生的意义。但是，很显然，其意义又不仅限于此。

1933 年的调查表明：广西省郁林县自耕农的平均总收入为 410.43 元，自耕兼佃农为 350.06 元，佃农为 286.91 元。而其副业和手工业收入占总收入的比例却一反常态，不是越富裕的农户副业和手工业收入占总收入的比例越低，而是越高；不是越贫穷的农户副业和手工业的收入占总收入的比例越高，而是越低。自耕农副业和手工业收入占总收入的比例为 29.2%（23.7%+5.5%），自耕兼佃农为 8.4%（0.2%+8.2%），佃农为 5.8%（1.1%+4.7%），反而是自耕农高于自耕兼佃农，自耕兼佃农高于佃农（佃农兼雇农因家数太少未列入）（参见表 9）。

表 9　广西省郁林县平均每家作业收入之分配（1933 年调查）

收入类别	自耕农 16 家	自耕兼佃农 27 家	佃农 26 家	佃农兼雇农 7 家	总计 76 家
总计	410.43	350.06	286.91	205.54	327.85
作物收入总计（元）	180.19	187.45	169.72	93.39	171.19
畜产收入（元）	30.49	38.40	26.09	20.34	30.86
租出农具耕畜（元）	—	0.36	—	—	0.13
农场杂项收入（元）	80.53	94.48	74.33	52.20	80.75
家庭工业收入（元）	96.72	0.62	3.24	18.79	23.42
副业收入（元）	22.50	28.75	13.53	20.82	21.50
总计（%）	100.0	100.0	100.0	100.0	100.0
作物收入总计（%）	43.9	53.5	59.2	45.4	52.2
畜产收入（%）	7.4	11.0	9.1	9.9	9.4

[①] 张世文. 定县农村工业调查. 中华平民教育促进会，1936：436.

续表

收入类别	自耕农 16 家	自耕兼 佃农 27 家	佃农 26 家	佃农兼 雇农 7 家	总计 76 家
租出农具耕畜（%）	—	0.1	—	—	*
农场杂项收入（%）	19.6	27.0	25.9	25.4	24.6
家庭工业收入（%）	23.7	0.2	1.1	9.1	7.1
副业收入（%）	5.5	8.2	4.7	10.1	6.6

资料来源：千家驹，韩德章，吴半农. 广西省经济概况. 商务印书馆，出版年代不明，第 55 页.

* 不及 0.1%。

富裕农户对于副业和手工业依存度高是一种进步。它表明副业和手工业已不仅仅是贫苦农民维生的手段，而是已经成为富裕农户参与市场竞争，追求利润的方式。在这里，有人会提出贫富分化的问题，认为地主、富农、自耕农通过副业和手工业上升了，那么贫雇农呢？我们认为，在经济发展的过程中，不可避免地会产生贫富分化，人们可以尽力缩小贫富差距，但不可能消除贫富分化，有经济发展，就有贫富分化。今天如此，近代也如此。我们不能因贫富分化而否定经济发展，无论是地主经济的发展，富农经济的发展，还是自耕农经济的发展，都无改于近代中国农村经济发展的性质。

农村手工业在国民经济中占据着极其重要的地位。20 世纪 30 年代，全国棉布的产量中，手织的要占 2/3。丝织业多数尚用手织机，在河南、山东的乡村中，占据极其重要的地位，织成的土布、夏布、丝绸，都输往国内市场和国际市场。在我国对各国出口贸易额中，农村手工业品也无不占重要的比例，通常都在四分之一到三分之一或二分之一。[①]

抗日战争前，即使在世界经济危机时期，中国农村副业和手工业品的对外输出额仍在增长（参见表 10）。

表 10　我国 31 种农村副业与手工业产品输出数值（1934~1936）

单位：元

品名　　　　　年份 　　数量	二十三年 （1934）	二十四年 （1935）	二十五年 （1936）
植物油	31 664 687	57 279 577	91 386 779
茶叶	36 098 549	29 624 184	30 661 711
粉丝及通心粉	3 166 060	3 157 778	3 084 700

---

① 侯厚吉. 农村手工业与我国对外贸易. 农行月刊（3 卷 6 期），1936：6~7.

续表

年份 数量 品名	二十三年 （1934）	二十四年 （1935）	二十五年 （1936）
竹制品	1 010 943	1 029 192	1 362 741
藤制品	48 267	39 724	91 020
纸张（纸箔在内）	5 118 681	4 809 815	5 498 345
生丝（厂丝在外）	5 606 904	6 461 821	6 318 481
绳索	236 485	233 763	390 723
抽纱品	6 069 489	5 270 674	2 179 198
挑花品及非丝制绣花品	5 430 016	8 551 628	19 086 873
丝绣花品	4 887 392	3 332 706	4 291 015
花边衣饰	3 039 696	3 264 328	5 826 515
土布	3 074 769	1 613 131	2 308 950
夏布	1 702 178	1 474 880	1 979 098
茧绸	5 185 921	5 026 049	5 385 434
鱼网	875 871	888 359	1 092 551
砖瓦	307 967	298 612	303 779
粗瓷器	390 886	239 099	253 738
瓦器陶器	577 283	772 408	803 817
草帽辫	1 896 815	2 285 211	2 290 935
草帽	7 005 392	5 783 416	4 044 945
扇子	132 443	125 955	148 889
爆竹焰火	1 369 294	1 360 450	1 368 805
头发油	1 517 874	1 035 600	1 206 949
席	4 375 992	3 573 685	4 194 628
席块	1 258 303	1 021 979	1 077 511
烟丝	467 695	597 971	392 276
苎麻纱及线	175 402	158 510	240 301
谷麻袋	905 842	518 347	198 776
火腿	619 984	619 371	490 155
白腊黄腊	131 391	154 536	127 987
合计	134 348 471	150 402 799	198 187 625

资料来源：国民政府实业部统计处编. 农村副业与手工业，1937-5-20：85～86.

　　农村副业和手工业增加了农民的收入，改善了农民的生活，使农业实现了多种经营，而且反哺了农业，促进了农业生产结构的优化，使农业和副业、手工业共同发展，互相促进。

2. 农业种植结构的优化

农业种植结构的优化主要体现在经济作物种植上。经济作物中，又以棉花和油料作物为主。

表 11　全国棉花种植面积、产量及产额[①]（1931～1936）

单位：种植面积：千市亩　产量：千市担　产额：市斤/市亩

项目 \ 年份	1931	1932	1933	1934	1935	1936
种植面积	52 230	52 284	56 671	58 753	53 030	62 841
产量	14 570	15 143	16 946	16 860	14 875	20 983
产额	28	29	30	29	28	33

资料来源：中央商业处编. 经济参考资料·农业，1949-10-31：116～120.

从表 11 可以看出，1936 年比 1931 年，全国棉花的种植面积增加了 20%，产量增加了 44%，产额增加了 18%，农业种植结构确实有所优化。

之所以说农业种植结构有所优化，是因为棉花的经济价值远较其他作物为高。农民种植一亩棉花所获纯收入远远高于种植一亩粮食作物。

表 12　河北省西河区棉花与小麦及其他作物一亩收支比较

单位：元

作物名称	收入	支出	损益
棉花	14.46	8.72	4.74
小麦、玉米、小米（二年三熟一年分）	10.48	11.51	1.03
小麦、高粱、小米（二年三熟一年分）	9.47	10.59	1.12

资料来源：据满铁调查部编《北支棉花综览》第 277～282 页计算，转引自叶笃庄. 华北棉花及其增产问题. 资源委员会经济研究所发行，大东新兴印书馆，1948.

由表 12 可见，农民种植一亩棉花，可获纯收益 4.74 元，而种植一亩粮食，仅可获纯收益 1 元左右。

据王建革的研究，"棉花种植的推广也不一定代表一种过密化"，按 1934 年全国经济委员会的统计，河北省每亩棉花收益 8.09 元，是小麦的 2.88 倍，另据满铁调查，

[①] 1949 年 8、9 两月，中央商业处为了迎接解放战争的全面胜利，对于经济资料的统计，进行了系统整理，发动了近百人力，翻阅了近万册有关统计书表，其中包括 8 个图书馆，以北京图书馆、静心斋、太庙书库为中心，以及北京大学图书馆、清华大学图书馆、地质调查所、矿冶研究所、市委研究室等，广蒐旁辑，历时两月，就急需的矿业、工业、农业、出入口贸易四大类的一切资料，汇集成册，以便有关部门参考。其中农业部分主要依据国民政府中央农业实验所资料，如上表即是如此。但与刘克祥：《1927～1937 年农业生产与收成、产量研究》(《近代史研究》2001 年第 5 期第 106 页) "表 16，1931～1937 全国主要作物总产量统计"相比，其棉花各年产量都远较本表为低，1931 年仅为本表一半，1932 年和 1935 年仅为本表 65%，且其数量忽高忽低，故本文对其 1931～1937 年全国棉花总产量统计存疑。

单位面积的棉花投入是小麦的 2.26 倍，所以，经济分析显示不出因植棉而劳动生产率下降的现象。①

正因为棉花有着很高的比较经济效益，故在新中国成立初期，人民政府大力提倡种棉花，当时的口号是"要发家，种棉花"。从 1949 年至 1952 年，短短三年，全国棉花的产量就从 1949 年的 44.4 万吨增至 1952 年的 130.4 万吨，增加几近三倍。②

其次是油料作物的种植。

表 13　全国油菜籽种植面积、产量及产额

单位：种植面积：千市亩　产量：千市担　产额：市斤/市亩

年份 项目	1931	1932	1933	1934	1935	1936
种植面积	54 970	56 331	54 835	57 387	56 721	58 912
产量	43 462	46 912	42 136	59 102	49 749	49 572
产额	82	87	80	103	88	84

资料来源：中央商业处编. 经济参考资料·农业，1949-10-31：107～109.

由表 13 可见，1936 年比 1931 年，油菜籽的种植面积增加了 7%，产量增加了 14%，产额增加了 2%。

油菜籽种植面积和产量的增加是由于外贸出口的拉动，植物油和油饼是我国出口的大宗产品。

总之，由于受国际市场需求结构的影响，近代中国的农业种植结构开始进行较大幅度的调整，形成了以粮食作物和经济作物（包括油料作物、纤维植物等）并重的种植结构，这种结构调整符合比较优势规律。有关研究表明，在农作物生产中，劳动占总成本的比重越高，亩净产值也越高，二者呈正相关关系。例如，粮食、棉花、桑蚕的亩用工量分别为 17.73、43.10 和 85.51，如以粮食的亩净收益为 1，那么上述三种作物的亩净收益比为：1:3.78:5.08。可见，种植经济作物比种植粮食作物有更高的比较利益。这种比较利益究其根源是由于经济作物可以吸附更多的活劳动，因而创造了更高的劳动价值。众所周知，农业中的粮食作物主要是作为自给而生产，并与自然经济相联系；而经济作物则主要是作为商品而生产，并与商品经济相联系。因此，种植结构这一重大调整，也从一个侧面，反映了近代中国农业商品经济有了较大发展。

3. 农民饮食结构的优化

近代华北农民的饮食结构究竟是优化还是劣化？刘克祥先生给出结论："20 世

① 王建革. 近代华北的农业生态与社会变迁——兼论黄宗智"过密化"理论的不成立. 中国农史，1999（1）：58.
② 中华人民共和国农业部计划司编. 中国农村经济统计大全（1949～1986）. 农业出版社，1986：189.

纪初，直到 1936 年止，冀鲁豫农民主粮结构的变化趋势，不是细粮化，而是粗粮化，并且是粗粮低档化和低热量化，其中河北尤为突出。"[1]

刘先生依靠的论据仅是《农情报告》5 卷 8 期中的"30 年间冀鲁豫农民主要食料变化情况简表（1906～1936 年）"，而且他对表的理解尚存偏差（参见表 14）。

表 14 30 年间冀鲁豫农民主要食料变化情况简表（依报告次数）（1906～1936 年）

品目	以前不食现在增食			以前少食现在多食			以前多食现在少食			以前曾食现在不食		
	河北	山东	河南	河北	山东	河南	河北	山东	河南	河北	山东	河南
报告次数	224	184	107	631	338	299	458	290	239	91	49	72
稻谷	17	4	7	21	8	11	27	6	14	5	2	8
小麦	7	4	1	86	31	9	61	33	60	1	1	4
玉米	30	18	8	122	44	33	13	4	3	-	1	5
高粱	5	7	1	34	22	21	151	51	17	7	5	3
小米	-	4	2	28	18	19	23	13	8	1	-	-
甘薯	69	29	25	113	48	70	7	6	3	1	4	2
马铃薯	24	38	7	18	15	8	4	-	3	2	1	3
萝卜	16	8	14	32	18	23	8	8	3	-	2	1
猪肉	5	10	2	34	17	11	18	29	18	1	4	3
羊肉	4	8	1	18	17	14	12	17	11	3	5	6
牛肉	9	14	6	32	23	12	13	14	12	5	3	3
鸡鸭	4	6	4	13	10	8	13	8	10	4	2	4
鸡鸭蛋	6	4	6	19	15	12	10	18	17	2	-	3
鱼	3	14	3	23	14	13	28	17	9	8	1	2
豆油	24	8	10	13	15	10	14	25	8	17	-	7

资料来源：《农情报告》5 卷 8 期，第 260～263 页，1936 年 6 月调查。转引自刘克祥前引文。

原注：原资料食料尚有糜米、黍米、大豆、蚕豆、豌豆、黑豆、绿豆、芋头等，因报告次数甚少，略。

如他特别指出的河北，报告以前少食，现在多食小麦的次数为 86 次，报告以前多食现在少食的为 61 次，明明是河北农民吃小麦的数量增多，却被刘克祥先生曲解为"主粮粗粮化"。[2]

再如高粱是一种比较粗粝的食物，而玉米和甘薯都是热量较高而且适口的食物，如果把所含的碳水化合物、脂肪和蛋白质折合成统一的热量单位，高粱是 3 500 千卡/

[1] 刘克祥. 对《近代华北的农业发展和农民生活》一文的质疑与辨误. 中国经济史研究，2000（3）：132.
[2] 刘克祥. 对《近代华北的农业发展和农民生活》一文的质疑与辨误. 中国经济史研究，2000（3）：132.

公斤，而玉米是 3 600 千卡/公斤[1]，甘薯干是 3 800 千卡/公斤，[2]都超过高粱。农民多食玉米和甘薯，显然摄入的热量会增加，怎么能说是"粗粮低档化和低热量化"呢？

况且高粱的籽粒中含有单宁，而单宁能降低蛋白质的消化率。1981 年的研究表明，熟高粱面（粥）的蛋白质消化率显著低于熟玉米面（粥）的消化率，高粱是 46%，玉米是 81%[3]。由于高粱蛋白质中赖氨酸含量最低，因而蛋白质的质量也最差，加上其籽粒有涩味，适口性较差。所以目前除了少量用作煮饭、熬粥外，更多的是用作饲料。

再看被刘先生称为"粗粮中的细粮"的小米，华北三省报告以前少食，现在多食的次数都比以前多食现在少食的次数多，证明农民吃小米的数量在增多，却被刘克祥先生以"增减不甚悬殊"[4]一笔轻轻带过。

农村调查也说明河北农民因多食大豆而每年摄入热量和蛋白质大为增加。据 1928～1929 年调查，河北省定县 34 家每人每年平均消费豆类 10.64 公斤，[5]而据 1931～1932 年调查，同县 123 家每人每年平均消费豆类已增至 33.80 公斤。[6]

由此可知，定县农民增食豆类 23.16 公斤（33.80 公斤-10.64 公斤），合每天增食豆类 0.063 公斤。豆类每公斤含热量 4 120 千卡，蛋白质约 280 克，热量超过其他谷物 620 千卡（4 120 千卡/公斤-3 500 千卡/公斤），即 17.7%；蛋白质超过其他谷物（以米面为例）190 克（280 克-90 克），即 211.0%。仅此一项，定县农民平均每天多摄取热量约 260 千卡（4 120 千卡/公斤×0.063 公斤）和蛋白质约 12 克（190 克/公斤×0.063 公斤）。

李金铮先生认为："当今中国营养学标准要求，正常情况下，人均每日应该摄入热量为 2600 千卡，蛋白质 72 克。与此相较，定县人均摄入热量已与此标准相近，人均年摄入蛋白质，34 家有 18 克缺口，123 家竟超过上一营养学标准！当然，无论是 34 家还是 123 家，都属经济条件中等偏上的家庭，而普通农户应低于此数。"[7]

李先生研究 34 家和 123 家的营养状况较为透彻，但正如所言，34 家和 123 家尚不能代表普通农户，而定县一隅也远不能代表河北或华北。

20 世纪 30 年代中期，国民政府实业部中央农业实验所曾经调查全国乡村人民常年食粮消费概况，华北情况如表 15 所示。

---

① 何秀荣等. 中国国家层面的食物安全评估. 中国农村观察, 2004（6）：18.
② 李金铮. 收入增长与结构性贫困：近代冀中定县农家生活的量化分析. 近代史研究, 2010（4）：113. 据上述何文标准折合.
③ B. R. Hamaker, A. W. Kirleis. 王寅, 肖海军, 译. 蒸煮对高粱和玉米蛋白质特性和体外消化率的影响. 杂粮作物, 1988（2）.
④ 刘克祥. 对《近代华北的农业发展和农民生活》一文的质疑与辨误. 中国经济史研究, 2000（3）：132.
⑤ 李景汉. 定县社会概况调查. 中华平民教育促进会, 1933：314.
⑥ 李金铮. 收入增长与结构性贫困：近代冀中定县农家生活的量化分析. 近代史研究, 2010（4）：115.
⑦ 李金铮. 收入增长与结构性贫困：近代冀中定县农家生活的量化分析. 近代史研究, 2010（4）：116.

表 15 华北农村人民常年食粮消费概况（平均每人每年食粮中各种主要食粮之重量）

品质：原粮 单位：斤

省别	报告县数	稻米	小麦	小米	玉米	高粱	大豆	绿豆	大麦	荞麦	黍米	燕麦	豌豆	糜米	黑豆	蚕豆	甘薯	马铃薯	芋头
河北	124	8.7	74.7	184.8	169.1	121.8	22.7	20.9	5.3	7.5	14.2	1.4	1.3	5.6	8.5	0.6	53.2	3.3	-
河南	93	30.1	197.2	106.7	84.2	98.8	33.8	41.4	15.6	9.1	4.9	0.6	13.4	1.1	8.2	0.5	72.0	12.7	-
山东	98	2.4	111.8	121.2	106.5	184.5	73.6	15.8	5.0	1.0	6.1	0.1	2.7	1.2	21.0	1.1	69.8	9.9	1.2

资料来源：《农情报告》6 卷 10 期，1937 年。

我们根据上表就可计算出河北或华北的农民人均每日摄入的热量和蛋白质（参见表 16）。

首先，我们把表 15 各种主要食粮的重量单位，化为公斤，并按粮食加工系数折合成成品粮。

表 16 华北农村人民常年食粮消费概况（平均每人每年食粮中各种主要食粮之重量）

品质：成品粮 单位：公斤

省别	河北	河南	山东
报告县数	124	93	98
稻米	3.1755	10.9865	0.8760
小麦	31.7475	83.8100	47.5150
小米	69.3000	40.0125	45.4500
玉米	78.6315	39.1530	49.5225
高粱	45.6750	37.0500	69.1875
大豆	10.3500	16.9000	36.8000
绿豆	10.4500	20.7000	7.9000
大麦	1.9875	5.8500	1.8750
荞麦	2.8125	3.4125	0.3750
黍米	5.3250	1.8375	2.2875
燕麦	0.5250	0.2250	0.0375
豌豆	0.6500	6.7000	1.3500
糜米	2.1000	0.4125	0.4500
黑豆	4.2500	4.1000	10.5000
蚕豆	0.3000	0.2500	0.5500
甘薯	26.6000	36.0000	34.9000
马铃薯	1.6500	6.3500	4.9500
芋头	--	--	0.6000

资料来源：《农情报告》6 卷 10 期，1937 年。

注：已按粮食加工系数稻谷 0.73，小麦 0.85，玉米 0.93，豆类、薯类 1.00，其他谷物 0.75 折成成品粮。粮食加工数据何秀荣等. 中国国家层面的食物安全评估. 中国农村观察，2004（6）：18.

　　然后，我们再按各种主要食粮的热量系数千卡/公斤和蛋白质系数克/公斤，计算出华北三省农民每年所摄入的热量和蛋白质数量（参见表17）。

表17　华北农民食粮中所含热量和蛋白质（20世纪30年代）

单位：热量系数：千卡/公斤　蛋白质系数：克/公斤

品种 系数 省别	稻米		小麦		小米		玉米		高粱		大豆	
	热量系数 3 460	蛋白质系数 68	热量系数 3 500	蛋白质系数 94	热量系数 3 500	蛋白质系数 90	热量系数 3 600	蛋白质系数 87	热量系数 3 500	蛋白质系数 84	热量系数 4 120	蛋白质系数 290
河北	10 987.23	215.93	111 116.25	2 984.31	242 550.00	6 237.00	283 073.40	6 840.94	159 862.50	3 836.70	42 642.00	3 001.50
河南	38 013.29	747.08	293 335.00	7 878.14	140 043.75	3 601.13	140 950.80	3 406.31	129 675.00	3 112.20	69 628.00	4 901.00
山东	3 030.96	59.57	166 302.50	4 466.41	159 075.00	4 090.50	178 281.00	4 308.46	242 156.25	5 811.75	151 616.00	10 672.00

品种 系数 省别	绿豆		大麦		荞麦		黍米		燕麦		豌豆	
	热量系数 4 120	蛋白质系数 228	热量系数 3 500	蛋白质系数 105	热量系数 3 500	蛋白质系数 105	热量系数 3 500	蛋白质系数 97	热量系数 3 500	蛋白质系数 170	热量系数 4 120	蛋白质系数 227
河北	43 054.00	2 382.60	6 956.25	208.69	9 843.75	295.31	18 637.50	516.53	1 837.50	89.25	2 678.00	147.55
河南	85 284.00	4 719.60	20 475.00	614.25	11 943.75	358.31	6 431.25	178.24	787.50	38.25	27 604.00	1 520.90
山东	32 548.00	1 801.20	6 262.50	196.88	1 312.50	39.38	8 006.25	221.89	131.25	6.38	5 562.00	306.45

品种 系数 省别	糜米		黑豆		蚕豆		甘薯		马铃薯		芋头	
	热量系数 3 500	蛋白质系数 110	热量系数 4 120	蛋白质系数 360	热量系数 4 120	蛋白质系数 282	热量系数 1 270	蛋白质系数 22	热量系数 1 270	蛋白质系数 29	热量系数 1 207	蛋白质系数 93
河北	7 350.00	231.00	17 510.00	1 530.00	1 236.00	84.60	33 782.00	585.20	2 095.50	47.85	--	--
河南	1 443.75	45.38	16 892.00	1 476.00	1 030.00	70.50	45 720.00	792.00	8 064.50	184.15	--	--
山东	1 575.00	49.50	43 260.00	3 780.00	2 266.00	155.10	44 323.00	767.80	6 286.50	143.55	762.00	55.80

系数 省别	全年合计		每天平均	
	热量千卡	蛋白质克	热量千卡	蛋白质克
河北	995 211.88	29 234.96	2 726.61	80.10
河南	1 037 321.59	33 643.44	2 841.98	92.17
山东	1 052 756.71	36 932.62	2 884.26	101.19

资料来源：1.《农情报告》6卷10期，1937。

2. 何秀荣等. 中国国家层面的食物安全评估. 中国农村观察，2004（6）。

3. 顾尧臣. 现代粮食加工技术. 北京：中国轻工业出版社，2004.

4. 沈鹏等. 稻米蛋白质与蒸煮食味品质关系研究. 东北农业大学学报，2003（4）.

5. 杨春等. 小米蛋白质研究进展. 中国粮油学报，2010（8）.

6. B.R.Hamaker, A.W.Kirleis. 王寅，肖海军，译. 蒸煮对高粱和玉米蛋白质特性和体外消化率的影响. 杂粮作物，1988（2）.

7. 赵双进等. 河北省大豆蛋白质、脂肪含量的初步分析. 河北农业科学，2004（3）.

8. 贺微仙等. 中国绿豆种质资源的营养品质鉴定初步研究. 作物学报, 1987 (4).

9. 方永安. 必须加速发展栽培富含蛋白质的作物. 国外畜牧学·草原与牧草, 1984 (6).

10. 田瑞华等. 荞麦中蛋白质含量的分析. 食物科学, 2004 (10).

11. 刘勇等. 黍蛋白质研究进展. 中国粮油学报, 2006 (3).

12. 杨才. 大粒裸燕麦与普通栽培燕麦主要营养成分的比较. 农产品加工, 2010 (9).

13. 邓士贤. 绿豆的营养价值. 食品研究与开发, 1988 (2).

14. 米拉等. 糜米营养价值的研究. 内蒙古农牧学院学报, 1995 (3).

15. 王洛. 黑豆的营养价值. 农产品加工, 2011 (1).

16. 金油. 蚕豆——粮肥兼收的作物. 江西农业科技, 1980 (9).

17. 崔瑞良等. 甘薯果的加工工艺. 中国果品研究, 1994 (3).

18. 雅绢. 恋上马铃薯的九种理由. 农产品加工, 2008 (6).

19. 藤葳等. 芋头蛋白质含量及氨基酸组成的分析与营养评价. 莱阳农学院学报, 1992 (4).

注: 1. 李金铮的《收入增长与结构性贫困——近代冀中定县农家生活的量化分析》一文中所列食物蛋白质含量均较本表为高, 考虑到粮食在加工中蛋白质会有 10% 以上的损失, 笔者认为, 以选择较低的系数为宜.

2. 热量和蛋白质的来源除粮食外还有其他食物, 但因农民以粮食为主要食物, 其他食物所食甚少, 热量及蛋白质含量不及总量百分之几, 故可略去不计.

由表 17 可见, 华北三省农民平均每天摄入的热量和蛋白质都超过定县. 和定县农民一样, 华北农民摄入热量和蛋白质增加, 也是由于饮食结构优化, 多吃大豆、小米、玉米和甘薯的结果. 但这里应该指出的是, 根据统计资料, 河北农民所吃甘薯远不如有的学者估计之多, 每年仅为 53.2 斤, 合旧两每日不过区区二两余, 远未达到有的学者所说, 河北的肉蛋消费增加, 是 "大量食用甘薯导致 '烧心'" 的结果. [①]

根据农情所的调查, 河北省农民平均每年食用小米 184.8 斤, 高粱 121.8 斤, 玉米 169.1 斤, 小麦 74.7 斤, 豆类 54 斤, 稻米 8.7 斤, 其他杂粮 34 斤, 甘薯 53.2 斤, 马铃薯 3.3 斤. 河南省农民平均每年食用小麦 197.2 斤, 小米 106.7 斤, 高粱 98.8 斤, 玉米 84.2 斤, 豆类 97.3 斤, 稻米 30.1 斤, 其他杂粮 31.3 斤, 甘薯 72.0 斤, 马铃薯 12.7 斤. 山东省农民平均每年食用高粱 184.5 斤, 小米 121.2 斤, 小麦 111.8 斤, 玉米 106.5 斤, 豆类 114.2 斤, 稻米 2.4 斤, 其他杂粮 13.4 斤, 甘薯 69.8 斤, 马铃薯 9.9 斤, 芋头 1.2 斤.

表 17 显示, 山东农民摄入的热量和蛋白质, 较河南和河北农民为多, 就是因为

[①] 刘克祥. 对《近代华北的农业发展和农民生活》一文的质疑与辨误. 中国经济史研究, 2000 (3): 133.

山东农民食用豆类数量均较河南和河北农民为多。山东农民平均每年食用豆类 114.2 斤，均超过河南农民的 97.3 斤和河北农民的 54 斤。同理，河南农民摄入热量和蛋白质也较河北农民为多。

有的学者怀疑，华北是缺粮地区，哪有那么多的粮食满足这么大的消费需求呢？[①]这里有必要说明一下华北与其他地区的经济协作关系。

华北是全国重要的产棉区。据农情所统计，抗日战争前六年，河北平均每年产皮棉 289.4 万余担。1928 年，河北棉产量占全国棉产量 7%，1932 年猛增至全国棉产量 15%，1936 年陡增至 26%。[②]山东和河南也是重要的棉产区，1936 年，山东年产棉 255.4 万担，河南产棉 245.5 万担。三省 1936 年产棉 914.5 万担，占全国总产量 43.58%（参见表 18）。

表 18　华北三省棉花种植面积、产量和产额（1931～1936）

单位：种植面积：千市亩；产量：千市担；产额：市斤/市亩

项目＼年份	1931	1932	1933	1934	1935	1936
种植面积	20757	20422	22379	22658	17852	25415
产量	6514	5839	6013	7848	4612	9145
产额	31	29	28	35	26	36

资料来源：中央商业处编. 经济参考资料·农业, 1949-10-3：116～120.

注：产额是河北、山东、河南三省产额的算术平均数。

华北农民在劳力与灌溉许可范围内尽量种植棉花，使产棉区的粮食供给依赖于华北和邻近各省的产粮区。从翰香先生经过长期研究，指出：河北省西河棉区向由山西、河南及冀中、冀南产粮区供给，河北省东北河棉区、山东鲁北棉区向由东北输入杂粮及邻近县分产粮区补给；豫北棉区食粮多从彰德产粮区输入，而鲁西棉区则一向依靠毗邻的鲁西南产粮地带以及卫河运河输入粮食补给。[③]粮食作物种植区和经济作物种植区的形成，极大地发挥了不同地区的比较优势，提高了农作物的生产效率和经济效益，促进了商品化的发展。

那么，华北种棉农民有没有能力购买大量粮食呢？据海关贸易册数字统计："民国二十一年天津出口之棉花，约占全国出口额百分之九十以上，然运入天津之棉花，根据天津商品检验局之记载，其产自河北本省者占百分之九十二。"笔者据《河北省统计年鉴（二十年度附十八、十九年度）》实业类，208 页，"河北省大宗

① 李金铮. 借贷关系与乡村变动. 河北大学出版社, 2000：28.
② 何廉. 棉产在河北农村经济上之地位. 方显廷主编. 中国经济研究. 商务印书馆, 1938：192.
③ 从翰香主编. 近代冀鲁豫乡村. 中国社会科学出版社, 1995：160.

出产品产销数量统计表（十八年度）"棉花出境数量和平均价格计算，仅出境棉花即价值 88 141 614.14 元，足够购买 2 000 万担玉米之用。即使按产价为销价 60%计算[1]，也有 1 200 万吨之多。

华北农民在腾出耕地，大量种植棉花的情况下，粮食生产并未减色，仍然维系了粮食的正常产量，并且略有增长，不能说不是农业生产的发展。

1931～1936 年比 1924～1929 年，河北省粮食作物平均产量增长了 0.62%，山东省增长了 7.01%，河南省增长了 15.00%，三省平均增长了 7.75%（参见表 19）。

表 19　华北三省 1924～1929 年和 1931～1936 年粮食作物平均产量比较

单位：千市担

省别	时期	籼粳稻	糯稻	小麦	玉米	大麦	燕麦	高粱	谷子	糜子	甘薯	豌豆	蚕豆	合计
河北	1924～1929	898	192	36 561	24 489	5 748	625	30 430	39 478	——	15 603		3 142	163 838
	1931～1936	2 392	908	38 917	24 410	7 463	759	20 704	31 528	5 399	30 803	1 273	297	164 853
山东	1924～1929	525	97	72 931	9 357	5 556	2 072	43 448	44 929	——	24 397		2 540	214 580
	1931～1936	172	207	72 961	16 806	7 313	215	39 801	38 264	6 306	44 935	2 422	217	229 619
河南	1924～1929	7 538	1 238	74 199	11 794	14 238	290	23 470	27 897		28 229	2 400	5 074	197 924
	1931～1936	4 192	1 199	89 995	13 014	16 482	63	23 113	23 582	1 737	42 407	10 282	493	226 559

资料来源：①1924～1929 年数字据许道夫编. 中国近代生产及贸易统计资料. 上海人民出版社，1983：15～22 数据计算。

②1931～1936 年数字据中央商业处编. 经济参考资料·农业. 1949-10-31，第 62 页，表Ⅶ."七·七"事变前六年平均食粮农产物耕种面积及生产量。

华北农民所吃粮食以及摄入的热量和蛋白质都超过定县农民源来有自，因为定县自古以来就是著名的贫瘠地区，所谓"糠祁州，菜定州"并非虚妄之谈。虽然 20 世纪 30 年代以来，经过平教会的工作，定县农村经济有了些发展，但尚未根本改观，而华北农村不同地区的经济差距要远大于同一地区的贫富差距。各地区的经济状况可谓千差万别，由于地理环境、交通条件和离市场远近不同，定县和河北丰润、河南开封、山东胶州相比，真不可等量齐观。

劳动力是最重要的农业生产资源，农民饮食结构的优化标志着农业生产资源的优化，也标志着近代农业的发展和农民生活的改善。

三、近代中国农业生产力的历史定位

整体史观认为，生产力的发展是历史发展的主轴，而生产力常以单位主体生产

---

[1] 郑起东. 转型期的华北农村社会. 上海书店出版社，2004：401.

的产品数量和质量来衡量，因此，弄清近代农业生产力的发展水平，对于研究近代农村经济不可或缺。但是，关于近代，尤其20世纪30年代，有着大量的农业调查资料，而由于学者的立场、观点不同，因而对资料的解读也不同，这就需要我们更深入地研究资料，以求探讨近代农业的真相。

刘克祥先生曾把新中国成立前农业的最高产量定在1932年，而不是1936年，意在说明抗日战争前全国农业生产力的衰微，但真相果真如此吗？（参见表20）

表20　1931～1937年全国主要作物总产量统计

单位：万市担

| 年份 | 粮食 | | | | | 油料C | 棉花 | 烟叶 | 茶叶 |
	稻谷	小麦	杂粮A	其他B	小计				
1931	97 437	46 855	118 778	29 230	292 300	12 565	751	?	?
1932	110 006	48 064	120 397	30 941	309 408	12 910	987	?	495
1933	103 692	48 374	121 771	30 426	304 263	12 431	1 183	1 278	488
1934	83 377	46 682	113 153	27 024	270 236	12 321	1 366	1 223	?
1935	103 191	45 502	118 100	29 644	296 437	11 142	978	1 283	?
1936	103 413	47 949	131 903	30 346	303 639	12 048	1 736	1 287	?
1937	99 532	34 309	112 326	27 352	273 519	6 112	1 317	1 308	?
平均	100 093	45 391	118 061	29 283	292 829	12 361	1 188	1 276	?

资料来源：刘克祥.1927～1937年农业生产与收成、产量研究.近代史研究，2001（5）：106，表16.

原资料来源：据章有义《中国近代农业史资料》第3辑第922页综合整理和补充编制。

原注：A. 杂粮包括大麦、小米、高粱、玉米、甘薯（5斤折粮1斤）、大豆，另增加豌豆、蚕豆、燕麦、穈（黍）子（原缺1931年、1932年燕麦、豌豆、蚕豆产量，以1933年数字代替）。大豆兼充粮食和油料，据1933年南北22省772县报告统计，大豆用途为51%充当人用食料、25%作家畜饲料，仅14%供他用（主要是榨油）。据此，将其列入粮食。

B. "其他"包括莜麦、荞麦、绿豆、豇豆和其他等。但这些作物产量数字不全。据1933年南北22省772县报告统计，上述产品占乡村人民食料的10%，故以粮食总产量的10%列入统计。

C. 油料包括油菜籽、芝麻、花生，但未计大豆、桐油。1931年、1932年芝麻、花生产量不详，以1933年数字替补。

新中国成立前夕，中央商业处根据国民政府中央农业实验所《农情报告》和国民政府东北物资调节委员会编《东北经济小丛书》（3）农产（生产篇）数据，计算出表21。

表 21　食粮农产物耕种面积及生产量总览（食粮别）（1931～1946）

（20-35）　单位：1 000市担

食粮别年度别	籼粳稻	糯稻	高粱	小米	玉米	糜子	小麦	大麦	燕麦	大豆	豌豆	蚕豆	甘薯	总计		省数
														12种	13种A	
1931	891 252	51 170	221 475	187 878	161 864	43 108	463 960	160 574	—	218 867	—	—	316 537	2 400 148	2 505 660	22省及东北区（热河缺）
1932	1 012 715	55 277	222 772	184 520	170 003	41 677	477 246	162 522	—	219 797	—	—	360 699	2 546 529	2 666 762	
1933	952 543	93 802	222 913	198 289	152 354	41 555	467 831	149 892	17 377	237 448	58 113	55 410	368 041	2 647 527	2 770 207	
1934	770 965	75 081	212 370	185 061	146 633	46 569	456 140	159 375	20 926	190 966	67 638	58 916	290 841	2 390 640	2 487 587	
1935	946 958	97 322	212 398	195 656	172 911	44 082	446 361	160 192	21 057	188 757	66 901	63 442	369 459	2 616 037	2 739 190	
1936	949 833	96 362	233 145	196 239	164 585	42 464	480 619	164 754	22 651	201 729	69 096	62 253	341 797	2 683 730	2 797 662	

原注：（1）15省：包括浙江、江西、湖北、湖南、四川、河南、陕西、甘肃、青海、福建、广东、广西、云南、贵州、宁夏15省。22省：包括上列15省及江苏、安徽、河北、山东、山西、察哈尔、绥远七省。

（2）1931～1936年平均数字系采用各省平均之合计，因小数及年份间断关系，故与六年总计平均有出入。

（3）1937～1946年平均数字系采用10年总计平均。附A甘薯按原生产量1/3折粮加算。

原资料来源：（1）中央农业实验所（内地各省），满铁及伪满洲农产物收获量预想调查联合会（东北）。

（2）1931～1936年，1946A.B.系根据支那农业基础统计资料2（东亚研究所，昭和十八年三月版）。东北经济小丛书（3）农产（生产篇）（伪国民党东北物资调节委员会，民国三十七年二月版），农报12卷1期、2期、5期（伪国民党中央农业实验所36年2、4及10月各版）资料所编制（即根据下面本统计资料表Ⅳ、Ⅴ、Ⅵ所编制）。1937～1946系摘自中华民国统计提要P.17表5（伪国民党主计处统计局民国三十六年版）。

资料来源：中央商业处编.经济参考资料·农业，1949-10-31：10～11.

我们由表21可以得出表22。

表 22　全国主要食粮农产物产量

单位：1 000市担

食粮别年度别	籼粳稻	糯稻	稻谷合计	小麦	高粱	小米	玉米	糜子	大麦	燕麦	大豆	豌豆	蚕豆	甘薯	杂粮合计	总计		省数
																12种	13种A	
1931	891 252	51 170	942 422	463 960	221 475	187 878	161 864	43 108	160 574	17 377	218 867	58 113	55 410	63 307	1 187 973	2 531 048	2 594 355	22省及东北区（热河缺）
1932	1 012 715	55 277	1 067 992	477 246	222 772	184 520	170 003	41 677	162 522	17 377	219 797	58 113	55 410	72 140	1 204 301	2 677 429	2 749 569	
1933	952 543	93 802	1 046 345	467 831	222 913	198 289	152 354	41 555	149 892	17 377	237 448	58 113	55 410	73 608	1 206 959	2 647 527	2 721 135	
1934	770 965	75 081	846 046	456 140	212 370	185 061	146 633	46 569	159 375	20 926	190 966	67 638	58 916	58 168	1 146 622	2 390 640	2 448 808	
1935	946 958	97 322	1 044 280	446 361	212 398	195 656	172 911	44 082	160 192	21 057	188 757	66 901	63 442	73 892	1 199 288	2 616 037	2 689 929	
1936	949 833	96 362	1 046 195	480 619	233 145	196 239	164 585	42 464	164 754	22 651	201 729	69 096	62 253	68 359	1 225 275	2 683 730	2 752 089	

注：（1）原缺1931年、1932年燕麦、豌豆、蚕豆产量，以1933年数字代替。

（2）甘薯5斤折粮1斤。

（3）1931～1936年平均数字系采用算术平均，因小数关系，故与合计或总计数字间有个位数出入。

完全按照刘先生的计算方法，可以得出表 23。

表 23　全国主要农作物总产量（1931～1936）

单位：万市担

年份	粮食					油料	棉花	烟叶	茶叶
	稻谷	小麦	杂粮	其他	小计				
1931	94 242	46 396	118 797	28 826	288 261	12 565	1 457	?	?
1932	106 799	47 725	120 430	30 550	305 504	12 910	1 514	?	495
1933	104 635	46 783	120 696	30 235	302 349	12 431	1 695	1 278	488
1934	84 605	45 614	114 662	27 209	272 090	12 321	1 686	1 223	?
1935	104 428	44 636	119 929	29 888	298 881	11 142	1 488	1 283	?
1936	104 620	48 062	122 528	30 578	305 788	12 048	2 098	1 287	?
平均	99 888	46 536	119 507	29 548	295 479	12 236	1 656	1 268	?

注：（1）将表 22 中单位千市担折合成万市担。

（2）"其他"包括莜麦、荞麦、绿豆、豇豆和其他等，以粮食总产量的 10% 列入统计。

（3）棉花产量据中央商业处编《参考资料·农业》，1949 年 10 月 31 日出版，第 118 页。该表注明：1931～936 年原系国民政府中央农业实验所资料。另据《中国银行民国二十五年营业报告》，"棉花产量，以前三年平均为 16 000 000 市担，去年则增至 20 000 000 市担，增加约 25%"。

刘先生引用的是章有义先生的资料，而章有义先生利用的是国民政府中央农业实验所《农情报告》和东北物资调节委员会研究组编《东北经济小丛书》（3）农产（生产篇）。我们同样利用这两种资料，完全按照刘克祥先生的方法处理资料，得出的结论却是，1936 年全国的粮食总产量是 305 788 万担，超过 1932 年的 305 504 万担。再考虑到 1936 年全国棉花总产量为 2 098 万担，超过 1932 年 38.57%，似乎把新中国成立前全国主要农产品最高年产量定为 1936 年是没有疑义的。新中国成立以后，国家统计局也正是进行了全面考量，才把全国主要农产品最高年产量定为 1936 年的[①]。

实际上，近代以来，尤其 20 世纪以来，直至抗日战争前，中国农业生产力始终是在发展的，各项农业作物总产量始终保持了增长的态势。虽然在这期间，由于受世界经济危机影响，个别年头产量有所下滑，但增长的势头始终没有逆转。然而，有些学者由于利用的资料有缺漏，对近代中国农业生产力，尤其是对抗战前期进行了低估。许道夫先生《中国近代农业生产及贸易统计资料》第 339 页表 5 是又一个例子（参见表 24）。

---

① 中华人民共和国农业部计划司编.中国农村经济统计大全（1949～1986）.农业出版社，1989：234.

表 24　稻、麦及杂粮产量　1914～1947 年

单位：千市担

时期	稻	小麦	杂粮					谷物总计
			玉米	高粱	谷子	其他谷类	杂粮合计	
1914～1918	988 094	282 881	73 188	155 347	180 000	181 525	590 060	1 861 035
1924～1929	1 196 304	492 863	172 082	270 268	246 084	171 873	860 307	2 549 474
1931～1937	984 302	444 462	167 407	212 306	183 488	203 341	766 542	2 195 486
1938～1947	947 115	394 587	179 611	186 910	192 211	160 944	719 676	2 061 378

资料来源：许道夫编. 中国近代农业生产及贸易统计资料. 上海人民出版社，1983：339，表 5.

按照许道夫先生的比较，1931～1937 年比 1924～1929 年减产 13.88%[(2 549 474－2 195 486)÷2 549 474]。但我们若以表 24 计算的 1931～1936 年的实际平均产量与其相比，则情况截然相反，即 1924～1929 年平均产量＝稻、麦及杂粮产量＋大豆产量[①]＝2 549 474＋275 259＝2 824 733 千担，而我们计算的 1931～1936 年平均年产量为 2 954 790 千担，则 1931～1936 年平均年产量反比 1924～1929 年增长 4.61%。

刘克祥先生曾经指出：在许道夫所作的统计中，1924～1929 年的人均谷物数量猛升，而 1931～1937 年陡降，是将 1924～1929 年的常年产量直接同 1931～1937 年的实际产量进行比较所致。[②] 刘先生这句话只说对了一半，即许道夫作为比较标准的 1924～1929 年的稻、麦、杂粮产量是按十足丰年的七成五来估计的常年产量，但是，他所谓的 1931～1937 年的稻、麦及杂粮产量，不是实际产量，而是利用不完全的统计资料得出的有缺漏的数据。

由此可知，许道夫所用的 1924～1929 年的数据是要大打折扣的。该书第 12 页亦声明："1924～1929 年见《统计月报》1932 年 1～2 月合刊农业专号，为常年数。"

平常年产量和实际年产量通常有很大差距，如 1929 年全国小麦的实际年产量只有平常年产量的 80.8%，籼稻只有 57.9%。[③]

可见，如果用 1931～1936 年的实际产量和 1924～1929 年的实际产量相比，增产幅度还要大。

1924～1929 年和 1931～1937 年棉花产量的比较也同样存在以上问题（参见表 25）。

---

① 1924～1929 年大豆平均产量见许道夫. 中国近代农业生产及贸易统计资料. 上海人民出版社，1983：341，表 11.

② 刘克祥. 1927～1937 年农业生产与收成、产量研究. 近代史研究，2001（5）：110～111.

③ 张心一. 今年粮食问题的一种研究. 国民政府立法院统计处编. 统计月报，1929，1（9）：11. "民国十八年各省农产收获与平常年收获比较表（据立法院统计处各省农况报告），立法院统计处制"。

表 25　油料作物及棉花产量　1914～1947 年

单位：千市担

时期	大豆	花生	芝麻	油菜籽	棉花
1914～1918	86 431				
1924～1929	275 259	50 845			19 177
1931～1937	204 041	53 804	16 814	48 030	16 097
1938～1947	166 450	40 681	10 170	59 786	9 425

资料来源：许道夫编. 中国近代农业生产及贸易统计资料. 上海人民出版社，1983：341，表 11.

其中，1931～1937 年较 1924～1929 年全国棉花减少 16.06%。[①]

但我们从同书 211～212 页"表 3 主要棉产省区皮棉产量"的数据上又发现了与此矛盾的情况（参见表 26）。

表 26　主要棉产省区皮棉产量（1919～1948 年）

单位：千市担

年度	江苏	浙江	安徽	江西	湖北	湖南	四川	河北	山东	山西	河南	陕西	共计
1924	3 239	790	180	181	1 310	461	525	934	1 097	189	669	547	10 122
1925	2 624	592	206	199	1 179	461	525	1 121	1 165	189	637	903	9 801
1926	2 247	382	148	136	1 301	461	525	953	606	445	652	434	8 290
1927	1 916	619	152	169	1 580	461	525	902	830	587	691	419	8 851
1928	2 975	405	171	145	4 256	461	525	764	726	338	251	310	11 327
1929	2 664	520	96	125	2 412	461	525	937	1 419	47	144	40	9 390
1930	1 269	553	112	86	3 582	294	525	977	2 542	73	663	158	10 834
1931	733	456	50	10	1 213	53	525	987	2 521	96	754	405	7 803
1932	2 081	488	198	54	1 912	234	525	1 501	2 070	63	698	185	10 009
1933	2 393	458	169	69	2 548	208	525	1 691	1 719	588	955	638	11 961
1934	1 948	541	271	40	2 236	117	525	3 318	1 561	703	1 196	1 175	13 631
1935	2 314	540	243	50	1 073	49	525	2 535	476	296	488	938	9 527
1936	2 838	997	604	49	3 122	302	670	2 971	2 095	628	1 600	1 100	16 976
1937	2 331	496	515	23	1 517	149	322	2 677	1 630	629	1 358	1 068	12 715

资料来源：许道夫编. 中国近代农业生产及贸易统计资料. 上海人民出版社，1983：211～212，表 3.

原资料来源：国民政府农林部棉产改进咨询委员会及全国纺织业联合会合编. 中国棉产统计，1948.

注：湖南缺 1924～1928 年数据，以其 1929 年数据代替。四川缺 1924～1934 年数据，以其 1935 年数据代替。其共计数原有错误，现予以更正。

[①]（19 177 千市担-16 097 千市担）÷19 177 千市担=16.06%。

由表 26 可得出，1924~1929 年和 1931~1937 年的全国主要棉产省区皮棉平均产量。1924~1929 年全国皮棉平均产量为 9 630.17 千市担，而 1931~1937 年是 11 803.14 千市担，1931~1937 年较 1924~1929 年全国皮棉增长 22.56%，与许道夫统计的全国棉花减产 16.06% 迥然不同。这是因为我们的比较是用实际产量同实际产量相比，而许道夫先生是用常年产量同实际产量相比。许道夫先生统计的 1924~1929 年的全国棉花产量根据的资料同样是《统计月报》1932 年 1~2 月合刊农业专号，和前述表 25 中 1924~1929 年全国粮食产量一样，仍然是常年产量，用 1924~1929 年的全国棉花常年产量与 1931~1937 年的实际产量相比，难怪会再次出现自相矛盾的情况。

这一例证让我们为面前存在的统计陷阱感到不寒而栗。况且，许道夫先生的两组比较（1924~1929 年和 1931~1937 年稻、麦及杂粮产量、油料作物及棉花产量比较）至今犹为人广为引用[1]，更使人在统计数据面前战战兢兢，如履薄冰。

对于近代中国农村经济发展水平的估计，让我们套用邓小平同志的一句话，要警惕高估，但主要是防止低估，因为我们还没有从低估的阴影下走出来。

要正确对近代中国农业生产力进行历史定位，就要进行横向比较和纵向比较。在横向比较方面，文山、高洁先生根据联合国粮农组织《粮农统计年鉴》，将中国 1934~1938 年粮食作物平均亩产量与美国、法国、日本、阿根廷、土耳其、埃及、印度等国家进行了比较，他认为："中国各项作物的单产都高于世界平均水平；在相互比较的八个典型国家中，中国的水稻单产占第五位，小麦单产占第四位，玉米单产占第四位，本应属中等水平。但是由于中国单产较高的水稻种植面积大，仅次于印度居世界第二位，在世界水稻总种植面积中占 30.02%，因此中国的粮食平均单产就上升为八个典型国家的第三位。如果不谈农业的技术构成和经营方式，仅就单位粮田的生产效率而论，说中国处于世界中上等水平决不是言过其实。"[2]

文山、高洁先生还在粮食作物的劳动生产率方面进行了纵向比较（参见表 27）。

表 27 1916~1951 年中国粮食作物的劳动生产率及其指数比较

年份	粮食总产量（千市担标准粮）	农业劳动者人数（万人）	劳动者指数（以 1916 年为 100）	劳动生产率（斤标准粮）	劳动生产率指数（以 1916 年为 100）
1916	1 983 506	14 905	100	1 331	100
1921	1 879 743	14 727	99	1 276	96
1926	2 176 168	14 551	98	1 496	112

① 郑庆平. 对中国近代农业生产力的基本估计. 晋阳学刊，1994（6）：37；托马斯·罗斯基. 战前中国经济的增长. 浙江大学出版社，2009：280~281.
② 文山，高洁. 二十世纪上半叶中国的粮食效率和水平. 经济科学，1982（4）：66.

续表

年份	粮食总产量 （千市担标准粮）	农业劳动者 人数（万人）	劳动者指数 （以1916年为100）	劳动生产率 （斤标准粮）	劳动生产率指数 （以1916年为100）
1931	2 338 068	14 377	96	1 626	122
1936	2 440 237	14 143	95	1 725	130
1941	1 686 110	14 739	99	1 144	86
1946	2 403 293	14 362	103	1 564	118
1951	2 509 893	16 974	114	1 479	111

资料来源：文山，高洁. 二十世纪上半叶中国的粮食效率和水平. 经济科学，1982（4）：67，表10.

从1916年到1936年，每个农业劳动者的产量从1 331斤提高到1 725斤，增长了近30%。1941年后，劳力数开始回升，劳动生产率因而逐渐下降，到1951年，虽然粮食总产量已经超过1936年的水平，但是劳动生产率却只有1 479斤，比1936年减少了246斤之多。

我们的研究和文山、高洁先生殊途同归。

1957年是我国在20世纪50年代的最高粮食产量年，达到超记录的19 500万吨，较1949年增长72.26%[①]。清末至20年代，稻谷、小麦、杂粮的平均亩产量达到199斤，尚超过1957年（参见表28）。

表28 清末至20世纪20年代与新中国成立后主要农产品亩产量比较

单位：市斤/市亩

品种 亩产量 时期	稻谷	小麦	杂粮	合计
清末至20年代	260	150	186	199
建国后年度	250（1949）	150（1967）	186（1979）	196（1957）

资料来源：（1）汪敬虞主编. 中国近代经济史（1895～1927）（中册）. 人民出版社，2000：1213.

（2）中华人民共和国农业部计划司编. 中国农村经济统计大全（1949～1986）. 农业出版社，1989：150、152、162、146.

注：新中国成立后年度是指达到或接近清末至20年代亩产量的年度。

---

① 赵琳. 对当前我国粮食安全状况的看法与建议. 北方经济，2005（7）：5.

1914~1918 年和 1949~1953 年主要农产品总产量比较，除棉花较少，麻类接近外，粮食、油料和烟叶均超过 1949~1953 年（参见表 29）。

表 29　1914~1918 年和 1949~1953 年全国主要农产品总产量比较

单位：万吨

总产量　　　　品种 时期	粮食	油料	棉花	麻类	烟叶
1914~1918 年	14 714.00	450.50	80.30	70.50	79.50
1949~1953 年	14 396.00	344.10	92.92	72.12	15.54

资料来源：（1）许涤新，吴承明. 中国资本主义发展史（第 2 卷）. 人民出版社，1990：1078，乙表一"农业产值估计，1914~1918 年平均".

（2）中华人民共和国农业部计划司编. 中国农村经济统计大全（1949~1986）. 农业出版社，1989：146、191、189、203、214.

注：（1）1914~1918 年数字原为万市担，今按每市担＝100 斤，每吨＝2 000 市斤折合成吨.

（2）其中粮食包括大豆，油料不包括大豆.

20 世纪 50 年代是中国农业发展较快、较好的时期，我们要说明 30 年代中国农业的历史地位，就应把它同 50 年代相比较（参见表 30、表 31 和表 32）。

表 30　1931~1937 年与 1951~1957 年农产品平均亩产量比较

单位：市斤/市亩

亩产量　　　　品种 时期	稻谷	小麦	玉米	高粱	谷子	大麦	大豆	棉花	油菜籽	芝麻	花生	烟叶
1931~1937	331	142	184	185	164	156	155	29	83	78	237	152
1951~1957	334	109	179	154	142	120	125	31	63	68	165	140

资料来源：（1）1931~1937 年数字取自章有义编. 中国近代农业史资料（第 3 辑）. 三联书店，1957：926.

（2）1951~1957 年数字根据中华人民共和国农业部计划司编. 中国农村经济统计大全（1949~1986）. 农业出版社，1989：150~158、164、189、195、197、193、163 数据计算.

注：（1）1931~1937 年和 1951~1957 年平均亩产量都是 1931~1937 年和 1951~1957 年的算术平均数.

（2）大麦 1951~1957 年平均亩产量是 1957 年一年亩产量.

1931~1937 年农产品平均亩产量除稻谷、棉花略低于 1951~1957 年外，其他各种农产品平均亩产量均超过 1951~1957 年，这起码说明，30 年代中国的农业生产力大致相当于 50 年代的水平。

表 31　1931～1937 年与 1951～1957 年主要农产品人均占有量比较

单位：市斤

时期　＼　数量　＼　品种	粮食	油料	棉花	烟叶
1931～1937 年	622	24	2.5	2.7
1951～1957 年	576	14	4.4	0.9

资料来源：（1）　1931～1937 年数字据刘克祥. 1927～1937 年农业生产与收成、产量研究. 近代史研究，2001（5）：108，"表 17　全国主要农产品人均占有量统计"。

（2）1951～1957 年主要农产品产量据中华人民共和国农业部计划司编. 中国农村经济统计大全（1949～1986）. 农业出版社，1989：146、189、191、214 数据计算，是 1951～1957 年历年总产量的算术平均数。

（3）　全国总人口平均数据《中国农村经济统计大全（1949～1986）》第 6 页。根据该两组数据，得出 1951～1957 年主要农产品人均占有量。

表 32　20 世纪 30 年代与新中国成立后主要农产品人均占有量比较

单位：市斤

时期　＼　数量　＼　品种	粮食	油料	棉花	烟叶
1931～1937	622	24	2.5	2.7
新中国成立后年度	613.6（1956）	23.3（1982）	2.5（1950）	2.6（1981）

资料来源：（1）刘克祥. 1927～1937 年农业生产与收成、产量研究. 近代史研究，2001（5）：108，表 17 "全国主要农产品人均占有量统计"。

（2）中华人民共和国农业部计划司编. 中国农村经济统计大全（1949～1986）. 农业出版社，1989：146、191、189、214.

注：新中国成立后年度是指接近、达到或超过 1931～1937 年主要农产品人均占有量的年度。

即使用我们认为低估了的刘克祥先生计算的 1931～1937 年全国农产品平均占有量与 1951～1957 年相比，各项指标，除棉花外，都超过了 1951～1957 年的水平，1956 年才达到 1931～1937 年粮食人均占有量，1982 年才达到 1931～1937 年油料人均占有量，1950 年才达到 1931～1937 年棉花人均占有量，1981 年才达到 1931～1937 年烟叶人均占有量。那么，是否可以这样说，抛开贫富分化的阶级因素（恐怕又有人会说我抹杀阶级差别，但我实出无奈，因找不到包括阶级差别在内的全国统计数据,正像我们今天不知道有多少农产品被富人消费,有多少农产品被穷人消费一样),20世纪30年代国人(包括农民)的农产品消费水平与50年代差不多呢?

关于近代中国农业生产力发展水平和农民生活水平的讨论今后还会长期延续下去。不同的学者还会拿出不同的资料说明不同的观点。哲人说过,如果几何公理触犯了人们的利益,人们也会推翻它。

刘佛丁先生曾批评有些学者:"从先验的观念出发,摘引关于局部地区或企业的文献资料,推论全国,以短时间内静止的孤立研究取代长期的动态分析,在缺乏宏观统计计量的情况下,即作出质的结论。"[①]这些都是我们应该引以为戒的。

因此,我们希望,在今后的讨论中,能够本着求真务实的态度,更多从经济史的角度,打开宏观的视野,用统计数据说话,使讨论更加深入,让我们更加接近真理。

---

① 刘佛丁,王玉茹,于建玮著.近代中国的经济发展.山东人民出版社,1997:3~4.

论地权分配与康乾盛世

中国社会科学院经济研究所　江太新

康雍乾年间，由于有绝大多数自耕农存在，整个社会呈现人民安居乐业，国家财政丰盈，国家统一，吏治整肃，社会繁荣，经济作物获得大发展，商业、手工业蒸蒸日上，文化大发展，社会秩序稳定。后人评价这段历史时说："闻之康熙雍正间，国家极盛之时也。闾阎百物充溢，米石仅千文，士大夫家宴宾客用钱数百而品物已具。工匠饩廪人日数十钱而已，其时不以贫富相耀。"①用一句话来说：这时国家昌盛、社会繁荣、物价平稳、闾阎之间关系融洽，国家呈现出政通人和，社会和谐的局面。至于康乾盛世种种表现，前人已有论述，如李治亭列举七个方面：（1）为政宽严相济；（2）高宗品格特色；（3）"十全武功"纪盛；（4）财富充盈府库；（5）人口首次爆炸；（6）商业城镇并兴；（7）文化俊采星驰。其他有关康乾盛世的著作也有评述，②本文不再赘述。这里仅谈顺康雍乾年间，地权分配状况对当时社会经济发展所起的作用。也就是说，我们所要探讨的是造就"康乾盛世"经济结构的深层原因。

一、基本上实现耕者有其田

康乾盛世是如何出现的？关注者不是很多，就是关注之人，也大多语焉不详。而康乾盛世的表现，却为许多学者津津乐道。这种论道当然有必要，也值得大书特书，不然什么叫康乾盛世也就说不清了。然而，总让人有种缺失感。水有源，树有根，难道盛世就没有源头！总给人有一种雾里看花之感。在谈康乾盛世时，这也是我们必须谈论的问题，我们不能再让读者雾里看花，这层窗户纸必须要捅破，使问题的前因后果统一起来。

经过半个世纪的战乱，明末清初一大批贵族、官绅地主遭到巨大打击，原有土

---

① 光绪《吴江县续志》，卷一九，《人物四·行谊》。

② 郭成康. 康乾盛世历史报告. 中国言实出版社，2002；学习时报编辑部. 落日的辉煌 17、18 世纪全球变局中的康乾盛世. 中共中央党校出版社，2002；童超主编. 康乾盛世. 云南教育出版社，2010；周文玫. 康乾盛世. 中华书局，上海古籍出版社，2010.

地关系受到很大冲击，无主土地，比比皆是。广大农民颠沛流离，或死于战乱，或饿死于沟壑，人口大量减少。清初出现了地多人少的局面。在清政府垦荒政策的鼓励下，农民经过辛勤劳动，其中绝大多数农民取得了土地产权，造就大批自耕农民，形成了耕者有其田的局面。使康雍乾年间，整个社会出现家给人足的欢乐景象。

顺治初年，湖南省永州府属州县，"其民皆由乱定招徕而至，垦辟荒土，久而富饶，人称世家，不言他事"。[1]寥寥数语，描绘出一个家给人足的自耕农聚居的情景。顺治十六年，河南开封等八府并汝州，招直隶失业贫民来认垦，所垦土地"永为己业"。[2]康熙《泾阳县志》称"昔之产在富，今之产在贫"。雍正十二年，山东省各府州县，仅一年间就查出贫民 29940 户，实垦荒地 217711.4 亩，[3]平均每户开垦荒地 7.2 亩。乾隆二年，山东商河县知县范从律详报，商河县民祖籍原顺天，明末遭兵失业，星散山左，至康熙元年始奉旨发商邑开垦荒地，各立村庄四十二处，一庄有三、二百家。[4]乾隆九年，直隶总督高斌奏称："详查喀喇河屯厅所辖之白马关、潮河川、热河厅所辖之张三营、白马川，四旗所辖之波罗河屯各汛内，凡有平坦可耕之区，悉系旗地，间有民人新垦者，俱系旗圈余地。自雍正十年奉旨听民认垦输粮，从此民人安立家室，悉成土著，垦地二千九百余顷。"[5]乾隆十一年，甘省原报受田民人共一百七十一户，认垦田九十三顷，内除马尚考等十二户盐碱不能耕种七顷外，该在人民一百五十九户，田八十三顷余，[6]平均每户认垦荒地 52.2 亩左右。乾隆十八年，广东琼州有可垦荒地二百五十余顷，召土著居民耕种。[7]嘉庆五年，恩长等报告，查出和阗所属各城有粮无地之回民七百五十二户，仁宗下令户部：将丈出官荒地二万零六百四十亩，"按数拨给有粮无地之回户，均匀开荒"。[8]每户回民可得官荒地 26.1 亩。清政府对广东新生沙坦开垦，还作了特别规定，只限定由无地贫民优先开垦。东北三省逐步放垦，蒙地开发，新疆拓垦等，都为清代造就大批自耕农。

清朝初期，四川累遭兵革，地荒人亡情况尤为严重，各省流民进川后，通过垦荒获取土地产权，从而成为自耕农者极为普遍。大邑县，清朝初期，土著少，客民多，"率多秦楚豫章之人，或以屯耕而卜居"。[9]这里的"屯耕"并非指租佃私人土地，而是占地开垦。铜梁县，清初来这里垦荒的有贵州、湖广人，也有江苏、福建、

---

① 道光《永州府志》卷 5，《风俗志》。
② 顺治十六年十二月二十日，河南巡抚贾汉俊揭.
③ 雍正十三年七月二十三日，山东巡抚法敏题。
④ 乾隆二年八月十八日，经筵讲官总理事务少保张廷玉等题。
⑤ 《高宗实录》卷 210，乾隆九年二月壬子。
⑥ 乾隆十一年五月初四，甘肃巡抚黄廷桂题。
⑦ 道光《广东通志》卷 2，《训典》（二）。
⑧ 《仁宗实录》卷 71，嘉庆五年七月辛巳。
⑨ 同治《大邑县志》卷 7，《风土》。

广东人，这些垦民"各据壤土"，①取得土地产权。郫县，清初户口锐减，来这里垦荒的广东人较多，其次山东、陕西、福建、江西等省人户。农民垦荒谓之"插占"。②即不受顷亩所限，能开多少可占多少。定远县，清初来这里开垦的主要是湖南人，"垦荒占田，遂为永业"。③新繁县，清初先有湖广人移入，继有江西、福建、广东三省农民移入，也有少量陕西人，"始至之日，田业无主，听民自占垦荒，或一族为一村……有一族占田至数千亩者"。④苍溪县，清初外省农民纷纷移入，康熙初年，全县丁粮户六百余户，本省农户占十分之四五，此外湖南省籍占十之三四，广东、贵州、福建等省籍占十之一二，这些客民皆"插土为业"，⑤即取得土地户籍。万源县，清初客民入山，"荒山无主，由人手指由某处至某处，即自行管业"。⑥乐至县，康熙前，外省来乐寄籍，地旷人稀，多属插占，"认垦给照"。⑦云阳县，清初客民移入，"占田宅，长子孙"，先开水田，继开山地。⑧彭县，清初居民稀少，土地荒芜，至乾隆初年，发生巨大变化，民力"岌岌吴楚""山坡水涯，耕垦无余"。⑨新都县，康熙六年前，"有可耕之田，无可耕之民"，乾嘉之后，则"无荒可垦"。⑩经过土客民数十年辛勤劳动，四川广大地区逐渐得以开垦。康熙年间全省熟田 14810 顷，雍正二年熟田增至 214450 顷，乾嘉之际熟田剧增至 463486 顷，⑪比康熙年间增加 15 倍之多。

陕西的情况也大致如此。经过明末清初战乱之后，土地占有关系发生了巨大变化，地主豪绅原占有的土地丧失了，原有的穷人都占有了土地。泾阳县志称："昔之产在富，今之产在贫"。⑫洛川县"地广人稀，虽极贫之家，亦有地数十百亩"。⑬反映了自耕农大量存在的事实。田培栋谓："明清时期，陕北的土地除地主占有外，但大多数土地仍为农民占有，小农经济占主导地位，大致上自耕占农全部人口的百分之七八十，半自耕农约占全人口的百分之十五上下"。⑭

当然，在清初垦荒中，地主、官僚、商人在垦荒政策鼓励下，以自己所具有的经济实力或通过权势，也占有大量土地。如顺治十四年，直隶开平卫生员陈翼泰开

① 光绪《铜梁县志》（抄本），第 1 册，《人类》。
② 光绪《郫县乡土志》，《人类》。
③ 光绪《定远县志》卷 1。
④ 光绪《新繁县乡土志》卷 5。
⑤ 民国《苍溪县志》卷 10。
⑥ 民国《万源县志》卷 5。
⑦ 蒋德熊《乐至县志又续》卷 2，《契税》。
⑧ 民国《云阳县志》卷 13 谓："田入不足以给，则锄荒蕨，辟林薮以继之，先垦高原，继劚峻岭。"
⑨ 光绪《彭县志》卷 10。
⑩ 民国《新都县志》。
⑪ 雍正《四川通志》卷 5，《田赋》；民国《新都县志》第二编。
⑫ 康熙《泾阳县前志》卷 3，《贡赋志》。
⑬ 《续修陕西通志稿》卷 196，《风俗》二。
⑭ 田培栋. 明清时代陕西社会经济史. 首都师范大学出版社，2000：23～24.

垦过无主荒地 2105 亩。[①]同年，直隶丰润县金吾左卫武生卓企茂开垦过无主荒地 2019 亩。[②]顺治十三、十四两年，直隶大名府开州生员邢祚贞垦过无主荒地 3439.1 亩。[③]顺治十三、十四年，山东内阜县生员唐佑臣先后开汶上县荒地 4248 亩。[④]乾隆三十二年，寄台商民芮友等三十名呈请开垦甘肃穆垒荒地，陕甘总督吴达善批准其申请。据批文称：查该商民等携资贸易，系有工本之人，请饬巴里坤镇臣给予执照，令其认垦耕种。[⑤]以上仅是举例如已，远非地主、官僚、商人垦地的全部。但在明末清初农民战争扫荡下，地主豪强势力遭到巨大打击，或家破人亡，或流离失所，侥幸生存下来者，家资丰厚者不多。另清初对缙绅豪强采取严励打击措施，如顺治十八年，江南奏销案就是一例。清廷将上年奏销有未完钱粮的江南苏州、松江、常州、镇江四府并溧阳一县的官绅士子，借"抗粮"之名全部黜革，继之，又乘大创之后十年并征，使江南缙绅豪强受到沉重打击，此时，松江府属人们"以有田有戒"。[⑥]另据《清河县志》称：商人则"以赋重为累，不置田产"。[⑦]陕西富户亦以置产为累，《陕西通志稿》称：富人"家资巨万，无一陇之殖，则对于国家终岁不输一钱"。[⑧]或谓"饶裕之家，劝令买地，多以为累，万金之子，身无寸土"。[⑨]咸宁县"荐绅鲜干谒，无侈田广宅"。[⑩]关中合阳，"人乃以田多为累"。[⑪]摊丁入地后，实行的是田多者多负担，由于田赋负担加重，[⑫]对地主兼并土地势头也起到一定的抑制作用。这些社会因素的存在，对清初通过垦荒而造就的自耕农无疑是起到保护作用的。

清代前期土权分散，造就大量自耕农的情况，李文治先生作过很好的研究。他说："清代前期，农民所有制有所发展，所占比重超过明代，并且有些地区自耕农占据了统治地位。"[⑬]

下面，我们通过康熙、乾隆年间某些地区的编审册、税亩册及其他资料记载，对自耕农占地情况作具体分析。

首先，看直隶获鹿县土地占有情况。康熙四十五年，该县二十五甲民户，共有耕地 98125.1 亩，按每户占有耕地多寡状况，列表 1 如下。

---

① 顺治十四年十一月初九日，直隶巡抚董天机揭。
② 顺治十四年十一月初九日，直隶巡抚董天机揭。
③ 顺治十五年十一月十一日，太子少保尚书王弘祚题。
④ 顺治十五年二月，山东巡抚耿焞揭。
⑤ 《高宗实录》卷 801，乾隆三十二年十二月己丑。
⑥ 叶梦珠《阅世编》卷 1。
⑦ 康熙《清河县志》卷 1。
⑧ 民国《续修陕西通志稿》卷 26，《田赋》一。
⑨ 乾隆《三原县志》卷 8，《风俗》。
⑩ 乾隆《西安府志》卷 19，《学校志》；《咸宁县志》。
⑪ 肖钟秀《合阳县乡土志》，《物产》。
⑫ 江太新.清代前期直隶获鹿县土地关系的变化及其对社会经济发展的影响.平淮学刊（第一辑）.中国商业出版社，1985.
⑬ 李文治.明清时代封建土地关系的松解.中国社会科学出版社，1991：81.

表 1　康熙四十五年直隶获鹿县二十五甲各类农户

类别	户数	%	耕地面积		类别	户数	%	耕地面积	
			亩数	%				亩数	
无地户	1201	18.2			60～70 亩户	40	0.6	2582.0	2.6
不是 1 亩户	240	3.6	120.9	0.1	70～80 亩户	27	0.4	2018.9	2.1
1～10 亩户	2256	34.6	11950.0	12.2	80～90 亩户	10	0.2	835.4	0.8
10～20 亩户	1479	22.7	21476.0	21.9	90～100 亩户	15	0.2	1437.2	1.5
20～30 亩户	722	11.0	17392.2	17.7	100～150 亩户	31	0.5	3623.8	3.7
30～40 亩户	296	4.5	10180.1	10.4	150～200 亩户	20	0.3	3397.0	3.5
40～50 亩户	117	1.8	5170.7	5.3	200 以上亩户	31	0.5	13696.4	14.0
50～50 亩户	78	1.2	4244.2	4.3	合计	6581		98125.1	

资科来源：清《获鹿县档案》《编审册》。

说明：康熙四十五年二十五甲编审册是：在城社九甲；郑家庄社一、二、三、四、六、七甲；任村社五、六、七、八、九、十甲；龙贵社五、十甲；太平社一、二、三、四、五、六甲；甘子社九甲。

据表 1，拟按占地状况分为无地户、少地户、中等户、富裕户、地主户五大类。一类户占人口 18.2%，是无寸地之民户；二类户为占地 10 亩以下户，他们占总农户 37.9%，占有总耕地 12%；三类户为占地 10～40 亩中等户，这类农户不但农户数量最大，而且占地比例亦最多，分别为 38.2% 及 50%；四类户为占 40～100 亩富裕户，他们占总农户 4.4%，占耕地面积的 16.6%；五类户为占地 100 以上地主户（按一刀切分法），[①]他们占总农户 0.8%，占总耕地 17.4%。据此，农民所有制显然占统治地位。至乾隆元年，尽管在这三十年间土地兼并激烈，但该县自耕农占统治地位情况仍然没有变化。从郑家庄社二、四甲，甘子社九甲，龙贵社五甲，前后占地情况作一比较，情况就一目了然了。参见表 2。

表 2　康熙四十五年（1706）与乾隆元年（1736）直隶获鹿县社四甲各类农户占地比较表

类别	户数				耕地面积（亩）			
	1706 年	%	1736 年	%	1706 年	%	1736 年	%
无地户	209	19.5	279	25.5				
不是 1 亩户	40	3.7	55	5.0	21.7	0.1	35.4	0.2
1～10 亩户	348	32.5	332	30.3	1859.1	12.3	1742.0	11.1
10～20 亩户	247	23.1	201	18.4	3441.9	22.9	2877.4	18.4
20-30 亩户	106	9.9	91	8.3	2512.6	16.7	2246.8	14.3

---

① 戴逸主编《清史》：把获鹿县占有耕地 60 亩以上农户划为地主户，而我们把占地 100 亩以上绅衿户及占地 150 亩以上庶民户才划为地主户。为什么采取这样的划分法，请看看江太新.清代前期直隶获鹿县土地关系的变化及其对社会经济发展的影响.平淮学刊（第一辑）.中国商业出版社，1985.

类别	户数				耕地面积（亩）			
	1706 年	%	1736 年	%	1706 年	%	1736 年	%
30～40 亩户	48	4.5	48	4.4	1667.6	11.1	1610.6	10.3
40～50 亩户	22	2.1	24	2.2	975.2	6.5	1064.5	6.8
50～60 亩户	19	1.8	22	2.0	1049.4	7.0	1180.1	7.5
60～70 亩户	14	1.3	13	1.2	897.8	6.0	835.1	5.3
70～80 亩户	3	0.3	7	0.6	227.6	1.5	525.2	3.4
80～90 亩户	2	0.2	1	0.1	165.9	1.1	87.3	0.6
90～100 亩户	1	0.1	2	0.2	98.3	0.7	189.2	1.2
100～150 亩户	5	0.5	6	0.5	598.2	4.0	828.6	5.3
150～200 亩户	4	0.4	8	0.7	731.2	4.9	1190.8	7.6
200 亩以上户	3	0.3	5	0.5	807.2	5.4	1244.9	8.0
合计	1071		1094		15053.7		15658.9	

资料来源：清《获鹿县档案》《编审册》。

陕西情况与获鹿大致相同，如毕沅称：他在乾隆四十年时，曾经到西安、同州、凤翔三府，邠、乾二州考察，所看到的是"耕读相半"，而"殷实之家，十不得一"。[①]据秦晖、苏文研究，从康熙年间起至民国时止，关中"这些地方的农村主要由自耕农构成，地主与租佃关系均很少"。[②]大体上与毕沅所说相同。

江南地区情况为何？请看安徽休宁县。根据《休宁县三都十二图》六甲保留下来的康熙五十五年编审红册看，六甲共计 233 户，共有耕地 1134.3 亩。各类农户占地情况如表 3 所示。

表 3　各类农户占地情况统计表

类别	户数	%	耕地面积		类别	户数	%	耕地面积	
			亩数	16				亩数	%
无地户	11	4.7			15～20 亩户	7	3.0	117.6	10.4
不足 1 亩户	58	24.9	27.4	2.4	20～25 亩户	4	1.7	85.3	7.5
1～5 亩户	83	35.6	221.5	19.5	25～30 亩户	2	0.9	57.5	5.1
5～10 亩户	39	16.7	273.1	24.1	合计	233	100.0	1134.3	100.0
10～15 亩户	29	12.4	351.8	31.0					

资料来源：中国社会科学院经济研究所藏，《休宁县三都十二图》（上）《编审册》。

说明：其中第六甲康熙五十五年编审红册脱落，今采用康熙五十年地亩统计数。

① 毕沅.陕省农田水利牧畜疏（乾隆四十年），《皇朝经世文编》卷 36.
② 秦晖，苏文.田园诗与狂想曲——关中模式与前近代社会的再认识.中央编译出版社，1996：8.

从编审红册看，该六甲中占地 20 亩以上农户，多为劳动力较多家庭，如三甲姚春阳占地 20.6 亩，家有 3 个劳动力；四甲复廷占地 29.9 亩，家有 4 个劳动力；汪宗占地 27.7 亩，家有 4 个劳动力。①此处系山区，山多田少，农户占地面积相对少些，但一家有 3 丁、4 丁，占地 20 几亩，似乎还够不上地主。由此看来，清初垦荒所造就的自耕农还较好地保存下来。安徽霍山县情况也大致如此，地方方志记载："中人以下，咸自食其力，薄田数十亩，往往子孙世守之，佃而耕者仅二三。"②

随着土地兼并的发展，清初垦荒所造就的自耕农也有所分化，地主户的田产在膨胀，无地少地农户在增加，如湖南省，清初，桂阳县邓仁心、邓仁恩兄弟有田数百顷，乾隆十三年时，杨锡绂奏称："近日田之归富户者，大抵十之五六，旧时有田之人，今俱为佃耕之户。"③嘉庆年间，衡阳县刘重伟（木商）子孙"田至万亩"。④嘉庆壬申（1812）年，李象鹍奉父命析户为二，各收租六百余石，服官中州后，置产又数倍于前，至道光壬辰（1832）年，仍合旧产为二析之，"较壬申数且六七倍"矣。⑤江苏松江，在康熙年间"遂有一户而田连数万亩，次则三、四、五（千）至一、二万者"。⑥无锡县徐乾学买慕天颜无锡田一万顷。⑦乾隆时，海州孟鉴有地五千余亩。⑧嘉庆十二年，海州李法泳等买程继祖遗海州五庄田二百余顷。⑨江北、淮南一带，康熙年间，盛枫指出，区方百里，户不下万余，丁不下三万，"其间农夫十五，庶人在官与士大夫之无田及遂末者十之四，其十之一则坐拥一县之田，役农夫，尽地利，而安然食租衣税者也"。⑩这种情况在江苏玉区十七图也得到反映。据《康熙四十年份本色统征仓米比簿》记载，该区第十七图十个甲中，9 户地主占有田 3120.3 亩，为该图全部耕地的 96.7%。⑪乾隆年间，直隶怀柔郝氏有膏腴万顷。⑫

尽管土地兼并在不断进行，但在清代垦荒政策鼓励下所造就的自耕农仍然占居重要地位。到清代，学者瓦格勒估计："小地产的成分约占所有种植的农业地面积百分之六十，大地产的成分占百分之四十。"⑬又据杰密逊 1905 年（光绪三十一年）

① 这里所指劳动力是指成年男子，妇女不计在内，即编审红册中的丁。
② 光绪《霍山县志》卷 2。
③ 同治《桂阳直隶州志》卷 2。
④ 彭玉麟等，《衡阳县志》卷 11。
⑤ 李象鸥，《棣怀望随笔》卷首，《闽邵呈请入祀乡贤祠履历事实》。
⑥ 李象鸥，《棣怀望随笔》卷首，《闽邵呈请入祀乡贤祠履历事实》。
⑦ 叶梦珠，《阅世篇》卷 1，《田产》。
⑧ 王光谦，《东华录》卷 44。
⑨ 中国社会科学院经济研究所藏《刑部档案》抄件。
⑩ 盛枫，《江北均丁说》，《皇朝经世文编》卷 30，《户政》5。
⑪ 据孙毓棠 1951 年 7 月 1 日发表于《历史教学月刊》第二卷第一期《清初土地分配不均的一个实例》一文资料整理所得。
⑫ 昭梿，《啸亭杂录》卷 2。
⑬ 瓦格勒著. 王建新译. 中国农书（上册）. 上海：商务印书馆，1936：152.

估计，农民所有地占当时耕地面积的二之一。[①]

当时，有多少土地可养活一家五口，据洪亮吉说："一人之身，岁得四亩便可以得生计矣。"[②]也就是说，五口之家拥有耕地二十亩便可得生计矣。清末人薛福保，谈到嘉道年间苏南一带佃农生活情况时说："往时，江南无尺寸隙地，民少田，佃十五亩者称上农，家饶裕矣；次仅五六亩，或三四亩，佐以杂作，非凶岁可以无饥。"[③]

加上土地、水利、人勤条件，在风调雨顺年间，有的地方粮食亩产很高，对保证人民生活更为有利。山西广灵县，康熙年间，县令李焕斗在《节俭示》中，称："广灵今岁可称丰登……便以富户自居，无论男女喜于鲜衣美食，乐于豪奢侈靡；一切往来礼节，甘心贱卖谷粟，崇尚繁文。"[④]陕西汉阳厅，"南来之民，耕于汉者，一岁之获，可支数载"。[⑤]陕西户县，"康熙盛时，兵革之息，农桑渐复。至乾隆时，又为有清全盛之期……人烟辐辏，庐舍鱼鳞，各村充塞，俱不能容，村外环集，殆无隙地，家给人足，是知礼义。虽妇女偶一出户，未有不衣裙者"。[⑥]安徽阜阳县，"沃壤广轮数十百里，一年之收，可备数年之食"。[⑦]据李北洛说，凤台县有些农民，"岁稔则余数年之畜矣。得比岁稔，无立锥者或至千金"。[⑧]浙江江山县，"产米之乡，一秋之获，可支数年"。[⑨]河南地区，"原隰平衍，膏腴千里。岁果有秋，粟支十年"。[⑩]湖南省衡阳县，乾隆年间，"素称鱼米之乡，连岁又值丰稔之余，家有秋仓，人皆饱安"。[⑪]洞庭湖地区，"湖田之稻，一岁再种，一熟则湖南足。再熟则湖南有余粟"。[⑫]又曰，"垸农一岁之收，可抵山农数岁之收。垸民至厌梁肉，山氏恒苦菜食"。[⑬]湖北一带，"泉甘土沃，民勤于农，塘堰修饬，蓄池有方，连年丰稔"。[⑭]四川地区，气候温暖，"于树艺之事相宜，故丰岁多而俭岁少"。[⑮]"蜀中为产稻之区，一岁所出之谷，足备数岁之用"。[⑯]新宁县，"收稻最富，一岁所入，计口足供十年"。[⑰]

[①]《中华年书》(Chian Year Book)，1912年，第314页。
[②]《洪北江诗文集》，《卷施阁文甲集》卷一。
[③]《清经世文续编》卷四七，《江北本政论》。
[④] 李焕斗，《节俭示》，乾隆《广灵县志》卷六，《政令》。
[⑤] 同治《汉阴厅志》卷九。
[⑥] 民国《户县志》，《风俗》。
[⑦] 道光《阜阳县志》，周天爵《序》。
[⑧]《清经世文编》卷三六。
[⑨] 同治《江山县志》卷一一。
[⑩] 同治《汉川县志》卷二〇。
[⑪] 乾隆《岳州府志》卷一二。
[⑫] 黄彭年，《陶楼文钞》卷二。
[⑬] 光绪《华容县志》卷三。
[⑭] 光绪《黄梅县志》卷六。
[⑮] 民国《大竹县志》卷四，引嘉庆间四川总督常明语。
[⑯] 光绪《应城县志》卷二。
[⑰] 道光《新宁县志》卷四。

　　有些地区以种粮为主，同时兼种其他作物，以增加经济收入。如汉水流域一些地方，"汉川民有田地数十亩之家，必栽烟数亩，田则栽姜或药材数亩。烟草亩摘三四百斤，卖青蚨十千以外。姜药材数亩，收八九百斤，卖青蚨二三十千，以为纳钱粮、市盐布、庆吊人情之用"。①生活无忧。费南晖说嘉州府、湖州府种桑养蚕农民，"丰收三五载，迄可小康"。②山区地方，通过发展经济作物，或手工制作，亦可得生计。前面已作论证，这里不再赘述。

　　在有清一代，自耕农和佃农资产在增加。据方行先生研究，当时一个耕地十亩的自耕农家庭约有资产一百两左右，一个租种十亩地佃农家庭约有资产八十两左右。③与前代相比，显得更加富裕些。

　　这时，佃农经济地位也在上升。一方面由佃农上升为自耕，另一方面体现在能一次交纳押租百两以上者增加。魏礼称：福建到江西佃耕农民，经过几代经营后，"率皆致厚资立田宅于祖里"。还说，这些客佃刚开始时"尝赤贫赁耕，往往驯至富饶，或挈家返本贯，或即本庄轮奂其居，役财自雄，比比皆是"。④湖南情况亦然。⑤福建到浙江宣平租山种兰靛农民，"利尽归焉"。⑥江西到福建建阳种茶农民"其租息颇廉，其产值颇肥"⑦皖中水稻种植区"良佃"，"屋宇整齐"，经营的"场圃茂盛"。他们种植的林木"郁郁葱葱"。⑧

　　关于押租数额增加情况，四川巴县为我们提供了一个窗口。《租佃之争》中搜集事例计 67 件。其中乾隆朝 3 件，押租百两以上 1 件；嘉庆朝 7 件，押租百两以上（含 100 两）3 件；道光朝 57 件，押租百两以上有 29 件。如果再细分的话：押租在 100 至 200 两之间者 18 件，200 至 300 两者 5 件，300 至 400 两者 5 件，400 至 500 两者 1 件，500 两者 1 件，700 两者 1 件，800 两者 1 件，900 两者 1 件。押租金额百两以上者 33 件，占押租案件 49.3%。⑨这是佃农经济实力增强的最好写照。

　　广大自耕农、佃农，经过自己努力和政府一些调控政策，顺治至乾隆年间，绝大多数农民有田耕种，衣食问题基本解决，耕读不误，人际之间往来有礼，人民生活安定，社会稳定。虽然谈不上"男女喜于鲜衣美食"，⑩但只要不是灾害年间，都

---

　　① 《三省边防备览》卷八。
　　② 费南晖，《西吴蚕略》。
　　③ 方行.清代农民经济扩大再生产的形式.中国经济史研究，1986（1）．
　　④ 魏礼物，《魏季子文集》卷八，《与李邑侯书》。
　　⑤ 江太新.清代前期押租制的发展.历史研究，1980（3）．
　　⑥ 乾隆《宣平县志》卷九，《风俗》。
　　⑦ 陈盛韶，《问俗录》卷一，《建阳》。
　　⑧ 张英，《恒产琐言》，《清经世文编》卷三六。
　　⑨ 四川大学历史系，四川省档案馆主编.清代乾嘉道巴县档案选编（上，四）.土地产业纠纷·（一）租佃之争.四川大学出版社，1989.
　　⑩ 李焕斗，《节俭示》，乾隆《广灵县志》卷六，《政令》。

能达到衣食无忧。这就为社会和谐发展奠定坚实社会环境，并为社会繁荣创造必要经济条件。小农经济大量存在和发展，为盛世形成与发展提供了最扎实、最牢固的经济基础。

二、为国家统一提供雄厚经济基础

清代前期，清政府为国家统一和社会繁荣昌盛，并为建设和谐社会进行不懈努力。但国家强大的基础是以雄厚经济为后盾的，没有雄厚的经济基础，政府很难有所作为。建设和谐社会，也是以经济为基础，因为没有雄厚经济基础，政府也很难有所作为。

在封建社会里，国家财政收入主要靠田赋。自耕农、庶民地主是政府田赋的主要承担者。按照规定，官僚地主、绅衿地主本身有优免权，不承担赋税和差役。就是要完纳部分，他们也往往利用权势而规避，或与地方官吏相勾结，把赋役转嫁到自耕农身上，"诡寄"成普遍现象。自耕农（包括庶民地主）数量的多寡，直接影响到国家财政收支的丰歉，以及国家的兴衰和稳定。这点，已为学术界所共识。清代由于垦荒政策所造就的广大自耕农存在，并长期得以延续，是康乾盛世最深厚的经济基础，这是不容忽视的历史事实。

清初垦荒，增加了清政府的财政收入。明末清初长达半个世纪的战乱，给农业生产带来极大破坏，耕地面积由明万历 701 397 628 亩，至清顺治八年时仅剩下 209 858 461 亩，仅及万历六年耕地面积的 29.92%。国家每岁钱粮收入 14 859 千余两，而每年政府支出数为 15 734 千余两，出入相抵，尚不敷 857 千余两。[①]严重经济危机的阴影，笼罩着刚刚诞生的清王朝。这个新王朝如不及时摆脱这个经济危机，就会垮台。清政府为及时摆脱这一财政危机，稳定十分不安定的社会，首先把垦荒摆在重要议事日程上。经过顺、康两代不懈努力，荒芜的土地不断得到垦复。田赋收入也随之不断增加。如康熙四年三月十九日，河南巡抚张自德疏报：康熙三年所属州县开垦荒地 19 361 顷，该征钱粮银 83 140 余两。[②]康熙十九年，户部郎中鄂齐理奉差盛京后，在回京奏疏中称：勘查满州人丁新开荒地：东至抚顺，西至山海关，南至盖州，北至开源，共垦田万顷，可征钱粮银约万两。[③]如此事例，在历朝实录中比比皆是，不一一枚举。通过垦荒，国家财政收支状况也得到极大改善，从入不敷出，到库有存银。至迟，康熙六年时，清政府已完全摆脱财政危机，扭转了入不

---

① 顺治九年刘余谟，《垦荒兴屯疏》，《皇朝经世文编》卷 34，《户政》。
② 《清圣祖实录》卷 14，页 30，康熙四年三月乙巳。
③ 《清圣祖实录》卷 91，页 10，康熙十九年八月巳末。

敷出的局面，据统计，这年户部存银已达 2 488 492 两；八、九两年（1469、1670）"每岁存剩约六七百余万"两。康熙十二年（1673），"三藩之乱"爆发，军费开支剧增，尽管在这战火纷飞的年代，户部仍有库存，如康熙十六年（1677），存银尚有 5 307 216 两，康熙十七年存银数虽然有所减少，但仍有 3 339 920 两。经过漫长的八年战乱后，由于战争结束，军费开支大减，户部存银也就激剧增加。康熙二十五年，户部存银上升到 26 052 735 两，康熙二十六年，存银达 28 964 499 两。康熙三十一年至六十一年的 31 年间，户部每年存银都在 3 000 多万两至 4 000 多万两之间，最高年份达 4 736 万余两。① 雍正年间，除元年亏损 95 万两外，雍正八年以前，银库收支年盈余，从康熙末的 2 000 多万两增至 6 218 万两。随着雍正七年以后对西北准噶尔部连年用兵，军费大部分出自部库，但到末年，库存银仍达 3 453 万两。乾隆时期，二十年以前仍有银 3 000 余万两，少时不到 3 000 万两。二十年起至 4 000 万两以上，但不稳定。平准二役及回疆之役后的二十三至二十六年，降至 3 600 万两上下。二十九年后，银库存银开始加速增长：二十九年达到 5 427 万两，三十六、三十七两年达到 7 800 万两。此后几年受金川二次战役影响，库存银有所下降，四十年最低时为 6 496 万两。四十二年，又升至 8 182 万两。最后十几年间，库存银稍有下降，但亦维持在 7 000 万两以上水平，末年降至 6 939 万两。②

战争，实际上是经济实力的较量，这点早为人们所共识。清政府之所以从建立第一天起就把垦荒摆上议事日程，除了安置流民、稳定社会秩序之外，更重要的是为满足巨额军费支出，清政府建立之初，战争连绵不断，军需浩繁。据陈锋研究，顺治朝常年军费开支每年为 1 300 万两，从顺治十二年起，战时每年军费开支约在数百万两至 2 000 万两之间。依此估计，顺治朝有案可查的数字，战争开支在 1 亿两左右。康熙十二年（1673）"三藩之乱"爆发，这一战争持续了八年，这八年间，清政府军费开支高达 1 亿两以上。③ 此后，还有平定准噶尔等战役，军费开支都高得惊人。这些巨额的军费开支取之于何处？中国是个农业大国，国家财政来源主要是靠田赋征收，而商税收入有限。田赋收入的增加，主要是来自耕地面积的扩大，也就是说直接取决于垦荒所取得的成果。顺治、康熙垦荒不断取得进展，对巩固新生的清政权和统一祖国山河的战争以最有力的支持。从这个意义上来说，自耕农广泛存在和发展，对国家统一和巩固，在财政上发挥了支柱作用。

---

① 以上存银数见法式善《陶庐杂录》卷 1；《康雍乾户部银库历年存银数》，《历史档案》1984 年第 4 期；姚文然《姚端恪公文集》卷 6。

② 雍正、乾隆两朝银库存银数，见史志宏. 清代户部银库收支和库存统计. 福建人民出版社，2008：107～108.

③ 陈锋. 清代军费研究. 武汉大学出版社，1992：242、247.

三、为国家财政改革和减轻农民负担奠定物质基础

康雍乾三朝，政府进行一系列赋税改革，以及重心转移到关注民生问题，使社会出现长治久安，人民生活安定，避免过快过早发生两极分化。这个时期政府之所以有能力进行社会改革，其根源在于小农经济大量存在，为国家创造大量财富。国家财政收入的增加，国库充实，为改革提供了雄厚的资本。

1. 进行摊丁入地改革

清政府财政改革是从摊丁入地开始。顺治至康熙五十四年间，田赋与丁银是分别征收的，因而出现"有地之家，田连阡陌，所输丁银无几；贫民粮仅升合，所输丁银独多"[①]的情况。康熙五十一年宣布"盛世滋丁，永不加赋"。[②]以康熙五十年（1716）全国人丁二千四百六十二万余丁、丁银二百三十五万余两为定额，以后新增加人丁不再负担丁银。"今滋生人丁概不加赋，则丁口亦有一定，可以派归田粮，永为成例"。[③]清朝政府这时已进入盛世时期，国家财政收入丰盈，为财政征收的改革奠定基础。康熙五十五年，广东首先将丁银"就各县地亩摊征，每地银一亩，摊丁银一钱六厘四毫不等"。[④]此后，各省纷纷效法。"摊丁入地"制度推行，把丁银摊入地亩中征收，民户按照地亩多少交纳丁银，田多者多交，田少者少交，无田者不交，这就解决了少地和无地者繁重的丁银负担，同时也解决了长期以来丁银负担不均问题，对调动农民生产积极性有利。另外，由于丁银摊入地亩，农民与封建国家长期以来的人身依附关系得到解脱，人身获得更多自由，迁徙更为自由。为劳动力合理配置，打开方面之门。此外，清政府又着手解决"火耗"充公问题，并对"火耗"数额重新做了规定，一般一两银子收一二钱，比以前有所减轻。所以，赋税改革是要付出成本，没有足够财政收入作后盾，只能是一句空话。

2. 蠲免赋税，减轻人民负担

至于蠲免，在康、雍、乾《实录》中俯拾皆是。蠲免次数之多，数量之大，为历代王朝所仅见。康熙朝，蠲免各种大小项目不下500余次，所免总数超过一亿数千万两。[⑤]特别是从康熙二十五年起，几乎每年都对一省或数省实行免征全部赋额

---

① 嘉庆《湖北通志》卷一八，《户口》。
② 《清圣祖实录》卷二五〇。
③ 乾隆《海宁州志》卷三，《田赋》。
④ 王庆云，《石渠余纪》卷三，《纪丁随地起》。
⑤ 《清圣祖实录》卷二四四，康熙四十九年十月甲子。

的普免；从三十一年起，逐省蠲免起运漕米一年；从五十年起，三年之内轮免各省钱粮一次，计共免"天下地丁粮赋旧三千八百余万"。①乾隆朝的蠲免规模超过康熙朝。乾隆六十年间，计共普免全国钱粮四次（十年、三十五年、四十二年、五十五年）、漕粮三次（三十一年、四十五年、六十年），每次分数年轮完，还普免过官田租和各省积欠。其他个别省份（地区）、个别项目的蠲免和豁除旧欠数不胜数。有些蠲免还形成定例，如"每谒两陵及其他典礼，跸路所经，减额赋十之三"②的恩免例。又如，康乾时期，江苏一省蠲免，从康熙元年至乾隆六十年间，吴江等25州县，由灾蠲、普免、积欠蠲免三项所免去赋银计共 7 625 776.2 两，普免、灾蠲、免欠次数多达 653 次。③从个别地区蠲免事例即可看出，清政府在减轻人民负担上所作出的努力。清政府之所以能这样做，是由于田赋收入稳定，国库存银充实的结果。

3. 建立平粜制度

保证粮食市场价格稳定，是抗灾救灾中首要解决的问题。人不可一日无粮，一旦断粮，就会影响生产，影响社会安宁。但无论是水灾还是旱灾，或是其他自然灾害的发生，往往造成的恰恰是粮食减产或颗粒无收。在这种情况下，粮食供求关系会失去平衡。投机商或为富不仁的地主，就会乘机哄抬粮价。农民为了活命，就会变卖家产甚至土地。如果这时政府能在受灾地区抛出大量粮食，就可以保持灾区粮食市场价格稳定，增强农民抗灾信心，尽量保住仅有一点土地，以求日后活路。清政府对此问题有深刻认识，为此，在受灾地区采取各种办法来平抑粮价。

如康熙三十一年，西安米贵，政府从湖广调运米 20 万石，米价照湖广价加上运费出售，西安粮价即平；三十四年，顺义欠收，高粱一斗三百钱，政府从通仓运米一万石，五千担在顺义减价发粜，一斗百钱，"民以不困"；六十年，直隶、山东、河南、山西、陕西大旱，政府令直隶巡抚将平常仓谷 1 605 272 石、山东巡抚将常平仓谷 473 万石、河南巡抚将常平仓谷 1 347 000 石，令山西巡抚将常平仓谷 480 200石平价粜卖。乾隆二十四年，甘肃米贵，在案常例酌减不足以平市价时，政府采取限价措施，"将粟米每石减粜钱二两四钱，小麦每石减粜银二两二钱，庶贫民不致难于买食"。④

当粮食丰收之年，谷物价格下跌，也会起到破坏生产作用。康熙元、二、三年江苏松江府获丰收，石米价至五、六钱。当地农民视南亩为畏途，往往空书契卷，

---

① 王庆云，《石渠余纪》卷一，《纪蠲免》。
② 王庆云，《石渠余纪》卷一，《纪蠲免》。
③ 根据徐建青．清代康乾时期江苏的蠲免．中国经济史研究，1990（4）：93，表 5 数据统计所得.
④ 江太新．清代粮价变动及清政府的平抑粮价．平淮学刊（第五辑）（下）．光明日报出版社，1989.

求送缙绅，都"遭到坚却"。①康熙五年，苏州府秋大熟，斛米二钱，"田之所出，不足供税""富人寂粟盈仓，委之而逃……无过问者""额征追比……人户卖男、卖女、卖屋、卖坟，而田则决无从卖。田无从卖，则钱粮必不能完，而或逃或死，田地抛荒。苏州田地三百年来从无荒逃者，至今日而荒逃过半矣"。②康熙十年，广东揭阳，因"谷太贱则无可输课，耕夫无以赡家，田多抛荒"。③为了维护农民收入，保持农民生产积极性，政府动用库银，按正常市价"采买"，不致粮价顿减。乾隆元年，川陕总督查郎阿说，甘肃粮食丰收，由于地瘠民贫，一切费用皆仰给于所收之粮，有不得不粜之势，迨至争欲粜卖，价值平贱，所得无几，是以丰收之年转受粮贱之累，名为熟荒。高宗皇帝同意他的建议："秋收之后，随时随地按市价采买，使民间不受熟荒之累。"④乾隆七年又定："其采买之道，视收成丰熟之处照依时价，不可勒派，亦不可急于多籴，使民间反致价昂。"⑤

在推行平粜法方面，清代在吸收明代做法的同时，有所提高。乾隆三年，两广总督鄂弥达指出：平粜之价不宜顿减，若官价与市价相去悬殊市侩惟有藏积以待价，而小民藉以举火者必皆资于官谷。仓储有限，其势易罄，而商贩转得居奇，于其后是欲平粜而粜仍未平。若按市价减十分之一，所减有限，铺户亦必小低其值，以翼流通，而后以次递减，期平为止。只有这样"则铺户无所操其权，官谷不虞其匮，谷价可以渐平"。⑥为了做到"货集价落"，政府一方面禁止遏粜之令，同时吸收商人参与粮食运销，借给商人资本，保护商人合法利益，给少数民族商人免税优待等。⑦

清政府为解决粮食来源，鼓励外商输入粮食。外商输入粮食，政府除免其粮食税外，还按每船所运粮食数量多少，减免随船其他货物进口税。此外，还鼓励本国商人到安南（越南）、暹罗（泰国）运米回国，并可免税粜卖。⑧

四、为庶民地主发展提供广阔空间

社会安定，经济发展，为劳动力多、经营有方的家庭提供良好的发展时机。这时，富裕农民在农村的比例在增加，为清代农业资本主义发展提供更广泛空间。

明末清初，四川战乱后，人亡地荒，荒地遍野，无人耕种。后外省农民纷纷入

---

① 叶梦珠，《阅世编》卷1，《田产》。
② 陆世仪，《陆桴亭先生遗书》卷5，《姑苏钱粮三大困四大弊私言》。
③ 《揭阳县志》卷7。
④ 《清朝文献通考》卷36，市籴（5）。
⑤ 《清朝文献通考》卷36，市籴（5）。
⑥ 《清朝文献通考》卷36，市籴（5）。
⑦ 江太新.清代粮价变动及清政府的平抑粮价.平淮学刊（第五辑）（下）.光明日报出版社，1989.
⑧ 《清朝文献通考》卷26，征榷（2）。

川，据《云阳县志》载：彭汤两水之间，巨富相望，连阡接畛。田不一庄，众佃所耕，轮租自百石以下，少亦四五十石。压椿之费，常逾千两或数百两。由于当时取租，获十输五，尤轻者主四佃六。加上山地杂植，虽略征佃钱，余润正多。主不加租，佃亦尽力垦荒成熟，增种桐柏，佃收岁赢，"佃有余利，久亦买田作富人，而为佃如故"。①

据傅衣凌先生研究，江苏常熟谭晓、谭照兄弟有田数万亩。湖南湘潭周氏"田兼四县……至府不履他阡，皆其田土"。桂阳"嘉庆时，黄显儒、傅逢辰、鼓相煊亦用勤俭力田，富称北乡"。福建莆田"惠洋庶民既方南川租亦一万二千石"。康熙六十年（1721）前后，台湾诸罗县泉州人施长龄、吴洛、杨某以及广东人张振万等族，移住线东、弥西一带，投资开垦田园。而宜兰平原的开发，清初以漳人吴沙一族为主。嘉庆九年（1802）以后，则有所谓九族首（即漳人吴、杨、简、林、林、陈、陈七姓及泉州刘姓、粤人李姓）者，他们都是非身份性的人物……由占有蕃族的大量土地起家成富的。②

乾隆年间，河南受灾，郏县尤重，山西商人瞄准机会，在此大购土地，"郏人在籍置产者，尚不及十之一二。西商射利居奇者，已不啻十之八九"。政府虽有回赎之令，然"西商巧为规避"。田产终为山西商人所夺。③

鸦片战争前，"江北……无贫富皆占田，田多者以万计，坐此农益困"。④

据景甦罗仑调查，鸦片战争前山东五家地主中，仅有一家为官僚地主，其余四家都是庶民地主。⑤

为了更好了解庶民地主发展情况，除上述事例外，下面以获鹿县绅衿地主与庶民地主发展变化为例，详加叙述。

明以前，庶民地主即已存在，元末农民大起义以后，缙绅地主受到沉重打击，明初庶民地主有较大发展。但十分可惜的是，先辈们没有给我们留下可供查阅的足够的资料。清代情形不同了，尤其值得庆幸的是，获鹿《编审册》的发现，为我们打开这扇门户提供了锁匙。

获鹿县《编审册》内容有：户主姓名、户主身分（生员，监生、贡生、举人或某官职）、丁银（乾隆元年前有丁银记载，摊丁入亩后，这项目已消失）、上年编审核实地亩数、每五年间土地买进卖出记录、本次编审核实地亩数，以及经折算的税

① 民国《云阳县志》卷一三，《礼俗中》。
② 以上所引资料参见傅衣凌.明清农村社会经济·明清社会经济变迁论.傅衣凌著作集.中华书局，2007：272.
③ 孙珩，《归田稿》卷六，《复同寅议赎地书》。
④ 薛福保，《江北本政论》，《清经世文编》卷四一，《户政十三农政上》。参见傅衣凌.明清农村社会经济·明清社会经济变迁论.中华书局，2007.
⑤ 景甦，罗仑.清代山东经营地主的社会性质.人民出版社，1989.

亩数等。这种编审册为我们提供了户主的身份地位、家庭中成年男子人数、土地买卖情况，诸子分家情况，各户占有耕地变化情况，项目齐全，为我们研究提供许多方便。

这份编审册包括的时间断限，上至康熙四十五年（1706），下至乾隆三十六年（1771），前后共65年。根据五年一编审原则，应该进行十三次编审。由于康熙五十三年个别地区又行编审，所以65年间，共进行十四次编审。为了便于比较，我们暂把占地百亩以上的都列入地主户。[①]那么，每次编审中，庶民地主户与绅衿地主户数量上的增减，及两者之间比例的变化作成表格，这样可能有助于读者对基本情况的了解，如表4所示。

表4　获鹿县庶民地主户与绅衿地主户变化情况

（康熙四十五年至乾隆三十六年）

编审年份	甲数	地主户	庶民地主户		绅衿地主户	
			户	%	户	%
康熙四十五年	27	89	35	39.33	54	60.67
五十年	13	49	23	46.94	26	53.06
五十五年	16	57	16	28.07	41	71.93
六十年	19	62	34	54.84	28	45.16
雍正四年	17	86	38	44.19	48	55.81
九年	18	57	30	52.63	27	47.37
乾隆元年	12	40	21	52.50	19	47.50
六年	13	53	35	66.04	18	33.96
十一年	48	215	137	63.72	78	36.28
十六年	10	65	52	80.00	13	20.00
二十一年	13	65	52	80.00	13	20.00
二十六年	11	56	50	89.29	6	10.71
三十一年	2	7	4	57.14	3	42.86
三十六年	9	27	22	81.47	5	18.53
合计	228	928	549	59.16	379	40.84

资料来源：《获鹿县档案》，康熙四十五年至乾隆三十六年《编审册》。

由于各编审年度保留下来的材料有多有少，社甲地点又不尽相同，所以对比性相对差些。为了弥补这一不足，我们找三个材料保存较完整的社甲，即在城社、郑

---

① 江太新. 清代前期直隶获鹿县土地关系的变化及其对社会经济发展的影响. 平淮学刊（第一辑）. 中国商业出版社，1985. 该文把占地150亩以上庶民户列为地主户。

家庄社、任村社中 22 个甲进行比较。由于比较的对象是同一甲，因此我们从中更能够看到它们的变发及变化情况。在这 22 甲中，至乾隆年间，庶民地主户超过绅衿地主户的已有 15 甲，两者户数相等的有 2 甲，庶民地主户尚坐于绅衿地主户的有 3 甲，还有 1 甲的村民占地皆在 100 亩以下，这里尚未分化出地主户。在这 22 甲中，尤其值得注意的是在城社 4 甲。该甲在康熙五十年（1711）时，庶民地主只有 1 户，绅衿地主有 8 户。五年后，庶民地主上升到 2 户，绅衿地主增加到 9 户。十年后，庶民地主又增加 1 户，发展为 3 户，绅衿地主发展到 11 户。雍正四年（1726）后，庶民地主户继续扩大，而绅衿地主户走的却是下坡路，到乾隆二十一年（1756）时，庶民地主户发展到 12 户，而绅衿地主户则完全绝迹了。详细情况参看表 5。

表 5　获鹿县 3 社 22 甲庶民地主户与绅衿地主户变化情况表

（康熙四十五年至乾隆三十六年）

地名	地主类别	康熙				雍正		乾隆								合计
地名	类别	45年	50年	55年	60年	4年	9年	1年	6年	11年	16年	21年	26年	31年	36年	合计
在城社	三甲 庶民				0	0	0	0				0		2		2
	三甲 绅衿				0	0	0	0				0			0	0
	四甲 庶民		1	2	3	5			7			12				30
	四甲 绅衿		8	9	11	10			10			0				48
	七甲 庶民			1	I						5					6
	七甲 绅衿			3							0					3
	八甲 庶民			5					6							11
	八甲 绅衿			10					9							19
	九甲 庶民	0	0								2					2
	九甲 绅'衿	0	1	0							1					2
	一甲 庶民	1	2												+	3
	一甲 绅衿	0	0													0
	二甲 庶民	0	0					0								0
	二甲 绅衿	1	1					2								4
郑家	四甲 庶民	3						6	7							16
	四甲 绅衿	3						6	10							19
	五甲 庶民		4					1	3	5						13
	五甲 绅衿		5					5	3	3						16
	庶民	0			11								11			22

续表

地名	类别	康熙				雍正		乾隆								合计
		45年	50年	55年	60年	4年	9年	1年	6年	11年	16年	21年	26年	31年	36年	计
庄社	六甲 绅衿	1			1								1			3
	六甲 庶民	3					1									4
	七甲 庶民	2					3									5
	七甲 绅衿		2								4					6
	八甲 庶民		0								2					2
	八甲 绅衿		4									4				8
	九甲		4									2				8
	九甲 庶民		4					1				2	3			10
	十甲 绅衿		1					1			0	0				2
	十甲 庶民	2								4						6
	三甲 绅衿	3								6						9
	三甲 庶民	0								5	3					8
	四甲 绅衿	2								1	2					5
	四甲 庶民	0								4						4
	五甲 绅衿	0								4						4
任村社	六甲 庶民	2								9						11
	六甲 绅衿	6								2						8
	七甲 庶民									5			8			13
	七甲 绅衿									1			3			4
	八甲 庶民	0						1	1							2
	八甲 绅衿	0							0							0
	九甲 庶民	2						3	4							9
	九甲 绅衿	0							0							0
	十甲 庶民	0		0			3			5					5	13
	十甲 绅衿	1		1			0			0					0	2
合计	庶民	13	17	8	14	5	5	10	18	48	16	19	19		7	199
	绅衿	19	20	23	12	10	8	12	20	26	5	2	4		0	161

资料来源：《获鹿县档案》，康熙四十五年至乾隆三十六年《编审册》.

从表4、表5，我们可以看到，不论从整体来考察，还是从局部来考察，都可以窥视到这种趋势，即在康熙四十五年至乾隆三十六年的65年间，庶民地主在发展，绅衿地主在逐渐减少。在两者之间的户数比例上，绅衿地主户由主导地位退居到次要地位，而庶民地主户却由次要地位上升到主要地位。这是清代前期，地主阶级内部阶层构成上的重要变化。

　　清代前期地主阶级阶层构成，除户数增减比例升降这一变化外，另一重要变化是：两者占有的耕地数量也在变化。由康熙四十五年至康熙六十年的四个编审年里，庶民地主占有耕地数量为整个地主阶级占地量的28.71%，而绅衿地主占地数量却高达71.29%；雍正年间，庶民地主占有耕地数量为整个地主阶级占地量的33.17%，比康熙年间上升了4.36%，绅衿地主占地数量却下降到66.83%。而在乾隆年间，这种变化继续发展，庶民地主占有耕地数量为整个地主阶级占地数的60.52%，[①]与康熙年间相比，整整翻了一翻，甚至还要多些。各个编审年度里，庶民地主和绅衿地主占有耕地面积数量的变化，参见表6。

表6　获鹿县庶民地主与绅衿地主占地情况变化表
（康熙四十五年至乾隆三十六年）

编审年份	编审甲数	庶民地主		绅衿地主	
		耕地数（亩）	%	耕地数（亩）	%
康熙四十五年	27	58673.9	22.89	17837.2	77.11
康熙五十年	13	3378.3	23.86	10784.5	76.14
康熙五十五年	16	2580.6	14.36	15390.0	85.64
康熙六十年	19	4815.0	36.31	8444.2	63.69
雍正四年	17	5848.4	28.18	14901.8	71.82
雍正九年	18	4775.3	38.16	7739.4	61.84
乾隆一年	12	3247.9	35.50	5902.1	64.50
乾隆六年	13	5108.1	58.48	3626.3	41.52
乾隆十一年	48	22635.8	48.23	24292.5	51.77
乾隆十六年	10	7836.2	70.05	3350.3	29.95
乾隆二十一年	13	9192.5	78.08	2580.5	21.92
乾隆二十六年	11	7898.5	80.18	1952.2	19.82
乾隆三十一年	2	505.4	41.30	718.4	58.70
乾隆三十六年	9	3196.2	72.30	1224.4	27.70

资料来源：《获鹿县档案》，康熙四十五年至乾隆三十六年《编审册》。

　　清代前期，庶民地主和绅衿地主的消与长，还可以从每户占有耕地面积的变化进行考察：绅衿地主在康熙年间（康熙四十五年至康熙六十年），每户平均占有耕地

---

① 这个数为乾隆三十六年间八次编审中，庶民地主占地百分比平均值。

355.5 亩；雍正年间，每户平均占有耕耕地 298.6 亩；乾隆年间（乾隆元年至乾隆三十六年），每户平均占有耕地 261.2 亩。由此可见，每户绅衿地主自康熙年间至乾隆年间平均要减少耕地 94.3 亩。这种变化不可谓之不大！至于庶民地主每户平均占有耕地的数量却变动不大，主要体现在户数增加及占有的耕地总数增多上。参见表 7。

表 7 获鹿县庶民地主与绅衿地户每户平均占有耕地面积情况
（康熙四十五年至乾隆三十六年）

编审年分	编审甲数	庶民地主			绅衿地主		
		户数	占地总计（亩）	每户平均（亩）	户数	占地总计（亩）	每户平均（亩）
康熙四十五年	27	35	5293.9	151.2	54	17837.2	330.3
雍正五十年	13	23	3378.3	146.9	26	10784.5	414.8
雍正五十五年	16	16	2580.6	161.3	41	15390.0	375.4
雍正六十年	19	34	4815.0	141.6	28	8444.2	301.6
雍正四年	17	38	5848.4	153.9	48	14901.8	310.5
雍正九年	18	30	4775.3	159.2	27	7739.4	286.6
乾隆一年	12	21	3247.9	154.7	19	5902.1	310.6
乾隆六年	13	35	5108.1	145.9	18	3626.3	201.5
乾隆十一年	48	137	22635.8	165.2	78	24292.5	311.4
乾隆十六年	10	52	7836.2	150.7	13	3350.3	257.7
乾隆二十一年	13	52	9192.5	176.8	13	2580.5	198.5
乾隆二十六年	11	50	7898.5	158.0	6	1592.2	325.4
乾隆三十一年	2	4	505.4	126.4	3	718.4	239.5
乾隆三十八年	9	22	3196.2	145.3	5	1224.4	244.9

资料来源：《获鹿县档案》，康熙四十五年至乾隆三十六年《编审册》。

从康庶四十五年至乾隆三十六年，庶民地主和绅衿地主在各个编审年中占有的耕地面积，与各个编审年中耕地总面积之比，生动地告诉我们：庶民地主是生机勃勃地向前发展，而绅衿地主却逐渐走下坡路。康熙四十五年时，庶民地主占有耕地为总耕地的 4.61%，绅衿地主占有耕地为总耕地的 15.53%。康熙六十年时，庶民地主占有耕地为总耕地的 7.67%，绅衿地主占有耕地为总耕地的 13.46%。乾隆六年时，庶民地主占有耕地为总耕地的 11.52%，绅衿地主占有耕地为总耕地的 8.18%。乾隆二十六年时，庶民地主占有耕地为总耕地的 16.73%，绅衿地主占有耕地为总耕地的 4.14%。参见表 8。

表8　获鹿县庶民地主与绅衿地主占有耕地的百分比

（康熙四十五年至乾隆三十六年）

编审年分	编审甲数	耕地总面积（亩）	庶民地主		绅衿地主		一般农户	
			耕地面积（亩）	占地面积%	耕地面积（亩）	占地面积%	耕地面积（亩）	占总面积%
康熙四十五年	27	114882.0	5293.9	4.61	17837.2	15.53	91750.9	79.86
康熙五十年	13	53370.8	3378.3	6.33	10784.5	20.21	39208.0	73.46
康熙五十五年	16	66900.6	2580.6	3.86	15390.0	23.00	48930*0	73.14
康熙六十年	19	62740.0	4815.0	7.67	8444.2	13.46	49480.8	78.87
雍正四年	17	79866.7	5848.4	7.32	414901.8	18.66	59116.5	74.02
雍正九年	18	76476.3	4775.3	8.24	7739.4	10.12	63961.5	83.64
乾隆一年	12	45109.8	3247 9	7.20	5902.0	13.08	35959.8	79.72
乾隆六年	13	44327 .0	5108.1	11.52	3626.3	8.18	35592.6	80.30
乾隆十一年	48	177847.3	22635.8	12.73	24292.5	13.66	130919 .0	73.61
乾隆十六年	10	A6820.3	7836.2	16.74	3350.3	7.16	35633.8	76.10
乾隆二十一年	13	49564 7	9192.5	18.55	2580.5	5.21	37791.7	76.24
乾隆二十六年	11	47207.5	7898.5	16.73	1952.2	4.14	37356.9	79.13
乾隆三十一年	2	5981.6	505.4	6.23	718.4	12.01	4757 8	81.76
乾隆三十六年	9	22416.7	3296.2	14.26	1224.4	5.46	17996.1	80.28

资料来源：《获鹿县档案》，康熙四十五年至乾隆三十六年《编审册》。

庶民地主的发展，除了为中国农业资本主义发展拓宽了道路外，由于他们本身经济条件较好，农具牲畜齐全，肥料较多，有利于精耕细作，提高农作物产量，在为盛世提供物质财富的同时，也为拉动市场消费发挥作用。

五、缓解了新增人口对粮食需求的压力。

明末清初长达半个世纪的战乱，人口伤亡极为严重。据顺治八年（1651）统计，全国人丁仅为 10 633 326 丁而已，经过顺治、康熙长达七八十年休养生息，至雍正元年（1723）全国人丁数上升到 25 326 307 丁之多，到乾隆二十七年（1762），全国人口突破 2 亿大关，到道光十四年（1834），全国人口又较乾隆二十七年番了一番，突破 4 亿大关。人口快速增长，对粮食的需求也急剧增加。康熙四十八年（1709），李光地指出，"米价之贵，盖因人民繁庶之故"。[①]康熙五十二年（1713），清圣祖更明确

---

① 王先谦，《东华录》，康熙四十八年。

指出，"如此丰年，而米粟尚贵，皆由人多田少耳"。①乾隆十三年（1748），清政府曾开展"米粮日贵"之由大讨论。湖南巡抚杨锡绂称："盖户口多，则需谷也多……户口繁兹，足以致米之价逐渐增加，势必然也。"②其他官员如两江总督尹继善、云贵总督张允随、云南巡抚图尔炳阿、湖北巡抚彭树葵以及江西巡抚、山东巡抚、河南巡抚都有人与地之关系的议论。③随着人口急剧增加，原有耕地已无法养活这么多的新增人口，因此无业流民大增。仅乾隆八年至十三年的短短六年间，广东、湖南之民"赴川就食者"达 243 000 余人。④乾隆年间，湖南、湖北"携家入蜀者不下数十万"。⑤其余进入东北、热河、内蒙、台湾流民尚不计在内。在这巨大人口压力下，康熙以后各代皇帝都认识了解决新增人口粮食问题的重要性。要解决新增人口粮食问题，除了对原有耕地进行挖潜改造，推广良种、增加投入外，主要办法是开垦更多新耕地。因此，在原有荒地复垦后，政府把开垦的对象转移到山区、边区、湖区、沙坦等未开垦土地。这些新开垦的土地对养活新增人口起了巨大作用，同时也为内地增加粮食供应。如郑吉士到四川乐昌后，在任职期间，积极推行招垦政策，其结果是"高原逐谷，旷土渐开"，新安插新民千余户"熙然鼓腹，足以养生而有余"。⑥江西赣州系山区，经开发后成为盛产粮食之乡，豫章、吴会"咸仰给焉，两关转谷之舟络绎不绝，即险岁亦橹声相闻"。⑦漳泉之民大量迁台后，台湾荒地进一步得到开发，号称"一年丰收，足供四五年之用"。⑧原来开发较迟的贵州，经过清代前期开垦，变化十分显著，《黔西州志》称："黔西从岩疆下里，而烟联万里，户积千箱，曩时所称刀耕火种之乡，今皆人浮万口，大有频书盈宁，富庶埒中州矣。"⑨《热河志》称：归化城土默特旗、河套西部和热河一带，自康熙至乾隆渐次开发，并取得很大成绩。对此，乾隆皇帝有很高评价，称"口外东自八沟，西至土城子一带皆良口，直隶、山东无业贫民出口垦种者不啻亿万，此汉唐宋明所无也"。⑩口外的开发不仅解决移民自身食粮，而且还为京师提供大量商品粮。《圣祖实录》称："今河南、山东、直隶之民往边外开垦者多，大都京城之米自口外来者甚多。口外米虽极贵时，秫米一石不过值银二钱，小米一石不过值银三钱，京师亦常

---

①《清朝文献通考》卷 2，《田赋》（二）。
②《高宗实录》卷 311。
③ 江太新.清代粮价变动及清政府的平抑粮价.平准学刊（第五辑）（下）.光明日报出版社，1989.
④《高宗实录》卷 311。
⑤《四川通志》卷 43，《皇清艺文·楚民寓蜀疏》。
⑥ 郑吉士，《岳阳书院记》，嘉庆《四川通志》卷 80，《学校志》（五）。
⑦ 乾隆《赣州府志》旧志。
⑧ 连横，《台湾通志》，《农业志》，引闽浙总督高其倬奏稿。
⑨ 乾隆《黔西州志》。
⑩《热河志》卷 7，《仁宗实录》卷 226。

赖之。"①陕西、四川、湖北三省交界南山老林及巴山老林开发,解决了江、广、黔、楚、川、陕无业者"数以百万计"。②他们在这里重新找到就食安身之处。《兴安府志》称:终南山区"处处俱成村落"。③商州地区乾隆以后,也日渐开辟,"虽山头地角,开尽无遗"。④商南"跬步皆山,久经开垦,并无老林"。⑤

尤其是山区和边区的开发,不但养活了数以百万计从"狭乡"游离出来的人口,而且也减轻了"狭乡"的粮食压力,从而使"狭乡"粮食供应趋于平稳。东南苏州、江宁、杭州、安庆、福州五府,系缺粮之区,本地所产粮食不足以供本地人民之食,不足食粮多赖于四川、湖南、湖北、江西、台湾等地供给。从乾隆二十八年(1763)至光绪十年(1884)的121年间考察看,其粮价上涨是有限的。其间,涨幅最大的为江宁府,每年平均上涨粮价不过0.015两,涨幅最小的为安庆府,每年平均上涨粮价仅仅是0.006两。五府拉均扯平,每年上涨粮价仅仅是0.01两,涨幅不过是五府每年平均粮价1.973两的0.0058%。⑥参见表9。

表9　中国东南地区中米价格(1763~1884)

指数:1788-1790=100 *　单位:银两/每石

年份	苏州府		江宁府		杭州府		安庆府		福州府	
	价格	指数	价格	指数	价格	指数	价格	指数	价格	指数
1763					2.02	117				
1768	1.73	117	1.61	112			1.36	94		
1763	1.67	113	1.62	113						
1770							1.77	122		
1778	1.85	125	1.90	132						
1783	2.03	137	1.84	128	1.98	114	1.57	108	1.84	104
1784	1.77	120	1.87	130	1.95	113	1.69	117	1.88	106
1788	1.54	104	1.52	106	1.73	100	1.44	99	1.80	102
1789	1.49	101	1.47	102	1.74	101	1.51	104	1.83	103
1790	1.42	96	1.34	91	1.71	116	1.41	97	1.69	95
1791	1.43	97	1.32	89						
1797									1.71	97
1798									1.69	95

---

① 《圣祖实录》卷230,卷240。
② 《宣宗实录》卷10。
③ 毕沅,《兴安升府奏疏》,咸丰重刊乾隆《兴安府志》卷25,《艺术》(一)。
④ 乾隆《续商州志》卷3,《田赋》。
⑤ 卢坤《秦疆治略》。
⑥ 江太新.清代粮价变动及清政府的平抑粮价.平准学刊(第五辑)(下).光明日报出版社,1989.

续表

年份	苏州府		江宁府		杭州府		安庆府		福州府	
	价格	指数	价格	指数	价格	指数	价格	指数	价格	指数
1799							1.50	103	1.66	94
1800	1.25	84	1.26	88	1.56	96	1.50	103	1.65	93
1801	1.68	114	1.67	116	1.80	104	1.51	104	1.59	90
1802	1.97	133	1.82	125	2.27	131	1.53	106	1.53	86
1816	2.76	186	2.70	188	2.99	173	1.91	132	2.14	121
1817	2.29	155	2.18	151	2.28	132	1.78	123	1.98	112
1826	2.28	154	2.48	172	2.76	160	1.56	108	2.31	131
1827	2.17	147	2.47	172	2.80	162	1.72	119	2.17	123
1828	2.18	147	2.44	169	2.56	148	1.51	104	2.03	115
1830					2.86	165				
1832	2.43	164	2.73	190	2.67	154	1.96	135	2.63	149
1833	2.81	190	2.94	204	2.92	169	2.15	148	2.51	142
1834	3.03	205	3.07	213	2.89	167	2.57	177	2.78	158
1835	2.20	149	2.27	158	2.62	151	2.06	142	2.51	142
1836	2.25	152	2.26	157	2.67	154	1.96	135	2.56	145
1844	2.36	159	1.55	108	2.35	136	1.13	78	2.00	113
1845	2.24	151	1.42	99	2.49	144	1.11	77	1.98	112
1846	2.00	135	1.17	81	2.49	144	1.00	69	1.83	103
1847	1.96	132	1.57	109	2.49	144	1.06	73	1.84	104
1848	1.98	114	1.56	108	2.49	144	1.07	74	1.81	102
1851	2.03	137	1.47	102	2.19	127	1.21	83	1.65	93
1852	1.32	89	1.42	99	1.86	108	1.19	82	1.66	94
1853	1.29	87	1.28	89	1.76	102	1.05	72		
1863									2.45	138
1864									2.47	140
1870	2.08	141	2.05	142	2.63	152	1.94	134	2.50	141
1871	1.93	130	1.72	119	2.44	141	1.73	119	2.32	131
1873	1.74	118	1.64	114	2.36	136	1.28	88	2.08	118
1874	1.73	117	1.66	115	2.28	132	1.28	88	2.02	114
1881	1.40	95	1.36	94	1.97	114	1.24	86	1.85	105
1882	1.48	100	1.50	104	1.93	122	1.23	85	1.89	107
1883	1.73	117	1.55	108	2.12	123	1.43	99	2.00	113
1884	1.72	116	1.59	110	2.07	120	1.43	99	2.00	113

资料来源：王业健，《清代粮价的长期变动》一文中《中国东南地区中米价格》。

*引者说明：各府指数，系指各府 1788~1790 年三年间的粮价平均数。苏州府为 1.48 两，江宁府为 1.44 两，杭州府为 1.72 两，安庆府为 1.45 两，福州府为 1.77 两。

就清前期而言，那时人口相对来说比嘉道以后要少，粮食需求相对少些，除灾荒地区外，一般来说粮价相对稳定，这得益于新自耕增加，以及新开垦地亩扩大，抵销部分新增人口的压力。同时，又为新增人口创造了条件。

六、为商品经济发展提供广阔前景

康乾盛世表现之一，是市场繁荣，供需两旺。这一特点是与中国特色的地主制经济结构相关联的。这种经济结构，是以个体农民家庭为经济单位，人口规模小，耕地面积少，产品结构单一，是使用价值生产，无法解决经济单位自身再生产需求。需求多样性与生产单一性的矛盾，只有通过市场调节，才能使个体经济单位生产得以再运行。否则，连简单再生产也无法进行。这种关系与西欧领主制大不相同。只有充分认识到这一特点，才能理解康乾盛世繁荣昌盛的原因。

西欧领主制下庄园经济的实物地租具有多样性，如粮食之外牛、羊、鸭、奶、鱼、水果之类；在庄园中还有各种手工业，有各种工匠，如铁匠、皮鞋匠、制酒人等；还有管理饮食的厨师、面包师等，制造面包及各种工业品以满足庄园的需要。在庄园内部的各项分工是经济单位内部的分工。当然，庄园内所需的各种消费品不可能百分之百皆自己生产，有少部分通过购买，但主要是自造自给，基本是使用价值形态的自给自足。在一个庄园之内，封建领主与在其奴役下的农奴都不例外。因此，这种封建领主制对商品经济的发展具有排他性，与封建庄园之外发展起来的工商业城市处于互相对立状态，城市工商业产品无法打进封建庄园。[①]

中国封建社会时期，在地主制经济制约下，商品经济相当发展，以至有的学者认为战国时期社会经济结构已有资本主义因素。傅筑夫先生在《中国古代经济史概论》中说：东周以后，中国由领主制经济逐渐发展变化为封建制度，它既不是原来的那种纯粹的封建制度，又不是真正的资本主义制度，它含有两种程度不同的成分，封建成分占比重大些，资本主义成分所占比重小些。[②]也有学者认为唐宋时期已有资本主义萌芽。吴海若先生说："唐宋时种蔗都是商品生产，需要多数人协作，糖霜户已经分化，其中必然有资本主义生产萌芽。"[③]张洞明、杨康荪、宣斯文先生认为：均田制完全瓦解之后，非身份性地主的"结构与身份性地主经济有着本质上的区别，而趋向于资本主义的范畴"。[④]束世徵先生认为，北宋已部分出现"完全使用雇佣工

① 李文治，江太新. 中国地主制经济论——封建土地关系发展与变化. 中国社会科学出版社，2005：17.
② 傅筑夫. 中国古代经济史概论. 中国社会科学出版社，1981.
③ 吴海若. 中国资本主义生产萌芽. 中国资本主义萌芽问题讨论集. 三联书店，1957.
④ 张洞明，杨康荪，宣斯文. 试论中国封建社会非身份性地主经济的性质. 学术月刊，1982（10）.

人的资本主义农业经营者"。[1]认为萌芽产生明清两代者更多，如李文治、田培栋、尚钺、韩大成、傅筑夫、李竞能、陈诗启、魏金玉、杨生民、剪伯赞、傅衣浚、黄冕堂、黎民、李之勤、景甦、罗仑、吴承明、凌耀伦、熊甫、裴倜等先生。[2]在这里，我们姑且不去理论当时经济成分是否含有资本主义因素，但从他们论著中至少可以看到：从战国时期开始，中国已有商品生产和商品交换这一事实。也就是说，他们都认为中国封建社会里，市场经济已有相当程度发展，并与地主制经济紧密地联系在一起，不离不舍。关于中国封建社会必然与商品经济发生联系问题，经君健先生的《试论地主经济与商品经济的本质联系》一文，有很精到的论述。[3]可供参考。

中国地主制经济之所以与商品经济必然联系在一起，最根本原因：中国是以农民家庭为经济实体的生产单位。中国封建社会以小农经济为主体，无论自耕农还是佃农，一般都是一家一户由父母带几个未成年孩子组成一个生产单位；子壮则出分，子女成婚后，则另立一个新家庭，形成一个新的生产单位。这种家庭人口的规模都不大。直隶获鹿县，嘉道咸年间保留了大量的《烟户册》，为我们考察清代家庭人口结构提供了十分珍贵的资料。参见表10。

表 10　获鹿县嘉道咸时期家庭儿口组成状况

类别	嘉庆朝		道光朝		咸丰朝	
	户数	%	户数	%	户数	%
合计	4346		4517		2810	
一人户	144	3.31	152	3.37	168	5.98
二人户	524	12.06	582	12.88	383	13.63
三人户	805	18.52	898	19.88	545	19.40
四人户	829	19.08	929	20.57	549	19.54
五人户	661	15.21	654	14.48	409	14.56
六人户	471	10.84	427	9.45	252	8.97
七人户	279	6.42	278	6.15	165	5.87
八人户	169	3.89	183	4.05	90	3.20
九人户	149	3.43	106	2.35	68	2.42
十人户	96	2.21	88	1.95	60	2.14
十一至十五人户	182	4.19	168	3.72	107	3.81
十六人以上户	37	0.85	52	1.15	14	0.50

资料来源：《获鹿县档案》，嘉庆、道光、咸丰年间《烟户册》。

[1] 束世澂.论北宋时资本主义关系的产生.中国资本主义萌芽问题讨论集.三联书店,1957.
[2] 江太新.评介中国农业资本主义萌芽问题的研究.农史研究（第五辑）.农业出版社,1985.
[3] 经君健.试论地主经济与商品经济的本质联系.中国经济史研究,1987（2）.

表 10 反映的虽然是嘉道咸家庭人口结构情况，但由于中国家庭结构模式较固定，所以这种家庭人口结构仍然适合清前期。表中数字告诉我们：一般家庭人口规模很小，一般是由三、四、五口组成，这种三、四、五口组成的家庭要占总户数的一半，如果把一口、二口及六口之家也算在一起，这类家庭人口要占总农户数的 80% 上下。也有世代同堂大家庭，但为数很少。清代家庭人口结构，用一个形象器物来表示的话，它像一个中式汤匙，前端大，后面则拖着一条长长的尾巴。这种人口规模很小的家庭结构，很难实现大规模分工合作，进行多种经营，达到产品自供自给。清文献记载：中国家庭人口结构为八口之家。就是这样，也依然是属于人口少的经济单位。这些家庭有的也从事一些手工副业生产，但也仅仅是就地取材，生产某种产品而已，产品很单一，无法实现使用价值的自供自给，只能起到补充家庭经济之不足而已。

另外，小农户所经营的耕地面积很少，生产规模很小，产品以生产粮食为主，很单一。南方之家，由于是水田作业，劳动量较大，需要劳动力较多，根据学者研究，一个劳动力所能耕种面积多者为十亩，少则几亩，家庭劳动力多者可超过二十多亩。但在整个生产过程中，还需要家庭成员共同协作，才能完成作业。耕地面积再多，则需请帮工或雇佣长工或短工帮忙，或者出租部分土地。章友义先生认为，南方有地三十亩者，则为地主矣；北方农户耕种面积可相对大些，由于旱作，较节省劳力。雍正、乾隆年间，直隶博野人尹会一说："北方地土辽阔，农民惟图广种，一夫所耕自七八十亩、以至百亩不等。"[①]朱云锦亦说，北方"一夫之力耕旱田可三十亩"。[②]山东巡抚阿里衮奏称："此地多旱田，易种，一夫亦不过二十余亩。"[③]根据当时人们的记载，在北方一个劳动力耕种旱田二三十亩是不成问题的，甚至还可以多些。家庭劳动力多者可耕上百亩，或者更多一些的土地。北方农户耕种土地虽比南方农户多些，但亩产量要比南方低，也是仅够维持生活而已。总之生产规模不大。以耕种的作物品种来看，南方以水稻为主，兼种点小麦；北方所种作物品种多些，如小麦、小米、玉米、高粱等。不论南方或北方都以生产粮食作物为主，以保证粮食供应为前提，品种很单一。也有家庭取出一部分土地种植经济作物，如种植棉花、苎麻、茶、烟草、药材或种桑养蚕等，但由于地区自然条件不同，各地农户所种的作物也很单一。除了粮食、蔬菜能自给之外，其余日常所用，或生产所需的农具，都无法取得使用价值的自给。

这些农民家庭又是最大的消费群体。农家生活和生产需求是多样的，如日常生

---

① 尹会一，《敬陈农桑四务疏》，《清经世文编》卷三六，《户政十一·农政上》。
② 朱云锦，《豫乘识小录·户口》，《清经世文编》卷三十。
③ 山东巡抚阿里衮奏，乾隆十三年八月辛亥。

活用品包括油、盐、酱、醋、锅、碗、瓢、盆、衣服、鞋、帽、被帐等，生产用的
犁耙、锄铲、镰刀等金属用具，还需磨、碾、碓、碌碡等石器，乃至车辆、船等只
运输工具，以及用于挽运的耕牛、骡马、驴等大型牲畜；从事纺织的家庭，还需具
备纺织机，等等。然而，这些都不是一家一户小农家庭经济体内所能自行生产的。
各个经济单位产品单一性，与需求多样性之间便产生了矛盾。这矛盾要得到解决，
只能通过不同经济单位之间交换，才能得以实现。市场就成为各经济单位联结的纽
带。各个单独经济单位将粮食或其他产品送到市场出卖后，兑换成货币，再去购买
所需日常用品和各种农具，即通过使用价值的卖，转化为货币，再通过货币购买各
种所需生活和生产资料，达到自给。但这种自给是通过价值形态来实现的。所以，
以一家一户为经济单位的小农经济，如果不与市场联系，就是连简单再生产也无法
维持。

　　地主虽有占地万亩者，甚至几万亩者，但这些土地所有者多为官僚地主，或军
阀地主。长期以来，中国封建社会养成了这样的一个习俗：士大夫之家不亲事稼穑，
土地以出租为主。如新安齐康指出："近世士大夫家，不能身亲稼穑，类皆分给佃户
耕作"。山阳县知县祝豫云："士大夫之家有恒产者，未能春而耕，秋而敛也。于是，
佃其邑之农民，俾之耕作，岁取其租，输正供、以赡衣食。"[1]这些地主把土把划分
为一小块一小块，分别租给缺地或少地的农民家庭耕种。南方农户，一般家庭承租
土地不过几亩，或十几亩，家庭劳动力充裕，则可承租更多土地耕种；北方农户承
租土地规模大些。但承租者种植的作物很单一，不论南北方，一般以生产粮食为主，
也有种植经济作物的，但同样是品种单一。地主所收的地租以粮食作物或货币为主。
也有地主自行经营土地的，他们雇用长工进行耕种，但种植的还是以粮食作物为主。
他们除了粮食不用买外，其余日用生活品，以及礼尚往来开销、子弟教育的开支等，
都得靠出卖粮食去换取货币来维持；收取货币地租者，可直接进行交换。但他们照
样离不开市场。

　　使用价值生产的单一性，与生产生活需求多样性的矛盾，不论在地主抑或自耕
农、佃农组成的经济单位内都不能自行解决，必须通过交换来实现。这就是在地主
制经济制约下，所形成小农经济与市场经济谁也离不开谁的根本原因。到明清时期，
农民与市场经济联系更密切。根据李文治先生研究，从明中叶到清代鸦片战争前约
三百年间，关于各个地区各种类型农户的商品率，以中等农户计，从农家出售农副
产品数额考察：第一类是买布而衣地区农户，出售产品约占 30%～35%。第二类是
以粮产为主兼事植棉纺织农户，黄河流域中下游自耕农，其种麦出售兼事纺织进行

---

[1] 李程儒，《江苏山阳县收租全案》，《清史资料》第二辑。

商品生产农户，售麦售棉布合计，约占总产值的 35%～40%，其只出售麦类或只出售棉布之类农户，出售部分约占总产值约 20%～30%。租佃农，交纳实物租农户，出售农副产品所占比重酌减。其交纳货币租农户，出售部分当在 30%以上。长江流域各省农户，出售农副产品合计，自耕农约为 30%或 30%以上；租佃农约为 20%，其交纳货币租的，出售部分要远超过 30%。第三类是植棉纺织专业区和专业户，出售棉花和纺织品所占比重，视棉田比重而定，棉田比重小者约占总产值的 60%～70%，比重大者可到 80%以上。第四类是棉蚕外的其他经济作物同粮食混合种植区，各类农户因种植经济作物所占比重而不同，一般在 30%以上，50%～60%者占大多数，高者可达 80%。①

以上事例说明：在地主制经济体制下，商品经济发展空间是很广阔的，但要受到地权分配的制约。

占人口 90%的农民，是商品的主要销售者，如果他们经济收入较多，生活过得较富裕，对商品需求旺盛，商品生产就会得到发展，市场就会变得繁荣，国家也就昌盛。如果 90%的农民贫困化，他们就会压缩消费，把需求降到最低水平，商品没有出路，生产者面临的是失业或破产。市场缺乏交易，变得冷清。虽然官僚、地主、商人、文人墨客集中的城市，由于他们生活奢侈，对消费有一定拉动作用，但人数不多，对全国经济发展拉动有限，对此不能过高估计。但在盛世时期，可以锦上添花。

中国有许多聚族而居的地方，但家族内部是由许多各自经济独立的小家庭组合而成的，各个家庭经济独立核算，家族不是一个整体经济核算单位。因此聚族而居，不等于是大家庭，更不等于是一个经济单位，这点不可混淆，更不可与西欧领主经济相提并论。

七、简短小结

康乾盛世的基础是小农经济占主导地位，土地大部分或绝大部分为农民所占有，小农经济稳定发展，为政府提供了大量赋税收入，使政府在雄厚经济基础上，维护祖国统一，平衡各类经济体利益，使市场繁荣，文化发展，社会和谐。如果离开地权占有关系来谈盛世，无疑是隔靴搔痒。盛世之所以无法持续，其根本原因也在于地权关系的改变。土地兼并激烈，加速农民丧失土地，这时地权占有发生倒置，地主占有土地上升，不到总户数 10%的地主，却占有半数或半数以上的土地。广大农

---

① 李文治，论明清时代农民经济商品率. 李文治集. 中国社会科学出版社，2000.

民处于少地或无地状态。自耕农贫困化，损害了政府财政收入的基础。政府财政拮据，盛世难以维持。如果清政府在乾隆后期，能及对发现和调节已发生变化的关系，保持各经济体内的平衡，盛世还是可以持续的。随时根据社会情况变化，及时调整政策，保持各类经济体平衡，是保证社会健康发展的关键。

清代前期北京住房制度[①]

北京社会科学院　邓亦兵

内容摘要：清军攻入北京，除占领李自成及其官员所弃明宫、豪宅外，还圈占了原住民的宅院。对初建政权的清政府来说，其军队、官员等政权统治系统的基础都必须留在城内，因此产生圈占京城原有住房，分给军队与官员的分配住房制度。在内城，政府推行分配住房制度，在外城，维持原来的商品房制度。但是这种住房制度，深受经费短缺，及房产市场的冲击，使其不断变化，直至最后消亡。

关键词：清代前期　北京　住房制度

关于清代北京住房问题，前人早有研究，其中以张小林《清代北京城区房契研究》[②]和刘小萌《清代北京旗人社会》[③]两书最为著名。因为两书不仅引用了房契，而且进行了研究。刘小萌的论著利用了中国社会科学院近代史研究所图书馆、中国科学院图书馆、北京大学图书馆善本部藏清代房契原件、首都博物馆藏清代房契，及多件满文房契文书，从社会史、经济史角度，探讨了旗房的交易形式及特点，提出内外城住房不同的所有制，"外城屋舍系民人自建或自置，属个人私有；内城旗房系清廷圈占后无偿分拨给八旗官兵居住，属国有性质"。张小林也利用中国社会科学院近代史研究所藏清代房契原件、北京大学图书馆藏清代房契和中国第一历史档案馆藏清代房契，从政治制度史角度对北京内外城不同时期房契文书的契文、契纸变化，政府管理的变通等问题进行了探讨，指出"清代北京地区居民的住房分为民房、旗房，其社会房产关系的基本构成，也是国家所有、私人所有并存""清政府对北京地区房地产买卖及有关事宜实行双轨制管理模式"。他们都提出了京城住房双轨制问题。

---

① 清代前期，指顺治元年至道光二十年间（1644~1840）。北京，清代前期称京师，本文研究的房产交易专指内外城区而言，不含关厢。内城在九门和相联的城墙之内。九门从南面西边始为宣武门、正阳门、崇文门，东面为朝阳门、东直门，北面为安定门、德胜门，西面为西直门、阜成门。外城在十门和连接的城基之内。十门从南面西边始为右安门、永定门、左安门，东面为广渠门、东便门，北面为崇文门、正阳门、宣武门，西面为西便门、广宁门（广安门）。其中宣武门、正阳门和崇文门及城墙是内外城的分界，以北为内城，以南为外城，所以外城也称南城。

② 张小林.清代北京城区房契研究.北京：中国社会科学出版社，2000.

③ 刘小萌.清代北京旗人社会.北京：中国社会科学出版社，2008.

　　在前人研究的基础上，本文利用中国社会科学院近代史研究所图书馆藏清代房契原件，并得到张小林提供所抄的清代房契抄件，得益于刘小萌对满文房契的译文，以及转抄中国科学院图书馆、首都博物馆藏清代房契。此外，本文也利用了张传玺主编《中国历代契约会编考释》（下），刘宗一《北京房地产契证图集》，据邓拓遗稿抄录六必居各时期卖房原始资料[①]，万全堂药铺卖房资料[②]等。另一方面，利用了中国第一历史档案馆藏《内务府奏案》《军机处录副奏折》，各时期会典、实录、八旗通志等政府方面的档案史料，从细节入手，具体地探讨制度形成、内容、变化及其缺陷。

　　顺治元年（1644）三月，"李自成陷燕京"，[③]在此期间，李自成"括取诸王、公侯、驸马、官民财货"，占有明代王公的豪宅。[④]据李治亭等学者研究，"李自成一进北京，就直奔明宫，并在这儿住下来，即唤娼妇小唱梨园数十人入内""其将吏也仿效，虽不进皇宫，但可分居百官第，如刘宗敏占据明都督田宏遇的豪宅，李过占用都督袁祐府第，谷可成占万驸马府，田见秀据曹驸马府，李岩则占了嘉定伯府第等。在他们之下的各级将吏，多踞富民巨室。"[⑤]大约过了一个月，因清军逼近京城李自成撤离。

　　清军五月初二日攻入北京，六月建都京师。[⑥]他们占领了李自成遗留下来的明宫，以及各级官员留下的豪宅巨室，同时也圈占了普通民居。随后，大量八旗官兵及其家属迁入京城。是时政府虽然未提出原住民全迁南城，但清军入内城居住后，兵丁拆毁"群房墙壁"，或与原住民杂处，纠纷濒起，引出一些问题。如孔衍植奏称："前朝赐臣第一区，坐落中城小时雍坊太仆寺街""昨大兵入城，其本坊房屋俱赡于东兵居住。惟臣府第荷蒙恩准特留。于去年十二月内赴京庆贺，见其周围群房墙壁，闻系兵丁拆毁，今暂为备葺。忽于本月二十三日午时，有满洲官三员，口称工部官，赴臣寓所，要臣府第，臣不敢擅与，亦不敢不与。倘以臣之赐第在满洲之界，伏乞皇上敕下该管衙门，依照旧居规制，另为恩赐一区，以便居住朝参。"[⑦]政府治理不了，于是在顺治五年（1648）八月辛亥，下令全部原住居民南迁。上谕："京城汉官、汉民原与满洲共处。近闻争端日起，刲杀抢夺，而满汉人等彼此推诿，竟无已时，似此何日清宁，此实参居杂处之所致也。朕反复思维，迁移虽劳一时，然满汉各安，

　　① 刘永成整理. "六必居"的材料证明了什么? 中国古代史论丛. 福州: 福建人民出版社, 1981（2）.
　　② 刘永成整理. 崇文门外万全堂药铺资料辑录. 清史资料（第一辑）. 北京: 中华书局, 1980: 158～177.（万全堂药铺资料是已故著名历史学家邓拓同志所藏历史文物资料的一部分, 由丁一岚同志提供公开发表）
　　③ 王先谦. 东华全录（顺治元年三月是月）. 清东华全录（第二册）. 北京: 学苑出版社, 2000.
　　④ 王先谦. 东华全录（顺治元年五月辛卯）. 清东华全录（第二册）. 北京: 学苑出版社, 2000.
　　⑤ 朱诚如主编. 清朝通史（李治亭主编·顺治朝分卷）. 北京: 紫禁城出版社, 2003: 117.
　　⑥ 王先谦. 东华全录（顺治元年五月己丑）. 清东华全录（第二册）. 北京: 学苑出版社, 2000.
　　⑦ 顺治二年正月二十六日孔子第六十五代衍圣公孔衍植奏折. 曲阜孔府档案史料选编（第3编第3册）. 济南: 齐鲁书社, 1981: 56～57.

不相扰害，实为永便。除八旗投充汉人不令迁移外，凡汉官及商民人等，尽徙南城居住。其原房或拆去另盖，或贸卖取价，各从其便。朕重念迁徙累民，著户、工二部详察房屋间数，每间给银四两。此银不可发与该管官员人等给散，令各亲身赴户部衙门，当堂领取。务使迁徙之人，得蒙实惠。六部、都察院、翰林院、顺天府，及大小各衙门书办、吏役人等，若系看守仓库，原住衙门内者勿动，另住者尽行搬移。寺院庙宇中居住僧道勿动，寺庙外居住者尽行搬移。若俗人焚香往来，日间不禁，不许留宿过夜。如有违犯，其该寺庙僧道，量事轻重问罪。著礼部详细稽察。凡应迁移之人，先给赏银，听其择便，定限来岁岁终搬尽，著该部传谕通知。"[1]同时，禁止旗人居住外城。由此形成，旗人、民人分别在内外城居住的情况。据刘小萌研究，当时"隶属省府州县者为民人，隶属八旗者为旗人"。[2]所以在内城居住者为旗人，在外城居住者为民人。从民族成分看，在内城居住的旗人并非都是满族，因为八旗中有满洲、蒙古、汉军。迁至外城的民人，也并非都是汉人，所以实际是"旗民分城"。[3]在内城，政府将圈占的房屋作为国有资源，分配给旗人居住，在外城则维持原来的商品房制度，从而人为形成两种不同的住房制度。

一、内城住房国有制

清军建都京师后，大量八旗官兵及其家属迁入京城。他们不仅在内城，而且在外城圈占、强占民房。他们圈占的房屋成为国有资源，政府将这些房屋分配给八旗官兵居住，因此这种住房分配方式成为国有制度。

顺治时，八旗在内城占有多少房屋？学者估计各不相同。

有人估计，清军入关时，"居京师内城者约计 32 万人"。[4]

张小林认为：一般以为顺治年间八旗"定甲八万"，如果按最低配额每人 2 间计算，起码应有 16 万间。[5]

韩光辉认为，清军"入关时八旗兵丁共计约 17.2 万人"。[6]

郭松义根据"世祖时定甲八万"，[7]再加上家属、奴仆，估计可能会有 40 万人。[8]

清军进城数量，有 8 万人的记载和 17.2 万人的估计，因为清军进京，并非只有

① 马齐等纂修.清世祖实录（卷四十）（顺治五年八月辛亥）.北京：中华书局，1985.
② 刘小萌.清代北京旗人社会.北京：中国社会科学出版社，2008：1.
③ 刘小萌.清代北京旗人的房屋买卖.载清史论丛.辽宁古籍出版社，1996；亦见刘小萌.清代北京旗人社会.北京：中国社会科学出版社，2008：28.
④ 李慕真主编.中国人口·北京分册.北京：中国财政经济出版社，1987：38.
⑤ 张小林.清代北京城区房契研究.北京：中国社会科学出版社，2000：105.
⑥ 韩光辉.北京历史人口地理.北京：北京大学出版社，1996：110、107、121.
⑦ 沈起元.拟时务策.见贺长龄等编.清经世文编（卷三五）.北京：中华书局，1992.
⑧ 郭松义.清代社会变动和京师居住格局的演变.清史研究，2012（1）.

军队，还有家属。"摄政睿亲王谕京城内外军民曰：我朝剿寇定乱，建都燕京""自今伊始燕京乃定鼎之地，何故不建都于此，而又欲东移。今大小各官及将士等，移取家属，计日可到"。[1]因此，圈占房屋不能只用清军人数估算。据前述学者估计，清军进城人数算上家属有 32 万人或 40 万人。按此推论，清军圈占的内城住房，应当可以安置 32 万或 40 万人口。"崇祯二年，北京城市人口约计 70 万人"。[2]韩光辉指出：明代天启元年，南城有 4.33 万户，21.65 万人，内城有人约 48.35 万人。[3]另据康熙五十一年（1712）金昌业和康熙五十九年（1720）李宜显记载："至北京城内外，寺观比人家几居三分之一。"[4]明代北京城的寺观也不在少数，故且估计占 30%。这里按明代内城 70% 的房屋，居住 48.35 万人，估算八旗 32 万人，占有 46.3% 的房屋。若按八旗 40 万人估计，则占有 57.9% 的房屋。如果再加上皇亲国戚和高级官员所占豪宅巨室，和顺治时部分住房户投充旗籍，"交出房屋""栖居主人屋檐之下"。[5]八旗在内城至少占有 50%～60% 左右的房间。他们没有"尽数圈占"[6]内城房间，因为还有旗人"与被圈房屋之人同居"，[7]况且若八旗圈占了内城所有房屋，也就不存在原住民外迁南城了。

1. 分配和新建住房

国家掌握的房屋资源，由政府分配给八旗官兵，这些房屋统称为官房。顺治时，政府采取按级别分配；折给屋价；允许各旗给予想自盖房者空地；由工部按旗购房，安置投诚人员等方式，将官房无偿分配给各旗官兵居住。最初规定按级别分配，"一品官，给房二十间。二品官，给房十五间。三品官，给房十二间。四品官，给房十间。五品官，给房七间。六品、七品官，给房四间。八品官，给房三间。护军、领催、甲兵，给房二间"。以后，政府拟定了折给屋价的分配方式。"头等房，每间银一百二十两。二等房，每间银一百两。三等房，每间银八十两。四等房，每间银六十两。五等房，每间银四十两。末等房，每间银二十两"。顺治九年（1652），又将六等房每间增加十两。顺治十一年（1654），政府对"欲自盖房屋者""查给本旗空

① 王先谦. 东华全录（顺治元年六月甲戌）. 清东华全录（第二册）. 北京：学苑出版社，2000.
② 韩光辉. 北京历史人口地理. 北京：北京大学出版社，2000：110.
③ 韩光辉. 北京历史人口地理. 北京：北京大学出版社，2000：107、121.
④ 金昌业（1658—1721）《老稼斋燕行日记》第 321 页，康熙五十一年；李宜显（1669—1745）《陶谷集》卷之二十九，杂识，《庚子燕行杂识》上，康熙五十九年，收入［韩］林基中编《燕行录全集》第 32、35 卷，韩国东国大学，2001 年.
⑤ 郭松义. 清代社会变动和京师居住格局的演变. 清史研究，2012（1）.
⑥ 张小林. 清代北京城区房契研究. 北京：中国社会科学出版社，2000：104.
⑦ 王先谦. 东华全录（顺治元年六月丙寅）. 清东华全录（第二册）. 北京：学苑出版社，2000.

地，准令自造"。①并对"归附人员，应住房屋，工部照所拨旗分，买房安插。若无房屋，工部于本旗空地盖给"。同时，若八旗官兵"情愿买房搬移者，听从其便"，官员"不许强令迁移。如欲自盖房者""令其自盖"。②到顺治十六年（1659），政府又规定减量分配住房，一品官给十四间，二品官给十二间，三品官给十间，四品官给八间，五品官给六间，六七品官各四间，八九品官各三间。"护军领催给屋二间。马甲步甲一间。或买或造，照数拨给"。

康熙时，政府通过盖新房，或收买外地官兵在京房屋等方式，解决无房户、投诚人员的住房。康熙七年（1668），从盛京后来无房兵丁，"照每人屋一间例，折价三十两"，发给"自行置造"。康熙八年（1669），减价给房，"自一等屋至六等屋，各减银十两"。并对投诚人员"给予官地盖房，照例给价"。③康熙十四年（1675），工部遵旨，给一品投诚官员金进等，及披甲、闲散人，建盖房屋。"各照伊等品级定例，于城内正白旗教场东边空地，盖给散秩大臣一品官金进房十四间""盖给二品官昂阿海房十二间""盖给三品官阿地萨房十间""盖给五品官阿津达房六间""盖给六品官色尔济、护军校马济、骁骑校西常共三员，每员盖房各四间，共十二间""前锋、护军、拨什库共二十八名，每名盖给房二间。披甲、用役、闲散人共七十四名，每名盖给房一间，共计房一百三十间。"④康熙二十二年（1683），户部发给驻防外省官兵房价，将其在京房屋，分"给本佐领内无屋穷兵居住"。康熙二十七年（1688），再次减价分给无房兵丁，或折给银钱。后来开始新建住房，分给官兵。⑤"京城盖造官房，分给无房兵丁居住。"⑥康熙六十一年三月乙未，"因兵丁蕃庶，住房不敷"。政府特别"多发库帑，于八旗教场，盖设房屋，令伊等居住"。⑦雍正帝总结说："圣祖皇帝时期，每遇官兵不可生计，施以鸿恩，偿债建房以居。"⑧

雍正时，政府将罚没入官房屋，纳入分配范围。雍正二年（1724），将"旗人入官房间"，交各该旗管理。⑨雍正三年（1725），八旗副都统拉锡奏称："臣该管旗下，所有入官房屋，共一千八百七十九间。"⑩雍正七年（1729），雍正帝称："八旗官房，

① 昆冈等纂修.清会典事例（卷八六九）.工部·第宅（卷一一二〇）.八旗都统·田宅.北京：中华书局，1991年据光绪二十五年石印本影印.
② 鄂尔泰等修.八旗通志（初集，第一册）.卷二三，营建志一.长春：东北师范大学出版社，1985：436.
③ 昆冈等纂修.清会典事例（卷八六九）.工部·第宅.北京：中华书局，1991年据光绪二十五年石印本影印.
④ 鄂尔泰等修.八旗通志（初集，第一册）.卷二三，营建志一.长春：东北师范大学出版社，1985：437.
⑤ 昆冈等纂修.清会典事例（卷一一二〇）.八旗都统·田宅.北京：中华书局，1991年据光绪二十五年石印本影印.
⑥ 故宫博物院编.钦定中枢政考三种（第三册，卷十七）.田宅·赏住官房不得私行租典.海口：海南出版社，2000.
⑦ 王先谦.东华全录（康熙六十一年三月乙未）.清东华全录（第四册）.北京：学苑出版社，2000.
⑧ 雍正无年月日（佚名）奏折，见《雍正朝满文朱批奏折全译》下册，第2640页，合肥：黄山书社，1998年.
⑨ 昆冈等纂修.清会典事例（卷一二一九）.内务府·杂例.北京：中华书局，1991年据光绪二十五年石印本影印.
⑩ 鄂尔泰等修.八旗通志（初集，第二册）.卷七十.艺文志六·奏议二.长春：东北师范大学出版社，1985.

俱系身犯重罪,贪婪人员入官之物,不过以备赏赐耳。"此房分给"前往军前效力之人"。①

乾隆时,"八旗生齿日渐繁庶",住房明显紧张。乾隆二年(1737),政府令调查"京城空闲之地",②盖造房屋分给贫乏之兵丁居住。当时查出可以盖房的地有"三百九十二块""约盖房四千三百六十余间"。③乾隆政府拨"给公产地价银十有六万七千余两,建造官房,分给八旗贫乏旗人居住"。④乾隆四年(1739),官员上报建房成果称,"八旗共报空地三百五十七处,共盖房四千五百四十六间。门楼二千一座,墙垣五千九百八十五丈二尺九寸"。同时,购买民间空地建房,"除官地毋庸给价外,其余空地折见方丈一万四千六百七十六丈六尺五寸一分三厘,每丈照例给银四钱,用过银五千八百七十两六钱六分五毫"。⑤政府新建住房,"均匀分给居住",或"令穷苦兵丁",照常租赁居住。⑥乾隆十七年(1752),官员上报,内城空房基地"二百六十处,此内有五十四处甚属窄小,虽可盖房一二间,并无院子,似应毋庸建造外,其余空地二百零六处,量其地势酌留院子,约可盖房三千九百六十一间""臣等细加筹办,请将修建此项官房缓于癸酉年办料,甲戌年兴工"。⑦至此,政府新建房八千余间。乾隆四十六年(1781),政府又在内城空地盖官房,"令八旗无官房兵丁买住"。⑧除了新建房屋,政府也掌握了可以再分配的罚没房屋。据内务府官员奏报,乾隆四十三年(1778)至四十七年(1782),"陆续又收入官房四千一百十二间,共计现有取租房九千七十三间半"。⑨另据笔者不完全统计,乾隆时入官房屋有1563.5间。⑩同时,分给各类官员的房屋约有993间。⑪

与此同时,也分给汉族官员房屋,令其在内城居住。顺治年间,分别给陈名夏⑫、大学士金之俊、吕宫等内城房屋⑬。康熙时,有高士奇⑭、张英、朱彝尊、励杜讷、朱汉雯、蒋扬孙、查昇、程文彝、蔡升元、蒋廷锡、李光地、朱轼、史贻直等人分房。雍正时,有彭启丰、刘统勋、蒋溥等人都分给了住房。⑮雍正年间,给张廷玉

① 鄂尔泰等修.清世宗实录(卷八一).雍正七年五月丙寅.北京:中华书局,1985年.
② 李洵等.钦定八旗通志(第一册,卷首十一).勅谕五.长春:吉林文史出版社,2002:229、232.
③ 乾隆二年六月十六日总理内务府事务海望等奏折,见中国第一历史档案馆藏内务府奏案,档案号05-0013-033.以下简称《内务府奏案》.
④ 昆冈等纂修.清会典事例(卷一一二〇).八旗都统·田宅.北京:中华书局,1991年据光绪二十五年石印本影印.
⑤《内务府奏案》乾隆四年十二月十八日总管内务府海望等奏折,档案号05-0034-013.
⑥ 庆桂等纂修.清高宗实录(卷七四).乾隆三年八月戊戌.北京:中华书局,1985.
⑦《内务府奏案》乾隆十七年四月十六日总管内务府事务允禄等奏折,档案号05-0120-056.
⑧ 昆冈等纂修.清会典事例(卷八六九).工部·第宅.北京:中华书局,1991.
⑨《内务府奏案》乾隆四十七年十二月十五日内务府大臣金简奏折,档案号05-0372-018.
⑩ 参见《内务府奏案》,并见中国第一历史档案馆藏军机处录副奏折,以下简称《军机处录副奏折》.
⑪ 参见《内务府奏案》.
⑫ 谈迁.《北游录》纪闻下.陈名夏.北京:中华书局,1960:389.
⑬ 谈迁.《北游录》纪闻下.汉相内宅.北京:中华书局,1960:378.
⑭ 吴长元.《宸垣识略》卷四.皇城二.北京:北京古籍出版社,1983.
⑮ 郭松义.清代社会变动和京师居住格局的演变.清史研究,2012(1).

房[①]，朱轼[②]等人得到内城房屋。乾隆时，有刘纶、于敏中、裘曰修、王际华、梁国治、董诰等人得到住房。[③]嘉庆八年（1803），"左翼四旗宗室觉罗共一百十五人，即在坐落左翼四旗地方，并坐落地安门内零星房屋，共二百四十九间半内，分拨居住。右翼四旗宗室觉罗共七十一人，在坐落右翼四旗地方零星房屋二百五十二间内，拨给一百八十八间"。[④]嘉庆九年，将修造房屋，分给宗室觉罗等人。[⑤]这时期，政府建房不多，但罚没官房比较多。据不完全统计，入官房屋约 3850 间。而分给官员的房屋只有 52 间。[⑥]道光元年（1821），政府在城中空闲地面，"分年添盖房屋，以为贫乏旗户棲止之所"。估计可"堪以建盖房二千六百八十八间，每间拟各面阔九尺，进深一丈，柱高七尺五寸，并起高垫低成搭圈厂棚座""自道光二年兴建至七年可以盖造房二千四百间"。并在皇城内"空闲地面七处，堪以建盖房四百八十三间"。请分给内务府三旗贫乏旗户居住。[⑦]由此每年建房 400 间。[⑧]据估算，道光朝政府共建新房 3283 间。另据不完全统计，道光时入官房屋约 478.5 间，分给官员的房屋 103 间。[⑨]

2. 扣俸饷认购与出租官房

"康熙六十年（1721 年），设官房租库"[⑩]"分掌入官房租"事。[⑪]雍正年间开始，政府将罚没入官房出租，除铺面房之外[⑫]，住房均允许八旗官兵扣俸饷购买。[⑬]雍正十一年（1733），政府进一步提出，管理房屋的官员不能利用职权，捷足先登，自占房屋。如果不是管理房屋者，其愿意扣俸购买，"听其自便"。与此同时，还规定了禁止条例：（1）不能用别人姓名购房。（2）永远禁止那些希望购房获利，自家"并不居住，全行拆卖"，或高价出租房屋者。（3）禁止"一人名下，认买二三所"房屋。（4）禁止有人未扣完俸饷购买之房，就私行将房屋典卖，"或竟拆毁变卖砖瓦木料者"。（5）禁止一二品官员"诈称无房居住，滥行认买"。以上各种条例，"如有违者""照例治罪"。雍正十二年（1734），规定用现银购房者，先将银交户部，待户部发回文

① 王先谦. 东华全录（雍正元年五月己亥）. 清东华全录（第五册）. 北京：学苑出版社，2000.
② 雍正十三年九月二十三日内务府奏销档. 转引自杨乃济. 西华门札记. 京华古迹寻踪. 北京：北京燕山出版社，1996：368.
③ 郭松义. 清代社会变动和京师居住格局的演变. 清史研究，2012（1）.
④ 曹振镛等纂修. 清仁宗实录（卷一二一）. 嘉庆八年九月庚申. 北京：中华书局，1986.
⑤ 曹振镛等纂修. 清仁宗实录（卷一三八）. 嘉庆九年十二月丙寅. 北京：中华书局，1986.
⑥ 参见《内务府奏案》《军机录录副奏折》.
⑦《内务府奏案》道光元年十月十一日总管内务府奏折，档案号 05-0617-048.
⑧ 故宫博物院编. 钦定总管内务府现行则例二种（第四册）（卷三）. 广储司·建盖官房动用银两. 海口：海南出版社，2000.
⑨ 参见《内务府奏案》《军机处录副奏折》.
⑩ 原文未注明出处. 转引自张一峰主编. 北京志·市政卷·房地产志. 北京：北京出版社，2000：192.
⑪ 故宫博物院编. 钦定总管内务府现行则例二种（第一册）（卷一）. 堂司三院职掌. 海口：海南出版社，2000.
⑫ 故宫博物院编. 钦定总管内务府现行则例二种（第五册）. 官房租库·官房作价. 海口：海南出版社，2000.
⑬ 允禄等编. 世宗宪皇帝上谕八旗（卷四）. 钦定四库全书（第 413 册）. 史部六. 上海：上海古籍出版社，1987.

后，两翼"给发印信执照报部"。扣俸饷购房者，待扣完后，两翼再"给发执照，报部备案，毋庸纳税"。①

乾隆五年（1740）统计，"入官房屋共有七千二百四十余间"，其中"赁给人居住房屋二千二百六十间"。其中无人租住的房屋"许旗人认买"，政府"特设料理官房之所"，将出卖官房"皆拟定等次"公示，无房者均可赴所，申请认购。由各旗官员把关，确保有房者不得认购，"实在无住房之人，准其认买"。"大臣、官员，现有房三十间，兵丁闲散人等现有房十间者，俱为有房。现有房不足三十间、十间者，俱为无房""典人房间，并本身房转典与人者，俱为无房"。如一所房屋有数人申请，则"拈阄"确定认买者。若"本身有住房者，谎称无房具呈，或该参佐领有意迟难，或保结不实，一经查出照例治罪"。同时，政府规定了扣俸饷、交现银的时限。乾隆五年（1740），内务府官员对外城认购官房的汉军旗人，规定房价在"一百两以下，勒限四年。百两以上，勒限五年。三百两以上，勒限六年。五百两以上，勒限七年。千两以上，勒限八年"。②乾隆三十五年（1770），更改为一千两以下房屋，五年扣完。若不能完结，"饬令预纳银一半"，其余银两限五年扣完，若申请延长交款时间，一律不许，否则收回原房。为了防止扣俸饷购房者不能按季交款，令需扣俸饷者，按官级和俸饷数量扣除。③嘉庆元年（1796），又改回乾隆五年按房价扣款的规定。④以后，出现申请延长交款时间，"不准展限"，只能归还住房。为了防止扣俸饷购房者不能按季交款，令需扣俸饷者，按官级和俸饷数量扣除。一般扣俸饷在每年春秋二季，若有拖欠，或不能交清款项者，即收回其房。⑤

二、外城商品房制度

1. 房屋私有制

顺治元年（1644）六月丙寅，摄政睿亲王下令："京城内官民房屋被圈者，皆免三年赋税。其中有与被圈房屋之人同居者，亦免一年。"⑥九月，顺治帝称："各有章京、统领，尔等晓谕商民，毋得再于城内交易，但在城外互市。如有抢夺者，可即拿送该管章京，毋徇情面。"⑦这使原居住在东城、中城、西城的部分旧官员、富

---

① 昆冈等纂修.清会典事例（卷一一二〇）.八旗都统·田宅.北京：中华书局，1991.
② 《内务府奏案》乾隆五年二月初六日总管内务府事务允禄等奏折，档案号05-0035-028。
③ 故宫博物院编.钦定总管内务府现行则例二种（第五册）.官房租库·拟定鬻卖官房条例.海口：海南出版社，2000.
④ 昆冈等纂修.清会典事例（卷一一二〇）.八旗都统·田宅.北京：中华书局，1991.
⑤ 故宫博物院编.钦定总管内务府现行则例二种（第五册）.官房租库·拟定鬻卖官房条例.海口：海南出版社，2000.
⑥ 王先谦.东华全录（顺治元年六月丙寅）.北京：学苑出版社，2000.
⑦ 王先谦.东华全录（顺治元年九月甲午）.北京：学苑出版社，2000.

户和商户，纷纷举家搬迁外城。十月，顺治帝颁诏："京都兵民介城居住，原取两便，实不得已。其东中西三城官民已经迁徙者，所有田地应纳租赋，不拘坐落何处，概准蠲免三年，以顺治三年十二月终为止。其南北二城，虽未迁徙，而房屋被人分居者，所有田地应纳租赋，不拘坐落何处，准免一年，以顺治元年十二月终为止。"① 顺治二年（1645）二月辛酉，"御史傅景星奏，民房应给旗下者，当宽以限期，候其搬移，始令旗下管业……下所司速议"。②时隔三年，政府发布政令，更详细提出有补偿的搬迁方法。按照南迁的居民原住房数，"每间给银四两"，并强调必须由住户亲"赴户部衙门，当堂领取"。原住内城居民可将原房，"或拆去另盖，或贸卖取价"，限期搬迁，"定限来岁，岁终搬尽。"③ "北城及中东西三城，居住官民商贾迁移南城，虽原房听其拆卖，按房领给银两""有地土者准免赋税一年，无地土者准免丁银一年"。④

外城房屋原本是私有制，房主有房屋所有权。迁移到南城的住户，有购买房屋的。据笔者看到的顺治五年（1648）之前外城七份卖房契统计，出卖的房间共 75.5 间，总价银 491 两，平均每间 6.5 两。其中顺治二年（1645）、四年（1647），某人卖房 14.5 间，共价银 60 两，平均每间 4.1 两。李应时等人卖房 8 间，价银 50 两，平均每间 4 两。⑤可见，政府的拆迁费是根据当时外城最低房价规定的。然而，是时因为迁移外城的住户多，房价上涨，"民间赁买房屋，原有定价"，因迁往外城的住户很多，使房价飙升。"近闻鬻房之家，任意增加，高腾数倍，势必至罄家所有不足以卜数椽之棲，则迁者更多一苦矣。并祈天语申饬，令该管地方等官，概平一价，凡买者卖者典者赁者，各勿增减，共相保恤，庶比屋可封，国本永固矣"。⑥但是，政府并未如魏象枢所请，出台控制房价的政策，所以拆迁费不够买房。这就需要政府其他的优惠政策，其中之一是允许"原房或拆去另盖，或贸卖取价"。⑦

据工科右给事中魏象枢奏称："南城块土，地狭人稠。今且以五城之民居之，赁买者苦于无房，拆盖者苦于无地，嗟此穷民，一廛莫必，将寄妻孥于何处乎。臣愚谓有地不患无房，如城外闲地堪民营盖者甚多，因系官物莫敢问之。此民之不苦于迁徙而反苦于居处也。恭请勅下该部，尽察前三门外官地官房可为民居者，许令量地输银，给以印照，俾作永业。不得少有遗漏，亦不得擅行混占，则片址尺地，皆

---

① 王先谦.东华全录（顺治元年十月甲子）.清东华全录（第二册）.北京：学苑出版社，2000.
② 蒋良骐《东华录》卷五，顺治二年二月辛酉，见《清东华全录》第一册.
③ 马齐等纂修.清世祖实录（卷四十）（顺治五年八月辛亥）.北京：中华书局，1985.
④ 马齐等纂修.清世祖实录（卷四一）（顺治五年十一月辛未）.北京：中华书局，1985.
⑤ 参见中国社会科学院近代史研究所图书馆藏清代房契。
⑥ 工科右给事中魏象枢《题为小民迁徙最艰圣恩垂念已至仰体皇仁陈管见以固国本事》.寒松堂全集（卷之一）.奏疏.四库丛书存目丛书.济南：齐鲁书社，1997：213.
⑦ 马齐等纂修.清世祖实录（卷四十）（顺治五年八月辛亥）.北京：中华书局，1985.

成室家亿万户楼止之谋，即千万年根本之计也。"顺治帝下旨："著工部督同五城御史，察南城官地并民间无房空地，将迁徙官民好生安插。"①政府在外城安置部分自愿盖房的住户。据顺治十六年（1659）三月，都察院左都御史魏裔介条陈之事称，"厂南菜园空地，住有千家"。②即当时迁往南城打磨厂菜园官地的内城原住户有千家。另在琉璃厂官地，也有搬迁户盖房。"京师有琉璃、亮瓦二厂官地，国初听民营盖房屋。""查得外城官地，昔年科臣魏象枢条奏，听民楼止，自盖房屋，其由来旧矣"。这说明在琉璃厂官地，也有迁移住户盖新房居住，且这部分住户当不在少数，因为康熙"三藩变起，军兴多费"，政府曾对在琉璃厂盖房居住的住户征收房税，后来又免征了。③

前朝官员被清廷录用后，"汉员皆侨寓南城外，地势湫隘，凡赁屋时，皆高其值，京官咸以为苦"。④有人作竹枝词说："衙门公处宅私迁，吉屋租来不论年。一月房金先入手，更收半月算茶钱。"⑤还有一些原本在京城无住房的流动人口或农民在城市无钱购房，从事零星商贸或服务业。据称，"远人聚集者虽多，皆有容留居住之处。或系客店、寺庙，或系亲友居停，或系租赁房屋"。⑥是时外城房屋租价相应升高，迁移也使他们流离失所。这部分人的数量，目前无法估计，但也有投靠清政府未外迁的商户。

对政府免赋税的政策。郭松义认为，免赋"对城居多数人并无多大意义。因为他们中很多人从商，或干些和今人所说的与服务业有关行当，以及卖文作吏为生者，真正在乡间拥有田产可以免赋受益的应是少数"。⑦免赋面对的是城居地主、富商大贾，因为当时全国各级城市都会有城居地主，正是地主在农村有租钱收入，所以他们才能在城市购房居住。富商大贾又会将赚来的钱财，购置土地，商业资本转化土地资本是一种普遍的现象，土地能给商人带来高额地租收入，致使富商大贾在城市置房产，所以城居地主和富商大贾会得到免赋的好处。笔者估计，京城的城居地主、富商大贾，可能比其他城市多一些。至于政府是否发给住户拆迁费？发了多少？因目前档案不能查阅，无法进一步分析，但是，迁移给各类原住民带来的损失是不言而遇的。

---

　　① 工科右给事中魏象枢《题为小民迁徙最艰圣恩垂念已至仰体皇仁陈管见以固国本事》.寒松堂全集（卷之一）.奏疏.四库丛书存目丛书.济南：齐鲁书社，1997：213；马齐等纂修.清世祖实录（卷一二五）（顺治十六年闰三月丙子）.北京：中华书局，1985.

　　② 魏荔彤撰.魏贞庵先生年谱（一卷）.丛书集成新编（第一〇二册）.史地类.台北：新文丰出版公司据畿辅丛书本排印，1984.

　　③ 陆毅《巡城琐记》，光绪年间重刊本（作者为康熙年间中城巡城御史）.

　　④ 昭梿《啸亭续录》卷一，赐宅.

　　⑤ 佚名《燕台口号一百首》.见杨米人等著.路工编辑.清代北京竹枝词.北京：北京出版社，1962：32.

　　⑥ 雍正五年三月二十六日上谕，见允禄等《清雍正上谕内阁》第三函，内务府藏雍正九年刻本.

　　⑦ 郭松义.清代社会变动和京师居住格局的演变.清史研究，2012（1）.

　　由于内城都是八旗住户，所以各时期的外来人口多居外城。"历来服官者、贸易者、往来奔走者不知凡几"。[1]据王跃生指出：清代中期，城区居民"与流动人口之比为 2:1"。[2]另据郭松义指出，"清代中叶，估计人数约在二三十万之间"。[3]这些聚集者"或系客店、寺庙，或系亲友居停，或系租赁房屋"。[4]他们大多临时租房居住。"京师为四方和会之区，各省仕商，向俱僦居外城"。[5]"向来士宦，皆租房居住"，[6]也有借居朋友家房子的，乾隆三十二年（1767）春天，纪昀"携家至京师，因虎坊桥旧宅未赎回，住钱香树先生空宅中"。[7]来京从事商业经营活动的商人有购房的，乾隆三十七年（1772）正月，山西洪洞县民刘姓，购王静原坐落宣武门外绳匠胡同关帝庙前东向，绳匠胡同西向半截胡同房屋。山东登州府人萧秉公购买并自盖灰瓦铺面房二所，坐落崇文门外北河漕南口内路东。[8]

　　由于租房人多，租赁价格升高，租房不易。嘉庆时，有人称，"衙门公处宅私迁，吉屋租来不论年。一月房金先入手，更收半月算茶钱"。[9]一省、县的人都在外城建会馆，给本籍人居住创造条件。"会馆之设，肇于京师，遍及都会"。[10]"京师为四方士民辐辏之地。凡公车北上与谒选者，类皆建会馆以资憩息；而商贾之业同术设公局以会酌事谊者，亦所在多有"。[11]"前三门外，尤为士宦商民辐辏之区"。凡候补候选，暂时往来，"浮住之人"，也就是不在京居官，也无永远生业者。他们"以同乡捐资，共置会馆，立有公役，以为栖止"。遇到考试之年，"士子云集，藉兹会馆，既各有停憩之所，又有公役以备驱使，甚属捷便，较之赁房觅役之耗繁，自相悬殊"。有一郡一县多置会馆者，"缘士宦贸易人多，不能容止。如遇虚旷之时，又可以赁给未立有会馆士商，薄得租价，以资修补之用。"[12]嘉庆四年（1799）八月间，郝懿行寓山左会馆。一般来说，"外省乡会士子来京，住会馆居多"。[13]有的会馆始建于明代，更多的会馆建于清代。乾隆时人称"外城各省会馆，近年创建日繁"。这

　　① 李华.明清以来北京工商会馆碑刻选编.北京：文物出版社，1980：29.
　　② 王跃生.清代北京流动人口初探.人口与经济，1989（6）.
　　③ 郭松义.民命所系：清代的农业和农民.北京：中国农业出版社，2010：392.
　　④ 雍正五年三月二十六日上谕，见《清雍正上谕内阁》第三函。
　　⑤ 马齐等纂修.清高宗实录（卷七二五）（乾隆二十九年十二月乙未）.北京：中华书局，1985.
　　⑥ 乾隆三十三年七月三十日，见张伟仁编《明清档案》A207～82，B115689～115690，台湾"中央"研究院历史语言研究所现存清代内阁大库原藏明清档案。
　　⑦ 纪昀.阅微草堂笔记（卷三）.滦阳消夏录.天津：天津古籍出版社，1994.
　　⑧ 参见中国社会科学院近代史研究图书馆藏清代房契。
　　⑨ 佚名《燕台口号一百首》.见杨米人等著.路工编辑.清代北京竹枝词.北京：北京出版社，1962：32.
　　⑩ 乾隆三十七年.吴阊钱江会馆碑记.江苏省博物馆编.江苏省明清以来碑刻资料选集.北京：生活·读书·新知三联书店，1959：24.
　　⑪ 李华.明清以来北京工商会馆碑刻选编.北京：文物出版社，1980：89～90.
　　⑫ 乾隆三十三年七月三十日，见张伟仁编《明清档案》A207～82，B115689～115691，台湾"中央"研究院历史语言研究所现存清代内阁大库原藏明清档案。
　　⑬ 杨静亭.都门纪略.《都门杂记》风俗.见中国风土志丛刊.风土志丛刊（14）.扬州：广陵书社，2003年影印同治三年荣录堂重镌本。

时外城会馆约有 162 所。[①]道光时，外城会馆约有 317 所。[②]从乾隆至道光中期，外城会馆数量增长 0.96 倍，绝大部分会馆是购房基地自建的。

2. 新建、出租官房

在外城，政府也新建官房，或用于出租，或扣俸令官兵购买。康熙三十四年（1695）五月，由于八旗无房者有七千余人，皇帝要求"于城之外，按各旗方位，每旗各造屋二千间，无屋兵丁，每名给以二间，于生计良有所益"。[③]七月，工部尚书萨穆哈等上报了盖房预算，并选择了具体负责建房的官员。[④]据赵寰熹研究，这次在外城建房的有正蓝旗和镶蓝旗。镶蓝旗房在今西便门内路东，位于宣武门外，正蓝旗在今法华寺南侧营房东街一带，位于崇文门外。[⑤]雍正时，继续在外城七门为官兵建房居住。[⑥]乾隆时，仍然在城外建房，"每旗住房二千间，内满洲旗分人数较众，令其住居三隅，共计一千五百间。蒙古旗分人数较少，令其住居一隅，共计五百间"。[⑦]

另外，政府在外城建房也出租给来京的官民。雍正六年（1728），在芦沟桥"盖造官房"，给参加考试的学子居住。并命令崇文门税官，严察人役，"毋得借端稽留，额外苛索"。行文各省官员"通行晓谕"，使举子尽知。[⑧]乾隆二十九年（1764），"京师为四方和会之区，各省仕商，向俱僦居外城，而远年屋宇，未免渐有倾颓，多成隙地，既恐不敷居住。且通衢广街，观瞻攸系，尤宜一律整齐。著派阿里衮、舒赫德、陈宏谋、英廉，详悉相度筹办，一面绘图呈览，候朕酌量指示，交各该衙门添建房屋，以资官民赁住"。[⑨]乾隆三十年（1765），"正阳门外空地建盖住房并铺面房共一千二百五十二间""此内三檩兵房七间""其住房共一千零八十七间，官民俱已争先租赁"[⑩]在"正阳门外西河沿等处"，建"住房、铺面房共一千二百五十二间"，由汉族官员扣俸租住。[⑪]两年后，"于崇文门外以西，宣武门外以东，横街以北空地，续建住房四百八十五间，铺面房六十四间"。[⑫]"续建正阳门外鉴庆胡同等处，住房、铺面房共五百四十九间"。[⑬]乾隆四十年（1775）规定，正阳门外，新建官房租赁，

---

① 吴长元《宸垣识略》卷九，《外城一·东》；卷十，《外城二·西》。
② 杨静亭《都门纪略》，市廛附游览之所。
③ 《清圣祖实录》卷一六七，康熙三十四年五月辛未。
④ 鄂尔泰等修. 八旗通志（初集，第一册）. 卷二三，营建志一. 长春：东北师范大学出版社，1985：439.
⑤ 赵寰熹. 论康熙朝北京内城旗人的外迁及其影响. 中国历史地理论丛，2011，26（3）.
⑥ 鄂尔泰等修. 八旗通志（初集，第一册）. 卷二三，营建志一. 长春：东北师范大学出版社，1985：439.
⑦ 昆冈等纂修. 清会典事例（卷一一二〇）. 八旗都统·田宅. 北京：中华书局，1991 年据光绪二十五年石印本影印.
⑧ 鄂尔泰等修. 清世宗实录（卷七一）（雍正六年七月甲戌）. 北京：中华书局，1985.
⑨ 《清高宗实录》卷七二五，乾隆二十九年十二月乙未。
⑩ 《内务府奏案》乾隆三十年十二月十八日总管内务府允禄等奏折，档案号 05-0231-008。
⑪ 故宫博物院编. 钦定总管内务府现行则例二种（第五册）. 官房租库·征收六段房租. 海口：海南出版社，2000.
⑫ 托津等奉敕纂《钦定大清会典事例》卷九二〇，《内务府·杂例》，见沈云龙主编《近代中国史料丛刊三编》第六十六辑，台北：台湾文海出版社，1991 年。
⑬ 故宫博物院编. 钦定总管内务府现行则例二种（第五册）. 官房租库·征收六段房租. 海口：海南出版社，2000.

只准现职汉族官员租住。在官员申请租赁时，由吏部每月行查一次，是否现任京官。非现任京员，"概不准租"。[①]乾隆四十七年（1782），"于宣武门外、土地庙斜街等处空地，续建住房一千一百八十七间"。[②]

三、结论

综上所述，首先，可以看到，在房产市场中，政府为贫苦旗人和无房户建房居住。康熙七年（1668），对无房兵丁，"照每人屋一间例，折价三十两，自行置造"。康熙二十二年（1683），户部发给驻防外省官兵房价，将其在京房屋，分"给本佐领内无屋穷兵居住"。[③]此间，"每年所盖房间，分拨各旗贫乏旗户居住"。[④]更何况还有免租金居住。雍正二年（1724），政府对租赁官房的贫穷旗人，全行免除租金。[⑤]乾隆时，政府为"八旗无业之人，不得房屋居住，时为筹划"在京城空地建房令其居住。[⑥]同时，政府将罚没房低于市场价，出租给需要的旗人和汉族官员。雍正时，"令贫乏无房之人，得以轻租赁住，而受其益耳"[⑦]"旗民租赁私房，每间有二钱四五分至二钱七八分者，亦有三钱四五分者，其价不等，俱系市平色银。较官房库平纹色其价亦约略相仿"。但因官房为新房，所以价格比旧房每间增加五分。若"以库平足色征收，约计与民间租价庶无轻减"。[⑧]应该说，政府新建住房、出租官房，增加供给，解决需求，对居者有屋住，自然是不可缺少的，起到稳定社会和发展经济的作用是积极的。

其次，分房制度随着八旗人口的增长，出现了无法承受的情况，政府采取多种办法，解决住房问题，不仅用货币补贴替代实房配给，而且筹措资金，建新住房，令官员扣俸购买，或官兵租住。出租这类新建住房和商用房，收取租金。再用收回购房款、租金及用这些银钱生息[⑨]的货币，再造房屋。清代前期政府就在这种建房、认购、出租，再建房、再认购、再出租的循序渐进中维护着旗人的住房。但这种分房制显出贫富不均的缺陷，其一，在官房分配、出租过程中，存在赏罚不均，分配不公，本应分给无房居住人的房屋，却被已有住房的人租赁，这些人将自己"房屋

① 昆冈等纂修.清会典事例（卷一〇四一）.五城·官房.北京：中华书局，1991年据光绪二十五年石印本影印.
② 昆冈等纂修.清会典事例（卷九二〇）.内务府·杂例.北京：中华书局，1991年据光绪二十五年石印本影印.
③ 昆冈等纂修.清会典事例（卷一一二〇）.八旗都统·田宅.北京：中华书局，1991年据光绪二十五年石印本影印.
④ 故宫博物院编.钦定总管内务府现行则例二种（第四册，卷三）.广储司·建盖官房动用银两.海口：海南出版社，2000.
⑤ 鄂尔泰等修.清世宗实录（卷二三）（雍正二年七月丁未）.北京：中华书局，1985.
⑥ 鄂尔泰等修.八旗通志（第一册，卷首十一）.勅谕五.长春：东北师范大学出版社，1985：232.
⑦《世宗宪皇帝上谕旗务议复》卷三.诏令奏议类.见《钦定四库全书》第413册.史部六，上海：上海古籍出版社，1987.
⑧《内务府奏案》乾隆三十一年四月二十六日内务府总管大臣允禄等奏折，档案号05-0234-031。
⑨ 生息银两，即将银钱贷给商人，商人赚钱，还款付息。

重价出租，而以贱价租官房居住"，经查"实有其人"。[①]其二，住房依靠福利分配，容易滋生以权谋私，当时部分高级官员占有多处住房。尽管康熙二十二年（1683），政府令"有房四五十间之人，量拨一间，与无房者居住"。[②]可仍然有多占房屋问题。嘉庆八年，"各旗营房，原系赏给穷兵居住，理宜照例均分。今镶白旗蒙古旧营房，该管章京等并不遵例均分，竟有以一分钱粮越分住居四间者。又将未住营房之人，捏名注册，殊属非是"。政府令"各旗管理营房之大臣等，务须照例均匀分给兵丁居住，勿任该章京等草率办理"。[③]应该指出的是，分房只针对八旗这个特殊群体，不面对全城居民，且这种制度安排是建立在损害原住居民利益之上的。专制政府为了减少法律纠纷，求得社会安定，人为地迁移内城原住民到城外居住，制造住房双轨制有其短期政治效益，从长期看是违反市场经济规律的，故不能如主观意愿长久延续下去。经过二百多年的发展，至咸丰二年（1852）政府不得已颁发放开旗民互相交易房产的禁令，[④]这表明内城住房国有制度崩溃。

最后，清代前期政府首创住房双轨制，由于初建政权，其军队、官员等政权统治系统的基础都必需留在城内，八旗是清朝国家的军队，其任用的官员是国家赖以统治的骨干力量，安排军队和官员的住房就是头等大事。而且只有解决八旗在定都地的居住问题，才能进一步建立起对全国的保障防护体系，只有为各级官员解决了居住的后顾之忧，他们才能全身心地治国安邦，清朝国家才能真正在都城站住脚。由此产生了圈占京城原有住房，分给军队与官员的分配住房制度，也可以说，政府为了自身利益的最大化，为了减少法律纠纷，求得社会安定，人为地迁移原住内城居民到外城居住，形成内外城不同的住房制度。这个住房双轨制是人为造成的，给京城的商品经济发展带来很大阻碍，影响深远。

---

① 《世宗宪皇帝上谕旗务议复》卷三. 诏令奏议类. 见《钦定四库全书》第 413 册. 史部六. 上海：上海古籍出版社，1987.
② 鄂尔泰等修. 八旗通志（初集，第一册）. 卷二三，营建志一. 长春：东北师范大学出版社，1985：319.
③ 昆冈等纂修. 清会典事例（卷六六九）. 工部·营房. 北京：中华书局，1991 年据光绪二十五年石印本影印.
④ 张小林. 清代北京城区房契研究. 北京：中国社会科学出版社，2000：145～146.

南宋商品性农业研究：禽畜篇

方 健

内容提要： 南宋手工业的大发展和商业的繁盛是不争的史实，其主要原因在于农业的发展，尤其是商品性农业里程碑式的进步，提供了坚实的基础。继对棉花、油菜及榨油、蔬菜、水果、花卉、茶叶等系列研究后，本文对南宋家禽、家畜的牧养、产量及其技术进步和地域分布进行探索，还就作为肉食类主要商品的鸡鸭鹅、猪牛羊的上市量、商品化程度、价格等进行了简要考察，并尽可能作了数量分析。畜禽养殖业的发展，也催生了一大批专业户。南宋得天独厚的地理条件，牛羊皮角、鹅雁翎毛等，作为冷兵器制作原料的大量需求，成为畜禽养殖产业化不断发展的主要原因。更重要的是鸡、鸭、鹅、猪、牛、羊六种产品，成为最受南宋百姓欢迎的日常消费品，有与日俱增、长盛不衰的市场需求，这种嗜好一直延续至今。本文系实证的微观研究，盼能得到批评指正。

关键词： 南宋 禽畜养殖 技术进步 商品化 市场需求 价格 兵器工业原料

南宋农业，因粮食的单产和总产提高，人口增长，富余劳动力及流动人口增加等因素，尤其是梯田、丘陵山地的大规模开辟和江湖河海水面的开发利用，不仅为经济作物的广泛种植栽培提供了机遇，也为日益增长的城镇人口提供丰富的生活必需品。农林牧副渔业有全面的发展，为大农业格局形成奠定了坚实的基础。拙撰《南宋农业史》，特设"南宋商品性农业及经济作物的繁荣"一章，对上述现象进行了论述；由于篇幅的限制，仅对棉花、油料、蔬菜、水果、花卉、茶叶等商业性农产品展开讨论。[①]林木、畜牧、水产等则付之阙如，而畜牧、家禽养殖业和水产业（包括内河及海洋捕捞、放养），无疑是商品率较高的两大支柱产业，对丰富城乡商品市场，促进商业的繁荣有举足轻重的作用，这里仅概述畜禽养殖业及其技术进步和与商业的关联，作为拙撰《南宋农业史》未及论述的必要补充。

---

① 方健. 南宋农业史. 人民出版社, 2010: 519～659.

我国人工喂养畜禽的历史悠久，技术成熟。早在夏商周三代，已称肉类食品为鲜食。殷墟的考古发掘足以证明：当时养鸡已成平民的家庭副业，养猪已有一定规模，而牛马之类大牲畜，则以官养为主。商代畜牧业的规模，在甲骨文中已有所反映："丁巳卜，争贞，降册千牛[①]。""册千牛"，据日本学者白川静对此作出的释读：商周之际青铜器铭文有"册"字，乃与鸟兽之形相组合的款识文字，"册"的初义指"栅"，即把牲畜关入栅厩中圈养，甲文的"册千牛"，并非指养牛数以千计，意即把牛补充入牢栅中饲养，以备祭祀。[②]其说应是。《周礼·地官》则云"牧人，掌牧六牲"，又说"牛人，掌养国之公牛""羊人，掌羊牧"，指商周已有专司负责牧养牛羊等牲畜用于祭祀之官职。《墨子·明鬼下》指出：夏商周三代之王，"必择六畜之胜，腯肥倅毛，以为牺牲"。六畜，通常指马、牛、羊、猪、犬、鸡六种家禽家畜。作为祭品，也作为肉食品，其驯养的数量，达到相当的规模。《尔雅·释地》也称："邑外谓之郊，郊外谓之牧。"当指三代时放养牲畜的牧场一般位于草莱未辟、人烟稀少的隙地。

南宋发展禽畜饲养业有得天独厚的条件，全国遍布江河湖泊，水面占国土很大比例，即使不适宜水稻种植的丘陵山区，也遍布沼塘，水草丰美的环境适宜于禽畜的放养。宋人早已知道种植业和畜禽养殖业可以兼营而相得益彰。如杨万里有一首著名的《插秧歌》充满了诗情画意："田夫抛秧田妇接，小儿拔秧大儿插。笠是兜鍪蓑是甲，雨从头上湿到胛。唤渠朝餐歇半霎，低头折腰只不答。秧根未牢莳未匝，照管鹅儿与雏鸭。"[③]诗指宋代江西圩区情景，早已是杨柳成荫的稻麦二作区，桑畴弥望，稻田还兼放鹅鸭，使家养鹅鸭有水面可嬉戏，又留下优质的有机肥。[④]多种经营是一种良性有序的互动，稻麦加工成米面过程中留下的糠秕、麸皮，成为鸡鸭等的"美食"。正如苏洞诗云："必欲糠秕饱鸡鹜，明年余作劝农文。""[⑤]

家禽的人工孵化技术，至迟南宋初已成熟，见于罗愿（1136~1184）的《尔雅翼》之记载。家禽蛋孵化时如何辨别雌雄，南宋初人温革《分门琐碎录·农桑》[⑥]亦有明确记载："鸡、鹅、鸭，卵圆者雄，尖者雌。"在人工照光技术发明前，不失为最简便的鉴别方法。《调燮类编》有记载称："鸭生子多者，不暇伏，则以牛粪沤而出之。"这也是南宋始成熟的人工孵化技术，这种技术乃用鲜湿牛粪发酵产生的热量

---

① 郭沫若主编.甲骨文合集.中华书局，1978：1027.

②【日】白川静.作册考.甲骨金文学论集.京都：同朋舍，1973：111~119.

③ 杨万里.诚斋集（卷一四）.宋人珍本丛刊.北京：线装书局（影印本）；四库本《诚斋集》卷一三"胛"作"脚"。

④ 这一动人画面，还可参阅同书卷三四《圩田》（二首）、卷三五《题广济圩》（三首）等。这种场景，在南宋的水乡，随处可见，且一直延续至20世纪末。

⑤ 苏洞《泠然斋诗集》卷六《次韵颖叟弟耕堂杂兴六首》（之五）。

⑥ 关于温革及其《分门琐碎录》，请参阅方健《南宋农业史》（页359~362、页387~388、页391~394）之考。

进行人工孵化，实开近代"炕孵""火孵"等技术的先河。南宋人的发明，在家禽孵化史上有划时代的意义。鸡、鹅等孵化亦然。可见南宋初家禽的人工孵化技术为大量养殖提供了必要条件。苗禽可不受时间、条件等局限而源源不断孵化出来，比仅靠种禽孵化，其技术进步显而易见。

家禽鸡鸭鹅为宋人主要的肉类食物，甚至被视为节物。如："浙人七夕，虽小家亦市鹅鸭食物，聚饮门首；谓之'喫巧'。"[①]两浙水网地区多有养鹅鸭之习惯，绍兴为家禽主要产区，方志记载称："鸭，鹜也。《尸子》曰：'野鸭为凫，家鸭为鹜，不能飞翔'……《物类相感志》云：'鸡、鹜伏卵。忌磨，若闻砻磨之声，则不生矣'……'今雄鸡能鸣，其雌则不能鸣；雌鹜能鸣，其雄不能鸣'。"[②]可见浙人很早就对家禽的养殖积累了丰富的经验。浙东台州黄岩县，丘陵山区占邑之半，盛产柑桔，至今黄岩蜜桔仍享誉全国。南宋中期邑人戴复古（1167～1244？）之诗无异于黄岩的风情画，诗云："野老横竿栏鸭过，牧儿携笛倚牛吹。[③]"可见在浙东，有水之处可养鹅鸭，丘陵山地则放牧牛羊。其《石屏诗集》卷二《常宁县访许介之途中即景》又曰："区分邻家鸭，群分各线鸡（自注：阉鸡一线作一群，各线则别作一群）。"可见南宋时，则以阉鸡为群，以相区别。衡州常宁县在南宋中期早已是家家鸡鸭成群。

南宋各地，除极个别地方外，均宜于畜养家禽，尤其是在两浙、江东西、淮东西、福建、广南二路、荆湖等地，皆如此。湖州，濒临东太湖，水面辽阔，鸡鸭鹅的畜养极为普遍。据谈钥记载：鸡，"今田家多畜，秋冬月乐岁尤多。盖有秕谷之类为食也。"鸭，"旧编云：田家畜家凫取子煎杭木汁藏之，谓之杭子""今水乡乐岁尤多畜，家至数百只。以竹为落，暮驱入宿，明旦驱出已收之田食遗粒，取其子以卖。《齐民要术》云：尝令肥饱，一鸭便生百卵，视他禽尤有息"。鹅，"今山乡田家多畜"。[④]湖州盛产家禽，其主要原因之一，乃邻近行都临安府，便于运输，故有极为庞大的消费市场，行都批发市场之一在延定坊的鸡鸭桥巷。[⑤]与湖州长兴接壤的平江府、秀州（嘉兴府）因有辽阔的水面、丰富的水生饵料和米麦加工后的副产品糠秕、麸皮等，成为鸡鸭鹅等产量极大的州郡。

因南宋资料中关于养鹅鸭的记载较多，故详述之，以例其余。养鸭，是中国古代最重要的家禽养殖之一。可以追溯到春秋以前，最初是从野鸭驯化而成的。古书中常称之为鹜，《尔雅》释之为"舒凫"，即已为经驯养而行动迟缓的野鸭。文献记

---

① 庄绰.鸡肋编（卷上）.中华书局（点校本），1983：20.
② 嘉泰会稽志（卷一七）.中华书局（影印本），1990：7042.
③ 《石屏诗集》卷六《题郑子寿野趣》。
④ 嘉泰吴兴志（卷二〇）物产.宋元浙江方志集成.杭州出版社（点校），2009：2835；下引是书，简称《谈志》，并注《集成》"点校本"页码。
⑤ 《乾道临安志》卷二《坊市》，《淳祐临安志》卷七《坊市》皆载。同上《集成》本，分见杭州出版社点校本2009年版第31页、109页。

载似始见于《左传·襄公二十八年》："公日膳双鸡，饔人窃更之以鹜。"《隋书·经籍志》著录有《相鸭经》一书，可证隋以前已有大规模养鸭的经验和技术。宋代不仅出现大量专业的养鸭户，作为商品农业养殖业主要品种之一而在河网地区迅速发展，而且发明了人工孵化技术，对养鸭业的兴盛有巨大的贡献。

南宋初张祁有《舟过德清》小诗，十分动人。前二联云："浩荡秋光里，扁舟过德清。楼台占山影，鹅鸭乱滩声"。①如一幅淡淡的水墨画，抒写了鹅鸭满滩的胜景。与湖州毗邻的平江府吴江亦养鸭得天独厚之地，其地所产花鸭享有盛名。沈与求《龟溪集》卷二《吴江阻雨过豁然阁》（三首之一）云："花鸭呼群自拍浮，何人蓑笠在孤舟。"宛然一幅放牧群鸭的风情画。嘉兴方志则载："禽之品"有"鸡、鹅、鸭、野凫"等。②临安府城郊及其各县，亦鱼米之乡，同样出现鹅惊鸭闹的场景。项安世诗云，"槛虚宜斗鸭，船过莫惊鹅""惊飞花鸭闹，痴立白鹅愁。"③花鸭为吴江特产优质鸭种，似此乃为临安引进之品种。姜夔《出北关》诗则云："吴儿临水宅，四面见行舟。蒲叶浸鹅项，杨枝蘸马头。"④杭州有13门，余杭门在北，亦名"北关"。此可证在杭州市郊，湖中养鹅，湖畔牧马。《吴郡志》卷一七《桥梁》著录有"鹅栏桥""鸭舍桥""黄牛坊桥"，在今苏州阊门一带，正为水陆交汇的商业区。当即宋代鹅、鸭、黄牛交易批发市场之所在的明证。

荆湖南北二路各地亦大力发展家禽养殖，如陈与义（1090～1138）《村景》诗乃其建炎二年（1128）避地湖湘时所作。其所述为湖南水乡风光，写得清新脱俗，颇有美感。诗云："黄昏吹角闻呼鬼，清晓持竿看牧鹅。蚕上楼时桑叶少，水鸣车处稻苗多。"⑤正是春夏之际水乡的迷人风情。养鹅、桑蚕、水稻，无异江南鱼米乡。位于洞庭湖畔的湖南澧州安乡县，不仅以渔业著称，且有湖名鱼田湖、鸭踏湖、猪载湖、大桑湖、小桑湖等地名⑥。可见亦有养鱼、养鸭、养猪等饲养业，又有种桑、养蚕、缫丝等农副业及手工业，且作为上述商品产区，必然成为输出地或集散地之一。《永乐大典》卷二二七〇引《郡县志》："鸭栏湖在岳州府临湘县北。有斗鸭栏，旁为湖。"同处洞庭湖畔的其地养鸭业渊源已久，南宋鹅鸭加工业已有相当规模。南

---

① 《嘉泰吴兴志》卷八《公廨》，《集成》点校本第 2573 页。

② 至元嘉禾志（卷六）物产. 宋元方志丛刊. 中华书局，1990.

③ 分见《平庵悔稿》卷二《次韵沈告院》《塘上遇雨》，《宛委山堂》。又，项安世（1129～1208），字平甫，号平庵、江陵病叟，括苍（今浙江丽水）人，后居江陵府。淳熙二年（1175）进士，历官绍兴府教授。光宗时，除秘书省正字，迁校书郎兼实录院检讨官。诗即其时所作。官至湖广总领。有《易玩辞》16 卷、《项氏家说》15 卷（今存）、《平庵悔稿》15 卷、《后编》6 卷、《丙辰悔稿》47 卷，已佚。今存《宛委山堂》本 12 卷《悔稿》。事见《宋史》三九七本传等。

④ 转引自清朱彭. 南宋古迹考. 浙江人民出版社（点校本），1983：6.

⑤ 《陈与义集校笺》（白敦仁校笺）卷二六，中华书局 1990 年版第 731 页。关于此诗的作地有两说，一为武冈军（境内有潨水），一为房州（境内有霍水、堵水、筑水、粉水等），分属荆湖南、北两路。分见同书卷一八（页 527）、卷二六（页 731）笺注。

⑥ 详《永乐大典》卷二二七一引霍箎纂《澧阳志》，中华书局。

宋斗鸭价格远比肉鸭高，且在市场颇为紧俏。

广东路家畜、家禽，则有"马、骡、驴、牛、羊、猪、鸡、鹅、鸭、犬、猫"等。与各地相类，还有一种"潮鸡，小于常鸡而胫短，潮至则鸣"。[1]为广州特产。广东潮州，养鸭由来已久。《永乐大典》卷二二六七引《三阳志·山川》："鸭湖，潮州郡治左有溪，〔北自〕循、梅、汀、赣下溪之东，其地曰鸭湖。卢廷辅《鸭湖诗》：'並山终日漾孤舟，深入桃蹊访阮刘。流水落花无问处，居人云是古瀛州。'"显然，地处闽、粤、赣三省交界处的鸭湖，应是南宋时的养鸭基地。

无独有偶，在淮东扬州泰兴县里下河地区亦有鸭子湖，显然也为大量放养鸭子之地。"湖在泰兴县河之北，抵柴墟镇济川河之南，凡六十有余里，昔可通舟，今湮塞矣"。[2]扬州泰兴县利用江河湖面广养鹅鸭由来已久，南宋时因养鸭而有机质大量增加及上游来水挟带泥沙等因素，导致大湖湮塞。顾名思义，其湖得名当为放养鸭群而然。其邻近之高邮县亦以养鸭而久享盛名，其所产鸭蛋，自宋至今皆为抢手名优特色商品。

南宋各地之所以大量养殖鸡、鸭、鹅，除了水面广袤、饲料丰富等原因外，市场需求、消费刺激也是重要原因之一。南宋各大中城市均有不少批发市场和大量零售店铺，销售活禽或宰杀加工过的光禽，还有以光禽为原料的腌制品及熟食、卤食。鸡翅、鸭颈、鹅肝等，在南宋一流酒店、大小饭店均为受欢迎的美味。在南宋初兵火灾荒连年、食物奇缺之际，家禽更是价格奇贵，十分难得。如张知甫《可书》云："张纮善滑稽，绍兴初为金坛丞。适当物价踊贵，鹅每只三千，鸭凫每只八百。戏为诗云：'时见空中飞八百，每闻岸上叫三千。'"[3]高得惊人的鹅鸭与野鸭价格，必然刺激各地专业户及农民大量饲养，以求上市销售盈利。

博学多闻的范成大曾任广西帅使，他记治下海外（今海南岛）黎族聚居区社会生活情状时曾留下这样的回忆：鸡"一斗者，雌雄各一也。一雄为钱三十，一雌五十。一斗每生十子，五为雄，五为雌。一岁四产十鸡，并种当为六斗，当生六十鸡"。如客"误杀其一鸡"，则"以此倍计，展转十年乃已""虽富商亦不足偿"。[4]可见虽雌雄二鸡仅值 80 文，但十年倍计，则为一天文数字。这虽是当地的民俗，反映的是在南宋少数民族聚居区，养禽亦为主要家庭收入。

在福建路，无论是沿海濒江的下四州军，或是以山区丘陵为主的上四州军也是六畜满坡、家禽爆棚的生机勃勃景象。如福州不仅盛产"马牛羊、猪狗猫、鸡鸭鹅"，

① 大德南海志（卷七）物产·畜. 广东人民出版社（点校本）. 1990：40.
② 永乐大典（卷二二七〇）引宝祐惟扬志·湖泊. 张怃石等. 永乐大典方志辑佚（点校本）. 中华书局，2004：492.
③ 全宋笔记（第四编第三册）. 郑州：大象出版社，2008：175；参校四库本《张氏可书》。
④ 范成大. 桂海虞衡志·佚文. 全宋笔记（第五编第七册）. 郑州：大象出版社，2012：175；辑自马端临《文献通考》卷三三一《四裔考》。

汀州亦牧养"牛马、骡驴、羊犬猪、鸡鸭鹅"等。[1]延续至今日，已无大差异。另外，唐宋时人已知养信鸽，而在南宋时已出现训养信鸽及饲养肉鸽的行当，成为一种产业。这一趋势亦已延续至今。

我国养鸽已有二千余年的历史，广西贵县出土的汉代陶楼中有鸽窝模型可证。唐代已有关于信鸽的记载，张九龄少年时家养群鸽赖以传书。南宋时，已养鸽成风。叶绍翁《四朝闻见录》丙集《鹁鸽诗》云："东南之俗，以养鹁鸽为乐。群数十百，望之如锦。灰褐色为下，纯黑者为贵。内侍畜之尤甚。"又载绍兴中无名氏诗讽云："争如养取南来雁，沙漠能传二帝书。"可证南宋初已蔚为风习。当时，杭州已出现专以喂养训练鸽子为业的行当。信鸽，在南宋初已被训练成用于航海通信的手段之一。《淳熙三山志》卷四二《物产·禽族》有载："舶鸽，似鸠而差小""善识主人之居。舶人笼以泛海，有故，系书放之以归。"[2]

南宋家禽的饲养量虽不可确知，但从家禽中饲养量最少的鹅考察，从南宋初曾任职福州的张守一通十分可贵的札子中可以推知：南宋鹅的饲养量至少应在一千万羽以上，分布在两浙、江东西、福建、荆湖等路的四十余州军。张守（1084—1145）《毗陵集》卷五《乞裁损买翎毛札子》（四库本）称：南宋初养鹅业规模不小，不仅两浙、江东西诸路出产，即福建"漳、泉州（亦）稍稍有之""一鹅可用者（翎毛）才十余翎""且今一茎已三十足钱""会计诸四十州军所买，一月无虑六七百万"，则"全年抛买鹅瓴不下七八千万""据本州作院（称），共鹅翎十八茎可供产箭十只"。如以每鹅产15瓴计，则南宋初四十州郡至少有鹅520万羽，才可供造弓箭4300余万只，以供军需。[3]这仅是一个十分保守的估计，且已征集的鹅翎仅以半数计。质言之，这40州郡产鹅至少在一千万羽以上，这还是南宋初战乱年代的产量。

古有"六畜"之说，指猪、牛、羊、马、狗、鸡，也可泛指各种畜禽。宋代出现了"六畜兴旺"的局面，除牛为农耕工具，马主要用于骑乘和军用，狗一般用于看家护院外，六畜的主要功能为提供肉食。与今人猪、鸡的销量最多有明显区别的是：宋人酷嗜牛、羊肉及鹅、鸭制品，正是这种市场需求，刺激了宋代家庭畜牧业的不断发展；消费需求的增长，也是导致南宋各地畜养专业户的大量涌现。这里主要考察菜牛的饲养与销售概况，兼及其他，如猪羊等。

根据南宋农事实践而总结撰写的《农书》（元王祯）中曾指出："江南水地多湖

---

① 淳熙三山志（卷四二）物产. 中华书局（影印本），1990：8262；《永乐大典》卷八九〇引《临汀志·土产·畜》。
② 此或传自番舶，唐段成式《酉阳杂俎》前集卷一六《羽篇》已载："波斯舶上多养鸽，鸽能飞行数千里，辄放一只至家以为平安信。"引自中华书局点校本1986年版第154页。
③ 张守，字全真，一字子固，常州晋陵（今江苏常州）人，崇宁元年（1102）进士，绍兴六年（1136），官至参知政事兼权枢密院事。卒谥文靖。有《毗陵集》50卷，《奏议集》25卷，久佚。此札乃绍兴初（1132～1135）他知福州时所上。引文见《宋人文集珍本丛刊》，线装书局影印本卷六。

泊，取萍藻及近水诸物，可以饲之。养猪，凡占山地者用橡食，或食药苗，谓之山猪，其肉为上。"①此总结了宋人开发猪饲料的新鲜经验，即因地制宜用水生饲料、山野果实、农作物遗留物及发酵饲料喂猪，其提出放养的山猪肉香质优这些先进经验皆流传至今。养猪，自古以来即为小农经济最广泛普及的家庭副业之一，家养尚可饲以米糠、剩饭菜等。南宋随着城市经济的发展和商业的繁荣，各地养猪、贩猪或贩养一体化的专业户如雨后春笋般涌现，甚至还有专养母猪，多育仔猪，赖以贩售的专业户。今仅从洪迈志怪体小说《夷坚志》中选录数例以证。

其一，"江陵民某氏，世以圈（豢）豕为业。有村侩居五十里外，每为钩贩往来，积有年矣。"此述江陵养猪专业户，将出栏肥猪卖给村侩屠宰后贩卖，是养猪户与屠贩间的合作。但这个黑心的屠侩，竟然用酒灌醉在外贩易的客户长子而谋财害命，为百千"银券"而杀二人。因某氏之家仆识其小主牵猪之绳而报官，使屠夫伏刑。这一愚蠢而丧心病狂的屠贩，竟然杀人后持牵猪绳去其家歇脚而自投罗网。②其二，"常州无锡县村民陈承信，本以贩豕为业，后极富"。③可见即使一介村民，从事农副产品的贩运亦能"极富"。印证了司马迁的名言"用贫求富，农不如工，工不如商"。④其三，《夷坚支景》卷五《童七屠》云："台州近城三十里（外），有小寺，亦曰径山。路口有屠者童七，累世以刺豕为业。每岁不啻千数，又转贩于城市中，专用以肥其家"。⑤此乃类似于上述杀人越货的村侩所业，世以杀猪为生，兼营贩肉于城市，每天至少三五头活猪的白肉，虽规模不大，但细水长流，亦足以维持小康生计。其四，"寿春民姜七，居于府市，邀接商旅作牙侩……姜七之祖婆，缘在生之日，专养母猪，多育豚子，贸（货）易与人，一岁之间，动以百数，用此成立家计"。⑥是说寿春牙侩姜七之祖婆，因圈养母猪，培育仔猪，贩卖与人而得以发家致富。每年数百头小猪的成交量已不少，至少圈养数十头母猪及种猪才有可能。这也是妇女养猪经商的一个典型例证。其五，"临安宰猪，但一大屠为之长。每五鼓击杀于作坊，须割裂既竟，然后众屠儿分挈以去。独河东人郑六十者，自置肆杀之"。⑦此大屠，即为临安市场屠宰行之行首，由其集中宰杀，再由诸屠批发至其商圈范畴内零售。河东郑屠可能为北宋末移民，故不入行而单干。但既杀猪又卖肉，精力分散兼技艺欠佳而酿成事故。洪迈所述五例，代表了杀猪养猪业的四种类型。充分体现了城乡一体化，

---

　　① 元王祯《农书·农桑通诀五·畜养·养猪》，据四库本录文，参校缪启愉译注本，上海古籍出版社，1994 年版第 495 页。
　　② 夷坚支景（卷一）.江陵村侩.中华书局（点校本），1980：883.
　　③ 夷坚甲志（卷七）.陈承信母.中华书局（点校本），1980：57.
　　④《史记》卷一二九《货殖列传》。
　　⑤ 夷坚甲志（卷七）.陈承信田.中华书局（点校本），1980：916～917.
　　⑥ 夷坚三志（卷二）.姜七家猪.中华书局（点校本），1980：1313.
　　⑦ 夷坚丁志（卷七）.河东郑屠.中华书局（点校本），1980：611～612.

养殖、加工、批零销售的模式。实开今日集中宰杀、分散经营模式之先河。不过南宋监管不严，更没有检疫、防疫之措施。即以屠宰行而论，各地还有专以屠狗宰羊为业者。①

　　赵宋王朝的统治者，嗜食牛羊肉。北宋初，曾规定牛羊司每年栈羊 3.2 万口，仅用于宫廷消费的羊每日即上百头，可见一斑。在北宋期间，逐渐成为一种风尚。南宋随着大量西北移民的南下，东南各地爱吃羊肉人比比皆是，这种流行嗜好也蔚然成风。因羊少而食肉人多，价格也就奇贵。如绍兴末，"吴中羊价绝高，肉一斤为钱九百"。时"监平江市征"的高公泗师鲁戏作诗云："平江九百一斤羊，俸薄如何敢买尝？只把鱼虾充两膳，肚皮今作小池塘。"②意谓官小俸微，只能以价廉物美的鱼虾充膳食。嗜食羊肉的习俗，自南宋一直流传至今。每年中秋后至次年清明前，苏州城满街多为卖羊肉店，其中羊汤、白切羊肉、羊羔、羊杂碎等尤为脍炙人口。价格依然很贵，且连年暴涨，约为猪肉的二三倍，但食客依然趋之若鹜。可见一个城市的消费习俗，也具深厚的历史积淀。为了适应这种消费需求，南宋培育出著名的品种湖羊，在今苏锡常、杭嘉湖一带极为畅销。太湖流域至迟在春秋时已养羊，但多为山羊。直到北宋时，才有绵羊出现，于苏轼诗"剪毛胡羊大如马"可证。③湖羊在南宋被培育成功，见之于《嘉泰会稽志》卷一八之载：

　　《旧编》云："安吉、长兴接近江东，多畜白羊。"按：《本草》以青色为胜，次乌羊。今乡土间有无角、斑黑而高大者，曰湖羊。

　　这条独家史料说明，湖羊是由江东路的白羊引进改良培育而成，其生活习性从放牧到圈养，从食鲜草到以干青草、桑叶、蚕沙为食，乃至无角全白的优质肉、羊皮二用羊，已证明它是全新的品种。此据前志（旧编）之说，或由淮羊（小尾寒羊）培育而成。再上溯，小尾寒羊由蒙古羊和中原绵羊杂交而成。唐代已有，见于孟诜《食疗本草》。④从胡羊到湖羊，是一个长期培育的过程。与此同时，牛羊乳及其制品也开始进入寻常百姓家，成为新的大众消费食品。如湖羊原产地湖州，就盛产以牛乳为原料制作的酥酪，"俗称乌戊乳酥最佳，又为花果鱼鸟之属，以为盘钉之花，可用寄远。大抵乡间畜牛之家，例能为酥及乳"。⑤湖州南宋时已养奶牛，且养牛户有制酥及乳的技艺，这应是南宋时代的奶制品已流行之证。又，洪迈《夷坚三志》壬卷三《洞霄龙供乳》记杭州有供应鲜乳的店铺称："市户董七

---

① 分见《夷坚甲志》卷七《张屠父》（页 56），《夷坚丙志》卷一三《福州屠家儿》（页 475）等。
② 夷坚丁志（卷一七）．三鸦镇．中华书局（点校本），1980：682～683．
③《东坡全集》卷七《和蒋夔寄茶》．
④ 中国农业百科全书．农业历史卷．农业出版社，1995：372．
⑤《嘉泰吴兴志》卷一八《食用故事·酥》，《集成》点校本第 2799 页。

者，好舞秤权，用十四两作斤，故即而掠取。今其人出外，厥父自主铺业，淳朴有守，未曾罔利……。"①

浙东绍兴养牛羊由来已久，故颇富经验。如称："会稽往岁贩羊临安，渡浙江，置羊艒板下。羊啮船茹舟，漏而沉溺者甚众，至今人以为戒。"又云：牛羊同牧，"先羊后牛者，羊性畏露，晚出而早归，常先于牛"。是说羊比牛娇而难养。又曰："牛之为病，病则耳燥，安则温润而泽，故古之视牛者以耳。"②酥酪，以中州"雍酥为冠"，是指北宋之事。"今南方亦皆作，而会稽者尤佳，会稽诸邑又推诸暨为冠。盖吴中酥虽绝多，大抵味淡不可与会稽班也。"③显然，南宋初大量西北移民迁东南，带来了其生活习俗。就饮食而言，也迎来了南北交汇融合的新时代。酥酪走俏，必然促进牛羊牧养的大发展。浙东台州，面山临海，郡多山区丘陵，六畜兴旺，鸡鸭鹅遍野，且多培育出优质名品，以满足市场需求。郡志有载：

牛（有黄牛、水牛二种），羊（地宜草而肥息），猪（一名豝，色黑有白蹄者名花猪），犬（有黄、白、黑等种），猫（毛色等异），鸡（有黄、白、乌、花色，大者喜斗，又有潮鸡，遇潮涨则鸣……），鸭（《尔雅》谓之鹜，又有一种名野鸭），鹅（有苍、白二种）。④

今之安徽徽州，宋属江东路，禽畜既有来自江西引进者，亦有本地土生土长者，品种丰富，不乏名优特产。如乌鸡，自宋迄今，皆为滋补名品。牛羊则夜间亦放野外山谷，而不收入圈栏，可见其数量之多。罗愿《新安志》卷二《叙物产·畜扰》⑤有载：

水牛，色苍而多力，其角如环，古所谓吴牛也。黄牛，小而垂胡，色杂驳，不正黄，土之所产，亦有从江西来者。自绩溪以往，牛羊之牧不收。歙之南境，羊昼夜山谷中，不畏露草。豚买于宛陵界中，中家以上，岁别饲大豚至二三百斤，岁终以祭享，谓之年豝。而《方舆记》以火肉、石芥为民之珍。其余则鸡、犬、鹅、鹜，鸡高而善斗者，所谓鲁鸡也；乌鸡冠珥皆青，肉色如墨，时或有之，号能已病。

据方志记载考察，南宋各地多产牛，尤以江东、浙东、江西、福建、广南东西路为最，荆湖、四川、淮东西路也产牛。但南宋初，因战争导致的饥荒，使平民大

① 《嘉泰吴兴志》卷一八《食用故事·酥》，《集成》点校本第 1491 页；"父"原讹"人"，据《咸淳临安志》卷九三改。
② 嘉泰会稽志（卷一七）. 兽. 中华书局（影印本），1990：2064.
③ 嘉泰会稽志（卷一七）. 兽. 中华书局（影印本），1990：2065.
④ 《嘉定赤城志》卷三六《土产·畜禽》，《集成》点校本第 5503 页。
⑤ 据中华书局《宋元方志丛刊》影印本第 7623 页上录文，参校《黄山书社》2008 年点校本第 60 页。

量死亡，在古代缺医少药的条件下，又引发瘟疫的流行，使幸存之百姓也死于非命，甚至连动物也未能幸免。庄绰《鸡肋编》卷下就记载了湖北牲畜及动物皆死的惨状。其说云：绍兴九年（1139）"秋冬之间，湖北牛马皆疫，牛死者十八九，而鄂州界獐、鹿、野猪、虎、狼皆死，至于蛇虺亦僵于路旁"。作者未解其因，实乃战争所致的瘟疫，几乎灭绝作为主战场之一的鄂州地区之生物，无异于一场浩劫。因此南宋初耕牛奇缺，绍兴年间，因发展营田屯田，各地均发生牛荒，亟待从产牛地区购进，宋政府出台了购买耕牛免税，各地不得邀阻留难等规定，还严厉禁止宰杀耕牛。如绍兴五年（1135）闰二月二十八日，淮东宣抚使韩世忠言："浙东，福建系出产牛去处，欲令两路收买水（土）牛一千头，并依市价，委税务官一员置场和买，限三个月数足。逐路买到耕牛，每一百头作一纲起发，日行三十里……赴淮东宣抚使司交纳。"①三个月能购足一千头牛，在当地兵荒马乱的年月已属不易，足见两路水牛存栏数之多一斑。又如绍兴五年十一月二十八日，知荆南府兼充安抚使王彦言："被命置荆南营田司并罢，令安抚司措置耕种。合计置到黄水牛一千七百余只及修置府应干合用农具足备。"②李心传《朝野杂记》甲集卷一六《营田》也载王彦言，"已措置营田八百顷，自蜀中买牛赋民"。其牛买自四川，川蜀亦为产牛之地。一次从四川购进水、黄牛1700余只亦颇可观。更可贵的是：嘉定七年（1214）八月，知濠州应纯之奏请朝廷拨钱措置营田官庄事宜，其说云：

今已招到庄客三百一十九丁，开垦水陆田一万六千一百一十八亩，于澧州收买到水牛一百五十三头，又于本州自买到黄、水牛共二十头，并已民给付庄家见今耕作。但照得未垦田数尚多，合在秋成之后照已成规模买牛招客，接续开垦。且以三百二十丁为率，合用牛一百六十头，百色支用钱二万八贯七百。除已见今于公使等库常赋之外，撙节措办，拨入营田库应副支用外，所有买牛钱本州实无所出。欲望朝廷支降钱五千八百贯文，并前项刘从善侵支过本州营运钱四百九十三贯八百文，早赐支降。乞下京湖制置司令澧州同共收买，庶几秋冬之交可到本州，得以趁时开垦。③

从此奏中可知，当时濠州、澧州耕牛约为每头买价36.250贯文至39.336贯文，买牛以外的诸色杂用（包括种粮、庄客简易住房、生活费、农具等）为14208.700贯文。在营田费用中，耕牛一项约占29%。在南宋中期，这一牛价不算贵。相对而言，南宋初之牛价奇贵，绍兴六年（1136），提领江淮等路营田司于寄养官牛中，就

①《宋会要辑稿》食货六三之九六，中华书局（影印本）第6034页。
②《宋会要辑稿》食货六三之九八，中华书局（影印本）第6035页。
③《宋会要辑稿》食货六三之一五七，中华书局（影印本）.

近支拨寿春府、濠州等地"借给归业人户耕种""每牛一头，止令纳钱一百贯省"。①这还是官拨之牛价，市价应更高。但约在孝宗时，牛价已有回落，"徐俟之仆程华"家水牛一犊，"售于人，恰得二十五千"。②一牛犊 25 贯文，似长大后不过数十贯文。当然南宋牛价较之北宋要高许多。如北宋大观年间（1107～1110），"一牛之价，不过五七千；一牛之肉，不下三二百斤，肉每斤价直须百钱"。③南宋牛价比北宋涨了数倍至数十倍。而牛肉价远高于牛价，实乃两宋期间毫无二致，正是追逐高额利润的市场需求，导致严禁宰杀耕牛的诏敕律令成为一纸空文。

南宋的重点产牛地区，在以下的一组史料中约略可以考见。一是浙东衢婺丘陵山区。淳熙四年（1177），李椿在知婺州任，"诏衢、婺市皮角若干，而筋居五千斤。椿奏：一牛之筋四两，是屠二万牛也"。④浙东养牛盛于衢婺州，淳熙中已无大规模战事，一次竟然两州征牛筋五千斤，用作制弓弦，足见当时官军器业之发达程度，亦可见作为养牛基地之一，其牛存栏数之多。二是江东路盛产牛羊。绍兴三十二年（1164）十二月十二日，诏："江东州军造三等甲叶子，抛买生黄牛皮、羊皮各一万张。以三分为率，减免一分。"⑤此可证江东为商销肉用黄牛、羊之重点产地之一，其皮可用为制作军中甲叶原料。葛立方《归愚集》卷七《晚泊二绝》（二首之一）："晚泊牛羊已下山，清泉为我洗尘埃。"此诗作者绍兴二十九年（1159）赴知袁州任，途次浙东衢州常山与江东信州玉山交界之处时所作。在两路界山的驿道上，作者在夕阳西下即将晚泊之处，看到成群的牛羊下山归栏。可见在两路交界处以养牛羊为主的畜牧业，成为农业之外因地制宜的副业之一，江东信州亦产牛较多之州郡。三是江西路诸州军。这从时知洪州兼江西帅的张守绍兴十年（1140）所上一道札子可以证实：

> 今将绍兴九年分本路十一州军合起岁额上供军器下项物料，径赴转运司交纳，发赴岳飞军自造军器。铁甲叶六十九万九千四百三十八片，牛角六千三百三十四只，生黄牛皮九千一百八十三张，牛筋四千一十斤一十二两，生羊皮一万八千三百九十二张三十一尺三寸五分。⑥

南宋初的艰难时世中，江西十一州军竟能提供牛角 6334 只（每牛二角则为 3167 头牛），生黄牛皮 9183 张，牛筋 4010 余斤，生羊皮 18392 张，至少应屠牛羊各二万

---

① 《宋会要辑稿》食货二之一九，中华书局（影印本）。
② 夷坚三志（辛卷七）. 张三公作牛. 中华书局（点校本），1980：1437.
③ 《宋会要辑稿》刑法二之五二，中华书局（影印本）。
④ 杨万里《诚斋集》卷一一六《李侍郎传》。《中兴两朝圣政》（《宛委别藏》本）卷六〇亦载："李椿知婺州，有旨衢、婺市皮角若干而筋五千斤。椿奏：'一牛之筋四两，是屠二万牛也。'上为收前诏。"
⑤ 《宋会要辑稿》食货六三之二〇，中华书局（影印本）。
⑥ 《毘陵集》卷七《措置江西善后札子·小贴子》。

余只才能提供。其中，抚州应为重点产区之一，《永乐大典》卷一〇九五〇引《抚州·风俗》称："牛羊牧于山谷者不收，五谷满于郊野者不垣，晏然不知枹鼓之警也。"此外，兴国军大冶县也盛产水牛，为陆游所亲闻目睹。其《入蜀记》卷四写道：乾道六年（1170）八月十六日，"过新野夹，有石濑茂林""水牛至多，往往数十为群，吴中所无也。地属兴国军大冶县，当是土产所宜尔"。①四是福建路也为重要产牛基地之一。如李心传《系年要录》卷八六载：绍兴五年闰二月，"命经制福建财用章杰市耕牛千头，赐韩世忠为淮东屯田之用。"漳州、汀州为福建盛产牛的州郡。如绍兴六年（1136）十月十一日，诏："钟时聘与减四年磨勘，以押漳州收买营田司牛三纲（300头），并无失陷故也②。"

五是广西是南宋产牛最多的地区之一，不仅牛多且贱，唯贩卖至东南，路远时长，途中易倒毙。《宋会要辑稿》食货六三之一三〇有载：隆兴元年（1163），臣僚"请权住广西马纲三年，专令市牛，盖广西雷、化等州牛多且贱"。这位臣僚曾在广西做过官，乃其亲闻目睹，故"知之详矣"。南宋著名诗人周紫芝诗云："淮南一废不复秋，五夫扶犁当一年……羽檄征牛牛蔽野，问言万里来容州。容州价贱苦易得，四蹄才堪一剑易。来时草青今草黄，道路既远多死场。"③六是广东也是盛产牛的路分。淳祐中知广州的方大琮（1183—1247）在《劝农文》中称："粤多田，牛被野，壤不待粪，种不甚耘，视其收若疏薄，计其积不可胜食，土广故也。"④潮州也产牛，可见于黄公度《瘦牛岭》诗云："自笑年来为食谋，扶携百指过南州。时平四野皆青草，此地何曾皆瘦牛。"⑤广南历来养牛，来自江西、湖南的贩牛客，往往成群结队越岭贩牛。潮州亦为菜牛养殖基地，遍山漫野的青草，正是牛群嗜食之"美味"。南雄州溪塘镇（北宋称大宁镇）是江西、湖南贩牛客趋之若鹜的产牛基地。《永乐大典》卷六六五引《南雄路志》有载："大宁镇，距州七十里。旧制：监官文武各一员，收税兼管烟火。绍兴间，改为溪塘镇，止置武臣一员。"租（祖）额年终收钱1122.376贯文，"缘收趁不敷，于邹提刑任内立定年额收钱"864.491贯文省。春纲牛税钱旧例收钱1900余贯，"从准嘉定七年（1214）转运司行下准朝省札下移牒湖南、江西，贩卖人往来，径从使互相委保，判给公凭，所过场务比旧额物与减半税收。以十二年·（1219）春纲收到钱六百余贯"。像南雄州溪塘镇这样的买朴税场，南宋各地多有，参见傅宗文《宋代市镇考》。春纲牛税钱，表明北宋耕牛免税的政策至南宋中期实际

---

① 《陆游集·渭南文集》卷四六，中华书局点校本第2438页。
② 《宋会要辑稿》食货六三之一〇七，中华书局（影印本）。
③ 《太仓稊米集》卷二《五黏道中见群牛蔽野问之容州来感其道里之远乃作短歌》。
④ 方大琮《铁庵集》卷三三《广州丙午劝农文》（淳祐六年—1246），《北京图书馆古籍珍本丛刊》影印明正德刊本。
⑤ 《永乐大典》卷一一九八〇引《潮州三阳志·诗文》，张忧石等，中华书局《永乐大典方志辑佚》点校本第2756页。

已被废止。而湖南、江西的贩牛客至广东贩牛已是屡见不鲜的商业行帮。当然，不可否认其中必有部分菜牛。从税钱衡量，则广东的养牛业其规模亦相当可观。七是四川也为盛产牛及菜牛之地，足以自给。这从郑刚中（1089—1154）致友人的一通答书中可见其端倪。绍兴十二年（1142）五月，他接替去世未久的胡世将任帅使兼四川宣抚使时说："四川久输之民，气销力尽，喘喘将绝。念无以救之，则亟买数千牛，率将士尽耕汉中之田。年来岁得粟近三十万斛。覆实虚冒，裁节用度，岁为蜀人捐减亦五百万缗。"①郑刚中在四川实施军屯营田，竟为四川百姓减轻税赋 500 万缗。因有数千耕牛，军兵才得以在汉中膏腴之地大规模军屯，粮食可基本自给，实乃关键要素。八是淮南路。《宋会要辑稿》职官一六之二〇载：乾道六年九月六日，韩玉奏称："今来见行打造三色铁甲，数目浩瀚，又制造一石力手射弓，合用黄牛角并黄牛皮等物料。窃见淮南路一带州军正系出产去处，乞自行置场，或差官收买。仍乞支降会子，每一十万贯为一料。"

总之，至迟孝宗时，南宋农业生产已全面复苏，养牛业已产业化，达到相当规模。除满足各地农耕需求外，菜牛的上市数量也相当惊人。如乾道初洪适（1117—1184）拜相执政时，"马军乞牛皮五十余万为马甲，御前抛买五万，工部别得旨市十三万。公奏数多限迫"。②虽 50 万张牛皮未可得，但一次制马甲就抛买牛皮 18 万张，足见菜牛存栏数之多一斑。另外制弓矢兵器等亦须用牛筋。军兴时，就只能杀耕牛而取皮抽筋，尽管法令严禁宰杀耕牛。但平时就主要用菜牛（黄牛）或已淘汰之耕牛。仅宣州（后改宁国府）一郡，一次所贡就至少屠牛 1845 头（其中牛筋按四牛一斤计）。绍兴三十二年（1162），宣州贡黄牛皮 180 张，羊麂皮 360 张，筋 236.25 斤，角 360 双，箭（竿）（杆）14097 枝，翎毛 42852 斤（羽），条铁 642.75 斤，甲叶 13710 斤，鞍材 120 副，弓材 400 副。③周必大淳熙七年（1180）所上札子，指出军器所一岁抛买牛皮竟高达 63000 张，其数量就更是浩瀚。其说有云："军器所陈乞抛买牛皮一万张，行下浙东、福建两路，限一季收买。臣初谓急关要用，不敢有言。连日询访，却知近日岁额诸路取解黄牛皮二万五千张，而第十三料又收买三万八千余张，数目浩瀚，缘实到者常不及半，然而已能足用。故本所申出剩牛皮六千一百张，此则其未至缺用明矣。"④淳熙中，无大规模战争，作为常规兵器储备，其抛买牛皮竟高达 6.3 万余张，可见战争年代各大军区均自制冷兵器，所需牛皮、筋角数远过于

① 《北山文集》卷二〇《答柴倅元章》（二）。
② 周必大《文忠集·平园续稿》卷二七《丞相洪文惠公适神道碑》，据《盘洲文集》附录《洪文惠公行状·附录一》校补，均《四部丛刊》本。
③ 嘉庆《宁国府志》卷一六《食货·土贡》引洪武《宣城志》，黄山书社，2007 年版第 1190 页。
④ 《文忠集》卷一四四《奏议一一·参知政事札子十首·乞免闽浙军器所牛皮札子》，影印文渊阁本《四库全书》，上海古籍出版社，第 1148 册，574 页。

此。这也是刺激各地大量养牛、贩牛，宰杀菜牛乃至耕牛的重要原因。除了枢密院主管的军器所造兵士及战马护甲所用牛、羊皮外，各地州军也分造此类护身兵器。如上述孝宗初即位时诏令，一次就抛买生黄牛皮、羊皮各一万张。[①]据以上近 10 例粗略的计量数据分析，南宋各地的养牛业堪称规模空前。

北宋以来，宋人即已嗜食牛肉。南宋立国之初，一再颁诏严令禁屠耕牛。悬赏告发，赏金提高到三百贯；买肉兴贩者，徒二年。[②]赏罚力度无以复加，充分体现南宋政府对耕牛和农业生产的高度重视。据洪迈记载，上有所好，下必甚焉，即使在被金军追得到处流窜的艰难时世，宋高宗及其亲信卫士仍不忘口腹之享。《夷坚丙志》卷五《长生牛》云：绍兴元年（1131），"车驾在会稽。时庶事草创，有旨禁私屠牛甚严，而卫卒往往犯禁"。禁私屠牛，重农也；卫卒犯禁，乃其多西北人，嗜食牛肉也，而不惜违法冒禁。刑律乃对平民百姓而设，对权贵和皇室亲信而言，不过一纸空文。如绍兴十一年（1141）汤鹏举（1088—1165）知江州，严禁杀牛，效未著，遂有"设赏以捕食（牛）肉者"[③]之类怪事。南宋江淮地区，因大规模屯田，耕牛奇缺，遂视同军需物资，严禁过淮交易。乾道四年（1169）四月二十八日敕："商旅贩牛过淮并知情引领、停藏、负载之人，并透漏去处，赏罚并以鳔胶（等）已得指挥施行。"[④]但宋金间的走私贸易从未因一纸禁令而止绝，相反仍相当活跃。至淳熙四年（1177）再颁严诏称："累降指挥立法，禁止私贩耕牛过界。如闻近来边界多有客旅依前私贩，显是沿边州军奉行灭裂。自今如有一头透漏过界，因事发觉，其守臣以下取旨重作施行，帅臣、监司亦坐以失觉察之罪。"[⑤]

猪牛羊肉的价格，对南宋家畜的饲养有举足轻重的作用。20 世纪 80 年初，笔者忝任商职，工作重心之一，即负责生猪的产销，往往以价格作为调节生猪饲养量和出栏数的杠杆，当然还辅之饲料和布票等奖励。当时有形象化的总结称："生猪多了用刀子砍，少了用鞭子赶。"实际上，即使在计划经济年代，价值规律也在起作用，农户养猪是为了蝇头小利，如果亏本，就少养或不养。上市的猪肉价也随之波动。其实，这种现象早在宋代就已出现。如《宋会要辑稿》刑法二之五二载：

大观四年三月二十七日，臣像言："伏见无知之民，日以屠牛取利者所在有之……一牛之价，不过五七千；一牛之肉，不下二三百斤，肉每斤价直须百钱。利入厚，故人多贪利，不顾重刑……今贪利之民会计上下，只作病牛倒死，申官披剥。因缘

---

① 《宋会要辑稿》食货六三之二〇，中华书局（影印本）。

② 《宋会要辑稿》刑法二之一〇四至一〇五，中华书局（影印本）。

③ 陈造《江湖长翁集》卷二二《记王尚书事》。

④ 《庆元条法事类》卷二九《兴贩军须·申明》，黑龙江人民出版社（点校本），2002 年版第 433 页。又，所谓"已得指挥"，指隆兴元年五月九日敕，凡五款，载同书同卷第 432～433 页。

⑤ 《宋会要辑稿》刑法二之一一九，中华书局（影印本）。

屠不畏官司，肉积几案，罗列市肆""伏望特下有司立法，凡倒死牛肉每斤价直不得过二十文。"诏诰："获杀牛，赏依元丰格。"

宋廷屡下禁杀耕牛之令，是重视农业生产的具体体现，但禁令形同具文，其原因在于屠牛卖肉利润丰厚。牛价五至七千文一头，二三百斤牛肉，每斤价至百钱，姑以 250 斤计，则已值 25 贯，获利三五倍之多。故以病死牛肉价为准欲最高限价为每斤 20 文，使之无利可图。宋人已知用经济手段来推行法令的实施，但实际上行不通。上文曾谈到南宋初苏州的羊肉价曾达 900 文一斤，则牛肉价也相仿；上文还谈到澧州牛价约 40 贯一头，如以大观间牛价相比较，则牛肉价应在 700~800 文一斤，贩牛屠宰卖肉仍有很高的利润空间，这也许是牛羊肉销售长盛不衰的重要原因，这也必然刺激各地家畜养殖业持续发展。当然，在牛多价贱的广西等地，牛和牛肉价要低得多。同一商品的物价，在不同经济地区有较大差异，这是因其人均收入水平的高低所决定。市场需求和价格对畜禽养殖等商品农业的发展，是极为重要的制约和调节因素，殆无可疑。

宋末曾任封疆大吏的胡颖曾有一判词云：到任"数日已来，闻诸道途之言，自界首以至近境，店肆之间，公然鬻卖，遂密切遣人缉捉，及至捕获，原来不但在郊关之外，而城市之中亦复滔滔皆是。小人之无忌惮，一至于此"。[1]可见在南宋中后期，各大中城市违禁私宰牛上市买卖牛肉已是极为普遍的现象，判词也许是为了杀一儆百，但已是法不责众的无奈。这种比比皆是的状况，充分反映牛肉与猪羊肉，已是南宋上市最多的肉类。更具讽刺意味的是：刘克庄《屠牛者断罪拆屋判》称："刘棠忝预乡书，顾以屠杀为业。每有屠牛之讼，常是挂名检，又不畏宪纲。在法，曾得解元止免公杖，而杀牛乃是私罪，徒。又杀牛马三头者，虽会赦犹配邻州。计刘棠平日所杀，何啻累千百头，罪至徒流……。"本应系狱收监，但却仅判"勘杖一百""将刘棠酒坊肉店日下拆除"。[2]刘棠曾是解元，属士人经商，开有酒坊肉店，又兼屠宰，经商规模不小。历年所宰牛何止"累千百头"。公罪可免杖，但私罪则仍应有牢狱之灾。因此类现象极为普遍，故只能杖一百，拆除店屋草草了之。同样显

① 胡颖《宰牛当尽法施行》，《名公书判清明集》卷一四，中华书局点校本，1987 年版第 534 页。胡颖，字叔献，号石壁，潭州湘潭人，绍定五年（1232）进士。淳祐中，知镇江府，又知平江府兼浙西提刑；调官湖南提刑兼提举常平。后曾知广州兼广东帅，又移广西帅兼知静江府、兼本路漕使。迁官总领京湖财赋。咸淳中卒。事见《宋史·度宗纪》《宋史》卷四一六本传、《至顺镇江志》卷一五、《广西通志》卷二四五（四库本）等。《清明集》中，今存胡颖书判最多，凡 75 篇。多作于湖南提刑任上，或也有作于浙西提刑或四任知州任所。本篇作于何时何地，已难确考。
② 刊同上注《清明集》卷一四，点校本第 535 页。刘克庄（1187—1269），字潜夫，号后村，福建莆田人。淳祐六年（1246）赐同进士出身。七年，出知漳州；十二年，知建宁府兼福建运副。景定三年（1267），权工部尚书兼侍读，旋出再知建宁府。刘克庄于淳祐四年任江东提刑（《永乐大典》卷一一九〇六引《广州府志》称：是年，"江东提刑刘克庄为《〈双门〉记》"）。淳祐八年，除秘撰、福建提刑（《后村大全集》卷七六《辞免状》）；淳祐中，还曾任广东提刑。其今存 20 余篇判词，应作于三任提举任，也有可能知袁州、漳州及两知建宁府时所作。本篇已难以考定其所作时、地。

示执法的软弱无力,当屠宰成为市井常见现象时,官员的明智选择也许只是视而不见。从这两个典型案例,不难想见南宋养牛贩牛业之极盛及官府对私宰牛的执法是何等低能!

更荒唐的是:广德军"有祠山张王府,民俗尝祭以牛";后"有弃城之将,谪居本军,祈哀非鬼,迁祠山廊下别一鬼神,卜地方山,大兴庙宇。自此祠山渐衰,而方山骤兴。祠山岁用一牛,方山则广德县管下七百二十余保各用一牛,岁用七百二十余牛。方山既每保用牛,而每保之社庙又各用牛,并其余非泛乞福,因亦用牛。一斗大垒,逐至岁杀二千余牛,若当时屠贩小人因而宰杀者,又不预焉。以故耕牛耗及邻郡,户产腴于数祭,风俗大坏,良可痛伤"。广德一县 720 保用于淫祠之祭牛一年竟达二千余头,真是骇人听闻。祭祠,通常只用牛头,牛肉则大量上市无疑。所以黄震要慨叹:"广德军之杀牛,如他郡之杀鸡,安若故常,全无忌惮。"[1]这种迷信恶俗,应在严禁之列。这也从侧面印证了一种社会真实,广德军养牛之多,应据全国前列;江东自北宋以来就是盛产耕牛和菜牛之地。

（本文作者系苏州市经济信息化委员会高级经济师,北京大学历史文化研究所兼职研究员,上海师范大学文学院、河北大学宋史研究中心兼职教授）

---

[1] 黄震《黄氏日钞》卷七四《申尚书省乞禁本军再行中祭事》。

Rent Seeking and Surplus Seeking: Coal in China's Planned Economy[①]

University of Sheffield   Tim Wright

Introduction

Professor Wu Chengming (2006: 209–210) urged economic historians to use economic theory as a method in order better to understand historical reality. This paper is a preliminary attempt to take up that challenge by asking what the theory of rent and rent-seeking can tell us about the political economy of actually existing socialism.[②] It will use the theory as a tool to illuminate some key aspects of the planned (command) economy, rather than attempting to fit all aspects of that economy within one theoretical schema.

Although the concept of rent was developed mainly in relation to capitalist economies, in particular the United States (Tollison and Congleton, 1995), Gary Anderson and Peter Boettke (1997) argued that rents and rent-seeking were central to the planned economies, and that the system of economic planning was an elaborate alternative to taxation as a device for the state to extract resources. Barry Naughton (2008: 92) similarly saw the Chinese Party state's control over the distribution of massive society-wide rents as crucial to the maintenance of its power.

In some respects, rents were created in socialist societies in similar, though not

---

① An earlier version of this paper was presented at the Workshop on "Liberty, Political Innovation, and the Free Market: Rent-Seeking in China", Scottsdale, October 2009. I am grateful to the participants in that workshop for many useful suggestions.

② The term "rent" (or "economic rent") as used here refers to payments to a factor of production above the level that would be necessary to keep it in that use. A common form is supernormal profit generated by establishing a monopoly, often, though not necessarily, through government regulation. "Rent seeking" refers to the attempts by interest groups to create or preserve such rents, often by influencing government policy. See for example Tollison (1982).

identical, ways to capitalist societies. Market entry was rigidly controlled, both by the state monopoly over foreign trade and even more importantly by the suppression of private enterprise domestically. Indeed to some extent the core function of the state and its security system was to police entry and to protect the monopoly of state-owned enterprises (Anderson and Boettke, 1997: 43–44). This created large-scale rents and superprofits particularly for enterprises that produced non-subsistence consumer goods. The major difference from a capitalist society was that the residual income (superprofits) created by these rents did not accrue to the producing enterprises, but rather to the state finances, to be disposed of by the apparatus as a whole, and in particular its financial (rather than producing) sections (Kornai, 1992: 73; Boycko, Shleifer and Vishny, 1995: 34–36). In fact such rents constituted the largest part of state revenue and provided the resources for the socialist societies' massive system of patronage (Wang and Hu, 2001: 71; Lardy, 1983: 123–126; Hosking, 2000).

The core of rent-seeking theory deals with the creation of rents and the competition for access to them (Tollison, 1982). Under socialism rents did not directly accrue to the producing institutions, and this changed the nature of, though did not eliminate, the competitive rent-seeking politics that characterises capitalist economies. Rent seeking remained largely illegitimate and therefore concealed and took the form of competition by regions, enterprises and individuals for investment funds and the resulting benefits. Even with access to the archives, it remains unclear how far rents were distributed in economically rational ways, how far to reward political players engaged in rent seeking (Gregory and Harrison, 2005: 741–742).

Alongside these relatively conventional rents, however, the apparatus also used government regulation to artificially hold down many prices below market clearing levels. This created benefits for purchasers or consumers and generating resources to support favoured segments of the population. K. K. Fung (1987) and Xiaobo Hu (2009) saw this phenomenon as so distinct from conventional rents that they coined an alternative term for it – "surplus". Fung (1987: 313–315) explicitly argued that using the term "surplus" "offer[s] additional insight which literature on rent seeking has failed to uncover".

The concept of surplus is simply expressed in Figure 1, a variant of the common diagram indicating the costs of monopoly and rent. P_m is the market clearing price of quantity Q_m in the absence of price control. The state sets a lower price P_a, leading to two possible scenarios. First, if producers are able to reduce supply, they now produce Q_a.

This creates excess demand at price P_a of Q_aQ_c. At supply Q_a consumers would be willing to pay P_b, creating a contrived rent-like surplus of a magnitude indicated by the shaded rectangle P_bbaP_a. Second, if (for example through mandatory planning and providing the necessary inputs) the planners are able to induce producers to continue to produce Q_m, then the excess demand is Q_mQ_c, and the rent-like surplus is P_mmnP_a.

Figure1: Contrived Surplus

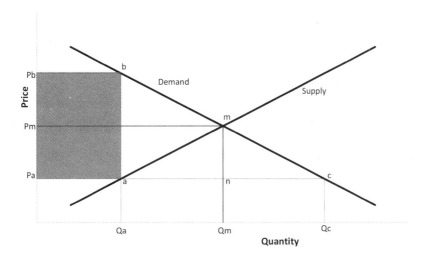

Sources: Fung , 1987: 300; Hu , 2009: 45.

In either case, this surplus may be realised in a number of ways. It may simply be enjoyed by (industrial or household) consumers as subsidised consumption. (Much) more often, however, because of shortage of supplies, consumers find it difficult to access the cheap goods. In that case, sometimes the surplus is simply dissipated,[1] for example through the costs of queuing, in which case the benefit accrues to no one. Crucially, however, the surplus is often offset illegitimately so as to benefit those who control access to the scarce commodities at the state-set price: this might involve the exchange of favours (the most common method in the planned economy) (Hosking, 2000: 318–319;

---

[1] Using the word in the sense suggested by Fung (1987: 313–314), rather than in the more standard sense used in rent-seeking theory as in Tollison (1982: 581) et passim. This is a difference between the situation described in rent–as against in surplus-seeking theory: competition for rents creates waste from a social point of view, but generally benefits someone. But no one directly benefits from the particular transaction when the surplus is dissipated, for instance through queuing.

Ledeneva, 1998) or the monetization of the surplus in the form of bribes (which became more common under reform).

Of course, whether one calls the phenomenon "rent" or "surplus" is not important, and one could argue that "surplus" is essentially a sub-category of rent. Certainly, Chinese scholars have used the term "rent" to conceptualise the resource flows created by artificially low prices (Hu, 1999; Wan, 1999). Leong Liew (1993) also designated the difference between the lower state price and the market price as "rent". Even Xiaobo Hu in an earlier work (2005: 73) talked of "a different form" of rent seeking. One could maintain, for example, that a key (perhaps the key) aim of surplus creation was to hold down costs for final goods industries and thus increase the (more conventional) rents generated by the sale of their products at high prices. This argument could, of course, be made particularly in relation to materials whose main use was as inputs for industrial production; even the low price of grain, though directly subsidising urban consumption, also increased profits by allowing lower money wages and thence labour costs (Bramall, 2009: 279).

The important issue is rather what aspects of the planned economies are illuminated by the application of the concepts of rent or surplus? Table 1 attempts to outline some differences between conventional rents and a surplus created by artificially low prices.

Table 1: Rent Seeking and Surplus Seeking

	Rent/Rent-seeking	Surplus/Surplus-seeking
Rent/surplus creation mechanism	Barriers to market entry (leading to higher prices and profits)	Direct government fixing of prices below market-clearing prices (even at zero)
Immediate results	Increased prices and profits	Excess demand at fixed prices; "shortage economy"
Focus of rent-/surplus-seeking activities	Market share	Direct control over goods and distribution channels
Political process	Lobbying by producers for regulation, tariffs etc. (though less clearly in a socialist society)	Struggle for command over allocation of resources. Elite interest in maintaining social contract with segments of population. Lobbying by users of commodity to maintain low price
Benefits	Monetized as higher prices and thence profits	In principle not monetized. Enjoyed as subsidised consumption. Offset through exchange of favours. Sometimes high-jacked and monetized by producers or intermediaries

续表

	Rent/Rent-seeking	Surplus/Surplus-seeking
Beneficiaries	Relatively concentrated in a small number of producers/regulated firms or, in socialist societies, the state apparatus	Relatively diffuse: The apparatus as a whole Industrial and (some) household consumers Sales agents, etc., who control distribution
Economic outcomes	Monopoly profits/rents for producers; Lack of competition; technological stagnation Overall loss of output/ welfare	Reluctance by producers to expand production at a loss Establishment of a particularistic web of dependency and personal connections based on the shortage economy Overconsumption by those with access to low priced goods Overall loss of output/ welfare

Sources: Based on Fung (1987: 313–315) and Hu (2009: 45–52).

Most socialist societies created a surplus through setting low fixed prices for many basic materials and subsistence goods, leading to excess demand at those prices. This paper will examine one such example, that of coal in China's planned economy. However, excess demand and shortages were not limited to such goods. Even where the price was set high (as for some manufactured consumer goods), supply was so constrained (often by shortages of low-priced inputs) that there was still excess demand. Most socialist economies thus operated in a generalised situation of shortage (Kornai, 1992: 228–301).

As Table 1 suggests, the beneficiaries from a surplus were more diffuse than in the case of rents at least in capitalist societies. The greatest beneficiaries were those with positions in the ruling apparatus, who had eventual control over the allocation of scarce (and/or low-priced) goods. Surplus creation underlay the privileges of the nomenklatura as a whole, which enjoyed privileged access to cheap goods. Their special shops and services were a well-known and much-resented part of most socialist societies (Hosking, 2000: 316–317; Butterfield, 1982: 70–77). More broadly, as Peter Boettke (1993: 69) wrote, the persistence of excess demand for products caused by artificially low official prices produced a sellers' market. The shortage economy in combination with the monopoly status of producers simply reinforced the power of the managers of the state economy. The seller in such an environment can insist on whatever terms of trade he desires.

Part of the surplus also went towards fulfilling the Party state's side of the implicit social contract with China's urban workers, whereby, in return for support, or at least acquiescence, they enjoyed a standard of living substantially above the opportunity cost of their labour (Putterman, 1992: 468–469). The provision of cheap goods originated in the supply system used in 1949–1950 to supplement low wages (Wu and Dong, 2010: 678), but continued throughout the rest of the pre-reform period, when the lack of alternative markets meant that the state was able to enforce low prices and that corruption took the form mostly of exchanging favours. By the 1980s, supplies of subsidised products and services were worth about as much as urban workers' monetary wages (Lardy, 1984: 854). With the emergence of alternative markets (and prices) in the reform period, increasingly a gap emerged that had to be covered with direct financial subsidies if the state wished to maintain cheap supplies and thence political order. The magnitude of the subsidies rapidly increased in the early 1980s, when 20% of government financial outlays went to subsidising retail prices, mostly of agricultural goods (Lardy, 1984: 857–858).

At the micro level these subsidies, whether indirect or direct, placed the beneficiaries in a position of "organised dependency": urban workers depended on their enterprises and in practice on the managers for access to supplies not only of cheap goods but even of goods at all (Walder, 1986: 59–67). On a macro level, the state's maintenance of low food prices, at the cost of rural incomes and to the benefit of the urban population, led to the "urban bias" seen in China and many other developing countries (Lipton, 1977: 287–327; Hu, 2009: 47).

There is little doubt either about the existence of such rent-like surpluses or about the behaviour that they induced. Whether they were created intentionally as a means of rent-seeking is more controversial. David Levy (1990: 216–217) argued that price controls leading to shortages were essentially a rational measure by central planners to create wealth that they could appropriate (given that normal profits accrued not to the enterprise managers but to the state). Even more baldly, Andrei Shleifer and Robert Vishny (1992: 238) stated that the "bureaucrats intentionally plan shortages in order to invite bribes from rationed consumers": the lower the price and the shorter the supply the larger the bribes that could be extracted by the bureaucrats to cover the gap between the state-set price and the effective price suggested by demand at existing levels of supply. We might add that the "wealth" and the "bribes" were often in non-monetary form, especially under the pre-reform economy.

Actual behaviour as illuminated in the Soviet archives provides, however, no evidence that managers deliberately lobbied for lower prices (Gregory, 2004: 219–222; Gregory and Harrison, 2005: 745–746). Rather, there are numerous examples of managers lobbying for higher prices. As Gregory Grossman (1977: 133, 148) suggested, "something of what might justifiably be called entrepreneurial and property income has a tendency to settle – nay, is often intended to settle – in the pockets of individuals." Higher prices also improved the managers' overall success indicators and promoted their careers. Furthermore they created more cash flow, which, in addition to sometimes filling private pockets, was often necessary to fulfil the state plans, for example through buying supplies that the plan failed to provide (Gregory and Harrison, 2005: 747–748). What differences might exist between the Soviet and Chinese systems in this respect must await the fuller opening of the Chinese archives.

This paper considers rent and surplus seeking in China's planned economy, which lasted from soon after the establishment of the People's Republic up to the beginning of and, to a declining extent, well into the reform period. The example chosen is that of coal. Chinese planners characteristically put a low price on primary commodities, and a high price on finished goods. Thus the sectors producing agricultural goods and industrial raw materials faced an unfavourable price environment for their products, although net resource flows are more difficult to judge (Bramall, 2009: 246–247).

There were, however, important differences between agriculture and the producers of industrial materials. The former was largely outside the state sector, so that the artificially low prices for its products represented in part a process of primitive socialist accumulation aimed at funding crash industrialisation and urbanisation (Preobrazhensky, 1965: 110–111, 171–174; Allen, 2003: 172–181). The industrial materials sector, by contrast, was mainly state-owned. Although large resources transfers were involved in setting the price of coal (and other industrial materials) lower than the market clearing price, it is less clear why the state should do this or who benefitted and how. Moreover, whereas one can relatively easily deduce the farmers' responses to the signals sent by low agricultural prices, coal production, being largely in the planned sector, could theoretically proceed independently of any price signals.

The first section of the paper analyses the under-pricing of coal under the planned economy, and provides some very rough estimates of the magnitude of the surplus thus created. The second sec tion then applies the theory of surplus to examine some of the ways that surplus seeking was manifested in China's economy and society. The third section examines some of the economic costs of surplus creation.

Coal Prices

This paper argues that one mechanism through which the state created resource flows that it could use to favour key social groups was through setting a coal price below what would be the market clearing price. When the vast majority of prices were administered and did not reflect market conditions, it is very difficult to determine the market clearing price. So this section will merely present some data on relative prices that suggest coal was underpriced. It will also provide information on industrial profits that might again indicate (assuming – no doubt questionably – the operation of the law of equalisation of profits) that coal prices were too low.

Low relative prices of raw materials and producer goods were common in socialist planned economies. In the 1980s, the price of coal relative to wheat was far lower in East than in West Germany (Kornai, 1992: 157). Similarly in the Soviet Union, the coal industry made losses because of low prices (Grossman, 1977: 143). Chinese planners justified low producer goods prices as encouraging technical progress and the expansion of output especially in manufacturing and processing (Chen, 1978: 92). In the early 1950s the Chinese state set low prices for coal and other raw materials as well as many intermediate goods, though prices for manufactured or final producer goods were not always low (Chen, 1966: 33–34).

Factors specific to China were also important. First, the new state wished to stabilise prices and spare the population the agonies of the previous decade's inflation, as conquering inflation and restoring economic stability were cornerstones of its legitimacy. Coal was among the first products for which the state established a centralized supply system and was high on the list (after grain) for controlling price rises (Wu and Dong, 2010: 224). In the 1950s, a Ministry of Commerce official identified four aims of price policy: price stability; promotion of production; security of supply; and increasing state revenues (Geng, 1959: 29). In addition, many Chinese observers also cited the low price of coal in Republican China, which in their view was the result of imperialist exploitation of cheap labour and manipulation of prices to provide cheap materials for export (Zhang, 1958:

15; Dong, 2002: 18; and Pu, 2002: 4). It is, however, unclear whether coal prices really were low in pre-revolutionary China; still less are the reasons cited persuasive. Moreover other official observers said that the price of coal in the 1950s was set at below pre-war levels (Qi et al., 1959: 35). In any case, coal ended up underpriced relative to most other products.

Table 2: Ratio of 1952 to 1933 Commodity Prices

Commodity	Ratio of 1952 RMB price to 1933 silver *yuan* price
Rice	1.51
Wheat	1.74
Cement	2.40
Coal	**2.50**
Cotton cloth	3.52
Cotton yarn	3.96
Steel	6.00
Machinery	6.00

Source: Liu and Yeh (1965: 325, 376, 449, 569).

This is indicated by an analysis of relative prices in 1952 compared with 1933, when Chinese prices were largely market determined and reflected (albeit depressed) market conditions. Table 2 reports the ratios of prices for a range of goods in 1952 RMB compared with 1933 silver *yuan*. The individual ratios are not significant (the two currencies were different, and China had meanwhile suffered hyperinflation), but together they indicate that the relative price of coal declined substantially in relation to many manufactured goods, though wheat and rice declined even more.

Once prices had been fixed at a low level, vested interests made it difficult to correct the situation. It was a general (though probably not necessary) feature of administered price systems that prices were difficult to change – partly because of administrative complexity, partly because the control of inflation tended to be a major benefit claimed for the system. For historical reasons (the hyperinflation of the 1940s), China's preference for price stability was even stronger and, throughout the planned economy period, with the partial exception of the late 1950s and early 1960s, the country registered only slight open inflation (Nootional Bureau of Statistics, 1999: 20–21; Song 2004: 94). Coal prices therefore underwent only sporadic, and mostly inadequate, adjustments – a mere five times up to 1990 (Liu et al., 1990: 295; Pu, 2002: 4; Peng, 2011: 62). There was no increase at all between 1965 and 1979 (Liu et al., 1990: 99), and the average price in 1975 was actually slightly lower than in 1965. Prices were increased in the 1980s – from just over RMB20 per ton to just under RMB44, but this at best only kept pace with general inflation and fell behind rising costs (China National Coal Association, 2006: 647).

Table 3: Relative Price of Coal in China, the US and the UK, 1984

Amount of commodity bought with the price of one ton of coal	China	United States	United Kingdom
Electric power (KWH)	2.750	10.370	16.290
Cement (tons)	0.275	1.415	
Steel (tons)	0.025	0.102	0.150

Source: Liu et al., 1990: 112–113.

A second approach used in Chinese debates was to compare relative prices in China with those in market economies. Such comparisons should be used cautiously, since their purpose was to argue for higher prices. Both in the late 1950s, (Zhang, 1958: 14) and in the 1980s (see Table 3) coal economists argued that relative coal prices in China were very substantially below those elsewhere. Despite the instrumental nature of such reports, their broad conclusion was confirmed by World Bank observers who found that the price of coal relative to wheat in China was less than one third of that in world markets (Rajaram, 1991: 9–10).

Prices and their relationship to costs determined the level of profits. As early as the 1950s an unfavourable cost-price ratio led to profits in coal mining less than half those in industry in general, with those in the main coal-using industries, electric power and transportation, several times higher (Zhang, 1958: 14; Wu, 1986: 332, 418). In the early 1960s, coal enterprises requested state subsidies to cover all reasonable excess costs, complaining about the contradiction between costs of production and selling prices, whereby the level of prices made it impossible to make profits (Su and Xu, 2005: 25, 55). Between the 1950s and 1970s, the rate of profits and taxes on fixed capital was less for coal than for electric power, oil, metallurgy, chemicals and construction materials (National Bureau of Statistics, 2000: 58–59, 66–67). Indeed only in one year (1960) did coal outperform any of the others, and then only metallurgy (Liu et al., 1990: 95).

Between 1963 and 1979 key coal mining enterprises enjoyed a rate of profit in gross value of industrial output (GVIO) of just under 7%, under half the 16% average for all industrial enterprises (Mimstng of Coal Industrg 1980: 14–15, 26–27; National Bureau of Statistics, 2000: 53, 54).

The cost-price ratio tended to worsen over time. Unchanging prices cause particular problems for an extractive industry, where there is an inherent tendency for costs to rise, at least for the individual mine and after the initial construction stage. During the 1950s, costs rose as safety conditions improved, worker incomes increased, mechanisation was extended, and the seams mined became ever deeper, but the government still hesitated to raise prices because of the impact on other industries, transportation (the rail system still mainly used coal) and the cost of living (Zhang, 1957: 31). Over a longer period between 1953 and 1985, coal mine costs rose by 194%, prices 135% (Dong, 2002: 117). As a result, coal interests repeatedly argued that they enjoyed at best little margin over cost, and in several periods prices actually fell below costs. In relative terms, over the 1970s coal cost about half as much to produce as oil, but its price was only one fifth (Liu et al ., 1990: 99).

During the period of the planned economy, the prices of inputs changed only to a small extent, so no very large losses resulted. Moreover, under the "soft budget constraint", enterprises were not on the whole responsible for their financial performance. However, during the 1980s the industry's situation deteriorated sharply. As more and more prices were deregulated, enterprises increasingly had to pay steeply rising prices for their inputs, while the price of their product was (on the whole) controlled. At the same time the budget constraint began to harden, so prices became a much more pressing issue. By the 1980s it would have taken an extra 3.8 billion *yuan* a year, or 88% of the actual value added to bring state-owned coal mine profits up to the average of state-owned industrial enterprises (China Statistical Year book, various years; China Industrial Economic Statistical Year book, various years).

The price figures can suggest an order of magnitude for the resulting surplus. Yves Albouy (1991: 10–12) estimated in the late 1980s that the surplus (calculated as the difference between the delivered price and long-run marginal cost) amounted to 35% of the long-run marginal cost at the mine, and almost 40% at the final market. He concluded that the total subsidy enjoyed by coal users amounted to RMB33 billion (about 0.5% of total value added across the whole industrial sector). Not all of this was, however, at the cost of the coal enterprises themselves. Inputs were subsidised to the extent of RMB13 billion. Six billion also originated in subsidised transport, and about 4 billion in direct government subsidies. On this basis Albouy estimated that RMB10 billion was transferred from coal enterprises to users. These direct losses alone were about half of the industry's RMB19 billion value added in 1989 (China Industrial Economic Statistical Year book, 1990: 135 for GVIO, multiplied by the average ratio of value added to GVIO 1992–2004).

Chinese scholars working on rent seeking took a similar approach, estimating that the total rents generated across the whole economy in 1988 amounted to 30% of GDP; 40% of this was created through price controls over commodities, of which coal contributed about 18%, or RMB27 billion (Hu, 1999: 45–48). This was of the same order of magnitude as Albouy's estimate, though no attempt was made to identify different sources of the subsidy. Total rents declined with price deregulation, however, and by 1992 coal was no longer a major source of nation-wide rents (Wan, 1999: 67).

Surplus-seeking in China's planned economy

Because of the lack of legitimacy for any articulation of sectional interests (Pye, 1981: 1, 77) it is difficult to discern patterns of, in Robert Tollison's (1982: 578) words, "the expenditure of scarce resources to capture an artificially created transfer". Lobbying to restrict entry into the industry is the core of rent-seeking activity. But surplus seeking rather takes the form of a struggle, for example between different parts of the apparatus, for control over supplies of the low-priced commodities. At a lower level, enterprises or individuals also seek to exploit their control over supplies. As in rent-seeking theory, the beneficiaries of regulated prices mobilise to maintain their advantage. Whatever the objective benefits, however, there is no indication in the Chinese public record (any more than in the Soviet) of lobbying by the coal industry for lower prices in order to maximize any gains from control over cheap coal. As soon as more open discussion was allowed, industry representatives lobbied for higher prices.

A first manifestation of surplus seeking involved contention between different segments of the apparatus – among central government institutions or between central and local governments – for control over coal supplies, 90% of which were handled by state-owned organs as early as 1952 (Wu and Dong, 2010: 484). There were many changes in the institutional arrangements within the central bureaucracy for the control of coal mining. Sometimes there was an independent Ministry of Coal, at other times it was integrated into a broader energy or chemical industry bureaucracy (Zhang, 2002: 16). In the late 1980s, when the state tried to entrust control to a single state-owned company, the bureaucracy resisted strongly, with considerable tensions between the central departments and the regions (Lin, 2006: 266–268).

More frequently surplus seeking involved struggles between different levels of the bureaucracy, and thus of fluctuations between centralisation and decentralisation of control over coal supplies (Hu, 2009: 48–49). Crucially, control over distribution also switched from a central coal company to the localities, and the previous branch offices became independent enterprises (Xi and Li, 2006: 49). Later, between 1960 and 1965, the Ministry of Coal Industry gradually reasserted its leadership over the provincial authorities in the management of key mines (China Coal zhi, 1999: 440; Henan Province, 1999: 546; Shandong Province, 1996: 829; China coal Industry year book, 1983: 14, 16). By contrast, however, in early 1966, the Beijing municipal coal supply company was given responsibility for supplying coal to ten central government ministries and institutions that had earlier managed their own supplies (Xi and Li, 2006: 15).

Most large mines were devolved to the provinces between 1968 and 1970, but the central authorities began to re-assert their control later in the 1970s. A further stage in centralisation came in the mid 1980s when the major mines were returned to the direct management of the Ministry of Coal Indnstry (China Coal Industry year book, 1983: 18; China Coal zhi, 1999: 441–442; Shandong Province, 1996: 2: 751, 754; Henan Province, 1999: 553, 559, 569–570; Sun, 1988: 15). Later, in 1997, the centrally-controlled mines were devolved to the provinces, and Fubing Su (2005: 248–250) argued that this was intended to meet provincial demands for greater control over scarce resources, though the difficult financial state of the enterprises at the time meant it was a questionable benefit.

These cycles were significant because centralisation meant the concentration of control over cheap coal in the hands of central planners in Beijing. This gave them substantial leverage over the provinces and enabled them to direct supplies towards those users and consumers whom they favoured (institutionally or personally) and who contributed most to the fulfillment of the central plans. Provincial and local plans and targets were likely to have a lower priority (Lieberthal and Oksenberg, 1988: 348–349).

Decentralization, on the other hand, meant control of coal by the provincial authorities, who would most likely prefer to direct supplies to uses that benefited their own province. In the early 1980s the central authorities had to pay a subsidy of almost 60% of the state purchase price to the province when Shanxi coal was loaded on to rail cars, in order to ensure that it was used to fulfill the centre's aims rather than being diverted to provincial consumption (Lieberthal and Oksenberg, 1988: 359). China's leading coal official in the 1980s, Gao Yangwen (1991: 885), touched on the struggle over surplus when he stated that the inclusion of coal in the central allocation system damaged the interests of the producing locality. Indeed there was, and remains, an important geographical dimension to the disposition of the surplus. Low coal prices disadvantaged producing areas (mainly in the interior) and advantaged consuming areas (mainly on the coast). This fuelled a strong perception in producing provinces such as Shanxi and Guizhou that their resources were being exploited to benefit other areas (Dong, 2002: 159–161; Tang, 2001: 16). Of course, the distinction between centre and locality was by no means black and white: provincial officials were committed to the goals of national industrialisation and, even if they were not, the costs of being seen to excessively favour local interests were high (Schurmann, 1968: 214–215).

Similar fluctuations in control over coal supplies took place at lower levels, for instance between province and prefecture or prefecture and county (Henan Province, 1999: 252). Upper levels frequently acted to protect their monopoly by banning lower level units from supplementing their supplies through market trade or buying coal from other areas (Xi and Li, 2006: 12). Devolution to local state units or even collectives was, however, seen as a way of ensuring supplies in times of shortage. From 1962 non-state collectives in Haidian and Xuanwu districts in Beijing were allowed to engage in supplying coal, but from 1965, as supply problems eased, they were reintegrated into the state system (Xi and Li, 2006: 15). Control over the distribution and allocation of coal was devolved more broadly to the localities from 1971 (China Coal Industry year book, 1983: 19).

At a still lower level struggles also took place between local governments and enterprises. Even in Yangquan, a coal producing area, the local government set prices at a low level to support local industries and household consumers. As a result, the small rural mines lost RMB0.83 per ton, to a total of RMB564000. In response they sought ways to evade the local regulations and sell coal at a higher price outside the area. Transport was the key constraint in that respect, and in 1982 they spent RMB460000 in bribes and other payments to truck drivers in order to ship out their coal (He, 1983: 46).

Given the lack of legitimate opportunities to articulate local interests, we can seldom see active surplus seeking influencing these changes. Sometimes motivations were close to the surface, as when in 1961 mining enterprises attempted to wrest control of above-quota production from the higher levels in order to use those resources to exchange for food for their workers (Su and Xu, 2005: 10, 120). More generally, one can interpret the language used as reflecting a struggle between different groups. So, the centre was aware that decentralisation would "release the initiative" of the localities. Continuing tensions were, however, reflected in the warning that those who benefited from devolution must keep the national situation in mind and avoid a partial perspective (Ministry of Coal Industry, 1958: 2; He, 1958: 12; Wong, 1985: 261). It is impossible to tell how far decentralisation was actively decided on by the centre, how far it was a response to hidden pressure from the localities. But the terminology implies some acceptance that the transferees would see greater control over the surplus as a positive benefit. Because Shanxi was the biggest coal producer, its experience illustrated many of the issues, and its leading energy economist argued that the 1985 centralisation of control over coal mining and sales deprived the province of the ability properly to manage its own resources, which the earlier devolved system had to some extent permitted (Dong, 2002: 329).

The theory of surplus also highlights the importance of the distribution network through which cheap coal was delivered to customers. Control over that network put individuals and enterprises charged with coal distribution in a strong position. In socialist societies in general, a key function of enterprise managers was to "beg suppliers for timely deliveries" (Boyco, Shleifer and Vishny, 1995: 35). This gave the suppliers the chance to profit from their position: Anderson and Boettke (1997: 47) wrote, "'Profits' flow to those officials in the strategic position to transform these non-monetary costs [involved in converting official prices to effective prices] to consumers into personal benefits." In China coal distribution tended to be more profitable than coal production, and plans in the 1950s to raise coal prices aimed to transfer profits from circulation to production, with only a limited effect on downstream consumers (Zhang, 1958). Likewise, in Shanxi coal interests used to say, "transporting coal is better than mining coal, dealing in coal is better than transporting coal."

Theory suggests, however, that control over a scarce resource that cannot be rationed by price inevitably gives priority to particularistic values and to favouritism and corruption in the distribution of the goods (Ledeneva, 1998: 87–92). "Fixers" thus inevitably become an important part of the economy.

Pervasive shortages meant that considerable resources, often in the form of fixers, had to be devoted to obtaining the necessary supplies of coal. The Beijing municipal authorities had to find ways to address the gap between the coal supplied through the plan and their actual requirements. Nevertheless, in the end even by the State Planning Commission recognized that some such methods were necessary to keep the system working. The authorities bought coal from local small pits, negotiated collaboration with mines in Shanxi, encouraged road transport of coal into Beijing, established entities to find supplies outside the plan, and offered higher prices to mines to encourage them to supply coal (Xi and Li, 2006: 13, 16, 60). Jiangsu province likewise needed 24 million tons of coal a year, but was only allocated 16 million. In response it sent up to 20,000 people to Shanxi each year to buy coal, often at almost any price (Yamanouchi, 1986: 5). Even in coal rich provinces such as Henan non-producing counties had to allocate considerable manpower to finding sources of coal (Zeng, 1983: 22).

In periods of particular shortage, bartering one scarce good for another became a way to benefit from control over supplies. This issue runs through the discussion at the 1961 conference on coal and steel convened by Chen Yun. Chen complained about the chaos resulting when coal enterprises and indeed coal miners bartered coal directly with farmers for food (Su and Xu, 2005: 120). In the same year the Changzhou fuel company sent representatives with grain and other foods to Shanxi, Henan and Anhui to exchange for the coal needed to ease serious shortages in the city (Changzhou City, 1987: 99).

Fixers and officials sometimes operated on the borders of legality, but often stepped over. As Anderson and Boettke (1997: 47) wrote, "Access to goods and services was frequently only available after payment of a technically illicit bribe to the appropriate official. Medical services were legally rationed according to need, but in reality were rationed by bribery." One of the most illuminating sources for these problems is Liu Binyan's famous piece of reportage, *People or Monsters?* first published in 1979.

Over time, control over scarce goods at low prices was increasingly monetized by those in charge of distribution through the taking of bribes to ensure supply or by selling at high prices goods that had been acquired at low prices. Even under the pre-reform economy, many commodities circulated at a range of prices (Lu, 1992: 36–37), and in the

1970s coal circulating within the plan was already cheaper than that produced by local mines. The gap between the official price of coal for household use and the price the same coal would fetch elsewhere led to growing leakage out of the Beijing distribution system (Xi and Li, 2006: 98). Similarly in Changzhou, a plethora of regulations for the purchase and use of coal were meant to stop it "leaking" to unauthorized uses (Changzhou Ciyt, 1987: 122–123).

Such behaviour – by enterprises as well as individuals – became much more common once the dual track system of prices became (relatively) institutionalised (Gao, 1991: 1112). According to the *People's Daily* in 1988, the sale of coal on the market for high prices came to threaten the implementation of the plan (Wang, 1988). At a lower level around 10% of the coal handled by a company in Longyan, Fujian, was distributed through back door deals, whereby officials and managers essentially pocketed the difference between the subsidized and market prices (Ye, 1987: 12). Indeed, although in fact corruption was probably no greater than under the planned economy, such "bureaucratic profiteering" (*guandao* 官倒) created much resentment and was an important factor behind the 1989 popular movement. In turn this encouraged moves towards price unification in the early 1990s.

The beneficiaries of cheap coal lobbied to maintain their benefits. Often they articulated their interests by stressing that raising coal prices would lead to inflation and pose a threat to the economy as a whole. A coal mining official in Shanxi reported (Lieberthal and Oksenberg, 1988: 361):

Coal prices are held down because of the role of coal in the national economy. If we raise the coal price, then we would get inflation throughout the economy, and state expenses will go way up. The profit in coal, therefore, is not high. The price is not as high as the value. Shanxi has proposed raising coal prices to the Centre, but the Centre is [instead using financial subsidies to help make up the differences to the province].

Consuming industries lobbied to protect their supplies of cheap inputs and resist any measures to align prices closer to costs. Attempts to raise prices during the 1950s were opposed by powerful interests in the metallurgical industry, which was a major consumer (Lieberthal, 2004: 261). In 1958 a conference involving the various industrial, railway and communications ministries discussed the potential impact of rise in coal prices. Although the need for a rise was accepted, the consumers managed to reduce its extent from 28% to 20% (Zhu, 1985: 191).

In particular the relationship between the coal and electric power industries was fraught with tension. Electric power was always a major consumer of coal – rising from about 10% in the 1950s to about half of the total by the 2000s (China National Coal Association, 2006: 468–469). Disputes between the two industries date from the planned economy period when the Ministry of Coal frequently complained about low coal and high electricity prices (Jiang and Wen, 2003: 24). Later, after the general deregulation of coal prices in the early 1990s (which abolished most of the surplus), government intervention continued in relation to coal supplied for electric power generation. This intervention was forced on it by the surplus-seeking activities of the electricity industry, which strongly resisted the abolition of its access to cheap coal. The struggle over this surplus dragged on throughout the 1990s and 2000s and was known as the "conflict between coal and electricity" (煤电之争) (see Wright, 2012: 58–65).

Chinese workers had no institutions to articulate their interests or defend their access to cheap coal. Nevertheless, the state attempted to pre-empt possible trouble arising from the impact of any increase in coal prices on the urban population, even more so after rising costs of living triggered worker unrest in Poland (Nolan, 1990: 25). In the early 1950s, coal was one of five products upon which wage calculations were based (Wu and Dong, 2010: 683) and supplies of coal for household use became part of the ration system that subsidized the urban standard of living. Worries were expressed as early as 1958 about the impact of rising coal prices on the urban population, although some rise did go ahead (Wu, 1986: 335).

Raising coal prices became even more difficult for sales to households than for sales to industry. By the 1980s, urban households used on average between 200 and 300 kg per capita of coal, though that amount declined quite steeply from 1990 (China Statistical Year book, 1991: Table 8-20; China Statistical Year book, 2008: Table 9-9). In order to maintain price stability, there was no change in the price of household coal in Beijing between 1955 and 1990 (Xi and Li, 2006: 104); in Anhui the retail price set by the central state in 1965 remained in force up to 1990 (Liu 1998). But this made other forms of rationing necessary. From 1965, complex tables delineated the amount of subsidized coal allowed in the northern cities per person or, for institutions, per square metre of space (Xi and Li, 2006: 86–90, 103).

When the minehead price of coal began to rise from the late 1970s (albeit inadequately from the point of view of the industry), while retail prices remained fixed, direct financial subsidies had increasingly to cover the gap (for Beijing see Xi and Li, 2006: 98). In Anhui, between 1979 and 1990 there were 9 adjustments in the prices paid to the mines and transport organs, but the 1965 retail price remained in force throughout; a June 1979 order by the centre stipulated that the growing gap be covered by subsidies from the Ministry of Finance (Liu, 1998). Nicholas Lardy (1984: 855) estimated the cost of coal subsidies in 1978 at RMB10.1 per urban worker. In Fujian by the 1980s coal was sold for household use at less than half the cost (Ye, 1987: 11). These subsidies became an increasing financial burden on municipal finances, amounting in Beijing to RMB24 million in 1979 and rising thereafter (Xi and Li, 2006: 103). By the mid 1980s, subsidised household coal cost Fujian province RMB45 million, over RMB13 per urban resident, and Fujian is a southern province (Ye, 1987: 13).

Subsidised supplies were not restricted exclusively to the urban population. In the 1950s, a decision to supply cheap coal to the rural population to satisfy their needs for fuel led to a substantial increase in consumption (Geng, 1959: 29). Later, in Shanxi, the provincial authorities set a low price for coal as a subsidy to the poor peasant population and local industries (Lieberthal and Oksenberg, 1988: 359). Nevertheless structurally the provision of cheap coal and other commodities disproportionately benefited the urban population. As one official source reported, "The state has given a high priority to the guaranteed supply of coal to the market and especially coal used by urban households" (Changzhou City, 1987: 116). As a result, over the whole 1966–1976 period, the amount of coal supplied to rural areas declined (Guo, 1987). In debating coal price reform in Fujian, some observers feared that, if cheap coal was made available without ration tickets, rural residents and enterprises would flock into the city to buy it, leaving inadequate supplies for the urban dwellers (Ye, 1987: 14).

Economic Implications of the Contrived Surplus

Rents and rent-seeking are of concern to economists less because of the political machinations involved and more because of the resulting economic distortions. The generation of surplus through low administered prices creates at least as much economic distortion at the stages of both production and consumption, by preventing rational price signals influencing the behaviour of either producers or consumers.

Economic theory suggests that (excessively) low prices undermine the incentive to maintain or increase production, because the cost of that production is not being properly compensated. Chinese farmers responded predictably to the price signals they received. Although the state was mostly able, at very considerable cost, to force the production of a (just) sufficient amount of low-priced grain (Fung, 1987: 307), the opportunity cost was a totally inadequate output of non-grain agricultural products. The partial addressing of the price issue and the decollectivization of agricultural production led in the early 1980s to rapid growth in grain production but an even more rapid increase in that of other agricultural products such as cotton (Bramall, 2000: 73, 313–323; Lardy, 1983: 89–96).

Coal industry sources explicitly compared their situation with the farmers': "the low price of grain impoverishes the farmers; the low price of coal impoverishes the mines" (Luo, 1983: 2). However, unlike in agriculture, most production up to 1978 was in the state sector, and the state had in theory the ability to increase that production regardless of the price of its products (Ch'en, 1978: 95; Fung, 1987: 304). Alec Nove (1977: 173) described the Russian situation:

Thus if the price of coal was below cost, or above it, it made no difference to anyone concerned with mining, whose incomes were determined by wage and salary scales and whose bonuses related to norms and output plans, and not at all to the profit and loss account.

To look at the matter in another way, nearly all the rents generated through the consumer goods industries accrued not to those industries but to the state. They were then the object of competition for investment funds by different industry groups. There was no absolute reason why low coal prices necessarily meant that the industry had to be unsuccessful in this competition. Indeed, Susan Shirk (1985: 208–209) saw coal mining as part of the powerful heavy-industrial complex and therefore well-placed to win out in inter-agency competition.

In that situation, low prices and profits would discourage investment. And many Chinese observers argued that low coal prices made investment in coal mining unattractive. As early as the 1950s a Ministry of Commerce official recognised that "the law of value still has some influence on production decisions" (Geng, 1959: 28) and coal industry interests argued that excessively low coal prices negatively affected the "activism" of enterprises and their workers, especially where increasing production would just increase losses (Wu, 1986: 333). Low prices not only constrained growth in the local small mine sector (He, 1958: 12), which was even then relatively market-oriented, but also reduced the incentives for state-owned mines to increase production, as they found that more production just increased losses (Zhang, 1957: 31; Zhang, 1958: 15; Qi et al., 1959: 35). As a result the state in 1958 increased the price of coal paid to the mines (Geng, 1959: 28). Over a longer period, even though the relevant level of government was supposed to subsidize the coal companies to compensate for the low prices, the soft budget constraint was not always automatic but required effort to achieve, both in China and in the Soviet Union (Gregory and Harrison, 2005: 746). Sometimes financial constraints also meant that the subsidies were inadequate or delayed (Wei and Liu, 1988: 40).

Proponents of price reform argued therefore that low prices stopped coal production growing fast enough to meet demand, left the industry in an economically unsustainable position (Xu et al., 1982: 155), and resulted in a long-term shortage of supply (Peng, 2011: 62). A representative of a coal producing city also asserted that low prices hindered the development of coal production, while the high prices fetched by other goods permitted the blind development of those industries (Li, 1983: 27).

In general, low prices, by limiting the amount of cash available to the enterprise, constrained its ability to acquire necessary materials to compensate for the deficiencies of the plan, to reward its workers for the extra effort needed to produce with insufficient supplies, and to make investments beyond the most basic needed to maintain physical output (Gregory and Harrison, 2005: 747; Harrison and Kim, 2006: 10, 18). Senior Chinese coal industry economists and officials argued that low prices prevented the industry from controlling its own development and from investing in safety and in new equipment. This encouraged very labour intensive choices of technology (Dong, 2002: 119; Pu, 2002: 6). As a result, as early as the 1950s, small rural mines developed on the basis of backward and unsafe techniques, a problem that was to re-emerge during the reform period (Qi et al., 1959: 35).

Moreover low prices for household coal discouraged investment in the distribution network. In Jiangxi household use of coal increased five times between the 1960s and 1980s but the number of distribution outlets decreased by 30% or more – in Nanchang from 120 outlets to 70. As predicted by theory, low administered prices led to inadequate supplies especially after the emergence of alternative markets (Wei and Liu, 1988: 40). As a letter to the press showed, even in coal mining areas it was difficult for residents to access their allotted ration of cheap coal (Chen, 1989).

As a result, coal exhibited all the characteristics of the shortage economy, with insufficient investment to meet the artificially high demand generated by low prices and by the socialist industrialisation strategy. The story of coal up at least to the mid 1990s was one where supply consistently failed to meet demand. Although part of the problem reflected transport constraints, inadequate production was also a major factor. Of course, supplies to industrial consumers were rationed through the plan, but most enterprises failed to acquire the amount of coal they had been allocated. A leading Chinese socialist economist, Xue Muqiao (1982: 27), described a three 80%s system: 80% of needs were approved, enterprises succeeded in making orders for 80% of the approved needs, but only 80% of the orders were delivered. Household supplies were also squeezed. In the 1960s a central directive attempted to address shortages by reducing supplies of coal for heating by one-twelfth to all users except hospitals and kindergartens (Xi and Li, 2006: 15–16). In Changzhou, although from 1963 rationing of coal for use as domestic fuel was ended because supplies were adequate, from 1968 renewed supply difficulties caused by the Cultural Revolution led to the re-imposition of rationing (Changzhou City, 1987: 122–123).

Low coal prices encouraged consumers to use excessive amounts of coal. Although at other times the switch by rural households from burning wood to burning coal was seen as a major benefit, in 1961 coal enterprises argued that prices were set so low that consumers in the North-east were burning coal instead of the very plentiful firewood available; Chen Yun responded that this reflected a contradiction between planned and market prices (Su and Xu, 2005: 147). A major problem identified by reformers seeking to raise coal prices was the profligate use of energy, leading to a much lower productivity and efficiency than could be found in other countries. Already in the 1950s it was realised that the low prices provided no incentives for energy efficiency (Zhang, 1958: 15).

Although coal supplies for industrial (and other) consumers were in practice inadequate at the given price, there was little incentive to economise on their use. Any resources freed up by the more efficient use of coal could not be used for other purposes (but would just result in the reduction of the enterprise's supply quota in the next year's plan). One could not legally sell any coal that was saved, nor could one retain the resources not spent on coal and put them to other uses. Thus the actual return for enterprises from economising on energy use was small.

It was more rational to expend effort in negotiating for a higher supply of cheap coal, and then dealing with a fixer if supplies were still inadequate. This was part of the pervasive culture of negotiation that Andrew Walder (1987) identified as the modus operandi of Chinese enterprises and Janos Kornai (1992: 122) suggested was typical of the socialist system as a whole. Similar forces operated in the case of commercial organizations, for whom the easy option was simply to rely on government subsidies rather than to increase efficiency and competitiveness (Ye, 1987: 12).

Conclusion

This paper makes clear that some adjustments to the theory of rents and rent-seeking are necessary when one applies that theory to the Chinese socialist economy. In particular, the mode in which the rent/surplus was appropriated was different from the situation where rent-seekers seek super profits by limiting entry into the markets. To some (albeit limited) extent, the benefits of the surplus did not exclusively accrue to small groups, but were exchanged by the state for broader support among favoured groups – cadres and officials, certainly, but also the general urban working population. The concepts of "rent" and "surplus" are relevant to different segments of the Chinese political economy. Neither adequately describes the whole system, but both provide illuminating insights into parts of it.

List of References

Albouy, Yves (1991) *Coal Pricing in China: Issues and Reform Strategy.* World Bank Discussion Papers: China and Mongolia Department Series, no. 138. Washington, DC: The World Bank.

Allen, Robert C. (2003) *Farm to Factory: A Reinterpretation of the Soviet Industrial Revolution.* Princeton, NJ: Princeton University Press.

Anderson, Gary M. and Boettke, Peter J. (1997) Soviet venality: a rent-seeking model of the communist state. *Public Choice,* 93.12: 37–53.

Boettke, Peter J. (1993) *Why Perestroika Failed: The Politics and Economics of Socialist Transformation.* London: Routledge.

Boycko, Maxim, Shleifer, Andrei and Vishny, Robert (1995) *Privatising Russia.* Cambridge, MASS: MIT Press.

Bramall, Chris (2000) *Sources of Chinese Economic Growth.* Oxford: Oxford

University Press.

——— (2009) *Chinese Economic Development*. Abingdon, Oxon: Routledge.

Butterfield, Fox (1982) *China: Alive in the Bitter Sea*. London: Hodder and Stoughton.

常州市燃料公司 (1987)常州燃料志(1860～1985). 常州：常州市燃料公司，1987.

Ch'en Hsi-jun (1978) "Price planning". Pp. 89–99 in Nicholas Lardy (ed.), *Chinese Economic Planning: Translations from Chi-hua ching-chi*. White Plains, NY: M. E. Sharpe.

Chen, Nai-Ruenn (1966) "The theory of price formation in Communist China". *China Quarterly,* 27: 33–53.

陈有声煤城居民难买生活用煤. 人民日报，1989-4-5：6.

董继斌.（2001）能源经济论.太原：山西经济出版社.

Donnithorne, Audrey. *China's Economic System*. London: George Allen & Unwin.

Fung, K. K. (1987) "Surplus seeking and rent seeking through back-door deals in mainland China". *American Journal of Economics and Sociology,* 46.3: 299–317.

高扬文（1991）走上振兴之路：高扬文论中国煤炭工业. 北京：煤炭工业出版社.

耿尊三（1959）略谈煤炭的现行价格. 经济研究，3: 28–30.

Gregory, Paul R. (2004) *The Political Economy of Stalinism: Evidence from the Soviet Secret Archives*. Cambridge: Cambridge University Press.

Gregory, Paul and Harrison, Mark (2005) "Allocation under dictatorship: Research in Stalin's archives". *Journal of Economic Literature,* 43.3: 721–61.

Grossman, Gregory (1977) "Price control, incentives and innovation in the Soviet Economy". Pp. 129–69 in Alan Abouchar (ed.), *The Socialist Price Mechanism*. Durham, North Carolina: Duke University Press.

郭令吾（1987）市场用煤的供应. 载自当代中国商业，北京：中国统计出版社.

国家统计局国民经济综合统计司（1999）新中国五十年统计资料汇编. 北京：中国统计出版社.

国家统计局工业交通统计司（2000）中国工业交通能源五十年统计资料汇编（1949～1999）. 北京：中国统计出版社.

Harrison, Mark and Kim, Byung-Yeon (2006) "Plans, prices and corruption: The Soviet firm under partial centralization, 1930 to 1990". *Journal of Economic History,* 66.1: 1–41.

何白沙（1958）发挥地方积极性大力发展地方煤矿. 计划经济，2: 12–14.

贺生德（1983）山西社队煤矿急待解决的几个问题. 煤炭经济研究，12: 46–8.

河南省煤炭工业厅（1999）河南煤炭五十年. 北京：煤炭工业出版社.

Hosking, Geoffrey (2000) "Patronage and the Russian state". *The Slavonic and East European Review,* 78.2: 301–20.

胡和立（1999）1988 年我国租金价值的估算. 经济社会体制比较编辑部 (ed.), 腐败寻根：中国会成为寻租社会吗. 北京：中国经济出版社.

Hu, Xiaobo (2003) "The state and the private sector in a new property rights system". Pp. 69–89 in Gang Lin and Xiaobo Hu (eds), *China after Jiang.* Washington, DC: Woodrow Wilson Center Press.

——— (2009) "Transition from surplus seeking to rent seeking". Pp. 43–58 in Tak-wing Ngo and Yongping Wu (eds), *Rent Seeking in China.* Abingdon, Oxon: Routledge.

蒋善利，文武汉（2003）关注煤电的价格纷争和调控问题. 中国物价，7: 23–26.

Kornai, János (1992) *The Socialist System: The Political Economy of Communism.* Oxford: Clarendon Press.

Lardy, Nicholas R. (1983) *Agriculture in China's Modern Economic Development.* Cambridge: Cambridge University Press.

——— (1984) "Consumption and living standards in China, 1978–1983". *China Quarterly,* 100: 849–865.

Ledeneva, Alena V. (1998) *Russia's Economy of Favours:* Blat*, Networking and Informal Exchange.* Cambridge: Cambridge University Press.

Levy, David M. (1990) "The bias in centrally planned prices". *Public Choice,* 67.3: 213–26.

李连霞（1983）不合理的煤炭价格给煤炭产区带来的弊端. 煤炭经济研究, 5: 27.

Lieberthal, Kenneth (2004) *Governing China: From Revolution through Reform.* 2nd edition, New York: Norton.

Lieberthal, Kenneth and Oksenberg, Michel (1988) *Policy Making in China: Leaders, Structures, and Processes.* Princeton, NJ: Princeton University Press.

Liew, Leong H. (1993) "Rent-seeking and the two-track price system in China". *Public Choice,* 77.2: 359–75.

林伯强（2006）2006 年中国能源发展报告. 北京：中国计量出版社.

Lipton, Michael (1977) *Why Poor People Stay Poor: A Study of Urban Bias in*

World Development. London: Temple Smith.

Liu, Binyan (1983) *People or Monsters? And Other Stories and Reportage from China after Mao*. Edited by Perry Link. Bloomington, Indiana: Indiana University Press.

刘贯文，吴德春，董继斌（1990）中国煤炭价格. 北京：中国计量出版社.

Liu, Ta-Chung and Yeh, Kung-Chia (1965) *The Economy of the Chinese Mainland: National Income and Economic Development 1933–1959*. Princeton: Princeton University Press.

刘孝广（1998）民用煤价格. 安徽省志：价格志. 北京：方志出版社.

Lu Nan (1992) "Solution to dual pricing of means of production". *Chinese Economic Studies*, 25.4: 35–47.

罗宏达（1983）关于调整煤炭价格的几个问题. 煤炭经济研究，7: 1–3.

煤炭工业部（1958）关于改进所属企业事业管理体制的规定. 煤炭工业，2: 2.

煤炭工业部财务司（1980）全国重点煤矿财务成本统计资料 1958–1979. 北京：煤炭工业部.

Naughton, Barry (2008) "A political economy of China's economic transition". Pp. 91–135 in Loren Brandt and Thomas G. Rawski (eds), *China's Great Economic Transformation*. Cambridge: Cambridge University Press.

Nolan, Peter (1990) "Introduction". Pp. 1–37 in Peter Nolan and Dong Fureng (eds), *The Chinese Economy and its Future: Achievements and Problems of Post-Mao Reform*. Cambridge: Polity Press.

Nove, Alec (1977) *The Soviet Economic System*. London: George Allen & Unwin.

Peng, Wuyuan (2011) "Coal sector reform and its implications for the power sector in China". *Resources Policy*, 36.1: 60–71.

Preobrazhensky, E. (1965) *The New Economics*. Translated by Brian Pearce, with an introduction by A. Nove. Oxford: Clarendon Press.

濮洪九（2002）改革的探索与实践——濮洪九谈煤炭工业若干问题. 北京：煤炭工业出版社.

Putterman, Louis (1992) "Dualism and reform in China". *Economic Development and Cultural Change,* 40.3: 467–493.

Pye, Lucien (1981) *The Dynamics of Chinese Politics*. Cambridge, Mass: Oelgeschlage, Gunn & Hain.

齐光，刘克让，韩蔓力，王韬，刘焕民（1959）经济工作部门有关同志座谈工业品的分配和价格问题. 经济研究，2: 34–36.

Rajaram, Anand (1991) *Reforming Prices: The Experience of China, Hungary, and Poland*. Washington, DC: World Bank.

Schurmann, Franz (1968) *Ideology and Organization in Communist China*. 2nd edition. Berkeley and Los Angeles: University of California Press.

山东省地方志编纂委员会（1997）山东省志：煤炭工业志，2．济南：山东人民出版社.

Shirk, Susan L. (1985) "The politics of industrial reform". Pp. 195–221 in Elizabeth J. Perry and Christine Wong (eds), *The Political Economy of Reform in Post-Mao China*. Cambridge, MASS: Council on East Asian Studies, Harvard University.

Shleifer, Andrei and Vishny, Robert (1992) "Pervasive shortages under socialism". *RAND Journal of Economics,* 23.2: 237–246.

宋鹤峰（2004）计划经济下商品市场领域抑制型通货膨胀度量. 理论月刊，9: 93–95.

Su, Fubing (2004) "The political economy of industrial restructuring in China's coal industry, 1992–1999". Pp. 226–52 in Barry J. Naughton and Dali L. Yang (eds), *Holding China Together: Diversity and National Integration in the Post-Deng Era*. Cambridge: Cambridge University Press.

苏星，许保利（2005）调查研究的典范：1961 年陈云召开的煤炭钢铁座谈会记录. 北京：中国党校出版社.

孙玉瑛（1988）山西煤炭管理体制亟需改革. 煤炭经济研究，7: 15–16.

唐冬祥（2001）西部开发与贵州资源优势向经济优势的转化. 黔西南民族师专学报，1: 16–18.

Tollison, Robert D. (1982) "Rent seeking: A survey". *Kyklos* 35.4: 575–602.

Tollison, Robert D. and Congleton, Roger D. (eds) (1995) *The Economic Analysis of Rent Seeking*. Aldershot: Edward Elgar.

Walder, Andrew G. (1986) *Communist Neo-Traditionalism: Work and Authority in Chinese Industry*. Berkeley and Los Angeles: University of California Press.

——— (1987) "Wage reform and the web of factory interests". *China Quarterly,* 109: 22–41.

万安培（1999）中国经济转型时期的租金构成及主要特点分析. 经济社会体制比较编辑部 (ed.) 腐败寻根：中国会成为寻租社会吗. 北京：中国经济出版社.

王艾生. 坚决制止"官倒"确保国家计划. 人民日报，1988-9-5: 1.

Wang, Shaoguang and Hu, Angang (2001) *The Chinese Economy in Crisis: State*

Capacity and Tax Reform. Armonk, NY: M. E. Sharpe.

Wedeman, Andrew H. (2003) *From Mao to Market: Rent Seeking, Local Protectionism and Marketization in China*. Cambridge: Cambridge University Press.

危印全，刘赣志（1988）浅谈我省市场用煤存在问题及解决办法. 企业经济，6: 40–22.

Wong, Christine (1985) "Material allocation and decentralization: Impact of the local sector on industrial reform". Pp. 253–278 in Elizabeth J. Perry and Christine Wong (eds), *The Political Economy of Reform in Post-Mao China*. Cambridge, MASS: Council on East Asian Studies, Harvard University.

Wright, Tim (2012) *The Political Economy of the Chinese Coal Industry: Black Gold and Blood-stained Coal*. Abingdon, Oxon: Routledge.

吴承明（2006）经济史：历史观与方法论. 上海：上海财经大学出版社.

吴承明，董志凯（2010）中华人民共和国经济史（1949–1952）. 北京：社会科学出版社.

吴辛（ed.）（1986）新中国若干物价专题史料. 长沙：湖南人民出版社.

郗士格，李京来（eds）（2006）北京工业志：煤炭流通志. 北京：中国科学技术出版社.

许毅，陈宝森，梁无瑕（1982）社会主义价格问题. 北京：中国财政经济出版社.

Xue, Muqiao (1982) *Current Economic Problems in China*. Edited by K. K. Fung, Boulder, Colorado: Westview Press.

Yamanouchi, Kazuo (1986) "The Chinese price system and the thrust of reform". *JETRO China Newsletter*, 60: 2–11, 15.

叶乃跃（1987）理顺生活用煤价格势在必行：从福建省情况看. 价格月刊，1: 11–14, 10.

曾克俭（1983）开创煤炭运销工作新局面的几个问题. 煤炭经济研究，5: 22–23.

中国工业经济统计年鉴编委会，中国工业经济统计年鉴. 北京：中国统计出版社.

张宝明（2002）中国煤炭工业改革与发展. 北京：煤炭工业出版社.

张本廉（1957）影响国营煤炭工业盈利水平提高的几个问题. 财政，7: 30–31.

张梦增（1958）国营煤炭工业产品价格问题. 财政，3: 14–15.

中国煤炭工业协会（2006）中国煤炭工业统计资料汇编 1949–2004. 北京：煤炭工业出版社.

中国煤炭志编纂委员会（1999）中国煤炭志：综合卷. 北京：煤炭工业出版社.

朱澄平（1985（中华人民共和国价格史. 北京：全国高等院校物价教学研究会.

中国煤炭工业年鉴编委会. 中国煤炭工业年鉴. 北京：煤炭工业出版社.

中国统计年鉴编委会. 中国统计年鉴. 北京：中国统计出版社. (可参见网站 http://www.stats.gov.cn/tjsj/ndsj/index.htm).

A Demographic Estimate of the Population of the Qing Eight Banners

Mark C. Elliott

Department of East Asian Languages and Civilizations and Department of History, Harvard University   Cameron Campbell

Division of Social Science, Hong Kong University of Science and Technology

James Lee

School of Humanities and Social Science, Hong Kong University of Science and Technology

Introduction

The Eight Banners (Chinese *baqi* 八旗/Manchu *jakūn gūsa*) is well known as the omnibus military, social, political, and economic institution that enabled the Manchu people to conquer China in the middle seventeenth century and establish the Qing dynasty (1644–1911), the last of China's imperial epochs.   The Manchus, along with their Mongol and Han allies in the banners, were vastly outnumbered by Han Chinese supporters of the Ming dynasty (1368–1644), not to mention various rebel armies, and formed a tiny group next to the general Chinese population.   That the Manchus, despite being so much in the minority, nonetheless seized and retained power for 267 years has proved one of the great conundrums of recent Chinese history.   A basic piece of the puzzle that has always been missing from scholarly calculations, however, is the size of the Eight Banner populations.   How many Manchus were there, in fact?   How many soldiers were there altogether in the Qing armies?   For almost two hundred years scholars have been searching for answers to these questions.

Not surprisingly, this sort of information was a military secret during the early Qing. The first edition of the *Da Qing Huidian* 大清会典 (Collected institutes of the great Qing), published in 1690, contained information on the number of troops stationed around the country, but pointedly refrained from revealing the exact number of soldiers in the capital.[①]   This taboo was observed until the middle eighteenth century, so that until then most people had only a hazy idea of the total size of the Manchu armed forces–and would no doubt have been surprised that it was so small. Only much later in the dynasty did scholars begin to offer estimates of the total number of soldiers involved in the conquest. In his classic *Shengwu ji* 圣武记, the first real history of the Qing ever written, Wei Yuan (魏源, 1794–1856) noted that this was about 200 000 men.[②]   But this was just a guess, a projection backward from the early nineteenth-century population figures available to him on the size of the Eight Banners.

These figures, showing a total of 422 161 Manchus (*Manzhou* 满洲/*Manju*), Mongols (*Menggu*蒙古/*Monggo*), Han bannermen (*Hanjun* 汉军/*ujen cooha*), and bondservants (*bao-yi* 包衣/*booi, booi aha*), originally appeared in the 1818 edition of the *Huidian*.[③] Their source is clearly stated to have been the most recent census of the banner population that was available to the editors at the time, that of 1812. Qing regulations called for a complete count of the banner population every three years.[④] Existing documents relating to subsidiary banner populations (mostly agricultural serfs) in the Northeast indicate that such counts were indeed carried out regularly throughout the Qing. These detailed materials form by far the largest and most complete source of demographic data available on any pre-modern population anywhere in the world. Unfortunately, population registers for regular banner populations in Beijing and the garrisons of the type that the *Huidian* compilers probably consulted have not survived in

---

① *Da Qing Huidian* (1690 edition), *fanli*, p. 4a: "[Because] the troops and horses of the Eight Banners are [continually regrouping] like the clouds, it is difficult to count them.   Details on troops in the Zhili and provincial garrisons and on the Green Standard Army troops are all provided in sequence [below], according to their location."   Identical language is used in the Yongzheng *Huidian* of 1732; it does not appear in the 1764 *Huidian*.   See the comments by Wang Qingyun in *Shiqu yuji* (ca. 1850; Beijing: Ancient Books Publishing House, 1985), Vol. 2, pp. 75-76.   The first official publication to carry complete information on the size of banner forces deployed around the country was the *Huangchao wenxian tongkao*, published in 1747.   See Table 1.
② Wei Yuan, *Shengwu ji* (1842; Beijing: Chinese Pubhshing House, 1984), Vol. 11, pp. 467.
③ *Da Qing Huidian* (80 Vol., 1818), Vol. 12, pp. 22a-b.   See Table 1.
④ This regulation appears in a number of places.   See, for instance, *Baqi tongzhi (chuji)* (1739, 250 Vol.; Changchun: Northeast Normal University, 1985), Vol. 17, pp. 197-296, *Da Qing Huidian shili* (1818, 920 Vol.), Vol. 839, p. 3a, and *Qinding hubu zeli* (1866, 100 Vol.), Vol. 1, p. 1a-2a.

similar numbers.[①] When and if these materials come to light we will be in an excellent position to know not only the total population of the Eight Banners, but much else besides about demographic behavior in late imperial China.

Until then, however, we will remain limited to whatever techniques we can devise for estimating the size of this population. Up to now, these techniques have relied mainly upon crude methods of extrapolation that depend on guesses of household size. The purpose of this essay is to present a new technique for estimating the banner population that combines instead new totals of *ding* populations found in the Qing archives with standard demographic models of population configuration and growth.

The essay is divided into three sections. By way of background, the first section summarizes previous estimates made of banner populations. The second section discusses figures regarding the adult male banner population in the early Qing that have emerged from the First Historical Archives in Beijing. The third section then introduces a new way to use these figures to calculate a range of possible population sizes, and offers the results of these calculations for the entire banner population. In this way, we hope to provide more satisfactory answers to three basic questions: How many people were there in the Eight Banners? What were the respective populations of the Manchu, Mongol, and Chinese banners? How did these populations change over time?

Previous Estimates of Eight Banner Population

In general, up to now scholars have had only one way of estimating the total Eight Banner population, and that has been to take what they believed to be the most reliable figure for banner males and multiply it by an estimated ratio of dependents per bannerman. That is, for every banner male (m), assume n additional household dependents, so that the total banner population (P) is derived according to the following equation (Equation 1):

$$P = m + n(m) \quad (1)$$

---

① Searches by Elliott have turned up a few such registers, but only a small fraction of the number one would expect to find. Some of these materials are in the library of the Chinese Academy of Social Sciences; most are in the holdings of the First Historical Archives of China, Beijing. They are listed in two catalogues, No. 544/23-2 (*Baqi dutong yamen quanzong*) and No. 497/13-2 (*Hubu/duzhibu*). Thanks to Ms. Zou Ailian of the First Historical Archives for her assistance in locating these materials. Other registers are available from the Genealogical Society of Utah; for a description of these sources, see Melvin Thatcher, "Selected Sources for Late Imperial China at the Genealogical Society of Utah," *Late Imperial China* 19.1 (June 1998), pp. 111-129.

We refer to this as the "Household Dependent Method."

There are two obvious problems with this method.   The first has to do with which figure to assume for *m*. Estimates of the number of banner males diverge widely, depending on whether they calculate from the number of companies (*zuoling* 佐领/*niru*) in the banners, from the number of positions in the banner military establishment, or from other estimates that have surfaced over time as to the size of the banner forces. The former method, though widely employed, is suspect because the actual number of soldiers per company varied greatly, both between companies and even within the same company over time.[1] Moreover, different sources disagree on the total number of companies at any given time.[2] In addition, differences between estimates often lead to further confusion because many fail to distinguish clearly between able-bodied males (*ding, zhuangding/haha*) and those among them were actually soldiers (*bing, bingding/uksin*) or officers (*guan/hafan*) in paid positions.[3] These sorts of complications have resulted in great discrepancies between estimates, limiting our confidence in them. As we will see in the next section, only recently have good figures emerged that allow us to calculate *m* with any confidence.

A second problem with the Household Dependent Method is that there is no reliable

---

[1] Nominally, a company was made up of 300 men (*zhuangding* 壮丁/*haha*) along with wives, children, and other dependents. But we know that this number was often not met. The actual number varied between 150 and 300, stabilizing under the Kangxi emperor (r. 1662—1722) to 130-140 (*Baqi tongzhi*, Vol. 17, p. 297). In the later Qing this figure could sometimes dip below 100. See also note 3 below.

[2] Most notably, the 1739 *Baqi tongzhi* and the 1764 edition of the *Huidian* differ on this point.   It was to resolve this disagreement – and not, it should be pointed out in fairness, to speculate on the size of the banner population – that Fang Chaoying wrote his famous article, "A Technique for Estimating the Numerical Strength of the Early Manchu Military Forces" (*Harvard Journal of Asiatic Studies* 13.1-2 [June 1950]).   Fang showed clearly that the figures in the *Baqi tongzhi* were correct.   One scholar has attributed to Fang an estimate of 170000 total males in the banners at the time of the conquest, a figure supposedly derived by multiplying the number of companies by 300 men per company (Pamela Kyle Crossley, *Orphan Warriors* [Princeton: Princeton University Press, 1990], p. 231 n.1). We find no such estimate in Fang's article. Fang's only comment on the overall size of the early Qing armies was to the effect that "the total number of Banner Forces sent to the various fronts during the seven years of this war [i.e., the Rebellion of the Three Feudatories]" was between 160000 and 200000. This would, of course, correspond to *bing*, not *ding* (Fang, "A Technique, for Estimating the Nu merical Strength of the Early Manchu military Forces).

[3] In principle, every healthy male 15 years of age and over was enrolled in a company, together with his entire household. Qing regulations further stipulated that one of every three must serve as a soldier (in the Chinese banners this was one of every four or five), though in the conquest period no doubt a higher proportion of males was pressed into active duty. But it is doubtful that company size ever really reflected the actual number of *zhuangding* in the households attached to companies. For this reason it is misleading to rely on the number of companies to calculate the number of males in the banners. This is illustrated by the following example: In 1647 the total number of companies in the Eight Banners was 600 (Fang, "A Technique for Estimating the Nu merical Strength of the Early Manchu military Forces," Table II), plus an additional 74 bondservant companies. Assuming from 150 to 300 men per company, and assuming that this figure equals the total number of *ding* per company, we arrive at a range of between 101,100 and 202,200 *ding*. However, as the archival figures presented in Table 2 below show, the total number of *ding* in 1648 was actually 346,931, 40% greater than the total predicted number of males. Moreover, this discrepancy widened over time, as population grew (while the number of companies grew, too, this expansion came to a halt in the mid-1700's, with around 2000 companies in the capital and provinces). Hence it is vital to distinguish between nominal company size (i.e., *zhuangding* available for potential military service) and the actual number of males in a company (i.e., all *ding*).

way of knowing the size of the average household in the Eight Banners, that is, no way of knowing what number to use for *n*. Archival figures show that the ratio of dependents to bannerman varied 300 percent, from as low as 3:1 to as high as 9:1.[1] One could, of course, simply split the difference and hope for the best, but it is hard to put much faith in the resulting calculations. Things are made even more complicated by the inclusion of bondservants within household numbers, where they figure as part of dependents *n*, whereas in regular counts of banner population bondservants appear as separate households. We have next to no information on the size of bondservant households.

A glance at the history of estimates of Eight Banner population shows how unlikely they are to yield consistent, believable figures. The earliest such estimates were those that began to emerge in the reigns of the Yongzheng (1723–1735) and Qianlong (1736–1795) emperors, when overpopulation in the banners first became a serious concern of the court. In separate essays, officials Šuhede (Shu-he-de 舒赫德) and Shen Qiyuan (沈起元) wrote that at the time of the conquest there were 80 000 soldiers in the banners, and that this number grew to 120 000 during the Kangxi reign (1662—1722), shrinking slightly by the Qianlong reign to 100 000.[2] But these numbers likely referred only to soldiers in Beijing, and did not include the garrisons in the wider metropolitan area, the Chinese provinces, the Northeast, and, later, the frontier areas. The source of these numbers is also unclear; they appear simply to be rough estimates, and not the result of actual population counts. Better numbers come in the 1818 *Huidian*, mentioned earlier, which showed a total *ding* population of 422 161. But even this estimate includes only the number of healthy males, excluding males below age 15, above age 60, the physically or mentally disabled, and all females. Thus the 1818 numbers work well enough perhaps for *m*, but still leave *n* open to question.

Wei Yuan may have been the first to try to figure out how many troops the Qing were able to put into the field in 1644. According to him, at the time of the conquest there were 87 150 banner troops: 46 200 Manchus, 16 840 Mongols, and 24 050 Han bannermen. Wei derived this number by multiplying the number of companies that existed in 1644

---

① Documents from the Eight Banner garrisons show household size varied from between three dependents per active soldier at some garrisons to as much as nine or ten dependents per active soldier at others. See Mark Elliott, *The Manchu Way: Ethnic Identity and the Eight Banners in Late Imperial China* (Stanford: Stanford University Press, 2001). See also the estimates in Han Guanghui, *Beijing Historical Population Geography* (Beijing: Peking Vniversity Press, 1996), pp. 122-123.

② Shu-he-de, "Baqi kaiken biandi shu" (1737), Shen Qiyuan, "Nishi wuce" (n.d.), in He Changlinged., *Jingshi wenbian* (1826), Vol. 35.

(according to him, 308) by 150, his guess as to how many soldiers there were per company. As already noted, this method of determining the total strength of banner forces leaves much to be desired, since it is unclear what the real size of banner companies was at the time (however, as we will see, Wei's estimate is probably not far off the mark). Drawing upon an earlier version of the *Huidian*, which gives a detailed list of all banner installations around the empire, Wei also calculated that in the 1830s there were about 233 000 banner troops in the entire empire, divided roughly evenly between the capital (125 412) and the garrisons (107 768).[①] A contemporary of Wei's, Wang Qingyun 王庆云 , 1798–1862), also touched on the question of banner population in his well-known study, *Shiqu yuji* (石渠余记, written in about 1850. Apart from citing the 1818 *Huidian* figures already mentioned in discussing the present number of bannermen, Wang also made use of information in the appended *Precedents* (*Shili* 事例) section to figure the number of companies in the conquest era. But he thought it prudent to guard this information rather closely and refrained from publishing it in his book.[②]

A number of twentieth-century scholars have also tackled the population problem. The following table summarizes the various figures available for Eight Banner populations from Qing-period and post-Qing sources (Table 1).

Table 1.   Previous Estimates of Eight Banner Population

Source	AT CONQUEST			CONTEMPORARY AT WRITING		
	Total banner forces (*bing*)	Total banner males (*ding*)	Total banner population (*population*)	Total banner forces (*bing*)	Total banner males (*ding*)	Total banner population (*population*)
Qing-period figures						
Da Qing Huidian[③] (1690)				39 600 (excludes Beijing)		
Da Qing Huidian[④] (1732)				75 255 (excludes Beijing)		

---

① Wei, *Shengwu ji*, Vol. 11, pp. 467-469. For the capital, these totals break down as follows: 21385 guardsmen, 34627 cavalry, 21158 infantry, 27408 supernumeraries, 10834 artisans and others, and 10000 gendarmerie.   For the garrisons: 8758 in the metropolitan zone; 35360 in the Northeast; 45540 in the provinces; 15140 in Xinjiang; and 2970 posted to the imperial mausolea, hunting grounds, and Willow Palisade gates.

② Wang, *Shiqu yuji*, Vol. 2. See also Fang, "A Technique for Estimating the Numerical Strength of the Farhy Manchu Militang Forces," 194. Wang consulted the *Da Qing Huidian shili* (1818, 920 Vol.), Vol. 837.

③ *Da Qing Huidian* (1690, 162 Vol), Vol . 82. This figure excludes officers.

④ *Da Qing Huidian* (1732, 250 Vol), Vol . 114, 217. Figure excludes officers.

续表

Source	AT CONQUEST			CONTEMPORARY AT WRITING		
	Total banner forces (*bing*)	Total banner males (*ding*)	Total banner population (*population*)	Total banner forces (*bing*)	Total banner males (*ding*)	Total banner population (*population*)
Baqi tongzhi (chuji) (1739)[1]				83 751 (excludes Beijing)		
Huangchao wenxian tongkao[2] (1747)				210 265		
Shen Qiyuan[3] (ca. 1748)	80 000			120 000		
Da Qing Huidian[4] (1764)				106 726 (excludes Beijing)		
Da Qing Huidian[5] (1818)					522 989	
Qinding zhongshu zhengkao[6] (1825)				275 791		
Wei Yuan, *Shengwu ji*[7] (1839)	87 150			225 412		
Wang Qingyun, *Shiqu yuji*[8] (ca. 1850)					422 161	

① Ortai et al., eds., *Baqi tongzhi (chuji)* (1739, 250 Vol.), Vol. 26-28. Figure includes officers. The breakdown is as follows: 3735 in the metropolitan zone, 28536 in the Northeast, 51480 in the provinces. No complete total of the number of banner troops in the capital appears here, as the editors chose to repeat the same evasive language as the earlier *Huidian* (Vol. 26, p. 490). Moreover, though there is detailed information on the number of companies, information on company size is varied and conflicting. There is, however, at least one reference to the total number of Chinese banner soldiers in the capital ca. 1730 (17,528) and the additional number of able, but idle, Manchu, Mongol, and Han bannermen (10000; see Vol. 26, p. 506).

② *Huangchao wenxian tongkao* (1747, 300 Vol.), Vol. 179, 181-189. This figure breaks down to 100425 in the capital and 109840 in the garrisons. For garrisons in Shengjing, Jilin, Heilongjiang, and the metropolitan area, we have relied on the totals provided in Table 2.1 in Chen Feng, A Study on Qing Dynasty Military Exponditure(清代军费研究) (Wuhan: Wuhan Dniversity Prese, 1992), p. 20. Note that the total there, according to his own figures, should read 105459.

③ Shen, "Nishi wuce."

④ *Da Qing Huidian* (1764, 100 Vol),Vol. 96. Includes officers. No figures are presented for Beijing, although the number of companies (1166) is given, together with the statement that in principle there are 300 men per company. However, the editors disavowed any pretense at providing an accurate total, noting that they wished only "to give a sense of the numbers involved".

⑤ *Da Qing Huidian* (1818, 80 Vol.), Vol. 12. The breakdown is as follows: In the capital and provinces 222968 Manchus, 55639 Mongol (plus 20729 Oirats, Chakhars, Bargas, and others), 143554 Han bannermen and bondservants, 80099 unattached servants. The total of Manchus, Eight-Banner Mongols, and Han bannermen comes to 422161, the figure cited by Wang Qingyun.

⑥ *Qinding zhongshu zhengkao* (1825), Vol. 31. Figures are cited from Chen, A Study on Qing Dynasty Militarg Exponditure(清代军费研究), pp. 20-21. Note that the total there (275851) is in error.

⑦ Wei, *Shengwu ji*, Vol.11. Figures for conquest derived by multiplying number of companies by 150 men per company.

⑧ Wang, *Shiqu yuji*, Vol.4. Figures are attributed to 1818 *Huidian*.

续表

Source	AT CONQUEST			CONTEMPORARY AT WRITING		
	Total banner forces (*bing*)	Total banner males (*ding*)	Total banner population (*population*)	Total banner forces (*bing*)	Total banner males (*ding*)	Total banner population (*population*)
Zeng Guofan, Yitai bingshu[1] (1851)				250 000		
Weng Tongjue, *Huangchao bingzhi kaolue*[2] (1861)				272 591		
Yao Wendong, Baqi bingzhi kao[3] (1888)	200 000			212 144	300 000	
Da Qing Huidian[4] (1899)				232 109		
Iakinf, *Statischeskoe opisanie*[5] (1910)				262 375		
Post-Qing estimates						
Inaba Iwakichi[6] (1913)					420 492	1 500 000 (early 1800's)
Qingshi gao[7] (1928)				126 989 (capital only)		
Luo Ergang[8] (1944)	186 000			350 000 (ca. 1757)		

[1] Zeng Guofan, "Yitai bingshu," in *Zeng Wenzheng gong zougao*, Vol. 1, cited in Chen Feng, A Study on Qing Dynasty Military Exponditure(清代军费研究), p. 21. Chen disagrees with Luo Ergang, who claimed that Zeng's 250,000 was an error for 350,000, but Luo seems persuasive. See *Luying bingzhi* (1945; 2nd ed., Beijing: Chinese Publishing Horse, 1984), p. 7 n. 7.

[2] Weng Tongjue, *Huangchao bingzhi kaolue* (6 Vol., 1875), Vol. 2, p. 4b-7a.

[3] Yao Wendong, "Baqi bingzhi kao," in Ge Shijun, ed., *Jingshiwen xubian* (1888, 120 Vol.), Vol. 62. Regarding the conquest figure, Yao wrote that, "In the first year of Shunzhi, [when] the Shizu emperor established the capital at Yanjing, all the Eight Banner soldiers who took part in the conquest [lit., "who followed the dragon through the pass"] numbered not less than 200,000"（顺治元年世祖章皇帝定都燕京各八旗兵从龙入关者不下二十万）. The later figures show 104376 in capital and 107768 outside the capital (8758 in metropolitan garrisons, 35360 in the Northeast garrisons, 45540 in the provincial garrisons, 15140 in Xinjiang garrisons, 2970 at the imperial mausolea, and 27000 supernumeraries). The figure of 300000 refers to *zhuangding*.

[4] *Da Qing Huidian* (120 Vol., 1899 ed.), Vol. 86.

[5] Iakinf (N. Ia. Bichurin), *Statischeskoe opisanie Kitaiskoi imperii v dvukh chastiakh* (Beijing: Russian Ecclesiastical Mission, 1910), p. 129. This figure breaks down to 135929 in Beijing, 100038 in the garrisons, and 27408 supernumeraries.

[6] Inaba Iwakichi, *Shinchō zenshi* (Tokyo: 1913). Figures are for the early nineteenth century. Divisions break down as follows: 220960 Manchus, 55639 Mongols, 143893 Chinese banners, Imperial Household Department, and bondservants. The figures are attributed to Wei Yuan, but are clearly those of the 1818 *Huidian*.

[7] Zhao Erxun, eds., *Qingshi gao* (Beijing: Climese Publishing House, 1976), Vol. 130. Though there is a description of the garrison system, tabulations of its size are absent, except for the Northeast (35300).

[8] Luo, *Luyingbing zhi*, p. 7.

续表

Source	AT CONQUEST			CONTEMPORARY AT WRITING		
	Total banner forces (bing)	Total banner males (ding)	Total banner population (population)	Total banner forces (bing)	Total banner males (ding)	Total banner population (population)
Mo Dongyin[①] (1958)	200 000		650 000 (Manchus only, ca. 1661)	222 960 (1812) 225 429 (late 1800's)		
John K. Fairbank and Edwin Reischauer[②] (1969)	169 000			350 000 (mid-1700's)		
Wu Wei-p'ing[③] (1970)	112 600		633 242		422 161 (1812)	1 346 549 (1812)
Manzu jianshi[④] (1979)				207 760+ (late 1700's)		
Li Xinda[⑤] (1982)	97 700	146 600				
Yang Xuechen and Zhou Yuanlian[⑥] (1986)	99 600	118 400[⑦]				
Teng Shaozhen[⑧] (1989)						Less than 1 000 000 (late 17th c.)

---

① Mo Dongyin, *Manzushi luncong* (Beijing: People's Publishing House, 1958), pp. 130-135, where the number of Manchus at the time of the conquest is given at 100000. The figure for the total Manchu population in 1661 is derived by calculating an average number of 9 dependents (p. 134) per soldier. The total for the late 1800s is arrived at by using numbers from *Qingshi gao* and 1899 *Huidian*, but omits officers in capital. Mo also provides a summary of Ming and Korean estimates of Qing forces.

② John K. Fairbank and Edwin Reischauer, *East Asia: The Great Tradition* (Boston: Houghton Mifflin, 1969), p. 222. No source given.

③ Wu Wei-p'ing, "The Development and Decline of the Qing Eight Banners" (Ph.D. thesis, University of Pennsylvania, 1970), pp. 90-91, 100-103. Wu derives his figure for conquest *bing* by multiplying the number of companies by 200 men per company. The figure for 1812 Population is derived from 1818 *Huidian* (discrepancies with other figures owe to arithmetical error). Figure for 1812 Population is derived by multiplying *ding* figure by 3, then adding 80 000 "unattached bondservants". Figure for conquest *renkou* is derived by taking Wu's estimate that the banner population at most doubled from the time of the conquest, and halving 1812 figure. Wu does not provide this figure himself.

④ *Manzu jianshi* (Beijing: Chinese Publishing House, 1979) pp. 100-101. Figures derived from 1764 *Huidian*. Authors say only that Beijing forces total "over 100 000"; total for garrisons specified at 107 760.

⑤ Li Xinda, "The number of the eight banners Soldiers before evctrance（入关前的八旗兵数问题）," *Qini History Review* 3 (Beijing: Chinese Publishing House, 1982), pp. 155-163. Figures derived by multiplying number of companies by 200 men per company.

⑥ Yang Xuechen and Zhou Yuanlian, *The rise and fall history of Qing eight banner maharaja patrican*（清代八旗王公贵族兴衰史）(Shenyang: Liaoning People's Publishing House, 1986), p. 137. Their figures are derived by multiplying the number of companies by 200 men per company, then multiplying by. 666 to get number of actual soldiers. The total shown is the result of this operation, plus the total number of Han bannermen (it should be 78 600 if same percentage of total Han bannermen (32 800) is assumed to be active military).

⑦ To reflect the total of banner forces only, the number of non-banner soldiers associated with Qing invasion (mainly armies led by Geng Zhongming, Shang Kexi, and Kong Youde), which they say is 20 000 men, is subtracted from their total of 138 400.

⑧ Teng Shaozhen, *The eight banners disciple*(八旗子弟) (Beijing: Oversea Chinese Publishing Company of China, 1989), p. 54, citing *Qing Shengzu (Kangxi) huangdi shilu*, Vol. 96. We have been unable to confirm this figure in the *Shilu*.

续表

Source	AT CONQUEST			CONTEMPORARY AT WRITING		
	Total banner forces (*bing*)	Total banner males (*ding*)	Total banner population (*population*)	Total banner forces (*bing*)	Total banner males (*ding*)	Total banner population (*population*)
Fu Kedong and Chen Jianhua[1] (1990)	75 000		350 000			
Pamela Crossley[2] (1990)						3 500 000 (1800-1850)
Li Yanguang and Guan Jie[3] (1991)		123 000	615 000		172,350 (1735)	861 750 (1735) 5 260 686 (1909)
Chen Feng[4] (1992)	100-150,000			250 000 (ca. 1800)		
Han Guanghui[5] (1996)	172 000			205 400 (1781 -- Beijing only)		
Liu Xiaomeng[6] (1996)		346 000		226 989 (ca. 1850)		

In sum, estimates of banner forces at the time of the conquest vary from 60 000 to 350 000, with most clustered around 100 000-150 000. Thanks to more complete sources,

---

[1] Fu Kedong and Chen Jiahua, "A preliminary Study of manchuria niulu revier population before eight banners establish ment(八旗建立前满洲牛录和人口初探)," in Wang Zhonghan, ed., *The History of Marichu*(满洲史研究集).(Beijing: China Social Soierces Publishing House, 1990), pp. 276-277. Figures given are for 1619. Figure for total population is derived by multiplying number of companies by average 200 men per company and then multiplying again by 5 for estimated number of dependents (4).

[2] Pamela Kyle Crossley, *Orphan Warriors* (Princeton: Princeton University Press, 1990), pp. 23, 91, 252. On p. 23, Crossley says that the total garrison population for the later eighteenth century "probably hovered near three million." To this is added the population of Beijing, which she elsewhere estimates to have been "as many as half a million Manchus" in the mid-nineteenth century. The basis for this estimate is the figure of 150 000 cited by Thomas Taylor Meadows in *The Chinese and Their Rebellions* (London, 1856), p. 31.

[3] Li Yanguang and Guan Jie, *Manchu History* (Shenyang: Liaoning Nationalities Publishing House, 1991), pp. 309-310. For *ding* totals, figures are derived by multiplying the number of companies by average of 200 men per company (for conquest period) and by 150 men per company (for Yongzheng and later). For total population, the number of *ding* is multiplied by 5 for estimated number of dependents (4); since Li and Guan estimate that there were actually 5 dependents per *ding*, figures for *ding* should in fact be multiplied by 6, yielding higher population estimates (738 000 and 1 034 100, *respectively*). The final population estimate for 1909 is obtained by first deriving a household:population ratio of 6.26 (derived using the number of known households in the Northeast at this time -369 055- with a total population estimate for the Northeast of 2.31 million), and then multiplying it by the number of households in the banners according to a 1909 census -368 548. The resulting figure (2 307 110), is then added to the 2.31 million living in the Northeast, for a total of 4.62 million. 5 260 686, which they claim to be the "Manchu population"(满族人口) at the turn of the century, is evidently an arithmetical error.

[4] Chen, *A Study on Qing Dynasty Military Expenditure*(清代军费研究), pp. 19-23. Figure for conquest derived from base figures in Li Xinda. Figure of 250 000 is based on *bing* totals drawn from *Huangchao wenxian tongkao*, *Huangchao bingzhi kaolue*, and the 1899 *Huidian*.

[5] Han Guanghui, *Beijing Historical Population Geography*(北京历史人口地理), pp. 121-124. Figures derived by multiplying number of companies by average of 150 soldiers (*rending*) per company.

[6] Liu Xiaomeng, *Baqi zidi* (Fuzhou: Fujian People's Publishing House, 1996), p. 9. No source is provided for his conquest figure. The figure for ca. 1850 is derived from numbers in *Qingshi gao* (garrison population is only estimated at "over 100 000"). Liu (pp. 13-14) also provides figures for population of Beijing at this time (634 000), derived by multiplying *Qingshi gao* figure for paid positions in Beijing (126 989) and multiplying by 5 for the number of dependents. However, since Liu claims that number of dependents was 5 per *bing*, the correct estimate of Beijing banner population should be the number of officers and soldiers, plus dependents, which brings the total to 762 000.

we have a much better idea of the size of the banner military population in the late eighteenth and nineteenth centuries – about 250 000 – but the dimensions of the overall banner population including women, children, the aged, the disabled, and the non-military adult male population at this or at any point during the Qing remains a guess. Perhaps for this reason, neither of the two textbooks most widely used in Chinese history courses in the United States offers any estimate at all of either Manchu or Eight Banner populations.[1]

New Archival Figures for the Eight Banners

The last of the estimates in Table 1 deserves attention because it makes use of new information on the size of banner population. Though the author does not indicate his sources, his figure of 346 000 almost certainly is derived from a 1983 article by An Shuangcheng, "A Preliminary Analysis of the Number of *ding* in the Eight Banners in the Shunzhi, Kangxi, and Yongzheng Reigns"[2]. In this article, An, an archivist then working in the Manchu Section of the First Historical Archives in Beijing, presented figures from documents dated 1723 and 1724 that listed *ding* totals for 1648, 1720, 1721, and 1723. These documents were memorials from the Yi Prince, Yūnsiyang (Yin-xiang 胤祥), to his brother, the Yongzheng emperor, who had demanded firm information on the size of the banner population.[3] Most of these memorials are in Manchu, though at least one is in Chinese. In his article, An provided in tabular form only the data from 1720. The following table provides the essential data from all four years (Table 2).

Table 2.　Ding totals for the Eight Banners by Ethnic Banner for 1648, 1720, 1721, and 1723

EB Division ——————— Year	Manchu	% of total	Mongol, Chakhar	% of total	Chinese banner, *booi*, other Han	% of total	Total *ding*
Shunzhi 5 (1648)	55 330	15.95%	28 785	8.3%	262 816	75.75%	346 931
Kangxi 59 (1720)	154 117	22.19%	61 562	8.86%	478 804	68.95	694 483
Kangxi 60 (1721)	154 117	22.12%	61 560	8.4%	481 004	69.4%	696 681
Yongzheng 1 (1723)	154 329	23.40%	58 798	8.9%	444 416	67.7%	657 573

---

① Per our check of recent editions of Immanuel C.Y. Hsü, *The Rise of Modern China* (5th ed., Oxford University Press, 1995) and Jonathan D. Spence, *In Search of Modern China* (1st ed., Norton, 1991).

② An Shuangcheng, "Shun-Kang-Yong Periods eight banners man migration(顺康雍正朝八旗丁额浅析)," *Historical Archives* 1983.2, pp. 100-103.

③ The edict is included on page 429 of An's 1992 article (see below): "How many able-bodied males (*nanding*) were there at the time [we] entered Beijing from Shengjing? How many are there now?　Investigate and report."

Apart from providing the first really reliable number for able-bodied males in the Eight Banners at around the time of the conquest – 346 931 – these documents, which presumably drew upon confidential archives kept in the palace, also broke down the population according to membership in the main divisions of the banners. We see that Manchus appear to represent only about 16 percent of the banner population and Mongols about 8 percent, while Han bannermen, bondservants, and "other Han" accounted for an astounding 76 percent of the total.[1] An's article also revealed that the adult male population in the banners doubled between 1648 and 1720 and that the number of adult males in the Manchu banners during these seventy-two years roughly tripled. (The drop in the number of Han bannermen and others between 1721 and 1723 remains unexplained.)

One problem with the information presented in An's article, however, is that the figures for the Chinese banners are lumped together with those for bondservants and for various miscellaneous groups in the banners. The impression given by the data that three-quarters of bannermen were in fact Han is belied by the reality that most bondservants were ethnically Manchu, not Han (a few were Mongol). An's more specific information for 1720 shows that of a total 478 804 *ding* in the "*Hanjun*, bondservant, other Han" category, only 204 870–43 percent of the total–were actually enrolled in Chinese banner companies (or special companies reserved for Han who surrendered to the Qing in particular circumstances, e.g., *Fusi nikan* and *tai nikan*), while 239 494 were bondservants and 34 440 were eunuchs and "other Han". If, conservatively, even one-half of bondservants were ethnically Manchu, then the total number of Manchus in the banners in 1720 was closer to 275 000, putting this group at around 57 percent of the total population. Since only a very few bondservant companies – those called "flag and drum companies" (*qigu zuoling* 旗鼓佐领/*cigu niru*) – were made up of Han Chinese, the adjusted proportion of Manchus in the banners was almost certainly even higher than this.[2]

Unfortunately, in his 1983 article, An did not give any additional population breakdown for 1648, so we can only speculate as to the adjusted proportion of Manchus for the conquest period. However, in another article published in 1992, An came

① Though they do not cite it, An's article is thus also the likely source for the statement by Susan Naquin and Evelyn Rawski that "by 1648, fewer than 16 percent of the bannermen were actually of Manchu blood". *Chinese Society in the Eighteenth Century* (New Haven: Yale University Press, 1987), p. 4.
② On the ethnic divisions among bondservants, see also Elliott, *The Manchu Way*, Chapter 1.

forward with more specific information not just on the 1648 banner population, but on the banner population in 1654 and 1657 as well.[①] The source for the 1648 population, as before, was the 1723 memorial of Yūnsiyang, which An reproduced for the first time (in romanized form), along with two memorials from the president of the Board of Revenue, Ceke (Che-ke 车克), dated 23 November 1657, which gave detailed figures for the banners from 1654 and 1657. That a period of three years separates the data suggests strongly that they are the result of the triennial census of the Eight Banners. Again, only a small portion of these data was tabulated by An. We present this information, together with the data for 1720, 1721, and 1723, in Table 3.

Table 3. Eight Banner *ding* population, 1648-1723

	1648	1654	1657	1720	1721	1723
Manchu EB	55 330	49 660	49 695	154 117	154 117	154 329
% of sub-total/% of total	42.5/16%	32.5/12.9%	32.2/12.7%	36.6/22.2%	33.9/22.1%	36.1/23.5
Mongol EB	28 785	25 927	26 053	61 562	61 560	58 798
% of sub-total/total	22.1/8.3%	17/6.7%	16.9/6.7%	14.6/8.9%	13.5/8.8%	13.8/8.9
Chinese EB (inc. *Fusi/tai nikan baitangga*)	45 849	77 368	78 782	204 870	239 510	214 295
% of sub-total/total	35.2/13.2%	50.5/20.1%	51/20%	48.7/29.5%	52.6/34.4%	50.1/32.6%
SUB-TOTAL (EB *ding* population exclusive of *booi*)	130 164	152 955	154 530	420 549	455 187	427 332
% of total	37.5%	39.7%	39.4%	60.6%	65.3%	65%
booi & other Han	216 967	232 584	237 338	273 934	241 494	230 151[②]
% of total	62.5%	60.3%	60.6%	39.4%	34.7%	35%
TOTAL (EB *ding* population including *booi*)	347 131	385 539	391 868	694 483	696 681	657 573

① An Shuangcheng, "The suspense in Manchu aritting archives of eight banner able-bodied man during shunZhi Period(顺治朝八旗男丁满文档案选择)," *Manchu Study* 1(1992), pp. 413-421.

② Separate figures for Han bannermen and *booi* for 1723 are not given in An's 1983 article. As noted above, he cites only a total number of 444 416 *ding* in the Chinese banners, bondservant companies, and miscellaneous other Han populations under the banners. But we can estimate the breakdown of this population by subtracting the total Manchu and Mongol banner population (213 127) from the total EB population (657 573), for a total of 444 446 (not 444 416). If, as in 1721, "*booi* and other Han" still constituted about 35% of the total EB population in 1723, that should give roughly 230 151 for this group. Subtracted from 444 446, this leaves 214 295 in the Chinese banners. Percentages are based on these hypothetical totals.

The above table gives a very different impression of the place of the Chinese banners in the overall Eight Banner population structure. Four years after the conquest, Han bannermen account for just 13.2 percent of all *ding*, increasing to almost one-third by the early 1720s. The total number of *ding* is just over 130 000 (37.5 percent of the total banner population), while bondservants and "other Han" (never a large number) number 217 000 (62.5 percent of the total). For the first time, we can also see here that while those enrolled in Manchu companies made up only 16 percent of the total banner population, they accounted for 42.5 percent of the regular fighting force, larger than both the Chinese banner and Mongol contingents (35.2 percent and 22.1 percent, respectively). If, as before, one takes half of the bondservant figure (108 500) and adds it to the figure for regular Manchus, the total is 163 830, or 47 percent of all adult banner males who should be counted as ethnically Manchu.

The data also show that all segments of the regular banner population saw an approximate tripling of their numbers between the first set of figures from 1648, 1654, and 1657 and the second from 1720, 1721, 1723; Manchus slightly more, Mongols and Chinese banners slightly less. The exception is in the bondservant population, which declined from 62.5 percent of total population in 1648 to just 35 percent in 1723. This reversal of proportions, from two-thirds to just one-third, is explained by the apparently unchanging number of people in this group (consistently between 215 000 and 275 000 adult males), a stability that stands in obvious contrast to the trend of population increase in the regular banners. The exact reasons for the failure of the bondservant population to increase remain unclear; we know that in the Kangxi reign some bondservants were able to convert to regular banner status, but many more no doubt left the banners altogether.

The documents An found also give very detailed information regarding the breakdown by color banner within the ethnic divisions of the banners. Since the memorialist also provided data from the previous triennial census, we can use this to calculate in Table 4 percentages within each banner as well as percentage growth between banners for this period.

The information in this table allows us to see how unevenly population was distributed among the banners, and how uneven growth was among them.

Table 4. Changes in Eight Banner *ding* Population by Ethnic and Color division, 1654 and 1657

	BYB	PYB	PWB	BWB	PRB	BRB	PBB	BBB	Total
MANCHU									
1654	6 416	7 157	5 869	5 999	5 849	6 445	5 932	5 993	49 660
1657	6 523	7 174	5 935	5 969	5 740	6 467	5 899	5 988	49 695
% change	+1.67%	+0.24%	+1.13%	−0.5%	−1.86%	+0.34%	−0.56%	−0.08%	+0.07%
MONGOL									
1654	4 381	3 550	2 997	3 270	2 778	3 105	3 105	2 741	25 927
1657	4 428	3 543	3 067	3 277	2 732	3 229	3 039	2 738	26 053
% change	+1.1%	−0.20	+2.34%	+0.21%	−1.66%	+3.99%	−2.13%	−0.11%	+0.49%
HAN CHINESE including fusi Nikan									
1654	12 136	10 978	11 396	7 741	6 778	9 041	9 988	9 310	77 368
1657	12 232	11 864*	11 061	7 875*	7 135	9 060	10 190	9 365	78 782
% change	+0.79%	+8.07%	−2.94%	+1.73%	+5.27%	+0.21%	+2.02%	+0.59%	+1.83%
BANNER TOTALS EXCLUSIVE OF BONDSERVANTS									
1654	22 933	21 685	20 261	17 010	15 405	18 591	19 025	18 044	152 955
1657	23 183	22 581	20 063	17 121	15 607	18 756	19 128	18 091	154 530
% change	+1.09%	+4.13%	−0.98%	+0.65%	+1.31%	+0.89%	+0.54%	+0.26%	+1.03%
BONDSERVANTS (in Manchu banners)**									
1654	38 334	35 101	25 909	25 564	23 135	28 864	31 750	23 927	232 584
1657	40 269	35 427	26 527	25 955	23 639	29 603	31 966	23 952	237 338
% change	+5.05%	+0.93%	+2.42%	+1.53%	+2.18%	+2.56%	+0.68%	+0.11%	+2.04%
BANNER TOTALS INCLUSIVE OF BONDSERVANTS									
1654	61 267	56 786	46 170	42 574	38 540	47 455	50 775	41 971	385 539
1657	63 452	58 008	46 590	43 076	39 246	48 359	51 094	42 043	391 868
% change	+3.57%	+2.15%	+0.91%	+1.18%	+1.83%	+1.91%	+0.63%	+0.17%	+1.64%

*Figures include *fusi baitangga*, *tai nikan*.

** Ceke's memorial specifies that bondservants included Manchus, Mongols, and Han ("*manju monggo booi nikan*").

A New Technique

The archival data brought to light by An Shuangcheng represent a major opportunity to improve our knowledge of the size and structure of the Eight Banner population, but it has gone largely unremarked for nearly twenty years. Using these numbers, we can figure that regular Qing forces at the time of the conquest were probably not greater than 86 000 men, assuming that not more than two-thirds of all able-bodied men were engaged in fighting, of which 36 500 were Manchus, 19 000 were Mongols, and 30 500 were Han bannermen. Adding to this number bondservants, auxiliaries, and non-banner Han allies, total Qing forces in 1644 probably numbered between 110 000 and 150 000. This confirms the majority of estimates found in Table 1. The *Huidian* figures for *ding* in the early nineteenth century, approximately 422 000, cited by Wang Qingyun and Wu Wei-p'ing, however, appear too small, in spite of the removal of a large number of Han bannermen and others of lesser status were from the banners in the middle of the Qianlong reign.

An's data, unfortunately, do not provide counts of the total population of the Eight Banners. One remedy to address this shortcoming would be to use the Household Dependent Method to calculate P, treating his numbers as an estimate of *m*. This still leaves the problem of selecting a value to use for *n*, the number of dependents per bannerman. In the absence of precise and reliable data on the composition of banner households, practically any choice of *n* is little better than an educated guess.

To estimate the population of the Eight Banners from An's figures, therefore, we make use of a demographic model of the relationship between population growth rates and age structure known as stable population theory.[1] With this approach, we only need the size of at least one age group and reasonable assumptions about life expectancy and the growth rate to construct an estimate of total population size. In this case, we can extrapolate the number of adult males in the Banners from An's figures for the number of *ding*. Since the archival figures for banner *ding* are from censuses that were not used to assess taxes or allocate land, and therefore offered no incentive to conceal or exaggerate numbers, they form a sound base from which to extrapolate.

We summarize in Equation 2 below our procedure for deriving an estimate of population size, P, from the number of *ding* reported by An, *m*:

P = m * (adult males aged 15-55/*ding*) * (total males/adult males) * ((males + females)/males)

We multiply An's numbers for the number of *ding* by a series of ratios. We first estimate the total number of adult males aged 15 to 55 in the banners by multiplying *m* by

---

[1] For an introduction to stable population theory, see Ansley Coale and Paul Demeny, *Regional Model Life Tables and Stable Populations* (Princeton: Princeton University Press, 1966/1983).

an empirically derived ratio of adult males to active *ding*. There were more adult males in the Eight Banners than *ding* because some adult males were disabled and therefore not counted as *ding*. For the proportion disabled, we have assumed two scenarios, one of 25 percent and one of 50 percent, yielding ratios of 1.33 and 2. These figures correspond to the range of disability rates found within the banner populations in the Northeast studied by Lee and Campbell.[①] Since those were agricultural populations, and the populations for which we are constructing estimates here were military populations, these ratios are conservative.

To estimate of the total number of males, we multiply the number of adult males aged 15 to 55 by a ratio derived from stable population theory. A stable population is one in which mortality patterns, fertility levels, and the growth rate are constant for an extended period of time. In such a population, the proportion in each age group is also constant, and can be calculated from the age pattern of mortality rates and the growth rate. Stable population theory turns out to be useful because even though mortality and growth rates are almost never constant, population age compositions often resemble the ones predicted from average mortality and growth rates.

For mortality rates, we consider two scenarios, one in which the life expectancy is 30.6 years and another in which it is 34.9 years. The age patterns of mortality are from West Levels 6 and 8 in the system of model life tables and stable populations constructed by Coale and Demeny. Both lie well within what could be expected of life expectancy in rural China at this.[②] As for population growth rates, we have assumed three different scenarios: 0 percent, 1 percent, and 2 percent per annum. Given what we know about population growth in general in China during the late imperial period, these seem highly plausible.

For gender ratios, we have assumed a single scenario of 85 females for every 100 males. In the Liaoning banner populations analyzed by James Lee and his associates, there were 83.5 females aged 16 or more *sui* for every 100 males. Whether the actual ratio for the banners overall was higher or lower would have depended on how levels of female infanticide and excess female mortality compared to those in the Liaoning populations. If they were lower, and the ratio of females to males was as a result higher than we have allowed for here, the actual banner population would be greater than we

---

① James Lee and Cameron Campbell, *Fate and Fortune* (Cambridge: Cambridge University Press, 1995), p. 45.

② See the review of estimates of life expectancy in historical China in James Z. Lee and Wang Feng, *One Quarter of Humanity: Malthusian Mythologies and Chinese Realities* (Cambridge, Mass.: Harvard University Press, 1999), p. 54.

have estimated here.

We present the results in the following tables. To conserve space, we present estimates for only two dates, 1648 and 1720. The first represents the conquest epoch and the second the period after the initial Qing consolidation in the late Kangxi reign.

Tables 5a-b. Eight Banner population, assuming life expectancy 30.6 and population growth 0 percent.

Table 5a.   Scenario 1.   Disability rate 25 percent

		Manchu	Mongol	Han	Sub-total	*booi*/other	Total
1648	males	112 453	58 535	93 235	264 223	441 205	705 428
	females	95 585	49 755	79 250	224 590	375 024	599 614
	total	208 038	108 290	172 485	488813	816 229	1 305 042
1720	males	313 399	125 248	416 606	855 253	557 048	1 412 301
	females	266 389	106 461	354 115	726 965	473 491	1 200 456
	Total	579 788	231 709	770 721	1 582 218	1 030 539	2 612 757

Table 5b   Scenario 2.   Disability rate 50 percent

		Manchu	Mongol	Han	Sub-total	*booi*/other	Total
1648	males	179 925	93 655	149 175	422 755	705 298	1 128 053
	females	152 936	79 607	126 799	359 342	599 503	958 845
	total	332 861	173 262	275 974	782 097	1 304 801	2 086 898
1720	males	501 438	200 397	666 569	1 368 404	891 277	2 259 681
	females	426 222	170 338	566 584	1 163 144	757 586	1 920 730
	Total	927 660	370 735	1 233 153	2 531 548	1 648 863	4 180 411

Tables 5c-d.   Eight Banner population, assuming life expectancy 30.6 and population growth 1 percent

Table 5c.   Scenario 3.   Disability rate 25 percent

		Manchu	Mongol	Han	Sub-total	*booi*/other	Total
1648	males	120 448	62 696	99 863	283 007	472 571	755 578
	females	102 381	53 292	84 884	240 557	401 685	642 242
	total	222 829	115 988	184 747	523 564	874 256	1 397 820
1720	males	335 679	134 152	446 223	916 054	596 650	1 512 704
	females	285 327	114 029	379 290	778 646	507 153	1 285 799
	Total	621 006	248 181	825 513	1 694 700	1 103 803	2 798 503

Table 5d.　Scenario 4.　Disability rate 50 percent

		Manchu	Mongol	Han	Sub-total	*booi*/other	Total
1648	males	192 717	100 314	159 780	452 811	756 114	1 208 925
	females	163 810	85 267	135 813	384 890	642 697	1 027 587
	total	356 527	185 581	295 593	839 182	1 398 811	2 236 512
1720	males	537 087	214 644	713 957	1 465 688	954 640	2 420 328
	females	456 524	182 447	606 864	1 245 835	811 444	2 057 279
	Total	993 611	397 091	1 320 821	2 711 523	1 766 084	4 477 607

Tables 5e-f.　Eight Banner population, assuming life expectancy 30.6 and population growth 2 percent.

Table 5e.　Scenario 5.　Disability rate 25 percent

		Manchu	Mongol	Han	Sub-total	*booi*/other	Total
1648	males	131 566	68 484	109 081	309 131	516 195	825 326
	females	111 831	58 211	92 719	263 761	438 766	701 527
	total	243 397	126 695	201 800	571 892	954 961	1 526 853
1720	males	366 666	146 536	487 414	1 000 616	651 727	1 652 343
	females	311 666	124 556	414 302	850 524	553 968	1 404 492
	Total	678 332	271 092	901 716	1 851 140	1 205 695	3 056 835

Table 5f.　Scenario 6.　Disability rate 50 percent

		Manchu	Mongol	Han	Sub-total	*booi*/other	Total
1648	males	210 506	109 574	174 530	494 610	825 912	1 320 522
	females	178 930	93 138	148 351	420 419	702 025	1 122 444
	total	389 436	202 712	322 881	915 029	1 527 937	2 442 966
1720	males	586 665	234 458	779 863	1 600 986	1 042 764	2 643 750
	females	497 815	199 289	662 884	1 359 988	886 349	2 246 337
	Total	1 084 480	433 747	1 442 747	2 959 974	1 929 113	4 890 087

Tables 6a-b.　Eight Banner population, assuming life expectancy 34.9 and population growth 0 percent.

Table 6a.   Scenario 7.   Disability rate 25 percent

		Manchu	Mongol	Han	Sub-total	*booi*/other	Total
1648	males	111 871	58 232	92 752	262 855	438 920	701 775
	females	95 090	49 497	78 839	223 426	373 082	596 508
	total	206 961	107 729	171 591	486 281	812 002	1 298 283
1720	males	311 776	124 599	414 448	850 823	554 163	1 404 986
	females	265 010	105 909	352 281	723 200	471 039	1 194 239
	Total	576 786	230 508	766 729	1 574 023	1 025 202	2 599 225

Table 6b.   Scenario 8.   Disability rate 50 percent

		Manchu	Mongol	Han	Sub-total	*booi*/other	Total
1648	males	178 993	93 170	148 803	420 966	702 272	1 123 238
	females	152 144	79 195	126 483	357 822	596 931	954 753
	total	331 137	172 365	275 286	778 788	1 299 203	2 077 991
1720	males	498 841	199 359	663 117	1 361 317	886 661	2 247 978
	females	424 015	169 455	563 650	1 157 120	753 662	1 910 782
	Total	922 856	368 814	1 226 767	2 518 437	1 640 323	4 158 760

Tables 6c-d.   Eight Banner population, assuming life expectancy 34.9 and population growth 1 percent.

Table 6c.   Scenario 9.   Disability rate 25 percent

		Manchu	Mongol	Han	Sub-total	*booi*/other	Total
1648	males	118 955	61 919	98 625	279 499	466 716	746 215
	females	101 112	52 631	83 831	237 574	396 709	634 283
	total	220 067	114 550	182 456	517 073	863 425	1 380 498
1720	males	331 520	132 490	440 694	904 704	589 257	1 493 961
	females	281 792	112 617	374 590	768 999	500 869	1 269 868
	Total	613 312	245 107	815 284	1 673 703	1 090 126	2 763 829

Table 6d.   Scenario 10.   Disability rate 50 percent

		Manchu	Mongol	Han	Sub-total	*booi*/other	Total
1648	males	190 329	99 071	157 801	447 201	746 746	1 193 947
	females	161 780	84 210	134 131	380 121	634 734	1 014 855
	total	352 109	183 281	291 932	827 322	1 381 480	2 208 802
1720	males	530 432	211 984	705 111	1 447 527	942 812	2 390 339
	females	450 867	180 186	599 344	1 230 397	801 390	2 031 787
	Total	981 299	392 170	1 304 455	2 677 924	1 744 202	4 422 126

Tables 6e-f. Eight Banner population, assuming life expectancy 34.9 and population growth 2 percent.

Table 6e. Scenario 11. Disability rate 25 percent

		Manchu	Mongol	Han	Sub-total	*booi*/other	Total
1648	males	129 181	67 242	107 104	305 527	506 838	810 365
	females	109 804	57 156	91 038	257 998	430 812	688 810
	total	238 985	124 398	198 142	561 525	937 650	1 499 175
1720	males	360 019	143 380	478 579	981 978	639 913	1 621 891
	females	306 016	121 873	406 792	834 681	543 926	1 378 607
	Total	666 035	265 253	885 371	1 816 659	1 183 839	3 000 498

Table 6f. Scenario 12. Disability rate 50 percent

		Manchu	Mongol	Han	Sub-total	*booi*/other	Total
1648	males	206 290	107 587	171 366	485 243	810 940	1 296 183
	females	175 347	91 449	145 661	412 457	689 299	1 101 756
	total	381 637	199 036	317 027	897 700	1 500 239	2 397 939
1720	males	576 031	230 207	765 726	1 571 964	1 023 861	2 595 825
	females	489 626	195 676	650 867	1 336 169	870 282	2 206 451
	Total	1 065 657	425 883	1 416 593	2 908 133	1 894 143	4 802 276

Summarizing these results, we find that at the time of the conquest, the Eight Banner population at large was within the range of 1.3 and 2.44 million people, and that seventy years later it had grown to between 2.6 and 4.8 million. The former number – our conservative estimate of the size of the banner population – is twice to four times as large as any previous estimates of banner population at the time of the conquest. Population in the Manchu banners in the middle seventeenth century was somewhere between 206 000 and 390 000, growing by 1720 to between 577 000 and 1.08 million. (High- and low-end estimates for each population group are tabulated in Table 7.) Everywhere, the most positive outcome is Scenario 6, while the most negative is Scenario 7. The single variable with the greatest influence on the outcome turns out to be the rate assumed for disability.

Table 7.   Range of Estimated Population Sizes (<P>) for the Eight Banners, 1648 and 1720

		Manchu	Mongol	Chinese	Sub-total	Bondser-va nts/other	Total
1648	males	111 871- 210 506	58 232- 109 574	92 752- 174 530	263 319- 495 485	438 920- 825 912	702 239- 1 321 397
	females	95 090- 178 930	49 497- 93 138	78 839- 148 351	223 821- 421 162	373 082- 702 025	596 903- 1 123 188
	total	206 961- 389 436	107 729- 202 712	171 591- 322 881	487 140- 916 647	812 002- 1 527 937	1 299 142- 2 444 585
1720	males	311 876- 586 665	124 599- 234 458	414 448- 779 863	850 763- 1 600 872	554 163- 1 042 764	1 404 926- 2 643 635
	females	265 010- 497 815	105 909- 199 289	352 281- 662 884	723 149- 1 360 741	471 039- 886 349	1 194 187- 2 247 090
	Total	576 786- 1 083 480	230 508- 433 747	766 279- 1 442 747	1 573 912- 2 961 613	1 025 202- 1 929 113	2 599 113- 4 890 725

As before, in thinking about the overall size of the Manchu population, it should be kept in mind that in addition to those enrolled in the regular Manchu banners, a significant proportion of the "bondservant/other" population – certainly well over 50 percent – was ethnically Manchu. Only if one keeps this element of the Manchu population in mind does the estimate of Mo Dongyin for Manchus at the time of the conquest (600 000) appear reasonable.

Conclusion

The size of the Eight Banner population generally, and the Manchu population especially, has long been the subject of scholarly conjecture. That the Qing dynasty was established by a people known to be dwarfed in numbers by the Han Chinese people whom they ruled has made the question one of real significance, and not just idle curiosity. Since virtually all of the original Qing people were enrolled in the banners, by counting the number of people in the banners we can get a good idea of just how numerically strong the Qing cause was. As the first section of this essay has shown, estimates of the size of this population have varied tremendously, making it hard to know which to credit and which to dismiss. Moreover, even though reasonably trustworthy estimates of the able-bodied male (*ding*) population appeared long ago, no equally reliable numbers have ever emerged as to the overall size of any part of the banner population.

This paper has combined very good figures of *ding* population taken from archival documents published in 1983 and 1992 with plausible demographic models that are far superior to the crude type of calculations made using the Household Dependent Method. This method does not permit us to come up with a "magic number" for each group at each date. Rather, using variables such as life expectancy, disability, rate of population growth, and gender ratios, the method we have used allows us to predict a range of scenarios which frame the possible expectations for banner populations, given the archival figures at our disposal. These figures show that in the 1640's, when the Qing first established control over China, the total number of those enrolled in the banner system was between 1.3 and 2.44 million, that is, between 1 and 2 percent of the contemporary Chinese population, assuming a figure of 100 million for ca. 1650. Seventy-two years later, when Qing control was already firmly consolidated, the total population in the Eight Banners had grown considerably, to between 2.6 and 4.9 million, or 2 and 4 percent of the Han population (then at around 120-130 million). This proportion, while still relatively small, comes to twice the size of any previous estimate. It is not surprising, then, that in the 1720s the court began to act to limit banner membership. Given the rapid increase of numbers in the Chinese banners, it is also not surprising that the court decided to aim such efforts at them. Unfortunately, because we know that large numbers of people were in fact removed from the banner lists in the middle Qianlong reign, in effect artificially distorting the population structure, it is not possible to accurately project population size into the later eighteenth or nineteenth centuries. Nonetheless, we at last know with some confidence the scale of the banner population in the first half of the Qing, the number of soldiers in the conquest, and the proportion to the general population the conquering Manchus represented.

Why China Slowed Down Its Scientific And Technical Development In The Last Stage Of Feudal Society

Chen Qiguang

After 1976, as time passed and academic discussions developed in depth, more and more Chinese scholars firmly believed that the improvement of social productive forces is the main driving force to social progress. Because of the development of academic thinking, they have been researching historical problems not only from the angle of the class struggle but also from the angle of the productive forces. For example, Professor Wu Chengming, who has been researching Chinese economic history and has published a three-volume work on the problem of Chinese capitalism, expressed the following viewpoint,

As to the historical prerequisites for the emergence of capitalist sprouts, we cannot answer this question with only one word. But the most fundamental prerequisite is that the social productive forces, especially the agricultural productive forces must be developed to a considerably high level [...][1]

[...] under the restrictions of the imperialist intrusion and feudalism, the productive forces were at a very low level, and this is the basic reason why the modern Chinese economy fell behind, and also one of the important factors concerning the colonialist dominance of the Chinese capitalist economy and many other peculiar phenomena in the relations of production.[2]

As an economic researcher, I quite appreciate the Theory of Innovation which was first put forward by J.A. Schumpeter. Without innovation, the productive forces could not

---

[1] Xu Dixing and Wu Chengming. The Sprouts of Capitalism in China, p.7.
[2] Op.cit.Preface. p.15.

be improved. We all know that Marxists have a way to divide human society into several stages according to the metal of productive tools. The term "productive force" has profound and extensive implications. As I see it, there is an internal relation chain in human society progress. That is:

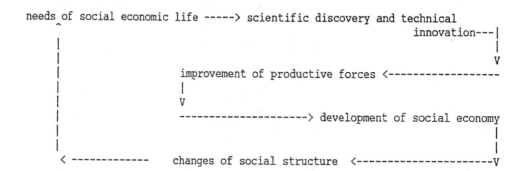

Of course, the chain acts in mutual directions, but undoubtedly, the major direction is the arrow direction.

In the first fifteen centuries of this era, we may tentatively say, the reasons why China was in an advanced position in the realm of scientific discovery and technical innovation were:

China is one of the birthplaces of human civilization and accumulated much more natural knowledge and know-how than most other nations at that time.

China has very vast territory. Different regions have very different natural resources, terrains, climates, etc. People living in different environments accumulated different knowledge; varied natural environments demanded varied production methods and distinct circumstances provided distinct basic conditions for scientific discovery and technical innovation. China's vast territory gave Chinese people a vast field to exploit their intelligence.

China not only has vast territory, but also has a great number of nationalities. Each nationality, each region, has its own ideological, cultural, economic background, and the interchange of thought, culture and products as well as internal migration, produced a result similar to what biologists call "hybridising superiority".

The Chinese feudal landlord system is different from the European feudal manor lord system. One of the obvious differences is that the pre-capitalist commodity economy in China was more flourishing than in Europe. The market exchange of products requires higher quality and finer-looking appearance. It compels producers to improve their production methods (tools, techniques, etc.). Ancient Venice also had a developed commodity economy, but mainly acted as a broker in foreign trade. There was no close relation between its trade and its national production.

In the late Ming and especially in the Qing dynasty, either compared with Chinese previous stages or with Western countries, China became backward in the field of science and technology. Professor Wu, in summing up the agricultural development in feudal China, said the agricultural productive forces had reached a peak in the Song dynasty when there was a "Green Revolution" in which Chinese traditional agriculture reached maturity. In the Ming and the Qing, agricultural tools, including irrigation and drainage equipment, almost underwent no improvement, and the scale of agricultural water conservation water not even as broad as in the Tang and the Song. The raising of agricultural productivity was very limited and depended on intensive farming to a great extent, which means on the input of more labor. As to the handicraft technology, Wu said it had been very developed in the Han and the Tang, but generally speaking, also reached its peak in the Song. Many scientific and technical sectors, including the three great inventions and ship-manufacture, stood in the forefront of world developments, as Dr. Needham also described in his works. In the Ming and the Qing, handicraft technology was mostly improved in terms of quantity. The great part of improvement in handicraft manufacture was in the technical sphere, but not in the area of productive tools. This latter field developed very slowly and gradually lagged behind advanced world levels.[1]

Not only some Western scholars, but also many Chinese scholars have paid close attention to the following problem, that is: what were the limitations that hindered scientific and technical development in early modern China, and would China have developed capitalism without the intrusion of the Western countries? Making a fair-minded comment, I should admit that many of their suggestions are quite reasonable, but because of the shortage of research data, we cannot use quantitative analysis methods to ascertain which limitation is the key limitation. Despite this, as I have mentioned above, because there is an internal chain or relations, we still have the possibility of indicating schematically the order of the chain of limitations.

---

[1] Xu and Wu, p.7-9.

Limitations stemming from the needs of social economic life

Looking back on the economic history of human society, I believe that the sectors in which economic developments were being figured in roughly the following order, namely, food, clothes, lodging, communication, etc. If a nation has not solved its basic food problem, how could it pay attention to clothes, lodging and communication? In Britain, the industrial revolution took place first in the spinning-weaving sector. Other things apart, it is obvious that there was no serious food problem in Britain then. If a nation could not use the existent resources to solve its food problem, it would have to devote itself to agricultural research first. But such as research is closely related to the "life sciences" which can be regarded as one of the most difficult areas of scientific research, e.g. compared to the kinetics of machinery which played a key role in the industrial revolution. In fact, almost all of the countries in the world are facing agricultural problems even at present.

Farmland was the major means of production in Chinese feudal society. In the late Ming and the Qing dynasties, The Chinese population grew very rapidly. During not more than 200 years, the population rose from 100 million to 400 million. The acreage of farmland per capita was reduced sharply. For instance in the richest region of China–Jiangnan, by the end of 14th century the acreage of farmland per capita was 0.93 acre (5.6 Mu), but in the early 19th century was only 0.27 acre (1.6 Mu).[①]The shortage of means of production interfered with scientific research and technical innovation in three ways:

1) The unit of agricultural management became smaller and smaller. Collective, larger-scale production is advantageous to innovations in larger-pattern and technology and series technology, but individual, smaller-scale agriculture demands smaller-pattern technology and individual technology (because of the economic rights rule). So, smaller-scale agriculture to a certain extent restricted agricultural scientific discovery and technical innovation.

2) Clothes is the next necessary of human life after food. In order to live, peasants had to use their physical labor as much as possible. Textile manufacture was closely combined with agriculture in the unit of family management. The farm-girls could spin

---

① Li Bozhong. The Development of Agriculture and Industry in Jiangnan 1644-1850:Trends and Prospect, p.35.

when they were only 7 or 8 years old, and weave when they were 12 or 13 years old. The peasants worked day and night, within one month they could get 45 days worth of achievements. Family textile handicrafts manufacture seriously comfined the industrial technical development. When Europeans spun yarn with the 16 spindle spinning-machine, China still worked with single spindle spinning-machine, China still worked with single spindle-wheel. Even though there was 3-spindle spinning-wheel in China at that time, it could not be popularised because of the limitation of small-scale family productive management.[1] Furthermore, the cost of peasant domestically produced textiles was the lowest and the risk to the family-unit of management was the smallest, and thus market price was decided by the cost of peasant family-made products. Not only the handicraft workshop hired labor, but even independent, individual craftsmen could not compete with the peasants. Such self-sufficient production could hardly be replaced by commercial production. The situation in other kinds of peasant family handicraft manufacture was similar to the situation in the area of the cotton textile handicraft manufacture, the difference was only one of extent.[2] Small-scale agriculture management was strong enough to bear the burden of the feudal exploitation and to adapt to the pressure of population growth. It built up an indomitable resistance both to the new mode of production and to products of modern machine industry.

3) As I mentioned above, Chinese population growth gave the society a heavy pressure which restricted the scientific-technical research and development. Let us divide technology into two aspects: techniques and instruments of production. Briefly, the latter would be helpful to reduce the labor input in production, the former (including work methods and labor skill) would contribute to improve the working quality. We have quoted Professor Wu's conclusion about agricultural and handicraft technology in the Ming and the Qing. The population pressure was one of the reasons why in the late Ming and the Qing most innovations were concentrated in the field of techniques. Intensive farming could absorb a very large amount of labor and improvements in handicraft techniques did not necessarily mean a saving of labor. In the mid Qing, Chinese industry still used man-power drainage in mining while West European mining had passed to the use of steam energy. In China, the use of water-power was even not as popular as in

---

[1] Xu and Wu, p.11 and Li, p.44.
[2] Xu and Wu, p.7-11.

earlier periods.[①]

In the late Ming and the Qing, local markets, city markets, regional markets and national market were all developed. The networks of commercial transport, especially inland river and coastal transport were as large as in modern China. However, several remarks must be made. First, the expansion of long-distance exchange between grain and handicrafts was due not to the extent of large-scale industrial production, but to the shortage of grain in some regions. Secondly, in the development of long-distance trade, though the amount was enlarged, the types of goods were hardly increased. Third, the proportion of long-distance trade in the total amount of trade was very small, and the more important fact is that some goods in the long-distance trade were not real commodities but tax goods. So, at least we can say, in the late Ming and the Qing there was no remarkable development of the commercial economy. As to foreign trade, worrying about aggression by foreigners and attacks by insurgent Chinese groups, the government based itself on the self-sufficient economy in the late Ming and the Qing, and closed the door to most foreign countries. A commodity economy could have induced and forced producers to improve their production, and this would lead to scientific discovery and technical innovation. This is one of the possible influences of a growing commodity economy on society. Another is, there is only one way to accumulate capital (money capital) –passing through trade. Money accumulation is a decisive factor for scientific, technical research and utilization, especially under conditions of emerging capitalism. In the late Ming and the Qing, as the population grew, and the shortage of means of production and the continual disasters of war worsened, the working class could only maintain a hand to mouth existence. The landlords, merchants and usurers were the men of wealth, but land could be sold and bought (This is one important difference between the Chinese feudal landlord system and the European feudal manor lord system), and was indeed the commodity most in demand. Apart from spending money on luxury enjoyment, the wealthy usually bought land as a ready source of money. Some scholars have emphasised that the Westerners' intrusion introduced modern sciences and technology into China, but as I see it, an equally important function of the Westerners is that they transformed money into capital in China.

---

① Xu and Wu, p.7-10.

Inherent limitation on scientific discovery and technical innovation

In the late Ming and the Qing, China had to concentrate its energy on the food problem. But in fact, at that time agricultural science and technology had reached a considerably high level in China. There was not much room for raising agricultural productivity by intensifying their cultivation and rationalizing the crop pattern. The inputs of labor on the per acre farmland had already approached the maximum on the basis of the Chinese traditional technology long before the Qing.[1] For example, the rice output per acre in Su, Zhe, Wan, Gan provinces in middle Qing was more than in modern China[2]. It was very hard, if not impossible, to raise the agricultural yield without great modern scientific and technical breakthrough.

Limitations stemming from the society

Of course, lofty ideals and great sacrifices of spirit are an important motive force to scientific discovery and technical innovation, but for society as a whole, for most people, material benefits are much more effective motivating force. In Chinese feudal society, though commerce was much more developed for a long time than in Europe, almost all of the dynasties pursued the so-called policy of "Zhong Ben Yi Mou" which was open to different interpretations, but often was taken to mean emphasizing agriculture. In the late Ming and the Qing, there was also a prohibition on mining, and in the late 19th century the Qing government still stood in the way of development of modern factories run by local common people. The feudal rulers did not consciously use scientific discovery and technical innovation to develop industry. In short, science and technology were not the economic resources favored by the feudal rulers.

In Chinese feudal society, public opinion encouraged people to study. There was a very popular tenet: All social activities are inferior, only the study of culture is noble. But the rulers did not actually encourage intellectuals to research science and technology, officials' income was much higher than real scientists and technicians. As a result, there was also a popular doctrine: Good scholar can be an official. Therefore, most intellectuals

① Li, p.38-39.
② Xu and Wu, p.8.

were studying for getting into government but not for scientific and technical research. They consciously did so or were forced to do so by the realities of hard life.

Innovation is the main driving force for social progress. It not merely means innovation in technology, it also means innovation in system. There is a close relation between the model of production and the productive forces. A typical example was the "Yang Wu Yun Dong" (Westernisation movement). The rules managed the modern factories with feudal military management methods, and this was the main reason why the movement failed. Modern sciences and modern technologies could not be fully developed and utilised in the framework of feudal society.

The state of international relations has a certain influence on a national's scientific and technical development through cultural exchange, economic exchange, etc. In the late Ming and the Qing, the rulers practised a closed-door policy. Comparing Chinese scientific and technical development levels in different historical stages with the levels in Western countries, I suggest the following conclusion might be correct: when China occupied the advanced position, the economic advantage which could push forward scientific discovery and technical innovation was not incentive enough to do so; when China stood at an equal position with Western countries, the international exchange was very limited; when China fell behind, it did not have sufficient consciousness, independency and initiative to promote scientific and technical development.

To be frankly, we have discussed an enormous and comprehensive historical problem. Limited by some subjective and objective reasons, this paper is only a preliminary reflection.

韩国艰难应对低出生率及人口老龄化

詹小洪

我国已经进入人口低出生率、老龄化加速的时代，调整计划生育政策事实上也摆上了政府的议事日程，但对调整的力度和速度，我国舆论仍是见仁见智。韩国是我们的近邻，同为深受"多子多福"儒教伦理影响深重的国家，其人口密度比我国东南沿海也要高得多。在 20 世纪 60 年代到进入 21 世纪前，几乎和我们推行同样的人口生育政策。可目前，提高出生率和遏止老龄化已经成了韩国政府最重要的国策了。希望读者能通过本文，了解韩国的低生育率、老龄化现状及人口政策的沿革，理解韩国为何将"低出生率老龄化加速"视作韩国生死存亡的问题。同时反思，我国目前还在实行着全世界最严格的人口计划生育政策，应从韩国的人口政策变迁中吸取什么经验教训。

一、韩国的低生育率

朝鲜战争前的 1950 年，韩国人口为 2000 万。战争结束后，在"人口数量决定南北韩对决胜负"逻辑的驱使下，韩国政府积极推行奖励生育政策，加之同样深受"多子多福"的儒教伦理影响，以及在韩国人特有的"生下来反正饿不死"传统观念驱使下，韩国出现了婴儿潮，导致人口暴涨。1960 年韩国人口达到 2500 万人。这十年韩国人口年增加率为 3%！每个家庭平均有 6.3 名子女。

然而，20 世纪 60 年代，韩国很贫穷，要养活这样迅速增长的人口是一大难题。1961 年，靠政变上台的朴正熙军政府认识到人口暴涨会制约经济增长，故采取了控制人口的政策。从 1962 年开始制定的经济开发五年计划中，也包含了人口增长率目标。

于是，1961 年，政府提出的家庭生育口号是"不节制生育的后果不免是乞丐"；1966 年，开展"3.3.35 运动"，即一个妇女"生育三胎"，三年三胎最晚生育到 35 岁；1973 年，变成了"不分男女，优育标准两个"的"鼓励两胎"标语；到了 80 年代干脆提出独生子女政策，口号是"两胎也多""一胎就可以满足""我们就生一胎吧!",甚至出现了"即使生一个,三千里江山(韩国国土面积别称)也满员"鼓励不育的极端口号。但是鼓励一胎政策又导致了"好男胎"风气,乃至出现溺女婴的现象,只好又提出了"优育一个女儿比十个儿子更好""父母一代盼望儿子,我们一代没有伴侣""以爱孕育,不分男胎女胎"口号。

回顾几十年来韩国政府的人口政策时,韩国学者感慨地写道,从三个到两个再到一个,在韩国连子女人数都控制的那个时期,生育控制不是个人权利,而是"国民的义务"。由于采取了上述强制措施,韩国的人口自 1970 年以来增长缓慢,到 1988 年,韩国人口年增长率终于降至 1%,2000 年的人口增长率为 0.84%,2005 年韩国的人口增长率为 0.48%,2010 年为 0.46%。人口年增长率比中国都低。

更能反映出生率的指标是总和生育率(Total Fertility Rate,以下简称 TFR),是指该国家或地区的妇女在育龄期间,每个妇女平均的生育子女数。妇女的育龄期,国际传统上一般以 15 岁至 49 岁为准。按照国际通行标准,如果 TFR 低于 1.5 人就被称为低生育率社会,而如果 TFR 低于 1.3 人,则被称为超低生育率社会。

众所周知,最近几十年,发达工业国家生育率普遍下降,各国政府均为此发愁。欧美国家如此,俄罗斯、日本亦如此,殊不知,介于发达与发展中国家之间的韩国生育率更低。韩国的 TFR 在 20 世纪 60 年代是 6.3 名,70 年代是 4.53 名,80 年代是 2.83,90 年代是 1.59;在 1998 年降低到 1.47 人,成为了低生育率国家。2001 年首次下降到 1.30 人以下,进入了超低生育率社会。2005 年更创下 1.08 人的最低记录。根据联合国人口基金发表的《2005 年世界人口现状》显示,该年世界 TFR 平均为 2.6,发达国家、发展中国家和贫穷国家的 TFR 分别为:1.57、2.82 和 4.86。韩国比发达国家的 TFR 还低。

2006 年是"双春年"、2007 年是"金猪年",犹如中国人喜欢龙年生子一样,这两年在韩国都是喜庆的年份,得益于此,TFR 分别反弹至 1.13 和 1.19。2008 年韩国 TFR 为 1.2,2013 年韩国 TFR 为 1.25,在 224 个国家排名第 219 位。在有富国俱乐部之称的经合组织(OECD)成员国中位列倒数第一。这一年在全世界国家和地区中,TFR 排在韩国后面的是:中国台湾和中国香港分别为 1.11 和 1.17,排名第 222 位和第 221 位。新加坡的 TFR 预计值为 0.80,排在最后。

据统计,2001 年至 2012 年,韩国 TFR 持续 12 年来低于 1.3,在经合组织成员国中,唯有韩国的生育率呈现这种状态,低生育率是发达国家共同的社会问题,而韩国的情况更为严重。韩国人口学家悲观地预测,韩国现有人口 5000 万,按照这一速度,2018 年将是韩国人口的顶峰年,从此人口绝对数都要开始下降。到 2050 年韩国总人口将缩减至 4200 万人,到 2100 年人口将减少到只有现在的 1/3,到 2200 年只剩 140 万名,最后会导致韩国人在地球上消失。

如果上述担忧还比较遥远的话，那么这种人口的不断缩减，还会导致什么现实的结果呢？

首先，各级学校将出现招生困难，甚至关闭。

据韩国教育部"2010年教育基本统计"资料，受到低生育率的影响，韩国小学生数量持续减少。2009年的小学生数量勉强超过20世纪70年代的一半。2009年尚有732.8万名小学、初中、高中生，到2018年将会减少至545.7万名，而2030年的学生数将减少至451.5万名。2030年的中小学校学生数达不到2007年学生数的60%。这意味着，每十所学校中有四所是多余的，将有四成的老师失业。按此低下的TFR，0~4岁的幼儿期人口每年递减4%，今后销售幼儿用品的商店和幼儿园可能得陆续关门。

大学情况更糟。20世纪六七十年代，每年新生儿出生数达到100万，韩国兴建了大批大学。但是，目前每年新生儿人数不足45万，这意味着当这些婴儿长大后要进入大学的时候，50%的学校都招生困难。在未来的15年里，很多的大学要么倒闭，要么合并。

其次，将来兵源将严重不足。在韩国，男孩必须服兵役。但照此低下的TFR，到2020年，韩国年轻的适龄男性将非常缺乏，不能够满足部队所需的人数，将导致军事资源的短缺。甚至有人担忧将来参军的男丁不够，是否会发生征集女性从军的事情。

最后，低生育率对经济的负面影响也是不言而喻的，劳动力短缺。目前韩国的大部分工人，都是1955~1963年婴儿潮时代出生的，约有1600万人，占韩国人口的34%。当这个群体退休，韩国将经历劳动力短缺的阶段。这也将导致韩国经济增长放缓，国家经济受到严重影响。目前，平均每8名劳动人口赡养1名老人，到2025年，这一比率将达3:1。其结果是，由于领钱的人比交钱的人多，养老金赤字将会扩大，养老基金严重不足可能会导致经济的长期衰退。社会福利必然会收不抵支，年轻一代的税负也会加重，这种恶性循环，会导致经济衰退，会动摇国家的根本。

二、人口老龄化加速

根据1956年联合国《人口老龄化及其社会经济后果》确定的划分标准，当一个国家或地区65岁及以上老年人口数量占总人口比例超过7%时，则意味着这个国家或地区进入"老龄化社会"，超过14%以上则为"老龄社会"，超过20%则为"超老龄社会"。

在韩国,与生育率下降紧密伴随的是人口的老龄化。韩国国家统计厅 2013 年 12 月 9 日公布,韩国男性的平均预期寿命为 77 岁,而女性的预期寿命则为 83.8 岁。可见,韩国人的预期寿命相当高,不仅高于发展中国家,甚至高于经济合作与发展组织(OECD)成员国的平均值。

韩国老龄化速度相当快。65 岁及以上的人口占总人口比例,1970 年为 3.1%,2000 年达到 7%,韩国是与 21 世纪同步进入了老龄化社会的。2005 年 9.3%,2011 年 11.4%,2014 年初已经达到 12.2%,韩国已经接近"老龄社会"了。在经合组织(OECD)34 个成员中,韩国人口老龄化这个数值排名第 30 位,还相对乐观。韩国学者认为,这主要得益于婴儿潮时期造就的"人口红利"。但韩国老龄化的增幅大,在近 40 余年来,韩国老龄人口增加了 3 倍,该速度则位于 OECD 之首!如果以 1970 年各国老龄人口的比重定为 1,2013 年韩国老龄人口规模增加到 1970 年的 4 倍,远高于 OECD 平均水平(1.6 倍),甚至高于日本(3.6 倍),芬兰(2.1 倍),葡萄牙、意大利(2.0 倍),捷克、加拿大、西班牙(1.9 倍)这些人口老龄化严重的国家。

另一个反映人口老龄化的指标是人口年龄中位数的变化。韩国人口年龄中位数是:1980 年 21.8 岁,1995 年 29.7 岁,2000 年 32 岁,2005 年为 35 岁,2010 年为 38.1 岁,预计 2040 年将达 52.6 岁。平均每 5 年增长了 3 岁,这证明韩国人口老得快。

从人口年龄结构变化也可看出韩国老龄化的程度。

1970 年一年全国出生婴儿 100 万名,现在每年仅 44 万名,不到 45 年前的一半。

韩国 18 岁以下的青少年人口在 20 世纪 60 年代为 50%,2004 年仅为 25.1%,现在更低了。

更严重的是劳动者的老龄化。韩国劳动者的平均年龄从 1980 年的 28.8 岁增至 2013 年的 35 岁左右。从不同年龄段劳动者所占比例看,1980 年 29 岁以下的占 60.6%,2013 年减少到 25% 以下。而同期 40 岁以上劳动者所占比例则从 15.8% 上升为 40% 以上。

2013 年,韩国年龄超过 60 岁的高龄人口的就业人数首次领先 20 岁到 30 岁的青年人的就业人数。韩国专家认为,在韩国 TFR 率过低是 60 岁以上高龄人口就业人数超过青年人的主要原因。

世界经合组织(OECD)将 15 岁到 64 岁的人口定义为劳动人口,而核心劳动人口为 25 岁至 49 岁,这个年龄段的人口经济活动最为频繁。2010 年的人口调查显示,韩国核心劳动人口所占总人口比例从 20 世纪末的 50% 以上下降至 2010 年的 40.7%。

韩国核心劳动人口减少意味着韩国经济增长率将会下降,并给国内的消费力带来巨大影响。韩国年轻人口减少将会导致消费力下降,市场出现萎缩,并逐渐改变消费模式。这意味着将有更多的消费人群，导致社会成本不断增加，福利成本也将不断增加，并最终影响韩国政府的财政稳定。

韩国产业研究院表示，韩国的生育率降速在 OECD 成员国中最快，在这种情况下，韩国劳动人口从 2013 年开始减少，加上婴儿潮时期出生的部分劳动人口即将退休，这些因素将给韩国劳动力市场的发展带来负面影响。

韩国目前的适龄劳动力（15～64 岁）比重为 73.1%，高于 OECD 的平均值（66.6%），排名第一。分析认为，这是因为韩国在朝鲜战争结束后的 20 世纪 50 年代和越南战争后的 20 世纪 70 年代出现了婴儿潮，而当时出生的大部分人口目前仍属于适龄劳动力。

经合组织发布最新数据显示，韩国国民赡养一名老人的劳动年龄人口数：1950 年为 15.79 人，1997 年降至 10 人以下，2014 年为 5.26 人，这比经合组织 34 个成员国的平均值 3.74 人的情况还是好一些。2013 年，在经合组织成员国中，赡养一名老人的劳动年龄人口数比韩国高的国家仅有墨西哥和智利，而日本、德国、瑞典和芬兰的相应数字最少。但是到了 2036 年，韩国赡养一名老人的劳动年龄人口数为 1.96 人，将低于经合组织的平均值 2.38 人。到那时，韩国赡养一名老人的劳动年龄人口数将从排名第 3 位降至排名第 30 位。这是因为韩国社会老龄化速度已达到世界最高水平。

根据经合组织（OECD）预测，2030 年韩国老年人比率预计会达到 24.3%，成为继日本、德国、意大利之后的第四大"老龄国家"。而韩国的退休金制度等养老金政策远不如其他 OECD 发达国家完善，韩国退休老人生活艰难得多。据统计，2012 年，韩国老年人的贫困率为 45%，远高于 OECD 的平均值 13.3%。

在韩国，人们很难期待悠闲的退休生活，离开工作岗位的时点也将越来越延后。以 2012 年为准，韩国 65 岁至 69 岁高龄人口参加经济活动的比率，男女分别为 53.7% 和 32.3%，比经合组织的平均比率（分别为 30% 和 17.7%）几乎高一倍，而与法国（5.5% 和 3.5%）或德国（10.9% 和 6.6%）则根本无法比较。

三、低生育率及老龄化的原因

首先，晚婚、回避婚姻、生育意愿低是生育率降低的最重要原因。

结婚年龄大大延后。20～29 岁女性的未婚状况，1970 年是 34.6%，可到了 2010 年，上升至 70% 以上；30～34 岁女性，也有 15% 的人未婚。2000 年，韩国女性初婚的年龄是 26.5 岁，2010 年超过了 28 岁。据近几年韩国媒体公布的数字，韩国人初婚年龄，男的在岁 31、32 岁，女的在 28 岁、29 岁。随着妇女学历提高，就业率的上升，30 多岁以上的成功女性因为高不成低不就，越来越多成为"剩女"，女"钻石王老五"屡见不鲜。

生育年龄随着结婚年龄提高而提高。目前，韩国 30 多岁的产妇比 20 多岁产妇多。这是由于养育孩子身心负担重，20 多岁的职业女性到了一定年龄，往往要放弃工作。所以 30 多岁女性就业率也远低于 20 多岁的就业率。一对夫妇只生一个孩子已经普遍化。

韩国保健福祉家庭部于 2005 年和 2009 年就全国结婚及生育动向问题对 1.211 万户家庭进行了两次调查。2009 年的调查显示，未婚者对于结婚和生孩子问题的意愿时隔四年后明显降低。有 1/4 的 20 岁以上的未婚受访者表示"不想结婚"。在未婚者中想要结婚的人 10 名中只有 7 名，认为"一定要孩子"的未婚者 10 名中只有 2 名。在 2005 年的调查中，想要结婚的男性占男性总数的 82.5%，而女性只有 75.7%。但是 2009 年的调查中，男性和女性比率接近，分别是 75.7% 和 73.5%。2010 年 4 月有个调查，显示竟有近六成的未婚受访者认为，"结不结婚都无所谓"。男性女性准备结婚的年龄都推迟到了 30 岁以后。

对于子女问题的认识更是发生了变化。认为"一定要孩子"的未婚者中，男性女性都只有 24%。在 2005 年的调查中，有一半的调查对象认为子女是必需的。和未婚者有所不同，已婚女性对于子女的态度很积极。2000 年 10 名已婚女性中有 9 名想要孩子，但 2005 年的调查中只有 65.2% 的人想要孩子。问题是即使想要孩子，但是怀不上孩子的比率也在增加。2005 年接受不孕诊断的已婚女性比率为 7.5%，但在 2009 年的调查中，这一数字竟高达 26.2%。初婚年龄越高，不孕的可能性越大。

据 2005 年的那次调查，生育率明显下降的主要是中产阶层（以 3 口家庭为准，年收入 345 万至 483 万韩元，时合人民币 21 万到 30 万）。韩国福利部的一次生育意愿调查显示，中产阶层家庭的子女数最低。

韩国年轻人实际生育率比意愿生育率更低。韩国人口保健福利协会 2014 年初针对 1843 名全国已婚男女进行了一次低生育率问题问卷调查，结果 44% 的受访者表示，最理想的子女人数为 3 名，38.2% 的人表示 2 名最为理想。但统计厅 2013 年公布的 2012 年平均生育率仅为 1.3 名。此外，实际所生子女比计划多的人只有 9.7%，比计划少的人却多达 34.2%，与计划相同人有 48.2%。专家分析，这是因经济条件或社会因素而放弃了多要孩子。

韩国专家将导致低生育率的这些现象归因于韩国的生育环境差、年轻女性受教育程度及就业率的提高、韩国国民的婚育观念改变。

2005 年，日本某媒体对韩国、美国、日本、法国、瑞典五国各 1000 名 20～49 岁的男女进行了有关各自国家生育环境方面的调查。在回答诸如"你是否认为自己国家的子女养育环境良好""是否还想要孩子""夫妻对养育孩子的责任分担"等问题时,韩国被访者的回答都是最负面的。韩国最具影响的报纸《朝鲜日报》针对此调查结果,发表了"在韩国养育子女难于上青天"的社论。其中还提到养育孩子成本过高、男女不平等多因素。

尽管韩国妇女整体就业率提高得并不多,1980 年为 42.8%,2004 年为 49.8%,但从就业女性年龄结构看,25～29 岁的女性就业率却从 1980 年的 32%上升到 2005 年的 63.7%。女性的大学升学率从 1990 年的 30.8%上升到 2013 年的 80%。达到了与男性 80.4%持平的水平。韩国未婚女性越来越重事业轻家庭,在 20～39 岁女性中,"反性族"(Contrasexual)越来越多。这类女性认为,在社会上取得成功,拥有高收入比结婚生子更重要。

其次,养儿成本高,特别是私教育费用高是韩国低生育率的又一重要原因。

韩国和中国一样,同为深受儒教伦理影响的东方国家,极为重视孩子的教育,"万般皆下品,唯有读书高"。韩国家庭除了对孩子在学校的教育投入以外,还为子女教育投入了巨额的"私教育费"(与学校教育或者公共教育对应,主要指各种课外补习班,各种证书考试辅导班),其比例之高可以说举世无双。

以 2007 年为例,私教育费几乎占家庭教育总支出的一半(47%),占家庭总支出的 12%。韩国"私教育费"占这个国家对教育总投入的 41%,而 OECD 国家平均仅为 14%。据韩国教育部门的抽样问卷调查,2007 年韩国 77%的小学、初高中学生到课外补习班补课,每周平均 10.2 小时。韩联社 2011 年 2 月 6 日刊发了一项调查结果显示,韩国 3 岁以上学前儿童的 99.8%接受各种方式的私人教育。

韩国保健社会研究院最近发表的"韩国人子女养育费支出情况"报告显示,以 2009 年为准,一个孩子从出生到大学毕业,父母需投入的养育费用达到 2 亿 6204 万 4 千韩元(约合一百五六十万元人民币)。根据上述计算,养育两名子女共需要 5.2408 亿韩元,3 名则需要 7.8613 亿韩元。韩国专家表示,对于养育子女,韩国父母给自己设定了过高的责任标准,如此自行提高了养育负担,同时也因此拉低了生育率,使韩国人倾向于少生育,由此形成了低生育率的社会。

最后,韩国国民对晚年生活的担心也降低了生育意愿。

人们不愿意生孩子,除了孩子抚养费用高外,还有对自身养老金的担心。如前所述,一对夫妇生两名以上子女就要将收入的一大半用于供养孩子上学,父母基本上就要两手空空迎接退休后的人生。这种担心使人们对生孩子犹豫不决。20 世纪 80 年代,韩国 60 岁以上老年人中有 72.4%接受子女赡养,但 2003 年这一比例降至 31.1%,等现在的年轻人成为老年人以后,希望孩子赡养自己恐怕已经不现实了。

韩国媒体评论道,发达国家多是高福利国家,他们的养老福利系统完善。国家既提供子女抚养费，还保障退休后的生活。韩国普通劳动者的情况则大相径庭，工作期间随时有可能被解雇，中途领取退休金，养老保险等养老系统才刚刚起步。人们都陷入一种强迫意识，为了对不稳定的老年做准备，少生孩子来减轻抚养费和课外辅导费负担，以准备老年生活。

四、韩国应对低生育率老龄化措施

从 20 世纪 90 年代中起，低生育率老龄化就成了韩国政府面临的最棘手也是迫切需要解决的大问题了。从金大中到卢武铉，从李明博到朴瑾惠，各届韩国政府无不对提高生育率使出了浑身解数。归纳起来有下列措施：

1. 调整人口生育政策

自 20 世纪 60 年代以来，韩国人口政策经历了 1961～1995 年的控制人口增长政策，1996～2003 年开始放宽生育的新人口政策，2004 年后奖励生育的人口政策。我们从韩国权威的《朝鲜日报》上饶有兴趣地读到了韩国政府及社会团体在不同年代提出的标语口号，从中可以发现韩国人口政策的与时俱进：

韩国 20 世纪 60、70、80 年代基本上是控制生育的政策，所提口号已如前述。随着低生育率时代的到来，1994 年韩国政府放弃了限制生育政策。相应地，韩国出现了许多鼓励生育的口号。如 2004 年，韩国家庭保健福利协会向国民征集相关口号，并请专家评颁奖。获特等奖的口号是"爸爸，我一个人很孤独，我想要弟妹"，金奖口号是"两个子女比一个子女幸福，三个子女比两个子女幸福"，银奖口号是"多个蜡烛的光当然比一个蜡烛更明亮"，铜奖口号是"留给子女的最大遗产是兄弟姐妹"。

2. 设立强有力的领导机构

2005 年韩国 TFR 降至 1.08 后，卢武铉总统成立了低出生率及老龄化社会委员会，由总统任委员长。2008 年，李明博政府设立了由保健福祉家庭部长官任委员长、10 个部门长官参与的低出生率老龄化社会委员会。为呼吁和奖励生育，民间成立了泛国民性的"生育创造美好世界运动本部"的团体，李明博总统参加了这个市民团体的成立仪式，并现身说法，鼓励年轻人多生孩子。

他说，在 20 世纪六七十年代，韩国控制生育，流行一个不少，两个正好，三个嫌多的生育口号。可他和太太金润玉女士却在那个年代生有四个子女。当时人们都以异样的眼光看待他们，"这个时候怎么可以生那么多孩子呢？"他们生第三个孩子时，甚至连医疗保险都上不了。时过境迁，今天他作为总统参加这个会议，表示"我有充分的底气说这些话"，即动员和鼓励韩国年轻人多生育孩子。他还开玩笑地说："我有先见之明，我觉得未来韩国可能会面临严重的低生育率的问题，所以我特意多生了几个孩子。"李总统亲自上阵鼓励国民生育的现身说法，引起了韩国舆论的高度关注，并获得一致喝彩。

3. 出台鼓励生育的综合对策

2005 年，卢武铉执政时，出台了《应对低生育综合对策，2006~2010 年》，政府为向低生育老龄化宣战，投入 30.5 万亿韩元（约合 300 亿美元）的资金，目标是到 2010 年，使韩国生育率达到 1.6 人。具体措施有：为不孕不育夫妇支援治疗费；奖励生育，给生一胎、二胎、三胎、四胎……的家庭以分别不同的奖励；对多子女家庭提供购买或租赁住宅的优先权，如购房低息贷款；产妇 90 天产前产后休假工资全额由国家负担；上调育儿休职工资；为有工作的父母亲提供夜间保育服务；将 80%以上的幼儿园改为全天制；政府甚至派"托儿帮手"，帮助照顾有新生婴儿的家庭。

2010 年李明博执政期间，对应于卢武铉政府时的第一次计划，出台了《应对低生育率与老龄化社会的第 2 次基本计划，2011~2016 年》，在 5 年时间里将累计投入 78.5 万亿韩元解决人口总数减少的问题。比起第一次基本计划，预算总额增长了一倍多，尤其是针对低生育率的预算投入增长了一倍。根据这一计划，政府逐步取消对新婚夫妻购房贷款的限制性规定，将购房贷款的受惠人群从当时的年收入 3000 万韩元以下扩大到年收入 3500 万韩元以下。基本计划还规定，为了保护女性员工的权益，将完善失业保险制度，并将临时工纳入失业保险的受惠范围。计划要求，签约女员工使用产假时，用人单位不得把员工休产假的这段时间计入合同时间内，应顺延与女员工签订的合同期限。

政府制定的生育奖励里还包括生育奖励、不孕夫妇体外受精手术费用增额、保育费用增额等。

2010 年的《应对低生育率与老龄化社会的第 2 次基本计划，2011~2016 年》政策还包括向 65 岁以上老年人发放基础养老金，将从 2010 年的 2.47 万亿韩元增至 2030 年的 30.3 万亿韩元。医保财政将从 2008 年的 34 万亿韩元增至 2030 年的 81 万亿韩元，其中 30%用于老年人。

4. 减轻家长养儿经济负担

针对花在孩子身上的私教育费过重，学费昂贵的课外辅导班是侵害民生经济的"毒瘤"，是韩国社会的"陈年疾患"的抱怨，韩国历届政府都将提高及改善公共教育（即学校教育）作为降低私教育费用，进而减少养儿成本的重要手段。

李明博执政期间，韩国政府制定了一项方案。其中包括：将小学入学年龄从 6 周岁提前至 5 周岁，因为如果能够提早一年将子女送入小学，那么父母的养育负担就将减轻，从而在一定程度上缓解低生育率的问题；对多子女家庭，政府对从第三个孩子起的高考及毕业后到公共机构就业提供优惠政策；对三名子女以上家庭的家长延长退休年龄等。

5. 禁止堕胎

从 2004 年起，韩国政府将执行了半个世纪的"劝告堕胎"政策转变为"杜绝堕胎"。此项政策的出台背景是，当时韩国每年的堕胎件数（35 万件），接近新生儿出生（43 万人）人数。政府认为对这种"高妊娠，低生育"现象再也不能放任不管了。韩国宗教界也出面倡导了反对堕胎、反对自杀、尊重生命的运动。呼吁不得歧视非婚生妈妈，创造不堕胎的社会环境。

6. 鼓励跨国婚姻，积极引进外劳

在欧美发达国家，通常会通过鼓励跨国婚姻，积极引进外劳来缓解人口出生率下降问题。

但韩国是一个强调民族单一性，讲究血统纯洁性的国家，以前根本不可能沿用此招缓解同样难题。然而形势比人强，自 20 世纪 90 年代以来，韩国进入人口低生育率阶段，老龄化问题严重，随之而来的是劳动力人口短缺。韩国政府因势利导，鼓励跨国通婚，这些年，韩国社会变化最大的是跨国婚姻家庭的大量出现。

在韩国每年 30 多万对结婚登记中，有 11% 是跨国婚姻。在经济较落后的农业、渔业村落，有 1/3 的男人娶的是外籍新娘。韩国企业则大量引进外劳。

在 2005 年之前韩国是人口纯流出国，但从 2006 年开始转变为人口纯流入国，之后流入韩国的外国人数量每年都在增加。韩国国家统计厅的一位官员指出，"韩国人口能进入 5000 万时代，外国人的流入居功至伟"，其中主要是填补生产人力不足的外国劳动者和为了结婚进入韩国的结婚移民者。

据统计，2004 年居留在韩国的外国人人数 71.8 万人，2014 年，这个数字已达 157 万人，十年来翻了一番。目前，居留在韩国的外国人占韩国全体人口的 3.08%，其中有 26 万个已加入韩国籍的跨国婚姻家庭，他们养育着 15 万个混血儿孩子。上述数字足以说明韩国已经步入名副其实的血统多元化阶段。因此，与排斥其他民族的血统论、单一民族论不同的多元文化论近年盛行于韩国。

下 篇
回 忆 与 缅 怀

史实·史法·史观

——吴承明先生的生平与学述

中国社会科学院经济研究所　叶　坦

在中国经济史学晚近半个多世纪的研究史中，吴承明先生是享誉海内外的一颗睿智思想明珠。他的一生曲折坎坷而光耀璀璨，他的学术博大精深引航导向，他的理论方法、治史观念及其科研成就，不仅凝聚成为高山仰止的巍峨丰碑，而且广为后学所接受、赞同和传播。追溯他学问人生的跋涉行迹，能够引导我们透视中国经济史学世纪发展的一个缩影，促进对方法论与历史观"宏大叙事"的准确理解和深入认知；若将他最后的巅峰之作《经济史：历史观与方法论》嵌入其学术生涯演进脉络中用心观照，在其史实—史法—史观及相互融通之间凝神思索，抑或较单纯比照文本进行"解读"更有利于全面把握和深刻领悟。

一

吴承明先生（1917—2011），祖籍河北滦县，考其曾祖一辈曾任清廷内阁侍读，"博洽能文，熟于掌故"，曾纪泽出使欧洲奏调其为使馆参赞，为之婉谢；而益发"研讨经世之学"，并与同文馆西学教习有交往。"知铁路为强国之具"，遂联名奏请修建芦汉铁路，得李鸿章力赞却终未果。后外放浙江出任多处地方官，为官刚正清廉，政绩卓著，"处脂膏而不以自润"，受命反贪腐"守正不阿"，后人写入《清官集》。辛亥革命中敦促浙军起义，后北归隐居"然忧国之心，老而弥笃"，用"思寡过"（"寡过"就是少有过失）名书斋，"以清白遗子孙"，米寿（八十八岁）而终。先生的祖父吴鸿逵（字用宜）曾在杭州为书吏，1920年后定居北京。

先生之父吴大业，1911年毕业于北洋大学堂法科（该校1895年创建，系天津大学前身。其法科1917年并入北京大学，而北大的工科移到北洋大学），历宣统皇帝殿试，赐"同进士"出身。其主业法律事务，曾协助外交部长王正廷督办"鲁案"（即欧战后从战败国德国收回青岛相关主权和胶济铁路的权益）善后事宜，后为专业民法律师。两度出任北平律师公会会长，任北平国货陈列馆馆长、财政部北平印刷局局长等职。先生之母李翔青女士，毕业于我国最早的女子师范学校之一、也是女界名流的摇篮——北洋女子师范学堂，一生贤妻良母，高寿九十有四。

先生为家中长男，秉承勤学济世之家风，1923～1940 年间，读小学、私塾、北平市立三中、四中，入北洋、清华、北大、西南联大四校，历工、理、经、史四科。那时的中国正处在社会大变革时期，先生立志"工业救国"，1932 年考入北洋工学院预科，两年所学均为实用课程，他感到当以"科学救国"，1934 年再考入清华大学理学院学习化学。进而，他认识到"经济救国"更现实，习学经济最能振国济世，便转入经济系。时任系主任的陈岱孙教授亲授基础课，西方经济学说史特别是古典经济学予其直接影响；而萧遽的货币银行学和余肇池的会计学均属必修，这对他日后留洋的学习非常有利。他还选读了杨树达、雷海宗等名师的文史课程，并参加世界语和新文字运动，1935 年即其 18 岁时就在进步刊物《东方既白》创刊号上发表论中国土地问题的文章。

随着日军侵华凶焰日炽，平津危机、华北危亡在即，先生满怀报国热情，加入中华民族武装自卫会等组织，积极投身抗日救亡。"一二·九运动"爆发，他成为北平爱国学生运动领袖之一，也是清华救国会和大游行的领导人之一。1936 年中华民族解放先锋队成立，他被选为大队长，这年夏天被迫离开清华到北京大学史学系继续学习。他选修了孟森、郑天挺、钱穆等史学大家的课，也继续其"经济救国"的理想，到经济系听课并自修马克思主义经济学。"七·七事变"后，先生参加平津流亡同学会和战地服务团，这年冬天他在试马时写下"策马登峰极，边城看雪消；含悲辞燕阙，饮恨建康桥"的诗句，[①]记述那段艰苦岁月和抗战决心。1938 年冬，他到昆明西南联大复学。这里名师荟萃，先生得以面聆陈寅恪（隋唐史）、姚丛吾（史学方法）、刘文典（古典文学）、赵廼抟（经济思想史）等名家教诲；还加入西南联大话剧团，参演闻一多为舞美、曹禺任导演的剧目，并到工厂农村演出宣传抗战。西南联大奠定了他深厚的文史功底，进而写出毕业论文《古代云南与中土关系之研究》。他感慨后来专门研究经济史，却从未念过一门经济史的课。1940 年夏他毕业，供职于重庆中央银行经济研究处，兼任《新蜀报》主笔、《银行界》主编等职，还发表过一些研究战时生产政策和金融方面的文章，产生一定的影响。[②]

1943 年冬，先生历尽艰辛船行 43 天越洋赴美，入哥伦比亚大学继续深造，怀

---

① 诗句出自《春望》，载先生惠赐之《濯足偶谈》1992 年第 1 版。"偶谈"已印 3 版，先生临终前还在补订，准备出第 4 版，却成永憾！

② 先生当时较有影响的文章主要有：《论当前生产政策》《论大小生产——再论当前生产政策》，载《时事新报》1942 年 4 月 12 日、6 月 8 日；《产业资金问题之检讨》《理想利率》，载《金融知识》1942 年第 2 卷第 5 期、1944 年第 3 卷第 2 期。

抱"实业救国"理想进商学院（Bussiness School）研究生部学习，主修货币与金融学兼修工业管理。时在二战中，美国正值罗斯福总统任内，经济学界凯恩斯主义兴盛，哥大则还保留着克拉克（J. B. Clark）之遗风，其子小克拉克（J. M. Clark）主持哥大讲坛。先生选修其经济学课外，还选了查普曼（T. Chapman）的银行学、多德（D. L. Dodd）的金融市场等课程；管理学方面选有工业管理、营销学等。1945 年他的《认股权、股票股利及股票分裂与扩充公司之投资理论》颇受好评，修改后通过，被授予贝塔-西格玛-伽玛（ΒΣΓ）荣誉学会的"金钥匙奖"，此奖要求获奖人课业优秀，必须五门成绩全部是"A"。先生的导师贝克哈特（B. H. Beckhart）不仅是名学者，也是大通银行首席经济学家，他明确反对凯恩斯主义。不同学派并存的环境，成就了先生海纳百川的学术胸襟，而且他注意各学派演变的轨迹，蕴积为开放宽容的学术风格和思维逻辑直至终生。他的《美国的战时公债与金融政策》学位论文顺利通过，1946 年获得硕士学位（当时无 MBA，称 MS）。[①]

同年 3 月 9 日，先生与留学朱丽叶音乐学院的钢琴家洪达琳女士结为伉俪。婚后，他打消继续攻读博士学位或留在美国就业的念头，选择归国报效祖国。此时国内的抗战已经胜利，百废待兴，国民政府资源委员会"驻美技术团"1946 年 3 月改组为"驻美代表办事处"，资源委员会经济研究室主任孙拯领命聘请被称为"GNP之父"（后改用 GDP）的著名经济学家西蒙・库兹涅茨（S. S. Kuznets，1971 年诺贝尔经济学奖得主）担任资源委员会顾问，聘吴承明、张培刚、丁忱为专门委员为库氏当助手，并于是年 6 月陪同库氏来到南京的资源委员会。

二

先生一生读万卷书、行万里路，孜孜以求报效祖国，追求科学，追求真理。他的确称得上学贯中西、古今融通且史论互证、著述甚丰，受到海内外同行的敬重。这与他深厚的文史功底和西方名校的系统教育分不开，也是他博学勤思、严谨治学所致，更是他主张各家并存、取法务上、求实创新学术精神的体现，而"史实"是他自始至终坚持的治学根基。

归国之后，先生在资源委员会辅助库兹涅茨工作。他曾对我谈起，资源委员会聘请库氏主要是"请他设计一套资源和工矿产业的调查统计制度，而不是研究中国的 GNP"，但库氏对中国 GNP 有兴趣，要助手也为他提供相关资料，主要就是我导

① 先生的获奖论文和学位论文在其回国后的 1947 年译刊中文概要——《认股权、股票股利及股票分裂与扩充公司之投资理论》，载《证券市场》1947 年第 14 号；《美国战时公债与金融政策评述》，载《财政评论》1947 年第 16 卷第 1、2 期。

师巫宝三先生主持的"中国国民所得　一九三三年",并附有 1931～1936 年 GNP 的推论数据。此研究 1945 年完成,后于 1947 年由中华书局正式出版,至今仍有学术影响。我记得巫老说过出书之名只标 1933 年,是因为详细的估计以 1933 年为限,其余年份材料不足无法用同样方法详细估计,只能当作一种趋势看待。吴先生他们当时所见的还是用复写纸手抄的四大册原稿,摘译成英文供库氏参用。库氏对此项研究饶有兴致并写了评论: *Comments on Mr. Ou's Study of the National Income of China*,由吴先生将此件送给当时在中央研究院工作的巫先生,巫后来写了《答库兹涅茨博士的评论》(*Reply to Dr. Kuznets' Comments on Mr. Ou's study of the National Income of China.*)。在探讨相关概念和方法方面,巫先生还发表了《国民所得中的国际支付》(*International Payments in National Income*),在美国的《经济学季刊》1946 年 2 月号上。吴先生到中央研究院拜访巫先生,巫与之谈了自己与库氏之间对国民所得的概念和计算方法见解之不同,并赠其《经济学季刊》之文。不久,吴先生经过研究写出长达 19 页的《我国资本构成之初步估计》,1946 年 11 月(不足而立之年)发表在《中央银行月报》新 1 卷第 11 期,根据库氏的方法进行 1931～1936 年中国的资本形成(capital formation)估计,发表后产生反响,还被译成英文刊于香港。此后巫先生 1947 年 12 月发表《〈中国国民所得　一九三三〉修正》,谈到参考了库氏和三位助手包括吴先生的意见。[①]吴先生接下来继续研究完成《中国工业资本的估计》,主要时段是 1936～1946 年,与前人不同的是将"资本"定义为"生产剩余价值的价值",此文也被几种刊物转载。这些无疑都是以"史实"为基础的实证研究,正式开启了吴先生的第一个经济史研究专项。[②]两位先生尽管研究方法不尽相同,此后却开始了长达半个多世纪的学术情谊,两人也终成社科院经济所三十多年的同事,并且都尽享天年九十有四而终,他们是我人生和学术上影响最大、最久的恩师!

其实,当时库氏到华两个来月即回国了,吴先生也在 1947 年初辞去南京的工作来到上海,任中央信托局信托处襄理,同时兼任上海交通大学、东吴大学等校教授,主要讲授货币银行、国际汇兑、工业管理和财务报告分析等课程,还发表了一些相关论文。新中国成立后的 1949 年冬,他的清华、哥大老学长冀朝鼎出任中央财经委委员兼中央外资企业局局长邀其到京工作,是年 11 月 14 日先生回到了阔别多年的

[①] 相关文献参见 P. S. Ou(巫宝三). International Payments in National Income. Quarterly Journal of Economics, Feb.1946;《〈中国国民所得一九三三〉修正》一文发表在《社会科学杂志》第 9 卷第 2 期,1947 年 12 月。此两文均收入巫宝三《经济问题与经济思想史论文集》,山西经济出版社,1995 年版。

[②] 参见吴承明《我国资本构成之初步估计》,载《中央银行月报》新 1 卷第 11 期,1946 年 11 月;《中国工业资本的估计》,载《中国工业》新 1 卷第 5、6 期,1949 年 9、10 月,后得汪敬虞先生函件及资料而进行了部分修正。两文在收入其文集时标题均添加了年份,见《吴承明集》,中国社会科学出版社,2002 年版。

北京。从此直至辞世,先生在北京生活了六十多年,一个甲子有余的沧桑巨变!1950～1957 年,他在中央外资企业局、私营企业局和工商行政管理局工作。他开始研究外国在华投资问题,1951 年以笔名魏子初("外资处"谐音)发表了一些成果,其中三联书店出版的《帝国主义在华投资》虽是小册子却很受重视,先后再版并被译刊俄文版。在此基础上,先生继续拓展资料搜集并辅之以个案调查,将外国直接投资的考察从前人一般止于 1936 年延伸至 1948 年,研究证实外国在华投资中资本输出很少,主要来自外资在华的积累——结论源自人民出版社 1955 年出版的《帝国主义在旧中国的投资》,此书是研究相关问题的必读书。外国在华投资成为先生的第二个经济史研究专项,第三个专项则是时代印记鲜明的中国资本主义改造问题,这些同样彰显其实证研究以"史实"为根基的特征。

工商行政管理局的主要任务就是对民族资本主义工商业进行社会主义改造,局长是许涤新(1906～1988)。吴先生 1958 年任调研处处长,又调来方行、汪士信等同做研究。经许涤新与当时中国科学院经济研究所孙冶方所长商议,合设"资本主义经济改造研究室",吴先生任主任,主要工作是编《中国资本主义工商业史料丛刊》、写《中国资本主义工商业的社会主义改造》(人民出版社 1962 年出版、1978 年出修订本),这是"资改"的重要作品,得到广泛引用。需要说明的是,先生对"资改"有自己的认识,他认为《公私合营工业企业暂行条例》在执行中走了样,改造不仅强制而且扩大化,他建议《中国资本主义发展史》写到新中国成立为止,不再继续写第四卷"资改"。到"文革","资改室"解散,成员也下放到"干校"。先生生性达观,种稻种菜的生活,反到使得已患多年的十二指肠溃疡痊愈,能饮酒聊天濯足论诗,并把其中有价值的记下来——这就是《濯足偶谈》的来源。1974 年初许涤新联系人民出版社"借调"先生等人编写《旧中国的资本主义生产关系》(1977 年出版),次年调到商业部,开始酝酿写《中国资本主义发展史》。1977 年许涤新古稀之年出任中国社科院经济所所长,翌年吴先生他们也转到经济所并扎下根来。在前述三个专项研究之后,30 多年来先生在经济所的学术贡献彪炳史册,尤其在探索经济史学的方法论和历史观方面更是无可替代!

先生专任经济所研究员之后,先后担任所学术委员会委员、研究生院博士生导师,兼任南开大学博士生导师。1980 年任日本东京大学客员研究员,1986 年任美国加州理工学院客座教授。学术兼职主要有:中国经济史学会会长、中国投资史研究会名誉理事长、中国国史学会理事、中华全国工商联特约顾问等。1991 年获国务院颁发的社会科学突出贡献专家特殊津贴,2006 年被授予中国社会科学院首批"荣誉学部委员",2008 年当选"中国社会科学院健康老人"——他一再说这是自己最后的也是最珍重的一项荣誉。

可以说，以"史实"为治史根基就离不开枯燥繁琐的资料工作。回溯先生从 20 世纪 50 年代起就参加千家驹先生倡导的"中国近代经济史资料丛刊编辑委员会"，首先问世的是 1954 年他的《帝国主义与开滦煤矿》，署名"魏子初"；次年出版千家驹的《旧中国公债史资料 1894-1949》。编委会还与海关总署合作，利用其存档编出"帝国主义与中国海关"丛刊，如《中国海关与庚子赔款》《中国海关与邮政》等，史料价值颇高。前述"资改室"的"中国资本主义工商业史料丛刊"也是先生负责的，"中资史"就是以大量发掘和调查的这些史料为基础的。

先生倾注了最多心血和精力的就是《中国资本主义发展史》。20 世纪 60 年代初周恩来总理提出为实现"马克思主义政治经济学的中国化"，应编写一部"中资史"，任务交给许涤新，由"资改室"承担，但因"文革"而中断，1978 年先生他们到经济所后正式启动。许涤新和先生任主编，全书分三卷：第 1 卷"中国资本主义的萌芽"，系 1522～1840 年中国资本主义的产生；第 2 卷"旧民主主义革命时期的中国资本主义"，为 1840～1920 年中国资本主义的发展；第 3 卷"新民主主义革命时期的中国资本主义"，写 1921～1949 年的情况。这是一部逾二百万字的巨著，二十多位学者历十几个春秋才完成，全书配制 487 张统计图表，人民出版社 1985～1993 年出齐。许涤新撰著全书"总序"，先生统稿、许涤新审订。然而，从撰著体例和主要内容的构划，到执笔"导论"等重要部分的写作，再到统稿删改以至重写的巨量工作，处处凝聚着先生的心血！此外，他自认研究贡献主要有三：近代中国资本集成的估计、近代中国工农业和交通运输业总产值的估计、近代中国国内市场商品量的估计。这些研究均为海内外学者所重视、评介和引用，而先生却对其中一些数据不断修正，如前两项估计的修正直到 21 世纪收入《吴承明集》。可以看到，这部大作汇聚了先生前几个专项研究的精髓，而且在史实辨证、研究方法、论点新见等方面展现出其不懈的理论追求。

先生精心浇灌的学术之花终于结出了丰硕成果，此书面世后中外学界好评不断。特别是第 1 卷，1987 年台北谷风出版社就出了繁体字版；1989 年 7 月 20 日李约瑟（Joseph Needham）致信先生征求对"近代科学为什么在西欧而不是中国产生"（即"李约瑟之谜"）的意见，先生复信讲到中国 16、17 世纪的启蒙思潮缺乏欧几里德式的逻辑思维，但主要原因还在于明清中国是以小农生产（包括手工业）为基础的社会，经济上较少竞争且人力充裕，缺乏迫切利用新科技的需求等。剑桥大学的诺兰（Peter Nolan）与先生商议英译此书，由伦敦大学柯文南（C. A. Curwen）译编英文本，2000 年麦克米伦出版社（The MacMillan Press Ltd.）出版。总的看来，尽管此书难免时代痕迹，但确是中国经济史学的一座里程碑，被认为是"填补空白"之作和"国内外引用率最高的中国经济史著作之一"。先后获得"中国社会科学院优秀学术成果奖""孙冶方经济科学奖""郭沫若中国历史学奖"等，并多次再版。透过先生的治学轨迹，可见以"史实"为基础、扎根于实证研究的经济史学，才具有强劲的生命力，基于此的方法论探索才颇具学术价值！

三

在谈吴先生的方法论之前，需要说明"史法"大概初始于《春秋》之"书法""义例"，在中国史学中大抵指著史或治史的原则、方法，本文的使用重在其方法论意义，主要指先生治经济史学的方法和方法论。

一般说来，方法论的探索离不开研究对象本身。值得重视的是，20世纪80年代初学者多还在重生产轻流通时，先生已开始研究市场问题。他首先估算市场商品量即市场大小的演变，整理出1840～1869～1894～1908～1920～1936年间五个时段的国内市场商品量估计，从中可见19世纪下半叶市场发展很慢，其扩大是在20世纪以后，抗日战争后巨减，此即多次修改后最终载入《吴承明集》的《近代中国国内市场商品量的估计》。为了从更长时段研究市场，1983年起他陆续发表论明代、清代、近代市场的系列论文，[①]从人口和耕地、田价和物价、货币和白银流通、财政和商税等方面，深入研究明清和近代市场长周期性的兴衰演变，在国内外产生很大影响。1984年美国名家费维凯（Albert Feuerwerker）看了他的清代市场论文后邀其到意大利参加中国经济史研讨会；1986年法国著名汉学家贾永吉（Michel Cartier）将这三篇市场论文摘要写成《吴承明的国内统一市场形成观》，发表于著名的《年鉴：经济　社会　文明》（Annales, Économies Sociétés Civilisations）1986年11～12月号；先生论中国近代市场的论文，则有日本中国现代史研究会会长池田诚监译的日译本（《立命馆法学》，1984年第5、6号）。

不满足经济史实的考证复原而深入透析现象进行理论阐释，这是先生治学的鲜明特点，也是其方法论探索的重要途径，即从"史实"出发探究"史法"。他在市场理论方面下了很大功夫，其《市场理论和市场史》分析马克思的分工产生市场的理论，赞赏恩格斯《反杜林论》中的主张"生产和交换是两种不同的职能"，提出历史上各种市场的出现多与分工无关。《试论交换经济史》则建构交换与经济发展关系的模式，提出"交换先于生产"，在理论上做出新尝试。先生研究市场，从商路、商镇、商品运销转向人口、价格、货币量、商品量等变化，分析市场的周期性演变，并讨论其对社会结构、阶级分化的影响，其市场研究是以中国现代化（即近代化）的宏

---

① 吴承明. 明代国内市场和商人资本. 中国社会科学院经济研究所集刊（第5集）. 1983；论清代前期我国国内市场. 历史研究，1983（1）；我国半殖民地半封建国内市场. 历史研究，1984（2）.

大背景为基点的。他认为市场资料较多，数据有连续性，用市场和价格的演变来考察经济的兴衰与中国的现代化过程，均有很大的优越性。这与"斯密动力"相仿，即市场促进分工、分工和专业化促进生产，经济增长与市场的深化扩展分不开。仅从生产视角不足以认识经济发展和中国现代化，从而应注重流通，于是他努力进行两方面的工作：一方面对 16～17 世纪、18～19 世纪上半叶的中国市场进行系统考察，这可说是"史法"之"实证研究"（positive research）；另一方面，在经济学理论与经济史研究的方法论以及现代化理论等方面进行创新探索，希图在理论上找出一条适应中国经济史学和现代化研究之路，这可视为"规范研究"（normative research）。这些研究体现于《16 与 17 世纪的中国市场》《18 与 19 世纪上叶的中国市场》等系列成果[①]，得出中国现代化肇端于 16 世纪的明代"嘉（靖）万（历）说"。此说虽非其最先发明，如傅衣凌先生就有过类似论点，但吴先生将此说立论，并以坚实的实证考察和规范研究展现于世人。他的《传统经济·市场经济·现代化》一文论述从传统经济到市场经济的转变过程，同时指出市场机制也有个转变过程，也就是经济的现代化过程，他的市场研究便同现代化研究有机结合起来。体现其系列市场研究的集中成果——1985 年出版的《中国资本主义与国内市场》，是他 1949～1983 年相关论文的集萃；1996 年刊出的《市场·近代化·经济史论》，则是他 1985～1995 年重要贡献的凝结。

如上所述，研究近代经济问题绕不开现代化。先生 1987 年就在此下功夫并提出新见，在《早期中国近代化过程中的内部和外部因素》中，他针对的"冲击—反应"范式和"传统—现代"对立模式，提出中国"内部能动因素"论，并予实证考察。传统经济中的能动因素主要是农业和手工业，他认为传统农业可以承担现代化任务，但不否认其落后面一定程度制约工业化发展。更重要的是，他以科学的精神和谦逊的态度在再版时指出，对于近代人口与耕地数据"我的估算已落后了"而应"改用时贤新论"。在《近代中国工业化的道路》中，他分析利用手工业的功效及工业与小农经济的结合，可能本有一条立足本土、工农结合、土洋结合进而现代化的道路，但终败于以洋行、租界为背景的大口岸经济之路。正由于传统经济有其内部的积极能动因素，"中国的工业化应当走与传统产业协调发展的道路，不能一举而代之"。继而，他写了《论二元经济》，从理论方法上探讨不发达经济走向现代化的道路，认为将传统农业的作用局限于为现代化产业提供廉价劳力不对，关键是低估了传统农业的剩余。二元经济现象长期延续，小农经济是多元的，有自行调节资源配置功能，他构建出一个小农经济生产模型，但说明无法计量。

---

① 分别载于中国商业史学会编.货殖：商业与市场研究.第 1 辑和第 3 辑.中国财政经济出版社，1995、1999.

　　20 世纪 90 年代国家正式提出建立社会主义市场经济体制，先生采用希克斯（J．R．Hicks）《经济史理论》的观点，把实现市场经济作为经济现代化的标志。他论证从马克思到诺斯（（D．C．North）都将工业化归之于"专业商人"的兴起和市场的扩大，引发生产方式的变革，商业革命导致工业革命。具体到中国，他把明代嘉、万时期的徽商、晋商等大商帮的兴起和工场手工业、散工制的发展，以及财政、货币的白银化，租佃、雇工制度的变革以及社会结构的变迁和 17 世纪的启蒙思潮等综合考察，视为明清之际的现代化因素。在 1997 年《传统经济·市场经济·现代化》之后，1998 年又有《现代化与中国 16、17 世纪的现代化因素》、1999 年写的《中国的现代化：市场与社会》等系列成果问世，[①]他在探索中国现代化研究的方法论上做出了不懈的努力。

　　就"史法"而言，先生的治学方法在经济史学界独树一帜，公认其方法论独到，且历史观新颖，理论追求伴随始终。回眸 20 世纪 80 年代初他发表《关于研究中国近代经济史的意见》，主要讲两个问题：如何看待帝国主义入侵的后果，如何评价封建主义的作用。对于前者，后继有《中国近代经济史若干问题的思考》；对于后者，则有《谈封建主义二题》深入讨论。"二题"指古代封建主义和近代封建主义，他论证中国古代封建制度有别于西方的若干特点，分析中国步入近代社会的不同道路；"近代封建主义"是新概念，意指 1840 年以后封建主义经济发展到一个新阶段，即地主制经济发生质变，吸收较发达的商品经济来自我调节，成为能够与资本主义共存的近代封建主义，确属新论。同时，先生予古代封建主义新的研究价值，这与其"广义政治经济学"理论探究相关，尽管他认为自己这方面"没做出什么成绩"，其实不然。他提出以"马克思主义中国化"为目标的王亚南、许涤新等人的努力是可取的，但重点应放在前资本主义、特别是封建主义政治经济学上，因为社会主义经济在中国尚不成熟，半殖民地半封建经济已有定论，而封建经济在中国产生最早历史最长，颇具政治经济学研究的典型意义，这也正是以前资本主义时代为研究对象的学者共同的理论困惑。在《论广义政治经济学》和《中国封建经济史和广义政治经济学》等论文中，他阐述其论点并提倡研究"中国封建主义政治经济学"，为我国经济史学的理论与方法创新引航导向。

　　总的看来，20 世纪末的二十余年中先生在商业资本、市场和交换理论、中国现代化理论以及广义政治经济学、中国经济史学方法论等方面着力甚多，也逐步形成自己颇有见地的历史观，即基于"史法"形成"史观"。他非常关注西方学术特别是经济学的发展与动态，并运用其中适应中国经济史学研究的方法，成为经济学理论

---

　　① 前两文修改稿收入先生的论文集《中国的现代化：市场与社会》，三联书店，2001 年；第三文即此论文集之"代序"。

与经济史研究结合的典范。他的结合与运用绝非"照搬"，是能动而理性的，突出有选择与做修正。例如，先生有"计量经济学"的深厚功力，认为研究中国经济史学离不开计量方法，但明中叶以前不太适用，此后可以用，但数据必须核实可靠。再如，改革开放后以诺斯为代表的新制度学派影响中国，先生认为其产权理论、交易成本、制度变迁等概念可用于研究中国，但应注意具体的研究对象与实际数据，这些都是治经济史学重要的方法论见解，也是酿就其最终的巅峰之作的必由过程。

四

"史观"也可以表述为"历史观"，不仅与方法论紧密相联，而且一般讲史观问题当以治较长时段的"通史"为基础，即所谓"通古今之变"。先生的研究重心在近代，但他做到了"史通古今"且涵融中外，并且是在专精基础之上的贯通。他治史之"今"不仅仅在于关注当今世界学术理论思潮及其发展，更具体落实到当代经济史研究之中。1996年国家社科基金"九五"重点课题"中华人民共和国经济史 1949～1952"立项，请先生作学术带头人，由他和董志凯任主编。该书独具一手档案资料优势，研究从人与自然的关系延伸到人与人的社会关系，并加强新中国初期社会经济状况的评估和新民主主义经济体制的理论分析，有关恢复国民经济的措施和成就也是以专题研究为基础的，突出反映了新民主主义经济在中国全面建立、实施和运行的历程与成就。该书2001年出版，并获奖和再版。先生自称对此书"并无实际贡献"，其实他参与拟定大纲、研究撰写，还承担第二章"旧中国经济遗产"的部分写作，历次书稿讨论会也都参加，还审阅了全部成稿，此书中亦可见他的思想轨迹。同在1996年，先生还应邀主编《中国企业史》的"近代卷"，他请江泰新共同主编，此书2004年出版。

下探当代体现了先生的博学深进，但非其治学主向。他的研究重在近代到明清并上溯宋代，内容从生产到流通再到市场；进而超迈传统的"经济"概念，对社会结构、制度变迁、思想文化进行系统考察，最终凝聚而为"经济史：历史观与方法论"的深层探究。步入21世纪之后，他着重研究的就是此课题，还几度给博士生开课讲授，2001年末中国社科院老年研究基金正式立项，这时他已近85岁且罹眼疾"飞盲症"。就在这种情况下，此后整整四年多时间，他每天勤奋耕耘废寝忘食，趴在书桌上动辄数小时。这里承载着他近几十年来孜孜以求的研究志趣，更是其科研特色与学理思辨的高度凝炼与升华，他投入全部精力和心血的研究炉火纯青已臻化境——最终呈现出这部巅峰之作《经济史：历史观与方法论》。此书是"十一五"国家重点图书，2006年底由上海财经大学出版社出版，几天之后即是先生的九十寿辰。

他说对此书比较满意，但是自己最后一部研究著作，也是这项科研的总集成。

先生重点阐释经济史是研究历史上各时期的经济是怎样运行的，以及运行的机制和绩效，从而研究不能仅限于经济本身。他强调经济史首先是"史"，这是毕生治经济史学的大家在此书"结束语"中的首要提示。治史，离不开"历史观"，故而"史观"是首位的，《经济史：历史观与方法论》将"历史观"作为全书的"上篇"，分为四章予以阐释——引子：经济史学小史、古代中国与西方的历史观、理性化时期的中西历史观、理性主义的反思和西方历史观的转变，基本上都是基于中西比较展开考察分析的。他主要从三个方面考察阐释历史观，即如何认识人与自然界的关系即天人关系、如何认识人与人的关系即社会关系、如何认识思维与存在关系即认识论。他赞赏司马迁"究天人之际，通古今之变"的历史观，认为其天人相通、社会和谐、古今通变是高明的，而宋以后的启蒙思潮虽然促进思想的理性化却不能导致社会的现代化，这也是中西思想文化差异对经济发展和社会转型的不同影响。我们能够在先生学贯中西古今游刃有余的畅论中，领略到的不仅是博大的知识体系的碰撞，而且可能体悟其精湛宏论的深邃寓意。没有必要在这里重复或照抄书中的内容，不妨对以下问题进行深入思考：为何要从历史观层面谈经济史学？中西方的历史观主要异同何在？西方的历史观缘何而转变？

"方法论"是此书的下篇，分章深入阐述方法论和历史实证主义、经济学理论与经济史研究、社会学理论与经济史研究、计量分析与经济史研究以及区域研究与比较研究等，最后是点睛之笔第十章"结束语"。先生着重评介诺斯的新制度学派、法国年鉴学派和经济计量学派的方法，并特别强调实证主义是"不可须臾或离"的治史方法，而中国史学一直是实证主义的，这也就是以"史实"为根基。他具体考证中国史学诸家以及西方从狄尔泰（Wilhelm Dilthey）、克罗齐（Benedetto Croce）直到海德格尔（Martin Heidegger）等，尽管各家的学说主张各异，但无疑更充实了实证主义方法。先生着重指出，历史研究是研究我们还不认识或认识不清楚的事物，任何时候都有待认识的东西；随着知识的增长、特别是时代思潮的演进，原来已知的需要再认识，研究就是不断地再认识，因此研究方法应开放即"史无定法"。最后，先生概括他研究中国经济史学的思维理路："历史—经济—制度—社会—文化思想"，语重心长地阐发——"百家争鸣，学术才有进步"！

离开书本再回到先生治学的轨迹。历史观和方法论都是他数十年来研究经济史学的探索和积累并不断完善的结晶。其"史观"的特色就是凸显求新的"发展论"，并且深入落实一以贯之。早在他为《中国大百科全书·经济学卷》撰写万余字的"中国经济史"长辞条中，就对中国几千年的经济发展史进行系统总结——历史包括经济史的发展可能有曲折，也会有回潮，但总趋势是进步的，不存在从唐宋"顶峰"

走向明清"衰落"的阶段。直至近年国家级大型项目多卷本《中国经济通史》请他撰写"总序",他依然重申发展的观点。从发展的眼光看问题,他以古人的"苟日新,日日新,又日新"为志,学术追求突出一个"新"字!如果没有新东西,他不写文章、不开会发言;做研究要求有新材料、新观点或新理论,包括对以往的研究成果进行不断修正。他认为科研不可能一蹴而就,随着时代的发展,材料的新发现和研究手段的提升以及认识的深化,以前的成果也需要不断修正与时俱进。发展必然要创新,他视"创新"为学术研究的生命力——这与先师巫宝三先生十分相似,他们绝不固步自封而力主创新,而创新要建立在充分的实证研究基础之上,系统研究要先作专题,专著要以论文为基础,"由小而精到大而博"。他们都十分注重中国史学传统"究天人之际,通古今之变",巫先生据此从经济思想上研究司马迁的"法自然"思想颇多新意,而吴先生则从历史观与方法论视阈阐释其历史哲学,通过实证提出西方征服自然的斗争哲学终将回归太史公的主张!或许,这正是"科学发展观"在学术上的提早深刻诠释。再插一句,这两位治经济史学的先生对《中国经济史研究》杂志都寄予厚望,对经济所这点"史学家业"十分上心,大凡有好文章首先想着在此发表;每一期杂志刊出,他们都会立即放下手中工作认真阅读,都很关心杂志的发展和学界的评价,拳拳之心着实感人!

五

的确,历史观与方法论密不可分,而且史实—史法—史观也相互融通。有必要对吴先生经济史学研究中最具代表性的"两论"集中进行重点的阐述。众所周知,在方法论上吴先生力倡"史无定法"影响很大,他的许多论著中都有相关论述,这的确是不可或缺的研究方法,更深具方法论内涵和意义。诚然,我国早有"史无定法"之说,我记得清人章学诚曾就"史家之绝唱"的司马迁《史记》,提出"迁《史》不可为定法"之论。[①]今人谈陈寅恪之学有"诗无定式,史无定法"之说;余英时在其流传甚广的《怎样读中国书》中,说他以前提出过"史无定法"的观念,现在也可以扩大为"读书无定法"。至于到底什么是"史无定法",说法就更多了,如"运用一切可能的方式"或者"历史可以有不同的表述方式和解读方式""历史是需要不断解读的",等等;还有学者专就经济史学解读吴先生所论"史无定法",都是很有启发意义的。的确,吴先生赋予此论以治经济史学的具体而可行的实际内容。

二十多年来,我有幸时常得到先生的教诲(他称为"切磋"),深感"史无定法"

---

① 《文史通义》卷一《内篇一·书教下》。

在其方法论中重要且深邃，而且他是在"经济史：历史观与方法论"这一宏大架构中概述和不断完善此论的。回溯先生阐发此论的轨迹，或许会有更多启迪。早在 20 世纪 80 年代初，他出访东京大学时就注重各种研究方法问题，特别是西方研究经济史学的动向，那时国际学界的顶级学者们在方法论方面都显现出极高的热忱。1984 年在意大利米兰召开 "International Conference on Spacial and Temporal Trends and Cycles in Chinese Economic History, 980-1980"，主持人是费维凯（Albert Feuerwerker）和郝若贝（Robert M. Hartwell），出席的有诺斯（Douglass C. North）、施坚雅（G. William Skinner）、马若孟（Ramon Myers）、罗斯基（Thomas Rawski）、白吉尔（Marie-Clair Bergere）、贾永吉（Michel Cartier）、魏丕信（Pierre-Etienne Will）、斯波义信及王业健、李中清、王国斌、刘翠溶等名家。吴先生应邀与会并发言提出"史无定法"，即"就方法论而言，有新老、学派之分，但无高下、优劣之别""新方法有新的功能，以至开辟新的研究领域，但我不认为有什么方法是太老了，必须放弃"。会后，他在中国社会科学院和上海社会科学院讲授国外的观点和方法，听众大开眼界。接下来，1986 年美国加州理工学院聘他为客座教授，因而得与海外学者深入交流，深感收获甚丰。同年底，先生在中国经济史学会成立大会上发表《中国经济史研究方法杂谈》引起轰动，三种刊物登转。到 1992 年，他发表长文《中国经济史研究的方法论问题》，在"杂谈"基础上进而阐述其系统性方法论研究，重申"治史可因对象、条件不同，采用不同方法"，可谓"大道至简"的点睛之论。

概括地说，其方法包括：（1）文献学和考据学方法；（2）历史唯物主义；（3）计量学方法；（4）发展经济学方法；（5）区域论和周期论；（6）社会学方法；（7）系统论方法；（8）"史无定法"。先生将方法分为三个层次：（1）世界观、历史观思维方法；（2）归纳、演绎等求证方法（后来概括为"认识论意义的方法"）；（3）经济学、社会学等专业和技术研究方法。在"史无定法"原则下，直接适用于中国经济史研究的主要方法：（1）经济计量学方法（明中叶以前不适用，因古代文献不准确、记载不连续等）；（2）发展经济学方法（研究欠发达国家，特别是考察长期趋势可借鉴，注意比较研究，二元经济论等均可用）；（3）区域经济史方法（区域内与区域间两者应同时进行，中地理论（central place theory)提出经济发展由核心地区向边缘地区扩散，可考察移民、贸易、交通等及核心与边缘地区的关系和城市与市镇研究，有利于展现经济发展的不平衡性）；（4）社会学方法（源于社会学的结构理论、行为和功能学说及人口、心态等成为经济学的内容。可借鉴社会学的整体思考、比较研究、社会底层研究与社会调查方法等）。他为使国内学者拓展眼界，对西方经济史的年鉴学派、经济计量学派、新制度学派等重点阐述，肯定布罗代尔（Fernand Braudel）长、中、短时段的历史研究体系，但因其分量大应分工进行。总之，可以根据研究的对象和条件采用不同方法，重要的是该方法本身的实用性及其对所研究的问题和现有资料的适用性。他指出选用理论主要是启发性的而不是实证性的；一种方法不可能万能，所以要集众家之长，也可以多种方法并用。先生的方法论随着研究的深入不断发展完善，经过更为深入的理论拓进，他发表了名篇《经济学理论与经济史研究》①，提出"在经济史研究中，一切经济学理论都应视为方法论"，此文获得孙冶方经济科学论文奖，并成为学术经典流传至广，先生本人是学界公认的应用经济学理论研究经济史学的成功典例。

我经过多年的学习和理解，尤其是先生言传身教之耳濡目染，认识到其"史无定法"论精深而博大，不仅根植于中国传统学术深基之中，更是其注重国际学界新动向、在与海外顶尖学者的交流中不断完善的。故此，他总能站在学术之巅，为中国经济史学执旗导航！没有学贯中西的扎实功底，没有长年潜沉的积淀和升华，没有超常的智慧与敏锐，不可能在学术发展日新月异中不断执旗导航！先生攀登的是学术高峰，创造出的也是生命奇迹——其巅峰之作是在 85 岁到 90 岁之间完成的。

至于何为"史无定法"，我的理解是——既然"无定法"，也就不求诠释一致。关键是，应根据研究对象和具体问题以及可用资料来选择适用的方法，注重其特有的适用性和局限性并加以修正、调整或再加用另外的方法。我认为"史无定法"本身就是一种"法"，或可概述为"非一"之法——核心就是"不绝对"。这不仅包括"条条道路通罗马"，而且"罗马"也不是只有一个或一成不变。这里既有一般理解的方法多样性，也蕴涵着不断地发展与创新。不难想见，先生的"求新"和"不绝对"在他那个时代是相当难的。大家在不知不觉中习惯了太多的"一"（一个思想、唯一真理、甲是则乙非等），真能"非一"谈何容易！不过，先生有不同，其具备"家渊""学脉"和"思源"三方面的基础，这从上述其学问人生的演进历程中可以看到。他倡导的"史无定法"，不仅为学人治学提供方法启迪，更引导大家从思维逻辑改变长期形成的习惯"定势"，并力倡中国学者要具有世界眼光，成为追求科学与真理的正确方向和良好风尚。

在"史无定法"之外，先生再一个很有影响的论点是"源流之说"，最经典的表述也是在《经济学理论与经济史研究》中提出的——"经济史应当成为经济学的源，而不是它的流"。他引述熊彼特（J. A. Schumpeter）语"经济学的内容，实质上是历史长河中一个独特的过程"，指出"经济学是一门历史科学，即使是最一般的经济规律，如价值规律，也不能无条件地适用于任何时代或地区"。他强调应当历史地看

---

① 《中国经济史研究的方法论问题》载《中国经济史研究》1992 年第 1 期，《经济学理论与经济史研究》载《经济研究》1995 年第 4 期，两文收入吴先生的论文集《市场·近代化·经济史论》，云南大学出版社，1996 年版，后者还收入《吴承明集》。

待经济学的发展，任何经济学理论都有其特定的历史背景。任何伟大的经济学说，在历史的长河中都会变成经济分析的一种方法，也是研究经济史的方法，而不是推导历史的模式。直到 2010 年 11 月 11 日《中国社会科学报》刊登记者对他的长篇专访《经济史应当成为经济学之源——访中国经济史学专家吴承明》，近 94 岁高龄的先生进一步深入诠释自己的学术主张。他认为不能把全部经济史建立在某种单一的经济学理论上，经济史之所以是经济学的"源"而不是"流"，因为经济史为经济学提供材料，拓宽视野。作为习史之人，我时常思索：世间万事万物均不过时空坐标中之一点，都会随着时间的变迁而步入"史"的行列；经济学也一样，在时光演进过程中同样也会成为"史"的一部分。以提出"现代创新理论"著称的熊彼特，在其煌煌巨著《经济分析史》"导论"开篇，不厌其烦地强调经济学之史的重要，不仅将经济学的内容视为历史长河中一个独特的过程，而且指出"如果一个人不掌握历史事实，不具备适当的历史感或所谓历史经验，他就不可能指望理解任何时代（包括当前）的经济现象"。熊彼特还有一段话，或许是我们今天理解"源流之说"最好的注脚："经济史——是它造成了当前的事实，它也包括当前的事实。"[①]可以认为，一个经济学家若患有"贫史症"，不仅很难做好研究，而且研究成果的生命力也会有限。

先生提出研究历史上的经济问题主要是看实践，经济史研究一般可以一定的自然条件下的生产力的增长、一定的社会制度下经济运行的效果作为考察的主线。一部新的经济史，不是已有文献和著述的选择与综合，而应该在总体上和部分上，在数据、方法、观点上均属新构，代表一个时代的学术水平。他反复重申经济史研究不是只讲"纯经济的"现象，经济史学家应具备历史学修养。他赞成"社会经济史"的提法，认为经济史历来是社会经济史，主张从自然条件、政治制度、社会结构、思想文化诸方面研究经济发展与演进。他总结经济学各学派总的方法不外乎"模式法"和"因素分析法"，经济史研究则不宜用模式法，历史上各时代的经济发展总会形成某种模式，但它是研究的结果而不是出发点。经济学日益模型化和数学化，以至用公式"伪装精确的知识"（哈耶克，F. A. Hayek）、"用时间变量来代替思考"（索洛，R. M. Solow）。经济史研究应以实证分析为主，应具体不宜抽象，不宜先立范畴，更不能用范畴"填充"历史。历史研究提出问题非常重要，而一般不宜假设。他还有许多精辟而精湛的论断，常常给人的习惯性思维逻辑以冲击，如"合乎历史发展规律的未必就是好的"，举出奴隶制的出现就是如此；再如，"萌芽不一定非成大树"，像资本主义萌芽就可能只是"萌芽"，等等，振聋发聩，启人深思。

---

① 熊彼特著.朱泱，等译.经济分析史（第 1 卷）.商务印书馆，1991：29.

六

先生晚年越发重视思想文化对经济的作用与影响，认为经济发展——制度改革——社会变迁中最高层次上都要受思想文化的制衡（conditioned），这有两重意思：一是不合民族文化传统的制度变革是行不通的；二是文化思想又常是社会制度变革的先导，即启蒙。他对宋儒之学尤其是宋明心学倾注心力，认为自宋以后儒学理性化，到王阳明将"知"和"理"一元论，有利于思想解放；那时的反传统思潮和经世致用主张以及实学思想都具有启蒙意义。可惜中国思想的理性化只有道德理性，缺乏工具理性，加之清统治者的思想禁锢，启蒙思潮被扼杀，直到西学传入，现代化启蒙才真正来临。

思想文化与经济发展是近十余年来先生和我谈论较多的论题，他相当博学却十分谦逊。或许出于我的专业偏好，我向先生不断请教经济思想史方面的问题，包括对这门学科本身的看法。我知道他对经济思想史颇为注重，自学生时代起就修习西方经济学说史，认为研究中国经济史更不能忽视中国经济思想。在他的经典论作《经济学理论与经济史研究》篇首就列举"富国、富民思想，田制、赋税思想，义利论、本末论、奢俭论等思想，在研究中国经济史中无疑是很重要的"。晚近他对经济思想史愈加注重，认为研究经济思想史尤其是中国古代经济思想需要较为广博的知识结构和理论素养，而研究经济史不深入到思想史层面可能深度不够，研究思想史离开经济史则可能成"无源之水"。先生认为中国经济思想史有三大问题：义利——价值论、本末——生产论、轻重——流通论。他指出西方经济学有局限，要总结中国经济学，研究中国经济思想史十分重要。在中国经济思想史中古代经济思想是源头，这偏重文化范畴，与中国哲学史关系较紧密，要懂经济史和文化史才能深入研究。他的许多论点都是高屋建瓴之见，发本专业学者所未发，对中外经济思想史研究都具有指导和启迪意义。

先生的研究多居国内外领先地位，他的论著大多是掷地有声的传世之作，也是留给我们的宝贵精神财富。他被评为"影响新中国经济建设的百位经济学家"，成果选入"中国百名经济学家理论贡献精要"。[①]先生不仅在他的著述中阐发和重申其论点，而且作为教师他一直到年届九旬依然坚守在讲台上，将其研究心得传之于后学。20世纪末，我和李根蟠先生都开始招收博士生，商议集中授课，在社科院研究生院开设了"经济史学的理论与前沿"讲座，邀请不同专攻的专家开讲古今中外经济史

---

① 参见吴太昌，张卓元等主编.影响新中国60年经济建设的100位经济学家（6）.广东经济出版社，2009；张卓元，周叔莲等主编.中国百名经济学家理论贡献精要（第1卷）.中国时代经济出版社，2010.

学。讲座直到 2003 年，吴先生一直是领衔的"头牌"！他的讲座座无虚席，有个学生写了篇《听大师讲课》的文章，生动讲述这位年近九旬的老师——神采奕奕——博大精深，"不间断地讲了两个半小时，台下是经久不息的掌声，是发自每个听课者心底深处对大师的敬重和仰慕"。可先生不认为自己是别人说的"大师""泰斗""权威""国宝"等，他发自内心地称自己是"小人物"，做的是"小事情"——这是他留给自己后人的话，也让我明白了什么是真正的"大"和"小"！身为教师，先生谦虚谨慎为人师表，德泽桃李同仁——他循循善诱语重心长，答疑解惑孜孜不倦，教书育人桃李满园，培养出多名经济史学的博士、硕士；他指导、扶掖和帮助过的学者数不胜数，勉励后学如沐春风，他是中国乃至世界经济史学界当之无愧的导师！

直到 2011 年春，先生已度过了他 94 岁的生日，还发表了两篇文章：一篇是《经济研究》2011 年第 2 期刊登的吴承明、叶坦《一部承前启后的中国经济史杰作——〈中国近代经济史，1927-1937〉评介》，虽然先生未执笔，但内容和观点都反复征询其意见，定稿全部经他审订，只有一项没有听他的，那就是在署名问题上他要求不署名或署在我后面。另一篇是《全要素分析方法与中国经济史研究》，刊登于《永久的思念——李埏教授逝世周年纪念文集》，云南大学出版社 2011 年 5 月出版。他非常看重此文，前述《中国社会科学报》记者采访时问他"有哪些新的关注点"时，他谈的就是此问题，并说明"全要素分析就是分析要素与整个经济增长的关系及其变迁……在全要素分析中，那些用丹尼森（E. D. Denison）模型计量的部分，仍然要辅之于逻辑分析，才比较完善"。他在自己的微博（没错，94 岁的先生开着微博）上说"我准备写一篇关于全要素分析方法的文章"。病重之时与我断断续续谈得最多的也是这一研究，并遗憾地说"这是我一生最后的文章了"。按照他的心愿还将继续深入下去，而不能继续进行科研的日子，在他看来是没有意义的——这，就是一个真正的学者的人生！[①]

先生学术上的"发展论"也贯穿于其整个人生，他身体力行，主张"今胜昔"、更要"人胜己"，多次与我谈及"长江后浪推前浪"，对后学充满期待和肯定。他以后学之能为喜、以后学之得正己，在《16 世纪与 17 世纪的中国市场》文中，他痛责自己曾回避 17 世纪的"低谷"是"逃避"、是"可耻的"[②]，律己之严，令人衷

[①] 有关先生的学问人生，我先后应邀撰写过 5 篇文章，其中最重要的是他辞世之初所撰长文《学贯中西古今 德泽桃李同仁——吴承明先生的生平与学术》，载《经济学动态》2011 年第 9 期，本文即是以此文为基础改写而成。此外 4 篇拙文分别是：吴承明教授的经济史研究. 近代中国史研究通讯, 1998, 26（9）; 经济学不老人. 经济学家茶座, 2002, 7（1）; 吴承明传. 中国历史学年鉴, 2012; 史无定法 识人唯长——吴承明先生的治学与为人. 中国经济史研究, 2012（2）.

[②] 我曾建议先生对这些话稍作修改，但未被采纳，直到《吴承明集》中还继续保留，见该书第 142 页。

心感佩！他非常注意新的研究动向和成果，哪怕是"小人物"的研究，也以之修正自己的观点，表现出公开自我批评的智勇，我们有幸仰慕先生风范，实为终身楷模。在严于律己的同时，他待人却十分诚恳宽厚，看人主要看优点，看别人的研究也重在长处。对同事、对朋友、对学生，他都诲人不倦无微不至；无论评奖、升职、出国、答辩、出书，先生能帮忙的都会鼎力推荐；他的科学精神、博大襟怀与谦逊态度，令与之有交往的人无不肃然起敬。在他逝世后为之撰写的生平中，我臆用了"识人唯长"四个字来概述他的仁厚品格与大家风范。

"识人唯长"实际上也是很不容易的。学者的职业从某种意义上讲恰恰相反，往往看到的是他人之不足——做研究就是做他人未做或做错、或不足的，从而很容易孤芳自赏，甚至否定他人，即便是大家也难免如此，即使是谦和的人也很难多看他人长处。在职业习惯之外，长期形成的"真理唯一"思维逻辑也限制了博采众长，阻碍着学术的健康发展。先生却不然，他看人只看长处，并强调"肯定自己但不要否定别人"。他对不同学术流派乃至不同思想观点等同视之，认为考察学术不应当以观点为据；主张不同论点可以各讲各的，不必非让别人接受自己，更不要以己非人。这并不是说他不讲原则，他的原则就是要"持之有故"！包括学生写博士论文，只要"言之成理"，不求观点一致。还要特别指出，先生对培养研究生相当重视，认为年轻人思想活跃，可以"教学相长"促进自己更新。我一直请他担纲我培养博士生的导师组，直至九秩有余还坚持为我招生阅卷。他很注意学生的长处，每每指出其中稍有见识之处，很令我感动。他提出"学术研究不是任何人的专利，各有其特点，才能互相补充、互相切磋"。先生反复重申百花齐放，史坛才能一片繁荣！

我自1985年衔巫老之命开始上吴先生的课，到1988年博士论文答辩，再到1992年破格晋升研究员，吴先生都亲自参加，真是师恩如山！从多少次开会听他发言讲话，到数不清的把盏问学促膝长谈……特别是近20年来我与先生同住一栋楼，时时面聆学术教诲，经常得到生活关照，处处都留下先生辛勤的心血！其治学与为人的点点滴滴，都深深铭刻在我心中永难忘怀！特别是先生为我作序的书还在修改，未能在他生前问世，永成遗憾……古语言"智者寿，仁者寿"，既智且仁的先生身体一直很好必然高寿。他乐观洞达与世无争，他好酒，自称"酒家"；喜美食，且中西南北菜系不拘，每谈笑"我吃菜和做学问都主张兼容并蓄"。我总结他的"养生之道"是"抽烟、喝酒、不锻炼"，据说流传甚广，还被纽约一家报纸所引用。其实，近年来先生已经注意锻炼身体，还自编"诗操"（依唐诗配动作），经常散步观花。然而，2011年7月8日15时45分，先生最终走完了他坎坷而光辉的一生驾鹤西去，享年94岁。他的离去是中外学界无法估量的损失，也是我永远的痛！时光荏苒，又是一年花开花落，海棠花溪如今已从繁花似锦到落英缤纷再现初实满枝①，我坐在与先生一道看花坐过的长椅上，凝眸仰望随风摇曳的枝叶，相信先生还能闻到这阵阵淡香……

　　注：此文系作者应商务印书馆之邀，为收入该馆"中华现代学术名著丛书"的吴承明先生著作《经济史：历史观与方法论》所作的导读论文的原文，该书 2014 年商务印书馆出版。

---

　　① "海棠花溪"在北京的元大都遗址公园中，每年春天海棠花盛开，成为京城一景。这里离先生和我的居处不远，大家经常到公园散步观花。

深切缅怀恩师吴承明先生

张 耕

南开大学王玉茹教授在吴先生逝世两周年之际，邀请先生诸弟子同仁在天津开个学术会，以纪念缅怀我们的恩师。先生逝世后，经常回忆起受先生教诲的情景，断断续续记下来，都是当时和现在的真实感情和想法，现连缀起来，作为对先生的怀念。

大学毕业时分配工作已经是不容易的事，家里没有多少社会关系，无论是留在合肥还是回亳州老家都面临着就业岗位的问题。考研究生一是自己的兴趣所在，同时也是想回避找工作的困难。大学本科学的是政治经济学专业，毕业时对经济学只能算是一知半解，无论是马克思主义经济学还是西方经济学都是如此。经过四年熏陶，对经济学还是很有兴趣，读了一些经典著作，特别是马克思在资本论中批判过的资产阶级庸俗经济学家的东西，目的很单纯，就是要看看庸俗在什么地方。但以当时的理解力，只是文字相熟而已，并没有真正弄清楚这些理论的精髓。

相对于经济学来说，更愿意学习历史。家里父亲的书架上有不少中国历史书，史记、汉书、资治通鉴等经典，特别是林汉达、蔡东藩编写的历史故事，史实清楚，文采飘逸，读来爱不释手，从小时候就觉得看历史书很有意思。

应该说大学时代还是很用功，读了很多书。由于各个方面没什么突出才能和表现，参与的集体、社会活动也很有限，班里男多女少，也没条件谈恋爱，所以大部分的时间用在了读书上。在安徽大学四年时间里，几乎什么书都看，阅读量很大，历史、哲学、文学、文艺。但是真正看懂的不多，当时就想要有个人指点一下该多好。

大学毕业时，考经济史的研究生还是有了一些专业基础。除此之外，有个最大的诱惑是经济史不考数学，这对我来说太重要了。从初中起，数学就是老大难问题，考上 80 分要费九牛二虎之力。看了当时研究生的招生简章，经济史不考数学，而且能够满足学习经济和历史的愿望，心中窃喜。从各地招生情况看，云南大学比较合适。云南是祖国的边疆，昆明是四季如春的花城，是非常向往的地方，一直想去，但一直也没有机会，能到那里读研究生是个很好的解决方案。于是试着写封信给招考的导师董孟雄先生，董先生很快回信给予鼓励。顿时热情高涨，日以继夜，认真准备。当时宿舍里三个同学准备考研究生，12 点之前没有回过宿舍，考前准备时基本上是凌晨两点以后睡觉。

1988 年很顺利地考入了云南大学历史系专门史（近代经济史）专业。记得当时考分是全云南大学第一名。我很高兴，董先生也很高兴。先生人品好，学术精湛，先生待我如徒如子，我事先生如师如父。三年时间无论学术还是做人都获益多多。可惜的是先生已于 2010 年仙逝，每念及此，先生音容活现，不胜唏嘘。硕士毕业时还想进一步加深学习，能够有更大学业长进。把考博士的想法向董先生报告后，他说一是不舍，希望我能在他身边继续研究，协助他做一些工作；同时也表示如果考博士，他也赞成，希望能够有更大成绩。尽管很想再跟随先生继续学习，但是到北京去的想法实在太强烈，还是决定考博士。

云南三年是人生中最愉快的阶段，老师和同学给了我很多教益，特别是昆明的气候非常易于人居，身心修养恬淡适宜。但是云南毕竟远离中原，与国内外交流不多，还是有些局限，最后还是下决心离开。

缘分天定。1991 年社科院经济史专业招考的导师是吴先生。 对先生的景仰是从接触经济史开始就有的，先生的几部经典著作既是我学习经济史的入门教材，又是我悉心研读的楷模。明清国内市场、帝国主义在华投资、中国资本主义发展史等都认真揣摩。对明清国内市场更是多次诵读。记得在安徽大学备考研究生时，这本书因为划线太多，又新买了一本。当时是因为要考研究生，对书中的观点、论证就是死记硬背，并不十分了解对中国近代经济研究的重要性，就是觉得先生的著作是好书，好文章，精炼准确，清晰干净，行云流水，十分敬仰钦服。

在报考之前，不揣冒昧给先生写了封信，介绍了自己的基本情况，报告了要考先生门下的愿望。先生很客气，很快回信表示鼓励。当时看到先生的回信非常激动，非常感动，那么有影响的大师给我一个无名晚辈回信，让我更加坚定了投考先生门下的信心、决心。

为了更好备考，提前一周到了北京，在研究生院先住了下来。当时研究生院院子不大，学生很少，很像深山古寺，感到真是学习的好地方，能到这里读书和修炼一样，很符合当时的心态。

第一次见先生是考试前两天。与先生电话约好第二天上午到家里拜见先生。先生当时住在清华大学，初到北京，对北京之大一点概念没有，早上八点出发，转了三次车，用了两个多小时，我天生没有方向感，快 11 点的时候到了清华大学，又问了好多人，给先生打了几次电话，终于见到了先生。现在回想起来，第一次见先生时样子一定很狼狈，走了几个小时的路，已经满身汗湿，头发也长，也不懂修饰，以前也没有见过那么大名气的学者，还有些紧张。先生非常和气，详细问了学业情况，对什么方面问题感兴趣，为什么要研究经济史，鼓励要好好考试，争取能够考进来。

考试很顺利，老师出的专业题目都是大的论述题，主要是看对经济史的基础掌握程度，所以答对起来也不是很吃力。只是观点主要是用教材的传统说法，没有多少新意。英语占了点便宜，很顺利地考试过关。拿到了社科院的博士录取通知书，我们一家都非常高兴，我尤其心情非常激动，父亲流下了眼泪。能到北京了，而且在那么有名的导师门下学习，真是祖上修来的福气。和到云南大学报到一样，爸妈把我送到了研究生院。

硕士期间就开始研究中国的工业企业，当时有一个强烈的感觉，现在也还是这样认为，中国近代经济之所以没有发展起来主要还是工业发展不足，到底是什么影响了中国工业的发展，一直是我非常感兴趣的问题。对这个问题的解释众说纷纭，主流学派的观点认为帝国主义对华侵略和官僚资本主义的挤压，使中国自身的民族工业只能在夹缝中生存；同时农村经济的破产使工业发展失去了赖以转化支撑的基础；加上内忧外患的战争影响，使近代工业几经周折，陷于破产。

但是除此之外，还有什么因素影响近代工业的发展，特别是当今社会，如果没有这些外来因素的影响，工业经济能否发展起来，研究近代经济对现实经济发展有什么借鉴作用？

寻着这条思路开始了我的博士学习。当时的博士教育很有意思，第一学年主要是学习外语和政治等公共课，这些课程要学习一年，安排得很紧，几乎没有可能有更多的时间来研究专业问题。这一年过得很充实，参加了研究生院与加州大学合办的外语培训中心的学习。一年时间英语水平大大提高，获得了中心颁发的进步最快奖，奖品是一只圆珠笔；但是也付出了专业研究几乎停滞的代价。

进研究生院第一年只去拜见先生两次，每个学期开始，到先生家里向先生讨教一个半天，主要想知道先生这个学期安排什么学习任务。当时不知道是社科院的原因还是先生的考虑，没有开课。不仅是经济史专业，其他很多专业都没有开课，我觉得这是我读博士期间最大的损失。三年时间居然没有系统地听先生讲一门课。

研究生院的第二年我去先生家和经济所里见先生的次数多了些，特别是在确定毕业论文的选题时，多次向先生请教。博士毕业论文下了很大功夫，当时写得时候就已经决定应该是自己一生的最大学术成就。所以从选题到论证都很动脑筋。

印象特别深的是先生对我论文选题的指导，在电话里报告先生准备继续研究中国的工业发展状况，深究工业没有能够充分发展的内在原因。当时以科斯和诺思为代表的新制度学派刚刚在国内兴起，仔细研读了他们的代表作之后，决定制度环境应该是解释中国工业不能充分发展的重要原因。当时研究新制度学派的学者还不多，在《经济研究》和《经济学动态》上偶尔看到几篇介绍研究文章，现在印象比较深的是汪丁丁、孔泾源的几篇文章，当时能够找到的就是张五常和赵冈的书。现在仍然认为科斯把产权制度化作为资本主义产生发展的根据还是相当有说服力的。当时觉得一下子被新制度学派所吸引，立即就想用其理论检讨一下中国的近代工业经济发展环境。把这个想法向先生报告后，先生非常赞同，说经济史研究应该随时注意经济学的发展动向，采用新的方法（approach）研究可以一试。向先生学习的过程中知道先生的西方经济学学养深厚，对经济学的新理论、新观点非常关注，能够用新制度学派的观点对中国近代经济进行分析探讨，也不失为研究经济史的一种尝试。

与先生谈后非常兴奋，用了两个月的时间写了论文的理论部分，主要是对新制度学派的介绍和理解，以及准备如何开展对近代中国工业的产生、发展进行分析，兴冲冲地呈给先生。一周后，先生打电话让我到家里，说论文的设想很好，就是这么个路子，但是前半部分对新制度学派的阐述过多，没有必要，尽管现在研究的人不多，但是也没必要写太多，相信大家都已经对这个理论比较清楚，能够有新意的就是对中国近代工业发展能否有新的解释或新的研究结论，这才是博士论文的重点。

写作论文期间到先生家里又去过几次，每次都得到先生的悉心指点，论文得以顺利完成。用新制度学派的理论研究中国近代工业企业在当时来说还没有先例。由于既要努力学习新经济学理论，又要查阅历史资料，所以博士论文做完以后还觉得意犹未尽，留下很多可以继续探索的空间。由于到海南工作，研究没能继续下去，至今还觉遗憾，论文也没有公开出版。

博士毕业面临着工作选择问题。由于1994年博士不多，全国也就3万多人，所以不是找工作，而是有很大的选择余地，当时不少中央机关、部委到学校来招人。因为还有要研究的问题，当时想留在所里继续研究，把论文继续完善。所里也同意。

但是另外一种想法正在不断地影响对工作的考虑。1993年的时候，于光远先生的几个学生在三亚做课题，研究三亚发展战略，当时也请我们几个同学一起参加。93年7月份生平第一次到了三亚。三亚的热烈气氛给我留下了非常深刻的印象。1994年时，海南的房地产热已经开始退潮，但在三亚看到的还是一片热气腾腾的开发景象，到处是工地，到处是楼盘。虽然感到了国家调控的压力，但对海南特区的信心依然十足，认为调控政策很快就会结束，海南发展仍然会有继续高涨的可能。除了做课题之外，我的同学王公义还给我提出了另外的建议，让我见一下当时的省委常委三亚市委书记钟文同志。见面回来后，公义说钟文同志非常重视人才，希望能够找个秘书，问我是否有意向。

    我的个人经历非常简单，从上小学一直念书到博士毕业，父母也是老师，与社会接触非常少。当时觉得省委常委三亚市委书记是个很大的官。而且钟文同志待人非常随和，加上海南特区刚刚建设，三亚各项建设也刚刚起步，对我一个充满理想、涉世不深的在校学生来说，非常有吸引力。第一次去三亚就留下了很深刻的印象。期间为了完成课题，同时也是与钟文书记有更多的接触，又在毕业之前三次去三亚，最多的一次是跟随钟书记工作了一个月。切身感受到他是一个勤奋务实、有智慧、有能力的领导，觉得在三亚这个平台上能够干出一番事业。毕业论文答辩之前，研究生院已经开始考虑学生的分配问题。对将来的去向，确实很是踌躇，一方面想继续深入研究我感兴趣的问题，把论文做成一部书，跟着先生继续深造；另一方面三亚的诱惑确实非常大，想去那里奋斗一番。纠结了几天，还是决定到先生家里，向先生报告了想到三亚工作的想法。先生想了一下，说你再认真考虑一下，到实际部门工作也很好，从你的经历来看，接触一下社会也是必要的。先可以去三亚，想回来再回来。听了先生的话，心里非常感动，先生豁达，开放，设身处地为学生着想，完全像自己的家长一样。但又感到很不安，很不舍，好不容易有这么一个跟随大师学习深造的机会却因为现实的考虑而中断，确实很放不下。

    1994年博士毕业后来到了海南。当时为了回应三亚市委的要求，我们博士同班四个同学一起来到了三亚。在三亚的初期日子过得还是很充实。到三亚后，钟书记又把我推荐给省里的一位领导当秘书。由于刚从学校出来，干了不到半年总觉得不适应，于是向领导请求到基层服务一段时间后再到省里来。这样1994年底又回到了三亚。

    对我来说，博士毕业以后的适应期太长，很长时间还以为自己还在学生时代，下班回家看的还是经济学或经济史的书。处在书记秘书的岗位工作协调比较方便，大家出于对书记的尊重，对我的工作也非常支持。所以在相当长的时间里还能够看点专业书，但心里很清楚自己离那个象牙塔越来越远了。

    在海南前几年日子过得很快乐。没有负担，也没有压力，工作上也没有什么矛盾。由于几个同学一起到三亚，平时在一起时间比较多，也没有寂寞的感觉。这一段时间与先生的联系比较少，就是元旦、春节寄个贺卡，打个电话报个平安。

    随着国家宏观调控的展开，海南的房地产业实现了硬着陆，到处是半拉子工程，到处是倒闭的公司。三亚成了房地产烂尾楼的重灾区。海南当时的经济主要是房地产业在支持，随着泡沫的挤出，经济发展出现了负增长，整个海南的日子都不好过。政府机关虽然吃饭不愁，但是工资水平也仅仅够维持一个人的生活费用，这并没有对我的情绪产生多大影响，仍然快乐的生活着。

    真正感到生活和工作的压力是1998年从三亚规划局调到海南省总商会以后。由于经济不景气，像工商联这样与企业打交道的机构日子也不是很好过。单位在社会上地位也不高，工资收入又低，感到了生活和工作的双重压力。从 1994 年到 1998 年在海南基本上没有考虑过生活问题，在三亚当领导秘书时，住在市委的公寓房里，吃饭就在市委大门对面的快餐店买五块钱的盒饭，日子过得简单快乐。调到总商会时没有住房，在普通民居楼里租房。商会工资又低，每月除去房租水电生活费，所剩无几。这个时候感到了生活的压力，好在一个人也容易对付。就是觉得工作离开了主线，有了被边缘化的感觉，这比生活的艰难更让人不安。这样的日子持续了六年。这段时间里虽然精神不倒，依然乐观向上，相信会有更好的前景，但情绪还是受很大影响，感到了生活不容易、不如意。自己情绪不好，也没有与先生多联系。先生于 1999 年到海南开会，当时是和方行、李根蟠老师一起来。开会的前一天晚上我和当时在海南的同学约在一起和先生一起吃了顿饭，吃饭时提出来陪先生在海南各处走走，先生说会议都已经安排了，按会议走就可以，也就没有很坚持，现在想来心里还非常遗憾。先生运气非常好，回去的时候在飞机上抽奖，中了一张到北京到海南的机票。先生把机票随信寄给了我，先生信中说，来海南非常高兴，算是完成了他的一个夙愿。我也一样，没想到能在海口见到先生，就是没能多陪他一些时间，感到十分遗憾。

2003 年，在经过一番努力后，调到了省检察院。在检察院工作的好处是社会地位高，感到明显受人尊重，个人的心理满足感有了不少提高。但是，检察院依然没有房子，还是租房住，一个月的工资近一半付了房租，不过心态一直都很好。每个月除了工作，也没什么业余爱好，回家就看看电视，看看书，也不买奢侈品。日子过得简单愉快。这一段时间父母都退休了，每年冬天的时候到海南来住，夏天回家，每年能有半年时间在一起，其乐融融，感到很幸福。

2003 年对我来说有一件很重要的事情，我结婚了。为了结婚在海口贷款买了个房子。看了很多楼盘，终于找到一个又便宜位置也好的小区，只是没有小区空间。但是也非常高兴，工作十年之后在外漂泊的日子终于要结束了。

买房子真是一件大事，首付、装修、买家具、准备结婚，这一套下来，立即成了一文不名的穷光蛋。2003 年底办了个结婚仪式，心里很高兴，给先生打了电话，报告了结婚的情况。先生也很高兴，给了我们热情的祝福。

在检察院工作的时间并不长，因为工作需要，2004 年 12 月调到海南政法职业学院任党委副书记，主持工作，旋任书记。刚到海南政法职业学院时，学校刚刚从中专升为大专，百业待兴、百事待举，而且资金匮乏、设施不够、设备不足、教室学生都远远不足。刚开始的一年几乎每天在学院里，早出晚归，甚至刚回到家，晚饭还没吃完又跑到学校。在各个方面的努力下，学院越来越好，生源稳定，师资力量增强，教师收入不断提高，2010 年 7 月份我离开学校的时候，学校已经成为有突出特色的政法类院校，学生就业稳定，教师工资收入已经远超公务员。

2010 年离开学校倒是恰逢其时。学校各个方面已经步入规范，班子团结，教职工队伍士气高涨，学生管理有序，对我来说可以很舒服地在学校干下去，但同时也觉得工作缺少了挑战性，年复一年地干到老又不甘心。到 2010 年夏季，在学校工作了将近 6 年后，自己也很想换个地方了。

不知道是谁的倡议，从先生 80 岁的时候开始学生集中给先生过生日。我觉得非常好，这个倡议人我一辈子都感谢他，也感谢我的师兄弟姐妹们。五年一度的聚会，间隔时间虽有点长，但毕竟是一个很好的聚会。也就是由于这样的聚会，我又能见到先生。第一次参加生日聚会时心情很激动，海南一别已经数年没见先生。先生看到我也非常高兴，特意把我叫到跟前询问工作、生活情况，眼神话语像慈父一样关心，关爱。也是因为见到先生太高兴，当天晚上酒喝多了，竟然找不到住的旅馆。再次见到先生，依然是生日聚会，又是五年过去了。先生与同学们在一起时，又特意把我找到身边，询问工作生活情况，特别告诉我说，你离得远，来一趟不容易，来了我很高兴。这是最后一次见到先生。

2011 年 1 月 18 日，非常难忘的日子。上午九点多钟，先生给我打电话，当时我正在医院的产房外面，儿子刚刚出生几分钟，这个时候先生打来电话，真是天意呀！我很兴奋，马上向先生报告，刚生个儿子，先生非常高兴，连说祝贺祝贺，先生是第一个祝福这个小生命诞生的人。先生的祝福一定会伴随他幸福成长一生。

但是没过多久，其广兄短信告诉我，先生的身体不太好。当时感到心里很难受。下班后在办公室坐了好久。

不久，其广兄打电话说先生去世了。突然接到这样的电话，心一下子沉下去，久久不能恢复。这几年已经连续经受了这样的打击，2009 年父亲走了，2010 年 3 月份岳父走了，2010 年 10 月份硕士导师走了，2011 年先生走了。我最钦敬的老人一个一个都走了。他们在，我心有所依，有什么话有什么想法还能去请教，去诉说。先生走了，我感到了前所未有的心的孤独和无依无靠。无论是艰难困苦，还是顺风顺水，无论是一无所成，还是成绩斐然，没有人去说了，也没有人担忧，也没有人喝彩，总之，没有人呵护你了。先生的去世给我带来的心痛和孤独是无可比拟的，很长一段时间走不出来。

先生给我带来的是一生用之不竭的精神和物质财富。没有先生教诲，也没有我的今天。

先生给我的最重要的财富是科学的世界观和方法论。在写毕业论文时向先生请教的时间比较多，很受教益。先生是坚定的马克思主义者，坚持用辩证唯物主义和历史唯物主义研究历史，研究经济，这是先生的基本指导思想。同时，先生一直关注研究西方经济理论，用最新的理论研究成果分析中外经济史。在先生对我论文的指导中，强调比较多的也是经济理论和分析方法。我当时感到先生已经在整理自己关于经济史的研究方法问题。可惜我没有福气听他亲自上课。后来先生给我寄了一部《经济史：历史观与方法论》。我觉得这部书是先生经济史研究的代表作，是先生一生研究成就的最好总结。收到先生大作后，认真读了整整一个月。当时先生指导我论文时候的意见，很多在书中都找到了印证。

先生注重学以致用。先生在经济史研究中独树一帜，成就卓著，不仅是对现实经济理论的深邃洞察，对经济发展历程的透辟研究，更重要的是他的研究成果对现实中国经济的发展具有直接的借鉴和参考价值，能够造福当代。先生自己最初研究现实经济理论，后来又在实务部门工作多年。我体会，先生对现实世界的深刻了解，对他的经济理论和经济史研究提供了更加客观更加鲜活的基础。从他的研究成果中我们不仅看到的是对历史审视的精辟，更重要的是对当时经济社会发展背后动力和能量的探究，是对历史成因的客观描述和探究批判。三卷本的中国资本主义发展史是先生经济史方法论的集中代表，给出的历史性结论对当今中国的发展具有非常重要的借鉴和参考价值。

先生的理论和现实相结合的历史观和方法论对我有极大影响。在硕士和博士阶段主要在学校中度过。生活方式相对简单，每天主要的事情就是看书吃饭，吃饭看书，对真正的社会一点也不了解。本来我就出生在学校，一直读书到博士毕业，都是在生活相对简单的校园中度过的。毕业时对现实社会的了解有一种自然的渴望。毕业前到三亚去做课题，吸引我的并不是课题本身，而是三亚处在特区前沿的火热生活，特别是跟着市委书记，看到的都是现实中最集中、最直接的困难和问题。短短的实践生活激起了从事实务工作的热情。把这个想法报告先生时，他并不反对，我想也是他有实际社会生活的经历，这对他的研究也是很重要的经验。后来在同学的一次聚会上，先生说，在有实际部门工作经验上，我很像先生，得了真传。可惜的是到现在为止还在从事实际工作，没有转向学术研究。看看我的师兄弟姐妹一个一个都成了博导，心里很是羡慕。有时也安慰自己，如果我要做学问，也一定能成为博导。但没有能追随先生继续做研究，真是人生很大的遗憾。

先生教导我的不仅是做研究的世界观、方法论，更重要的是对人生观和人品、人性的树立和养成。先生的清雅和包容给我至深的影响。不仅在学术上兼收并蓄，对待晚生后辈的殷殷教诲、谦和委婉，令人如沐春风，心服皈依。先生的影响也使我努力尝试争取做到博大、宽容、正直、敬业。二十年来，不管到哪个单位，哪个岗位都能以宽容豁达的心态为人处事，与同事都能平和相处，和衷共济。特别对单位中的相对弱势群体给予更多的关心和支持，也赢得了大家对我的尊重和理解。

转眼先生已经走两年了。我最钦敬的人，再也不会回来了。先生给予我的是为国奋斗的崇高信仰，是生生不息的精神力量。先生没有豪言壮语的宣示，没有滔滔不绝的说教，有的是充满哲理和思辨的智慧，有的是身体力行的孜孜不倦的探究和追求。先生高雅脱俗、清新飘逸，先生在我的脑海里定格的形象永远是用深邃祥和的目光关注着历史，关注着当今，关注着我们。

可以告慰先生的是，我现在所从事的工作我很喜欢，有着强烈的责任感、使命感，尽心尽力完成好国家赋予的使命和任务。将来总有一天，我还会继续研究我非常喜欢的经济史，既是弥补现在的遗憾，也是告慰先生在天之灵。

弟子　张耕

2013 年 7 月于海南三沙

学贵在通，识之于变

——忆向吴承明先生讨教的几点收获

中国社会科学院当代中国研究所　武力

我直接当面向吴老请教开始于 1987 年，此前虽然与吴老同在一个研究所工作，但是不在一个研究室，又是后生晚辈，虽然仰慕，但不敢打扰，因此也无缘直接请教。1987 年中国社会科学院与中央档案馆联合编辑"1949～1952 中华人民共和国经济档案资料选编"，我承担工商体制卷的选编工作，因为吴老当年正是在中央财经委员会（简称"中财委"）工作，又正协助许涤新先生编撰当代中国丛书"中国资本主义工商业的社会主义改造"卷，对那段历史非常熟悉，因此我想聘请他做我那卷的顾问。当与吴老说明后，吴老欣然答应。此后与吴老的交往就多了，得便就向他请教问题。2001 年我搬到社科院的安贞桥宿舍后，与吴老成为楼上楼下的邻居，交往更多了，请教更方便，因此受益也更多了。

吴老逝世以后，一直想写一篇纪念文章以抒发胸中的怀念和感恩之情，这次应邀写纪念吴老的文章，正好了却心愿。回顾向吴老请教的问题，多不胜数，这里只能谈几点印象最深的收获和体会。

关于计划的不确定性问题。 与吴老交流最多的是关于新中国五年计划和年度计划的不确定性和多变的问题。新中国前 30 年是建立和实行计划经济时期，1978 年改革开放以后，80 年代仍然是计划为主并向市场经济过渡的时期。因此，五年计划和年度计划的不确定性，即执行过程中的多变和结果与计划差距很大，不仅是新中国计划的特点，也牵涉到对计划经济、计划管理和政府能力的评价问题。对于这个问题，我多次向吴老请教：中国的计划经济和计划管理不像苏联那样严肃和完整，计划多变，且计划指标与实际执行结果几乎没有一致的，到底是坏事还是好事？印象里吴老是从两个方面给我讲道理的。第一，从计划经济条件下指令性计划制定时的信息不及时、不完整甚至扭曲的原理来看，从经济发展中始终存在不可预见和控制的变化因素来看，例如天灾、国际形势，面面俱到，细化到企业生产和居民消费等微观层次的计划，肯定与实际有差距，因此过分强调计划的严肃性和不可变性，就会削足适履、僵化管理，加剧计划经济的弊病。第二，中国传统文化中所具有的"变通"思维，和中国经济发展的不平衡性、生产社会化水平太低的特点，也使得中国的计划不太具体、不太严肃，这样反而好，给予各级各个部门一定的灵活性，实际上只是具有了指导性的作用，也使得中国的五年计划和年度计划形式仍然沿用至今。最近这些年中国的年度计划 GDP 指标是"老八路"（指年度增长指标连续几年都是控制在 8%)，但是年年突破，也没有什么不好嘛，它只是起到了一个宏观调控的预期目标，有指标要比没有指标好，因为它起到了一个导向作用，让地方政府和企业知道中央的想法和要求。

关于社会主义改造问题。与吴老交流第二多的是如何认识 20 世纪 50 年代的社会主义改造。这个问题是新中国经济史研究中的难题之一，也是社会科学界对新中国历史最关注的问题之一，特别是在 20 世纪 80 年代，至今仍然是仁智互见，褒贬不一。吴老是当年资本主义工商业改造的亲历者和最早的研究者。到底怎样看待社会主义改造的得失，吴老的讲话有三点给我的印象最深：一是从发展经济学的理论出发，提出新中国在 50 年代怎样才能突破"贫困陷阱"，即通过高积累来填补"资金缺口"？二是当时新中国经济发展的不利因素很多，唯一有利条件的是有一个强大高效廉洁的政府，而这一点是许多发展中国家所不具备的，所以中国人选择强大的政府主导型发展模式，通过政府之手来提高积累，并在低消费水平上保障均等消费，在当时来说确实是比较好的选择。至于走过头了，那当然不行，过犹不及么。三是什么体制、什么政策都必须放到特定的历史时期、历史条件下去看，没有适合一切时代、所有发展水平和无条件的绝对好、绝对坏。这不正符合唯物史观和辩证法吗？

关于三线建设和农民负担问题。新中国经济史中另一个评价难点问题是如何看待 20 世纪 60~70 年代的"三线建设"。众所周知，就经济效益来说，"三线建设"的投资受当时备战的影响，一是投资国防工业比重过高，二是投资地点的基础条件差，三是在落后地方又强调"山、散、洞"（即山区、分散、进洞)，这三个因素自然导致其经济效益不可能高，尤其是在当时资金缺乏的年代，更显得不合理。当与吴老讨论这个问题时，他却提出，对许多经济问题不能"就经济讲经济"，"三线建设"还应该考虑到为国家安全应该支付的成本，何况这种投资对于当地来说是一种嵌入式发展，对当地的发展会带来很强的示范和引领作用，尤其是人的思想观念。后来我按照这个思路去分析当年在边疆的国营农场，就豁然开朗了，明白了为什么效益不高，但是国家仍然要投资和大力兴办这些农场，因为它们同时还承担着"屯垦戍边"的国防和边疆稳定、开发的职能，因此它的投资就应该同时包括国防费、边疆社会稳定费在内。如果从这个角度看，国营农场不仅不亏损，甚至是最节约、效益最好的方式。又如关于新中国的农民负担过重的问题，这往往成为经济学界批评的对象，在与吴老讨论这个问题时，吴老一方面承认农民负担很重，但是他同时又说，在工业化初期，几乎所有的国家农民负担都很重，即使是那些可以通过对外战争来掠夺财富的国家，例如当年的日本、德国，包括当年英国实行的"圈地运动"。因为工业化不仅带来工业利润远高于农业，从而从农业和农村吸走剩余，而且会刺激统治阶级的消费，加大对农民的榨取。只是吸取的方式不同，中国是完全通过政府，而资本主义国家则是通过地租和商业资本。另外，用途也不一样，中国完全用于工业化和国家资本积累，而资本主义国家则部分用于私人资本积累，部分被地主、资本家消费了。

关于**商品经济和市场问题**。吴老晚年的研究兴趣转向中国封建社会晚期的商品和市场。他这种转移固然与他曾经研究资本主义萌芽有关，但是据我观察，更多的是由于时代的需要，即与 1978 年以来的经济体制的市场化取向有关。吴老曾经多次对我讲，看来，资本主义的"卡夫丁峡谷"可以越过，但是商品经济的"卡夫丁峡谷"是不能超越的，它是生产力发展阶段的产物。与吴老的交流使我体会到：市场与科技一样，也是生产力的组成部分，它的规模、发展水平也是生产力水平的标志之一。吴老还多次讲，不能低估中国明清时期的市场发展水平，中国作为大一统的政权在明清时期不断加强，其中就有市场经济的支撑和需要。从明清时期普遍出现了"永佃制""田底权""田面权""典当""绝卖""押租""买青苗"等来看，市场交易已经深入到产权处置的深度，故当时就流行着"千年田八百主"的说法。这种土地资源的配置高度市场化，也正是中国封建社会农业文明高度发达的标志之一。因此，仅仅看到中国封建社会的小生产和自然经济，忽视了商品经济的发展，就不能准确把握中国的古代文明为什么会如此灿烂，大一统的政治制度何以长久不衰甚至越来越强化。

关于**治学的方法和眼界问题**。与吴老在一起的时候，更多的是聊天，而聊天的主要内容多是陈年旧事，其中自然多少要涉及做人、做事，常常不经意间谈到治学的方法。吴老治学领域广博，以近代为重心，兼及当代和古代，并且十分关注国内外的经济学新理论和方法的发展。因此，感想也就很多。我印象最深的是，吴老对马克思主义唯物史观和政治经济学、西方经济学、发展经济学等融会贯通，他常常强调"通"和"变"。

吴老所强调的"通"，就经济史专业本身来说，包括三个意思：一是通古今之变，二是通中外之别，三是通名实之异。就是不要就断代讲断代，就中国讲中国，就经济讲经济，就文献讲文献，而是要将某一时段的经济放到长的历史过程中去看；将中国放到世界的视野中去看；将经济问题放到全局中去看，要看到非经济因素对经济的影响和制约；将说的与做的放到一起去看，中国传统文化中的"外儒内法"影响至今，"观其言，一定还要察其行"。吴老告诉我：现在强调专业、深入是对的，除去浮躁之风自不必说，就目前真正愿意做学问的人来说，要求"专"已经不成问题了，并且有越做越细的趋势。这就更需要提醒大视野和博学。

吴老强调的"变"，是指万物都是在变的，时空在变，事物本身也在变。除了要有动的眼光和思维外，不能静止地看问题，更重要的是能够了解和把握"变"的本质、形态、条件以及变与不变的关系。研究历史尤其如此。

我有次开玩笑地对吴老说："有人说我写的文章有点像您，您告诉我以后怎么更像您？"吴老笑了，说："我没有什么可学的，就是更注意用经济学的理论和方法来观察研究历史现象，而主要不是依靠归纳法，应该学会运用最新最好的理论和方法来研究问题。""我的特点大概与我的经历有关系，先是学习历史学，然后又转到学习经济学，又在实际经济部门工作过，最后转到搞经济史，因此比较注意理论和方法，注意将文献与实际经验和感受相结合。"他又说："搞历史研究的，一定至少要有一门专业的理论和方法做基础，才好深入，例如研究经济史的，最好懂得经济学的基本理论和方法，仅仅靠历史学的方法，靠史料的积累和考据往往事倍功半。"这些话至今"言犹在耳"，可是吴老却已经驾鹤西去，天人永隔，想来伤感，只能将这些话作为座右铭了。

"学派"与学术杂志：追记吴承明先生关于经济史期刊的点滴教诲

中国社会科学院经济研究所　魏明孔

我在《中国经济史研究》编辑部工作期间，特别是主持编辑部工作时，我和其他同志深感吴老对杂志的关爱，他给编辑部投稿，稿件均誊写得非常清晰，包括标点符号也不例外。在一些学术会议上，吴老的发言往往是语惊四座，编辑部向他老人家索要稿件或将录音稿请他审订时，都是非常认真，对我们可谓有求必应。只要见到吴老，他都要告诉我们办好杂志的重要性，鼓励我们办好杂志。比如说要注意作者群的地域，不能只关注部分地区，等等。

当年编辑部的高超群先生与我先后两次拜访吴老，就如何办好《中国经济史研究》向吴老请教，两次吴老都专门谈到学派与学术杂志问题。与吴老住在同一楼的朱荫贵先生、武力先生等一同出席。两次我们都是在饭馆里，吃着最普通的饭菜，已经耄耋之年的吴老，一边喝着品味着二锅头，一边娓娓道来高见。虽然是最普通的聚餐，却酒浓意高，我们聆听着吴老的教诲，不啻是一顿丰盛的精神大餐！吴老说：作为一个单位（研究单位或大学），在学术研究中出现学派是一件好事，说明研究有特点，材料和方法有特色，也容易被学术界乃至国际学术界所认可。但是，办学术杂志，最忌讳的就是形成学派，这意味着杂志的封闭、门户之见与画地为牢。吴老在这一方面举的案例就是《食货》半月刊。

20 世纪 30 年代为学者发表研究中国历史、经济、社会文章的半月刊，由时任北京大学教授的陶希圣先生任主编。1934 年 12 月 1 日创刊，上海新生命书局出版发行。自第一卷一期起（每半年十二期为一卷)至第六卷一期止，共出版六十一期。1937 年 7 月 1 日第六卷一期出版后，即停刊。后在台湾于 1971 年复刊，改为月刊。《食货》半月刊是在中国社会史论战及中国社会性质问题论战的背景下问世的学术刊物。主编陶希圣声称该刊的宗旨是：集合正在研究中国经济、社会史尤其是正在搜集这种史料的人，把他们的心得、见解、方法，以及随手所得的问题、材料披露出来。陶希圣提倡读书，提倡一点一滴地搜集史料，强调理论和方法非先取得充分的史料，不能证实，不能精致，甚至不能产生。《食货》半月刊的出版，引起学术界各方面的重视，对当时及以后中国经济、社会史的研究具有一定影响。《食货》半月刊，培养和壮大了在学术界影响颇大且深远的食货派。如创刊号鞠清远的《汉代的官府工业》、何兹全的《魏晋时期庄园经济的雏形》、李旭的《魏晋南北朝时政治经济中心的转移》、黄穀仙的《天宝乱后农村崩溃之实况》、陶希圣的《王安石以前田赋不均与田赋改革》、全汉升的《宋代都市的夜生活》。可谓豪华作者阵容，特别是每期后面都有陶希圣亲自撰写的"编辑的话"。

《食货》半月刊作为一个学术杂志，其成功之处在于形成了食货学派，其在历史学界的影响深远，食货代表人物之一何兹全先生作为百岁老人，其在学术界的影响非常深远。

但是，作为一个学术杂志，因为坚守食货学派，最后到了难以为继的地步。当然，《食货》半月刊的停刊原因非常复杂，政治因素、抗战因素等，但是，正如吴承明先生所言，将杂志办成一个学派，这本杂志只能是寿终正寝了。《食货》半月刊作为对中国社会经济史研究影响深远的学术刊物，其存在只有短短的两年多时间，可谓昙花一现，令人扼腕！

吴老关于学术研究中的学派和杂志中的学派问题的看法，是非常深刻的，对于我们今天研究问题、办好期刊，具有重要的指导意义。这是吴老终身从事学术研究，终身关注学术期刊得出的结论。我们在编辑《中国经济史研究》过程中，在主编领导下，在学术界同仁的关心和帮助下，尽力落实吴老的教诲，对于历史学的经济史、理论经济学的经济史和社会学的经济史，尽量不偏不倚。由于水平有限，对吴老的教诲的理解和贯彻一定有非常大的差距。高山仰止，虽不能至，心向往之！

哲人已逝，但是吴老对我们的谆谆教诲，对年轻人的鞭策和鼓励，对学术的自觉追求，对学术期刊的真挚感情，令人刻骨铭心！

清华园里忆吴老

清华大学　龙登高

吴老仙逝一周年之际，李伯重教授等主编的"清华经济史丛书"①推出《吴承明文集——经济史：理论与实证》，以纪念这位杰出的清华学长。文集由刘兰兮和吴宏老师汇编，方行先生以耄耋之年亲自审定并作序。主要收录吴老 20 世纪 90 年代以来也就是 70 岁以后的论文，并附吴老与方行先生 1982～2004 年长达二十多年有关传统经济的讨论通信，及叶坦教授的吴老生平与学术的述评。翻阅文稿，仿佛吴老犹在眼前，娓娓道来，纵论古今；我们在他朴素而洋溢着浓厚学术气息的简陋书斋中，如沐春风。

一

我不敢妄称私淑吴老。不过，自 20 世纪 80 年代末业师李埏先生引导从事市场史研究以来，我就与许多同道一样有幸深受吴老道德文章的润泽。在当时的知识结构中，"市场"是一个陌生的领域。幸好吴老与业师等前辈硕果犹存，延续了学术之脉。吴老的《中国资本主义与国内市场》（1985)等论著就成为我如饥似渴的知识食粮。

尽管政府控制社会和主导资源配置的计划经济走向穷途末路，当时的提法仍限于"有计划的社会主义商品经济"，市场经济被视为资本主义，还是一个理论禁区，1989 年之后的两年，更是噤若寒蝉。劳动力作为商品受到道德嘲讽，贩运商品将以投机倒把治罪，私人企业雇员超过 8 人就属于剥削，之所以不是 7 人或 9 人，据说源自马克思的论著。现实社会陷入盲点与误区，从中国历史上的源远流长的市场演进去理解则相对顺畅。正如吴老在 80 年代中期的《市场理论和市场史》开篇所说："1984 年元旦又由中共中央发出一号文件，大力发展农村商品生产，变自然经济、半自然经济为商品经济。几年来成绩斐然……此事发我深思。我国商业素称发达，

---

① "清华经济史丛书"主要收录清华学长与教师的成果。溯其渊源，吴老与梁方仲、严中平、何柄棣、张荫麟、杨联升等当代经济史大师都出自清华，梁启超、张岱年等清华教授亦从事过相关研究。目前，经济史学科有李伯重、陈争平、秦晖、高淑娟、仲伟民、龙登高等教授，无不曾受益受惠于吴老。

或谓春秋末已进入商品经济。何以两千三百年后还要大力疏导流通、提倡商品生产？我想从市场理论和历史实践上作些摸索，或有助于时贤的研究。"作为市场史研究的开拓者，吴老用心良苦。

在前辈学者的引领和鼓励下，我潜心于市场史的研究，颇有收获。中国改革开放虽然很艰难，也有起伏，但毕竟不可逆转。1994 年确立了建设"社会主义市场经济"的战略，市场经济研究也成为学术热点。1995 年，在中国社会科学院经济研究所"小农经济·市场与现代化"的学术研讨会上，我提交了《个体小农与农村市场》的论文，会上得到了吴老的肯定，随后在他的论文中还加以引用，并特别标注"一篇出色研究"[①]的论文。这对一个初入学术界的青年来说当然是一种难得的激励。我想强调的是，这是我第一次见吴老并面聆教泽，前辈对学术后进的爱护与提携，由此可见一斑。调入清华之后，有了更多的机会得到吴老的耳提面命。记得有一次拜访吴老，看到他的书桌上摆着拙著《中国传统市场发展史》（人民出版社，1997）。我有些惴惴然，由于是第一部通贯性的市场史著作，现在看来还颇稚嫩，但吴老仍勉励有加。叶坦教授以"用人唯长"来概括吴老的仁厚品格与大家风范[②]，我对此感触至深。2004 年我开始要素市场地权交易的探索，在两次经济史研讨会上谈了初步的一些想法，也得到吴老等前辈的评论和指点，从此在这一领域一发不可收拾。无论是学界的市场史研究的深入，还是我本人的收获，我深知都得益于吴老开拓和引领之功。

2007 年吴老领衔"中国市场通史研究"课题获得国家社会科学基金重点立项，90 高龄的课题负责人，这大概也是绝无仅有的。项目分为三卷，分别由李伯重、陈争平和我负责，课题组成员则有全国各地约 20 位学者参加。一向严谨的吴老并不是挂虚名，而是与我们反复商讨课题的总体思路，分工合作与各分卷的衔接，甚至是具体的一些学术专题。这是吴老主持的最后一个大型科研项目，可以告慰吴老的是，经过课题组成员的共同努力，市场通史课题已大体完成。

从中国本土的市场与商人，我又拓展到海外华商的研究。当我在 90 年代中期与李埏先生谈起李嘉诚等海外华商叱咤风云的成就时，李埏先生鼓励我开展当代货殖列传的工作。受此鼓励，我不断探索和积累。前年与清华人文社科学院、经管学院、公管学院的同好们一起创建了一个跨学科的校级研究机构——清华大学华商研究中心。书写古今货殖列传，其源亦可直溯李埏先生、吴老等前辈的引领和鼓励。因此，吴老归道山之时，清华大学华商研究中心献挽联表达这一渊源云：

　　① 吴承明. 18 与 19 世纪上叶的中国市场. 中国的现代化：市场与社会. 三联书店，2001.
　　② 叶坦. 学贯中西古今，德泽桃李同仁——吴承明先生的生平与学术. 吴承明文集——经济史：理论与实证（附录）. 浙江大学出版社，2012.

市场经济大师前瞻首开风气
货殖源流后辈学步再启清华

二

　　业师李埏先生不时谈起吴老这位西南联大的同学，他们似乎还是上下铺。在读吴老寄赠的《濯足偶谈》时，李埏先生兴奋地回忆说，吴老在西南联大时就是个才子，颇为活跃，还表演话剧。《濯足偶谈》是吴老在牛棚劳累一天后洗脚上床前吟诗赋词的副产品，充满人生感怀与哲理，亦不乏生活情调。困顿的处境，艰难的生活，仍不减才情洋溢。2004 年吴老应斯波义信之请，赋诗纪念东洋文库八十周年。我在吴老的书斋中看到刚完成的吴老手书，诗意盎然，文采飞扬而意喻隽永。我谈起那几年与斯波先生在中国台湾和日本会面时的感受，特别是斯波先生领着我在东洋文库上下七层楼参观他的历史地图等宝贝，吴老当场将其手书原稿赐给了我！吴老与李埏先生虽然新中国成立后见面并不频繁，但同窗同道之情，君子之交，细水流长。每逢李埏先生的庆祝或纪念文集，吴老都寄上新作，包括他"一生最后的文章"《全要素分析方法与中国经济史研究》（前引叶坦文）[①]。

　　吴老是性情中人，年轻时潇洒进取，老年生活中的吴老则让人觉得可敬可爱，抽点烟，喝点酒，好美食，不刻意禁忌食物，不时来点俏皮话，问他长寿的秘诀，笑答"抽烟、喝酒、不锻炼"。学术大师并非人们所想象的如老和尚般清心寡欲，或者是整日正襟危坐的老夫子。相反，生活多姿多彩，乐观豁达。而学术已然融入生命之中，成为其生活兴趣与愉悦的内容，丰富了生活，甚至来源于生活。学术思想亦从中升腾出来，举重若轻。从李埏先生身上我也感受到这一点。他也是一位才子型学者，年轻时倜傥不凡，爱好照相，精于书法，骑车远足，打球娱乐，热爱生活，晚年亦享受生活，享受学术。许多人以为这些治学严谨的大师是书呆子，不闻窗外事，只读圣贤书。殊不知，他们丰富的内心世界，他们的生活情调，亦胜凡人，而学术则成为其发自内心的一种兴趣。有感于此，我常对青年学子说，如果把治学看作一件苦差事，缺乏强烈的兴趣，没有不可按捺的学术激情，就不要读博士，机会成本太高，你应该有其他选择更适合自身的人生发展。

　　令人遗憾的是，像吴老和李埏先生这样的杰出学者，才华横溢，却在年富力强之时受到迫害，进了牛棚或下到农村，不能教书育人，不能治史研文。即使在牛棚

　　① 吴承明.西方史学界关于近代中西比较研究的新思维.李埏教授九十华诞纪念文集.云南大学出版社,2003;全要素分析方法与中国经济史研究.永久的思念——李埏教授逝世周年纪念文集.云南大学出版社,2011.

或劳动改造之时，他们热爱生活与学术的性情，仍像顽强的小草一样从岩石的缝隙中钻出来迎接阳光。吴老在牛棚里洗脚赋诗；李埏先生则把劳动当做农民生活的一种体验，无形中当作历史人类学去感悟农村经济史。幸天假以年，他们在花甲之后，直至耄耋之年，迎来第二春，绽放学术芳华，培养学生与后辈，延续濒临中断的学术文脉。

吴老又是一个血性汉子。1934年，17岁的吴承明进入清华理学院，次年转入经济系。他与姚依林等参加了中共外围的秘密组织"中华民族武装自卫会"的清华大学小组。成为"一二·九"运动的骨干。吴老回忆说，1935年"11月27日召开了一次大会，记得是由南翔任主席，我任提案人。会上发生争执，一片混乱，无结果而散。这才懂得，和过去搞'飞行集会'不同，在知识分子中，必须作充分的'理论'工作。于是，每夜分头专访，小座谈，请名教授演讲时事。紧张地闹了一个星期，12月3日再召开全体大会，经过激烈的辩论，最后表决通过了请愿案"。①这就是《通电全国，反对一切伪组织、伪自治，联合北平各大中学校进行游行请愿的决议》，发表《清华大学救国会告全国民众书》。"华北之大，已经安放不得一张平静的书桌了"，悲壮之词，由此传诵，激励着救亡图存的一代又一代国人。12月9日凌晨7时，清华同学在大操场集合出发，**吴承明为**带队人之一。1936年1月平津学联南下扩大宣传团的团员们，天寒地冻，都只穿一身棉衣裤，每人带一床薄军毯，分成四个团整队出发。清华参加南下宣传的全体同学在体育馆前集合宣誓，由党支部委员**吴承明**领读誓词："我们下了最大决心出发下乡，宣传民众，组织民众，不怕任何障碍，不惜任何牺牲，不达目的，誓不返校，谨誓。"②

清华西大操场体育馆，就紧邻我的办公室明斋。体育馆历经百年风雨，没有变化。我想象着这段岁月，却无法想象那一个场景——革命青年吴承明是如何慷慨激昂，气冲云霄——难以把年逾九十的慈祥老者与一个血气方刚的十九岁青年革命者关联在一起。然而，这就是活生生的吴承明。

六十五年后的清华教室里，坐在讲台上的吴承明已经是一位慈祥长者，一位名扬中外的经济史大师。当他走过西大操场时，不知头脑中有没有浮现那位血性革命青年铿锵有力的呐喊。但在他纵横中外的学术演讲中，从那平静的语言，睿智的目光中，仍能感受到学术的血性，充满激情，创意四射，感染课堂里的新一代青年学子。在吴老的系列讲座中，在社会经济史的研究中融入思想文化变迁，将西方经济学说与中国传统思想的解释相贯通，上溯春秋战国，下穷近现代变迁。"史无定法"，思无疆界，行云流水般遨游在学术的天与地之间，已然没有学科界限与中西之分。

---

① 吴承明.忆"一二·九"运动中的南翔同志.清华大学新闻网.news.tsinghua.edu.cn，2003-12-11.
② 方惠坚等编著.蒋南翔传.清华大学出版社，2005.

就像传说中的武林盖世高手，打通了各种门派和章法，运用自如，有形化于无形，臻于物我两忘的化境。

新世纪初的这场系列演讲，大概是吴老讲课的绝唱了。对于吴老来说，从十八九岁的青年学子，到八九十岁的学界大师，也算是在清华园画了一个饱满的圆。此后我们曾想再请吴老回清华园授课，因为年事已高，不敢贸然相扰。对于我们来说，当然是永远无法弥补的憾事了，当时也没有录音和详细笔记。人生难免是由后悔组成的。我的导师李埏先生每周都要在其"不自小斋"单独讲谈，畅论学术，谈今论古，品味人生。这就是现在所说的精英培养吧，也是牛津剑桥的师徒制培养模式。要是当时记下来或录下来，该多有价值。如果说随侍李埏先生时是我生性懵懂，那么接触吴老时则怪我处事不周。吴老的指教和讲谈，我也没有当场全记录下来；更悔之莫迭的是，整日忙忙碌碌，有时又担心打扰吴老，从而错失了请益机会。包括吴老担任学术委员会主席的"社会经济史译丛"，好几次我们都想一起去请吴老小酌几杯，汇报一下丛书进展，听听他琅琅笑声中传递的启迪，亦竟未成行。

去年暑期伯重老师从香港科技大学任上回京，约我隔两天一起去看吴老，岂料晚上噩耗惊传！那贯通古今融会中西的思想宝库，那旁征博引信手拈来的娓娓讲谈，就这样随吴老驾鹤西去了吗！终天之痛，化为挽联相勉：

> 经济史坛绝唱化鹤不息
> 神州学界追思薪火长传

龙登高，清华大学社科学院经济学所负责人，清华大学华商研究中心主任，教授

论市场经济的文化
——为纪念吴承明教授

［法国］独立学者　吴明煌（NGO Thi Minh-Hoang）

2000 年 10 月我在南开大学参加学术研讨会时与吴老和他的夫人文明女士相识，从此开始了十多年的交往，结下了珍贵的友谊。今天我依据吴老送给我的《吴承明集》来讨论市场经济的文化。感谢王玉茹教授邀请我出席为纪念吴老的学术贡献而探讨吴老关于经济社会史的研究方法和观念。

市场经济应该分为两类。第一类是任何传统社会都有的，人们从事交换的社会关系。这类传统市场经济的基础即所谓小农经济。经济学家，马克思、卡尔·博兰尼（Karl Polanyi）、吴承明都分析研究了这类传统市场经济。

第二类市场经济，是按西方模式的现代化，属于资本主义发展的过程。按马克思、吴承明的分析，这类市场经济即所谓商品市场，交换成为交易。吴老分析了市场经济的商品化，发现它 16 世纪在中国南部（如福建、广东）就开始出现，即所谓"资本主义萌芽"。也就是说，中国社会基本上的民族现代性，辛亥革命以后才发展。

本文的第一部分，我从描述传统市场经济的文化开始；第二部分，我来分析商品市场与传统市场的区别，提出中国与西方现代化比较的问题，我的研究方法是按照吴老的方法，考察在资本主义全球化条件下的中国市场经济的变化。但是，吴老同时还非常重视市场经济的文化与社会性，无论分析传统市场经济或者商品市场经济都应该包含这些方面。从吴老的文集明显能看出，经济史也是文化史、社会史。

一、传统市场经济的文化

传统市场经济即所谓小农经济。在村庄里，农民在土地上生产的主要是粮食，为了家庭成员自己的消费。但是农民还种植一些副产品，如蔬菜、水果等，以及饲养家畜，如养猪等，农副产品主要用来到集市上交换。吴老准确地提出，某一个社会从事交换时，就可以称之为市场经济。

如哲学家梁漱溟所描述的，中国传统社会即所谓的儒家社会。在他的著述中，中国文化有别于西方文化。中国传统社会是自治的，村庄按家族、种族划分社会关系，如邻居朋友关系。在中国传统社会中，社会关系依靠血缘或者感情，与政治权力没有关系。而且一般的观点认为，皇帝不管农村的劳作，村民也不管它，他们彼此是比较独立的。

在传统社会关系中，人情很重要，对市场经济也有影响。在这方面，我的分析研究认为：第一，物品价值是灵活的，因为是按人情关系订的。在传统市场经济中，买卖双方讨价还价，直至达到双方认可的合理价格。也就是说，在传统市场经济社会，合理观念是很重要的。定价时，双方要考虑对方的面子。如价值不合理，就丢了面子，产生矛盾，结果就破坏了社会关系。

二、现代性的市场经济（商品市场）

马克思认为，西方现代性的市场经济即所谓商品市场，是在 18 世纪的工业革命条件下出现的。马克思在《论资本》中认为商品市场是全球资本主义制度的一部分。但是商业资本主义和全球的商人网络在 16、17 世纪已经出现。法国经济史学家费尔南德·布罗代尔（Fernand Braudel），在他的《资本主义的动机》（The Capitalism Dynamics）一书中也指出这一点。

就中国而言，吴老描述的在中国南部（如福建、广东）以及北方，（如陕西、山西）所谓 16 世纪的"资本主义萌芽"，说明 16、17 世纪，中国与西方没有大的差别，也能够进入全球现代化的进程。但是中国的现代化还带有民族性特征。

马克思认为，资本主义的目的是依靠机械性的生产集中资本，对社会关系是有影响的。如果将商品经济与小农市场经济作比较，商品经济是资产者与消费者之间无"仁"的关系，就是说无人情关系而是人际关系。

商品价格是由进出口岸市场决定的，不像小农市场经济具有灵活性。所以是人际关系的交易，而不是小农市场经济的交换，在交易时卖方的目的是得到利润，而不是使用价值。马克思还认为，在资本主义制度下，商品思想混入社会，成为一种社会成分（fetichism）。

从 20 世纪 40 年代开始，在抗日根据地，以山西省昔阳县为列，在共产党的领导下建立互助组、合作社的制度，尝试改造社员的小农经济思想。社员们通过互助，按商品市场经济等价交换的原则，而不是按人情关系来进行交换。虽然新中国成立前后中国开始进入商品市场经济，但是社会经济的现代化还是带有传统社会文化的色彩。

　　另一个带有传统社会商人思想、作风、做法的鲜明的例子是山西商人在城市里从事贸易和金融业的平遥票号。因为按儒家"道"的文化，他们在经商致富以后还想得到绅士的地位，于是一部分商人在村庄投资购买大量的土地。这样他们可能在村庄有一定的权威，但是因为他们很少在村庄居住，而雇农耕地甚至收取农民不合理的租息，他们并不具有威信却成为封建社会的一种地主阶层。而 40 年代土改时，他们成为则减租减息运动的对象。

　　以上海为列，中国资产阶层的思想、作风带有儒家思想的特色。中国资产阶层依靠人情关系和地缘关系进入商业社会做生意。虽然中国资本主义具有马克思所说的全球性，但它同时还带有民族性和传统社会的结构性。

　　究竟中国资本主义的两面性，即全球性和民族性，对中国现代化进程有什么影响？经济学家约瑟夫·熊彼特（Joseph Schumpeter）认为，资本主义是在帝国主义与国家成立背景下发展的。19 世纪鸦片战争后，英国、法国、德国、美国和日本等瓜分中国口岸城市，中国沦为半殖民地半封建社会。西方帝国主义推动中国资本主义国际化和工业化，产生资本集团，通过买办与外国资本合作。在全球化背景下，中国和西方现代化混合发展，直到新中国成立。

三、结论

　　吴老率先用全球化的视角研究了中国资本主义萌芽和民族性。鸦片战争后，在全球化背景下，中国的资本主义在帝国主义和殖民主义的双重压迫下开始缓慢发展。如今在经济全球化推动下中国商品市场不断发展与完善，既具有全球性又具有民族性和地域性，这就是中国特色的社会主义道路。但是所谓的自由市场、集市或者小贩按人情交换的传统市场经济的思想还是存在的。希望在全球现代化和城市化过程中公平地分配资源，鼓励社会中的创造性。

参考资料

　　1. 吴承明集. 北京：中国社会科学院出版社，2002.
　　许涤新，吴承明. 中国资本主义发展史. 北京：人民出版社，1985.
　　许涤新，吴承明. 新民主主义革命时期的中国资本主义. 北京：人民出版社，1993.
　　渠桂萍. 华北乡村民众：视野中的社会分层及其变动（1901～1949）. 北京：人民出版社，2010.
　　王先明. 近代绅士：一个封建阶层的历史命运. 天津人民出版社，1997.

不泯的记忆：怀念父亲吴承明

  时光荏苒，父亲离开我们、也离开他全身心投入的经济史研究已经整整两年了。在我脑海中，父亲早年的形象定格为那个永远把自己埋进书堆、脸部离稿纸不足五寸，眼睛紧盯笔尖的样子。晚年则是，低头敲几下键盘，眯眼看一会儿计算机屏幕，再敲，再眯眼看屏幕……而当我打开记忆的闸门，往事就历历在目，不可遏抑。

  我父、母都是有着极强事业心和责任感的知识分子，但两人脾气秉性迥乎不同。我母亲早早在 1963 年、自己的事业如日中天时突发脑溢血瘫痪在床，那时的我还在上幼儿园大班，因此在我儿时的记忆里，照顾我们兄妹三人的饮食起居、接送我们去小学或幼儿园、周末逛街吃饭、学校学习等，都是我父亲在操劳。极富耐心，按部就班，但他只做事情不提要求，也不过问孩子的表现、考试成绩等。我始终不能判断这样的做法是好是坏，因为我们都没有成才，但也都没有什么逆反、压力之类的问题，留下的只是一个亲切、平和的父亲印象。我还记得小时候玩军棋，父亲觉得棋盘死板无趣，就自己为我们设计了一个有山、有河流、有铁路和公路的棋盘；有了第三代后，他也自编自画的做双语教材教外孙女、孙女。

  我从来没有见过比我父亲脾气更好的人，母亲是个钢琴艺术家，待人真诚率直，激情似火，很受她的学生、朋友们的喜爱。但是她的真性情太容易受到伤害，加上病魔缠身，脾气反复无常，还是我父亲的温和忍让更有利于安定团结。记得小时候我母亲每隔几天就情绪化地大吵大闹一次，每每与我奶奶或者家中的保姆起纷争，总是让我精神紧张，害怕家里会发生些什么。最终什么都没有发生，我父亲把书桌安置在我母亲的病床前，安安静静地边做研究边陪护了母亲整整 31 年。从没有怨言，也不愁眉苦脸。我父亲每晚临睡前还要再到对门我奶奶的房间帮助洗洗涮涮，陪老人聊几句天，打两轮牌。那时家里来的客人百分之七十以上是看望我母亲的学生、旧友、同事，还有许多想学习弹钢琴的小朋友，但医生嘱咐她不能过度兴奋，我父亲就在书桌上立了个纸牌：谈话请不要超过 15 分钟。后来发现来家里找父亲的学者总是误认为这是父亲惜时如金，不愿让闲谈影响研究，总是看着表急匆匆离开。父亲怕再有人误会，就在纸牌上又加了一句：病人需要卧床休息。再后来，父亲看出母亲舍不得一些客人离开，就撤掉纸牌，在来人谈话超过 30 分钟后出面提醒客人。那时我家年节总分别有父、母双方的亲戚来京度假过年，我母亲特别喜欢客人，喜欢热闹，父亲此时会放下手头工作，尽心尽力地为每位亲戚安排吃住、准备礼物、游览、购物、聚餐等。我的那些姨们总是对我们这样说："要是没有你父亲，我三姐（三妹）不可能活到今天。"（我母亲家有八个姐妹，她排行老三）

我母亲分别在 1963 年、1984 年、1991 年、1994 年四次发作脑溢血，一次比一次来得凶险。在第三次发病后，差不多须臾不能离人，为陪护便利，我把父母都接到我在清华的家里来住，那间只有一室一个厨房的房子，还是与人合住的单元。那时父亲必须每晚步行近二里路到马路对过的我姐姐家睡觉，否则就得躺在脑袋紧贴冰箱、双腿缩在餐桌桌面下的小床上凑合。虽是这种环境，但他心满意足：两个女儿的家人都在身边，对母亲的病程和情绪变化规律越来越熟悉，照顾起来变得得心应手，他也越来越习惯边照顾别人边研究写作。在母亲最后的那些日子里，父亲抱母亲起卧、测血压、服药、喂饭、接便溺，母亲稍清醒时就陪她哼她演凑过的钢琴曲、聊天。与此同时，父亲一天都没有停止过学术研究。他在日记中写道："……我《经济史方法论》《广义政治经济学》、连同《述略》《濯足偶谈》，拟作四篇'告别之作'或'告别文'，以后没有研究了，皆因伺候病人使然，其实，大不相同，《论历史主义》等，均为达琳（母亲名字）病榻产物。"

一张病床旁边紧紧地挤下一张书桌，是我父、母几十年工作、养病的生活模式。我父亲工作起来无论酷暑寒冬、孩子哭闹、邻居打架、街上高音喇叭……都不会对他造成影响。人一坐上书桌就如入无人之境，吃饭总要催上三五次才肯放下笔，吃完之后再直奔桌旁，又好像无论人是否离开书桌魂都还在稿纸上。终于有一天，他写作得太过投入和疲劳，从椅子上站起身，走到门口时晃了一下就一头栽倒在地，我们急忙把他送到附近的朝阳医院缝了伤口，幸好除了磕破下巴留了很多血以外没有其他问题。

对我父母打击最大的是我哥哥生病和离世，我哥哥于 1989 年年初查出多发性肝癌，那是本来已经做过手术的额下腺癌复发并转移至肝，发现时已是晚期。我记得那天接到从医院打来的电话，得知医生认为我哥哥的生命只有大约三个月的时间了。父亲那时正日夜兼程地赶着改写《中国资本主义发展史》，我见他接到电话后只说了一句"坏了"，扬起脸来无奈地朝窗外愣了十余分钟，随后又一头扎进了写作，一写就又是几个小时。这个反应让我有些吃惊，我家只有这唯一的男孩将不久于世，我想父亲一定是把研究写作当作表达自己绝望心境的方式，依靠工作来麻醉痛苦、自我救赎了。半年之后，哥哥在年仅 39 岁时去世了，但我们没敢把噩耗告诉母亲，我母亲仍然每天早上嘱咐我们去医院给哥哥送些这样那样的吃的，这时父亲会和家里的其他人象征性地出去一下，让母亲相信是去医院看哥哥，然后父亲又回到书桌上拼命地写起来。当然我母亲还是最终知道了真相，终于，母亲也在 1994 年 1 月第四次脑溢血发作后离开了我们。

在母亲去世前，我们自然而然地把几乎全部注意力都放在照顾母亲的病上，母亲去世后，我才发现，父亲真是世上最容易照顾的老人。他不挑食，不发脾气，听医生话，与人合作，不给别人压力。他非常喜欢干家务，扫地洗衣做饭（特别是做早餐）、刷碗收拾房间，甚至修灯掏下水道和缝缝补补的针线活，无论什么都愿意干。但是他不愿意上街买东西、不喜欢到医院看病人以及去饭店机场车站之类的地方接送客人等，也就是说，凡是离开家的家务他都不大喜欢。他一生坚持自己的事情自己做，直到生命的最后几个星期，在每走一步路都气喘嘘嘘的情况下仍然坚持自己擦身搓脚漱口，每晚自己洗漱完毕躺在床上都会劳累得痛苦地大叫几声，即便如此也从不让别人帮忙。他说最害怕的是瘫痪在床离不开人，为此他努力地坚持每天出去锻炼身体，散步必须要走到自己规定的一个花坛前的位置。以前是一口气就走到那个位置，后来需要中途休息一次再走到那个位置，再后来需要休息两次，最后需要休息三次还是要坚持走到那个位置，休息后还要做一套自编的健身操。

我父亲在我生母去世后又与我的继母文铭阿姨结婚，这个继母看起来明显地没有我生母那么与我父亲般配，但是她简单、善良，愿与我们家人亲热。所以，他们俩个人的生活，在老年再婚家庭中应该算是质量比较高的一类。我的这个继母似乎比我生母还喜欢热闹，因此那时家里的客人又开始是我继母的多于我父亲的。此时我父亲年纪大了减少了一些工作量，于是他们有机会一起出游了上海、杭州、福建、新疆等很多地方；一起去探望"一二·九"时期的共同的朋友；一起串双方的亲戚；一起出席各种各样的会议、聚餐……我很高兴地发现这段日子我父亲比以前舍得花时间离开那张书桌去享受外面的世界，但同时我也觉察到，频繁地陪同继母去应酬多少让他有些不爽。他们总是把一颗烟撅成两半一人一半地抽，他们还愿意在有限的生命中做些有意义的事情，共同参加了"春蕾计划"，一项旨在帮助因生活贫困而辍学或濒临辍学的女童重返校园的爱心工程，先后资助了两个失学女童完成了学业。可惜，我继母的身体欠佳，子女和医疗关系都在上海，每年必须到上海检查、住院治疗，最后的三年里，他们是一个在上海、一个在北京靠电话和视频沟通的。继母在2010年8月去世后，父亲把数万元继母曾交给他的生活费一分未留地全部给了她上海的子女。

除了对经济史的研究工作，古诗是父亲的最爱。两本翻卷了边儿又仔细粘贴糊好的唐诗永不离身，还不断再版和自费印刷自己的诗集。碰到为亲朋好友祝寿、为一些机构的周年纪念写贺词等，他常常以一首诗来代替贺信。他每天散步时锻炼身体用的自编的四节健身操，每节都是一首诗，也就是一套操共四首诗，每首四句，每句七个字。我问他那都是些什么诗呀？他说这没有固定的，随时想到什么就是什么，比如李商隐的夜雨寄北、瑶池，白居易的暮江吟，杜牧的江南春绝句等，还有时就用自己写的诗来当体操口令。唐诗于他功效多重，他说夜不能眠时，就一首接一首的背唐诗，大约相当于数"一只羊、两只羊……"这样的效果。除了诗，父亲最喜爱的就是美食。儿子带着女友来家看望，清华小女生一脸期许问爷爷："您认为，人活着的意义是什么？"父亲没有犹豫，"是吃好的，活着时一定要吃一些好东西"。他把吃当成艺术享受，第一喜欢的是海鲜，吃完螃蟹通常要把壳、皮再塞回到螃蟹盖里又变成一只完整的蟹；第二喜欢的是西餐，牛排不能超过五成熟带着血丝的才嚼得动；第三是粤菜、浙菜、闽菜中的名吃，如佛跳墙、白斩鸡、狮子头、老鸭煲之类。了解这个顺序很重要，这让我和我姐姐的孝心可以有的放矢。他一般还会根据菜的不同备不同的酒，每顿晚饭必须喝上一小杯。不知为什么，他在北京居住那么久却没有爱上北京饭菜和北京小吃。我们曾买来豆汁、灌肠、卤煮……他没一样感兴趣的。我发现他似乎喜欢的是食材本身，而不是依靠搭配或者调制出来的味道。我也发现，无论是一顿他欣赏的美食还是他不感兴趣的饭菜，其实他的每顿饭最后下咽进去的总量都基本差不太多，这点对健康很重要。

　　唐诗、美食，即精神、物质俱在，加上爱他的人他爱的人和工作，所以诸如：某某赚了多少钱、谁谁有了什么样的房之类的信息可能不会带给父亲太大冲击力。他从不说别人的坏话，不翻动痛楚的记忆，不表功不虚张声势，不试图通过解释和争辩来塑造自己。尽管那些尘封的往事和委屈一件没忘，也总是有意捡出有趣的愉快的情节来回忆。父亲说起在"五七干校"时，去当地的医院安装假牙，"取牙那天，医生端出一大脸盆的牙齿，毫无记录可查，靠我们病人一个个选出放在嘴里试戴来辨别哪个是自己的"，这事让我们哈哈大笑；去世之前的半年内需要经常跑医院，他预感到自己的健康每况愈下，及时把所有病例、胸片都找齐装好，然后在纸袋上注明：这是活人吴承明的病例，现在可以视为死人看待；他九十岁以后仍然对新事物保持着很高的兴趣和热情，饶有兴致地通过 QQ 与国外和上海的亲人视频；像手机、电子邮箱、博客、微博这些东西，并不满足于会使用，总想搞清楚原理常常发问："那些信件在我没打开计算机时一直放在哪儿？""为什么我的文章他们在网上都看到了而我自己还不知道？""团购都是谁在哪儿、怎么组织你们团购的？"……对一些不希望发生的结局，如果预见到奋争也无济于事，他更倾向于早早放手让步，不再浪费时间精力。多年前他眼睛受玻璃体混浊、飞蚊症困扰，怕影响写作就去积极治疗，自从同仁医院的眼科专家告诉他医学上并无有效办法之后，无论多么痛苦都再也不吭一声；装了假牙感觉不适又去医院，口腔大夫认为即使再重做也改善不了多少，他听后就一直带着不那么合适的牙再不叨叨一句；年老后，每次上下电梯或者出入大门口时，总是要费力的闪开身子让别人先走，害怕自己动作太慢耽误了别人的时间，后来发现别人常常是宁可稍等一会儿也要让吴老先走时，他就每次都竭尽全力地快上快下、快出快进，还是怕动作太慢了耽误别人的时间。去世前几周在安贞医院住院，他意识到自己从此更离不开人照顾，竟跟我要求"这次出院后就去住养老院，那就不用耽误你太多时间了"；他教照顾他的保姆使用计算机，给保姆编写拼音字典，将保姆农村的家人当作自己的家人看待。2011 年 6 月份在给保姆发工资时，他已经意识到自己将不久于世，坚持这一次要提前把 3 个月的工资一起预付……我觉得我父亲的善良是基于普世价值观的，他对亲人好对路人也好，他对人好似乎与人对他是否也好没什么关系，这与雷锋同志那种对待人有时像夏天有时又像冬天的有所不同。

世上最大的痛苦，莫过于亲人的生离死别，在我已五十多年的经历中，先后亲手送走了至亲的奶奶、哥哥、母亲、公公、婆婆、爱人。每次的撕心裂肺之后，我会慢慢意识到，父亲还在家里，就坐在我身旁工作着，他是那样的真实，那么靠谱，能看见他静静地做事、静静地吃饭喝酒我就知道不必那么苦大仇深的活着，周围一切都充满意义。2006 年 1 月 10 日，我相濡以沫 20 年的爱人朱宝宪因肝癌离我而去，中药西药、放疗化疗、手术、器官移植都没能把他留住。我想我这次真的有些撑不住了，恍恍惚惚地办完丧事，恍恍惚惚地来到安贞桥父亲家里。父亲没说什么，默默地陪着我坐了好久好久，等我情绪稍稍稳定一些，他又慢慢地走向书桌去写他的文章，这倒似乎一下子让我知道该怎么做了。我要尽快平静下来，也要尽快让父亲安心地抓紧时间做研究。

2011 年 7 月 8 日，这一次，父亲真的不能再陪我了，这次我们送走的是父亲。7 月 4 号那天晚上，他躺在条件很差的医院的病床上还和我讲了个小笑话，我心中惊讶有人奄奄一息时还坚持释放"正能量"。但是从 5 号晚上开始，我暗暗祈求还是让上帝快点儿来接他走吧，这生命的最后时刻实在太痛苦了。而且我知道他对死很坦然，他曾很明确地表示过说："我活着时，如果我每天能够做一点儿好事、对别人有用，我就对自己满意，如果我做不了好事了，那就不做坏事，我也可以满意。"他把自己做不了事、还耽误别人的时间，还要用人照顾就看成跟做坏事差不多，认为那样也就没有什么活着的意义了。他安慰我说，不要为他的去世而悲伤，他说"甚至某种意义上，我现在就走也不是坏事，你看我到九十四岁时还能发表文章，这可不是每个人都能做到的。我在九十五岁时去世，五年之内应该还会有人记得住我写的东西。如果我真活到一百岁，到我一百零五时，就不会有人还记得我了。因为即便是我九十五岁以后还活着，九十五岁到一百岁这五年之间，我恐怕也再写不出文章了"……我想我父亲的一生，基本上还是可以证实"好人一生平安"，因为他的内心一直是这么平静的。

我父亲在经济史研究领域做出了重要贡献，为此得到过很高的荣誉和尊敬。而我这里回忆的只是一些生活中琐碎的小事情。我父亲是个把大事小情都尽力做到了极致的人。毛主席曾经说过："一个人做点儿好事并不难，难的是一辈子做好事，不做坏事。"我觉得我父亲就是一个力求一辈子只做好事不做坏事的人，做人做事能够做到我父亲这样，根据毛主席的标准，也是一件很难的事！

吴　洪

2013 年 7 月

回忆大哥吴承明

吴承光

我的大哥吴承明生于1917年，是一位著名的经济学家，他是中国社会科学院的荣誉学部委员、经济研究所研究员。他的学识渊博，古今中外融会贯通。数十年如一日，在中国经济史领域辛勤耕耘，取得了杰出的学术成就，树立了经济理论与经济史密切结合的典范。

大哥为人谦虚谨慎，宽厚平和。无论身处顺境逆境，"不以物喜，不以己悲"，唯孜孜以读书治学为务。虽屈耄耋之年，仍学到老，工作到老，勤奋精神，毫不懈怠，崇高品德，令人仰慕。

我是大哥的小弟，他比我年长12岁。闲谈中提到往事，大哥记忆力甚好，过去之事，历历在目，如数家珍。大哥的幼年，曾随大姐在一个女子学校上学，全校只有二三个男生，少有男孩共同嬉戏，却和女生一起上劳作课，学习内容则是做手绢刺绣，大哥以成绩优秀获得奖励。后来家中请到两位老师，用私塾方式授课。一位老师教《论语》《孟子》《古文观止》，另一位老师教数学。在私塾中，大哥背了不少唐诗宋词，从而打下了国学基础。初中是在北平市市立三中上的，那时正值"五四"运动，学习了白话文，参加了学生自治会，还学会油印小报等技术。高中则转入北平市市立四中上学，时逢"九·一八事变"，校内外开展了反日救国运动。大哥参加了抗日游行，反对蒋介石的不抵抗政策，抵制日货，募捐救济东北难民。当时四中校长曾劝大哥要好好读书，不要参加学生运动，否则记过处分。大哥被迫退学，转入天津北洋大学预科学习。1934年毕业后，考入清华大学化学系。清华的学运如火如荼，大哥积极参加了抗日救亡运动和一些社团活动。1935年参加地下党领导的中华民族武装自卫会，并在学生会主办的工友补习学校任教员，宣传抗日救国思想。还组织出版《清华周刊》，通过在清华邮局的地下党员，发送给全国各地的左派用户。1935年8月经蒋南翔等人介绍，参加了中国共产党。后来北平学生联合会提出"一二·九抗日救国运动"，组织了两次大规模的学生游行，大哥都积极参加了。最后一次游行是在1936年1月，组织了三个南下宣传团，大哥担任第三团的领队，这个团由清华、燕京大学学生组成。经过十几天的宣传游行，在农村风餐露宿，走到高碑店被军警围住，押送回校。接着到学校开始大搜捕，想破坏党的地下组织。大哥装成一名普通学生，夹着一本厚厚的洋装书，与军警们谈话唠家常，介绍他们参观生物馆，请他们参观里面的狮子、老虎标本。这样，为开会的地下党员赢得了时间，躲避了搜捕。大哥的行动受到校方的处罚，记大过并开出学籍，不得已大哥转入北京大学历史系学习，但是仍参加各次学生运动。

"七·七事变"后，日本侵占了我国大部分领土。北平沦陷后，大哥便参加了天津流亡同学会，随抗日服务团等学生组织，南下在湘、鄂、蜀、滇等地，吃了不少苦，还受到国民党政府和驻军的歧视，也和党组织失去了联系。后来转到昆明，报考入西南联合大学。这时抗日战争进入僵持阶段，国民党政府的腐败无能，使大哥思想有了变化，对过去的经历进行了反思：一个青年在国破家亡、政府腐败无能时期怎样抗日救国？过去的学运道路是走不通的，还是要认真学点知识，"科学救国""工业救国""经济救国"，哪一条路可以救国？在西南联大有良好的学术环境和学习氛围，全国各地的专家教授都云集在西南联大，听了教授的讲课和学者的指导，大哥受益匪浅。考虑到自己个人的兴趣和爱好、专长和性格，是有条件好好学一门专业知识的，将来做一个有专长的学者，为祖国贡献自己的力量。自己对经济学有兴趣，也擅长搞经济学方面的研究，于是下决心，刻苦学习专业知识。在几位知名教授，如陈寅恪、刘文典、赵迺抟、姚从吾等的指引下，取得了一定成绩。

1940年毕业，在中央银行经济研究处找到了工作。在这里有几位知名的经济学家，也可以看到较多的经济资料。大哥发表了几篇文章，并参加了《新蜀报》的编辑工作。

1943年，大哥考取了美国留学，到美国哥伦比亚大学读硕士。苦读了三年，取得了工商管理硕士学位，并以优异成绩获得了βΣΓ金钥匙奖。我曾见过他的那把金钥匙，长3厘米左右，金光闪闪装在一个锦盒内，非常漂亮，可惜在文化大革命中被毁掉了。

1946年，美国著名经济学家库兹涅茨受中国资源委员会聘请，到中国做顾问。大哥做为他的助手一同回国。工作一段时间后，又到上海中央信托局工作，还在上海交通大学、东吴大学教课。

新中国成立后，大哥到北京工作，曾在中央外资企业局、中央行政管理局工作。1985年到中国社会科学院经济研究所任研究员，并兼任中国经济史学会会长、中华全国工商业联合会特邀顾问等。在此期间，还先后到日本东京大学、美国加州理工学院讲学。

20世纪60年代，在一次学术会议上，周恩来总理提出："为了实现马克思主义政治经济学的中国化，应该写一部《中国资本主义发展史》。"并把此项任务交给著名经济学家许涤新和吴承明来完成。经过一段准备工作，调齐了人员，成立了编写组，讨论了提纲，决定分三卷出版。许涤新先生为《中国资本主义发展史》写了一篇很长的《提要》。不幸得很，许先生于 1988 年因病去世，遗留的大量工作大哥都承担下来。从全书的规划设计、重点章节的撰写，直到最后审稿，大哥为此付出了很多心血、时间甚至健康。这是他一生中费时最长，用功最多的巨著。大哥把 30 多年积累的资料，精心整理，刻苦研究，辛勤撰写，历时 14 年直到 1992 年才完成。这部巨著受到国内外经济史学家的广泛关注，有的评论说它是中国资本主义发展的"填补空白"之作，有的说它是"权威性"著作，还有的说它是国内外引用率最高的中国经济史著作之一。此外该书曾多次获奖，英国牛津大学还出版了英译本。

在撰写《中国资本主义发展史》期间，唯一令大哥高兴的事便是 1987 年 2 月 6 日，经方卓芬、黄如桐两位同志介绍，大哥光荣地参加了中国共产党，但是大哥还忍受了两件极大的不幸。

第一件不幸是大哥的夫人洪达琳于 1963 年患病，她是一位知名的钢琴家，在中央音乐学院任教授，在一次工作会议上，突发脑溢血，半身瘫痪，不得不退休疗养。此后又两次复发，以致全身瘫痪。照顾病人是件繁琐累人的事，没有办法，大哥只得一面在家写作，一面照顾病人饮食起居服药。这样一直坚持了 30 年，1994 年大嫂在大哥的怀中去世。辛勤的劳动，坚贞的爱情，令人感动。

第二件不幸是大哥的独生儿子吴景先不幸因癌症去世。我们吴家仅有此一个男孩，1968 年下放黑龙江建设兵团，1977 年回京，在社科院参加工作，身体尚好，不幸于 1989 年患肝癌去世。老年丧子，白发人送黑发人，令人悲痛欲绝。大哥在连续的悲痛折磨下，仍保持积极乐观的情绪，坚持勤奋治学，笔耕不缀，实在是令人敬佩。

自 20 世纪末起，大哥致力于经济史学科的理论研究，以求索学术思想的升华，同时致力于带学生。大哥平易近人，诲人不倦，培养了不少博士、硕士，桃李芬芳，都乘风扬帆于学海。

文化大革命中，大哥受到比较严重的冲击和不公正的待遇，但是他都挺过来了，他的收入、住房、级别等相比较他的贡献让人感觉低的不合理，但是这些并未改变他认真读书勤奋治学的乐观心态。1973 年下放到辽宁盘锦五七干校，后又转入河北固安五七干校，这期间主要劳动是种水稻，白天赤足下田，晚上则须濯足洗脚，他后来一生都坚持每晚认真烫脚，然后上炕睡觉。濯足表示一天的劳动结束，也可以说是批斗任务完成了。于是三五成群聚在一起谈天说地，欢声笑语弥漫小屋。有时兴起论及诗词，或高吟低诵，或即兴评论，大哥随即提笔记录，积累起来厚厚一册。后来回到单位整理编辑，取名《濯足偶谈》印成小册子，分赠干校学友。学友们热烈欢迎，有人唱和，有人鼓励，后来又增补修订，分三册出版，改名《濯足一谈》《濯足二谈》和《濯足三谈》，索阅者甚多，而濯足保健这个养生习惯他保留了一生。

怀念承明哥

吴承康

　　我的父亲吴兴业在家族中排行第六，承明的父亲吴大业排行第四，所以我叫他四伯伯。在我父亲这辈中，我们两家关系很好，因为四伯伯从我父亲出来上学、其后出国、回国工作以来一直对他很关心、照顾。我父母亲的婚姻，还是他牵的线。四伯伯一家一直住在北平，而我父亲则在1926年前后到上海工作。所以我小时候并未见到承明哥。后来承明到美国留学，和钢琴家洪达琳嫂嫂结婚后于1946年回国，到了上海，住在我家。承明在中央信托局等处任职，还在上海交通大学等校兼课任教。我那时在南洋模范中学读书，1947年进交通大学。他对我学习非常关心。有一次交大举行英语演讲比赛，我虽是一年级学生，也不知深浅地去参加。承明哥对我的讲稿一句句修改，提了很好的意见，最后我也得到了参加者都有的鼓励奖。那次得第一名的是承明哥的学生施养真。我1948年去美国念书，他送给我一只很好的手表。可惜我在美国不小心保管，被小偷偷去了，这事我心里一直很抱歉。

　　我和爱人黄兰洁结婚后于1957年秋天回国，到中国科学院工作。刚来时单位没有分配住房，就住在承明哥、达琳嫂家中。他们工作都很忙，还无微不至地照顾好我们的生活饮食起居，达琳嫂亲自下厨做菜给我们吃。那时的生活条件也不是很充裕，但他们夫妇总是尽心尽力地给我们安排得舒舒服服。冬天，老式房子很冷，给我们专门生了很讲究的煤炉，生怕我们适应不了北京的寒冷。他们的关心和帮助，让我们很快就初步适应了回国的环境条件，一直到我们搬入单位安排的住房。

　　我们回国后，就碰上一连串的政治运动：反右倾、大跃进、三年困难时期、四清、文化大革命……那个时期，达琳嫂在音乐学院任教，还要担任系里的领导工作。一次政治运动中，在连夜准备讲稿，次日一早上台做报告时，突发脑溢血而晕倒在工作现场。其后承明哥除了要做好自己的工作和照顾子女生活之外，每日尽心照料达琳嫂的病情，数十年如一日，令人钦佩。这么多年，历经了国家社会的种种风浪，和对知识分子的种种磨难。我们虽难得与他们见面，但也了解他们的情况。承明哥在种种困难面前，始终保持积极、平和的心态，努力应对每一个生活、工作中面临的问题。更为难能可贵的是，他无时无刻不忘学习、研究、写作。不仅是他的经济史学专业，还有哲学、历史，以至生活中的趣事、感想。如在五七干校，在辛苦劳动之余，与同事们休息闲谈，评议诗词，笔记心得，后来经整理充实而成《濯足偶谈》，读之兴趣盎然，语有深意。他的经济学持续研究，获得了累累丰硕成果，在学术界得到了应有的承认和赞誉。美国、欧洲、日本也都邀请他去讲学、交流。直到去世前不久，还在写作、出版学术著作。也就是大约三年前，他对我说，写完这一本，就完成写作的计划了。果然，他能把要总结的东西都写出来，很圆满地完成了毕生努力的研究任务。

最近几年，每逢过年过节，往往有机会和兄弟、家人相聚，承明哥总是非常高兴，谈笑风生。几年前还被评为"健康老人"。前年春节，到他家看望，还是精神很好。不想不久以后就离开了我们，真是感到突然。想到他的一生，他的为人，他的学术成就，以及对我们的关心照顾，令我十分敬佩和怀念。此时此刻，只想表示一点心中的思念。

家常话念吾舅

2011 年 7 月 8 日承明舅离我们而去，他是一位综合性很强的人文学者，后半生专攻中国经济史。他的为学为人业界和弟子们给予很高评价。承明舅儒雅风趣，平和淡定不张扬，有追求且执着。承古良史之精神虽遭失子丧妻之巨大不幸仍坚持不懈。承明舅才气十足，聪明绝顶。他能审时度势，出处有据，在不同时期都能对自己的人生道路做出恰当的选择，或慷慨激昂参加并领导了"一二·九"学生运动，抗日救国；或潜心治学，著书立说成一家之言；不为潮流裹协，不为钱权羁绊，可谓终生无大憾矣。

承明舅对中国传统文化有着广泛的兴趣和爱好。文学、戏剧乃至饮食。

先就文学说起吧，承明舅在清华学的是经济，在北大读的是历史，在西南联大受教于陈寅格、姚从吾、郑天挺等名师大家，故国学底子极好，不仅为他研究经济史打下了坚实基础，也使之不经意中成为饱学之士。我曾收到承明舅寄来的三本小书，《濯足偶谈》，再版《濯足偶谈》和《濯足三谈》。再版《濯足偶谈》的首页为承明舅的一帧彩照，摄于 1980 年 3 月东京地铁站旁的"洗足池"前。身着米色长大衣，围一条大红色围巾，黑框眼镜，面带微笑，颇为潇洒，是年他 65 岁。《濯足三谈》的首页亦为一帧彩照，摄于他家附近楼前。承明舅头戴咖啡色毛线贝雷帽，一袭黑色冬衣，双手扶着拐杖，精神宁静而安详，似进入天人合一的人生最高境界。这是一幅非常好的肖像照，为吴洪 2008 年所照。三书均有序，现将《濯足三谈》的序摘要如下：

"我原无每晚濯足习惯。文革中，所在中央工商行政管理局同仁于 1969 年下放五七干校，劳动以种稻为主。赤足下田，往返泥沼，每晚必浸泡双足良久，始能就寝。战友濯足闲谈，偶及诗词或笔记之，后整理为《濯足偶谈》。1973 年我被借调到人民出版社。工作改变，而文革未已，每晚濯足如故，因又有所记，至 1976 年'四人帮'垮台为止，后集为《濯足续集》。偶谈及续集曾于 1992 年印成小册子，并于 2002 年增订再版……1976 年我转入中国社会科学院经研所从事经济史研究……这三十年未触及诗词。每晚濯足则一直坚持下来……自 2006 年我最后一个科研项目完成之日起，濯足时再做一些诗词小记……此记定名为《濯足三谈》。"

再版《濯足偶谈》及《濯足三谈》共收文 82 篇，文章篇幅长短不一，短的仅数百字，长的也就两千多字，文体类乎过去的诗话、词话。有读诗词心得体会的，也有一些考证，如《天弦琴》等，别解如《湘君》《湘夫人》《河伯》等。写心得体会往往颇多新意，别有所见，所见深刻，如《贾谊和神鬼》，李商隐七绝《贾生》"宣室求贤访逐臣，贾生才调更无伦。可怜夜半虚前席，不问苍生问鬼神"。解者一般都认为作者是讽刺汉文帝不关心百姓而迷信鬼神。承明舅则别有其见认为："此诗不是讽而是赞……文帝所问不是鬼神而是鬼神之'本'。而贾谊能道出'所以然'即其道理、规律。要知神学家是不讲'所以然'的，儒家或法家也不讲，追求'所以然'，是科学问题，在当时是自然哲学的命题……文帝不像武帝那样喜欢神仙，贾谊也不是方士，我以为这次讨论是科学问题，是'天'，因为是在祭天之后吃冷猪肉时的一次谈话……贾谊'杂阴阳五行之学'，这就是古代的科学。"又如《李商隐的〈无题〉》一文，指出李《无题》诗腹联常有笔弱的毛病，举《相见时难别亦难》和《昨夜星辰昨夜风》两首为例。"前者的'春蚕到死丝方尽，蜡炬成灰泪始干'已是绝唱，而腹联'晓镜但愁云鬓改，夜吟应觉月光寒'亦见弱笔，又说回去了。后者，'昨夜星辰昨夜风，画楼西畔桂堂东。身无彩凤双飞翼，心有灵犀一点通。'颔联也是惊人之笔，绝世佳作，而腹联'隔座送钩春酒暖，分曹射覆蜡灯红'补述宴会情景，字句平平。这是因为律诗一来无论写情、写景到颔联已达高潮，接下来必须转提他事，此即'起承转合'之童子课也，续写高潮常致笔弱。"承明舅所言极是，一般赏析文章对这两首诗的讲解，均要千方百计道出每一联的好来……诸如此类小文还有许多，就不一一枚举了。总之，它们内容丰富，一文一议，行文平易流畅，读起来轻松有趣，颇有补益，道别人之所未道，学术价值很高。

另外，还想提及的是在《濯足偶谈》和《濯足三谈》所收的82篇文章中涉及音乐、乐器的就有十多篇。中国古代诗词本与音乐关系密切，承明舅对其中音乐的关注似乎多于一般人。不知是否与达琳舅妈是钢琴家有关，他们生前是否讨论过相关问题更不得而知了。再就是，在古典诗词中承明舅对唐诗更为偏爱，两书中论及唐诗的文章竟达33篇之多。据吴岚说，到了晚年承明舅更是唐诗不离手。所以当他离去时，在他身边放了一本平日常读的《唐诗选》，让唐诗伴他永远。

承明舅读诗，琢磨诗，自己也写诗。《濯足偶谈》一书中还附有《一锄集》，收他写的41首诗词。有新体也有旧体。语言大都通俗易懂。格律诗一般都能按照格律要求合仄押韵，对仗工整，不乏用典之处，填词亦如是。其旧诗词功底由此可见。下面举两首。五律《春望》："策马登峰极，边城看雪消。含悲辞燕阙，饮恨建康桥。国破云犹黑，情狂意转高。大地新培血，明年一树桃。"这是1937年承明舅在凤翔试马时所作。建康桥是平津流亡同学会在南京遭镇压时他蛰居处。《浣溪沙·赠友》："遥望南天楚江隈，东风吹送彩云来，梅花一曲唤春回。坝上松枝犹童子，向阳花开绣成堆，夕阳西下听轻雷。"

除了古代诗词，承明舅文学阅读的兴趣也很广泛，他看金庸的武侠小说很着迷，还喜欢侦探小说如福尔摩斯探案。上海解放前夕，我们都住在承明舅称之为"六叔"的家里，"六叔"是医生，承明舅晚上睡在一楼 X 光室里。厚厚的黑布窗帘，暗暗的灯光，承明舅看福尔摩斯看的正紧张，忽听有人敲窗，承明舅可真吓了一跳，那时上海正兵荒马乱，劫匪、绑票之事时有发生，一楼只有他一人。正不知所以时，又敲窗了，并开始有人说话："承明给我开门，我是甲舅。"承明舅这才松了口气。原来是住在这里的一位亲戚深更半夜刚从舞厅跳舞回来。第二天承明舅在饭桌上绘声绘色地讲了此事，大家为之喷饭。

承明舅喜欢戏剧，对话剧情有独钟。他在上初三时就自编自导了一个独幕剧，演蔡锷逃离袁世凯软禁的故事。他男扮女装演蔡夫人。在西南联大上学时，他参加了学校的话剧团，该剧团曾邀曹禺任导演，聘请名演员凤子为女主角，闻一多管舞美，承明舅参加了曹禺的《黑字二十八》《原野》两剧的全部排练，两剧均在剧院公演。承明舅对电影兴趣不大，他曾对我说："电影都是假的，在摄影棚里拍出来的。话剧那才是真的，是真人在舞台上演的。"晚年他也像其他一些老年人一样，京戏听得比较多，用他的话就是："看别的，脑子跟不上了，京戏的戏文和唱腔早年就熟悉，还能行。"

承明舅在饮食文化上也是行家。他爱喝酒，红、黄、白酒都爱，酒量很好，这是家传，我外公就很能喝酒。承明舅在上海住过多年，江浙人普遍爱喝绍兴老酒，这种酒比较温和更适合老年人。白酒中他最喜欢西凤。抗战时期承明舅曾在陕西凤翔住过，因而与西凤酒结下不解之缘。20 世纪八九十年代承明舅常来南开，每次必来我家小聚，我特意为他准备了一瓶西凤酒，每次来喝一点，后来他年纪大了不再来天津，那瓶西凤也未喝完，酒慢慢地蒸发，越来越少，每次打开酒柜见到这瓶未喝完的西凤都会想起承明舅，如今人已去，酒空在。1991 年郝世峰因写《隋唐五代文学史》赴京住在东大桥承明舅家。是时承明舅带着病重的舅妈住在京西女儿家，但每周仍去单位一次，当晚赶不回便住在东大桥。每到这一天郝世峰便陪承明舅喝酒。承明舅来时会带一些下酒菜，两人饮酒论诗十分惬意。承明舅诗兴很高，见解超人，郝世峰深受启发，至今思念不已。承明舅酒量好能喝，郝世峰不会喝，喝一点就不行了，所以最后都是承明舅把郝世峰扶上床，然后再把桌子收拾干净才去休息。我父母皆有好酒量，只要与承明舅聚在一起，喝酒是必不可少的。1940 年承明舅刚到重庆时，曾一度与我祖父住在一起，我祖父也能喝酒，他俩经常削大头菜佐酒。酒连接了我家三代人与承明舅的缘分。

承明舅堪称美食家，爱吃、会吃。以前他常去外地出差，问及当地山水风光，他总说："没什么印象，山水我看哪里都差不多，到是各地的菜都有特点，在别的地方是吃不到的，即使在别处开了分号那菜也不正宗了。"所以，他是走到哪儿，吃到哪儿。早些时候他还每天上班，午饭在单位吃，但每周总有一两天中午带着饭盒去下馆，或中餐或西餐，叫上一二个菜，吃一半，另一半晚上回家带给因病不能出门的舅妈。情深若是，令人感动。六阿姨（舅妈的妹妹）也住在天津，烧得一手好菜，每次承明舅来津都会去她家吃饭，我也跟着陪吃。一次饭桌上有一盘烧海参，回来路上承明舅对我说："烧海参是要鸡汤的，怎么没见端上鸡来？你下回去问问是用什么汤烧的。"后来我还真问了，并向承明舅作了汇报："六阿姨说：告诉承明哥，是用排骨汤烧的。"有一年中秋节，承明舅请在京的吴氏家人吃饭，特地让吴岚给我打电话，让我们也去。那天是吴岚和我点的菜，饭都吃完了，承明舅突然对我俩说："吃杭州馆子为什么不点西湖醋鱼，真是外行。"那天还要了一只北京烤鸭，承明舅把鸭头吃的干干净净，凡可吃的一点不剩，那年他八十七八，满口假牙，后来我问他这般功夫是怎样练就的，他嘿嘿一笑说："此鸭头非彼丫头。"

承明舅家的早点和午茶也是一道风景线。达琳舅妈去世不久我去北京看望他。早上他亲自给我做早点。先用一个小锡壶煮了一壶咖啡，在小小的咖啡杯里放了点牛奶，桌上小碟里有方块白糖，二三种果酱，还有芝士和烤好的面包片。然后又用煎锅煎了两只亨利蛋。两人坐在餐桌前慢慢品尝。说实在，有生以来我还是第一次这么斯文地吃早餐。我在上大学时养成了在食堂端着搪瓷碗匆匆吃早点的习惯，后来成了家也一直是站在厨房里三口两下把早点吃完。牛奶里也放点速溶咖啡，但我喝咖啡犹如喝大碗茶，偶尔也煎个鸡蛋，但鸡蛋大半被煎得两面焦黄。这次我向承明舅请教了亨利蛋的做法，他说："很简单，记住热锅凉油就行了。"舅妈在世时，下午三点半至四点间必有午茶。老俩口坐在茶几两侧的单人沙发上，一人一杯红茶，外加一片柠檬，一小碟点心。点心的内容随市场供应而定。食品短缺时，小蝶里只有三四片饼干。市面上食品丰富了，小蝶里就会换成精致的点心。承明舅的早点和午茶还有餐饮，不仅是一种享受，更是一种品位，一种生活情趣，自然养成的，是不能模仿，也无从模仿的。

良好的教育，学贯中西，硕厚的文化底蕴，丰富的人生阅历成就了承明舅那样的老一代知识分子特有的精神气质。其胸怀气度，博闻坚韧，情趣品味远是我们乃至下一代所无法企及的。其迎面袭来无法拒绝的精神感染是承明舅留给我最珍贵的东西。

最后一次见承明舅是去年6月16日。上午十一点许，我来到安贞医院，病房在一楼拐角处，俩人间，同屋还有一位病人，窗户被前面的楼挡住，屋里黑乎乎的不见阳光，白天还需点灯，房间很小多两个人就转不开身了，设施也很简陋。听表妹讲，住进这样的病房还很费劲，最后还是托人帮了忙。经过几天的治疗承明舅的病情有所好转，我进去时他正坐在小圆桌边等吃午饭。那天他胃口还不错，吃了三个小包子，半碗绿豆稀饭，一些煮得很烂的青菜——这是家里专门为他做的。见我来他很高兴，边吃边聊。吃完饭快一点了，我跟他相约秋天再来看他，并许诺请他去基辅餐厅吃西餐，便告辞出来。他站起身向我微微鞠了一躬，拉着我的手说："谢谢你大老远的来看我。"当时我心里特别难受，泪水涌上眼眶，赶紧说："千万别这么说，该说谢谢的是我，几十年来您照顾了我又照顾郝砺（我女儿）。"说完我向他深深鞠了一躬。他一直把我送到病房门口。以前我每次去他家走时他都要送我到家门口，住东大桥时还送我出楼，到马路边，一直看着我过马路上了公交车才转身回去。而这次他是最后一次送我。

1938年我母亲在南宁怀孕，8月承明舅从洛阳赶来护送我母途经越南河内上船回沪分娩，这个在娘胎里的孩子就是我。也就是说我尚未出世就已得到承明舅的照顾。1948年，我家由南京迁往上海，我转学到马路对过的一所教会小学，该小学英语程度很高，我跟不上，一写作业就哭天抹泪，还动不动就着急发脾气，家里人都拿我没办法。承明舅从美国回来不久，且耐心极好，只好找他来教我，在他帮助下英语考试总算及格了。六十多年过去了，我边哭边跟着他读英语的事恍若发生在昨天。1956年我考上南开大学，半个多世纪以来一直生活在北方。从此回北京承明舅家的次数远多于回上海父母那里，因而跟承明舅和舅妈就很亲，有什么需要商量或帮助的事首先想到的就是他们。1961年毕业前我打算结婚，什么准备也没有，我跑到北京承明舅家，他连夜翻箱倒柜，从外婆的老羊皮箱里给我找出两块料子做被面，一红一绿，红的是绸子，绿的是织有盘龙图案的织锦缎，非常漂亮，原是我外公当年的一块长袍料。承明舅还给我找了两个木棉枕芯。这就是我当年的结婚"嫁妆"，全是承明舅给我置办的。1963年我女儿出生了，承明舅给我寄了二十元，还有两袋奶粉。在那食品短缺的年代奶粉简直就是奢侈品，而我每月的工资才五十六元。也就在此前不久，达琳舅妈不幸脑溢血，我却全然不知，舅妈重病卧床，承明舅却依然惦着我和我的小女儿。

"文革"期间我母亲已退休，每年都要去北京陪外婆过春节，乘此我也带着我女儿一块去了。承明舅家一时热闹非凡。当时供应仍很紧张，一下子多了三口给他们增加的负担可想而知，而我当时似乎全然没有想到这些，在他家就像在自己家一样，真是毫不客气。除了能见到亲人和有好吃的外，春节这几天是我一年中最快乐的日子。"文革"中郝世峰在南开大学遭到迫害，在外单位工作的我也被视为异类，熟人避之犹恐不及，连刚上小学的女儿也被同学称为小"五一六"遭到打压。此中的凄凉与艰辛凡过来人是不难想象的。所幸每年我还能在承明舅家过一个快乐温馨的春节。其实那几年承明舅的日子也不好过，不是在单位写检查，就是下乡劳动，但是他在家人面前从不露戚容，还像以往一样有说有笑。是怕家人替他担忧，亦或是在冰冷的世界里给家人些许温暖。最近看了他写的《吴承明小史》得知他在下乡劳动期间还读了许多自然科学和社会科学方面的书，写了十余万字的随笔。他写道："这时我的人生观是有劳动与读书，生活即有价值，因而知足常乐。"原来这还是一种"一蓑烟雨任平生，也无风雨也无晴"的精神境界。

承明舅帮了我又接着帮我女儿。1985 年郝砺大学毕业分配到全国妇联工作。当时妇联单身宿舍没有床位，住宿先得自行解决。郝砺曾一度住到了东大桥承明舅家。1992 年她离开妇联准备出国，等签证期间又无处可住，便再次住到承明舅家。不仅如此，在妇联工作期间有一次她感冒发高烧，承明舅让吴岚炖了一锅鸡汤送到灯市口妇联宿舍……承明舅和他的一家对我和郝砺恩重如山，然而我却从未认真地向他道过谢，唯一一次说"谢谢"还是在安贞医院，那时他已生命垂危。想到这些愧疚难当，心好痛。对这位比父母还知心、还亲近的舅舅为什么近几年当他还在世的时候没有多去看看他呢？每次给他去电话都许愿"今年一定来看您"。他总是说："等着你呢。"一年又一年，我一次次让他失望。

疼我爱我的承明舅走了，他对我的那份爱将永远留在我心中，与之相伴的是我对他无尽的思念。

汪　新
2012 年 3 月于南开园

中国经济发展与市场变迁

——吴承明先生学术思想研讨会综述

由南开大学经济史研究中心、华东理工大学发展研究所和中国经济史学会联合主办的"中国经济发展与市场变迁——吴承明先生学术思想研讨会"2013 年 7 月 13～14 日在南开大学召开①。来自海内外的三十余名经济史研究专家及南开大学经济史专业研究生出席研讨会，一些因故未能到会的学者提交了学术论文。研讨会围绕着吴承明先生的学术思想、学术成就与道德风范展开。

一、吴承明先生的生平事迹与道德风范

作为本次会议的第一个报告人，吴先生的女儿、北京邮电大学经济学院吴洪教授以她亲自整理的"吴承明学术年表"为线索，满怀深情地追忆了吴老坎坷而充满传奇的一生。

第一，先生少年时生活在一个四世同堂的大家庭，家庭和睦，一百多年来，从未有过争吵。这样的家庭氛围熏陶造就了先生温厚仁爱的高尚品格。第二，先生妻子因病卧床休养长达 31 年之久，他几十年如一日，一面投入紧张而繁忙的研究工作，一面默默承担起打理家务、照顾家人和抚育小孩的重担，生活艰辛却始终乐观豁达。第三，先生于 1978 年 5 月调到中国社会科学院经济研究所，开始参与主编三卷本《中国资本主义发展史》，为此殚精竭虑、废寝忘食。有时为了弄清一个数据，先生会一整天不停地到处打电话、查资料。即使在饱受妻亡子丧之痛的折磨之时，先生仍咬紧牙关坚持写作，几至晕厥，到后来统稿，他几乎把全书 206 万字重写了一遍。第

---

① 会议的首场由吴承明先生生前的弟子、南开大学经济史研究中心王玉茹教授主持，她在欢迎辞指出，这次研讨会是为纪念吴承明先生（1917～2011）逝世两周年而召开的，主要目的在于探讨先生学术思想，并藉此出一本纪念先生的文集。会址之所以选择在南开，原因大致有二：第一，先生与南开有深厚的渊源。抗战时期，先生曾入由清华、北大和南开三校合并而成的西南联大学习。新中国成立后，先生多次与南开大学展开学术合作，自 90 年代起又任南开大学兼职博导。第二，南开大学经济史学科的研究传统与吴先生的经济史研究不谋而合。南开经济史研究的特色在于运用经济学理论来研究经济史，注重理论与历史的统一；同时我们也注重史料的收集和整理以及统计计量手段的运用。这与先生所提倡的"史无定法""一切经济学理论都是方法论""论从史出"或"以史带论"和"凡是能够计量的，尽可能作些定量分析"等诸多观点如出一辙。

四，先生还关心青少年的教育问题。他以自己坎坷的经历，告诫当下的父母，社会科学需要长期的积累，学有所长的关键在于长期的坚持和钻研，而不在于是否名校出身。现在青少年学生挑名校是不明智的。

先生一生乐观通达，活的明白。先生也有自己的"中国梦"，他的中国梦就是后世人们能记得他的研究。他说，我现在是 94 岁，但我还在写文章，如果我在 95 岁时去世，就会有很多人记得我的文章；若是我活到 100 岁，而 95 岁到 100 岁没写出文章，人们就会很快忘记我。其实，先生的中国梦早已不是梦，我们只要想到中国经济史，就会想到先生，先生早已成为中国经济史研究领域的一颗参天大树，根深叶茂，荫蔽后学。

二、吴承明先生启迪后学的育人理念及其办刊思想

中国社会科学院经济研究所刘兰兮教授认为，先生的育人理念大致体现为三点：第一，对自己不同意观点的尊重和包容。先生常讲，只要你持之有据，言之成理，我就尊重你的观点。中国社会科学院近代史研究所史建云教授和南开大学王玉茹教授也在会上提到了这一点。史教授说，在先生的心目中，学术观点有不同很正常，重要的是要有自己独立的思考；王玉茹教授回忆了随吴先生攻读博士学位研究生的点点滴滴，先生时常讲：指导学生的论文是不能干涉学生的学术观点的，只要能够自圆其说就应支持，而且先生身体力行。她回忆起当年吴先生指导她的博士论文时的情景，她与先生的学术观点并不一致，但是在审阅论文时为她补充了很多支持她的学术观点的资料。第二，对自己已有的成果不固守。先生认为，研究经济史就是要研究那些我们还没有认识或认识不清的事物，已经认识清楚的就不要再研究了。有些我们本已认识清楚的事物，随着时间的推移，新资料的出现，又变得模糊了，这就需要再认识，历史研究就是没完没了的再认识。因此，他希望根据不断发现的新资料来修正自己的研究成果，即使自己无法进行修正也希望别人予以修正。第三，注重培养学生的问题意识。华东理工大学商学院吴柏均教授在大会总结发言中，也详细地谈到了这一点。他说先生做研究历来从现实的问题出发，不管这个问题是已经发生的历史和正在发生的现象，更多的时候，他在指导我的时候，总是从现在正在发生的问题出发的。研究除了探明历史的真相，是为现实提供启示的。中国社会科学院经济研究所徐建青教授也讲，先生要求我们研究一个问题，不能总是盯住问题本身，既要看它怎样来的，又要看到它将要向何处去，要有一种"瞻前顾后"的历史感。

中国社会科学院经济研究所魏明孔教授在其题为"吴老与学术杂志"的发言中

介绍了吴老长期以来对杂志编辑部工作的关心与指导，吴老认为作为一个单位（研究单位或大学），在学术研究中出现学派是一件好事，这说明其研究有特点，其材料和方法有特色，也容易被学术界乃至国际学术界所认可。但是，办学术杂志最忌讳的就是形成学派，这意味着自我封闭、画地为牢。他指出，办杂志不能有门户之见，不能有学派之分；否则，就不会成功。他还以民国时期《食货》杂志短命夭亡的历史，谆谆告诫编辑部的同志要坚持兼容并包的办刊方针。吴老的意见对于《中国经济史研究》杂志的健康发展意义深远。

三、对吴承明先生学术思想的理解和体会

武汉大学历史文化学院任放教授在题为"历史观与方法论"发言中讲道，先生是一个通人。多学科杂糅的知识架构使他得以打通史学与哲学之间的学科障蔽，通观、通达、通透的历史观，这是一种"通识"的历史观，这种历史观不囿于学科之疆，不囿于专业之界，最终不囿于古今中外。他还进一步指出，吴先生实践"通识"的门径是"比较"，简略言之，即古今中外比较。察中外之别，是先生对司马迁史学思想的一大发展。最后，任教授总结道，历史观决定方法论，实证是功夫，理论是境界，二者兼擅是完美，吴承明先生就是接近完美的大师。

清华大学人文学院陈争平教授在发言中，从两个方面阐述了吴老经济史的方法论思想和他本人对当前经济史研究现状与发展趋势的看法：第一，史无定法。陈教授依目前经济史研究的现状，对吴老划分的三个层次的经济史研究方法进行了深入剖析。他还进一步指出，在经济史方法上要记住清儒梅文鼎的名言："法有可采，何论东西；理所当明，何分新旧……务集众长以观其会通，毋拘名相而取其精粹。"第二，重视计量分析。吴老认为，经济史研究要注重定性分析与定量分析的结合，能够计量的要尽可能计量分析。孤证优于无证，多个证据的罗列要优于孤证，计量分析优于证据罗列。吴老也告诫我们，定量分析要与定性分析相结合，"已有的定性分析常有不确切、不肯定或以偏概全的毛病，用计量学方法加以检验，可给予肯定、修正或否定"；而计量经济学方法可以用于"检验已有的定性分析，而不宜用它创立新的论点"。吴老同时也告诫我们，计量研究是一项要小心谨慎，要下苦功的工作，统计是经济史计量研究的基础。另外，吴老还强调定量分析要注意可比性，他认为如果不能进行比较，学术价值就要打折扣。因此他建议以生产法为主，计算近代各时期中国 GDP。

吴柏均教授在发言中认为，研究要有合适的方法，但关键的和基础的是要有史实资料；否则，一切归零，而且会犯错。这与经济学的理论研究不同，特别是做经

516 经济发展与市场变迁——吴承明先生百年诞辰纪念文集

济学纯理论的，讲的是逻辑关系，但经济史的逻辑在史实之中。所以从这个角度讲，经济学研究，如果单纯以数学逻辑的方式加以研究，如果脱离历史的经济活动的实证研究，经济学的发展是有风险的。熊彼特认为，经济分析是"历史、统计与理论"缺一不可，现在经济学一部分研究脱离历史和统计，是一种进步，但要小心。吴教授还讲，所有的经济活动都是历史，经济学的理论不过是为人们理解经济活动和拟合经济发展规律而创造的各种方法和分析框架，从这个意义上，我理解了先生说的"经济史是经济学的源，而不是经济理论的一个支流"。昨天陈争平老师论述了先生的史无定法的法，除了一些表述有不同看法，我总体上是赞同他的说法。尤其讲到的研究方法的第二层含义，经济学的各种理论也好，社会学的各种理论也好，因为都是对特定条件下（包括时间和其他社会经济约束条件下）的经济活动、社会活动的研究方法和概念整合，所以是经济史研究的一种方法。它与哲学层面的方法论和技术层面的分析工具，共同构成了研究的方法。

四、继承先生学术思想遗产进一步推进中国经济史研究

吴承明先生认为，史料是史学的根本，绝对尊重史料，言必有证，论从史出，这是我国史学的优良传统。治史者必须从治史料开始，不治史料而径谈历史者，非史学家。由于史料并非史实，必须经过考据、整理，庶几接近史实，方能使用，因此史料学和考据学的方法可以说是历史学的基本方法。从乾嘉学派到兰克学派，中外史家都力图通过考证分析，弄清历史记载的真伪和可靠程度。清华大学李伯重教授在其提交的《新史学与旧史料——以 19 世纪初期华亭—娄县地区的 GDP 研究为例》一文中，运用 HSNA 方法对 1823～1929 年期间华娄地区的 GDP 进行计算，然后将结果与范·赞登等人使用 SNA 方法对 19 世纪 10 年代的 GDP 研究所得的结果进行比较，最后得出了出一般人意料的结论。另外，他还进一步指出，应当重视使用新方法对"传统"史料的处理，使得"传统"史料得以为新史学所用。为此，应当努力探索相关的处理方法。

根据吴承明先生的论述，经济史学科的形成要比历史学科晚许多。经济史作为一门独立学科，是 19 世纪晚期从历史学中分立出来的。不仅经济史是从历史学中分化出来的，即使是经济学，也可以认为是从历史学科中分化出来的。这是因为经济学本是一门历史科学，也因此，任何经济学理论都有它的"历史相对性"。中国社会科学院经济研究所研究员董志凯教授在其以"关于跨学科研究的一些联想"为题的发言中进一步指出，经济史从历史学分立出来之后，形成了经济学与历史学交叉的学科。然而，分立并未就此终结。100 多年来，经济史研究出现了两种趋势：一是

分工越来越细，越来越专业化；二是经济史与政治史、社会史、文化史等其他社会科学以及自然科学"沟通""交叉"与"融合"的趋势。经济史阐述得越深入，交叉和融合的需求就越迫切。这是因为，它体现了学科交融的新方向。

吴承明先生坚持发展的历史观，认为人类社会经济的发展可能有曲折，也会有回潮，但总的趋势是进步的。他还认为，历史认识具有相对性，研究历史就是要研究过去我们还不认识或不清楚的事情，随着知识的增长和时代思潮的进步，又会变得不清楚了，需要再认识。北京大学经济学院萧国亮教授认为，对于历史问题，只要视角变化或当代需要变化，就需要再认识，历史研究最终是一个学以致用的问题。他运用历史经济学的方法对世界各国经济发展经验进行了详细考察，并以此为基础指出，目前世界经济正处于第五波康德拉季耶夫周期，对经济问题的任何悲观预测都是站不住脚的。另外，他还对中国所特有"八二"经济周期现象进行了深度解读。

吴承明先生主张"史无定法"。他主张应该根据研究对象和具体问题选择适用的方法，无论是传统史学方法，还是国外新兴的各种学派的方法，均可采用。广州外语外贸大学刘巍教授在其提交的题为《供给约束型经济——近代中国宏观经济运行前提研究 1887～1936》会议论文中，运用定量与定性相结合的方法对近代中国宏观经济运行态势进行了详细的考察，他指出，近代中国宏观经济运行的基本态势是供给约束型，因此，凯恩斯的需求型理论对于近代中国宏观经济的研究来讲基本是无效的。

吴承明先生重视传统经济在中国现代化进程中的作用。他认为，事物内部具有能动因素，甚至对立物之间也具有相互补充的功能。他通过对中国二元经济的实证考察，指出传统农业不仅可以为现代化产业提供廉价劳动力，并且还可以提供剩余。充分利用手工业和传统手工业与小农经济相结合的功效，可能走出一条立足本土、功能结合、土洋结合进而现代化的道路。中国社会科学院经济研究所林刚教授在其提交的《以长时段的基本规律把握中国问题——略谈吴老关于中国传统与现代化道路关系的研究》一文中对吴老的这一思想进行了深化和运用。艾克斯-马赛（Aix-Marseille）大学亚洲研究所（IRASIA)吴明煌（NGO Thi Minh-Hoang）教授则从文化史的角度考察了传统市场经济与现代市场经济的区别与联系以及二者之间的转化。

吴承明先生学贯中西，融汇古今，对市场在传统经济向现代经济转变中的重要作用有深刻的洞察，他认为经济现代化进程，实际上是以市场需求为导向的，商业革命导致工业革命，而整个社会的现代化变迁也常在市场上反映出来。因此，先生很重视对市场问题的研究。20 世纪 90 年代，吴先生曾从人口、物价、商税和白银流动等方面考察 16 世纪到 18 世纪中叶的中国市场问题,作为先生研究的一个延伸,台湾近代史研究所林满红教授在《国际贸易关系中的中国二元经济（1850～1949年)》一文中以国际贸易为切入点,以鸦片等商品市场为例考察了 19 世纪中叶到 20世纪 40 年代末中国穷区与富区的市场整合问题。日本御茶水女子大学岸本美绪教授在其提交的《清代的经济萧条和市场结构——以康熙年间和道光年间的比较为中心》一文中,从吴承明先生于 1997 年对"清代经济萧条问题"相关论断出发,对近年来围绕清代"经济萧条"而展开的讨论,主要从市场性质这一方面来进行初步整理,并运用比较历史的方法,通过对康熙年间和道光年间的比较来探讨清代市场问题的连续性和转变过程。

吴承明先生晚年十分关注"全要素分析法"的应用,并于 2008 年以 91 岁高龄完成《全要素分析方法与中国经济史研究》一文,直到在去世前先生仍在联系有关学者进行这方面的研究,吴老不止一次地对人讲,这是他最后的研究了,话语里略带遗憾。在本次会议上北京大学光华管理学院颜色博士对全要素分析法的来龙去脉进行了详细介绍,吴柏均教授作了题为《中国省际全要素生产率及其影响因素分析（1979～2007)》的学术报告,可以看作是对先生研究工作的进一步推进。

此外,中国社会科学院经济研究所陈其广教授以自己多年来进行国情调研的经验和体会向与会者揭示了正确的世界观和方法论对于正确认识问题和解决的问题的重要性。天津财经大学经济学院黑广菊老师向与会者详细介绍了其与天津档案馆合作的关于天津"北四行"档案的整理工作。因故未能到会的日本御茶水女子大学的岸本美绪教授提交了《清代的经济萧条和市场结构——以康熙年间和道光年间的比较为中心》的学术论文,厦门大学嘉庚学院戴一峰教授向会议提交了以《晚清海关的组织建构》为研究主题的学术论文。苏州市经济贸易委员会高级经济师方健博士向会议提交了其关于南宋商品性农业研究的最新成果。

吴承明学术年表

1917 年（民国六年）

1 月 3 日　出生于律师家庭，祖籍河北滦县，汉族。

1920 年（民国九年）

随父母来北平，在四世同堂的大家庭中生活。

1923 年（民国十二年）

入北平京公立第三十七小学（新中国成立后为西直门小学）。

1926 年（民国十五年）

退学改为在家念私塾。

1928 年（民国十七年）

入北平市立第三中学。曾与人办油印小报、自编自导并参演独幕剧。

1931 年（民国二十年）

考入北平四中高中，时值"九·一八"事变，作为积极分子和新四军革命烈士黄诚的助手，开始投入反日救国运动。

1932 年（民国二十一年）

因组织校内学生反日运动，被四中校长齐树芸要求转学，投考天津北洋工学院高中部并被录取。

进入北洋大学（预科），开始树立"工业救国"思想。作为预科学生代表参加校内进步学生组织"河滨社""荒火社"活动。在抗日宣传基地"工友补习学校"中任教务长。倡导组织世界语学会，开世界语班。

1934 年（民国二十三年）

考入清华大学理学院化学系，从"工业救国"转为"科学救国"。二年级时又觉"科学救国"不如"经济救国"更为现实，随从化学系转入经济系。曾从杨树达教授学训诂，听陈岱孙教授的经济学课程。

1935 年夏（民国二十四年）

参加中共外围组织"中华民族武装自卫会"，并接受工作任务。

在学生自治会主办的工友补习学校当教员；任《清华周刊》总发行，利用所掌握的发行网向边远地区左派组织邮寄抗日救亡出版物；在《东方既白》杂志创刊号上撰写论中国土地问题的文章。

8 月　在清华，由蒋南翔、何凤元介绍宣誓入党，成为中共党员。

12 月　作为清华领队参加"一二·九""一二·一六"两次大游行。

1936 年（民国二十五年）

2 月，北平学联组织的三个南下宣传团返平，三团的积极分子发起成立中华民族解放先锋队（简称"民先"），成为中共最重要的外围团体也是青年抗战救亡的中坚，时当选为"清华民先"大队长，率队员抢救出多位被军警逮捕的清华学生领袖。

6 月　因学生运动被清华开除后考入北京大学史学系。仍持"经济救国"思想，故把目标放在近代史上。听钱穆先生秦汉史课，并听经济系课程及业余时间自学马克思主义经济学。在北大期间参加了"援绥"劳军、"一二·一二"大游行等抗战活动。

1937 年（民国二十六年）

8 月　参加学生抗战组织"平津流亡同学会"，并被补选进南京总会执委。此时意外发现：已在乱世中失掉中共组织关系，成为非党员了。

11 月　参加民先号召组织的战地服务团。

1938 年（民国二十七年）

在西南联大选修了陈寅恪的隋唐史和佛典文学，葛邦福（John J. Gapanovich）的希腊罗马史和赵迺抟的经济思想史等课。出于兴趣，参加西南联大话剧团。

1940 年（民国二十九年）

夏　从西南联大毕业开始步入社会，到重庆歌乐山的中央银行经济研究处研究战时经济。

1941 年（民国三十年）

2 月　去行政院经济会议秘书处和金融组工作，后任金融组秘书，被迫集体加入国民党，新中国成立后成了"历史问题"。

1943 年（民国三十二年）

到"中国战时生产促进会"任研究部主任。在重庆的三年被《新蜀报》聘为"主

笔"，又主编半月刊《银行界》。在《时事新报》发表《论当前生产政策》《论大小生
产——再论当前生产政策》两文，撰写《产业资金问题之检讨》《理想利率》等文。

冬　怀揣"实业救国"理想，船行 43 天赴美留学，入哥伦比亚商学院研究生部
主修"货币与金融学"，请白克哈特教授为学位论文指导教师，辅修"工业管理"。
学习了查普曼的银行学、多德的金融市场、莫里斯–克拉克的经济学等课。

1945 年（民国三十四年）

以五门并列 A 的课业成绩和一篇题为《认股权、股票股利及股票分裂与扩充公
司之投资理论》的论文获金钥匙奖。

1946 年（民国三十五年）

3 月　与钢琴家洪达琳女士在美国纽约结婚，洪达琳于 1994 年 1 月在北京病逝。

6 月　受雇于资源委员会，在纽约办事处工作；同年 6 月，作为 1971 年经济学
诺奖获得者库兹涅茨顾问由美回国工作。

9 月　调日本赔偿拆迁委员会工作。

1947 年（民国三十六年）

年初　辞职来上海，任中央信托局信托处襄理，分工管外汇，曾设法给中共地
下贸易组织"广大"做成小额贷款。

夏　兼任上海交通大学教授，讲授"货币银行"和"国际汇兑"，后改教"工业
管理"和"财务报告分析"两课，所讲内容多为当时国内大学首创。

1948 年（民国三十七年）

开始研究中国工业资本问题，后写成《中国工业资本的估计和分析》一文发表。

1949 年

6 月初　上海解放不久，调华东贸易总公司。

9 月　调任中国银行经济研究处研究委员。

11 月　到北京中央外资企业局，任业务处副处长。

1950 年

外资局并入中央私营企业局，任外资处副处长。开始研究外国在华投资。

1951 年

用魏子初（外资处）笔名发表三篇论文和三种小册子。其中《帝国主义在华投
资》连印三版并有俄文版。

1952 年

兼任工商行政处副处长，主持私营企业重估财产、调整资本工作。开始注意商业和市场问题，为后来研究市场史做准备。

1953 年

参与筹建中华全国工商联（简称"全联"）工作，10 月成立，任全联执委，后任历届全联特约顾问。

1954 年

在北京开始经济史研究工作，首先从资料工作做起；《帝国主义与开滦煤矿》，署名魏子初（外资处），1954 由神州国光社出版。

撰写《过渡时期的国家资本主义》，人民出版社连印三版。

1955 年

《帝国主义在旧中国的投资》，由人民出版社出版。

1956 年

夏　任调查研究处处长。

1957 年

反右派运动中，因较谨慎，未受牵连。

1958 年

任由中央工商行政管理局与科学院经济研究所合设的"资本主义经济改造研究室"主任。

1962 年

负责统稿的《中国资本主义工商业的社会主义改造》由人民出版社出版，这是一项错误的失败的研究。

1969 年

8 月　下放赴辽宁盘锦的商业部五七干校。

1971 年

11 月　迁移至河北固安县粮食部五七干校。

1974 年

1 月　借调到人民出版社，主编《旧中国的资本主义生产关系》。

1975 年

8 月　调到商业部，酝酿、准备编写《中国资本主义发展史》。

1978 年

5 月　调到中国社会科学院经济研究所工作，开始主编三卷本《中国资本主义发展史》，为此殚精竭虑，废寝忘食。在后来统稿时，事实上自己将全书三卷共计206 万字完全重新写了一遍。

1979 年

开始招收经济史硕士研究生。

12 月　受日本"国际交流基金"资助在东京大学社会科学研究所作外国研究员。

1984 年

8 月　受洛克菲勒基金会资助赴意大利参加中国经济史讨论会，在发言中提出"史无定法"。

1985 年

开始招收经济史博士研究生。

论文集《中国资本主义与国内市场》，由中国社会科学出版社出版。

1986 年

3 月　被聘为美国加州理工学院客座教授。

1987 年

2 月　在中国社会科学院经济研究所加入中国共产党。

12 月　被聘为南开大学经济研究所教授。

1991 年

6 月　当选为中国经济史学会会长。

10 月　获国务院政府特殊津贴。

1992 年

印行《濯足偶谈》，分送旧友。

1993 年

6 月　参加"经济史论坛"讨论，共计十五六次，至 2006 年 10 月结束。

1995 年

4 月　与文铭女士在北京结婚，文铭于 2010 年 8 月在上海病逝。

4 月　发表《经济学理论与经济史研究》，提出"在经济史研究中，一切经济学理论都应视为方法论""经济史应当成为经济学的源，而不是它的流"。

1996 年

出版论文集《市场·近代化·经济史论》，云南大学出版社。

2001 年

9 月　出版论文集《中国的现代化：市场与社会》，三联出版社。

2002 年

修订再版《濯足偶谈》。

12 月　出版《吴承明集》，中国社会科学出版社。

2006 年

出版《经济史：历史观与方法论》，上海财经大学出版社。完成最后一项科研，开始作《濯足四谈》。

8 月　获中国社会科学院首批"荣誉学部委员"称号。

12 月　《中国社会经济史论丛——吴承明教授九十华诞纪念文集》由中国社会科学出版社出版。

2007 年

4 月　中国社会科学院举办"吴承明、汪敬虞先生九十华诞学术讨论会"。

2008 年

9 月　当选"中国社会科学院健康老人"。

2011 年

发表了最后一篇学术论文《全要素分析方法与中国经济史研究》。

7 月 8 日　因病在北京逝世，享年 94 岁。

后 记

2011年7月8日，经济史学一代宗师吴承明先生离开了我们。为纪念吴承明先生对中国经济史学的贡献，弘扬先生的学术思想，在先生去世两周年之际，2013年7月13~14日由南开大学、华东理工大学与中国经济史学会合作，在南开大学召开了"中国经济发展与市场变迁——吴承明先生学术思想研讨会"，得到了海内外经济史学者的真诚支持，在会议筹备和召开期间，以及研讨会后收到了海内外学者和先生亲属的30余篇学术论文和回忆文章。

2017年1月3日是吴承明先生百岁诞辰，作为吴承明先生的弟子，为缅怀恩师的教诲之恩，弘扬先生的学术精神，我们将这些文稿以《经济发展与市场变迁——吴承明先生百年诞辰纪念文集》结集出版。论文集由三部分内容组成，第一部分为学术论文；第二部分为纪念和回忆文章；"中国经济发展与市场变迁——吴承明先生学术思想研讨会"综述、吴承明学术年表作为文集的第三部分内容。

吴承明先生早年曾在西南联大就读，而且先生一直关注和支持南开大学经济史学科的发展，自20世纪90年代初受聘担任南开大学兼职教授和博士生导师，多次到南开大学主持经济史专业的博士学位论文答辩，每年都为南开大学博士学位论文做评审委员。为纪念吴承明先生对经济史教育的关注与贡献，论文集由南开大学出版社出版。

在《经济发展与市场变迁——吴承明先生百年诞辰纪念文集》出版之际，我们对提供论文的各位学者、家属；对南开大学出版社参与文集出版策划和编辑工作的纪益员、王冰、宋磊等相关的工作人员的辛勤付出表示衷心的感谢。

编　者
2016年4月